Media/Society

Technology, Industries, Content, and Users

(Sixth Edition)

未名社科·媒介与社会丛书（翻译版）

媒介·社会

技术、产业、内容与用户

（第六版）

〔美〕
大卫·克罗托
（David Croteau）
威廉·霍因斯
（William Hoynes）
著

黄典林 刘晨宇 译

北京大学出版社
PEKING UNIVERSITY PRESS

著作权合同登记号　图字：01-2020-7352

图书在版编目(CIP)数据

媒介·社会：技术、产业、内容与用户：第六版 /(美)大卫·克罗托，(美)威廉·霍因斯著；黄典林，刘晨宇译.—北京：北京大学出版社，2024.1

(未名社科.媒介与社会丛书：翻译版)

ISBN 978-7-301-34439-2

Ⅰ.①媒…　Ⅱ.①大…②威…③黄…④刘…　Ⅲ.①传播媒介—关系—社会—研究　Ⅳ.①G206.2

中国国家版本馆 CIP 数据核字(2023)第 232288 号

Media / Society: Technology, Industries, Content, and Users (Sixth edition) by David Croteau, William Hoynes

Copyright © 2019 by SAGE Publications, Inc.

书　　　名	媒介·社会：技术、产业、内容与用户(第六版) MEIJIE·SHEHUI: JISHU、CHANYE、NEIRONG YU YONGHU (DI-LIU BAN)
著作责任者	〔美〕大卫·克罗托(David Croteau)　威廉·霍因斯(William Hoynes)　著　黄典林　刘晨宇　译
责任编辑	吕秀丽　董郑芳
标准书号	ISBN 978-7-301-34439-2
出版发行	北京大学出版社
地　　　址	北京市海淀区成府路 205 号　100871
网　　　址	http://www.pup.cn
新浪微博	@北京大学出版社　@未名社科—北大图书
微信公众号	北京大学出版社　北大出版社社科图书
电子邮箱	编辑部 ss@pup.cn　总编室 zpup@pup.cn
电　　　话	邮购部 010-62752015　发行部 010-62750672 编辑部 010-62765016
印　刷　者	大厂回族自治县彩虹印刷有限公司
经　销　者	新华书店
	650 毫米×980 毫米　16 开本　37.25 印张　612 千字 2024 年 1 月第 1 版　2025 年 5 月第 2 次印刷
定　　　价	138.00 元

未经许可，不得以任何方式复制或抄袭本书之部分或全部内容。

版权所有，侵权必究

举报电话：010-62752024　电子邮箱：fd@pup.cn

图书如有印装质量问题，请与出版部联系，电话：010-62756370

前　言

> 在经历了无数动荡和变化之后,我们应该意识到一点……
> 凡事越是变化,就越是不离其宗。
>
> ——阿方斯·卡尔(Alphonse Karr, 1849: 305)

对今天的人们来说,170多年前的这段格言是一个恰当的提醒:尽管我们所使用的媒介(media)①早已今非昔比,但在很大程度上它并没有发生根本性的变化。

一方面,变化是显而易见的。互联网、移动通信和社交媒体的兴起形成了一场"三重革命"(Rainie and Wellman 2012),使我们社会中的"媒体"(以及其他各个方面)发生了转变。我们不可能不注意到"新闻业的危机"(Curran 2011; McChesney 2007)、新的电视景观(Robinson 2017)、音乐产业的重构(Vonderau 2017)、不断扩展的以社交平台为基础的"连接性媒介"(van Dijck 2013)、具有侵入性的商业网络监控(Turow 2011)、人际传播和大众传播之间日益模糊的界限(Jenkins 2006),以及谷歌(Google)时代普遍存在的"搜索文化"(Hillis, Petit and Jarrett 2012)。而这些只不过是无数变化中的几个典型例子而已。

另一方面,面对如此明显的变化,人们却很容易忽略那些经久不变的维度。就媒介而言,变化越多,它就越是保持不变。早期的技术爱好者怀有一种"数字乐观主义"(Turner 2010)精神,认为互联网是如此与

---

① "media"一词是"medium"的复数形式。在英文中,前者一般指具有特定组织形态的社会传播机构及其制度体系,后者则泛指一切发挥中介化或连接性作用的技术物或社会机制。在中文中,前者一般译为媒体或传媒,后者译为媒介。但在本书中,"media"一词具有以上两种含义,既指媒体或传媒机构,也指特定的媒介技术及其传播方式,甚至是特定的媒介设备。在翻译过程中,我们视作者表达的具体意涵,在两种译法之间进行了灵活切换。——译者注(本书页下注均为译者注,后文不再标注。)

众不同和富于变革性，以至于以往的一切与媒介相关的知识都过时了。但是，逐渐成熟的互联网给我们讲述了一个不同，却让我们觉得更熟悉的故事。新的社交网络花了相当长的时间来回应旧的主流媒体所设定的议程（Redden and Witschge 2010）。互联网接入途径和社交媒体空间已经被少数几家巨头公司所控制，由此引发了一种听起来颇为老派的呼吁："对这些社交媒体巨头的垄断地位进行严格的政治经济学分析。"（Lovink 2013：11）一些负面现象重新激发了人们关于对网络空间进行监管的法律辩论和大众辩论（Roberts 2017；Wu 2015）。被牢牢拴在智能手机上的青少年正引起公众对媒介使用的社会影响的恐慌性关注（Twenge 2017）。这样的例子不胜枚举。长期以来，媒体的所有权和控制权、对媒体的监管、媒体的商业化和社会影响等问题一直是媒介研究的主要议题。无论是过去还是现在，这些议题的重要性都是不言而喻的。

二十多年前，当我们撰写本书的第一版时，媒介环境非常不同。当时，信息传播领域的"三重革命"依然处于发展过程中。在后来的诸版本中，我们已经将不断变化的媒介环境纳入考量。在最新的第六版中，我们进一步把这些变化融入整本书。其中许多变化是显而易见的，包括对章节的重新命名和排序，对大多数章节的精简和重组，甚至调整了副标题，以更准确地反映本书的内容和框架。此外，这个新版本还有许多不太明显的变化，包括对数据、研究结论和案例的更新，所有这些都有助于这一版本更好地反映当前的媒介现实。

在反映不断变化的媒介格局的同时，我们谨慎地保留了《媒介·社会》一书原初的核心框架、结构和历史案例。正是这些内容让本书在大众传播学、社会学、媒介研究、政治学等领域也颇受欢迎，因为探讨媒介在社会中的作用也是包含在这些研究领域中的一个议题。近几年，媒介研究领域的飞速发展，为媒介学者提供了新的研究议题。但它们并没有取代那些让媒介研究领域始终充满活力的问题，包括：

- 技术的演变如何对媒介以及我们的媒介使用行为产生影响？
- 传媒产业是如何运作的？其重要性何在？
- 专业规范、经济影响和监管约束等塑造了媒体机构特征的因素如何决定媒体呈现什么或不呈现什么？
- 媒体上的内容在多大程度上反映了我们的社会和世界的多重

现实？
- 今天的人们在日常生活中是如何使用媒介和数字传播技术的？
- 媒介对我们以及我们所处的社会产生了什么样的影响？

这些都是《媒介·社会》第一版中的核心问题。在眼前的这个最新版本中，这些问题依然重要。

具体而言，本书的第六版究竟有哪些变化呢？在这里，我们把其中的一些关键变化以及这些变化所带来的一些问题简要陈述如下：

- **对章节顺序的调整**。我们比以往任何时候都更需要了解数字技术的变化如何改变了媒介。因此，在之前的几个版本中，我们已经增加了对媒介技术的讨论，深化了对媒介技术史的概述。在最新的版本中，这些内容会进一步得到充实。这有利于后续讨论框架的确立。在这些讨论中，我们要强调的是社会影响如何最终决定人们使用技术的方式。

- **对更广泛的行动主体的考察**。尽管纸媒、广播电视和电影等传统媒体依然必不可少，但今天的媒体也包括了以"平台"（我们将对这个术语进行批判性考察）、搜索引擎、分发渠道等形式存在的各种新角色。在当代全球媒介环境中，脸书、谷歌、推特、网飞（Netflix），甚至亚马逊和苹果（Apple），都是不可忽视的角色。而康卡斯特（Comcast）、美国电话电报公司（AT&T）和威瑞森（Verizon）通信公司这样的老牌的、现在已经整合的电信公司，也在整个传媒体系中继续发挥着重要作用。这些公司在媒介环境中扮演着什么样的角色？它们如何赢利？它们的商业模式产生了什么样的连锁反应？

- **在一个传播内容极大丰富的时代，对传播内容进行了重新思考**。历史上，媒介的特点是稀缺性。但如今，有限的电波频率、固定的播出时间和有限的发行量已经被无数可供选择的流媒体、深度个性化的定制内容（deep on-demand catalogs）、较低的生产成本和多样化的生产者所取代。所谓传播内容的极大丰富意味着什么？这种新的多样性特征在多大程度上是真实的？

- **关注用户角色的扩展**。我们始终认为，用户是媒介过程的积极参与者，并且很早就注意到了用户生成内容（user-generated content）的增长势头。在最新的第六版中，我们将全面考察"用户"

所扮演的各种角色，无论是传统意义上的消费和阐释媒介内容，还是对媒介内容进行评论，抑或创作他们自己的内容。支持用户参与的社交媒体平台是如何改变媒介环境的？用户的数字劳动是如何为这些平台的发展提供动能的？在这种复杂的环境中，用户又是如何在受众、创造者、消费者、公民等不同角色之间自由转换的？

- **将媒介作为一种活生生的日常经验来看待**。智能手机的普及不仅促进了人们对传统媒体的内容的消费，也推动了以社交媒体为基础的交流实践。媒介的无处不在已经达到了前所未有的水平。媒介不再只是供消费的产品，还在数字化媒介和面对面互动的交织中完全融入了当代人的生活。我们对这种新的生活方式对用户的潜在影响了解多少？

- **对新近出现的一些问题进行了深入研究**。隐私、互联网整合、算法影响力的上升、新的垄断、"假新闻"、宣传和侵入性营销等话题在本书的不同部分都有详尽的介绍。今天的媒介环境中存在哪些需要警惕的危险？有哪些难题需要化解？

- **对媒介概念的澄清**。过去，人际传播和大众传播有相当明确的区别。但现在，这些界限已经模糊了，或者至少是可变的。作为对这种变化的回应，我们在第一章中扩展了对简单的媒介模式的介绍，并对什么是"媒介"以及我们这个时代的"大众"媒介的构成要素进行了分析。

- **全球视角**。我们始终对全球背景下的媒介以及全球化带来的问题保持关注。本书的第六版延续了这种关注。我们把相关讨论整合成了一章，对这一问题进行了深入的讨论。全球传媒产业、全球媒体监管、世界各地的社交媒体使用等，都是我们要探讨的话题。

- **更加精练的写作风格**。我们对本书的许多内容进行了精简化处理，删除了不必要的材料，并用更加通俗易懂的语言进行了改写，从而更便于学生阅读。

如果你是《媒介·社会》的老读者，我们希望你会发现整本书的框架和重点依然是你熟悉的样子，而以上变化作为对早前版本的更新和改进又能激发你的新思考。对新读者来说，选择眼前这个新版本正当其时,因为我们用一种全新的眼光对当代媒介进行了审视,并对其未来激动人心的发展趋势进行了展望。

最后,我们希望本书能够继续帮助学生对媒介及其在日常生活中的作用进行批判性思考。无论媒介的未来会如何发展,这种批判的分析框架都将始终是有意义的。

致　谢

　　本书的六个版本能够顺利出版，得益于许多人的帮助。我们特别感谢乌布哈夫·阿加瓦尔（Udbhav Agarwal）、卡西亚·阿巴比（Kassia Arbabi）、亨利·巴特利特（Henry Bartlett）、约翰娜·布基尼亚尼（Johanna Buchignani）、马修·迪拉德（Matthew Dillard）、戴夫·格雷（Dave Gray）、戴维·赫尔利（David Hurley）、玛丽莲·肯内波尔（Marilyn Kennepohl）、卡罗琳·李（Caroline Lee）、克里斯汀·门罗（Kristin Monroe）、科里纳·雷尼尔（Corrina Regnier）、莫莉·桑德伯格（Mollie Sandberg）、贾辛丝·沙逊-耶诺（Jacinthe Sasson-Yenor）、希瑟·汤姆林斯（Heather Tomlins）以及凯特·伍德（Kate Wood）多年来在研究工作中给予我们的帮助。感谢克莱顿·奇尔德雷斯（Clayton Childress）在我们编写本书第四版的早期阶段提出的宝贵建议，以及斯蒂芬尼娅·米兰（Stefania Milan）对第四版的贡献。感谢弗吉尼亚联邦大学（Virginia Commonwealth University）学术学习转化实验室（Academic Learning Transformation Lab）的各位同人，尤其是汤姆·伍德沃德（Tom Woodward），感谢他们关于互联网的积极前景（而不仅仅是危险）的富有启发性的讨论。感谢 Pine Forge 出版社的创始人史蒂夫·拉特（Steve Rutter）对本书最早两版的帮助和鼓励。感谢 SAGE 出版公司的工作人员在我们准备这个新版本时提供的支持和帮助。我们还要感谢 SAGE 和 Pine Forge 的许多审稿人，他们对前几版的《媒体·社会》提出了非常有益的评论。他们是：

　　特里·L. 安德森（Terri L. Anderson），加利福尼亚大学洛杉矶分校（University of California，Los Angeles）

　　罗纳德·贝克尔（Ronald Becker），迈阿密大学俄亥俄州校区（Miami University-Ohio）

文斯·卡杜奇（Vince Carducci），创意设计学院（College for Creative Studies）

维克多·P. 科罗纳（Victor P. Corona），纽约大学理工学院（Polytechnic Institute of New York University）

吉斯卡·恩格尔伯特（Jiska Engelbert），荷兰鹿特丹伊拉斯姆斯大学（Erasmus University Rotterdam）(The Netherlands)

保罗·梅森·福茨（Paul Mason Fotsch），纽约大学（New York University）

唐娜·L. 哈尔珀（Donna L. Halper），莱斯利大学（Lesley University）

约翰·霍克海默（John Hochheimer），南伊利诺伊大学卡本代尔分校（Southern Illinois University-Carbondale）

阿尼科·伊姆雷（Aniko Imre），南加利福尼亚大学（University of Southern California）

尼克·扬科夫斯基（Nick Jankowski），伊利诺伊大学芝加哥分校（University of Illinois at Chicago）

达娜·考夫曼（Dana Kaufman），德保罗大学（DePaul University）

戈拉姆·凯亚巴尼（Gholam Khiabany），伦敦城市大学（London Metropolitan University）

奥斯曼·科罗格鲁（Osman Koroglu），法提赫大学（Fatih University）

马丁·朗（Martin Lang），古斯塔夫·阿道夫学院（Gustavus Adolphus College）

琳达·莱维特（Linda Levitt），斯蒂芬奥斯汀州立大学（Stephen F. Austin State University）

埃里克·洛（Eric Louw），昆士兰大学（University of Queensland）

迈克尔·H. 麦克布莱德（Michael H. McBrid），得克萨斯州立大学圣马科斯校区（Texas State University-San Marcos）

瑞安·摩尔（Ryan Moore），佛罗里达大西洋大学（Florida Atlantic University）

莉萨·M. 波林（Lisa M. Paulin），北卡罗来纳中央大学（North Carolina Central University）

杰夫·里特（Jeff Ritter），拉罗什学院（La Roche College）

加布里埃尔·罗斯曼（Gabriel Rossman），加利福尼亚大学洛杉矶分校（University of California, Los Angeles）

马修·施奈罗夫（Matthew Schneirov），杜肯大学（Duquesne University）

弗雷德·特纳（Fred Turner），斯坦福大学（Stanford University）

菲利斯·S. 兹扎维（Phyllis S. Zrzavy），富兰克林皮尔斯大学（Franklin Pierce University）

同时，我们也要感谢以下审稿人对第六版的审阅：

简·布拉德沃思·罗（Jane Bloodworth Rowe），欧道明大学（Old Dominion University）

斯蒂芬·哈根（Stephen Hagan），麦肯德里大学（McKendree University）

桑·杰·米恩（Seong-Jae Min），佩斯大学（Pace University）

奥拉·奥贡耶米（Ola Ogunyemi），英国林肯大学（University of Lincoln, UK）

阿比吉特·森（Abhijit Sen），温斯顿-塞勒姆州立大学（Winston-Salem State University）

我们还要感谢多年来参加我们的媒介课程的学生。他们的问题和关切不仅激发了师生之间的真诚对话，而且为我们的思考提供了绝佳的动力。

感谢本·霍因斯（Ben Hoynes）和尼克·霍因斯（Nick Hoynes）让他们的父亲不断地感受到媒介的复杂作用。最后，和以往一样，大卫（David）和比尔（Bill）想分别对塞西莉亚·柯克曼（Cecelia Kirkman）和戴尔德丽·伯恩斯（Deirdre Burns）表达谢意，感谢她们所付出的一切。

目 录

第一部分 导 论

第一章 数字化世界中的媒介与社会 / 003
　　媒介的重要性 / 004
　　媒介的传播模式 / 008
　　媒介社会学 / 012
　　媒介与社会世界模式 / 019
　　应用模式:两个媒介时代的民权运动 / 021
　　结论 / 026

第二部分 技 术

第二章 媒介技术的演进 / 029
　　媒介技术的历史 / 029
　　技术决定论与社会建构论 / 033
　　从印刷媒介到互联网 / 044
　　结论 / 073

第三部分 产 业

第三章 传媒产业经济学 / 079
　　互联网时代的传媒公司 / 080
　　变化中的所有权模式 / 084
　　兼并与整合 / 094

兼并与整合的后果 / 105
集中化的影响 / 108
逐利的大众媒体 / 116
广告的影响 / 124
结论 / 132

第四章 政治对媒体的影响 / 134

媒体与民主 / 134
从言论自由到自由市场：美国监管政策的演变 / 135
国际视野下的媒体管制问题 / 141
利益之争与管制之辩 / 144
所有权监管 / 151
内容监管 / 158
接入途径和传播渠道监管 / 171
非正式的政治、社会与经济压力 / 184
结论 / 188

第五章 媒体组织和专业人士 / 189

经济与政治约束的局限 / 189
赢利策略：模仿、热门与明星 / 192
媒体工作的组织方式 / 202
职业角色与专业社会化 / 220
互联网、新媒体和新组织的规范 / 231
结论 / 235

第四部分 内 容

第六章 媒体与意识形态 / 239

什么是意识形态？ / 239
意识形态分析的理论基础 / 245
新闻媒体与公共辩论的局限 / 252
电影、军队和男性气质 / 256
电视、流行文化和意识形态 / 261

作为一种意识形态批判的说唱音乐？　/ 269
广告与消费文化　/ 273
广告与文化全球化　/ 277
互联网意识形态　/ 281
结论　/ 284

第七章　社会不平等与媒体再现　/ 285
媒介内容与"真实"世界的差异　/ 286
种族、族裔身份和媒介内容：包容、角色与控制　/ 291
性别与媒介内容　/ 312
阶级与媒介　/ 318
性取向："出柜"与媒体再现　/ 331
结论　/ 337

第五部分　用　户

第八章　受众与创作者　/ 341
积极的受众：能动性与结构的平衡　/ 341
意义解码与社会立场　/ 345
媒体乐趣：明星游戏　/ 356
媒介使用的社会语境　/ 358
阐释的局限性　/ 362
从积极的受众到抗拒的行动者　/ 363
内容的创作与分发　/ 366
结论　/ 378

第九章　媒介影响　/ 380
媒介效果研究的启示　/ 380
早期研究：议题的确立　/ 382
有限效果论　/ 385
强效果论　/ 388
媒介化　/ 395
政治的媒介化　/ 399

数字化悖论:网络媒介的影响　／413
　　结论　／428

第六部分　结　语

第十章　全球化与媒介的未来　／433
　　什么是全球化?　／434
　　全球传媒产业　／439
　　全球媒体新巨头:谷歌和脸书　／444
　　解读全球媒体内容　／448
　　全球媒体监管　／455
　　全球媒介使用者:"地球村"的局限性　／464
　　普遍的变化与媒介的未来　／466

参考文献　／471

索　引　／513

译后记　／579

第一部分　导　论

第一章是对全书的介绍和概述。在本章中,我们指出了媒介在当代社会生活中的核心作用,提出了一个理解现代媒介的模式,并以此作为组织全书的框架。这个框架强调了包括产业、用户、内容和技术在内的媒介系统各要素之间的推拉(push-pull)关系。所有这些要素都嵌入了更大的社会背景。无论我们身处哪个时代,深入理解这些要素及其相互关系,对于解决那些长期存在的与媒介相关的问题都是至关重要的。

第一章　数字化世界中的媒介与社会

对 21 世纪的人来说,穿梭于前所未有的、高度密集的媒介环境之中,是我们日常生活的一部分。我们的日常生活中充满了文字、图片、视频和声音,我们通过智能手机、平板电脑、笔记本电脑、电视、流媒体设备、收音机、游戏机、MP3 播放器、报纸、书籍、杂志、电影院等各种手段来获取这些信息。我们不仅是这些海量媒体内容的接收者,同时还会通过在社交媒体上发帖子、分享照片、"点赞"、发推文、发短信、上传视频、在线评论、撰写博客文章等许多不同的方式,来积极传播甚至创造内容。然而,对大多数人来说,这一切都是极其平常之事。原因在于,我们对这些不同形式的媒介和传播方式十分熟悉,常常将其视为理所当然,就像人们呼吸的空气一样,无处不在,以至于我们意识不到它们的存在。

在本书中,我们希望你能后退一步,以一种远距离的眼光,观察并认真思考当代媒介环境所带来的重要问题。我们也建议你把自己的日常媒介活动放在更广泛的社会、经济和政治背景中来审视,从而更好地理解这些活动。在本书中,我们不会讨伐所谓媒体的"邪恶",也不会鼓吹所谓数字时代的新奇迹。相反,围绕媒体的运行方式及其重要性,我们提出了以下具有持久价值的重要问题:

- 媒介技术如何改变了媒体的运行方式?
- 通过对以往媒介形态的考察,我们能够获得哪些与当下媒介形态相关的认识?
- 像谷歌和脸书这样的公司如何决定我们能看到什么以及看不到什么?
- 印刷媒体、广播、电视、电影等传统传媒公司如何继续在我们的媒介体验中处于核心地位?

- 为什么有些形象和观念在媒体中如此盛行,而其他的却被边缘化了?
- 政府如何对媒体进行管理?这种管理对媒体的运行有何影响?
- 社会不平等如何对媒体呈现的内容以及人们的媒介使用方式产生影响?
- 互联网如何改变了政治和新闻业?
- 日益全球化的媒介的意义何在?
- 媒介对我们身处其中的社会和世界有哪些影响?

要找到上述问题以及类似的问题的答案,并不是一件简单的事。实际上,本书的一个观点是,对这些问题的常见回答往往忽略了一点,即媒介过程具有复杂的动态特征。这些棘手的问题涉及一系列重要议题。如果我们要理解媒介及其在我们社会中的重要地位,我们就必须努力解决这些问题。

媒介的重要性

为了理解媒介在社会生活中的重要意义,我们只需稍加留意周围的各种媒介设备(见图1.1):

- 我们几乎可以在每个美国家庭和每辆汽车里发现广播的存在。在美国人平均每周接触的各类媒介中,广播是人们使用最频繁的一种媒介。
- 几乎所有美国家庭都有电视,其中,82%的家庭通过有线电视(44%)、卫星电视(30%)或电话公司的光纤线路(8%)等方式来观看付费节目,13%的家庭收听或收看免费的无线电广播电视节目,其余5%的家庭则完全放弃了传统的广播或有线电视,转而依靠宽带互联网获取视频内容。许多家庭还拥有与电视相关的其他电子设备,包括数字视频光盘(DVD)/蓝光播放器(73%)、数字视频录像机(DVRs)(54%)、视频游戏机(43%),以及多媒体直播设备(31%),如苹果智能电视(Apple TV)、网络机顶盒(Roku)或谷歌推出的连接设备Chromecast(Nielsen 2017e)。
- 大多数美国人——尽管不是所有美国人——如今都拥有可以连

接到互联网的设备。大约95%的成年人拥有某种类型的手机；其中，77%的人拥有智能手机（Pew Research Center 2017b）。超过四分之三（78%）的美国成年人拥有一台台式电脑或笔记本电脑，51%的人拥有一台平板电脑。73%的成年人在家里可以接入宽带互联网（Pew Research Center 2017a）。青少年对媒介技术的使用也十分普遍，有时甚至比成年人的使用率更高。例如，每10个13岁至17岁的美国青少年中约有9个人（88%）拥有某种类型的手机，其中约四分之三（73%）的人使用智能手机，87%的人拥有台式电脑或笔记本电脑（Pew Research Center 2015）。

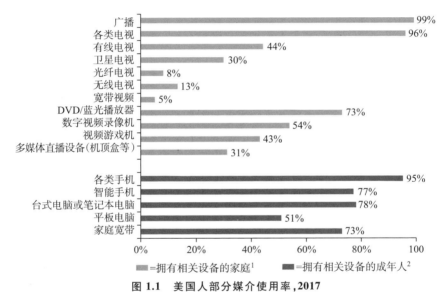

图1.1　美国人部分媒介使用率，2017

不同的媒介设备被广泛使用的状况体现了媒介在社会和日常生活中的重要性。
来源：[1]Nielsen[2017e]；[2]Pew Research Center[2017a；2017b]。

随着用户对新技术的接纳，媒介设备的面貌也在不断发生变化。例如，智能手机的普及导致了固定电话使用率的降低。超过90%的美国家庭曾经有固定电话，但如今只有不到一半还保留着固定电话（National Center for Health Statistics 2017）。可接入互联网的网络电视和视频流媒体服务的增长导致了"断线者"（cord-cutters）（那些不再通过有线电视网络、卫星或通信光缆订购传统付费电视节目的人）的增加（Dawson 2017）。以亚马逊的Echo和谷歌的Home为代表的声控"智能音箱"，已经成为人们的流媒体音乐播放器和数字化生活助理（Consumer Intelligence

Research Partners 2017)。但更重要的是,这类设备将越来越成为"物联网"(IoT)在家庭应用场景中的连接枢纽。通过它们,各种具备联网功能的物体之间形成的网络将使得机器与机器(M2M)之间的通信成为可能。媒介与媒介之间,以及媒介与非媒介工具之间将产生紧密的连接关系。在这种情况下,媒介景观将再次发生变化。

通过对这些设备的使用状况的观察,我们可以了解到美国人是如何花费大量时间观看、收听、阅读或以其他方式使用各种形式的媒体的。例如,根据尼尔森(Nielsen)(一家媒体受众调查公司)的估计,美国人平均每天花7个多小时看电视,包括直播电视(4小时21分钟)、录制的节目(34分钟),以及网络流媒体节目(2小时19分钟)。显然,在电视播放时,人们往往在做其他事情,比如,做饭、为上班做准备等。尽管如此,也相当于一年内有超过110天的时间,人们都会接触电视!这些数字因年龄而异,美国老年人观看电视的时间是年轻人的两倍以上(见图1.2)。(这只是媒介使用状况因社会群体而异的表现方式之一。)由于所有年龄段的人都会大量接触各种形式的媒介,因此,我们可以说媒体已经取代了学校、宗教,乃至家庭等传统机构的影响,成为当代社会的主导社会机构。

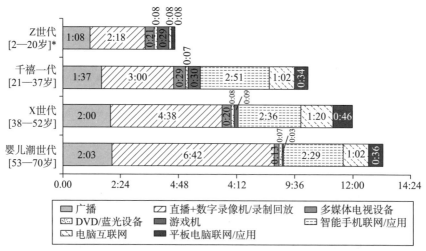

图1.2 美国每代人每天花在特定媒介上的时间(以小时和分钟计算),2017

人们的媒介使用在其生命周期中会发生变化,但在任何年龄段都是一个重要因素。

* 出于对隐私问题的考虑,Z世代的智能手机使用状况不包括在内;广播数据只适用于12—20岁的使用者。

来源:Nielsen 2017e。

随着各种形式的媒介在我们的生活中变得无处不在,媒介与社会实际上已经浑然一体,形成了我们在本书标题中所说的媒介·社会。如果你认为这种说法有些夸张的话,那么请考虑以下这个简单的思想实验:设想一下没有媒介的生活。想象一下,你明天在一个平行宇宙中醒来,除了媒介不见了,其他一切都不变:没有智能手机、互联网或社交媒体;没有电视或广播;没有录制的音乐或视频游戏;没有书籍、杂志或报纸。

但问题在于,如果媒介都消失了,其他所有事物就不可能不变。比如,我们的娱乐方式会有所不同。我们不会在电视上看体育节目,在网上看视频,或去看电影取乐,不会听录制的音乐来放松,不会用手机给朋友发短信或打电话,也不会在脸书、推特、Instagram 或其他社交媒体平台上发布自己的照片或近况,或者浏览别人的帖子。我们对政治和周围世界的理解会有很大的不同,因为不会有网站、报纸、广播、电视和书籍来解释这个世界正在发生什么。实际上,我们的世界将变得更"小",因为除了直接经验之外,我们对世界的认识将变得更少,而且更"慢",因为信息传达的速度将大大降低。甚至我们对自己的看法也会有所不同,因为我们不会再用社交媒体帖子、电视人物和广告形象来与自己进行对比。比如,如果没有广告和社交媒体帖子来暗示我们应该关注最新的时尚潮流和明星新闻的话,那么我们对这些话题的关注度**可能**就不会这么高。

在现代媒体不复存在的情况下,我们会有大量可支配的空闲时间。我们很可能会像前几代人一样,把大部分时间用于和其他人的面对面交流。我们可能会通过演奏乐器或玩游戏来自娱自乐。我们可能会通过参加会议和讲座或讨论政治和时事来了解正在发生的事情。我们也可能会通过培养兴趣爱好或学习新技能来打发时间。在没有媒体的情况下,我们的社会生活(如何互动以及与谁互动)也将发生根本性的变化。我们可能会发展出更加紧密的当地关系,而与实际距离较远的人失去联系。

当然,变化将远远超出我们的个人生活范围。如果没有媒体,政治家、企业高管和其他领域的领导人的行为也将发生变化。总统不会发推特,竞选广告也不会存在,政府的运作方式也会不同。没有广告,商业将从根本上发生改变。没有媒体,无论是教育、宗教和其他各种社会机构,还是社会运动和公民组织,都会发生巨大的变化。

因此,在我们的时代,媒介和社会**是**相互交织并融合在一起的,以至于我们无法想象它们曾经被分开过。对媒介进行研究,实际上就是对当代社会和日常生活的一个核心特征进行研究。但在进一步讨论之前,让我们先来思考一个看似简单、实则复杂的问题:什么是媒介?

我们生活在一个媒介·社会中。媒介对我们的日常生活如此重要,以至于我们经常同时使用多种形式的媒介。多任务处理的现象很普遍,各种媒介设备(其中许多是便携式的)已经深深地融入了我们的社会生活。

媒介的传播模式

什么是媒介?近年来,随着媒体的发展,这个看似简单的问题已经变得越来越复杂。让我们试着通过回顾一些基本的传播模式,来廓清相关术语的内涵及其意义(McQuail and Windahl 1993)。

人际与"大众"传播

媒体(media)是媒介(medium)的复数形式。它源于拉丁语"**medius**",意思是**中间**。传播媒介是处于信息发送者和接收者之间并促进两者沟通的不同技术过程(图 1.3)。印刷品、电话、广播、无线和有线电视、电影和互联网是较为常见的媒介类型。

图 1.3 媒介传播的基本模式

所有媒介传播都涉及发送者、信息、媒介和接收者。构成媒介的不同技术导致了不同的沟通体验。

这个基本的传播过程模式,既适用于你用手机和朋友通话,也适用于广播电台向听众播放节目之类的情形。但是,这两种类型的传播过程之间存在着关键的区别。电话交谈是一对一的**人际传播**。在这种情况下,你正在与一个你可能认识的人联系。相比之下,广播则是一种一对多的**大众传播**形式;电台利用电波向未知的,同时可能是数量极其庞大的听众发送广播信号(见图1.4)。各种大众媒介都会涉及已知的发送者和通常是匿名的接收者。例如,读者一般知道他们正在阅读的书的作者,但作者显然无法知道到底是谁在阅读他们的书。当观看电视节目或电影时,制片人、导演和演员的名字会被放在作品中显眼的位置,而这些创作者对观众一无所知。

此外,电话交谈可能是高度互动的,具有来回对话的特点;你既是信息的生产者,又是信息的接收者。相比之下,广播一般不具有互动性,除非结合了其他不同的媒介形式,比如,直播节目中的听众来电。在大众传播中,绝大多数情况下是传媒专业人员向受众发送"信息",而不是相反。这些单向的传播渠道使得媒介内容的生产者和接收者之间出现了明显的区别。在传统的大众传媒中,大多数内容的生产者是商业公司、非营利的媒体组织和政府中的专业人士,而公众一般只能被局限于信息的接收者这一角色。尽管受众总是积极地"解读"或解释大众媒介传播的内容(我们将在下文对此进行详细探讨),但传统的大众媒介所允许的接收者和发送者之间的互动非常有限。

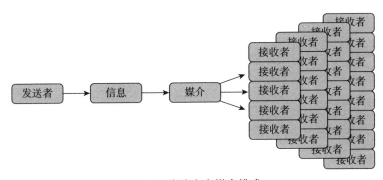

图1.4 传统大众媒介模式

传统"大众"媒介的特点是只有一个发送者和一个潜在的、数量众多的、通常是未知的接收者群体。作为这些媒介的使用者,发送者和接收者之间一般只存在有限的互动,或者完全没有互动。

因此，人际传播和传统的"大众"媒介之间的区别是一目了然的。人际传播往往是（a）一对一的，（b）涉及一个已知的接收者，（c）具有高度的互动性。而传统的大众媒介则倾向于（a）一对多，（b）涉及潜在的大量的未知受众，（c）互动性极其有限。但如今，这种区别已经被极大地削弱了。

变化的边界与积极的使用者

几十年前，我们对传播模式的讨论会以人际传播和大众传媒之间的区别作为终点。但是，互联网的发展模糊了两者之间的界限，使用户可以选择扮演不同的角色。例如，你可以使用互联网向你认识的人发送电子邮件。这显然是一种常规的一对一的人际交流。你也可以在优兔（YouTube）上公开发布一段视频，而这段视频有可能成为爆款，迅速被大量观众看到。或者，你向一位朋友发送了一条包含了某则报纸新闻的网址的推文，同时通过提及撰写这篇报道的记者的推特用户名来提醒对方你转发了他/她的作品——而这篇推文完全有可能被许多人转发，并最终被数量庞大的用户读到。这一切都让当下的传播过程变得极其复杂。

那么，什么是互联网？以互联网为基础的传播过程究竟是一种人际传播还是大众传播？很明显，它都是。互联网几乎囊括了所有的传播形式，而正是这一点使互联网成为游戏规则的改变者。正如我们在本书后续相关章节中将要阐释的那样，当代传播过程中的一个重要变化就是私人间的人际传播和公共的大众传播之间的边界变得日益模糊，由此产生了一些我们今天仍在努力解决的问题。

除了模糊了私人和公共之间的界限，与传统媒体相比，使用互联网的人更活跃、更便捷。在本书中，我倾向于用**用户**或**使用者**（users）一词来取代传统的"受众"。如今，我们都是媒介的积极使用者，而不只是信息的被动接收者。与过去相比，在互联网得到广泛应用的背景下，媒介的使用者在以下几个方面变得更加活跃：

- 由于可选择的内容比以往丰富得多，人们如今对自己要消费**哪些**媒介内容拥有更大的控制权。
- 人们可以自主决定**何时**使用媒介，而不是像过去那样只能依赖预先安排好的节目播放流程(例如,视频点播服务、播客、流媒体音乐)。
- 分享、推广和传播媒介内容(例如,在脸书上点赞别人发的帖子,在 Instagram 和推特上转发帖子)。
- 对媒介内容进行回应和评论(例如,使用网站的评论区、使用标签来标记推文,以及在看电视的同时在手机这个"第二屏幕"上刷推特)。
- 创造他们自己的媒介内容(例如,在社交媒体上发帖、上传照片和视频、发表对某一产品的评论或在点评网站 Yelp 上对商家进行评价、在博客或播客上发布原创内容)。

一旦媒介使用者的活跃度达到了这样的水平,那种只能把媒介的使用者简单地理解为信息的接收者的传统大众传播模式,便再也无法准确反映传媒产业和非专业的媒介用户之间可能存在的动态的互动关系。通过采用"用户"或"使用者"这一术语,我们试图把上述所有复杂的活动都纳入讨论的范围。

对人类传播现状的初步把握

那么,我们如何用一个简单的媒介模式来总结当下的传播状况呢?在本书中,我们用图 1.5 所示的模式对人类传播的现状进行整体性的把握。关于这一模式的具体内容,我们会在下文进行详细解释。现在,我们只需把注意力放在这个模式中那些与传统模式不同的元素上即可:

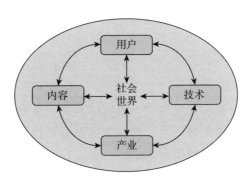

图 1.5A　媒介与社会世界的简化模式

- 在这个模式中,人类传播的四个主要构成要素都发生了变化:
  ▷ "产业"取代了"发送者",从而强调了绝大多数媒介内容的生产者都是专业化的且通常是商业性的媒体组织。
- ▷ "内容"取代了"信息",从而可以更好地反映今天的媒介用户能够获取的范围广泛、主题多样的产品类型。
- ▷ "技术"取代了"媒介",从而凸显了媒介的物质性要素。
- ▷ "用户"取代了"接收者",意在表明今天的媒介使用者既会消费专业生产者提供的内容,同时也会积极创造属于他们自己的内容。

- 整个模式嵌入了一个重要的新元素——社会世界,其中包括会对传播过程产生影响的各种社会力量和非媒体行动者,比如,文化规范和政府监管。
- 模式中所有表示元素间关系的箭头都是双向的,这反映了当下的媒介形态普遍存在的互动性特征。
- 由于用户比过去变得更具有能动性,这个模式表现出一种循环的而非线性的特征。而这些构成要素之间的反馈循环永远不会终结。

本书的内容正是基于这个更有活力同时更有社会学色彩的媒介模式。

显然,这个模式所描述的媒介世界同时包含了"传统的"大众媒介和以互联网为基础的传播。研究者曾经把这两种传播形态区分开来,将它们分别称为"旧"媒介和"新"媒介。然而,正如我们在本书中所强调的那样,这两者之间的边界在许多方面已经模糊不清了。事实证明,互联网与所谓"旧"媒介实际上有许多相似之处。

媒介社会学

社会学家并不是唯一研究媒介或媒体的人。政治学家有时会对媒体在政治中的作用感兴趣。文学研究者可能会把媒体的内容作为文化文本来研究。一些心理学家则对媒体对个人行为的影响感兴趣。最重要的是,媒介研究和传播学者已经就一系列与媒介相关的问题展开了研究,而且他们关注的重点主要是媒体机构的运作方式。

学者们有多种路径来研究媒介,但这些路径之间往往并不是泾渭分明的。我们经常可以在传播学文献中看到对社会学理论和概念的引用。

事实上，一些传播学者在专注于媒介研究之前，曾经作为社会学家接受过专业的学术培训。反过来，社会学家也会借鉴媒介研究和传播学者的工作成果。尽管这两个领域有重叠之处，但作为不同的学科，它们之间还是有区别的。媒介或传播研究是一个由特定的具体兴趣所界定的学术领域，而社会学则是可以应用于包括媒介研究在内的各类具体领域的一种学术视角。并非所有的社会学家都关注媒介或媒体，也并非所有的传播研究者都会从社会学视角出发去看问题。

在本书中，我们将借鉴经典的和当前最新的媒介研究成果，这些研究大多间接或直接地采用了社会学视角。社会学视角也影响了我们对本书内容的组织方式，因为它强调了构成媒介传播模式的各个元素与更大的社会世界之间的相互作用。在我们更详细地探讨这个具体的模式之前，让我们先来对塑造了这个模式的社会学视角进行一番考察。

社会学视角

在其最基本的层面上，社会学视角鼓励我们关注并理解个人与他们所处的更广泛的社会背景之间的关系（Croteau and Hoynes 2019）。人们共同创造了社会世界，反过来，他们又受到社会世界的影响。例如，从表面上看，上大学似乎是学生的"个人"决定。然而，社会学的观点提醒我们，人类社会是一个由经济（接受高等教育是从事许多职业的前提）、主流文化（正规教育受到高度重视）、政府（维持公立大学并为其中一部分学生提供资金）、家庭（一般都会支持孩子和配偶读大学）以及媒体（经常以正面形象来表现大学毕业生，此外，还会经常播出营利性大学的商业广告）构成的复杂系统。所有这些社会力量都倾向于鼓励人们努力获得大学学位。因此，学生们并不是在真空中做出关于读大学的"个人"决定的，他们受到自身所处的社会环境的影响。一个世纪前，年轻人"选择"上大学的比例要比今天低得多，当时的社会环境，包括更严重的种族、阶级和性别隔阂，以完全不同的方式影响着人们的"个人"行动。

更广泛地说，个人在不同程度上是社会互动的产物。我们使用的语言、接受的教育，以及我们被教导接受的规范和价值观都是社会化过程的一部分。通过这个过程，我们发展并接受了自我意识。我们主要是通过建立与他人的社会关系才最终成为我们自己。

此外，我们的日常活动通常是在团体和机构背景下进行的。家庭、朋友圈、学校、团队、工作、社区,这些都是我们日常所处的集体背景。在其中,我们逐渐获得了子女、朋友、学生、运动员、雇员、公民等各类不同的角色和身份。每个角色都意味着对我们的行为的一系列期望,要想做一个"好"学生、"好"员工或"好"朋友,我们就必须让自己的行为符合这些期望。就这一点来说,社会学也告诉我们,要理解人们的行为,你必须考虑他们所处的更大的社会背景。这是因为,尽管人们共同创造了家庭、政府、学校等这些社会性机构,但这些机构反过来也塑造了人们的行为。

尽管我们在这里关注的是媒介,而不是上大学或一般意义上的个体的社会化过程,但这背后的原则是相同的。为了更好地理解媒介,我们需要把它看作一个由不断互动的各种要素组成的社会机构。此外,为了理解媒介系统,我们需要把它放在社会世界的大背景之下。这使我们能够更好地看到媒介与其他行动者和社会机构的关系,以及媒介如何对这个更大的社会世界产生影响。我们上面提出的模式中的各要素之间的这种推拉互动关系,反映了社会学对结构和能动性(agency)的关系问题有着更广泛的兴趣。

结构性约束与人的能动性

社会学家经常把对互动和社会关系的讨论与"结构"和"能动性"的概念联系起来。在这种情况下,结构意味着对人类行动的限制,而能动性则表示自主的行动。结合起来,由结构和能动性催生的推拉式互动对理解包括媒介在内的社会生活是至关重要的。

结构

结构不是某种有形的东西。在最广泛的意义上,社会结构指的是任何反复出现的社会行为模式。例如,我们可以把**家庭结构**理解为一种与文化意义上的家庭观念相关的行为模式。所谓传统家庭实际上是一个相对较新的、具有历史意义的特定现象(Coonz 2016)。在第二次世界大战后的西方国家,"传统家庭"通常意味着已婚、有孩子的异性恋夫妇。在这种关系中,妻子的预期角色是负责抚养孩子的家庭主妇。特别是在白人中产阶级家庭中,情况更是如此。相反,丈夫的预期角色往往是在外打拼赚钱养家的人。

当社会学家谈到家庭结构的变化时,他们指的是家庭行为模式的变化。那种由已婚异性恋夫妇构成且妻子在家相夫教子的传统家庭模式,如今已经发生了巨大的变化。单亲家庭、混合家庭、双收入家庭、未婚同居家庭、丁克家庭和同性家庭等,都是对"传统"家庭模式的补充。显然,作为与家庭相关的行为模式的家庭结构已经改变。

今天,我们很容易发现,传统家庭结构对一些人依然是有吸引力的。在这种结构中,家庭角色是被明确界定的。人们能够很好地进入并适应这些角色,而这一点会给他们带来很多好处。在这些家庭中,丈夫和孩子通常会得到细心的照顾。妻子不用承担在外面工作的压力,但需要承担处理家庭事务的责任。这些例子说明,结构具有赋能的作用,它能够帮助人们实现特定的目标。然而,我们也很容易看到,这种结构限制了许多人的选择。它通过鼓励或胁迫人们遵守与家庭有关的公认的行为准则,来对他们的行为进行限制。例如,妻子被剥夺了在家庭以外的有偿工作中使用其技能的机会,而丈夫则被剥夺了积极参与抚养子女的经历。这些都是结构如何具有限制性甚至胁迫性的例子;它们阻止人们去做某些事情。

社会结构的一个更直接的例子是构成美国教育系统的复杂的机构模式。在这个系统中,学生、教师和行政人员扮演着他们各自的预期角色。这种结构对那些成功完成各种学业要求并最终获得文凭的学生是有利的。学校教育经常帮助这些学生实现更好的生活。然而,正如所有学生都知道的那样,教育结构也具有很强的约束性。必修课程、作业、最后期限和成绩都是限制学生和教师行动的结构的一部分。当我们思考结构时,最重要的正是这种制约性特征。

能动性

当社会学家提到结构时,他们经常将其与能动性放在一起讨论。所谓能动性指的是有意图的但结果未定的人类行动。人的能动性再生产了社会结构,但在某些情况下也会改变社会结构。只有新的一代人愿意在家庭和大学体系中继续扮演他们被要求承担的角色,"传统的"家庭结构和教育系统才会继续存在下去。大多数时候,我们正是这么做的,而正是这些行为复制了现有的社会结构。但是,当足够多的人开始要求拥有从更广泛的可能的家庭角色(比如,在家庭外工作的职业女性,或者得到法律承认的同性婚姻伴侣)中进行选择的权利时,"传统的"家庭结构便开始发生变化。在教育方面,学生们在学习什么内容、在功课上花多少时间和精力,甚至是否继续接受教育等问题上通常有一定的选择余地。但总的来说,他们的行为通常会强化现有的教育模式,而这种模式在20世纪几乎没有发生什么本质性的变化。在这两种情况下,虽然结构限制了人的能动性的发挥,但正是人的能动性改变或维系了社会结构。

媒介实践中的结构与能动性

就媒介系统而言,结构和能动性之间的紧张关系至少存在于三个层次。我们可以把这三个层次的分析表述为与结构性约束和能动性有关的三组问题:

- **机构之间的关系**。社会结构,比如,政府和经济,如何对传媒产业产生影响?反过来,后者又是如何影响其他社会结构的?
- **机构内部的关系**。传媒产业的结构如何影响媒体从业人员,并对媒介内容产生间接作用?反过来,媒体从业人员又是如何塑造媒介内容和媒体组织的?
- **机构与公众之间的关系**。传媒产业如何影响媒介的使用者?后者的选择和行动又是如何影响传媒产业的?

媒体经常引起争议的一个原因是,不同的群体会对媒体扮演的角色有不同的期待。而这些期待往往是不相容的。对用户来说,媒体可以成为娱乐的来源,并提供与直接经验之外的世界相关的信息。对从政治家到社会运动参与者的各类倡导者来说,媒体是传递他们希望别人听到的信息的重要工具。对媒体工作者来说,传媒业为他们提供了工作,带来了收入、声望和满足感,以及自身职业发展的空间。对媒体的所有者来说,媒体是利润的来源,甚至可能是政治权力的来源。对整个社会来说,媒体可以是传递信息和价值观的一种方式(社会化),也可以成为制约政治和经济权力的滥用的一种手段。通过思考结构和能动性之间的动态关系,我们可以看到这些不同的角色之间的紧张关系。

媒体与其他社会机构之间的关系

在最广泛的层次上,我们需要分析的是由不同的社会机构所导致的结构和媒体的能动性之间的紧张关系。如果不考虑媒体所处的社会、经济和政治背景,我们就无法充分理解媒介系统。一方面,那些不受媒体从业者控制的机构为媒体的运行设置了诸多法律和经济限制。反过来，传媒业不是完全被动的，媒体从业者有自主行动的能动性，能够对其他社会机构施加影响。例如，在极权主义统治之下，新闻界会受到严厉的控制，以至于主流新闻媒体几乎无法施展太多的自主性，尽管这些社会中可能会出现对现状构成挑战的非法的地下媒体。另一方面，在一个所谓的民主社会中，至少在理论上，媒体不受政府的严格约束，因此有很大的能动性。的确，民主社会中的媒体本身可以对其他机构产生制约性的影响。然而，这些媒体自身又往往是商业公司，因此会受到企业产权所有人的影响和限制。

在现实世界中，结构性约束和自主能动性往往是交织在一起的。因此，传媒研究者既要研究媒体外部的社会结构如何影响传媒产业，又要研究媒体如何影响其他社会结构。在这个层面上，我们需要对以下这些问题进行分析：政府是否应该施行网络中立性（net neutrality）①原则？经济变化是否会威胁到新闻业的生存？媒体中出现的"假新闻"是如何影响政治活动的？主要媒体机构的产权归属是一个重要的问题吗？

传媒产业内部的关系

为了理解记者、作家、制片人、电影制作人、媒体主管和其他媒体工作者所做的决定，我们必须对他们的工作背景有所了解。这意味着我们必须熟悉大众传媒组织的内部运作机制和职业社会化的过程。从社会学的角度来看，这里的重点是社会地位、角色和实践，而不是特定的个人。相关议题包括媒体机构的结构、在这些机构中行使权力的人以及不同职位的职业规范和期望，等等。

在媒体行业内，结构与能动性之间的紧张关系主要与媒体从业者在工作中拥有多少自主权有关。自主权的大小会因个人所处的职位而不同。这涉及如下几个方面的问题：标准的新闻实践在多大程度上塑造了新闻报道的过程或新闻的内容？经济考量是如何成为好莱坞电影制作决策过程中必须涉及的一个因素的？音乐家在多大程度上可以"自由"创作？独立博客作者如何影响了商业新闻媒体的规范和常规？用社会

---

① 网络中立性原则的具体内涵是，互联网服务供应商（ISP）必须平等对待所有互联网通信，不得根据内容、网站、平台、应用程序、设备类型、源地址、目的地地址或通信方式的不同而向用户收取不同的费用。

学的语言来说,结构性的考量可能会极大地影响媒体从业者的能动性。但与此同时,媒体工作者作为一个群体所具有的能动性又有可能改变那些对媒体从业者个人具有制约作用的结构。

传媒与公众之间的关系

社会关系还涉及媒介内容和技术如何对用户产生潜在的影响,以及反过来媒介使用者又是如何影响传媒产业及其生产的内容的。媒体用户并不是像海绵那样,单纯、被动地吸收他们在媒体上接触的信息。过去的模式一般认为媒体对用户的思想和行为是一种单向的决定关系。但正如我们已经指出的那样,媒体用户实际上在许多方面都是很积极的:他们可以对自己想要关注**哪些**内容以及**何时**使用这些内容进行自主选择;他们可以推广、转发、批评,甚至直接忽略某些内容;他们甚至还可以创造他们自己的内容。媒体用户还通过他们自身的社会视角来解读媒体信息;他们是媒介内容的积极的"解读者"。

在面对面的交谈中,我们会对对方所说的话进行解读。而所谓对话也正是在这种你来我往的互动过程中展开的。为了从对话者那里获得更多信息,我们可以通过提问的方式要求对方就某个问题进行澄清,或者使用恰当的表情来表达我们的反应。我们也可以对对方的观点进行评论,从而影响对话的进程。对话者之间的这种互动有助于促进双方对所传达的信息的理解。

然而,与人际传播不同,绝大多数媒介内容通常并不允许发送者和接收者之间发生紧密的互动。我们无法要求电视上的脱口秀演员对自己讲的笑话进行解释。我们要么是听懂了,要么就是没有听懂。我们在推特上向我们喜欢的音乐家提出的问题,一般也不太可能得到回应。因此,媒体用户必须依靠其他资源来理解媒介内容中的信息。

用户可用的相关资源可能包括从个人经验、他人、正规教育或其他媒介内容中获得的知识和信息。这些资源既不是随机的,也不是平均分配的。人们在观看、倾听和阅读时运用的解释技能是由社会结构的各个方面决定的,比如,阶级、种族、性别和教育。因此,在构建自己对媒介内容的个人解释时,人们会不断地利用由社会因素塑造的集体资源和经验。

用户的活跃度很重要,但人们往往会在媒体上花费过多时间,这一点确实会对他们产生一定的影响。用户并非完全不受媒介内容和媒介技术的影响。同样,在这里,我们也必须探析社会结构的力量和人类活动的(总是部分的)自主性之间的动态相互作用。媒介内容在影响我们的思维、感觉甚至行为方面有多大的力量?例如,互联网上的种族主义内容是否会促使人们更加公然地表达种族主义立场?媒介技术如何影响我们的社会关系?智能手机是削弱还是强化了面对面的交流?驱动搜索引擎结果的算法是如何塑造人们的互联网使用方式的?归根结底,面对这些复杂的问题,我们无法用无所不包的媒体影响力或者完全的个人自由这样的简单化的答案来予以回应。相反,如果想要理解媒体在社会世界中的作用,我们就必须关注整个媒介系统的结构和能动性之间的推拉关系。

媒介与社会世界模式

我们应该如何理解上述复杂关系?让我们回到图1.5,对图中所标示的那些关系进行更加详细的考察。

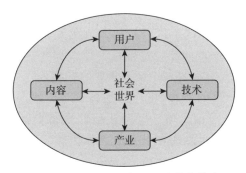

图1.5B　媒介与社会世界的简化模式

图中的四个独立模块代表这一模式的四个核心组成部分。这四个要素同时也是社会世界的组成部分,并被社会世界(阴影区域)所包围。从构图方式来说,我们对这四个要素的组织是任意的,这个过程没有"起始"也没有"终点",相反,它是一个循环过程。双箭头表示这些组成要素之间的潜在关系,尽管不是所有关系在所有情况下都是相关的。我们将首先对四个方框内的核心要素进行讨论,然后分析图中阴影部分所表示的**社会世界**的独特地位。在这个模式中,社会世界既是中心,也是背景。

模式底部的方框代表**传媒产业**,包括构成媒体的整个组织结构和所有媒体从业人员。传媒业受到技术变化(例如,电视的发明)的影响,但也会对**技术**发展的方向和应用方式(例如,使用计算机进行电影动画的制作)产生影响。传媒产业是媒介**内容**的生产者。例如,一本书通常是由作者撰写,由出版商进行设计、排版、印刷(或以电子书的形式制作)、发行,并以实物书或电子书的形式进行销售的。然而,不同类型的媒体产品的生产惯例也会对内容的创作者产生影响。例如,谋杀悬疑小说体裁要求作品必须包含犯罪元素。

17　　**用户**可能会受到他们所看到的媒介内容的影响(例如,从天气预报中了解到即将到来的暴风雪),但他们必须主动解释这些内容,并从中建构意义(例如,决定是否相信预报,以及是否因此采取不同的行动)。社会学家把以这种方式积极创造意义的过程称为现实的社会建构。这意味着,虽然现实是存在的,但我们必须通过协商赋予现实某种意义。一个身上绣满醒目文身的学生是一个客观现实。然而,不同的人会以不同的方式对这种身体艺术进行解释。它是一种顺应潮流的标志?一种反叛的政治声明?对主流规范的一种嬉戏式的冷嘲热讽?一种令人不适的对身体的自残行为?还是只是一种表达个性的行为?最终,这些文身的意义是什么完全取决于人们从什么角度去观察和理解它们。媒介内容中信息的意义也是如此。这就是为什么那些对媒介内容进行"解读"和诠释的用户是媒介过程中至关重要的一部分。

　　正如我们所指出的那样,用户总是具备对传媒产业做出反应的能力,比如,给电视台写信。但互联网让他们变得更活跃。事实上,"用户"有时甚至会扮演过去只有专业的媒体工作者才会承担的角色,比如,创作内容并广泛传播。我们的简单模式没有明确地显示这种角色模糊,但这是我们在整本书中都会涉及的一个动态现象。

　　用户是否使用、如何使用某种技术,会对这种技术的发展方向产生影响。2013年,谷歌推出的智能眼镜引起了人们的好奇和关注。但从那时到现在,用户对这种特殊的可穿戴设备的接受度始终很低,最终迫使谷歌放弃了这款产品。反过来,技术对公众也有潜在的影响。例如,观看电影时观众通常需要密切关注荧幕,因为电影是通过声音和图像进行传播的。这与广播形成了鲜明的对比,因为广播不需要我们全神贯注。我们必须全神贯注地看完整部电影才能对其内容有所把握。相比之下,广播则允许我们在收听的同时做其他事情,比如,开车、跑步、做饭或者工作。因此,每种媒介都倾向于为用户创造不同的体验。这是技术的效果之一。

社会世界构成了该模式的中间部分和更广泛的背景部分。它包含了以上四个主要构成要素之外的所有社会因素。其中一些因素对于理解媒体的运作至关重要，因此，可以认为它们实际上在这个模式中处于核心地位。例如，政府的作用和更广泛的经济力量是对模式中所有元素具有影响的非媒体社会因素。

请注意，这个模式的上下方是人类行动者，而左右侧则是人类的创造物。人实际上是媒介内容和技术之间相互影响的媒介。同样，传媒产业和大多数媒体用户之间的关系是由内容、技术和社会世界中的其他因素调节的。我们还要注意，该模式的任何一个组成部分都同时与其他组成部分有关。例如，媒介内容同时受到创造它的媒体行业，获取或忽视、解释、分享和批评它的用户，以及社会世界的其他方面（比如，政府监管）的影响。

我们提出这个简化模式，目的是阐明构成媒介社会学的关键要素以及这些要素之间的关系。像所有模式一样，它并不能完全说明"真实"社会世界的无限复杂性。然而，运用这个模式来分析媒介，可以提醒我们注意一些重要的问题，帮助我们厘清大众传媒的运作方式和社会意义。

应用模式：两个媒介时代的民权运动

为了简要说明以上模式有助于我们理解现实生活中的重要问题，现在让我们来分析一下 20 世纪 50—60 年代的美国民权运动（Branch 1988；McAdam 1982；Morris 1984）和 21 世纪第一个十年的中期开始出现且一直持续至今的"黑人的命也是命"（Black Lives Matter）运动（Ray, Brown and Laybourn 2017）。这些运动发生在两个不同的时代，它们与媒体的互动方式也因此有很大的不同。作为非媒体的社会世界的一部分，它们显然处在我们提出的媒介模式的四个主要构成要素之外。现在，我们可以把这两个运动分别看作在这个模式中占据核心位置的社会世界的一个构成要素。

20 世纪中叶的民权运动

20 世纪中叶，美国的民权运动人士发起了一系列非暴力斗争行动，试图对不公正的种族隔离政策发起挑战。这些运动主要发生在南方，参与者有时会遭到种族隔离主义者和警察的暴力对待。这些对抗往往会吸引媒体的报道,而这无疑有助于增强美国主流社会(主要是白人)对种族不公正状况的认识。

我们可以用上面的媒介社会学模式来对这些斗争中涉及的结构性要素和能动性之间的推拉关系进行分析。我们的分析将围绕模式中的几个主要构成要素展开。

- **产业-内容**。传媒业生产了许多以民权运动为主题的内容;反过来,记者也受到了当时"新闻"体裁规范的限制。例如,记者在写关于社会运动的报道时,通常要遵循新闻业平衡陈述事实的惯例。所以在引述各方的言论时,也要纳入那些平权运动的反对者的声音。一般来说,记者们不应该对自己报道的新闻发表看法。
- **内容-用户**。有关民权运动的媒介内容影响了许多媒体用户,他们反过来也在解释这些信息的含义。例如,北方的一些支持者被媒体的报道所打动,向南方的运动组织捐助资金,甚至为运动做志愿者。相比之下,还有人同情支持种族隔离的势力,常常把民权活动家和报道他们的媒体组织视为麻烦制造者。媒介内容影响着用户,但媒体用户可以以相当不同的方式解释这些信息的内涵和意义。
- **用户-技术**。20世纪50—60年代的媒介用户依靠一系列大众传播技术来获取媒介内容,特别是印刷品和当时出现不久的电视。与此同时,警察对示威者施暴的场景通过电视这种媒介技术得到迅速传播,这无疑反过来会对用户产生间接影响。
- **技术-产业**。技术也在改变传媒产业,更轻便的手持摄像机的出现让记者有了更多的机动性,可以进行"现场"报道,而这在以前是不可能做到的。记者们经常选择使用这种技术来捕捉示威期间的戏剧性冲突。警察用高压水枪和警犬袭击民权示威者的电视录像直到今天也是人所共知的著名画面。

现在,让我们来看看模式的中心部分。在这里,民权运动本身作为社会世界的一个组成部分,与媒介过程之间存在互动关系。

- **运动-产业**。民权运动非暴力对抗升级的斗争策略使传媒产业很难对其视而不见。种族隔离并不是什么新鲜事,但现在民权运动人士的努力吸引了全国性新闻机构的关注,而这些机构长期以来一直将民间的抗争看作有新闻价值的主题。从长远来看,民权运动对传媒业(以及其他社会领域)产生了积极的影响,因为这些斗争有助于减少这些行业在人员雇佣和晋升方面的歧视性做法。如果没有这场社会运动的影响以及由此产生的立法和社会规范的变化,如今媒体从业者种族身份的多样性也就不可能出现——尽管这种多样性依然是有限的。然而,媒体行业也对民权运动产生了影响。在那个时代,社会运动能够接触大量广泛受众的唯一途径就是主流媒体的报道。因此,社会运动人士经常需要制定有效的策略——比如,举行游行和示威——来吸引媒体的注意。社会运动的积极分子甚至在媒体对该团体进行任何报道之前,就受到了媒体行业的影响——为了适应媒体的规范和常规,运动人士必须对自己的行为做出相应的调整。

- **运动-内容**。媒体试图对运动进行正面报道,甚至在某些情况下改变其通常所用的负面报道策略。在这个意义上,媒介内容影响了民权运动。反过来,民权运动并没有直接影响媒介内容,而是试图通过影响记者来间接塑造媒介内容。但从长远来看,民权运动对整个传媒业和它所生产的内容都产生了影响。例如,当传媒业雇用更多有色人种担任要职时,其报道的内容就更会对种族问题保持高度敏感。

- **运动-用户**。民权运动人士希望作为媒体用户的公民能够支持他们的努力,并通过用户接触的媒介内容对他们产生间接影响。从长期来看,这场运动也对媒体用户产生了直接影响,因为民权运动的存在意味着更广泛的社会平等。同时,媒体用户有时也以公民的身份对民权运动表达支持,从而体现了这两个组成部分之间的互动关系。

- **运动-技术**。以今天的标准来看,民权运动的传播活动所依赖的 20 世纪 50 年代的媒介技术似乎很陈旧。但作为当时正在进行的组织化动员工作的一个组成部分,这些技术对民权运动既具有推动作用,也对其构成了某种限制。由于没有太多机会接触到电视和广播,民权运动组织者的工作只能全部依赖印刷品。例如,如果需要分发关于某会议即将召开的传单,他们可以先用蜡纸刻好模板,再用非裔美国人教会的手摇油印机把这些传单印刷出来。非裔美国人发行的简报和杂志是民权运动相关信息的来源之一。按照今天的标准,这些印刷媒体传播新闻的速度非常缓慢。但正是通过它们,民权运动的组织者们才能够系统地建立和扩大自己的社会基础。一旦运动开始发展壮大,示威活动的规模就会更大,就更能吸引主流媒体的关注,运动组织者想要表达的信息也就更有可能被传播出去。

即使在如此粗略的总结中,我们也可以发现,上文提出的分析模式对理解与媒体有关的问题显然是有用的。但是,当媒介环境发生变化时,情况又会如何呢?这里描述的各种动态关系是否仍然适用?下面,让我们用另一个简单的案例来分析说明这些动态关系的持久相关性。

"黑人的命也是命"

在民权运动的高峰过去半个世纪之后,作为对非裔美国人遭受的警察暴力的回应,"黑人的命也是命"运动开始兴起。很快,这场运动的目标逐渐扩大为解决更广泛的、系统性的种族不公正问题。各种分散的斗争试图引起人们对当代结构性种族主义的关注,并最终解决这一问题。媒体行业和技术的重要变化意味着这场运动的运作方式与以前的运动非常不同。但是,在理解这些新的动态时,我们先前提出的媒介模式的核心要素依然是有效的。在这里,我们不打算讨论这场运动与之前运动的共同特征。相反,我们会把主要精力放在两者之间的主要差异上。

第一,这场运动的倡导者充分利用了新媒体技术,而这改变了一些媒体用户的角色。"黑人的命也是命"运动是从推特的一个标签中产生的,所以从一开始就是作为推特用户的活动人士在创造媒介内容,并试图把这些内容传达给他们的支持者(这些人经常帮助传播这些内容)和更广泛的普通媒体用户。(这场运动的反对者也会使用推特和其他社交媒体来传播他们的信息,并经常会用到一个更宽泛的标签#TCOT,即推特顶级保守派[Top Conservatives of Twitter]的缩写。)随着街头示威活动的出现,"黑人的命也是命"运动的活动人士经常对活动进行现场直播,或将视频集锦发布到各种社交媒体平台上。这些视频有时会成为超级爆款,并被主流新闻机构采纳。与过去的社会运动不同,"黑人的命也是命"运动不太依赖主流新闻媒体来传播信息。传统新闻报道在塑造主流媒体用户对这场运动的理解方面仍然非常重要,但"黑人的命也是命"运动的参与者却可以利用社交媒体平台来广泛传播经常与主流媒体不同的和未经过滤的内容。(就在我们撰写本节内容时,"黑人的命也是命"运动中最主要的推特账户[@Blklivesmatter]仍有超过29万名粉丝。)而且,这些内容的传播都是实时进行的,极大地加快了运动的发展进程。这种快速发展的过程可能令人印象深刻,但也存在问题——在明确的议程、领导角色和组织结构得到充分发展之前,"黑人的命也是命"运动就已经发展成一场全国性的运动(Sands 2017;Tufecki 2017)。

第二,与20世纪中叶相比,21世纪的媒体行业有很大的不同,这种差异无疑影响了媒体对"黑人的命也是命"运动的报道。早期民权运动兴起之时,美国只有三个全国性的电视台,而且每个台都推出了拥有大量观众的晚间新闻节目。但在"黑人的命也是命"运动发展的过程中,运动前就兴起的有线电视和互联网创造了高度分散的新闻受众。这些受众通过许多不同的媒体渠道获取新闻资讯,其中许多渠道每天24小时提供突发新闻和评论。"黑人的命也是命"运动中出现的各类具有戏剧性的视频经常被用作这些节目的素材。这些媒体渠道经常就这场运动的价值和意义进行政治倾向明显的长时间讨论和辩论。与此同时,保守的社交媒体网络和谈话节目,则在不受任何新闻平衡准则约束的情况下,一起对这场运动进行了贬低。

因此,与早期民权运动相比,"黑人的命也是命"运动在数字化时代的出现意味着以下几点:

- 活动人士可以采用新技术来实时收集和分享内容。
- 一些媒体用户可以在创造和分享这些内容方面发挥更积极的作用;不过,主流用户被划分为零散的受众,他们所看到和读到的关于运动的报道可能会非常不同。
- 传媒**产业**的结构发生了变化,从而可以在众多不同的渠道中同时发布更多和更快的报道。

尽管这场运动的具体内容已经与先前的运动不同,但和以前一样,上文提出的媒介模式的基本要素依然提醒我们,要对重要的社会动态关系保持关注。这说明,无论在哪个历史时期,社会学的方法对我们理解媒介与社会世界的互动始终是有帮助的。

部分原因是他们无法定期接触主流媒体,许多社会运动的参与者必须采取能够吸引注意力的策略,以增加获得媒体曝光的机会。一种常见的策略是公开示威,以醒目的标志、道具和呼喊为特色。

结论

如今,再怎么强调媒介在当今社会的重要性都不为过。但是,对一个如此庞大、普遍和复杂的系统进行分析性思考并不容易。媒介社会学方法鼓励我们关注媒介过程的关键因素,并将媒介置于更大的社会背景之中。这正是我们在本章提出媒介与社会世界模式的目的。这个模式是本书其他部分的基本框架,有助于我们确定媒介研究的核心问题。在接下来的章节中,我们将重点讨论这个模式中的四个主要构成要素(技术、产业、内容和用户),及其与更广泛的社会世界之间的推拉关系。对这些关键要素之间的关系进行研究,是对媒介的社会角色进行细微理解的第一步。

讨论题

1. 有什么证据表明媒介在你的生活中扮演着重要角色?(你会使用本章中提到的许多设备吗?你的日常活动涉及对媒介的使用吗?)

2. 媒介的存在如何影响你的生活?如果不接触媒介,你的生活会有什么不同?如果媒介消失了,哪些方面是你最怀念的?为什么?

3. 结构和能动性这两个词是什么意思?有什么与媒介有关的例子可以说明这两个概念之间的相互关系?

第二部分 技 术

在第二章,我们将会对从印刷媒介到早期互联网的媒介技术演进过程进行详细考察。我们将重点关注每项新技术的显著特征,以及它们如何促成重大的社会变革。同时,我们还会思考社会力量是如何以一种常常令人意外的方式影响这些技术的发展方向的。

我们之所以从技术开始谈起,很大程度上是因为技术创新使得传媒产业在近些年发生了重大转变。随着媒介的数字化和互联网的成熟,不同媒介形态之间的界限变得模糊,新的媒介形态涌现出来,如何理解这些变化的意义成为我们需要思考的新问题。讽刺的是,要想理解当下日新月异的媒介技术,最好的方法之一就是回顾早期技术的演变及其影响。

第二章 媒介技术的演进

从印刷报刊到数字屏幕,技术构成了所有中介传播系统的基础。为了理解媒介是如何运作的,我们需要考察这些技术和它们的意义。在这一章,我们将简要回顾媒介技术的历史,考察学者们理解技术的方法,并借助其中的一些思想,探究从印刷媒介到早期互联网的技术演进过程。我们将看到,技术对于塑造每种媒介的独特性至关重要。然而,每项技术都受到一系列社会力量的影响,包括传媒产业如何选择性地利用它,用户是否以及如何采用或修正它,政府是否以及如何管制它。作为我们在第一章提出的媒介模式的组成部分,这些要素共同推动了技术的演进。

媒介技术的历史

讲述媒介面貌的一种方式就是对媒介技术的历史进程进行考察(Brigs and Burke 2009;Kovarik 2016)。在人类历史上的大部分时间里,传播都是在面对面的口语传说中进行的。在随后的几个世纪里,各种独一无二的发明涌现出来,包括洞窟艺术、石雕、泥印以及能够记录标记的竹子或莎草纸。紧接着,人类又发明了数字和文字。但直到中国人在公元100年左右发明了纸张,并在500年后又发明了印刷术,传播媒介才开始具备了复制的功能。到公元800年左右,通过单页雕版技术印刷的书籍开始出现。可复制的印刷品的出现使技术第一次能够保存人类的思想,并将其传播给更多的人。由此,我们进入了一个"纸上世界"(Olson 1994)。

表2.1 媒介发展的时间表

年代	与媒介发展相关的事件	
100	中国人发明了造纸术	
600	雕版印刷术在中国兴起	
800	采用单页雕版技术制作的第一批书籍在中国完成印刷	
1000	中国人开始使用以单个汉字为单位的泥版活字印刷技术	
1200	金属活字印刷术在朝鲜半岛出现	
1450	德国人谷登堡发明了现代手摇活字印刷机	
1600	第一批报纸在德国、法国和比利时诞生	
1700	1702年	伦敦的《每日新闻》(*The Daily Courant*)成为世界上第一份英文日报
1800	1833年	第一份廉价的"便士报"《纽约太阳报》(*New York Sun*)诞生
	1837年	电报获得专利
	1839年	早期商业照相机问世
1850	1876年	电话获得专利
	1878年	第一台实用录音机与播放器获得专利
	1879年	电灯获得专利
	1894年	电影诞生,第一部电影短片向公众放映
	1895年	人类首次进行广播信息传播
1900	1920年	匹兹堡出现了定期播出的广播电台
	1927年	第一部有同期声的达到正片长度的影片《爵士歌手》(*The Jazz Singer*)上映
	1928年	电视首次亮相
	1937年	用电话部件制造的第一台数字计算机诞生
	1941年	第一座商业电视台开播
	1946年	大型计算机问世
	1948年	早期有线电视在弱信号地区通过电线捕捉信号并转播本地广播节目
	1949年	美国出现电视网
1950	1957年	苏联发射了第一颗通信卫星"斯普特尼克号"(*Sputnik*)①
	1961年	为了给订户发送信号,圣地亚哥有线电视运营商第一次接收来自洛杉矶的电视信号,现代有线电视出现

---

① 又译"伴侣号"。

(续表)

年代		与媒介发展相关的事件
	1969 年	在五角大楼的支持下,第一批互联网节点诞生
	1970 年	盒式磁带录像机(VCR)问世;5 年后,变得更便宜,也更普及
	1971 年	对计算机的发展至关重要的微处理器问世
	1972 年	第一台连接电视的视频游戏机问世
	1975 年	• 第一台小型计算机上市 • 光纤传输兴起 • 家庭影院(HBO)率先通过卫星向有线电视系统传输节目
	1982 年	录音光盘(CD)问世
	1990 年	万维网开始以简单友好的用户界面来呈现各类数据
	1994 年	• 商业短消息服务(SMS),即短信(texting)在芬兰问世 • 最早的网络电台(互联网广播电台)开始出现 • 南方贝尔公司(BellSouth)推出首款多功能"智能手机"
	1997 年	数字视频光盘问世
	1998 年	• 数字电视问世;2009 年美国联邦通信委员会(FCC)强制要求所有广播电视服务切换为数字信号 • Rio 成为首款流行的 MP3 播放器
	1999 年	• 网飞推出 DVD 邮寄订阅服务;2007 年拓展流媒体服务 • 数字视频录像机(DVR)问世
2000	2001 年	卫星数字广播业务随着 XM 卫星广播的推出而发展起来
	2002 年	社交网站 Friendster 上线;脸书(2004)随后问世
	2003 年	Skype 推出互联网电话服务
	2004 年	• Flickr 照片分享网站上线 • 播客(Podcasts)因更便捷的检索和下载功能而受到欢迎
	2005 年	优兔视频网站成立
	2006 年	• 首款电子书阅读器问世 • 推特的微博业务诞生
	2007 年	Hulu 推出商业电视节目与电影点播服务
	2008 年	网络机顶盒简化了互联网流媒体电视的程序
2010	2010 年	• 苹果公司的 iPad 复兴了沉寂已久的平板电脑市场 • Instagram 问世,照片分享广为流行

(续表)

年代	与媒介发展相关的事件
2011年	Snapchat问世,通过信息的"阅后即焚"功能加强隐私保护
2013年	谷歌眼镜(Google Glass)问世,是"可穿戴技术"的一次早期尝试
2015年	悬索电视服务(Sling TV)推广电视流媒体直播,其他公司纷纷效仿
2016年	Oculus Rift的VR眼镜设备使虚拟现实技术进入主流视野
2018年	随着亚马逊的Echo(2015)、谷歌的Home(2016)以及苹果的Homepod(2018)等产品的推出,智能音箱作为在家庭自动化系统中发挥枢纽作用的声控数字化助手,开始流行起来。

来源:Crowley and Heyer[1991];Jost[1994];*MIT Technology Review*[2002-2017];Rogers[1986];Shedden[2010];and media accounts。

随着时间的推移,印刷工艺不断进步,在长达1000年的历史进程中独占鳌头(见表2.1)。然而,19世纪的工业化进程大大加快了技术革新的步伐,电报、照相机、电话、留声机、广播和电影纷至沓来。媒介技术的世界愈发复杂多样、日新月异。在20世纪,这些媒介连同新出现的电视与互联网不断得到完善,并发展成为我们今天所熟知的传媒产业,彻底改变了全世界的传播图景。而21世纪的传播技术又推动了新一轮的社会变革:一方面,数字多媒体平台已经融入了我们生活的方方面面;另一方面,对于普通用户而言,具有创作功能的媒介技术已变得触手可及。

由于媒介已经成为我们生活中不可或缺的一部分,我们很容易忘记,今天的大多数媒介技术在一百年前根本不存在,或者尚未得到广泛应用。图2.1显示了20世纪部分媒介技术在美国的使用情况。从中可以清晰地看到,当下我们所看到的媒介·社会是一个相对较新的现象。

图2.1还揭示了另一个关于媒介的有趣事实:新技术通常不会取代旧技术。广播没有消灭印刷媒介,电视没有消灭广播,互联网也没有消灭电视。相反,媒介技术倾向于叠加,从而造就了今天这样一个媒介无处不在的世界景象。

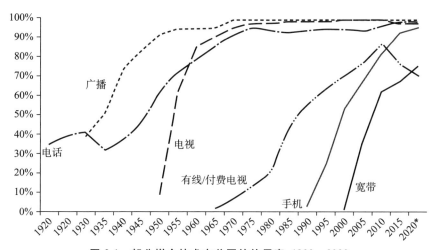

图 2.1　部分媒介技术在美国的使用率，1920—2020

一个世纪以前，我们今天所使用的很多媒介技术都不存在。在大多数情况下，新媒介的出现并没有消灭旧媒介，这造就了一个复杂多元的媒介环境。

*2020 年的数据为估计数据。"电话"包括固定电话和移动电话。"手机"和"宽带"指的是可接入的成年人比例；其他类别均指家庭使用率。"有线/付费电视"包括通过有线、卫星和光纤渠道接入的各类电视服务。

来源：U.S. Census Bureau［1999；2012］；Pew Research Center［2017a；2017b］；National Center for Health Statistics［2017］；U.S. Energy Information Administration［2017］。

我们应该如何理解这些不断叠加的技术？这些技术对我们产生了哪些影响？以及为什么说这些问题是重要的？长期以来，学者们对这些问题一直争论不休。

技术决定论与社会建构论

要理解技术在社会中的作用，通常有两种视角。第一种视角是"技术决定论"，它认为是**技术**本身导致了变化，而且常常以人们意料之外的方式发挥作用。第二种视角一般被称为"社会建构论"（或者"社会决定论""社会建构主义"），它强调技术是由无生命的客体组成的，最终是人来决定如何使用（或者不使用）技术。虽然关于技术的争论经常表现为这两种截然不同的倾向，但现实情况却要复杂得多。实际上，几乎所有学者都介于纯粹的技术决定论和社会建构论这两极之间。为了阐明理解技术问题的主要思路,我们沿用了这些人们熟悉的描述性术语。但是,我们并不认为它们是两种相互排斥的路径,而是把它们看作一个连续体的两极。技术决定论者更重视技术的作用,而社会建构论者强调人类的能动性。但几乎所有学者都承认,技术的社会维度与物质性要素之间存在着某种关系。因此,真正需要讨论的是这种关系的性质,以及我们可以在多大程度上把技术或人类行为视为决定性因素。

技术决定论

技术决定论把技术或技术的发展视为推动社会变革的核心要素。换言之,倾向于技术决定论的学者强调技术会对用户、组织以及社会产生"强大而无法避免"的影响(Lievrouw and Livingstone 2006:21)。这一观点适用于所有技术形态,其中大部分与媒介无关。从这一角度来看,技术可以导致事件的发生,不过经常需要经过一系列的中间步骤。例如,据说汽车的发明导致了粮食价格的下降,原因是汽车"减少了对马匹的需求,从而减少了对饲料的需求,这样一来,种植可食用谷物的土地就增加了",粮食也就变得更便宜了(Fischer 1992:8)。

正如我们将看到的那样,批评者们认为这类分析没有考虑人类的能动性。纯技术决定论认为技术的特性本身会造成某种影响,与其说是人在使用技术,不如说是技术在使用人。在这种观点下,社会随技术而变化,而不是随人类的能动性而变化。批评者们认为这并非事实。他们认为,技术只是一堆无生命的物体,正是人类的一系列选择和行为才导致了各种事情的发生。

不过,这种粗暴的技术决定论常常是批评者树的靶子,而非学者的真实立场。近年来,一些学者已经放弃了这种过分简化的立场,开始采用"物质性"(materiality)这个术语,来强调媒介技术的物质层面的重要性(Gillespie, Boczkowski and Foot 2014)。通过使用这套术语,他们希望可以将自己的路径与过分简化的技术决定论和社会建构论区分开来。

李夫罗(Lievrouw 2014:25)提醒我们:"物质性本身是一个复杂、多维的概念,可以有各种不同的解释、强调和学科假设。"物质性一词具有许多不同的含义和用法,因此很难给出一个让所有人都能接受的定义(Sterne 2014)。不过,无论你把这种理论取向视为技术决定论的一种形式,还是对物质性维度的强调,有一点是毫无疑问的,那就是对当代学者以及任何想要理解媒介的人来说,技术的物质性层面始终是一个令人感兴趣的议题。

媒介的物质性

如果说那种认为由无生命物体构成的技术可以导致变化的观点有问题的话,那么,对技术在物质性层面的影响的关注通常意味着某种更加微妙的视角。

物质性最直接的表现,是媒介传播过程中所涉及的各种有形物品和"东西"——键盘、屏幕、手机、纸张等。但是,物质性也包括一些常常被我们忽略的具有物质性基础的东西(Allen-Robertson 2015;Pinch 2008)。比如,数据不是有形物体,但是它们被保存在硬盘与服务器之中。如果数据不依赖这些物质性元件,那我们在电脑硬盘上可以存储的数据量也将不受限制。因此,物质性的变化——计算机的存储容量——带来了计算机使用方式的变化。另一个例子是互联网。尽管有很多人把互联网比作"云",但互联网并非一朵无形的"云"。相反,数据包会通过铜缆或光缆传输到我们的屏幕上。正如布卢姆(Blum 2012:9-10)指出的那样,互联网由光脉冲组成,"而这种光脉冲来自无名建筑内钢箱中的强激光器。激光器存在,钢箱存在,建筑存在,互联网也存在——它拥有一个物理实体,即必要的基础设施"。所有这些物质要素都至关重要,并且影响了我们使用互联网的方式。

更直接地说,所有媒介技术的"物质"要素都对媒介技术的使用方式发挥着作用。每种媒介技术在传递文字、声音、图像和视频方面具备不同的优势和不足(见表2.2)。例如,假设你喜欢的一位音乐家正在演奏一场音乐会。广播电台可以直播这场音乐会,你能听到声音,但无法看到表演者;杂志可以刊登有关音乐会的故事和照片,向你展示现场的状况,但只有在音乐会结束后才能出版,并且没有声音;电视可以传递现场的声音与视频,但是在展示文字信息方面略显捉襟见肘,仅限于屏幕底部的字幕;而互联网的独特之处就在于,它是一个整合了文字、声音、图像与视频传播功能的综合性的数字平台,并且能够实时直播。此外,那些在线观看流媒体音乐会的用户还能够通过即时通信工具或者推特与其他乐迷交流,这是一种其他媒介无法实现的互动形式。

在上述例子中,不同的技术并没有"催生"完全不同的音乐会报道。

但是由于这些媒介技术在传播能力方面各有长短,人们通过不同的技术形式感受音乐会的方式也会有所不同,这表现在信息呈现的类型与我们获取和体验信息的方式上。当然,对其他类型的媒介内容来说,情况也是如此。这正是技术发挥作用的方式。在媒介的用途上,技术既提供了机会,也设置了限制。同时,技术还使得一些媒介比其他媒介更适合某些用途。通过这种方式,每种媒介都对用户产生了影响。

表 2.2 不同媒介的特性

	文字?	声音?	图片?	视频?	直播?	互动?
印刷	是	否	是	否	否	否
广播	否	是	否	否	是	否
电影	否	是	是	是	否	否
电视	否	是	是	是	是	否
录音	否	是	否	否	否	否
互联网	是	是	是	是	是	是

每种媒介的技术能力与局限都为它们的应用设定了范围。然而,互联网是一个通用平台,它不仅可以承载所有媒介形态,还具备独一无二的互动功能。

注释:a.此处所谓的"互动"指的是一种媒介,它能让生产者与使用者之间实现简单、双向的交流

b.虽然数字广播、电影、电视(视频)和录音设备可以在屏幕上显示文字,但是它们不是以文字为主的媒介

c.虽然广播技术可以实现双向传播,但是大多数现代广播媒体并不具备这种功能

"自主性技术"与"技术动力论"

技术在其他方面也很重要。从事科学与技术研究(STS)的学者早就注意到,技术虽然由人所创造、为人所使用,但它"拥有自己的生命"。例如,兰登·温纳(Langdon Winner 1977:15)提出了**自主性技术**(autonomous technology)这一概念,认为它作为"对相关概念和观察进行概括的一个一般性标签,大意是技术在某种程度上不受人类能动性的控制"。温纳认为,政治、经济、社会和文化条件不仅决定着技术的发明,还体现在技术产品及其生产过程之中。不过,温纳认为技术的世界浩瀚而复杂,会造成令使用者和整个社会无法控制的意外后果。他把技术描绘成

一种潜在的、弗兰肯斯坦式的(Frankenstein-like)①人造怪物,看起来令人困惑、难以控制,在技术快速变化的时期更是如此。今天,机器人技术配备了日益复杂的人工智能与机器学习技术(计算机无须人类的明确编程即可运转),没有人知道它会带来什么样的影响。这或许就是自主性技术在未来最极端、最知名的例子。在媒介世界里,对人类创造但往往不能完全理解(我们会在后面讨论这一问题)的算法的日益依赖,也可以被视为"自主性技术"的一个例子。

同样,托马斯·休斯(Thomas Hughes 1983)的**技术动力论**(technological momentum)表明,一项技术的影响力会随时间的推移而改变。休斯认为,当一项新技术刚出现时,人类的能动性会决定其发展、部署与使用的方式。新技术总是不断地变化,并且充满各种可能性,这是因为技术的创造者与使用者都在协商如何使用这一技术。但随着时间的推移,技术会变得固定化、程序化与制度化,这使得挑战或改变技术变得十分困难。我们可以将技术比作山顶的一块巨石。如果没有人去推动,石头就不会移动,但是石头一旦被推动,它就会获得巨大的动力,使人类很难再控制或阻止它。

一旦技术被部署和标准化,也很难再停下脚步或转变方向。一项技术的标准化有多种原因。有时候,标准化或者大规模的部署有利于技术的使用,这使得知名技术的替代品难以成功。有时候,一旦建立了行业标准,市场力量,尤其是投资成本就会让其他使用方式变得不再可行。同时,用户的使用习惯和惯性也有利于现有技术的保留。无论什么原因,一旦一种技术发展起来,与其相关的文化也会得到迅速发展并获得难以被撼动的永久性地位。随着互联网的成熟,这些想法在今天有了新的现实意义,早期对开放创新的承诺已经让位于更成熟的运作方式,而这些运作方式常常受到少数几家大企业的显著影响。

温纳和休斯所提出的概念既探讨了技术如何自主地对社会中的行动主体施加影响(与技术决定论相关),同时也承认了人类在技术发明

---

① 《弗兰肯斯坦》(又译为《科学怪人》《现代普罗米修斯》)是英国作家玛丽·雪莱(Mary Shelley)在1818年创作的长篇小说。该作讲述的是,弗兰肯斯坦是个热衷于探究生命起源的生物学家,他怀着犯罪心理频繁出没于藏尸间,尝试用不同尸体的各个部分拼凑成一个巨大的人体。当这个怪物终于获得生命时,弗兰肯斯坦被他的狰狞面目吓得落荒而逃,那怪物却紧追不舍,向弗兰肯斯坦索要女伴、温暖和友情;随之而来的还有一系列诡异的悬疑和命案。该作被认为是世界上第一部真正意义上的科幻小说。

中的能动性(社会建构论)。如果以这种方式来理解技术,就能意识到物质(非人类)与社会(人类)间的推拉互动构成了技术系统的基本动力。

媒介理论

媒介学者与评论家一直密切关注着技术可能对社会造成的负面影响。早在20世纪20年代,就有人担心新兴的媒介技术——电影与广播——可能拥有某种内在的威力,会对脆弱的观众产生影响。正是这种担忧推动了对媒介效果的早期研究(我们将在第九章对这些研究进行讨论)。在两次世界大战期间,敌对的双方阵营都使用广播和新闻短片来进行宣传,这令人们更加担忧媒介技术的影响。之后,有人指责电视让人变得愚蠢,电视因此收获了"白痴盒子"(idiot box)、"笨蛋显像管"(boob tube)等绰号。现在,又有人指责互联网和智能手机,原因是这些技术令人上瘾的特性可能会"毁掉"整整一代人。所有这些批评都在不同程度上把技术视为某种负面影响的源头。

不过,大部分媒介学者并不关心这一问题。例如,"自主性技术"与"技术动力论"等概念都诞生于科学与技术研究,而非专门的媒介研究领域。历史地看,大多数媒介学者一直在关注传媒产业、生产的内容以及消费这些内容的用户,而不是技术。(我们会在后文探讨这些问题。)大多数媒介学者一直以来都认为技术在本质上是"中立的"。技术影响的大小取决于应用技术的传媒产业以及使用媒介技术与解读媒介信息的"积极的"受众(Buckingham 1993;Williams 1974)。

但也有例外,比如被称为"媒介理论"的研究,这一研究有时也被称为"媒介生态学"(media ecology)以强调媒介环境的重要性(Meyrowitz 1985;Scolari 2012;Strate 2017)。媒介理论家认为,媒介不仅仅是传递信息的渠道,其本质可能是其社会影响的关键。从这个角度来看,媒介技术是强大的社会力量,影响着我们对世界的感知和理解。

所有的媒介理论家都高度重视技术的潜在影响,但是对于社会因素能产生多大的影响,他们有着不同的认识。一些分析家可以被称为技术决定论者,而另一些分析家则强调各种社会力量与技术发展之间的平衡、互动。同时,对于新技术带来的社会变化,他们也有不同的见解。一些分析家记录了新技术带来的恶劣影响,而另一些分析家则乐观地拥抱新技术。

麦克卢汉的乐观主义

媒介理论最著名的变体是多伦多学派(Toronto School)。这个学派由政治经济学家哈罗德·伊尼斯(Harold Innis)所创,之后,文学学者马歇尔·麦克卢汉(Marshall McLuhan)使之声名远扬。所以,相关研究主要由文学和文化批评家开展,而不是社会科学家。起初,伊尼斯感兴趣的是宏观技术对整个社会的影响,例如,口语和书面传统文化之间的差异,而麦克卢汉则关注媒介对个体感知和思考世界的方式的影响。

麦克卢汉可以被称为技术决定论者,他是一个媒介技术的狂热赞美者,对当时盛行的电子媒介——电视对社会的文化效应充满热情。麦克卢汉(1964)认为,如果我们对媒介的影响感兴趣,就应该把注意力放在新媒介如何打破传统并重塑社会生活上。在他看来,真正的信息并非媒介形式上的内容,而是媒介延伸我们的感官、改变我们的社会世界的方式。麦克卢汉对于这一立场非常坚定,他绘声绘色地解释道:"媒介的内容就像盗贼携带的一块多汁的肉,它的目的是分散看门狗的注意力。"(McLuhan 1964:32)他认为,真正改变人们的并非媒介的内容,而是对媒介本身的体验。因此,麦克卢汉因为他那句简明的断言"媒介即信息"(McLuhan and Fiore 1967)而闻名天下。如果麦克卢汉今天仍然在世的话,我们不难想象他会写些什么。例如,他的写作可能关注智能手机如何改变我们的社会互动,但不关心我们使用智能手机获取什么样的内容。

在他的早期著作《谷登堡星汉璀璨》(*The Gutenberg Galaxy*)中,麦克卢汉(McLuhan 1962)关注从口语社会到印刷社会的转变,探讨了约翰内斯·谷登堡(Johannes Gutenberg)在15世纪发明的现代印刷机的社会影响。他认为,新技术打乱了我们的感官平衡,牺牲了一些感官而孤立和强化了另一些。从这一视角来看,印刷术加强了视觉——我们用眼睛来阅读——并把它与其他感官区分开来,尤其是听觉。

在另一部著作《理解媒介:论人的延伸》(*Understanding Media: The Extensions of Man*)中,麦克卢汉的注意力从印刷媒介转向了电子媒介,尤其是电视。在这本书中,他指出电子媒介可以通过同时传递图像和声音,重组被印刷的视觉偏向打乱的感官,由此把我们带回前印刷时代的和谐状态。此外,麦克卢汉还认为,电子媒介通过让人们瞬间看到远方的图像、听到远方的声音,在全球维度上延伸了人们的感官。他写道:

"我们在全球范围内延伸了我们的中枢神经系统,消灭了时间与空间。"(McLuhan 1964:19)以各种传播技术奇迹般的存在为基础,他提出并普及了"地球村"(global village)的概念,并对其发展做出了乐观的预测。

在麦克卢汉的技术决定论中,每种媒介都会以一定的方式塑造我们的感官,进而造成不可避免的社会后果。由于一个时代占据统治地位的媒介是包罗万象的,因此麦克卢汉认为,人们几乎不可能意识到媒介影响他们的方式。同时,因为麦克卢汉还是新技术的狂热支持者,所以这种隐性的技术决定论并没有引起他的警惕。相反,他认为电子媒介为新的、更全面的思维方式打开了大门。

波兹曼的悲观主义

尽管麦克卢汉对新技术的态度十分乐观,但也有一些遵循技术决定论传统的分析家对技术更多地持有怀疑态度。例如,以尼尔·波兹曼(Neil Postman)为代表的批评家认为,电视的兴起是严肃的公共生活衰落的核心原因。这一观点的基本前提是,我们用以表达的形式或技术很大程度上决定了我们表达的内容。根据这种观点,民主的实质——知情公民的参与——被电视的兴起破坏了。电视的特性鼓励,甚至直接决定了与严肃的辩论和讨论相反的谈话和思考方式。关于这种情况的极端例子有很多。比如,电视节目中常常充满炮火连珠的激烈争论;许多肤浅的"花边"新闻,以其吸人眼球的视频形式成为"新闻"节目中的常见内容。最后,在他最著名的著作中,波兹曼指出,当一个社会沉迷于电视娱乐,不再严肃思考社会和政治议题时,我们都在"娱乐至死"(*Amusing Ourselves to Death*,1985)。

这种对电视时代的批评常常流露出对曾是美国社会主流媒体形式的印刷媒介的怀旧之情。继麦克卢汉之后,波兹曼也认为印刷技术改变了人们的思维方式。不过,波兹曼认为识字有利于保持思维方式和公共话语内容的理性、严肃性与连贯性。阅读创造了一种以逻辑性和清晰性为基础的分析思维。因此,他认为,如果一个社会把印刷文字作为私人和公共交流的核心手段,就可以培养出理性、严肃的人民。波兹曼认为,18至19世纪的美国是人类历史上印刷文化的最佳体现。正是在这段时期,美国的民主制诞生并发展起来。其他学者也对印刷术和理性之间的关系做了类似的陈述。例如,有人认为,印刷机的发展对于科学思维的兴起至关重要(Eisenstein 1979)。因此,与麦克卢汉不同,波兹曼关注的是电视如何通过娱乐化、碎片化的图像起到引发情感反应,而非诉诸逻辑的作用,从而挑战印刷思维的理性和连贯性。

波兹曼的历史分析将媒体严肃性的衰退与更早的技术,尤其是电报和摄影在文化变迁中的作用联系起来。他认为,电报通过改变我们对物理位置的感知——尤其是使远距离传播成为可能——从三个方面挑战了由印刷媒介所定义的世界。第一,因为人们可以从远方获取信息,所以报纸上充斥着与本地读者几乎无关的故事。新闻不需要与读者有任何关联,信息也不需要发挥什么功能——它只需要"新"。每天的新闻由各种新鲜事件构成,新颖性变得比相关性更重要。第二,因为电报可以轻易地传送大量信息,而这些信息很少是与读者的生活相关的,所以新闻不再与行动相关。对于在报纸上读到的内容,人们无能为力。尽管信息变得十分丰裕,但新闻所报道的事件与人们相距甚远,与他们的生活几乎毫无关联,以至于催生了人们的无力感。第三,电报在重视速度与信息量的同时,牺牲了语境。新闻不再需要与更加广泛的、历史性的框架相联系。没有必要将一个故事与下一个故事联系起来,也没有必要把今天的头条新闻与明天的头条新闻联系起来。最重要的是保持信息的流动——报道发生的新鲜事——而不是通过把现在的信息或事件与之前的信息或事件联系在一起,将它们置于同一语境中。数量变得比质量或深度更重要。

摄影进一步延续了波兹曼所说的认知革命。照片并不鼓励逻辑论证,也不需要背景知识。相反,正如波兹曼所言,"摄影的目的是将图像从语境中分离出来,从而使它们以一种不同的方式呈现"(Postman 1985:73)。俗话说,一图胜千言。但波兹曼认为,当我们用图像来替换文字的时候,就会相应地失去一些东西。照片对视觉的重视改变了信息与真相的真正含义。真相不再源于逻辑思维这种阅读所鼓励的思维方式。取而代之的是"眼见为实"。

如果眼见为实,那么,那些善于控制我们所见的人,也能影响我们所相信的。历史学家丹尼尔·布尔斯廷(Daniel Boorstin 1961)属于波兹曼之前的一代人,他认为,视觉图像的普遍化正在改变"真实"的含义。根据这种观点,图像已经深深地嵌入我们的意识,以至于我们越来越难以分辨图像与"真实"。这并不是说我们失去了思考的能力,而是说图像导向的伪事件（pseudo-events）①模糊了图像与"真实"的区别。**伪事件**指的是以制造能够被传播或报道的戏剧性图像为目的而策划的事件。实际上，这类事件并不是独立存在的，它们发生的意义就在于被传播。伪事件包括新闻发布会、政治候选人之间的电视辩论，以及专门安排的拍照活动——所有这些事件都是为了制造戏剧性的图像。不过，伪事件既不是真实的，也不是虚假的；它们的的确确发生了，但目的只是制造戏剧性的图像和声音。真正重要的是表象而非本质。事实上，伪事件可能比自然发生的事件更有趣，这表明我们对"真实"的定义可能正在改变。

后现代主义理论家认为，当代社会越来越具有"超真实"的特征。在这样的世界里，真实与表象的界限发生了"内爆"，使得图像失去了真实世界的参照物（Baudrillard 1988）。不过，我们不一定非要成为后现代主义者，才能够看到图像生产的意义。波兹曼在电视时代所写的内容在今天依然适用。他认为，在一个由视觉媒介主导的世界里，快节奏的娱乐可能已经成为整个社会的模式。

毫无疑问，波兹曼和布尔斯廷等批评家正确地指出了图像与视觉媒介对于美国社会的意义。然而，关于因果关系的阐述——媒介技术的内在属性是关键的决定性力量——却让人难以接受。这种技术决定论的问题在于，它忽视了人的能动性，仅仅把人看作强大媒介的受害者。对电视的批评虽然很少表达得十分明确，但大多数都是关于**商业电视**的，而不仅仅是电视技术（Hoynes 1994）。有些人认为，电视作为一种技术一定充斥着娱乐、吸引人的图像以及快速跳跃的观念。但是，电视呈现出的这些特点并不是技术发展的自然规律，而是人和市场驱动的产业的必然结果。在这个产业中，销售产品与获取利润的需要占据了主导地位（Croteau and Hoynes 2006）。同样，今天的互联网将无止境的参与和娱乐提升到了一个全新的水平，但这种发展并非必然；是那些不断捕捉我们注意力的商业力量造就了这一切。

显然，我们可以宽泛地把一系列观念归入技术决定论的范畴。它们的共同点在于关注技术对个人与社会的广泛影响，这与社会建构论对人类的能动性与社会力量的重视形成了鲜明对比。

---

① 指为了宣传目的而专门设计，但又常常以自发或非事先安排的面目出现的事件。

社会建构论

顾名思义,社会建构论强调社会对技术的建构作用,尤其关注人类的能动性在技术发展与使用中的终极决定作用。这类分析通常承认技术的重要性,但是认为技术和社会力量是相互依存和相互影响的。社会力量——例如,文化规范、经济压力、法律规定——从根本上决定着技术的设计与开发方式。此外,普通用户不仅影响着技术最终的使用方式,还常常决定着技术的成败。

社会建构论来自更广泛的社会学视野,这种视野认为,所有的社会现实都是社会建构的产物(Berger and Luckmann 1966)。具体而言,社会现实的产生需要经过以下三个步骤:

1. 人们通过持续不断的物质与精神活动创造社会。
2. 随着时间的推移,这些创造物变得客观、真实,而且日益与人类活动相分离。
3. 人们把文化规范与价值内化为自己的一部分,从而受到自己的创造物的影响。

因此,我们之所以会被我们的创造物所影响,在一定程度上是因为我们忘记了它们是我们的创造物这个事实;它们看起来是"常态的""自然的",甚至对我们来说是必然的。但是,由于社会现实是我们集体创造的产物,因此我们总能改变它。

社会建构现实的基本论点为社会建构论者对媒介技术的思考奠定了基础。尽管有时候,技术看起来似乎拥有了自己的生命,但归根到底是人类创造了技术。事实上,我们有能力改变技术的使用方式——这是与技术决定论的根本区别。这一观点一直以来激励着一系列重视技术的社会建构的研究工作,其中既有人关注媒介技术,也有人关注其他领域的技术(MacKenzie and Wajcman 1999;Bijker, Hughes and Pinch 2012)。媒介研究领域的社会建构论者主要包括"英国媒介研究"或文化研究的"伯明翰学派",研究主要围绕雷蒙德·威廉斯(Raymond Williams 1974)、斯图亚特·霍尔(Stuart Hall 1980, 1997)、理查德·霍加特(Richard Hoggart 1957)及伯明翰大学当代文化研究中心的同事在20世纪60年代至2002年该中心关闭期间的相关研究工作发展起来。这些研究者强调了"积极的受众"在诠释和利用媒介方面扮演的重要角色。

例如,雷蒙德·威廉斯(Williams 1974:9)在他的一本经典著作的开篇提到了这样一种看法:"人们常说电视改变了我们的世界。"他紧接着对这种技术决定论的观点进行了批驳,转而强调了技术与先于其存在的文化价值和实践之间的相互关系。在他看来,美国和英国的电视最初是作为两种不同的事物出现的,因为两国社会的价值观明显不同。更加个人化的美国价值观造就了私有的商业电视产业,其内容旨在吸引观众,从而将其贩卖给资助媒体的企业广告主。而由公民出资、为公民所有、注重公共服务的英国广播公司(BBC)则体现了相对集体主义的英国社会价值观。从这个角度来看,技术并不必然导致单一的电视模式,电视媒体的不同发展方向是由文化价值差异导致的。

社会建构论者还认为用户是很重要的。例如,作为建构论的一个变体——驯化(domestication)理论认为,普通用户可以"挪用"各种技术,使之融入自己的家庭和日常生活(Bakardjieva 2005, 2011; Silverstone and Hirsch 1992)。在这样做的过程中,他们不仅是与外部商业世界相联系的消费者,还通过消费和使用技术来维护自己的身份。同时,用户常常会通过新颖的使用方式改变技术,这些行为最终会对未来技术的开发者产生影响。

从印刷媒介到互联网

在简单介绍了技术决定论者与社会建构论者看待技术的不同方式后,现在,让我们来看看两者之间的这种复杂动态关系是如何在各种媒介技术涌现的过程中发挥作用的。在上文的概述中,我们既关注技术的物质现实(偏向技术决定论一端),又强调了人类的能动性是如何塑造技术的(偏向社会建构论一端)。正如第一章所述,我们的社会学路径包含了媒介技术与其创造者、管理者和使用者之间的张力。这种张力是全书所强调的推拉动态关系的一部分。

印刷媒介

印刷机的问世对人类历史影响深远。15世纪中叶,约翰内斯·谷登堡在早期技术的基础上,将酿酒机改造成第一台现代金属活字印刷机,从而让机械印刷成为现实。在那时,虽然媒介的技术有所进步,但内容上的变化并不大。《圣经》依然是早期印刷商最常出版的书籍,这反映了当时欧洲天主教会的势力。因此,正如之后的变革一样,技术以外的社会力量决定了媒介的发展方向。

不过,印刷媒介也推动了——或者至少有助于推动——无法预料的社会变革(Eisenstein 1979)。在印刷术出现之前,书籍和稿件都是手抄的,不仅昂贵和稀有,而且只有少数学者(主要是神职人员)才能获得。印刷术的发明和识字率的相应提升使书籍变得更便宜、更易获得,从而促进了学习的民主化。1517年,由马丁·路德(Martin Luther)发起的新教改革之所以会发生,部分原因是识字的信徒在当时有了自己阅读《圣经》的能力,在某些情况下他们甚至可以质疑天主教会的解释和权威性。随着时间的推移,印刷术通过促进不同文化间的信息与思想传播,加速了哲学、科学、艺术、政治和其他领域的创新步伐。人们不再依赖某个导师,而更加依靠自我阅读和学习。这种发展或许在一定程度上促进了西方社会个人主义的兴起。从更广泛的意义来看,印刷媒介从根本上改变了人类社会的运作方式。口述故事和历史的传统最终被书面文本所替代。这符合一些媒介理论家的看法,即最终发生改变的是人们的思维方式。书面文本需要一种偏好线性思维与理性论证的交流规范,而这成为西方哲学和科学思想的标志。

在美国建国之初,书籍、报纸、小册子等印刷媒介依然是向公众传递信息的唯一途径。不过,由于印刷材料依赖物理运输(这一点与之后的电子媒介不同),传播速度有限且缓慢。无论是常规信息还是特殊信息,无论是节日问候还是战争爆发的新闻,其传播速度与距离都受限于马匹、火车或轮船的运输速度和距离:这种缓慢的速度在今天是难以想象的。信息从欧洲传到美国通常需要四到八个星期。由于信息需要在两地之间进行物理传输,即便是我们现在看来很短的距离——例如,从纽约到华盛顿——信息的传播速度依然很慢。到了19世纪40年代,新闻从一个城市传到另一个城市依然需要好几天(见图2.2)。速度的限制带来的一个后果就是大多数出版物往往是地方性的,这造就了一个高度分散且孤立的媒体格局。

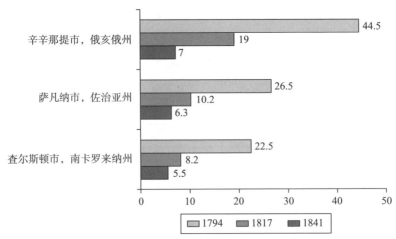

图 2.2　新闻从纽约到所选城市需要的时间（天数），1794—1841
在印刷媒介时代，新闻的传播速度仅与人们物理移动的速度一致。
来源：Pred[1973]。

电报

　　电报虽然不是大众媒介，但它是通信技术的一大进步，并且对其他媒介有着重大影响。19 世纪 40 年代，电报的发明使不同地区通过物理通信线路连接起来，从而让近乎即时的远距离通信成为可能。物理传输与远距离传播首次实现分离。虽然电报的受众面不广，但它通过报纸加快了信息的传播速度。记者可以跨越遥远的距离，将新闻报道即时传给报社，然后由报社在当地印刷并发行报纸。这种方式不仅使新闻传递得更快和更远，也使通讯社开始生产面向多地市场的内容。这些通讯社的报道有助于促进过去那种高度分裂和本地化的新闻文化的统一。不过，某些批评家认为，这一过程也导致了新闻的同质化。

　　印刷媒体一直是高度分散的，大多数地方印刷商都会在社区设立零售点。相比之下，电报的物质属性——单线遍布数千公里——使其更易于集中控制。在极短的时间内各大公司展开了竞争，直到电报的所有权变得高度集中。到了 19 世纪 70 年代，西联电报公司（Western Union）成为唯一的全国性电报网络的所有者，独家刊登美联社（AP）的报道。西联电报公司利用这一垄断地位与共和党密切合作，大力宣传其议题和候选人，并在 1876 年帮助拉瑟福德·伯查德·海斯（Rutherford Birchard Hayes）赢得了总统大选。例如，西联电报公司向海斯提供了其竞争对手的电报,使得他的竞选活动领先对手一步(Blondheim 1994)。

电报预示了许多与新兴媒介技术相关的问题,包括传播速度的提升、技术集中控制的危险、技术控制如何有助于形成可用的内容,以及技术的融合如何产生更统一——或许是同质化的——的内容。所有这些问题都会在之后的技术中重现。

电话

电话也不是大众媒介,但它对其他媒介的影响至今仍然存在。1876年,亚历山大·格雷厄姆·贝尔(Alexander Graham Bell)获得了电话的发明专利,这为一种更易普遍推广和个人化的远距离传播开辟了道路,甚至对其他媒介的发展也产生了推动作用。但是,随着用户不断尝试各种使用方式,各大公司在如何部署这项技术方面展开了竞争,加上政府最终对其采取了管制措施,电话技术发生了巨大的改变。这一切都影响了现代电话的发展(Fischer 1992)。

在电话问世之初,西联电报公司仅仅希望将其用于增强电报业务的便捷性。该公司设想消费者只需要给西联电报公司打一通本地电话,就可以发送长途电报信息。不过西联电报公司控制的专利受到挑战等各种原因,使得这个愿景并没有实现。西联电报公司最终同意退出电话业务,前提是新成立的贝尔电话公司(Bell Telephone Company)同意不参与电报业务。于是,从那时起,贝尔电话公司——之后成为著名的美国电话电报公司——成为占据主导地位的电话公司。在长达二十年的时间里,贝尔电话公司凭借核心专利实现了垄断经营,主要为大城市的企业和富人客户提供营利性的服务。到1893年,全国约有三分之二的电话是商用的,家用电话相当有限(Fischer 1992:42)。

不过,在19世纪90年代中期,贝尔电话公司的核心专利到期,由此开启了一个短暂的竞争时期。在此期间,电话从一种奢侈的商业服务转变为一种普遍的大众服务。短短几年内,数以千计的"独立企业"如雨后春笋般涌现,既有采用最新技术的创新企业,也有非营利性的社区合作企业。其中,营利性企业大约有3000家。到了1902年,在人口超过4000人的社区中,有一半社区至少存在两家相互竞争的独立电话公司。此外,还有6000家股东-用户"互助会"成立,这类组织希望向社区提供便宜的电话服务(Fischer 1992:43-44)。

在一些农村地区,商业服务要么不存在,要么过于昂贵。因此,农民甚至会沿着现有的铁丝网架设线路,提供虽然不成熟但成本很低的电话服务。这些"农民线路"没有任何隐私可言,它们像一个公开的、大规模的聚会一样运作,社区里任何接入线路的人都可以听到别人的对话。用户有时还会在特定的日子组织电话聚会。在聚会期间,有人演奏音乐,有人讲有趣的故事。在其他时间,电话还可能被用来分享天气预报和地方新闻。在真正的广播技术出现之前,农民们这种令人意想不到的使用电话的方式,在本质上就是一种"广播"活动。

不过,电话的竞争期非常短暂,在1913年就结束了。独立企业为了争夺小型市场而开展的竞争最后往往走向失败,或者被贝尔电话公司——现在成为美国电话电报公司的一个部门——所接管。贝尔电话公司咄咄逼人地赶走了本地的竞争者,有时甚至利用从大城市获取的利润,在小社区和农村地区实施掠夺性定价。在全国范围内,美国电话电报公司取代了西联电报公司,在连接各城市的"长途线路"的占有量上拥有不可比拟的优势。此外,通过接管地方与全国的通信业务,美国电话电报公司进一步巩固了其在整个行业中的垄断地位。

随着美国电话电报公司的垄断地位日益明显,政府反垄断监管机构开始对其进行调查。最终,为了维持这种既有的垄断地位,美国电话电报公司同意接受政府的监管。根据1913年达成的"金伯利承诺"(Kingsbury Commitment),美国电话电报公司同意按照政府规定的比例展开经营活动、出售西联电报公司、停止收购更多的独立企业,并且允许其他独立企业接入它的长途通信服务。为了维持垄断带来的收入,美国电话电报公司承诺要让高质量的标准化电话服务向所有人开放。从此,美国电话电报公司变成了一家公用事业公司,之后正式成为"公共运营商"(common carrier),不加歧视地对所有用户开放。(我们将在第四章关于管制的讨论中,探讨"公共运营商"的概念及其对当今互联网的影响。)

美国电话电报公司常常被称为"Ma Bell",或者直接被简称为"电话公司"。在1982年解体之前,该公司的垄断地位带来的影响在美国人的生活中是无处不在的。该公司有四个子公司:

- 贝尔电话公司提供本地电话服务。
- 美国电话电报公司长途专线(AT&T Long Lines)为本地社区提供长途服务。

- 西电公司(Western Electric)生产通信硬件。
- 贝尔实验室(Bell Labs)进行研究和开发。

政府法规通过禁止竞争来保护这种垄断。结果,美国电话电报公司几乎控制了一切,从家庭电话(通常是向美国电话电报公司租用的,而不是居民或企业拥有的)到本地和长途电话以及中间的所有交换设备,都在其垄断范围之内。

到20世纪中叶,电话线路几乎遍及全国各地,并成为其他媒体的重要信息渠道。电台和电视广播网利用电话线路将其节目传播至全国各地,使之可以在当地播出。后来,早期的拨号调制解调器和高带宽数字用户线路(DSL)服务也使用电话线路将用户与互联网连接起来。

由于设备的标准化和控制的集中化,美国电话电报公司垄断下的电话服务质量普遍较高。贝尔实验室还为政府提供了与国防和安全相关的重要研究成果。然而,由于缺乏竞争,不仅成本很高,不符合现行商业模式的创新也常常受到压制。例如,贝尔实验室的科学家在20世纪30年代就发现了磁带录音的原理,并发明出答录机的原型。然而,这些发明却被搁置了。因为公司的管理人员认为,如果公众知道他们的谈话会被录制的话,就会停止使用电话。直到1962年,磁带录音技术才以盒式录音带的形式进入大众市场——最初来自外国公司。贝尔电话公司还发现并搁置了光纤、移动电话、高带宽数字用户线路、传真机和免提电话等产品的早期版本。

随着时间的推移,美国的政治气候发生了变化,美国电话电报公司的垄断地位被一步一步地削弱。例如,联邦通信委员会基于1968年的一项规定,要求所有设备必须使用我们今天所知的标准的RJ11型电话插孔。在此之前,要想将电话连接到电话线上,必须有美国电话电报公司的技术人员上门;而现在,消费者只需要将电话线插入,就可以接入电话网络。这一技术标准使人们可以轻松地连接标准电话线,从而推动了第三方的创新产品的涌现,例如,传真机、价格更低廉的电话,以及后来允许个人电脑通过电话线互联的调制解调器。1971年,联邦通信委员会禁止美国电话电报公司进入数据处理和在线服务领域,并做出了禁止美国电话电报公司收购新竞争对手的规定。这些措施让美国在线公司(AOL)、康普服务公司(CompuServe)以及其他具有创新性的早期互联网服务供应商得以发展。

最重要的是,一场长期的反垄断诉讼在1982年得到了解决,美国电话电报公司同意被拆分为八个被称为"小贝尔"(Baby Bell)的独立实体子公司。同时,这些子公司被要求允许其他规模相对较小的竞争企业在相关业务上接入其服务网络(见图2.3)。这次拆分释放出巨大的竞争力与创新力。最值得注意的是,为了补贴人口稀少地区的电话服务成本,长途电话服务一直很昂贵。但现在,长途电话服务领域也开始开放竞争,成本大幅下降。正如有学者所言:

> 贝尔电话公司的拆分为20世纪80年代以来每一次重要的通信革命奠定了基础。虽然我们不可能在三十年前预料到互联网、掌上电脑和社交网络的出现,但是如果这家葬送了答录机的公司一直完好无损的话,我们很难想象这些发明的到来。

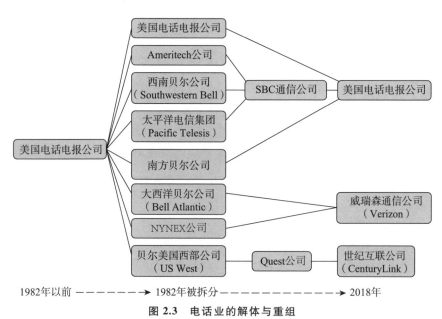

图2.3 电话业的解体与重组

监管环境的变化影响着传播技术与传媒产业的性质。美国电话电报公司一直是得到国家支持的垄断企业。但在1982年,美国电话电报公司同意通过被拆分为"小贝尔"电话公司来解决反垄断诉讼。不过在那之后,这些子公司又重新合并在一起,最终成为今日传媒产业的主角。

但是,这次的竞争期依然很短暂。在过去35年里,1982年之前的美国电话电报公司已经缓慢地重组起来;八个"小贝尔"公司已经合并为今天美国电信业的"三巨头":美国电话电报公司、威瑞森通信公司和世纪互联公司。

很显然,电话技术改变了我们的生活方式。但是,漫长而复杂的电话发展史清晰地说明了人类的能动性是如何最终决定技术发展和使用的情况与方向的。例如,监管环境从根本上影响了电话技术的创造与应用方式。用户也参与塑造了技术融入日常生活的方式。事实上,社会学家克劳德·费希尔(Claude Fischer 1992)在其经典的电话社会史研究著作中指出,我们甚至不应该问一项技术对某一社会产生了什么样的"影响",因为这一问题从一开始就暗示了技术确实对我们产生了某种影响。费希尔认为:

> 虽然电话在物质层面带来了根本性的变化,改变了日常生活的条件,但它并不能决定生活的基本特征。相反,人们将新的设备用于各种目的,甚至是生产者难以预料或不曾期望的目的。不仅人们的生活会适应被新技术所改变的环境,技术也会适应人们的生活。(Fischer 1992:5)

录音

1878年,托马斯·爱迪生(Thomas Edison)获得了圆筒式留声机的专利。这项技术发明标志着自印刷媒介以来第一种新型大众媒介的诞生。爱迪生将他的发明称为"会说话的机器",并且相信"以写信和其他形式的口述为主要用途的留声机"可以应用于商业通信(Katz 2012:13)。不过,其他开发者和使用者对于如何使用这项技术有着不同的看法。

在十年内,以音乐录音为特色的留声机唱片问世。随着其他形式的录音大量出现,音乐成为录音技术的主要应用领域。起初,留声机唱片的标准转速是每分钟78转,每面唱片可存储3分钟的录音。1948年,黑胶唱片(LP)问世,转速为每分钟 $33\frac{1}{3}$ 转,成为其后30多年的行业标准。20世纪60年代,磁带出现了。磁带的流行得益于简单易用的盒式磁带的出现,这使人们第一次可以便捷地录音或组装混合磁带。这项技术也让音乐变得更加移动化,因为磁带既可以在汽车音响上播放,也可以在便携式磁带机上播放,例如,索尼(Sony)的随身听(Walkman)——

iPod 的前身。在 20 世纪 80 年代初，录音技术变得数字化，CD 成为主导的录制格式。到了 20 世纪 90 年代，MP3 等压缩数字文件格式使音乐可以通过互联网快速传播，并且可以存储在小巧的 MP3 播放器和智能手机上。自 2011 年起，数字音乐的销量开始超过光盘和黑胶唱片，成为音乐销量的主力军。然而，音乐唱片的销售模式已经被 Spotify、潘多拉（Pandora）和 Apple Music 等流媒体音频服务的订阅模式所取代。自 2016 年以来，流媒体音频服务占据了数字音乐收入的绝大部分（International Federation of the Phonographic Industry 2017a）。流媒体用户不仅无须购买唱片即可收听音乐，还能在大量的唱片中进行选择，打造定制化的使用体验。

录音背后的技术通过不同的形式，为听众和音乐人带来了巨大的社会变化。录音技术使音乐表演——不再局限于印刷的乐谱——变成可以永久记录下来的作品，改变了音乐家的表演方式与听众的收听方式。在录音技术出现以前，人们只能在现场表演中欣赏音乐，通常是在多人在场的情况下。而且只有在音乐厅、俱乐部等公共场所才能听到专业的音乐。录音技术的出现则意味着人们可以在家里随意收听和重播音乐，并且常常是独自收听，这带来了一种更为私密的收听体验。不过，独自听音乐在当时是一件非常新奇和令人震惊的事，以至于很多用户必须接受关于这种体验的教育。根据当时的一篇文章，如果读者发现自己的朋友独自听录制的音乐的话，他们或许会认为，"这样的活动是心理不健康的证据，无论这种不健康的状态是由精神不稳定还是药物滥用引起的"（Katz 2012：16）。这篇文章继续指出，尽管这种想法情有可原，但在这个音乐可以被录制的新时代，独自听音乐是完全正常的行为，完全无须担心。

在录音技术出现以前，收听专业音乐的机会非常有限，因此很多业余音乐爱好者就会为家人和朋友弹奏乐器、演唱歌曲。录制音乐出现后，社交聚会并没有消失，但在这种聚会上播放录制音乐逐渐成为一件司空见惯的事。不过，这么做有时也会引起争议。作曲家兼指挥家约翰·菲利普·苏泽（John Phillip Sousa）因其早期的进行曲录音作品而名声大噪（Eschner 2017）。但他在 1906 年写的一篇内容极为丰富的文章中发出警告，认为唱片（和自动钢琴）是"对机械音乐的威胁"。他一方面关心版权所有者的权利，另一方面也担心专业录制的音乐会取代现场表演中蕴含的"人类技能、智慧和灵魂"。同时，他还警告人们，随着录制音乐的兴起,"业余爱好者的完全消失只是时间的问题"(Sousa 1906)。

录音技术也影响了艺术家创作的音乐。例如,10英寸、每分钟78转的早期唱片,一面只能存储3分钟的录音,这促使音乐家不得不改变他们的作曲方式。甚至古典作曲家伊戈尔·斯特拉文斯基(Igor Stravinsky)也表示自己不得不做出改变:"我曾经与一家留声机公司合作,准备为我的音乐制作唱片。这次准备让我产生了一个想法——我的音乐时长应该契合唱片的容量。"(Katz 2010:3)这次录制的成果就是诞生于1925年的《钢琴小夜曲》(*Serenade for Piano*)。该作品分为四个乐章,每个乐章大约3分钟,刚好可以存进两张唱片。20世纪50年代,黑胶唱片取代了每分钟78转的唱片,每一面可以存储超过20分钟的录音。不过,旧式唱片的3分钟标准依然存在,因为这种标准适用于低价出售的每分钟45转的"单曲"唱片。因此,在20世纪50年代、60年代乃至之后的一段时间内,几乎每一首流行音乐的时长都在3分钟左右。

在录音机发明之前,听众只能在公共环境中现场感受音乐,这也是许多社区在本地的公园里设有乐队演奏台的原因之一。留声机出现之后,听音乐变得更加私密化和个性化。

新的录音技术也改变了音乐家的体验。在唱片出现以前,对专业音乐人来说,现场表演才是音乐艺术的精髓。然而,随着录制音乐产业的发展,录音室音乐作品成为流行音乐人的主要收入来源。(新生代的"录音乐手"也是如此:他们是被雇来为唱片演奏的音乐人,虽然技术高超,但不为人知。)到20世纪中叶,最受欢迎的艺人会举办巡回演出,其主要目的是为唱片的销售做宣传。不过,制作精良的录音室作品可以使用复杂的制作技术,比如将同一个艺人的许多音轨进行重配,从而创造出无法现场演奏的录制音乐作品。最为著名的例子就是披头士乐队(The Beatles)。他们当时之所以停止了巡演,一部分原因是他们在职业生涯后期制作的录音室作品无法在舞台上进行表演。

不过在20世纪末期,新技术又调转到有利于现场表演的方向。一方面,音乐"盗版"现象(通过易于下载的数字唱片)和流媒体服务破坏了录制音乐的销售情况,这使得人们没有必要再购买唱片。于是,音乐人开始依靠现场演出获得大部分的收入。另一方面,新技术有时也会增强现场表演的效果。合成器和采样器使得在现场表演中加入复杂和预先录制的声音变得容易。更有争议的是,对口型表演变得很普遍。录制的音乐长期以来被用来模仿"现场"表演。

早在20世纪40年代,在投币式电影点唱机上播放的"音乐短片"(soundies)——当时的音乐录像——中,就有艺人进行对口型表演。在20世纪后半叶的电视上,《美国舞台》(*American Bandstand*)和《灵魂列车》(*Soul Train*)等流行的青少年舞蹈节目都有最新唱片的对口型表演。到世纪之交,在流行音乐产业中,"现场"演唱会上的对口型表演也变得流行起来。著名流行歌手如碧昂丝(Beyoncé)①、玛丽亚·凯莉(Mariah Carey)、麦当娜(Madonna)和布兰妮·斯皮尔斯(Britney Spears)都曾在舞台上有过对口型表演。不过,采取这种做法的原因各有不同:在录音室通过数字处理创作的音乐的最大特点是自动调音(Auto-Tune),无法进行现场表演;紧张的巡演日程和多变天气下的户外表演给艺人的声带带来了压力;现在的演出还经常包含运动型舞蹈表演,这使得同步演唱变得困难(Lubet 2017)。因此,结果通常是现场表演与预先录制的作品的混合。

录音技术已经影响了我们的日常生活方式以及音乐家的工作方式。但是,录音技术的应用和发展与其发明者最初的设想已经相去甚远。从简单的商业口述记录服务到更广泛的应用,用户的选择极大地改变了录音技术的发展轨迹。音乐产业也影响了我们体验流行音乐的方式。总而言之,录制音乐并没有像一些人所担心的那样摧毁业余音乐人的能

---

① 碧昂丝,1981年9月4日出生于美国得克萨斯州休斯敦,美国女歌手、演员。

力。恰恰相反，不仅有数以百万计的人能够使用录音技术自学乐器，还有更多的人尝试了新的录音技术，进而创造了新的音乐形式。比如，DJ在嘻哈表演中对唱片进行"搓"盘操作，以及业余爱好者使用大量的采样声音和数字音频工作站（DAW）来编程和演奏多种类型的音乐，特别是电子舞曲（EDM）。

电影与视频

录音使以往转瞬即逝的听觉经验被永久捕捉。对于视觉经验而言，摄影也有同样的功能。人们可以拍下所爱之人的照片，当他们不在的时候，就可以借此寄托思念。人们还可以拍下珍贵的历史事件以供后人参考。摄影技术出现后不久，发明家利用各种装置创造出了"动态画面"。当使用者透过一个盒子，看到一组照片一闪而过时，会产生动态的错觉。现代"电影"诞生于1895年，当时，卢米埃尔兄弟（Auguste and Louis Lumière）首次展示了他们的电影放映机。这架机器利用胶片将动态图像投射到屏幕上，供观众观看。随着电影技术的不断发展，这项技术最终涵盖了同步声音、彩色胶片并且在很大程度上取代了数字技术。

在电影诞生的最初十年，"电影"十分简短，超过80%的电影都是以新闻、旅游、日常生活记录和体育等为主题的（Starr 2004）。随着时间的推移，电影制作者从使用电影技术制作简单的活动影像转向创作越来越复杂的虚构故事。不过，这种变化的性质因其所处的社会环境的差异而有很大的不同。

例如，在20世纪头十年，一家总部设在纽约的"电影信托"机构是一个由10个公司组成的企业联盟，它控制着整个美国电影业。这家信托机构拥有电影技术的一切重要专利，因此，它不仅控制着行业的运作模式，还消除了一切竞争。它规定了发行商应当向制片公司支付的每英尺①胶片的价格，以及放映商为使用放映机专利技术而支付的每周价格等。实际上，电影是按英尺出售的商品。这种安排使价格保持在较低的水平，以确保稳定的观众和可观的收益。不过，这种垄断极大地限制了创造力。它不仅阻碍了电影的进口，还将美国的电影制作项目限制在短时长（20分钟以下）、无争议、不复杂的电影范围内，并且常常由不知名的低薪演员出演。

---

① 1英尺约为30.48厘米。

在同时期的欧洲,尤其是在法国,并不存在电影企业联盟。相反,由知名演员出演的电影长片迅速发展成常态。后来,有几个反叛的美国"独立"发行商拒绝加入纽约信托组织,开始进口外国电影和制作自己的电影,这使得欧洲模式传入了美国。而这些独立的电影制片人在遭到信托公司数百次的起诉后,逃离了纽约,并在其他地方拍摄电影,例如,古巴。但事实证明,洛杉矶是最方便的工作地点,因为他们可以从洛杉矶快速、轻易地穿越墨西哥边境,从而躲避法院的禁令和传票。最终,这些反叛的非法电影制作者逐渐创立了好莱坞电影工业体系。(随着时间的推移,好莱坞制片厂逐渐成为一个新的垄断组织,法院也会进行干预,我们将在第四章对这个问题进行讨论。)

随着独立制片人的崛起,电影产量迎来爆炸式的增长。1914 年,超过 4200 部新电影受到业界媒体评论。美国的电影制作蓬勃发展,并迎合了广泛而多样的市场定位,不同种族、民族和政治派别都被包含在内。第一次世界大战摧毁了欧洲的电影业,却为美国电影业的统治开辟了道路。电影成为美国人休闲活动的核心要素。到 1930 年,65% 的美国人每周至少看一次电影,比例之高令人惊叹。(随着电视在 20 世纪 50 年代的问世,这一比例下降了一半。从 20 世纪 60 年代至今,这一比例一直徘徊在 10% 左右,甚至更低 [Pautz 2002]。)

20 世纪 70 年代末,技术革新彻底改变了用户与电影的互动方式。盒式磁带录像机使人们能够购买或租赁电影回家观看,这使观影体验变得私人化。价格更低廉的摄像机也便于用户拍摄和播放自己的视频。1997 年,数字视频光盘问世,标志着电影向数字格式的转变。数码相机、智能手机和相关软件使普通大众更容易录制、编辑、制作和存储自己的视频,而优兔和维梅奥(Vimeo)等网站则为这些业余视频的上传、存储和展示提供了平台。通过这些网站和社交媒体的分享,个人视频得以进入公共领域。同时,通过基于互联网的视频点播和流媒体服务,如网飞、Hulu 和亚马逊提供的服务,人们可以接触到越来越多的商业电影。

电影技术改变了观众——以及后来的业余电影制作人与电影和视频的关系。但这种技术的发展和应用是由其周围的社会力量所决定的。以美国电影信托机构为形式的行业勾结限制了电影技术的使用,而欧洲的电影制作情况则大不相同。不过,反叛的独立制片人改变了美国的电影业。很久之后,用户利用新技术来录制视频并在线分享,从而改变了视频的性质。从记录猫咪的滑稽动作到记录警察的枪击事件，智能手机视频和社交媒体为电影/视频的创作和消费过程增加了新的复杂性。

无线电广播

无线电广播是在20世纪最初的20年里发展起来的。电报或电话都是通过电线向特定的人或目的地发送信息，与之相比，广播技术的独特之处在于它可以利用电磁频谱来传输音频信号，任何人只要拥有一台便宜的收音设备，并且在信号范围内，就能接收到信息。早期的业余无线电操作员将这一过程称为"广播"（broadcasting），这个词源自一种农耕技巧，即把种子"广撒"（cast broadly）——广泛地撒播——而不是整齐地种植。这是有史以来第一次，媒介生产商再也不用在物理意义上分发其产品（例如，去报摊、唱片店或电影院），公众也不再需要跑到这些地方才能接触到媒介。此外，广播也为直播节目和"免费"内容提供了可能性。和先前的录音技术一样，无线电广播进一步加深了媒体体验的私密化与个人化，有时甚至会取代社会性和公共性的娱乐形式。

虽然早期的广播和我们今天所熟知的这项技术没有什么本质区别，但当时的人们是通过不同的名字了解到这项技术的，对这种传播形式的理解也和今天完全不同。这是因为后来决定无线电技术发展方向的社会力量在当时还没有凝聚起来。当时，无线电产业的企业合并还没有发生，政府还没有管控电磁频谱的使用，投资者也没有认识到生产家用无线电接收设备能获得丰厚利润。我们现在认为理所当然的事——由广告赞助播出的音乐、新闻和娱乐节目构成的广播模式——花了二十年才发展起来（Douglas 1987；McChesney 1994；Schiffer 1991）。

在无线电发明后的第一个10年里，人们将广播称作**无线电**，因为它的发明者伽利尔摩·马可尼（Guglielmo Marconi）是把它作为无须电线的电报来推广的。对马可尼来说，"无线电"是对现存的点对点双向通信技术的改进；它与广播没有任何关系。当时，许多商业机构，尤其是报纸媒体和轮船运输公司都依赖电报进行远距离通信。马可尼希望他的"无线电"可以替代或升级这种远距离通信。当时，没有人会把个人视为无线电的用户，而只用于接收的设备——我们今天所说的收音机——还不存在。事实上，从名称变化中，我们可以看出"无线电"的未来具有不确定性。它先是变成了**无线电报**（radiotelegraphy）；之后，当它开始传输声音而非莫尔斯电码的时候，它又变成了**无线电话**（radiotelephony）；最后则变成了**无线电广播**(radio)(Douglas 1987)。

尽管无线电的发明者有自己的设计意图,但是业余的无线电操作员很快就开始试验这项技术。随着业余爱好者逐渐学会了如何使用新技术,以及如何建造自己的发射器和接收器,一种无线电亚文化便出现了。在这种亚文化中,发送和接收远距离的信息成为一种流行的爱好。当这些业余爱好者在夜间开展收听活动,寻找着数百公里外的信息时,他们就已经播下了广播模式的种子,使收听行为成为一种休闲活动。

由于应用电波的空间有限,人们使用电波的需求又不断增加,因此业余爱好者与商业集团和政府之间发生了冲突。双方都想以各自的方式使用无线电技术,因此,一场关于无线电的控制、定义和正确使用方式的斗争随之而来。企业希望由私人控制电波,将其用于谋求利润;美国海军则希望由政府控制电波,将其用于军事和安全目的,尤其是在战争期间;业余的无线电爱好者主要是1906年至1920年期间的年轻男人和男孩,他们认为电波是一种公共财产,公民可以将其用于相互交流。

美国海军和马可尼公司(Marconi Company)都支持政府对电波的管制,因为这样有助于组织和限制电磁频谱的使用。道格拉斯解释道,他们一致认为"业余爱好者必须被排除在最优质的广播频谱之外。必须将他们从积极的听众转变为被动的听众,只能允许他们听,但不能允许他们'说'"(Douglas 1987:233)。最终,《无线电法》(Radio Act)于1912年出台,该法对电波的使用做了规定,要求所有发射站必须获得联邦政府的许可,从而限制了业余爱好者的使用。因此,甚至在广播的概念形成之前,广播的体制结构就已经形成了:集中化、有执照的发送者以及大量个人听众。

尽管存在这些限制,但业余爱好者依然在使用无线电台,人数甚至更多了。一些人利用政府分配的短波频率,一些人获得了政府颁发的许可证并使用电波,更多的人则继续无证操作。1917年,当美国在第一次世界大战中对德国宣战时,政府命令所有业余无线电操作员关闭并拆除设备。仅在纽约,警方就封禁了800多名操作员的设备(Douglas 1987)。与此同时,海军需要有经验的无线电操作员,于是,招募了那些战后回家的业余爱好者,这些人对无线电技术更加熟悉。到1920年,业余爱好者开始尝试通过广播向其他业余爱好者播放音乐和提供信息,这些接收者则鼓励他们的家人和朋友一起收听。一些业余广播者培养出大量"节目"听众。与此同时,无线电产业则继续聚焦点对点的通信。

匹兹堡的一家百货公司为了增加无线电设备的销量,在一家当地报纸上刊登了一则由业余爱好者弗兰克·康拉德(Frank Conrad)广播的音乐节目广告,这使得一切都发生了变化。不久后,收音机的主要制造商之一西屋公司(Westinghouse)开始赞助康拉德的电台,借此销售其收音机。收音机制造商美国电话电报公司和通用电气公司(General Electric)与百货公司迅速涌入广播行业,通过设立电台来刺激收音机的销售。他们意识到广播模式的市场比点对点模式的市场大得多,有可能获得更多的利润。

很快,拥有一台能收听节目的收音机成为一种时尚。1922年,美国电话电报公司开始出售电波的使用权,就像马可尼对私人通信所做的那样。通过销售广告来赞助节目,这种商业广播模式得以确立。

广播广告的出现是制约业余爱好者发展的重要一步。有学者指出,当收入源于收音机设备的销售时,理想的情况是让尽可能多的机构——非营利组织、教会和其他非商业实体来运营广播电台。广播者越多,消费者购买收音机的动机就越强,收音机制造产业的收入也就越多。然而,这种收入是有限的,因为家庭对收音机的需求总量是有限的。与之相比,广告收入却是无限的,而且广播一旦引进了广告,就会变成吸引听众注意力的一种零和游戏。每个电台都希望有尽可能多的听众收听它的节目和广告。在这种情况下,业余爱好者的竞争就威胁到了商业广播公司的利润,因此需要将其清除。

事态的发展引起了很大的争议,但也并非不可避免。起初,连收音机制造商都担心广播广告的出现。西屋公司的宣传主管认为,"[应该]完全禁止无线电广播服务中的直接广告",因为"广告会毁掉广播业,没有人会支持它"。当时的商务部部长——也是后来的美国总统——赫伯特·胡佛(Herbert Hoover),在1922年谈到无线电时说:"我们竟然让服务、新闻、娱乐、教育以及重要的商业用途这些领域的巨大可能性淹没在喋喋不休的广告中,这是不可想象的。"但在短短几年内,这种情况就成为现实。1931年,联邦广播委员会(FRC,联邦通信委员会的前身)委员亨利·拉方特(Henry Lafount)写道:"商业主义是美国广播业的核心。"

当然,无线电还在继续发展。例如,早期的无线电由于覆盖范围有限,实质上是一个地方性媒介。而当美国电话电报公司利用独家的长途电话线,建立了第一个全国性的无线电广播网络时,这种情况发生了改变。在这种模式下,集中制作的节目通过这些线路可以同步传播到各地。由于拥有更多的听众和广告收入,该公司有能力聘用全国知名的杰出人才,制作高质量的节目,这是地方广播公司无法比拟的。但是,美国电话电报公司为时短暂的主导地位受到了美国无线电公司(RCA)以专利为由发起的挑战,这家公司脱胎于马可尼公司。最终,经过一系列法庭审判和具有约束力的仲裁协议,美国电话电报公司同意:如果对方不再挑战其长途业务,它愿意退出无线电业务。于是,美国无线电公司给它的网络起了一个新的名字:全国广播公司(NBC)。

广播这种新媒介经过了很多年才变成我们今天熟悉的样子。广播始于"无线电",最初被设想为一种没有电线的电报,可以改善点对点的通信。业余无线电爱好者把这项收发长途信息的技术发展为一种爱好。直到后来,广播才成为播出音乐、新闻和谈话节目的主要渠道。

新兴的大型广播集团鼓动联邦广播委员会帮助其摆脱与地方电台的竞争,从而为其大型电台和广播网络建立"畅通的渠道"。这些广播集团认为它们拥有更好的设备和更高质量的节目,可以更好地服务公众。联邦广播委员会同意了这一请求。于是,一个属于数量众多的小规模的地方广播的时代基本结束了。后来,在害怕竞争加剧的无线电巨头的要求下,联邦通信委员会推迟了调频无线电广播这项可以更远、更清晰、以更小功率传送信号的技术的引进,创新因此停滞了好几年。从这些例子可以看出，一项技术能否应用同样取决于企业和政府。

广播向被广告包围的音乐、新闻和广播连续剧的方向发展的过程，并不是一些技术命令的直接结果。事实上，无线电的一个重要技术性能——既能发送信息，又能接收信息——很大程度上被最终的发展模式所抛弃，最终只在短波频率广播中保留了一点点残余。通过将技术以外的因素纳入对无线电的理解，我们可以看到，人们通常视为理所当然的无线电发展规律，实际上产生于一个涉及商业利益、业余用户和政府监管者的复杂社会过程。此外，我们还可以看到，最终的发展结果并不是不可避免的。基本的无线技术本可以在不同的方向上得到应用或进一步发展，从而导致不同的社会后果。

我们不需要依靠单纯的猜测来想象其他可能性。在其他国家，广播的作用与美国并不相同。在一些国家，广播是一种截然不同的公共服务传播形式。人们希望广播发挥有益的作用，提高政治话语的标准以及培养更高的音乐品位。有时，这种自上而下的传播被滥用了。例如，纳粹宣传部部长约瑟夫·戈培尔（Joseph Goebbels）把广播称为"极权主义国家的精神武器"。在其他国家，听众使用电波的机会要多得多，那里的广播并不像美国一样热衷于销售产品。相反，在一些国家，比如，英国、澳大利亚、阿根廷和乌拉圭，一部分电波被指定用于"社区广播"（Gordon 2008；Hintz 2011；Rennie 2006）。

广播的演变及其应用方式的变化再次说明了这样一个事实，即我们不能仅仅通过观察一种新媒介的技术成分来理解它，因为这会忽视最终决定其使用方式的社会过程。

电视

作为一种无线传播的媒介，电视结合了电影记录、显示移动图像和声音的能力与广播的直播能力。直到20世纪30年代，大多数电视机都是一种机械装置，通过使用一个带孔的旋转盘扫描一个位置来产生图像。然后，图像被传送到用户的接收器上，接收器使用另一个旋转的圆盘来显示原始的移动图像。只有作为一种电子设备，电视才变得实用。作为电子设备的电视会使用阴极射线管，通过在荧光屏上扫射电子束来产生质量更好的图像。

早期电视技术的应用可能威胁到了广播的主导地位。然而，在成功地消除了与业余广播的竞争之后,各大广播公司也有效地拖延了与电视的竞争,甚至摧毁了潜在的电视竞争者。全国广播公司的所有者美国无线电公司在 20 世纪 30 年代向联邦通信委员会表示:只有像美国无线电公司这样有经验和负责任的组织,才有资格获得广播许可,因为只有这样的组织才会坚持崇高的服务理想,从而得到人们的信任。美国联邦通信委员会同意了这项建议,并严格限制拥有广播资格的电视台的数量。这种限制一直延续到 20 世纪 40 年代,有效地禁止了任何来自业余爱好者或新生力量的竞争。这不仅让美国无线电公司有时间在开发——在某些情况下是偷窃——新技术方面迎头赶上,也吓跑了与之竞争的技术企业的潜在投资者,使发明家和创新者破产。这样就只剩下大型无线电公司拥有足够的资本进入电视领域。

结果,主导广播的几家公司也成为电视的主导者:全国广播公司和美国广播公司(ABC)脱胎于美国无线电公司的广播业务,而哥伦比亚广播公司的电视业务则是从哥伦比亚广播公司的广播业务中分离出来的。(第四家——昙花一现的杜蒙电视网[Dumont network]——由一家电视设备制造商所有。)这导致节目几乎没有任何创新;早期的电视实际上差不多就是带图片的广播。三大网络只是将他们的广播节目和广告商转移到新的电视媒介上。

基于广播的成功,制造商和广播公司将电视打造成另一种私人娱乐的形式,让一家人欢聚一堂,足不出户就能享受到公共娱乐。它们取得了巨大的成功(同时也造成了电影票房的损失)。从 1946 年到 1955 年,电视花了不到 10 年的时间就走进了 65% 的美国家庭,到 1960 年,更是走进了 90% 的家庭(Spigel 1992)。电视很快就成为美国人生活的一个重要部分。在经历了半个世纪的模拟电视之后,制造商和广播公司最终在 2009 年成功说服美国政府下令让所有电视台都转为使用数字信号。这标志着又一个媒介向通用数字格式的转变。数字节目可以很便捷地通过无线传输、有线电视电缆、光纤或互联网流媒体被传输到各种设备上,而不仅仅是电视机。

电视与日常生活

在其令人瞩目的崛起过程中,电视业既适应着已有的家庭习俗,又试图改变这些习俗(Spigel 1992)。

在这个时代,人们认为中产阶级的白人女性除了做家务之外,在白天有大把的"空闲时间"用于休息或放松。因此,制片人将早期的大多数电视节目对准女性观众,将其视为人数最多且最容易接触到的观众。虽然早期的广播公司主要是将广播节目重新包装成电视节目,但它们很快就认识到,不同的技术适合不同类型的观众。广播可以在女性工作时提供娱乐,因为广播是一种纯粹的听觉媒介,收听广播并不会干扰其他活动。然而,电视是一种视觉媒介,如果把电视定位为女性在做家务的同时可以享受的东西,就困难得多。电视业的领导者担心这种新媒介可能不适合女性的生活,因此可能不会得到充分的利用或者甚至会被完全忽视。

早期的电视与电脑制造商试图把新技术用作一种巩固现有社会关系的途径来开展销售活动。随着时间的推移,这两项技术都将给日常生活带来巨大的变化。

1952年,制造商为了克服这一障碍,开发出一种电视炉(TV-Stove)。这种电器可以让女性一边做饭一边看电视。电视业希望可以通过这样一款适应现存文化习俗与传统的设备来吸引忠实的观众。电视炉的例子表明文化习俗可以影响媒介技术的发展。而这个产品最终在市场上的失败则证明,用户的偏好有时候甚至比技术创新更有力量。

相比之下,在制作适合20世纪50年代中产阶级女性的节目内容方面,电视公司显然更加成功。制片人将"肥皂剧"(名称取自经常赞助它们的肥皂制造商)和综艺节目设计成不打扰女性做家务的节目。肥皂剧的动作不多,但有大量的语言,而且经常重复相同的主题。观众可以在隔壁房间收听节目,即便错过好几集,也能跟得上剧情。综艺节目则会从一幕转到另一幕,即便观众只看了某些片段,也很容易做到乐在其中。这也是家庭妇女的理想选择。

电视业还试图使家庭习惯与看电视这一活动相适应。正如斯皮格尔所言,"电视网不仅满足于让其节目适应观众的接收节奏,还试图将看电视这一活动变成一种新的日常习惯,从而改变人们的接收节奏"(Spigel 1992:85)。例如,全国广播公司的《今日秀》(Today Show)①被宣传为以电视形式出现的晨报。此外,电视网还会将节目安排常规化,预告即将播出的节目,并且将节目时间与妇女和儿童的家庭活动联系起来。所有这些都是为了鼓励观众根据电视节目表来调整自己的日常安排。

最终,电视成为美国消费文化的核心,影响并颠覆了美国人的传统、习俗和购买习惯。不过,电视并不是一个被预先决定的实体;正如媒介反过来影响了文化习俗一样,这些习俗也影响了它的早期发展和使用方式。

有线电视

与广播一样,无线电视也依靠电波来发送信号。由于带宽的限制,任何市场的广播电台数量都是有限的,而且受众必须在广播信号的覆盖范围内才能接收到节目。从 20 世纪 40 年代末开始,在广播信号无法正常到达的偏远地区,一些非专业的运营者开始架设巨大的天线来捕捉微弱的信号,并通过电线将电视内容转发给当地的付费用户。当时的人称之为社区天线电视(CATV),这标志着有线电视的诞生。

早期的有线电视市场很小,而且因为它只是增加了现有节目的受众,所以广播公司并没有对此特别关注。但随着时间的推移,有线电视的业务范围不断扩大。有线电视开始走进更大的社区,最终开始使用微波塔(第一种替代电话线来进行长途通信的设备)接收来自远方的节目。如果仅仅通过无线电波传输的话,许多地方的观众就无法接收到这些节目。由于本地观众现在可以观看来自国内其他地方的节目,这对广播公司的商业模式造成了威胁。于是,这些广播公司提起诉讼,声称有线电视侵犯了其版权。但在 1968 年,最高法院判决有线电视运营者胜

---

① 《今日秀》,也叫《今天》(Today),是美国全国广播公司的一档晨间新闻和脱口秀节目,于 1952 年 1 月 14 日首播。

诉。广播公司随后向联邦通信委员会求助,于是该委员会开始颁布新的法规,禁止有线电视进入规模较大的市场,否则就要扼杀整个行业。随着有线电视的扩张停止,投资也停止了。

然而,到了20世纪60年代末,尼克松政府主张放松对有线电视的管制,开始推动这一服务领域的开放,并通过分离线路的所有者与节目制作者来避免垄断。有线电视的支持者认为这有助于解决带宽不足的问题。新的频道可以用于公共服务,并成为替代广告驱动的广播的一个非商业性方案。在这一设想中,有线电视运营商只会控制少数几个频道,而大多数有线电视频道可以用于公益节目的播出或供出租。最终,有线电视的确扩张了,但它是作为一个完全商业化的系统得到扩张的,只保留了少数几个地方性的"公共"频道。

1972年,作为公共娱乐私营化的长期趋势的产物,家庭影院正式推出了"家庭影院"服务,将无广告的电影和体育赛事搬到了电视上。它是最早的一批主要依靠用户订阅而非广告收入的频道。1975年,家庭影院进行了技术创新,开始使用卫星而不是美国电话电报公司的长途线路或微波塔来传输内容。这吸引了特德·特纳(Ted Turner)的注意,他在1976年创建了一个"超级转播站",先是通过亚特兰大转播站把信号传输到卫星上,然后再通过卫星把这些信号发送给全国各地的有线电视运营商。1980年,他采用类似的技术手段,推出了有线电视新闻网(CNN)。在接下来的十年里,其他人纷纷效仿,新的有线电视网络,比如,娱乐与体育电视网(ESPN)、音乐电视网(MTV)、精彩电视台(Bravo)、娱乐时间电视网(Showtime)、黑人娱乐电视台(BET)、美国探索频道(Discovery Channel)和美国气象频道(Weather Channel),以及许多后来最终失败的电视网络相继诞生。长期以来,电视以来自三大广播网的内容有限且大同小异的节目而闻名,但有线电视的惊人增长改变了这一现状。广播电视网络(现在通常是有线传输的)将继续为广告商提供大量的主流受众,但有线电视频道的生存方式则有所不同。它不仅可以实现"窄播"(narrow-casting),帮助广告商定位到特定的观众群体,还可以引导观众为自己所喜爱的内容付费。

相对于无线电广播电视技术只能容纳数量有限的电视频道,有线电视技术显然更胜一筹。电视的商业模式及其社会影响也因此发生了变化。正如我们所见,早期的大众媒体——报纸和地方电台——按照地域的划分零散分布,这是因为技术限制意味着大部分内容都是在当地制作和传播的。之后,广播和电视网创造出一种更加统一的、主流的、全国性的文化。例如,当埃尔维斯·普雷斯利(Elvis Presley)在《埃德·沙利文秀》(The Ed Sullivan Show)中表演时,他的出现吸引了高达83%的拥有电视的美国家庭。(相比之下,近年来,即使是收视率很高的超级碗[Super Bowl]①,美国家庭的收视率也不到50%。)在那个时期,美国观众共享着一种电视文化,但电视节目通常平淡无奇。之所以这样设计节目,是不想冒犯观众或者潜在的广告商。这些节目也完全不能代表整个国家。在节目中,基本看不到有色人种和主流即白人中产阶级以外的其他群体。

然而,有线电视的商业模式改变了这一状况。这种模式使观众可以看到数量更多、类型更丰富的节目。但是,那些专门为规模更小、有时更愿意尝试新鲜内容的观众制作的节目,再度导致了文化的碎片化。不过,这种碎片化是以兴趣、品位以及新闻和评论的政治倾向,而不是以地域差别为基础的。但从商业模式的角度来说,有线电视仍然是同质化的。除了少数例外,有线电视依然需要迎合广告商和吸引用户,这是一种不折不扣的商业化模式。早期的有线电视爱好者将其视为一种可以取代商业广播网的公共服务,但这种愿景显然没有实现。相反,正如某些批评家指出的那样,有线电视网逐渐发展成为强大的地方性垄断企业,其高价套餐中充斥着许多无人问津的频道。有线电视运营商认为,这种套餐模式为那些无法独立生存的规模较小的电视台提供了财力支持。然而,近年来,一些断线者开始用脚投票,纷纷抛弃了有线电视,而更多地依靠流媒体服务来进行电视和视频娱乐(现在,"电视"一词经常被"视频"取代)。结果,人们不断使用涌现出来的体积更小、成本更低的媒介来取代有线电视。

无论是通过无线电广播、有线电视还是流媒体技术,商业电视成为美国消费文化的核心,影响并颠覆了美国的传统、习俗和人们的购买习惯。不过正如我们所见,电视并不是一个被预先决定的实体,文化实践塑造了它的早期发展和使用方式,反之,它也对文化实践产生了影响。

---

① 美国国家橄榄球联盟举办的年度冠军赛,一般在每年1月的最后一个星期天或2月的第一个星期天举行。

互联网

互联网在很多方面主导着今天的媒体格局。和早期的技术一样,互联网不仅促成了社会变革,同时也受到一系列社会力量的影响。由于我们将在全书中探讨许多与互联网有关的动态,因此我们在此只对将互联网与其他媒体形式区别开来的狭义技术问题进行概述。

创建互联网

互联网是一个庞大的互联计算机网络,其底层技术是在半个多世纪的时间里发展起来的(Abbate 1999;Hafner and Lyon 1996;Naughton 2000)。

冷战期间,为了应对苏联发射的第一颗太空卫星"斯普特尼克号",美国国防部于1958年组建了高级研究项目局(ARPA),开发前瞻性军事应用技术。两年后,该项目的负责人之一约瑟夫·利克莱德(Joseph Licklider)写道:"希望在不久的将来,人类的大脑可以和计算机器非常紧密地耦合在一起,由此带来的伙伴关系将会以人类大脑从未想过的方式进行思考和处理数据,这种方式是我们今天所知道的信息处理机器所无法企及的。"(Licklider 1960:75)

1966年,这个团队正式推出阿帕网(ARPANET)。这是一个由政府和大学中的计算机组成的小型网络,它率先通过"分组交换"(packet switching)将信息分解为小数据包,然后沿着不同的路线分别发送,最后由接收端的计算机将其重新组合(见图2.4)。这项技术最初是用来确保在核攻击摧毁了网络中一个或多个节点后,整个网络依然可以进行军事通信。但最终,它成为今天我们所看到的互联网的雏形。

约半个世纪前的1968年,利克莱德及其同事罗伯特·泰勒(Robert Taylor)曾颇有预见性地写道:"将来,人们之间的沟通会变得更有效,因为这种沟通是通过机器而不是面对面的方式进行的。"他们设想,"在地理上彼此隔绝的人所组成的互动社区",将创造出"分布在不同位置的智力社群",随时可以应对任何问题。这些"在线社群""通过电信渠道相互联系,其基础不是共同的位置,而是共同的兴趣"。他们希望,"在线生活将更加幸福,因为人们将会基于共同的利益和目标,而非偶然的接触来选择密切互动的对象"。他们还认为,进入这种网络应该成为一种权利,而不是一种特权,这样每个人都能从中受益。他们最终得出结论:"如果这种网络被证实能像一些人所设想的那样可以为教育服务……那么,它对人类的好处显然是不可估量的。"(Licklider and Taylor 1968)

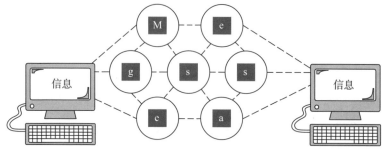

图 2.4 互联网分组交换

互联网技术使从一台计算机发出的信息能够被分解成微小的数据包,这些数据包通过可行的最佳路径进行传输,然后由接收端的计算机重新组合。在大型网络中,这种技术可以帮助避免出现信息堵塞或系统崩溃的情况,从而加快了信息传输的速度。同时,它还帮助把互联网建设成为一个既不易封锁,也不易关闭的高度去中心化的媒介。

阿帕网在 1969 年上线,起初只连接了四所大学。20 世纪 70 年代,研究人员制定了标准语言和协议,所有想要连接到这个网络的计算机都要使用规定的语言和协议。到 1975 年,有 50 多所大学和政府机构加入了这一网络,其发展速度越来越快。在 1983 年,阿帕网一分为二,形成了美国军用网络(MILNET)和由美国国家科学基金会(NSF)控制的民用网络——国家科学基金会网络(NSFNET)。在美国国家科学基金会的指导下,规范数据包大小和流速的标准化通信协议(传输控制协议/互联网协议[TCP/IP])被采用,这使得任何计算机都可以接入不断发展的互联网。美国国家科学基金会为这种网络的国家"主干"提供免费的支持。

当互联网的军事用途与民事用途分离后,政府财政支持的附加条件就变得相对较少。这使得早期开发者能够在没有商业市场压力的情况下开展工作。他们都怀有一种技术主义的乐观信念,"相信人类可以通过技术取得进步"(Castells 2001:61;Kahn and Kellner 2004)。在这一背景下,在计算机狂热分子(有时被称为黑客)中间出现了一种亚文化,倡导共享、开放、去中心化和免费使用计算机等原则(Jordan 2008;Levy

2010)。他们的努力为后来的"开源"与"自由软件"运动奠定了基础。

在早期,互联网的使用者一般仅限于工程师、计算机科学家和其他需要掌握专业计算机技能的人。然而,当位于瑞士的欧洲粒子物理实验室(European Laboratory for Particle Physics)(人们熟知的欧洲核子研究中心[CERN])的英国科学家蒂姆·伯纳斯-李(Tim Berners-Lee)创造了一个用户友好的网络界面,并将其免费发布到公共领域时,这种情况发生了改变。1991年,"万维网"发布,它在网址的开头创造了我们所熟悉的"www",并且通过超文本实现了网页的"点击"浏览,这让人们可以更容易地使用互联网上不断增加的资源。(这也标志着一种普遍而错误的观念的开始,即认为"万维网"和互联网是同一个东西。)

同样在1991年,美国国会通过了由时任美国参议员阿尔·戈尔(Al Gore)起草的《高性能计算与通信法》,主张大幅扩建公共信息基础设施,即后来人们耳熟能详的"信息高速公路"。此后不久,美国国家科学基金会发布了国家科学基金会网络的"可接受使用政策"(Acceptable Use Policy),确认其服务是为了"支持开放式研究和教育"。商业公司的研究部门也可以使用它,但只能"从事开放的学术交流与研究"(NSF 1992)。

不过,随着互联网覆盖更广泛的公众的潜力越来越明显,一些企业开始经营自己的私人网络,投资者也在寻求互联网的商业用途,而非公共用途。早在1988年,美国国家科学基金会就开始讨论互联网的商业准入问题,并主办了一系列关于"互联网的商业化和私有化"的会议。正如媒介学者罗伯特·麦克切斯尼(McChesney 1999:130)所言,"关于互联网的私有化对个人用户究竟意味着什么这一问题,没有人有确定的答案",而且在这一过程中,公众的参与度很低。然而,最终情况还是很快发生了变化;到1995年,美国国家科学基金会停止了对互联网发展的资助,导致后者最终成为私营公司的专属领域。

互联网协会是一个帮助维护那些支撑互联网的技术与应用的非营利组织,该协会主席指出:"互联网的机制分布十分广泛,政府试图对之进行控制的行为是十分愚蠢的。当然,是他们通过提供资金创造了这项技术……但如今,孩子已经长大,离开了原来的家。"(Quick 1998)

互联网的成长

军方阿帕网项目中的一些研究人员把自己视为离经叛道的人,他们敢于挑战军事系统的封闭结构,提倡分享与去中心化的价值观,这些价值观后来成为互联网基础设施的一部分。同样,随着互联网的商业化,一些早期的互联网相关企业是由受到20世纪70年代社群主义反文化(communitarian counterculture)影响的人领导的(Turner 2006)。如果平等主义的嬉皮士生活方式——使用《全球概览》(*Whole Earth Catalog*)①推荐的产品、吸食迷幻药,以及追求个人自由——被证明是不切实际的,那么,新技术或许提供了一条不同的解放之路。企业界那种过时的、集中的、带有IBM主机的计算机,象征着毫无个性的陈旧体制;而硅谷创业公司里的新型网络化"个人"计算机则代表了个体反叛的力量。1984年,一则苹果公司的电视广告,通过明亮的彩虹条纹水果标志,生动地表现了这种情感。在这则著名的广告中,苹果公司推出的新款麦金塔(MacIntosh)计算机与对一个暗淡的黑白世界中的奥威尔式(Orwellian)"老大哥"的抨击联系在一起。这种狂热的技术乌托邦主义(有时受到马歇尔·麦克卢汉作品的启发)的结合体,披着反文化的"反叛"外衣,目标却是在最大程度上实现资本主义商业的成功。事实证明,这些不同观念的混合物具有相当大的影响力,至今依然对技术的发展发挥着作用。(当然,具有讽刺意味的是,这些曾经时髦、叛逆和具有颠覆性的科技公司,有的已经成为我们这个时代最成功的企业巨头。)

随着互联网的"成长",对于潜在收益的兴奋情绪在20世纪90年代后半期变得日益疯狂,促成了对新"网络"公司的狂热投资,进而推动美国股市达到前所未有的水平。但当时的消费者对在网上购买杂货(webvan.com)、猫砂(pets.com)或体育用品(mvp.com)并不感兴趣。因此,很多备受关注的公司纷纷倒闭,网络公司"泡沫"在2000年破灭,股市随之暴跌。

但随着互联网在21世纪第一个十年里重新在社会中逐渐站稳脚跟,人们更加重视这种技术如何让用户定制、创造和分享内容,而不是简单的网上购物。Web 2.0就是强调一系列互动能力的流行标签之一,代表一种不同于早期互联网的技术变化。互联网的拥趸认为,新技术使博客、社交网站、优兔等内容平台,维基百科等协作性知识生产平台,《魔

---

① 《全球概览》是存在于美国嬉皮士运动期间的一个反主流文化杂志和产品目录,由斯图尔特·布兰德(Stewart Brand)创办。该刊在1968年至1972年期间每年出版数次,此后偶尔出版,直至1998年停刊。

兽世界》等虚拟游戏和《第二人生》等虚拟世界得以兴起。

事实上,Web 2.0并没有反映互联网技术能力的任何实质性变化。相反,Web 2.0是2004年提出的一个概念,用来表达软件开发者和用户在现有媒介利用方式上的转变(Scholz 2010)。这一概念还具有炒作的成分;随着网络公司泡沫的破灭,开发者必须让投资者相信Web 2.0具有一些新颖的与之前的技术有本质不同的特性,从而可以获得比网络公司时代更好和更安全的投资。正如广播和电视技术的用途随着时间的推移而变化一样,Web 2.0强调并发展了互联网自诞生以来就具备的能力。这再次说明了社会力量造成的变化,是如何被普遍而错误地理解为技术创新的结果的。

随着笔记本电脑、平板电脑,尤其是智能手机等移动设备的发展,世界的网络连接性进一步加强了。如今,人们可以轻而易举地联网和使用这些设备,这意味着这些设备已经融入了人们的日常生活。可穿戴技术和"物联网"等不断涌现的创新表明,互联网与日常生活的融合趋势在未来会更强。(我们将在第八章和第九章探讨这种发展对用户和社会的影响。)

互联网时代的特征

与其他媒介技术一样,互联网从问世到大规模应用的发展路线并不是一条直线。相反,正如我们所见,互联网是一个复杂的社会过程的结果,其中涉及政府的资助、计算机爱好者文化、商业利益,以及用户的偏好。但是,当前互联网的技术基础设施——其中大部分对用户来说仍然是不可见的——具有一些独一无二的特征,而这些特征又对社会产生了重要的影响。

首先,互联网被设计和建设为一个开放的、去中心化的平台,任何人都可以使用通用的网络语言和协议来接入互联网。与有线电视不同,互联网并不是由产业公司控制的私有的营利性企业。相反,互联网在创建之初受到研究经费的资助,容纳了不具商业可行性的项目,而且互联网的先驱者还积极倡导一种公共服务文化。这使得早期的网络专家能够以快速的步伐进行试验和创新,并有效应对在发展这一新媒介的过程中所面临的巨大挑战。他们为这些挑战找到的解决方案至今仍然影响着互联网的运作方式。

其次,互联网的结构设计是为了让用户对自己的经验拥有相当大的控制权;它是一个非专业化的平台,可以容纳用户想做的任何事。这让用户可以在不受地理位置限制的情况下进行互动,进而改变了人际交流的方式。我们可以与全球各地的朋友视频聊天,或者与不同位置的用户在推特上进行互动。正如我们在第一章中看到的那样,这有时会模糊人际传播和大众传播之间的区别,在传统大众媒介一对多模式的基础上,增加了多对多的网络传播模式。此外,不像传统的广播电视会受到节目表的限制,互联网用户可以自行决定访问的内容和时间。更重要的是,拥有相对较少财力和较低基本技术素养的人,可以利用低成本的数字媒介工具来创造和分享原创内容。对世界上的穷人和文盲——实际上这也是世界上大多数人的状态——来说,做到这一点依然需要跨越重重障碍。但即便如此,知道如何创造可以被广泛共享的媒介内容的人,比人类历史上任何时候都要多。

再次,互联网是第一个体现了**数字化**(从模拟媒介到数字媒介的转变)和**融合**(各类媒介之间界限的模糊)特征的媒介。各种模拟媒介技术之间存在几乎无法跨越的物质鸿沟。例如,在纸上印刷文字、将声音录入黑胶唱片槽,以及赛璐珞胶片上的化学显影等技术,都以各不相同的方式运作。相比之下,数字化技术使印刷品、声音、图像和视频能够以一种单一的通用语言,即二进制的计算机代码 1 和 0 来进行记录、复制、存储和传输。正是这种共同的数字基础,使我们的电脑、电视或智能手机能够访问文本、图像、视频和声音,并与其他数字设备进行"对话"。由于这些代码很容易被复制和分享,媒介内容因此变得丰富起来。数字化还为媒介融合创造了条件,以前截然不同的媒体形式现在变得模糊了起来。例如,"报纸"不再需要纸张,就可以在网站上发布带有嵌入式视频和音频文件的新闻报道。在过去几十年里,数字媒介的发展、互联网的兴起以及移动设备的普及,极大地拓展了媒介的社会意义(Bolter and Grusin 2000; Lister et al. 2009)。

最后,互联网是一个全球性的传播系统,其治理结构超越了任何一个国家的监管范围,这在法律与习俗层面形成了巨大的灰色地带。例如,民族国家可以对互联网施加管控,甚至可以关闭部分网络,但很难完全有效地做到这一点。互联网被有意设计成去中心化的结构,从而可以抵御任何特定节点的关闭带来的风险,这为精通技术的用户提供了许多可能的变通方法。那么,谁应该不受限制地使用互联网?面对网络犯罪分子和其他不法用户的时候,谁能够对其进行监管和控制?当我们的世界——不仅是个人,还有能源网、银行、学校和媒体——越来越多地与互联网相连,并高度依赖互联网的时候,如何在保持互联网的灵活性和开放性的同时增强其安全性?互联网的不断扩展引发了许多这样的问题和担忧,即使它仍然蕴含着其先驱者所设想的一些美好愿景。

正如柯伦、芬顿和弗里德曼(Curran, Fenton and Freedman 2016:1)所指出的那样,"在20世纪90年代,权威专家、政治家、政府官员、商业领袖以及记者都预测,互联网将会改变世界"。比如,促进全球繁荣、推动文化和政治的民主化、削弱独裁统治以及促进全球的相互理解。尽管现实与这些理想主义的预言相去甚远,并产生了许多意料之外的后果,但是互联网已经带来了各种各样的经济、社会与政治变化。在本书中,我们会对其中一些变化进行详细讨论。

结论

在位于瑞典赫尔辛堡(Helsingborg)的失败博物馆(Museum of Failure),我们可以看到众多技术创新的失败案例。比如,数字视频租赁光盘(Divx Disc)①和电导(Teleguide)②,还有比较著名的谷歌眼镜、苹果牛顿机(Apple Newton)③和索尼盒式录像带(Sony Betamax)④。(要想了解其中任何一个产品,你只要在互联网上简单搜索一下即可。与这些产品相比,互联网显然是一个巨大的成功。)从某种意义上来说,失败博物馆佐证了本章的一个观点:一项新技术的发展和使用并不是不可避免的。它们的命运是由经济、政治和社会力量所决定的。技术很重要,能够带来巨大的社会变革,但技术的发展和应用是创造、部署、监管和使用技术的人所带来的结果。

---

① 数字视频租赁光盘是由美国 Digital Video Express 公司于1998年推出的一种付费租赁视频光盘格式系统,试图取代传统的线下光盘租赁方式,用户通过电信网络支付一定的费用后可在限定的时间内播放视频光盘内的内容。该系统发布一年后宣布失败。

② 电导是由瑞典国家电信公司于1991年推出的一款通过电话线联网的信息服务终端设备,仅推出6个月后,项目就宣告失败。

③ 苹果牛顿机是苹果公司于1993年推出的一款早期掌上个人数字助理设备,具有触屏、红外线、手写输入等功能,1997年停产。

④ 索尼盒式录像带是索尼公司于1975年开发的一种盒式录像磁带格式和相应的设备系统。在录像带格式竞争中,它最终输给了VHS格式,后者主导了大部分市场。Betamax系统的录像机和磁带分别于2002年和2016年停产。

正如我们所见,20世纪的通信技术中出现了一系列颠覆性创新,包括电报、电话、广播、电影、电视、有线电视以及互联网。有媒介学者认为,这些新技术的演变有一些相似之处,并指出,一项创新在问世之初往往会开启一个理想主义的实验阶段。通常,人们会用一种利他主义的,甚至乌托邦主义的态度,来吹捧这些新技术,认为它们会给人类社会带来巨大的好处。比如,发明家尼古拉·特斯拉(Nikola Tesla)曾预言,有了无线电,"整个地球将变成一个巨型大脑,因为它的每一个部分都能对外部环境做出灵敏反应"。先锋电影导演大卫·格里菲斯(David Griffith)宣称,儿童再也不会被要求读历史书了,因为公立学校的儿童将通过电影来学习一切知识。20世纪70年代的一项研究声称,有线电视带来的革命丝毫不逊于活字印刷术带来的革命,而且前者的革命性影响可能会更大。现在,如前所述,互联网已经被吹捧为人类历史上最重要的一项变革性成果。

然而,当新技术有可能取代旧技术或使过时的旧技术及其利润消失的时候,传统的技术公司就会试图控制它。他们会驯服技术的实验性用途,将其标准化为一种封闭的形式,从而可以对其进行集中控制,更高效地攫取利润。而所有这些行动都会以为用户提供更好的体验的名义进行。这些企业常常会争取获得政府的支持,后者则通过对新的竞争施加监管来帮助企业。于是,社会和经济力量会再次处于主导地位,这一领域因此被置于少数几个大公司的控制之下。随着时间的推移,对新技术的新奇感会逐渐消失,用户会逐渐熟悉它的缺陷和局限性,不满意的地方也会越来越多。由于真正的竞争受到禁止,封闭的行业会变得陈旧,于是新的参与者通过推广新技术来挑战传统产业的时期又一次到来了。

最重要的一点是,所谓技术创新的"周期"并没有什么必然性。相反,包括发明家、企业高管、政府官员以及用户在内的关键参与者,他们每一个人的决定和行动都会带来变化。可以说,这个过程直到今天还在继续,因为在公共利益的倡导者和主要媒体的公司之间,关于互联网应该向什么方向发展的辩论还在继续。今天,个人所掌握的权力可能确实比过去一个世纪的任何时候都要大,而且是实实在在地掌握在自己的手掌心。但个人是否能把握住这种权力则是另一回事。

讨论题

1. 请解释技术决定论与社会建构论之间的区别。

2. 有哪些例子可以说明人类的能动性塑造着技术的使用与发展？又有哪些例子可以说明技术有时可能对社会产生影响？

3. 电子媒介尤其是电视和互联网的使用在哪些方面改变了社会生活？我们的生活方式因为这些媒介的存在而发生了什么变化？你认为在你的一生中可能会发生哪些变化？

4. 互联网的兴起和移动设备的扩大使用有哪些最重要的优势？这些改变有可能带来哪些潜在的消极影响？

第三部分　产　业

　　传媒产业是大多数媒介内容的来源。在第三部分,我们将考察那些对传媒产业产生影响的社会力量。第三章探讨了影响传媒产业的经济力量及其对媒介内容的影响。第四章关注媒体所受到的政治约束,探讨有关政府监管的各种争论。这两章重点介绍各种机构**之间**的关系。在第五章中,我们会把注意力转向传媒产业**内部**的社会力量,考察产业的组织、职业惯例以及组织规范如何对媒体产品的形成产生影响。

　　第三部分的重点是媒体生产中广泛的结构性约束,各种经济、政治和组织力量如何对媒体的决策和内容产生影响,以及传媒产业内的参与者如何解读和应对这些约束。这种"生产视角"一直是当代社会学考察媒体的主要角度之一。正如我们将看到的那样,这种视角对于理解媒体的生产、分发与推广过程大有裨益。

　　然而,由于生产导向的视角很少涉及人们如何使用或解读媒体产品等问题,因此有必要记住,它只是更大的媒介和社会世界模式中的一部分。第四和第五部分将对媒体的内容、积极的用户和媒体的影响等问题进行讨论。不过,生产环节依然是更大的媒介图景中的重要一环,也是我们探讨媒介与社会之间的复杂关系时不可或缺的一部分。

第三章　传媒产业经济学

2018年6月,华特迪士尼公司(Walt Disney Company)宣布将以超过710亿美元的高价,超越竞拍者康卡斯特,收购21世纪福克斯公司(21st Century Fox)的大部分股权。21世纪福克斯公司长期以来都是迪士尼在媒体和娱乐行业的竞争对手之一。(在我们撰写本书时,该交易还在等待监管部门的批准。①)一旦收购成功,迪士尼将拥有20世纪福克斯公司(20th Century Fox)的电影和电视制作公司(包括对《阿凡达》[Avatar]、《X战警》[X-Men]、《辛普森一家》[The Simpsons]等福克斯热门作品的特许经营权)、国内外几大有线电视网络(包括FX有线电视台[FX Networks]、美国国家地理频道[National Geographic]以及印度和拉丁美洲的热门电视网络)和福克斯的22个区域性体育电视网。此外,迪士尼还将拥有Hulu公司30%的股份,这将使迪士尼获得该流媒体服务平台的多数股份。

迪士尼与福克斯的合并将成为历史上第二大媒体合并案,这将使这两家最著名的全球传媒公司的生产、发行和宣传力量得以结合。例如,这次合并意味着《X战警》加入了漫威的电影宇宙,而迪士尼则拥有了《星球大战》(Star Wars)系列的全部电影。不过,这次合并对传媒产业内部快速变化的经济动态有什么启示?迪士尼为什么要收购福克斯?一个规模更大的迪士尼将对当代文化和社会产生什么影响?关于媒体在数字世界中的角色,最新一轮的媒体合并又会透露什么信息?

本章将探讨传媒产业内的经济动态及其对媒介内容的影响,从而为上述问题找到答案。我们聚焦媒体所有权、多数媒体的营利性导向、广告的作用,以及这些经济动态如何在第二章所描述的技术发展中发生变化。尽管社交媒体(其中大部分都以社交网络用户的评论、照片和视频

---

① 该交易已于2019年3月20日完成。

为主要内容)在人们日常的媒介使用中占据了相当大的比例,但我们消费的大量媒介内容依然是由传媒公司生产的,而且美国和其他西方国家的大多数大众媒体都是私有的营利性企业。像所有的企业一样,这些传媒公司也受到盈利能力、成本控制和所有权模式演变等问题的影响。因此,为了充分理解媒体,我们必须在经济层面对传媒产业有一定的认识。(关于塑造传媒产业的经济动态的更深刻的论述,参见 Croteau and Hoynes 2006;关于媒体的全球性维度的集中讨论,参见 Birkinbine, Gomez and Wasko 2017。)

我们提出的问题的类型和本章的整体脉络建立在第一章所概述的框架之上。我们强调这样一种社会学的视角,即社会结构塑造了人类的行为,并反过来被人类的行为所塑造。这种对能动性和结构性约束之间的推拉紧张关系的重视表明,要想理解人类的活动和态度,就必须将其与更广泛的社会力量联系起来。在这种情况下,如果不了解影响传媒产业的力量,我们就无法理解这个产业。那些创造出我们日常所消费和使用的各类电视节目和视频产品、音乐、网站、杂志和报纸、电影,以及在我们的视野内几乎无处不在的广告的个人和团体,并不是完全自主的行动者。他们的工作不是独立于社会世界之外的。相反,他们是在现有的组织、更广泛的传媒产业和更宏大的社会背景的限制下工作的。

从社会学的视角来看,我们也不能孤立地看待媒体产品。相反,我们应该把这些产品看作在制度框架内发生的社会生产过程的结果。一些研究者将这种制度性的方法称为"生产视角"(Crane 1992; Peterson and Anand 2004),因为它强调的是媒体生产的过程,而不是具体的媒体产品本身或人们消费这些产品的过程。生产视角强调这样一个事实,即大多数媒体产品产生于一个复杂的生产过程,这个过程受到各种在不同层面运作的社会结构力量的影响。有些力量会影响整个产业,有些则会影响产业内的某些行动者或行动者群体。在更广阔的社会环境中,随着经济、技术、政治和社会因素的变化,生产者创造媒体产品的条件也会有所变化。因此,如果我们要更好地理解媒体产品,就必须考虑人们创造这些产品时所处的特定的历史语境。

互联网时代的传媒公司

正如我们将在第五部分探讨的那样,在数字媒体时代,受众已经成为更加活跃的用户,他们创造和发布自己的内容,并对朋友和家人发布的内容进行评论。不过,即使在这样的用户活动中,传媒公司的重要性也没有降低。相反,正如我们将看到的那样,大型传媒公司仍然在我们的媒介经验中扮演着关键角色。不同的是,现在它们既包括像迪士尼这样的传统品牌,也包括一些新兴的、更容易被视为科技或手机公司的企业。

当代传媒公司执行着三项任务,提供如下服务:

1. **产品**——我们观看、阅读、收听的媒介内容,比如,电影、新闻或音乐作品。
2. **平台**——承载、展示和供人寻找媒介内容的网站和服务,比如,脸书、优兔和谷歌。此外,流媒体服务——比如,提供视频服务的网飞、Hulu 和亚马逊,以及提供音乐服务的 Spotify、Apple Music 和潘多拉——为用户提供了获取传统大众媒体内容的特定媒体平台。
3. **管道**——我们访问媒介内容和平台的渠道,如无线电、电缆、高带宽数字用户线路和光纤。这些渠道是电话公司(威瑞森电信公司和美国电话电报公司)、有线电视公司(康卡斯特和特许通信公司[Charter Communications])以及卫星公司(美国电话电报公司旗下的卫星电视服务供应商直播电视公司[DirecTV]和卫星广播服务供应商碟形网络公司[Dish Network])施展身手的舞台。

虽然将这些功能区分开有助于更好地理解传媒产业的运作方式,但这些要素其实是重叠的。事实上,当代传媒公司有一个鲜明的特征,即它们往往会涉及全部三个产业部门:产品、平台和管道。尽管互联网改变了这些公司的运作方式,但它们仍然主导着整个传媒产业的格局。

产品

传媒公司的产品,即媒体的内容,充斥着我们的生活。当然,电视和广播节目、印刷出版物和电影都是由这样的媒介产品构成的,而且很多这些传统的产品都可以和其他许多专门为网络平台制作的内容一道,通过互联网传播给用户。你可以在优兔上观看深夜电视节目的开场白,在《洛杉矶时报》(*Los Angeles Times*)的网站上浏览该报主要的新闻报道,通过在线流媒体收听你喜爱的乐队的歌曲,或者在 Hulu 上观看一部电影。因此,当我们谈论互联网产品的时候,往往指的是由传统大众传媒公司制作,但可以通过网络获取的内容。

在互联网上,浏览量最高的内容大多是由传统传媒公司制作的。例如,新闻网站上的大部分原创报道都来自那些传统的"老式"新闻机构,尤其是报纸和电视。又比如,在我们撰写本书之际,在谷歌的优兔网站上,浏览量最高的作品之一(远超 30 亿次)是维兹·卡利法(Wiz Khalifa)的音乐视频《与你重逢》(See You Again)。这个视频以大西洋唱片公司(Atlantic Records)为环球影业(Universal Pictures)的动作片《速度与激情7》(Furious 7)所配的一首歌为基础。而环球影业是传媒巨头康卡斯特的子公司。因此,尽管这段视频是在互联网上供人观看的,但它的制作、推广和发行实际上都是由传统的传媒公司来完成的。如果不了解这则优兔视频与这些传统大众传媒集团之间的关系,我们就无法理解它为什么能获得 30 亿次的浏览量。

互联网不断发展,传统的传媒公司将如何适应这一趋势?回想一下迪士尼收购福克斯的案例,我们就能对这一问题有清晰的认识。这次合并的主要推动力是迪士尼试图通过成为 Hulu 的大股东来提升其庞大媒体内容的在线发行能力,并推出自己的迪士尼流媒体服务。在线发行的挑战出现在所有主要的媒介内容生产商面前,并导致了我们在下一章要讨论的流媒体之争。我们尚不清楚传统媒介公司如何应对不断变化的媒介环境,但了解传媒产业内部的经济动态有助于我们分析目前的事态发展。

平台

为了在互联网上搜寻内容和进行交流,用户严重依赖脸书(旗下有 Instagram、WhatsApp 等平台)和谷歌(拥有优兔、安卓系统等)等由商业公司拥有和运营的媒体平台。在大多数情况下,这些公司并不是直接的内容创造者。相反,他们把用户推送给广告商,实际上是让用户成为被销售的产品。你创造的内容可能会吸引你的朋友和家人来到脸书,但脸书却把你和你的朋友卖给广告商。但这种做法只不过是一个由来已久的事实的翻版:吸引读者、观众和听众,然后把他们卖给广告商,是大多数媒体长期以来的运作方式。例如,商业电视的运作模式是向广告商输送观众。电视节目就是能够吸引观众并在恰当的时机抓住其注意力的内容,而观众则会被出售给试图向他们推销产品和服务的广告商。不过,在如今的社交媒体平台上,不同之处在于许多吸引用户的内容是由用户自己,而不是传媒公司生产的。

但有时,用户平台和媒体内容公司之间的界限会变得模糊。社交媒体上的大量内容都是与传统媒体有关的,尤其是电视。在 2016 至 2017 年的电视播出季期间,尼尔森评级服务进行的社交内容评级(Social Content Ratings)发现,脸书和推特上近 30 亿次的社交互动是关于电视节目的,比如《行尸走肉》(*The Walking Dead*)、《嘻哈帝国》(*Empire*)和《单身汉》(*The Bachelor*)等电视剧(Nielse 2017f)。尼尔森对以下两种类型的内容进行了区分:"自有活动"(owned activity),指的是由与节目或网络相关的官方账号生产的社交媒体内容;"有机活动"(organic activity),即由收看节目的观众生产的内容(Nielsen 2017a)。在与电视节目相关的社交媒体内容中,有机活动和自有活动生产的内容大约分别占到三分之二和三分之一。不过,具体情况因节目类型而异。比如,在与谈话类和新闻类节目有关的社交媒体内容中,超过一半是自有活动的产物。因此,社交媒体用户传播的内容,比如一篇新闻报道,常常来自传媒公司,而不是他们自己生产的内容。当你发布了你最喜爱的期刊上的一篇你读过的文章的链接,或许还附上了自己的评论时,你实际上就是在帮助传播杂志社生产的内容。事实上,近年来,出版商已经严重依赖互联网平台为其内容输送读者。

在其他方面,普通用户和传媒公司之间的界限也很模糊。例如,我们正在撰写本章的此刻,PewDiePie 的频道是优兔上订阅人数最多的频道之一。PewDiePie 是一位颇有争议的瑞典电子游戏评论员费利克斯·阿尔维德·乌尔夫·谢尔贝里(Felix Arvid Ulf Kjellberg)的化名。他已经吸引了 5800 多万订阅者,这一成绩的取得主要靠的是传统大众媒体以外的渠道。起初,他只是一名普通用户,但最终与一系列互联网公司签约,后者的业务就是运营并推广优兔上的各种频道。其实,传统的大众传媒公司很早就注意到 PewDiePie 的庞大用户群。2016 年,时代华纳收购了第一家专门负责推广 PewDiePie 的频道的公司 Machinima,使其成为传统大众传媒集团的一个组成部分。

即使你并不渴望在全球互联网上名利双收,但你依然可以在各种平台上与他人分享你的兴趣、创意和见解,这一无可比拟的优势彰显出互联网在历史上独一无二的地位。但是,互联网在未来是否会继续为那些实验性的活动提供开放性的媒介空间？还是说，就像历史上曾经发生过的那样，少数强大的大众传媒集团和新的数字巨头会直接主宰互联网？对这些问题，目前我们尚没有明确的答案。

管道

我们通过媒介获得的各种经验离不开传媒公司创建和维护的各种"管道"。人们常常忽略这一点，直到他们的智能手机失去信号，或者在一场大型比赛进行过程中有线电视服务突然出现故障。在这种情况下，人们才会意识到他们的媒体和通信需求是高度依赖这些常常被视而不见的基础设施的。你可以思考一下，在你使用各种媒体服务时，会涉及哪些基础设施。它或许是一家能把高速同轴电缆线接入你家中的有线电视公司，这些具有数据传输能力的电缆可以帮你接入电视直播、视频点播、电话和互联网等各种服务。此外，管道还可能是一根可以提供电话和互联网接入服务的电话线，或者是可以同时处理电话、电视和互联网服务的更加强大的光纤线路。当然，你也可以把卫星连接装置或者移动设备作为你使用媒介服务的"管道"。

无论把媒体接入家庭、学习或工作场所的机制是什么，管道的隐喻都提醒我们，不要忽视那些为我们访问媒体内容提供基础设施的公司，以及它们对媒体生产者和用户的潜在影响。拥有这些管道的控制权是极其重要的。用户的一切日常媒介活动都离不开它们，即便人们只有在这些系统出现故障时，才会真正注意到它们的重要性。同时，媒体生产者也依靠管道网络来发布各个平台的内容。不过，近年来，访问网上各类内容或服务的平等机会屡屡受到威胁，这是因为，提供"管道"服务的公司试图开拓新的收入来源。比如，向一些内容生产商收取优待费，让其内容能以更快的速度被传输给用户。那么，在未来的几年里，互联网是否会为所有内容提供一个公平的竞争环境呢？为了防止不同的内容在传输方面被不平等对待，人们提出了网络中立性原则。我们将在第四章中对这个问题进行详细讨论。

变化中的所有权模式

即使媒体格局已经发生了变化，关于媒体经济组织的一个长期问题依然像以往一样适用：谁拥有媒体？这个问题背后的假设是，媒体所有者可以通过一系列行动来影响媒体产品的内容和形式,比如,雇用和解雇某些员工、资助某些项目、发展呈现特定内容的平台以及开发或支持某些技术。从一种高度简化的角度来看,这样的问题可能意味着一种阴谋论,即一小群强大的所有者利用媒体来控制其他所有人的思想。在这种极端的情况下,所有权问题具有奥威尔式的精神控制内涵。但由于这种看法过于简单化,因此并没有什么特别的启发性。不过,大量研究已经以一种更微妙、更有效的方式对这个话题进行了探讨。

我们所见所闻的大多数媒体其实都属于少数几家大型传媒公司,其中包括华特迪士尼公司。

所有权的集中化

关于媒体所有权的一个主要问题是主流媒体的所有权在多大程度上是集中的,即被少数几个大公司拥有和经营。从 1983 年起,新闻学者本·巴格迪基安(Ben Bagdikian)在其经典著作《媒体垄断》(*The Media Monopoly*)的各个版本中记录了 20 多年来媒体所有权日益集中化的轨迹。截至 2004 年该书的最后一版,即《新媒体垄断》(*The New Media Monopoly*)出版时,巴格迪基安发现,五家全球公司主宰了美国的传媒产业,它们就像一个同业联盟那样运作。他指出,这五家公司包括时代华纳(Time Warner)、华特迪士尼公司、维亚康姆(Viacom)、新闻集团(News Corporation)和贝塔斯曼(Bertelsmann),它们都是制作和发行报纸、杂志、广播、电视、书籍和电影的多媒体娱乐集团。

然而,自 2004 年《新媒体垄断》出版以来,媒体格局已经发生了翻天覆地的变化。巴格迪基安提及的几家传统媒体巨头已经转型。到

2018年，只有迪士尼和贝塔斯曼依然完好如初。其他公司纷纷缩减了规模，出售了多媒体集团中的部分业务，转而聚焦更狭窄的领域：

- 2006年，维亚康姆分裂为两家独立公司：新维亚康姆（Viacom Inc.）拥有一家大型电影制片公司（派拉蒙[Paramount]）和几个著名的有线电视频道（美国喜剧中心频道、尼克国际儿童频道[Nickelodeon]、音乐电视网[MTV]）；CBS公司（CBS Corp.）拥有CBS电视网、一家大型电视发行公司和29家地方电视台。①
- 2013年，鲁珀特·默多克（Rupert Murdoch）的新闻集团分裂为两家公司：规模较小的新闻集团（News Corp.）专注于报纸（《华尔街日报》[Wall Street Journal]、《纽约邮报》[New York Post]）和图书出版（哈珀·柯林斯出版集团[Harper Collins]）业务；新成立的21世纪福克斯公司则拥有一家电影制片公司（20世纪福克斯）、电视网（福克斯）和一些有线电视频道（福克斯新闻频道[Fox News]、FX有线电视台）。如前所述，2018年，迪士尼宣布计划收购21世纪福克斯公司的大部分股权。②
- 2014年，时代华纳将其杂志业务，即美国最大的杂志出版机构（拥有《时代》[Time]、《人物》[People]和《体育画报》[Sports Illustrated]等知名刊物）剥离出去，成立了一家独立的时代公司（Time Inc.）。2016年，它又将美国第二大有线电视供应商时代华纳有线电视公司（Time Warner Cable）出售给了特许通信公司（旗下拥有电信服务品牌频谱[Spectrum]）。2017年，电话和互联网巨头美国电话电报公司同意收购时代华纳的剩余资产，司法部曾以反垄断为由质疑其协议，但联邦法官最终于2018年批准了这项协议。

历史已经证明，仅靠规模并不能保证成功，一些媒体巨头在收购竞争对手这件事上做得可能有些过头了。

这一时期的第二件大事当属新科技巨头的迅猛发展，尤其是谷歌和

---

① 2019年12月4日，新维亚康姆再度和CBS公司合并为维亚康姆CBS，结束了两家公司各自独立运营十四年的历史。

② 2019年3月20日，21世纪福克斯公司的大部分娱乐和国际资产已被华特迪士尼公司并购，未被收购部分另组为新的福克斯公司。被收购资产中包括20世纪福克斯公司（被收购后更名为20世纪影业[20th Century Studios]）和FX有线电视台。

脸书。就在《新媒体垄断》出版的 2004 年,脸书成立。虽然脸书和谷歌这样的公司并不是传统的传媒公司,但它们通过主导线上广告收入而崛起为新媒体巨头。正如我们将要看到的那样,成熟的互联网成为媒体格局变迁的重要推手,使新的竞争者得以成长。

然而,在 21 世纪第一个十年的后期,随着老牌媒体巨头加入与新媒体的竞争,它们再次将合并作为一种商业策略。其中最为重要的当属迪士尼对福克斯的收购、美国电话电报公司与时代华纳的合并以及威瑞森电信公司在 2017 年对雅虎(Yahoo)的收购。

因此,即便传媒产业不断变迁,媒体所有权的高度集中依然会在 21 世纪 20 年代持续下去。在传媒产业的各个部门中,少数大公司耸立于实力微弱的竞争者之上。尤其是互联网和电信公司,虽然它们整体上在其行业中居于主导地位,但产品、平台和管道都在不同程度上受到少数几家企业的支配。

产品

各大传媒公司拥有大量的产品组合,涵盖了各种媒介格式和分发体系。由于大多数产品都有一个独特的名称,而不以公司所有者为标识,因此大多数媒体用户并不知道大量的媒介产品都属于一家公司。例如,在图书出版领域,贝塔斯曼旗下的企鹅兰登书屋(Penguin Random House)拥有超过 85 家出版公司,是迄今为止世界上最大的英文图书出版商(见表 3.1)。

表 3.1　企鹅兰登书屋旗下的图书品牌,2018

多林金德斯利出版公司(DK)	企鹅经典(Penguin Classics)
多林金德斯利	羽翼图书(Plume)
阿尔法图书(Alpha Books)	作品集图书(Portfolio)
企鹅出版集团(Penguin Publishing Group)	帕特南图书(Putnam)
埃弗里图书(Avery)	河源图书(Riverhead)
伯克利图书(Berkley)	哨兵图书(Sentinel)
蓝骑士出版社(Blue Rider Press)	塔彻图书(Tarcher)
DAW 图书(DAW)	维京图书(Viking)
达顿(Dutton)	**企鹅青少年读者集团(Penguin Young Readers Group)**
企鹅丛书(Penguin Books)	

青年读者拨号读物（Dial Books for Young Readers）
火鸟图书公司（Firebird）
费德里克·沃恩公司（F. Warne & Co.）
普特南森出版公司（G. P. Putnam's Sons）
凯西·道森图书（Kathy Dawson Books）
南希·保尔森图书（Nancy Paulsen Books）
企鹅工作室（Penguin Workshop）
菲洛梅尔图书（Philomel Books）
刀嘴海雀图书（Puffin Books）
海雀图书（Razorbill）
言说图书（Speak）
维京儿童读物（Viking Children's Books）

兰登书屋（Random House）
不在场图书（Alibi）
巴兰坦图书（Ballantine Books）
班坦图书（Bantam Books）
德尔·雷伊（Del Rey）
德拉克特出版社（Delacorte Press）
戴尔（Dell）
挑逗图书（Flirt）
九头蛇图书（Hydra）
爱之横扫（Loveswept）
卢卡斯图书（Lucas Books）
现代图书馆（Modern Library）
兰登书屋（Random House）
斯皮格尔与格劳（Speigel & Grau）
拨号出版社（The Dial Press）
锌公司（Zinc Inc）

兰登儿童图书出版社（Random House Children's Books）
艾尔弗雷德·克诺夫（Alfred Knopf）
皇冠（Crown）

双日（Doubleday）
蜻蜓图书（Dragonfly Books）
余烬（Ember）
金书（Golden Books）
月桂叶图书（Laurel-Leaf Books）
兰登儿童书屋（Random House Books for Children）
施瓦茨和韦德（Schwartz & Wade）
西尔万学习（Sylvan Learning）
普林斯顿评论（The Princeton Review）
温迪·兰姆图书（Wendy Lamb Books）

皇冠出版集团（Crown Publishing Group）
美国摄影图书（Amphoto Books）
百老汇图书（Broadway Books）
克拉克森·波特（Clarkson Potter）
聚合图书（Convergent Books）
皇冠原型（Crown Archetype）
皇冠商业（Crown Business）
皇冠论坛（Crown Forum）
皇冠贸易（Crown Trade）
货币（Currency）
和谐图书（Harmony Books）
霍加斯（Hogarth）
图像天主教图书（Image Catholic Books）
波特工艺（Potter Craft）
波特风格（Potter Style）
十速出版社（Ten Speed Press）
三河出版社（Three Rivers Press）
蒂姆达根图书（Tim Duggan Books）
沃特布鲁克和马特诺玛（WaterBrook Multnomah）
沃森-格普蒂尔（Watson-Guptill）

克诺夫道布尔戴出版集团（Knopf Doubledag Publishing Group）
锚版图书（Anchor Books）

黑蜥蜴(Black Lizard)	万神殿(Pantheon)
双日(Doubleday)	朔肯(Schocken)
人人文库(Everyman's Library)	复古图书(Vintage Books)
克诺夫(Knopf)	西班牙复古(Vintage Español)
南·塔利斯(Nan Talese)	

来源:Company websites。

电影 全球电影业由七家公司主导,它们占据了全球票房收入的90%左右——康卡斯特旗下的环球影业、维亚康姆旗下的派拉蒙影业(Paramount Pictures)、时代华纳旗下的华纳兄弟(Warner Bros.)、华特迪士尼影视制作公司(Walt Disney Studios)、福克斯娱乐集团(Fox Entertainment Group)旗下的20世纪福克斯、索尼影视娱乐公司(Sony Pictures Entertainment),以及狮门影业(Lionsgate)。2016年,迪士尼收获了超过70亿美元的总票房,占全球票房收入的比例超过26%,处于领先地位。其中,超过一半的票房收入(60%)来自北美以外的地区。在2016年,全球票房中排名前五位的电影都来自迪士尼,包括《美国队长3:内战》(Captain America: Civil War)、《星球大战外传:侠盗一号》(Rogue One: A Star Wars Story)和《海底总动员2:多莉去哪儿》(Finding Dory)。这些电影均收获了超过10亿美元的票房。迪士尼一旦完成对福克斯的收购,就将收获大约40%的国内票房收入,成为电影业绝对的主导者。而华纳兄弟在2016年收获了47亿美元的全球票房收入,位居第二,但与迪士尼仍有明显的差距。其中,《蝙蝠侠大战超人:正义黎明》(Batman vs. Superman: Dawn of Justice)就创造了8.7亿美元的票房收入。此外,还有一些领先的"独立"电影公司实际上也归这些行业巨头所有。比如,焦点电影公司(Focus Features)(康卡斯特旗下)、福克斯探照灯影业(Fox Searchlight)(即将被并入迪士尼的福克斯娱乐集团)、索尼经典电影公司(Sony Pictures Classics)(索尼旗下)、派拉蒙优势影业(Paramount Vantage)(派拉蒙旗下)、新线电影公司(New Line)(时代华纳旗下)等。

录制音乐 美国的音乐销售额主要来自三家公司。2016年,环球音乐集团(Universal Music Group)、索尼音乐娱乐公司(Sony Music Entertainment)和华纳音乐集团(Warner Music Group)共同占据了全球录制音乐销售额的68%以上(Music Business Worldwide 2017)。这三大公司还各自控制着一些较小的厂牌和地方子公司(见表3.2)。

表 3.2　三大音乐公司旗下的唱片公司

索尼音乐
　哥伦比亚唱片(Columbia Records)
　RCA 唱片(RCA Records)
　史诗唱片(Epic Records)
　阿利斯塔·纳什维尔(Arista Nashville)
　美国广播唱片公司纳什维尔(RCA Records Nashville)
　哥伦比亚纳什维尔(Columbia Nashville)
　传承唱片(Legacy Recordings)
　索尼音乐拉丁(Sony Music Latin)
　大师之作(Masterworks)
　RCA 灵感(RCA Inspiration)
　远见标签集团(Provident Label Group)
　基本唱片(Essential Records)
　留尼旺唱片(Reunion Records)
　基本崇拜(Essential Worship)
　海滩街唱片(Beach Street Records)

华纳音乐集团
　庇护所(Asylum)
　大西洋唱片公司
　大节拍(Big Beat)
　帆布潜鸭(Canvasback)
　东西(East West)
　埃莱克特拉(Elektra)
　埃拉托(Erato)
　全频段录音(FFRR)
　拉面工坊(Fueled by Ramen)
　独特唱片(Nonesuch Records)
　帕洛风(Parlophone)
　重复唱片(Reprise Records)
　犀牛(Rhino)
　走鹃唱片(Roadrunner Records)
　阁下唱片(Sire Records)
　华纳兄弟唱片(Warner Bros. Records)
　华纳古典(Warner Classics)
　华纳音乐纳什维尔(Warner Music Nashville)

环球唱片
　国会唱片(Capitol Records)
　维金唱片(Virgin Records)
　摩城唱片(Motown Records)
　蓝音唱片(Blue Note Records)
　星沃克(Astralwerks)
　丰收唱片(Harvest Records)
　国会基督教音乐集团(Capitol Christian Music Group)
　原子工厂(Atom Factory)
　深井唱片(Deep Well Records)
　迪卡(Decca)
　戴夫杰姆唱片(Def Jam Recordings)
　德意志留声机(Deutsche Grammophon)
　百代唱片(EMI)
　222 唱片(222 Records)
　后果娱乐(Aftermath Entertainment)
　梦想屯(Dreamville)
　失眠唱片(Insomniac Records)
　基迪纳科纳(Kidinakorner)
　阴暗唱片(Shady Records)
　小岛唱片(Island Records)
　宝丽多(Polydor)
　共和国唱片(Republic Records)
　神韵唱片(Verve Records)
　德卡黄金(Decca Gold)
　德卡百老汇(Decca Broadway)
　环球音乐古典(Universal Music Classics)
　ECM 唱片(ECM)
　厂牌第四 & 百老汇(4th & Broadway)
　美国唱片(American Recordings)
　灌丛火唱片(Brushfire Records)

卡萨布兰卡唱片（Casablanca Records）	希尔松与凭证唱片（Hillsong and Credential Recordings）
现金唱片（Cash Money Records）	国会唱片纳什维尔（Capitol Records Nashville）
熔岩唱片（Lava Records）	百代唱片纳什维尔（EMI Records Nashville）
声音唱片（The Voice）	
阿蒂姆唱片（Artium Recordings）	MCA 纳什维尔（MCA Nashville）
星沃克唱片（Astralwerks Records）	水星纳什维尔（Mercury Nashville）
麻雀唱片（Sparrow Records）	环球音乐拉丁（Universal Music Latino）
前线唱片（ForeFront Records）	
六步唱片（sixstepsrecords）	

来源：Company Websites。

图书出版 五大出版商主导着美国的图书市场——企鹅兰登书屋（贝塔斯曼旗下）、哈珀·柯林斯出版集团（新闻集团旗下）、西蒙与舒斯特公司（Simon and Schuster）（CBS 公司旗下）、阿歇特图书集团（Hachette Book Group）以及麦克米伦出版公司（Macmillan）。根据 2016 年的估计，五大出版商占据了美国图书贸易额的 80% 左右。随着电子书的市场份额不断增加（如亚马逊、苹果的 iBooks），一些分析师认为，图书行业即将迎来进一步的整合（McIlroy 2016）。

美国杂志 时代公司在杂志领域遥遥领先于其他竞争者，该公司 19 本主要的美国杂志（以《人物》《时代》和《体育画报》为首）达到了 3000 万份以上的印刷发行量，总收入超过 25 亿美元——大约是其最大的竞争对手赫斯特（Hearst）的两倍（Spyglass Intelligence 2018）。该公司估计，如果将网络和移动端的读者囊括进来，近一半美国成年人都在阅读时代公司的杂志。美国排名第四的杂志出版商梅雷迪思集团（Meredith Corp.）最早在 2017 年宣布收购时代公司，一旦其完成收购，合并后的梅雷迪思/时代（Meredith/Time）将成为杂志行业中更具主导性的力量。

电视制作 随着新的观看方式，即流媒体的兴起，加上网飞、Hulu、亚马逊，以及家庭影院和娱乐时间电视网等老牌付费服务的原创节目，21 世纪的头十年被普遍认为是一个崭新的电视的"黄金时代"。在这种情况下，对优质节目的竞争比以往任何时候都要激烈。不过近年来，尽管观看地点和观看内容的选择越来越多，但电视节目制作的集中度依然很高。根据行业分析师的数据，2017 年，四大电视节目制作商赚取了大约三分之二的国内收入（IBISWorld 2017）。这些主要的制作公司——21世纪福克斯、NBC 环球（NBC Universal）、时代华纳和迪士尼——还拥有一些最知名的无线和有线电视网络（平台）。在某些情况下，它们甚至拥有能将内容传输到我们家中的电缆和光纤线路（管道）。

平台

尽管媒体的分发平台一直在变化，但它们仍然高度集中，少数几家公司在各个行业领域掌握着极大的市场份额。

广播 2018 年，iHeartMedia（前身为美国清晰频道通信公司 [Clear Channel Communications]）在 150 个不同的市场拥有超过 850 家电台，是美国广播业的主导者。iHeartMedia 的电台以及线上和移动端应用在美国每月覆盖超过 2.5 亿听众（iHeartMedia 2018）。

音乐 2016 年，在美国音乐产业中，流媒体收入首次超过了产业总收入的一半。根据美国唱片业协会（RIAA 2017）的数据，51% 的音乐收入来自流媒体，24% 来自数字下载和彩铃，22% 来自实体产品（音频光盘和黑胶唱片）的销售。在超过 1.6 亿的全球流媒体用户中，三大领先的流媒体服务占比超过 60%：Spotify 占 36%，苹果占 17%，亚马逊占 10%（MIDIA Research 2017）。

电视 与其他媒体部门不同，电视的集中度在过去几十年里有所降低，这很大程度上是由于现存的各种平台。首先，出现了更多的电视网。1986 年，福克斯成为继美国广播公司、哥伦比亚广播公司和全国广播公司之后的第四家全国性电视网。之后，2006 年，华纳兄弟和哥伦比亚广播公司在分别关闭了各自的 WB 电视网和 UPN 电视网之后，合作推出了 CW 电视网。其次，有线电视频道大幅增加，不过主要的有线电视频道依然归少数几个大型传媒公司所有：

- 时代华纳（美国电话电报公司旗下）拥有有线电视新闻网、家庭影院、TBS 频道、特纳电视网（TNT）、卡通频道（Cartoon Network）、真理频道（truTV）、特纳经典电影频道（Turner Classic Movies）以及影院麦克斯频道（Cinemax）。
- 迪士尼拥有美国广播公司、娱乐与体育电视网、迪士尼全球频道（Disney Channels Worldwide）、美国广播公司家庭频道（ABC Family）、肥皂剧频道（SOAPnet Networks）。同时，迪士尼还是 A&E 电视网、人生电视频道（Lifetime Television）、历史频道（The

History Channel)、Vice 媒体和其他频道的部分拥有者。
- 康卡斯特拥有全国广播公司、微软全国广播公司（MSNBC）、美国消费者新闻与商业频道（CNBC）、世界电视网（Telemundo）、氧气电视台（Oxygen）、美国电视网（USA Network）以及精彩电视台等频道。

此外，有线电视频道还创新了节目的呈现形式。

最后，流媒体使电视向新的竞争者敞开了大门，从而彻底地改变了电视的面貌。网飞、Hulu（由迪士尼、福克斯、时代华纳、康卡斯特等几个主要的电视节目制作商共同拥有）和亚马逊等公司采用流媒体技术为观众提供传统的电视节目。与此同时，它们也不断强化原创自制节目的创作。比如，网飞的《毒枭》(*Narcos*)、亚马逊的《超级蜱人》(*The Tick*)以及 Hulu 的《使女的故事》(*The Handmaid's Tale*)等都是大受欢迎的热门剧目。碟形网络公司旗下的 Sling、美国电话电报公司旗下的 DirecTV Now 等其他流媒体服务则专注于电视直播。这些流媒体服务使我们可以在笔记本电脑、平板电脑或手机上看"电视"，从而改变了"电视"一词的含义。流媒体电视服务——有时还添加了数字视频录像功能——使观众实现了想看就看的梦想。同时，在这些平台上，原创节目的播出基本上不再遵循每年秋季开始的 22 周为一"季"的传统电视惯例，取而代之的是全年可变的发布时间表。剧集的播出不再是每周播放一集，而是一次性发布整季节目，从而掀起了观众的追剧热潮。现在，甚至一季的集数和每集的长度都是可变的。在一些人看来，平台的这种灵活性及其对原创节目的大规模投资，是推动电视在 21 世纪的第一个十年再次进入"黄金时代"的原因之一（Carr 2014）。

管道

高速网络的基础设施可以将媒体内容传输到我们的家中。而这些设施的建设往往是资本密集型工程。因此，这个领域出现高度集中也就不足为奇了。

- 有线电视业为 60% 以上的美国宽带互联网用户提供基础设施服务。而这个领域处于两家公司的主导之下：康卡斯特和特许通信公司（旗下拥有频谱品牌）。
- 通过电话线进行的高速互联网连接同样是一个受到少数几家公

司支配的产业,其中以美国电话电报公司和威瑞森电信公司为首。
- 卫星电视/互联网行业由两家公司主导,即碟形网络公司和美国电话电报公司的直播电视公司。两者无论是在市场份额,还是在品牌知名度方面,都是行业领导者。
- 即便是美国的移动通信网络,同样是一个由威瑞森电信公司和美国电话电报公司两者共同主导的行业。两家几乎占据了美国移动通信服务市场的70%(Dano 2017)。

重要的是,数字媒体基础设施的主要拥有者——康卡斯特和美国电话电报公司,同时也居于媒体产品和平台的主要拥有者之列,这在一定程度上让两者更有竞争优势。

兼并与整合

媒体所有权的集中意味着少数大公司掌握着大多数的媒体生产、平台与管道。这些大公司都是集团,它们由很多不同的公司组成,这些公司都属于同一个母公司(见表3.3)。与其他行业一样,最大的传媒公司在收购或兼并竞争对手的过程中,其规模和影响力也在不断扩大。凭借丰厚的利润和较高的知名度,媒体——无论是新闻还是娱乐——都是潜在的投资者和买家眼中最具吸引力的资产之一。

传媒集团由被整合在一起的企业构成。长期以来,经济分析家们都采用**水平整合**(horizontal integration)和**垂直整合**(vertical integration)这两个术语来描述产业整合的两种类型。在传媒产业中,垂直整合是指一家企业的所有者,获得对某种媒体产品从生产到发行各环节的控制权的过程。例如,一家电影公司可能会通过收购提供剧本和签约演员的人才经纪公司,制作电影的制片公司,以及连锁影院、付费有线电视频道、广播电视网络和基于互联网的流媒体服务等各种播放电影的渠道,来实现垂直整合。这样,这家公司就可以更好地掌控电影创作、制作、营销和发行的全过程,由此也具备了更大的市场影响力。同样,图书出版商也可以通过收购造纸厂、印刷厂、书籍装订厂、卡车运输公司和网络书商来进行垂直整合(见图3.1)。不过,为了防止不公平竞争,需要制定一些规章制度来防止极端的垂直整合。

而水平整合是指一家公司收购不同类型媒体的过程,这种做法将不同类型的媒体,而非产业内的上下游都收归所有。在水平整合中,一家传媒集团可能会组建起一个横跨电影、电视、图书、唱片公司、电子游戏等不同领域的组合体系,并确保这些不同领域之间能够相互支持、相互促进。 75

表3.3 解剖传媒集团:华特迪士尼公司控股企业

电影	• 华特迪士尼影视制作公司
	• 华特迪士尼动画工作室(Walt Disney Animation Studios)
	• 皮克斯动画工作室(Pixar Animation Studios)
	• 迪士尼卡通工作室(Disneytoon Studios)
	• 卢卡斯影业(Lucas Films)
	• 漫威影业(Marvel Studios)
	• 迪士尼自然(Disneynature)
	• 20世纪福克斯*
	• 福克斯探照灯影业*
	• 福克斯2000电影公司(Fox 2000)*
电视网	• 美国广播公司电视网
	• 迪士尼频道(Disney Channel)
	• 迪士尼幼儿频道(Disney Junior)
	• 迪士尼全球频道(向162个国家提供120个娱乐频道)
	• 娱乐与体育电视网
	• ESPN二台(ESPN2)
	• ESPN大学频道(ESPNU)
	• ESPN新闻台(ESPNews)
	• ESPN西语台(ESPN Deportes)
	• Freeform频道(前身为美国广播公司家庭频道)
	• A&E电视网
	• 人生电视频道
	• 人生电影频道(Lifetime Movies)
	• 历史频道
	• 传记频道(Bio Channel)
	• FX有线电视台*
	• 美国国家地理频道*
	• 福克斯体育地方台(Fox Sports Regional Networks)*
	• 流媒体平台Hulu

电视制作与发行	• 美国广播公司娱乐集团(ABC Entertainment) • 美国广播公司影视工作室(ABC Studios) • 美国广播公司签名工作室(ABC Signature Studios) • 美国广播公司新闻部门(ABC News) • 美国广播公司旗下电视台集团(在主要市场拥有8家电视台,覆盖23%的美国家庭)的迪士尼电视动画公司(Disney TV Animation) • 迪士尼/美国广播公司家庭娱乐与电视发行公司(Disney/ABC Home Entertainment and Television Distribution) • 20世纪福克斯电视公司(20th Century Fox Television)* • FX制作公司(FX Productions)* • 福克斯21电视工作室(Fox 21 Television Studios)*
广播	• 迪士尼广播(Radio Disney) • ESPN广播(ESPN Radio)
音乐	• 华特迪士尼唱片(Walt Disney Records) • 好莱坞唱片(Hollywood Records) • 迪士尼音乐发行公司(Disney Music Publishing)
出版	• 迪士尼图书(Disney Books) • 《ESPN杂志》(*ESPN The Magazine*) • ESPN图书(ESPN Books)
现场活动	• 迪士尼图书 • 迪士尼百老汇(Disney on Broadway) • 迪士尼冰上汇演(Disney on Ice) • 世界极限运动会(X Games)
迪士尼主题乐园和度假区	• 位于北美、欧洲和亚洲的12个主题乐园和52个度假区 • 迪士尼海上巡游线(Disney Cruise Line)、迪士尼度假俱乐部(Disney Vacation Club)和迪士尼冒险之旅(Adventures by Disney)
迪士尼商店	• 位于北美、欧洲和中国的300多家商店(其中一些拥有特许经营权) • 网站 ShopDisney.com

注释:带星号(*)的公司是21世纪福克斯收购计划的组成部分,在本书进行编纂之时,这些收购计划依然悬而未决。①

来源:Disney and Fox Company websites。

水平整合的一个典型案例就是迪士尼的漫威电影宇宙(Marvel Cin-

---

① 华特迪士尼公司对21世纪福克斯公司的娱乐资产的并购于2019年3月20日宣告完成。并购后部分资产被拆分、重组、出售或更名,且所有厂牌中的福克斯(Fox)一词被悉数去除。

ematic Universe),其所生产的新内容几乎涵盖了迪士尼的全部产品:十几部以"复仇者"为主题的电影,其中包括几部以钢铁侠(Iron Man)和美国队长(Captain America)为主角的电影;多部电视剧,比如,《神盾局特工》(*Agents of S.H.I.E.L.D.*);源源不断的漫威漫画书;漫威音乐(Marvel Music)发行的影视原声带;以漫威人物为角色的电子游戏;迪士尼主题公园中的实景真人漫威娱乐项目;各种漫威主题的商品,包括衣服、玩具和收藏品等。近年的漫威电影如《银河护卫队 2》(*Guardians of the Galaxy Vol. 2*, 2017)和《黑豹》(*Black Panther*, 2018)还采用了博客、智能手机应用和社交媒体网站等较新的宣传渠道,甚至在电影上映前就引发了强烈反响。

垂直整合假设性案例:

音乐	图书	电影
音乐家	作者	演员
经纪人	文学代理人	经纪人
唱片公司	出版商	电影工作室
唱片制造商	造纸厂和印刷工人	电影和DVD制造商
流媒体网站和/或数字销售	在线电子书和印刷书销售商	付费在线电影、流媒体服务和/或影院

横向整合假设性案例:

音乐	图书	电影
音乐家	作者	演员
经纪人	文学代理人	经纪人
唱片公司	出版商	电影工作室
唱片制造商	造纸厂和印刷工人	电影和DVD制造商
流媒体网站和/或数字销售	在线电子书和印刷书销售商	付费在线电影、流媒体服务和/或影院

图 3.1 传媒产业中的垂直整合与水平整合

注释:名称以阴影和粗体字标注的公司属于同一集团。

另一个例子是迪士尼把旗下的体育有线电视品牌 ESPN 发展为一个跨媒体的交叉推广工具,开发出 ESPN 二台、ESPN 经典频道、ESPN 新闻台、ESPN 西语台、ESPN 大学频道、espnW 频道、ESPN 广播、《ESPN

杂志》、538新闻网（FiveThirtyEight.com）①、ESPN流媒体服务、ESPN移动应用以及ESPN消费产品等。所有这些频道和服务共同推广迪士尼旗下备受瞩目的ESPN产品群。这种跨媒体推广是一种非常有效的策略。一项实验研究发现，在电视节目的宣传中，协同运用电视和印刷广告要比仅采用单一媒体有效得多；跨媒体宣传"与单一渠道的重复式宣传相比，会产生更高的受众关注度、记忆度和信息可信度……以及更强的观看意向"（Tang, Newton and Wang 2007：132）。这种交叉推广的形式是推动传媒公司水平整合发展的重要动力。

新媒体经济中的战略

在过去的几十年里，传媒产业的整合与兼并提供了许多值得借鉴的经验。首先，在新媒体经济中，仅靠传统的兼并策略可能会失败；仅仅扩大规模并不能保证成功。其次，传统传媒公司虽然遭遇了挫折，但其依然具有很强的适应力，并且正在采取各种方式来应对不断变化的媒介环境——其中一些应对方式还涉及新型的兼并和整合。最后，技术的变化——尤其是互联网的成熟和无线技术、移动设备的发展——激励着具有创新能力的竞争者。这些竞争者不是传统的传媒公司，而是那些在新媒体经济中处于核心位置的新型公司。

如前所述，一些大集团在经历了导致分裂的挫折之后，开始在不断变化的媒介环境中对公司进行重新定位。对于如何做好这一点，有一个反复出现的争论，即在拥有产品（信息和娱乐）与拥有"管道"（传输产品的基础设施）之间，哪一个更重要。1996年，时任微软首席执行官比尔·盖茨（Bill Gates）发表了一篇文章，让"内容为王"的说法广为人知。在这篇文章中，他写道："在我看来，内容将会成为互联网上真正能赚钱的东西，就像广播电视一样。"原因在于，"只要有一台电脑和一个调制解调器，任何人都能发布他们创造的任何内容"（Gates 1996）。因此，对早期互联网潜力的热情助长了"内容为王"的观念的蔓延，这表明，通过水平整合来创造广泛的内容是成功的关键。迪士尼等公司把赌注押在其热门内容上，以此作为通向成功的主要途径。然而，长期以来，始终存在另一种不那么吸引人的观点，即拥有提供内容的管道，而无须在意是

---

① 538新闻网是一个专注于民意调查分析、政治、科学和体育新闻的网站，力图运用数据和证据来报道和解释新闻。

谁创造了内容,才是取得稳定成功的关键。这一方面是因为内容时而流行,时而消逝,无法保证始终能够得到消费者的青睐;另一方面是因为随着互联网产业的发展日趋成熟,康卡斯特和威瑞森等电信和电缆供应商对传媒产业发展的影响日益显著。

不过,在新媒体经济中,媒体战略的核心要点并不是在内容或管道之间做选择,而是要同时考虑到内容与管道,以及新平台。各大传媒集团一直在推行垂直整合战略,试图建立起连通生产和发行的传媒公司。康卡斯特和美国电话电报公司的发展历程便体现了媒体行业的一个重大改变:曾经的传统电信公司现在变成了综合性的传媒公司。康卡斯特不仅是美国最大的有线电视与互联网服务供应商(这意味着拥有最大的管道网络,可以进入美国的千家万户),如今也是内容领军者 NBC 环球(电影、电视和音乐)的所有者。不过,在收购 21 世纪福克斯的娱乐资产时,康卡斯特未能以超过迪士尼的出价完成收购。而美国电话电报公司一直以来都是媒体管道的主要拥有者,旗下的直播电视公司是美国最大的卫星电视供应商,在几十个主要的大城市提供高速光纤互联网连接服务,同时也是美国两大全国性移动网络之一。在收购时代华纳的过程中,美国电话电报公司一直在寻求有价值的新的内容资产——包括华纳兄弟的电影、电视和音乐,以及家庭影院、影院麦克斯频道和有线电视新闻网。在拥有时代华纳之后,美国电话电报公司可以利用热门内容资产来争夺媒体消费者。同时,由于美国电话电报公司的管道网络可以提供广泛的接入服务,时代华纳的内容也将因此得到广泛的推广。例如,如果你通过美国电话电报公司接入了互联网,你可能会获得家庭影院的折扣或更高速的接入服务,也可能获得率先观看最新热播剧的机会。

在电信公司成为传媒公司的同时,传统的传媒公司正在收购更多的管道和平台。在收购福克斯的过程中,迪士尼一直在寻找新的平台,来发行其在互联网时代规模庞大且不断增加的媒体产品。美国广播公司、娱乐与体育电视网等广播和有线电视网络已经无法覆盖其广泛的内容。在完成与福克斯的合并之后,迪士尼除了会获得 Hulu 的控股权之外,还计划开发两个分别专注于娱乐和体育的新的流媒体服务平台,从而减少对竞争对手旗下平台的依赖。

随着数字化和数字融合在很大程度上消除了各个媒体行业间的界限,传媒产业的经济动态正在发生变化。在当代媒介环境中,用户似乎拥有无限的媒体选择,主要的行业参与者一直在争相维护和重建能够在丰富的媒体产品环境下赢利的传媒公司。这也是为什么我们会不断看到传媒产业的整合,以及少数几大公司垄断着媒体制作、媒体平台和媒体管道的局面。

平台的力量:作为新媒体巨头的脸书与谷歌

早期互联网爱好者往往认为,互联网便于新兴竞争者的进入,从而有助于分散媒体的所有权。然而讽刺的是,虽然新的公司进入了市场,但随着互联网的成熟,这些公司的整合程度甚至超过了传统媒体。有人在对媒体所有权问题进行分析后得出这样的结论:"一般而言,传媒产业的某个子领域越是电子化和'数字化',其集中度似乎就越高。"事实上,"互联网自身及其许多主要的应用领域都出现了整合。有些人曾经希望互联网解决媒体产权集中的问题,而这个结论无疑是给他们泼了一盆冷水"(Noam 2009:5)。

这些分析反映了以谷歌和脸书为代表的新兴媒体巨头所造就的现实。(从技术层面讲,谷歌是字母控股公司[Alphabet]的一部分,但我们将在全文采用谷歌这个广为人知的称呼。)谷歌和脸书(以及推特、谷歌旗下的优兔等其他类似平台)不是传统的传媒公司。这两家公司都不雇用记者或媒体制作人,它们并不生产媒体内容。直到最近,它们的高管还是更喜欢标榜自己是技术公司。不过,行业分析人士已经认识到脸书和谷歌的高流量平台在传媒产业中具有多强的影响力。最近,英国文化大臣建议英国正式改变脸书和谷歌的法律地位,明确它们作为传媒公司的身份(Ruddick 2017)。

事实上,谷歌和脸书之所以是传媒公司,是因为这些平台不仅拥有大量的媒体用户,对媒体内容具有巨大的影响力,而且在媒体广告收入中占据了很高的比例。这些公司甚至已经涉足一些传统上由电信公司所控制的领域。

用户

脸书和谷歌不仅是供人们联系朋友和检索信息的平台,还是各种媒体内容的入口。例如,皮尤研究中心(2017c)发现,45%的美国成年人从脸书中获取新闻,18%的成年人从谷歌的优兔中获取新闻。在50岁以下的成年人中,有超过四分之三的人转向这些平台获取新闻。不过,皮尤研究中心指出,"超过一半(55%)的50岁以上的美国人通过社交媒体获取新闻"（Pew Research Center 2017c：2）是 2017 年才首次出现的现象。而如今,脸书已成为"千禧一代获取政治新闻的首要来源"（Griffith 2017）。

谷歌和脸书通过专有算法提供个性化内容,以此扩大用户的规模、提升参与度和延长使用时长。脸书开发出定制化的动态消息（News Feed）功能,将提升朋友和家人发布的内容、主流媒体的内容与热门视频混合在一起。谷歌是了解任何信息的首选网站,其中也包括通过谷歌新闻（Google News）搜索获得的最新新闻。这些网站还经常调整视频内容的传递方式,以吸引和保持用户的注意力。2016 年,脸书与 140 家传媒公司和名人签订合约,为其脸书直播（Facebook Live）服务制作视频（Perlberg and Seetharaman 2016）。同时,推特也尝试直播美国橄榄球大联盟（NFL）的比赛。2017 年,脸书宣布推出"聚光灯模块"（spotlight module）功能,通过其应用软件展示原创视频内容（Alba 2017）。

媒体内容

媒体公司都会竭尽所能,试图与脸书和谷歌的海量用户建立联系。做到这一点的最简单的方法是生产专门为脸书和优兔设计的内容。为了接触到这些用户,传媒公司在其脸书页面或优兔频道上不断发布新文章、新视频或其他媒体内容,希望用户可以看到并分享。但他们发布的内容并不是完全中立的。为了接触到社交媒体的受众,内容生产都在创造符合社交媒体风格的内容,尤其是对移动设备友好且易于分享的内容：短视频、"十大"榜单、煽动性的名人照片、吸引眼球的幻灯片、耸人听闻的标题以及其他引人关注的内容。

即使是传统的全国性新闻机构,为了触达社交媒体平台上的大量受众,也在生产着迎合社交媒体用户习惯和期待的新闻。最近,一项关于网络新闻的研究发现,社交媒体平台对新闻内容发挥着重大的影响："出版商正在对每篇报道进行微调,使之更加适应各种社交渠道,或在这些传播渠道中能够有更好的表现。这必然会改变新闻本身的表现形式和基调。"（Bell and Owen 2017：39）因此,如今越来越多的新闻直接在社交媒体平台上发布,而不会采用链接的形式,跳转回新闻机构的主页。这种"原生"的社交媒体新闻可能会获得大量的点击和关注,但它改变了新闻内容的本质。因为社交媒体新闻的初衷是在一些竞争性的内容触达用户之前,便赢得用户的迅速点击和分享。变得"具有分享价值"是包括新闻业在内的各类媒体内容生产者的重要目标(Trilling, Tolochko and Burscher 2017)。

谷歌也直接进入了媒体内容的生产领域。谷歌的YouTube Red① 是一项无广告的订阅服务,曾是谷歌原创节目的发布平台。它投资了数百万美元来制作有广告的免费原创节目,用户可通过各类优兔频道观看(Shaw and Bergen 2017)。

广告

传媒业在很大程度上是一个由广告支撑的行业。长期以来,报纸、杂志、广播和电视都是商业性产业,广告是其主要的收入来源。在付费墙模式普遍失败后,网络媒体基本上采用了传统的方法,即通过免费内容吸引用户,成本则由广告商来承担。广告资本追逐的是那些有吸引力的观众——年轻和富裕的用户通常是最理想的媒体目标。这促使媒体内容生产者针对特定的目标受众来制作或购买内容。因此,广告不仅仅为媒体提供了资金,广告主的偏好也对媒体生产的内容及其传播方式产生了影响。

2016年,网络广告的规模超过了电视广告,互联网由此成为全球最大的广告媒介(Zenith 2017)。谷歌和脸书主导着这个利润丰厚的市场(见图3.2)。2017年,谷歌和脸书的广告收入占全美数字广告支出的60%以上(eMarketer 2017)。这意味着数字广告实际上处于这两家公司主导的"双头垄断"局面之中,网络广告的控制权比其他任何媒体领域都更加集中。从更广泛的层面来看,谷歌和脸书的广告收入占**全部**广告收入(涵盖全球所有媒体)的20%左右。在互联网领域的主导地位使这些相对年轻的公司在所有媒体的广告收入中位居榜首。谷歌在2016年的广告收入为794亿美元,脸书则赚取了269亿美元。康卡斯特以129亿美元的收入屈居第三,与前两家公司之间存在明显差距(Zenith 2017)。而且,谷歌和脸书的这种主导地位还有可能会持续下去。行业分析师指出,随着广告主在数字媒体上的支出持续增长,几乎所有的增长都流向了谷歌和脸书。根据一项研究的估计,在2016年全年数字广告增长额中,有99%的增长额属于这两家公司(Ingram 2017)。因此,这

---

① YouTube Red是谷歌旗下的视频平台优兔于2014年在世界多个国家和地区推出的一项付费流媒体订阅服务,该服务在2018年5月更名为YouTube Premium。

两个平台都是强大的传媒公司,它们在塑造媒体内容的性质,使之能够吸引用户的同时,也把用户出售给广告商。在数字媒体领域,任何一家公司要想成功,都必须在某种程度上与这两家新兴的数字媒体巨头合作。

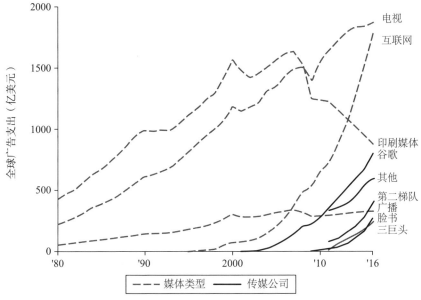

图 3.2 脸书和谷歌的广告收入增长曲线

近年来,互联网在广告总收入中的比例急剧上升,这一变化主要以印刷广告收入的锐减为代价。在众多公司中,谷歌的广告收入最多。

注释:"第二梯队"包括雅虎、微软/领英(LinkedIn)、IAC集团、威瑞森电信、亚马逊、潘多拉、推特、Yelp、Snapchat、新浪和搜狐。"三巨头"是指阿里巴巴、百度和腾讯。

来源:Fischer [2017]。

电信

通过吸引用户、销售广告和创造内容,作为传媒公司的谷歌和脸书正在发生重要变化。与此同时,它们还朝着传统电信公司的业务领域拓展,对互联网基础设施进行了大量投资,包括处理数据流的海底电缆。它们还开展了一些项目,使其商业服务可以在发展中国家得到更广泛的应用。例如,脸书实施了一个非营利的开放计算项目(Open Compute Project),旨在协助开发运行互联网所需的开源硬件。作为其中的测试项目之一,它甚至在乌干达铺设了一些光纤电缆(Facebook 2018b)。此外,脸书还开展了一项免费基础服务(Free Basics)计划,该项目针对互联网接入成本十分昂贵的发展中地区,试图"让更多人能够上网"。这是一个由有限的基础服务构成的"围墙花园"(walled garden)①,其中包括脸书——用户可以免费使用这些服务,无须缴纳任何数据费用(Free Basics 2018)。(我们将在后文对该项目的情况及其受到的批评进行详细讨论。)

而谷歌则投资了气球项目(Project Loon),该项目利用高空的气球,向偏远地区传送无线互联网服务(Google 2018e)。2017年,飓风"玛利亚"(Maria)摧毁了波多黎各岛的手机信号塔后,该项目成功地为10万波多黎各人提供了基本的互联网接入服务(Statt 2017)。谷歌还通过它的免费Wi-Fi项目(Google Station)与供应商合作,为发展中国家的Wi-Fi服务提供统一的登录和付费系统(Google 2018b)。此外,为了探索公司未来发展的新机遇,谷歌还在有限的范围内推出了一些其他服务项目。它创建了自己的无线电话服务项目(Project Fi)②,可以转售现有的网络服务,并将用户的呼叫切换到品质最优的服务网络(Google 2018d)。它还在一些地区推出速度极快的谷歌光纤(Google Fiber)网络服务,并计划将这一服务推广到全国(Google 2018a)。

谷歌的气球项目是一个通过热气球传输的高速网络。谷歌投资了众多以建设互联网基础设施为目标的项目,气球项目便是其中之一。无论是谷歌还是脸书,都进行了大量的投资来扩大自己的服务的应用范围,尤其是在发展中国家。

---

① 围墙花园,又叫封闭平台(closed platform),指的是一种控制用户对应用、网页和服务进行访问的网络环境。在这种网络环境下,用户被封闭在一个特定的边界范围内,只能对运营商允许的特定网站或服务进行访问。

② Project Fi是谷歌于2015年4月推出的移动虚拟运营商系统,通过Wi-Fi热点和蜂窝移动网络向美国以及超过200个国家和地区的漫游用户提供语音及数据服务。服务会根据信号的强度和速度在网络之间自动切换。谷歌于2018年11月将Project Fi更名为Google Fi。

显然,这些曾经主要提供互联网检索功能、面向朋友和家人发布信息的平台公司,如今已经成为我们这个时代的媒体巨头。

兼并与整合的后果

虽然媒体所有权的发展趋势可能会引起人们的兴趣,但我们首先应该考虑的是所有权与媒体产品之间的关系。整合、兼并以及所有权的集中会带来什么后果呢?

整合与自我推广

推动垂直整合与水平整合的经济因素是显而易见的:公司所有者认为这种安排既有效率,又有利可图。相比之下,其文化后果则比较模糊。不过,从制度的视角来看,这种所有权模式很可能会对媒体公司所创造的产品类型产生影响。寻求"协同效应"(synergy)的整合性传媒集团很可能会青睐那些最能被集团内其他部门所利用的产品。(所谓协同,指的是一家公司的各个组成部分通力协作,从而产生效益的动态过程。如果公司的各部分归属于不同的所有者,它们是不可能产生这种协同效益的。)例如,水平整合可能会鼓励出版那些可以拍成电影的书籍。相反,那些无法拍成电影的书籍则可能会被搁置。或者,它可能会鼓励创作电视选秀节目,因为这些节目可以催生新的签约歌手。根据合约,这些歌手有义务为公司的音乐厂牌录制唱片、成为公司出版的杂志的封面人物、在公司下属的广播电台播放自己的作品,并且在公司的网站上表现自己。更为普遍的现象是,在水平整合的传媒产业中,推广和营销很可能会主导决策的过程。

当制作产品的公司也控制着产品的发行时,垂直整合就显得尤为重要。例如,随着网飞大幅扩充其原创节目,它一方面在突出"网飞原创"作品的特色,另一方面则在大幅削减从其他公司那里购买的作品的数量。

水平整合和垂直整合所蕴含的可能性一旦得到充分利用,其结果将是惊人的。在这个整合性传媒巨头主导的时代,传媒公司有能力推行复杂的跨媒体战略,即在所有媒体平台上对公司所拥有的媒体产品进行包装、销售和推广。故事片,以及与之相配套的原声音乐、流媒体、点播、数字视频光盘、蓝光等各种发行形式,衍生电视节目、书籍、杂志的封面报道和大量的授权商品,都可以由同一集团的不同部门制作和发行——其中的每一种产品都有助于扩大集团的经营范围。因此,整合一方面导致媒体的交叉推广(cross-promotion)有所增加,另一方面则导致那些不适合交叉推广的媒体产品越来越少。此外,整合也使得小型传媒公司与大公司之间的竞争变得更加困难。因为大公司可以在宣传活动(通常是在社交媒体平台上进行)中使其庞大而多样的产品淹没消费者,并确保这些产品在公司旗下的各类媒体和平台上拥有极高的曝光率。

兼并的影响

大型多媒体公司在过去几十年里的发展,对我们所消费的各类新闻、电视和广播节目、电影、音乐和书籍产生了什么影响?换言之,行业兼并在多大程度上影响着媒体产品?关于兼并的影响,最严厉的警告来自新闻业内部。这在一定程度上是因为一些新闻媒体过去一直没有承受赢利的压力。例如,在电视史上的大部分时间里,受人尊敬的电视新闻部门代表着一种必要的公共服务承诺,而正是这种承诺确立了各大广播网的声誉。人们并没有指望新闻业务能够带来什么实质性的利润。然而,在20世纪80年代,随着大型传媒集团对新闻业务的接管,这种情况发生了变化。

肯·奥莱塔(Ken Auletta)写作的《三只盲鼠》(*Three Blind Mice*,1991)生动地描绘了在新的企业主接管主要电视网及其新闻部门之后所发生的冲突。例如,对于那些在全国广播公司新闻部(NBC News)工作的人来说,通用电气公司的收购导致电视新闻的意义和作用陷入矛盾和冲突。在绝大多数此类冲突中,企业的新老板大多最终会占据上风。正如奥莱塔所指出的那样,当通用电气公司接手成为全国广播公司的新东家时,新老板们

> 强调要建设一个"无边界"的公司,一个打通了新闻、娱乐、销售和其他部门之间的边界的公司……在1990年全国广播公司年度管理层会议上,160位公司高管中有很多人都质疑:为什么销售或娱乐部门不能在新闻专题节目中有更多的投入?或者为什么新闻部门倾向于与公司的其他部门保持距离,似乎它有什么特殊之处?(Auletta 1991:564)

时任通用电气公司董事长杰克·韦尔奇（Jack Welch）甚至明确要求：《今日秀》的天气预报员威拉德·斯科特（Willard Scott）应该在节目中提及通用电气的灯泡。据全国广播公司新闻部的前总裁劳伦斯·格罗斯曼（Lawrence Grossman）说，"拥有一家电视网的好处之一是……你可以在节目中提及你的灯泡……大家都想讨好新东家"（Husseini 1994：13）。

从那时起，传统电视网的新闻节目还面临着来自福克斯、有线电视新闻网、微软全国广播公司等 24 小时播放的有线电视新闻频道，以及发展迅猛的网络新闻的激烈竞争。与印刷新闻业类似，广播电视新闻业也面临着广告额向互联网转移的挑战。然而，尽管发生了这些变化，广播电视新闻依然会吸引那些能满足企业主和广告商的期待与需求的受众，从而实现赢利。这种发展趋势的结果之一是广播电视新闻越来越关注娱乐和名人。前哥伦比亚广播公司新闻主播丹·拉瑟（Dan Rather）认为，由于"无脑明星新闻"的增多，已经出现了"新闻的好莱坞化"趋势（*Brill's Content* 1998：117）。在 20 世纪 80—90 年代，这些变化被视为对严肃广播电视新闻的威胁。但如今，它们已经成为行业的常态。今天的广播网常常会在其节目中增加娱乐、名人报道、人情味以及其他让人觉得轻松的内容。

兼并同样影响着印刷新闻业。广告商和付费用户的流失使之遭受了沉重打击。有一些批评者一直认为，企业在收购印刷媒体之后，会把重心放在吸引和娱乐消费者上，而不是放在向公民提供信息上（Squires 1993）。在这种情况下，报纸变得越来越丰富多彩，不仅将注意力集中于名人的生活，还会刊登一些耸人听闻的故事，讲述充满戏剧性和离奇的事件。其中一个典型例子就是新闻集团执行主席鲁珀特·默多克——他最广为人知的身份是福克斯新闻的老板。他的事业从收购澳大利亚和英国的报纸，并将它们转变为专门报道性、丑闻和名人的小报开始。他收购的英国《太阳报》（*The Sun*）最能体现这一特点。《太阳报》因对丑闻的报道而声名狼藉，却广受欢迎。该报甚至将"第三页"作为自己的一大特色——该页会刊登上半身裸露或全身赤裸的模特照片（Braid 2004）。2011 年，英国发生电话窃听丑闻，导致默多克的英国小报《世界新闻报》（*News of the World*）停刊。这一事件向我们展示了利益至上的新闻机构在猎取故事的道路上会走多远。报社的记者窃听了数百部，甚至是数千部电话，目的是挖掘到犯罪被害人及其家属，以及名人的煽情

故事。在受英国政府委托撰写的关于这起丑闻事件的报告中,大法官莱韦森(Leveson)认为,媒体

> 不顾一切地把耸人听闻的报道摆在第一位,几乎完全不考虑这些报道可能造成的伤害和那些会受到影响的人的权利(这种影响造成的后果也许是永远无法弥补的),对公共利益已经到了置若罔闻的地步。(The Leveson Inquiry 2012: 10)

最后,对于今天的多平台传媒公司来说,新闻成为一种新的"内容"。人们越来越期望新闻能够与公司的其他部门相适应,并为其所用。因此,兼并加大了盈利压力,这种压力甚至波及过去不怎么受其影响的媒体领域。

集中化的影响

与整合和兼并一样,媒体所有权集中带来的一个关键问题在于其对媒体产品的影响——特别是对媒体产品潜在的同质化趋势的影响。然而,我们首先要讨论一个更为广泛的问题,即媒体所有权与政治权力之间的关系。

媒体控制与政治权力

媒体所有权的集中会转变为不正当的政治影响吗?正如我们将在第四章中讨论的那样,大多数人认为,在考察威权主义国家的政府所实施的媒体控制时,这个问题尤为重要。在美国,大多数关于第一修正案(First Amendment)和言论自由的讨论也主要围绕着政府审查的可能性这一问题展开。然而,这种讨论一般对公司所有权的影响视而不见。

在谈到这一问题时,巴格迪基安(Bagdikian 2004)认为,美国有一个"服务于私人利益的信息部",这与威权社会中由政府主导的宣传系统形成了对比。然而,从今天的美国来看,私人利益而非政府在很大程度上控制了这一信息系统。巴格迪基安指出,当整个传媒产业掌握在少数几家利益相近的公司手里时,它就会以一种类似于国有信息系统的方式运作。虽然互联网为人们获取各种新闻和意见提供了便捷的渠道,但如果有人把这些新闻和意见都找出来,就会发现很难质疑这样一种基本论断,即那些掌控了大型传媒集团的人至少有可能掌握着巨大的政治权力。

媒体所有权会如何转变为政治权力呢？那些建立媒体帝国的人有可能利用他们的媒体渠道来推动具体的政治议程。此外，当媒体大亨成为高级官员的候选人时，他们掌控的媒体就可以成为宝贵的政治资源。在西方民主国家中，最典型的例子就是意大利的西尔维奥·贝卢斯科尼（Silvio Berlusconi）。他成功地利用手中的私人媒体获得了公职，而这又反过来使其能够进一步影响公共媒体。

作为一位主导着意大利广播电视和出版业的媒体大亨，西尔维奥·贝卢斯科尼曾三次当选总理（1994年、2001年和2008年）。对他而言，电视和广播显然具有巨大的政治价值，这意味着他拥有其他政治家无法操控的战略资产。在2001年的竞选中，他在自己的电视网上的曝光率是其对手的四倍。在赢得那次竞选后，他继续控制着意大利90%的电视节目（*The Economist* 2001）。这是因为意大利总理有权更换三个公共电视频道（统称意大利国家电视台[RAI]）的董事会，从而可以对国家电视台的编辑决策施加影响。在随后的竞选中，贝卢斯科尼不仅把自己的私人电视网作为政治资源，还对公共频道的运作产生了影响。

贝卢斯科尼对电视的控制权过大，以至于在2001年大选后以及2004年，欧洲记者联合会（European Federation of Journalists）呼吁制定新的法规来限制媒体所有权。2004年，欧洲议会（European Parliament）与欧盟委员会（Council of Europe）都对贝卢斯科尼的总理身份与媒体大亨身份之间公开的利益冲突提出批评。这种安排对意大利的民主政治具有严重的腐蚀作用，以至于国际独立监督组织自由之家（Freedom House）在一年一度的全球自由与民主程度排名中，将对意大利的新闻自由程度的评级从"自由"下调为"部分自由"（Freedom House 2004）。2011年，贝卢斯科尼因一起性丑闻辞去总理职务。不过，他并没有远离公众视野。2013年，他在一场激烈的竞选中失败，未能第四次当选总理，随后被判处税务欺诈罪，并被禁止竞选公职六年（Giuffrida 2017）。

美国的媒介环境与意大利大相径庭，这主要是由于美国的传媒产业规模庞大。尽管如此，私人媒体所有权在美国也是一笔巨大的政治资产。媒体企业家迈克尔·布隆伯格（Michael Bloomberg）通过向企业销售技术和媒体产品积累了大量财富。他利用人们对彭博商业媒体产品品牌的广泛认可，以及这些产品为他带来的收益，最终在2001年成功当选纽约市市长。在这个过程中，他自掏腰包，花费了6900万美元——每张选票超过92美元。2005年，布隆伯格赢得连任。此后，他成功地修改了任期限制法,以便自己能够在2009年再次参选(并获胜)。一直以来,人们都猜测2017年的美国十大富豪之一(Forbes 2018)布隆伯格,有朝一日可能会竞选总统。

在某些情况下,传媒公司的所有者直接控制着媒体产品,因此能够通过宣传对其有利的观点来施加政治影响。例如,由保守派的辛克莱家族(Sinclair family)所控制的辛克莱广播集团(Sinclair Broadcast Group)拥有近200家地方电视台,覆盖了约40%的美国家庭。该公司要求旗下的电视台播放保守的、亲特朗普(Trump)的新闻报道,包括特朗普前竞选负责人的长篇政治评论。2016年,辛克莱广播集团对当时的候选人唐纳德·特朗普进行了15次采访,这些采访主要在竞选后期的摇摆州电视台播放。美国联邦通信委员会前主席迈克尔·科普斯(Michael Copps)注意到,作为全国范围内旗下电视台数量最多的公司,辛克莱广播集团为观众提供的实际上是高度政治化的新闻,因此"可能是大多数人从未听说过的最危险的公司"(Graves 2017)。

保守派媒体大亨鲁珀特·默多克也曾利用新闻集团的各种媒体来推进他的政治和经济目标。1975年,他让旗下的澳大利亚报纸发表有明显倾向性的新闻,支持保守派总理人选。这一举措甚至引发默多克自己的记者罢工抗议。在1979年英国保守派政治家玛格丽特·撒切尔(Margaret Thatcher)当选首相的过程中,默多克控制的英国报纸也发挥了重要作用。1995年,默多克出资数百万美元创办了备受瞩目的美国保守派杂志《旗帜周刊》(The Weekly Standard)。1996年,默多克的新闻集团创建了一个24小时全天播放的新闻频道——福克斯新闻频道(创始人是拉什·林博[Rush Limbaugh]的前执行制片人、长期担任共和党政治顾问的罗杰·艾尔斯[Roger Ailes])。该频道持续宣传亲特朗普的保守议程(Ackerman 2001; Aday 2010; McDermott 2010)。2007年,默多克的新闻集团收购了道琼斯(Dow Jones),从此接管了《华尔街日报》的所有权。而该报恰好也是美国最具影响力,并且在编辑方针上也最保守的报纸之一。

2017年,支持茶党运动(Tea Party movement)①,为更广泛的保守主

---

① 茶党运动是于2009年初开始兴起的美国财政保守政治运动。该运动支持小政府原则,呼吁降低税收,并通过减少政府支出来削减美国国债和联邦预算赤字。运动的参与者主要由自由意志主义、保守主义和右翼民粹主义的支持者组成。

义运动提供主要资金的亿万富翁兄弟查尔斯·科赫(Charles Koch)与大卫·科赫(David Koch)宣布,他们将出资支持梅雷迪思集团收购美国最大的杂志出版商时代公司。在回应与科赫的投资相关的新闻报道时,时代公司前主编约翰·休伊(John Huey)强调了掌控重要新闻媒体的政治价值:"我们很难相信,科赫兄弟出高价购买纸媒,却丝毫不想利用《时代》和《财富》(Fortune)来推进他们的议程。"(Snider 2017)最近,其他亿万富翁也纷纷投资新闻媒体。比如,亚马逊的老板杰夫·贝索斯(Jeff Bezos)于2013年收购《华盛顿邮报》(The Washington Post),赌场大亨谢尔登·阿德尔森(Sheldon Adelson)于2015年收购《拉斯维加斯评论报》(Las Vegas Review-Journal)。

然而,一些媒体机构,特别是新闻机构的合法性是依靠客观性或公正性的理念来维持的。记者常常把自己看作第四权力的成员,与政府的行政、立法和司法部门相辅相成,扮演着政府和政客的监督者的角色(Louw 2010;Schultz 1998)。因此,除了福克斯新闻和辛克莱集团旗下的电视台之外,大多数主要的新闻媒体都不会公然对单一立场的政治议程进行持续的宣传。相反,观众更有可能在以分析和评论为主要内容的有线电视节目,或者日益增多的受意识形态驱动的网站和博客上看到这种报道方式。

与简单地向人们灌输并使之被动接受某些思想和观念相比,利用媒体来宣传政治议程要复杂得多。媒体的所有者可以利用媒体渠道来表达关于某一争议性问题的立场,也可以推动特定的机构或行为的合法化。同样重要的是,他们还可以系统性地将某些观点从其媒体产品中移除。虽然对信息或观念的控制永远不可能是绝对的,但媒体的所有者可以向某个特定的立场大幅度倾斜。

我们有理由相信,随着各类媒体公司越来越集中掌控在少数几个大型集团手中,那些质疑基本社会制度安排——各大媒体公司在这种制度安排下如鱼得水——的立场和观念,只能出现在相对边缘的媒体上。这并不意味着媒体传达的所有观念和信息都是统一的,而是说某些观念会大行其道,而另一些观念则会湮没无闻。比如,经常有报道批评联邦政府陷入僵局,却很少有报道批评资本主义经济制度会加剧不平等。虽然没有办法证明两者之间的关联,但是媒体聚焦于指出政府的不足而非私营企业的不足,似乎符合媒体所有者的利益。

这种报道方式在涉及当代社会和政治事件的产品中尤为明显,但它也会出现在娱乐产品中。例如,想一想黄金时段的电视节目是如何刻画同性恋群体的。在美国电视史上的大部分时间里,几乎没有同性恋的角色。在 20 世纪 80 年代到 90 年代,随着同性恋平权运动取得了一定的进展,同性恋角色开始出现。不过,这些角色只是偶尔出现,角色刻画也常常流于表面。此外,同性恋角色还面临着异性恋角色所没有的限制。例如,即使流行的电视内容对异性性行为的刻画越来越直白,但同性恋角色接吻的场景依然是需要回避的。直到 2004 年,才出现了第一部围绕同性恋、双性恋和跨性别角色展开的电视剧。从 2004 年到 2009 年,《拉字至上》(*The L Word*)在付费有线电视网的娱乐时间播出。电视媒体长期以来对非异性恋角色的忽略并不是什么密谋的产物,而更可能是因为少数几家依赖大众观众和主要广告商营利的公司为了避免引发触犯底线的潜在争议。但近年来,随着舆论的转变,以及电视网的高管和广告商认为主流观众对非异性恋形象的接受度日渐提高,这类角色开始变得更加普遍和多样化(GLAAD 2018)。我们将在第六章和第七章探讨大众媒体的内容时,再来对这些问题进行详细分析。

不过,传媒企业所有权的集中带来的政治影响,远不止是排斥某些观点而偏向另一些观点这么简单。实际情况要广泛和微妙得多。赫伯特·席勒(Herbert Schiller 1989)认为,对"企业立场"的推广如此成功,以至于大多数人甚至不认为它仅仅是企业的声音。也就是说,企业的声音已经变成了"我们"的声音、"美国"的声音,即便这些拥有大众媒体的企业并不能代表所有人的利益。这方面的一个典型例子是包括报纸、电视、广播、杂志和互联网在内的各种媒体共同生产的一套关于美国经济的话语。在这套话语中,企业在经济上的成功几乎成为对一切国民经济福祉进行评价的参考框架。然而,很少有媒体会对企业的经济状况与公民福祉之间的关系进行直接讨论——甚至在发生严重的金融危机时也是如此。例如,在 2008 年至 2009 年经济危机期间,美国的新闻媒体几乎都无条件地支持政府和私人企业的立场,即对处于危机中的银行、华尔街的各大公司和其他企业立即实施大规模的救助是十分必要的。

一个产权高度集中的传媒产业还会削弱公民对政府发动战争的权力进行监督的能力。麦克切斯尼(McChesney 2008:98)认为:

> 当权者,那些从战争和帝国体系中获益的人,都把媒体视为战争中最重要的前线阵地,因为正是通过媒体,他们可以制造共识,排

斥异议。而对于媒体来说,战争也是考验它的关键时刻(moment of truth)。

例如,2003年美国领导了一场入侵伊拉克的战争。发动这场战争的理由是伊拉克境内存在所谓大规模杀伤性武器(Weapons of mass destruction, WMD)。对此,新闻媒体仅仅依赖官方信源,没有进行深入调查,不加批判地报道这些关于大规模杀伤性武器的指控。这样做实际上肯定了布什政府发动战争的依据。根据一项关于伊拉克战争前三周美国新闻媒体报道的研究,支持战争的美国信源多于反对战争的信源,二者的比例高达25∶1。在这种情况下,人们根本无法接触到任何关于战争的批判性观点(Rendall and Broughel 2003)。

互联网为小型内容生产者创建专业的另类媒体提供了可能,比如,网站、博客、移动应用和流媒体视频。然而,由于缺乏推广这些网站的有效手段,加上没有资金来支持员工不断生产吸引用户的新内容,大多数此类媒体的使用范围局限于数量较少的小众群体。电视和各大日报,以及与这些媒体相关的社交媒体内容,仍然是大多数人的主要新闻来源。

最后,信息手段的所有权问题已成为当代社会中更大的不平等模式的一部分。大型传媒集团可以利用其塑造媒体话语的能力和雄厚的财力来影响公共政策。从这个意义上说,大众媒体机构与其他社会机构没有什么不同,它们都与普遍存在于这个社会的模式化的不平等结构息息相关。

媒体所有权与内容多样性

媒体所有权模式的变化是否会改变媒体内容的性质或范围?这个问题意味着,我们需要把宏观层面的模式和具体的媒体产品结合起来进行理解。要做到这一点,关键是要阐明广泛的制度性力量与大众媒体所处的日常世界之间的关系的具体性质。

随着媒体所有权的日益集中,研究者开始对这种所有权模式如何影响媒体形式和内容的多样性产生了兴趣。**媒体多元化**(media pluralism)指的是受众可以获得的媒体内容的多样性程度。这包括不同且独立的声音、一系列的政治观点和意见以及各种各样的文化(Doyle 2002)。媒体多元化是一个既涉及所有权(不同的媒体供应商),也涉及产出(各种内容)的问题。

人们普遍认为,当媒体集中在少数几家公司手中,媒体产品将缺乏多样性;换言之,随着所有权的日益集中,媒体的内容将变得越来越统一。巴格迪基安(Bagdikian 2004)的一项著名研究探讨了所有权集中度与多样性之间的关系。这项研究最重要的贡献是描述了各种媒体之间的联系。例如,在音乐产业中处于领军地位的公司如何同样主导了电影产业。所有权的集中化与日益加剧的水平整合相结合,让巴格迪基安得出如下结论:在传媒产业中,缺乏竞争必然会导致媒体产品的同质化,而这些产品又是服务于数量越来越少的所有者的利益的。虽然巴格迪基安的同质化假说听起来颇有道理,但通过对竞争与多样性关系的历史研究,我们会发现实际情况要复杂得多。

彼得森和伯格(Peterson and Berger 1975)在分析战后音乐产业时,认为高度集中的市场会导致同质化,而竞争性市场则会带来多样性。通过历史分析,他们证明了市场集中度与音乐多样性的几个指标之间的关系。他们论证的前提是,在20世纪50年代末到60年代,流行音乐产业出现了大量创新,涌现出各种音乐类型。这意味着20世纪40年代到50年代初音乐产业的同质化与标准化状况发生了巨大转变。在两位学者看来,之所以会出现这一转变,原因在于流行音乐市场更加开放,竞争更加激烈。广播从面向全国市场转向聚焦地方市场的变化则进一步推动了这种开放。独立唱片公司进入新开放的市场,创造出前所未有的崭新音乐风格,打破了各大唱片公司的同质化生产对行业的控制。他们提出的这些关于竞争与多样性之间的关系的结论,是以对音乐产业所有权的发展趋势,以及1949年至1972年间《公告牌》(*Billboard*)杂志的单曲排行榜的分析为基础的。

彼得森和伯格还指出了构成音乐多样性的两个关键要素。第一,他们分析了每年有多少不同的歌曲能进入榜单前十名,并认为数量的增加反映了多样性的增加。第二,他们认为,新晋歌手象征着多样性,而老牌歌手象征着标准化,并以此为前提分析了进入榜单前十名的新晋歌手和老牌歌手的数量。他们发现,在市场集中度(少数公司主导流行音乐产业)下降时,与多样性的增加有关的指标(曲目和新晋歌手的数量)增加了。于是,两位学者得出结论,认为通过增加竞争来减轻市场集中度,可以使流行音乐获得更大程度的创新和多样性。然而,他们的数据表明,在20世纪70年代,市场集中度再次提高。因此,他们预测20世纪40年代**寡头垄断**(oligopoly)(少数公司拥有控制权)的状况即将回归,并认为流行音乐产业将重新出现同质化现象。

在彼得森和伯格的这项研究发表15年后,社会学家保罗·洛佩斯(Paul Lopes 1992)重新审视了同样的问题。他采用了类似的分析方法——关注产业集中度和《公告牌》排行榜上所展现的多样化程度,结果发现,自20世纪60年代以来,流行音乐产业的动态已变得更加复杂。按照彼得森和伯格的预测,在1969年至1990年期间,市场集中度会大幅提高,排名前四位的唱片公司控制着绝大多数热门音乐。然而,他们所预测的多样性的减少并没有随之而来。相反,在20世纪70年代至80年代,新晋歌手和老牌歌手的数量始终在波动,直到1990年达到与1969年大致相同的数量。虽然这一时期的市场高度集中,但是洛佩斯几乎没有发现音乐多样性受到影响的证据。

洛佩斯对此的解释是,音乐产业的生产系统从他所描述的"封闭式"系统转变为"开放式"系统。关键的变化是唱片厂牌与唱片公司的比例。与大众媒体领域的其他行业,尤其是图书出版业一样,各大音乐公司拥有多个唱片厂牌,并与更小的独立唱片厂牌保持联系。纵观排名前一百的专辑背后的制作公司,唱片厂牌与唱片公司的比例发生了巨大变化。1969年,每家公司对应的厂牌不到两个。到了1990年,每家公司大约对应着四个厂牌。

彼得森和伯格认为,在20世纪40年代至50年代初,封闭式的唱片生产系统主导了这个产业。在这一系统中,大公司利用几个熟悉的渠道来制作和发行称霸排行榜的音乐。但洛佩斯认为,每家公司对应的厂牌数量的大幅增加意味着出现了某些新情况。在这种开放式系统中,主要的唱片公司控制着大规模的生产、发行和宣传,却依靠半自主的独立制作人来维持流行音乐市场的活力。尽管市场高度集中,但这种开放式系统是维持产业多样性的关键所在。开放式系统为创新和多样性留下了空间,这有助于各大公司在维持赢利的同时,还能维持对行业的控制。

社会学家蒂姆·多德(Tim Dowd)对音乐产业的研究发现与洛佩斯的结论相呼应。他发现,即便几家大型公司主导着音乐产业,分散化生产也是实现音乐多样性的关键。而且,尽管独立厂牌层出不穷,提供独立音乐的流媒体服务也在迅速增长,但大型传媒公司仍在音乐发行领域占据主导地位。在2016年的全球音乐销售额中,虽然独立音乐厂牌已经占据了其中的31.3%,但是独立音乐在下载(27.5%)和流媒体(28.3%)

市场中的份额小于其在日益萎缩的音乐光盘/黑胶唱片（38.2%）市场中的份额（Music Business Worldwide 2017）。

这些关于流行音乐产业的研究提醒我们，传媒产业所有权的集中并不会单独产生影响。在寡头垄断的传媒产业中维持所有权与控制权当然是很重要的，因为具有控制权的公司所采取的战略在很大程度上决定着传媒产业的生产和发行系统。然而，在我们理解集中度与多样性之间的关系之前，我们还需要探讨所有权集中得以存在的特定条件。同时，随着受众的构成和品位的变化，为了确保行业内主要公司最基本的赢利能力，发行方式、生产技术，以及传媒产业的组织结构可能也会做出相应的调整。因此，即使少数公司控制了传媒产业，但在这个营利性的产业中，增加多样性也可能是一个有效的策略。

逐利的大众媒体

在资本主义制度下，大众传媒机构必须专注于一个基本目标：创造出能够获利的产品。这种逐利导向为我们提供了理解媒体决策的背景。不过，在不同的媒体行业或不同的时期，对利润的关注并不会表现出完全一致的行为。上文中流行音乐产业的例子便展现了在不同的条件下，同一产业是如何以不同的方式来应对类似的利润压力的。

黄金时段的利润

关于利润要求如何影响媒体生产这个问题，托德·吉特林（Todd Gitlin 2000）对电视网的经典分析是最敏锐的研究之一。在《深入黄金时段》（Inside Prime Time）一书中，吉特林探讨了当时美国三大电视网的决策过程，认为最终的利润压力为节目安排决策设定了框架。稳定的利润是各大电视网高管的目标。这些电视网实现利润的方式是首先通过播放节目吸引大量观众，然后又以高价把相应的广告时间出售出去。但问题在于，节目的成功没有万能公式。即使是那些最复杂的用来预测成功的方法，也往往更适合用来判断哪些节目不会成功，而不是预测哪些节目会走红。

之所以如此，原因之一是失败是电视产业的常态。写手们每年会向电视网提供各种各样的创意，但只有几百条会被开发成剧本。在这些剧本中，有一些会被制作成试播节目。在试播节目中，只有几十部会被列入节目表。而在成功列入节目表的节目中,电视网只会与少数几个续约。可以说,每到一个阶段,高管和制片人都会淘汰大量节目。最终,只有少数节目能取得商业成功。例如,在 2009 年至 2016 年间,五大电视网新订购了 285 部黄金时段剧集,其中几乎有三分之二(183 部,占总数的 64%)没有被续订第二季(Porter 2016)。

如果说失败是电视网的常态,那这个产业如何赢利呢?尽管每个行业的情况多少有点不同,但受到追捧的热门节目一般只占电视节目总数的 10% 左右。而这为数不多的热门节目带来的利润,却足以弥补大量收支失衡或亏损的节目造成的损失。这和音乐、电影和图书出版业的情况十分相似。电视网还有一个优势:即使在有线电视、卫星电视和互联网的时代,各大广告商仍然认为传统电视网是向全国市场推销产品的有效媒介,因为它们的受众通常远多于其他媒体。例如,哥伦比亚广播公司的《生活大爆炸》(*The Big Bang Theory*)是 2018 年 1 月第一周收视率最高的电视剧,吸引了 1620 万名观众(Porter 2018b)。相比之下,同一周各大有线电视频道上收视率最高的电视剧是历史频道的《橡树岛诅咒之谜》(*The Curse of Oak Island*),但仅有 330 万观众,甚至挤不进传统电视网节目排名的前 25 位(Porter 2018a)。对流媒体平台网剧(通常没有广告)受众的测量则更为复杂,因为受众不会在每周定期观看剧集。一般来说,在新一季网剧发布后的第一周,观众人数最多。比如,2017 年,在上线的第一周,网飞的原创剧《捍卫者联盟》(*The Defenders*)和《纸牌屋》(*House of Cards*)分别吸引了 610 万和 460 万名观众(Levin 2017a)。

在全面寻求稳定利润的过程中,电视网的节目制作人遵循着一种安全逻辑,即必须将节目亏损的风险降到最低。有风险的节目指的是那些看起来不太可能吸引大众的节目,或者更糟糕的是,无法吸引大广告商的节目。然而,正如我们所见,热门节目实在是太少了。

遵循安全的逐利逻辑会导致绝大多数主流媒体倾向于回避有争议的内容,即便它可能带来高收视率。不过,与回避争议相比,安全逻辑会产生更广泛的影响。电视网的管理者永远无法确定观众会看什么节目,他们也不明白为什么有些节目会成功,有些节目会失败。因此,吉特林(2000)认为,安全逻辑必然导致"一顺百顺,一通百通"的想法。最终,电视网会不断地模仿自己,以至于模仿之作和衍生剧的比例会达到离谱的程度。

20 世纪 70 年代的一些热门电视剧都催生出为明星们打造的多个

衍生剧和新节目。比如,在《玛丽·泰勒·摩尔秀》(The Mary Tyler Moore Show)的影响下,先后出现了《罗达》(Rhoda)、《菲莉丝》(Phyllis)、《卢·格兰特》(Lou Grant)等相似的电视剧;而《全家福》(All in the Family)则催生了《杰斐逊一家》(The Jeffersons)、《莫德》(Maude)、《好时光》(Good Times)、《格洛丽亚》(Gloria)和《阿奇·邦克的小酒馆》(Archie's Place)等仿制剧。20世纪80年代,在《欢乐酒店》(Cheers)播出后,出现了昙花一现的情景喜剧《托尔泰利一家》(The Tortellis)和热门电视剧《欢乐一家亲》(Frasier)。20世纪90年代,荧屏上充斥着硬核的警匪剧——从《纽约重案组》(NYPD Blue)、《情理法的春天》(Homicide)到《法律与秩序》(Law & Order)及其各种衍生剧,比如《法律与秩序:特殊受害者》(Special Victims Unit)、《法律与秩序:犯罪倾向》(Law & Order: Criminal Intent)、《法律与秩序:陪审团》(Law & Order: Trial By Jury)以及《法律与秩序:洛杉矶》(Law & Order: LA)。情景喜剧《老友记》(Friends)则讲述了几个20多岁的都市青年的故事,最终大获成功,随之出现了一批模仿之作。比如,从2004年的衍生剧《乔伊》(Joey)到热门电视剧《生活大爆炸》《老爸老妈的浪漫史》(How I Met Your Mother)以及《破产姐妹》(2 Broke Girls)等。

21世纪初,受到《犯罪现场调查》(CSI)、《犯罪现场调查:迈阿密》(CSI: Miami)、《犯罪现场调查:纽约》(CSI: New York)以及《海军罪案调查处》(NCIS)和《海军罪案调查处:洛杉矶》(NCIS: Los Angeles)等热门电视剧的影响,犯罪现场调查员成为最受欢迎的电视角色之一。自2000年以来,各类电视"真人秀"节目源源不断,包括《真实世界》(The Real World)和《老大哥》(Big Brother)等室内节目,《单身女郎》(The Bachelorette)、《是你吗?》(Are You the One?)等约会类节目,《全美超模大赛》(America's Next Top Model)、《致命捕捞》(Deadliest Catch)等职场竞赛类节目,《天桥骄子》(Project Runway)、《顶级大厨》(Top Chef)等技能竞赛类节目,以及《改头换面》(Extreme Makeover)、《超级减肥王》(The Biggest Loser)等自我提升类节目。此外,选秀节目也蓬勃发展起来,出现了《美国偶像》(American Idol)、《美国之声》《美国达人》(America's Got Talent)和《与星共舞》(Dancing with the Stars)等节目。不过,最著名的真人秀节目类型可能还是长期播放的冒险竞技类节目,尤其是持续长达35季的《幸存者》(Survivor)。这档节目始于2000年的《幸存者:迪加岛》(Survivor: Pulau Tiga)。十多年来,《幸存者》的收视率一直很高。

从 2000 年至 2005 年,这档节目始终位居前十名。2017 年播出的《幸存者:角色之争》(*Survivor: Heroes vs. Healers vs. Hustlers*),仍然属于 30 档收视率最高的节目之一。这档节目还催生了大量类似的竞赛节目,比如,《极速前进》(*The Amazing Race*)、《阿拉斯加大淘金》(*Gold Rush*)、《利益者》(*The Profit*)和《创智赢家》(*Shark Tank*)。所有这些节目都试图把竞技类真人秀玩出新花样。

无论是律政剧、犯罪调查剧、以 20 多岁的青年为主角的情景喜剧、黄金时段的游戏节目还是真人秀节目,每家电视网都在试图跟上流行趋势。由于缺乏其他公认的节目决策方法,加上利润目标从以年为计变为以季或周为计,节目制作人会选择与其他电视网的最新热门节目相似的节目。同时,他们也越来越多地从国外寻找节目创意,或向国外观众输出本土节目。《老大哥》《美国达人》《与星共舞》《百万富翁》(*Who Wants to Be a Millionaire?*)以及许多其他节目都已经被复制成大同小异的版本,并根据当地的审美偏好进行调整,以便在不同的国家和地区发行。

面向小众的廉价节目

在过去的几十年里,传统电视网不得不面对观众人数和广告收入减少的现实。与此同时,制作优质节目的成本却在增加。为了弥补这两股趋势所带来的落差,电视网已经转向制作成本较低的节目,用预算较少或没有要价昂贵的明星出演的节目来填充时间。

电视网广告收入的下降是由于观众收视份额的流失。如今,电视收视率远低于过去的几十年。有线电视、卫星电视以及网飞、亚马逊和 Hulu 等网络观看平台的兴起与发展极大地侵蚀了传统电视网的观众规模。在 20 世纪 70 年代,90% 的电视机在黄金时段都会播放三大电视网的节目。而到了 2017 年,在黄金时段,只有不到 30% 的电视机会播放四大电视网(美国广播公司、哥伦比亚广播公司、全国广播公司和福克斯电视台)的节目。而且随着电视观看方式的日益多样,流媒体、付费服务和优兔等纷纷涌现,观众的收视份额不再是一个关键指标。如今,虽然电视网在美国电视市场上仍然扮演着重要角色,但与 20 世纪七八十年代相比,其节目的观众规模已经小得多。不仅有一部分无线电视观众转向了有线电视,还有很多以前的观众现在通过互联网来获得新闻和娱乐,这导致电视观众整体上出现减少的趋势。但是,电视网的高管已经无法用《陆军野战医院》(*M*A*S*H*)、《豪门恩怨》(*Dallas*)或《考斯比一家》(*The Cosby Show*)等前几代热门节目吸引到今天的观众了。事实上,电视业已经发生了巨大的变化,即使是21世纪头十年最受欢迎的节目,如哥伦比亚广播公司的《海军罪案调查处》或福克斯的《辛普森一家》,其收视率指标如果放在20年前的话,也可能会导致节目被迅速取消。

电视剧和情景喜剧的制作成本不断攀升,这是因为多种因素叠加在一起,使得节目供应商对节目进行了提价。首先,由于渠道增多和对观众的争夺加剧,对节目内容的需求随之增加。其次,为了在竞争中脱颖而出,电视网离不开那些身价较高的嘉宾或备受关注的名人。最后,随着渠道平台选择的余地越来越大,演员和导演在议价过程中拥有了更多的筹码。到了21世纪头十年,有线电视和流媒体吸引了大量的人才,并推出了一些知名的高质量剧集,如家庭影院的《权力的游戏》(*Game of Thrones*)和《西部世界》(*Westworld*)、美国经典电影有线电视台(AMC)的《广告狂人》(*Mad Men*)和《绝命毒师》(*Breaking Bad*)、娱乐时间电视网的《清道夫》(*Ray Donovan*)和《国土安全》(*Homeland*)、亚马逊的《透明家庭》(*Transparent*)和《博斯》(*Bosch*)、网飞的《王冠》(*The Crown*)和《毒枭》,以及Hulu的《钱斯医生》(*Chance*)和《使女的故事》。

伴随着对观众规模的期望值的降低、来自新平台的更加激烈的竞争以及工作预算的紧缩,电视网转向了可以在室内制作的低成本节目。正如我们所见,在21世纪头十年,电视网的节目表上充斥着游戏节目、选秀比赛、动画和真人秀,而所有这些节目都与广播电视产业当前的经济趋势相契合。这两种发展遵循着相似的逻辑。这些节目能吸引的观众规模向来就不大,但由于制作成本较低,所以仍然可以为各大广播电视公司带来利润。

控制内容与分发

2016年,92%的成年人是在电视屏幕上,而不是在电脑、平板电脑或移动设备上观看电视的(Nielsen 2017b)。不过,人们观看电视和视频的方式——包括看什么和怎么看——正日益变得丰富。如今,观众既可以通过有线和卫星电视观看全国和地方频道的节目,也可以根据自己的时间安排来"灵活安排"观看的时间。比如,他们可以把节目录制下来稍后观看,或者观看付费点播节目,也可以在笔记本电脑、平板电脑或手机上在线观看同一节目。观众还可以通过电视台官网的直播渠道,订阅网飞、Hulu 和亚马逊金牌服务(Amazon Prime)来观看自己喜欢的节目,或者通过 iTunes 商店下载某个节目。此外,人们也可以在优兔上观看大量视频内容,包括知名的电视节目和原创内容。当然,有一些流媒体网站也会未经允许传播版权受保护的内容,观众也可以在这些地方找到自己感兴趣的节目。

　　观看方式的多样化给电视业带来了挑战。首先,对观众的争夺变得越来越激烈。我们已经看到,如今任何一个节目的观众规模都远小于传统电视网处于主导地位的时代。同时,虽然广告收入依然是电视的经济基础,但广告总额已经被分散到越来越多的频道。其次,确定受众的规模变得越来越复杂,因为观看者会在许多不同的平台和不同的时间观看节目。黄金时段收视率的下降,在一定程度上意味着人们的收视方式正从传统的被动观看向点播和在线观看转变,而不仅仅表明总体收视率的降低。收视率是衡量广告费率的标准。因此,把上述新的观看习惯纳入收视行为范围,从而对收视率进行准确计算至关重要。最后,最主要的新型电视收视平台很大程度上是建立在用户付费的基础之上的,因此,它们需要竭尽所能吸引和留住那些支付月度或年度会员费的观众。

　　为了应对这些不断变化的经济态势,各大电视公司正在寻求新的方式来控制节目和发行渠道。这也是康卡斯特和迪士尼成为如此强大的媒体集团的原因。康卡斯特是全球最大的传媒公司之一,2016 年的收入超过 800 亿美元。康卡斯特的各项业务都是围绕着节目和发行相互配合的联动机制展开的。与其他传媒公司相比,该公司控制着更多有线电视、高速互联网和数字电话服务网络。正是通过这些网络,康卡斯特可以接入无数美国家庭,为他们提供服务。这使该公司成为全美最大的有线电视供应商和最大的宽带互联网服务供应商。而有线电视和宽带互联网恰恰是视频内容分发的两个关键渠道。康卡斯特还拥有 28 家地方电视台,覆盖了 36% 的美国家庭。同时,该公司还持有流媒体平台 Hulu 的部分股权。此外,康卡斯特还拥有众多作为节目主要来源的电视网,包括全国广播公司、世界电视网、美国有线电视网、精彩电视台、娱乐电视台(E!)、美国消费者新闻与商业频道、奇幻频道(Syfy)、微软全国广播公司、氧气电视台和美国气象频道等,以及好莱坞主要的电影公司之一环球影业和主要的电视节目制作公司环球电视公司(Universal

Television)。通过同时控制海量的电视和电影内容和能进入大多数美国家庭的分发渠道,康卡斯特拥有足够的资源来应对新的媒介环境带来的不确定性。它还可以为竞争对手制造障碍。比如,通过设置阶梯收费方案,向网飞的观众这样的会下载大量数据的用户收取更多的费用。

正如我们已经看到的那样,迪士尼收购福克斯的做法是将媒体内容的所有权与媒体发行渠道的控制权相结合的策略的一部分。同样,电视界的新兴参与者也在寻求对内容和发行的控制。网飞最初为其用户提供了一个涵盖新近和经典电视剧的庞大剧库,开创了流媒体电视的先河。它的服务非常受欢迎,以至于网飞的用户占据了 2017 年北美固定网络 35% 以上的下行流量。而在所有的流量中,流媒体服务占比超过 70%(Sandvine 2016)。不过,随着时间的推移,网飞发生了变化。该公司一方面通过生产仅供会员观看的原创节目来扩充其内容库,另一方面则大幅削减来自其他节目商的内容。为了吸引付费用户订阅,其他流媒体电视服务平台,包括亚马逊、Hulu、YouTube Red 等都推出了自己的原创节目。2018 年,苹果投资 10 亿美元用于制作原创节目,并通过扩展后的 Apple Music 流媒体平台进行播放,这意味着苹果也将有望进军流媒体业务(Mickle 2017)。

利润与新闻媒体

利润压力如何影响新闻媒体的内容?和其他公司一样,新闻机构有两种可以提高利润的方式:削减成本或增加收入。在今天这样一个竞争激烈的环境中,这两种方法都可以在新闻业中找到。为了削减成本,新闻机构可以采取以下部分或全部策略:

- 减少记者数量。
- 公司旗下的多家新闻机构使用同一批新闻和制作人员。
- 减少产出较少的长周期调查报道。
- 大量采用通讯社通稿(wire-service-reports)和网络视频资源。
- 在电视新闻节目中使用公关视频材料(报道由公关公司免费撰写和提供)。
- 将少数精英(易接触、成本低)作为常规的新闻来源。
- 将新闻的重点放在事先计划好的官方事件上(容易报道,且成本低),而不是放在非常规的突发事件上。
- 把注意力聚焦在少数几个大城市里的少数机构上。

通过这些方法,新闻机构能够降低新闻采写和制作的成本。

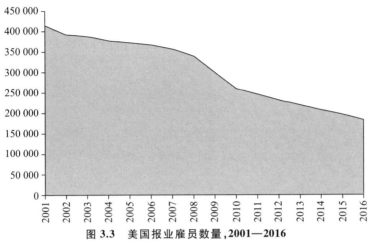

图 3.3 美国报业雇员数量,2001—2016

来源:Bureau of Labor Statistics[2017]。

近年来,日报的数量从 2004 年的 1457 份缩减到 2014 年的 1331 份(Pew Research Center 2016)。此外,从 2001 年到 2016 年,报社的工作岗位数量减少了一半以上(Bureau of Labor Statistics 2017)(见图 3.3)。虽然这些削减成本的方法可以节省金钱,但也可能导致新闻报道更加依赖精英人士和政府部门,因为后者能为媒体提供加工好的易于使用的信息。相比之下,对非官方事件或观点的报道数量变得更少,因为这种报道往往需要更多的资源投入。

传统广播网新闻部门削减成本导致的一个戏剧性结果,是许多媒体的驻外分部在 20 世纪 90 年代被关闭。同时,电视新闻对国际事务的报道也普遍减少。2001 年 9 月 11 日的袭击事件发生后,由于削减了全球新闻采集和国际报道方面的业务,各大媒体在面对这一突发事件时普遍准备不足,在帮助美国人民了解事件发生的背景和世界各国的态度方面乏善可陈(McChesney 2008)。

与此同时,新闻机构也试图通过最大限度地扩大受众和广告商的规模来增加收入。要想实现受众规模的最大化,最直接的方法就是制作出轻松的、以娱乐为导向的新闻产品,从而使观看或阅读新闻的过程变得有趣而刺激。这有助于解释为什么大部分日常新闻都集中于名人生活,并以煽情的或戏剧性的方式来播报天气或犯罪新闻。

在提供网络新闻服务方面,新闻机构在免费提供内容与建立需要订阅才能阅读的付费墙之间摇摆不定。一种常见的策略是只对部分内容采用付费墙模式——一方面为用户提供数量有限的免费文章,另一方面从忠实读者那里获得收益。

在21世纪头十年,由于整个媒体行业竞争加剧,加上公司所有者要求获得巨大的投资回报,新闻机构的利润压力大大增强。新闻编辑受到的训练更多的是如何适应商业竞争环境,而不是新闻报道的专业方法。其结果是,新闻从业者越来越注重对新闻报道的营销和包装。利润压力对不同的媒体有不同的影响。为了应对利润压力,一些新闻机构采取了削减成本和扩大受众规模的策略,因此会导致大量雷同的新闻报道。而以福克斯新闻为代表的一些新闻机构,则试图打造独特的意识形态身份,以吸引并留住忠实的受众。

广告的影响

正如上文所述,盈利的压力促使媒体经营者降低成本,并创造出能够带来足够收入的产品。不过,我们必须考虑另一个因素:具体的收入来源。对于大多数媒体来说,关键的收入来源是广告。因此,我们所读的杂志常常更注重整版光鲜亮丽的广告,而不是埋在广告页之间的文章;电视广告比它们所包围的节目更加巧妙和有趣也不足为奇。毕竟,广告是大多数印刷、广播电视和网络媒体的利润之源。

广告与内容的关联

对广告商来说,他们真正购买的主要产品是媒体的受众,而不是媒体机构发行的报纸和杂志或播出的节目本身。广告商对媒体的内容并不感兴趣,除非把它当作一种可以吸引受众并让他们接触广告的诱饵。媒体所做的其实就是"把受众输送给广告商"。我们的注意力集中在买什么和卖什么上,而随着远程控制、视频点播和数字视频录像机等技术的发展,人们更容易避开广告,因此对这种注意力的争夺也愈演愈烈。广告商认为很难吸引公众的注意力,这导致他们不断寻求接触消费者的新方式。这也是为什么脸书和谷歌对广告商如此有价值:它们收集了我们在线(和离线)活动的大量数据,可以帮助广告商越来越精确地定位目标受众。

这种不断探索新方式的结果之一就是,在几乎已经免除广告的媒体领域,广告又迎来增长。以电影为例,电影院一直以来都会在播放电影预告的同时为其小吃店打广告,这是该行业的一种广告形式。而现在,很多电影院则会在预告之前播放关于本地或本区域的商家和服务商的广告。很多数字视频光盘和蓝光光盘最初都是不打广告的,但现在都会在电影开始之前播放广告和预告。其中一些光盘的广告甚至是锁定的,因此观众无法跳过它们。

即便电影开始了,广告也不会停止。电影中的植入广告——让一个角色喝一口某知名品牌的软饮料,或者乘坐某知名航空公司的航班——既是一笔大生意,也是一种更微妙的产品推销方式。明星演员在银幕上使用产品或提及品牌名称可以带来大笔资金,这有助于抵消日渐上涨的电影制作和营销成本。例如,在2016年的电影《X战警:天启》(*X-Men Apocalypse*)和《佐州自救兄弟2》(*Ride Along 2*)中,雷朋太阳镜的银幕时长十分突出。根据品牌追踪机构"凹面"(Concave)的统计,在2016年的电影中,戴尔电脑(Dell Computers)的产品出镜率最高,在《美国队长3:内战》《萨利机长》(*Sully*)和《谍影重重5》(*Jason Bourne*)等电影中出现了整整一个小时。

近年来,电影中的产品植入越来越成熟。广告商正在从战略上思考如何将其产品完美地融入电影、电视剧或电子游戏的故事情节,从而发展出看似自然、可以反复出现又很难被识别的产品植入方式。例如,烹饪节目中的厨师可以使用和谈论各种品牌的烹饪产品;《美国偶像》中的评委会饮用摆放在显眼位置的罐装可口可乐;在2016年的翻拍版《超能敢死队》(*Ghostbusters*)中,棒!约翰(Papa John's)的比萨出现在醒目的位置。

同样,电子游戏的开发者也在精心设计新形式的游戏内置广告,从而将产品更充分地融入电子游戏环境。尽管推销现实产品的广告牌早已出现在各种电子游戏(滑雪道上、跑道边的墙上、城市环境中)中,但游戏中出现了越来越多供玩家驾驶、穿戴和消费的名牌产品。随着产品植入的机会越来越多,广告商开始谈及"品牌娱乐"的概念。比如在《乐高大电影》(*The Lego Movie*)及其衍生产品中,品牌成为媒体产品的中心。

这种产品与媒体内容融合的趋势离不开各种复杂的合作关系,即广告所说的"品牌整合"（brand integration）。在一些合作中，各个公司会提供产品或道具以降低电影制作的成本。而在其他的一些合作中，则出现了同时推广电影和名牌产品的联合营销活动。例如，在美国广播公司的长篇喜剧《摩登家庭》（Modern Family）中，主角之一菲尔·邓菲（Phil Dunphy）回顾了自己的房地产事业，自豪地解释了作为一名房地产经纪人的意义。这一集实际上是与美国房地产经纪人协会（National Association of Reators）合作推出的，是一种典型的品牌整合的营销方式。在美国房地产经纪人协会的一系列电视广告中，演员泰·伯勒尔（Ty Burrell）依然以邓菲这一角色出场，以幽默的方式讲述着与房地产有关的"菲尔式信条"（Phil's-Osophies）。

广告是很多电子游戏的常规背景，包括图中这类体育模拟游戏。广告商之所以喜欢这种植入方式，是因为玩家在玩游戏的时候无法避开广告。

从广告商的角度来看，电视和电影的产品植入与品牌整合之所以是明智的投资，很大程度上是因为消费者不容易避开它们。然而，成熟的品牌整合方式之所以可能有效，也正是因为其推销方式没有那么强的干扰性。随着产品融入故事情节——就像我们在《摩登家庭》中看到的那样——品牌本身也成为电影或电视体验中不可或缺的角色。于是，越来越多的媒体生产者从项目开发的起步阶段，就开始考虑在品牌整合方面的潜在合作关系，因为他们需要评估哪些创意在经济上是可行的，以及如何在日益纷繁复杂的媒介环境中最有效地推销新内容（Clifford 2010）。

广告也会通过各种媒体进入一些本不可能出现广告的地方，比如高中的教室和医生的办公室。惠特尔通讯公司（Whittle Communications）

在媒体产品的制作和发行方面往往胜人一筹,不仅为广告提供了充足的媒体空间,而且还排除了其他媒体对消费者注意力的争夺,从而确保这些广告能够直达几乎被自己垄断的目标受众。一个典型例子就是该公司制作了一些对广告商颇为友好的杂志,并把它们分发给参与营销计划的医生。于是,这些医生的办公室会免费收到这类杂志。作为交换条件,他们同意只采用惠特尔一家的出版物。

同样,微软针对在校学生,推出了一系列面向学生的产品和校园计划。2010年,微软启动了服务与技术学术资源团队(Service & Technology Academic Resource Team)等项目,在通过课堂活动培养学生领导力的同时,还帮助学生熟悉微软的产品。该公司经常向美国和海外的贫困学校捐赠电脑和软件,不仅为微软做了正面宣传,还提高了新电脑用户对品牌的忠诚度。在这些案例中,医生和教育工作者用他们所服务的对象——患者和学生——的注意力换取了免费的媒体产品。

19世纪的广告与报业

广告是当代大众媒体运作中的核心力量,为报纸、杂志、电视和广播提供了大部分的收入。此外,正如我们所见,广告需求可以催生新的媒体产品,并以曾经没有广告的媒体形式出现。但广告的引入对这些媒体的内容有什么影响呢?在历史上,一个有据可查的例子是广告在19世纪对英美报业的影响。

英国报业

詹姆斯·柯兰(James Curran 1977)对英国报业的历史性描述为新闻与广告的关系提供了重要的制度性分析。传统上,历史学家认为,随着英国的报纸转向一种依靠广告的财务结构,它们逐渐摆脱了政府和政党的控制。在这种视角下,报纸实现了经济独立,使新闻业能够承担起第四权力这一现代角色。然而,柯兰认为,如果简单地将广告与新闻自由等同起来,就会忽视这种新的经济结构对英国激进的工人阶级报刊的巨大影响。他的方法是一个教科书式的例子,说明了生产视角如何通过提出研究者本来不会探讨的问题,以及研究者以前忽视的关系,为大众媒体系统的运作提供新的见解。

根据柯兰的说法,在19世纪上半叶,激进的工人阶级报刊在英国蓬勃发展,打破了当时的发行量纪录。与此同时,政府对报业的管控措施——诽谤法和报刊税——也基本无效。英国的工人阶级报刊并没有受到政府的制约,而是受到了报业经济模式变化的影响。这种变化最主要的表现,就是政治倾向较弱的中产阶级报纸把广告商而不是读者作为收入的核心来源。

柯兰认为,广告的增长改变了竞争环境,导致了英国激进报刊的衰落。广告使发行量(与读者人数相关)变得没有广告商的赞助重要。即便激进报刊拥有大量的读者,但它们没有得到广告商的支持。与此同时,更多的主流报纸却能够以规模小得多的读者群实现赢利。广告商的政治利益与激进报刊所支持的观念截然不同。从本质上讲,工人阶级的报刊表现出对工业资本主义的政治批判,而潜在的广告商一般都是该制度的受益者。因此,广告商不可能选择支持在政治上与其对立的报纸。

此外,广告商之所以避开激进报刊,还有一些经济方面的原因。虽然激进报刊拥有数量庞大的读者,但其吸引的主要群体是工人阶级,而广告商并不认为这些读者构成了一个有价值的市场。对广告商来说,工人阶级读者没有能力购买广告中的很多产品与服务。与接触大量工人阶级读者相比,接触少数购买力更强的中上阶层读者似乎是更好的销售策略。

广告在经济可行性的意义上改变了报业。随着新资源的进入,广告商支持的报刊能够制作更多的版面,其中既有新闻又有广告。对一份有竞争力的报刊来说,这些做法无疑会增加生产成本。但与此同时,有了广告收入作为基础,报纸的定价大幅下降,导致没有广告的报纸难以竞争。

广告的发展给激进报刊带来了严重的后果,也让我们了解到广告对新闻的广泛影响。在没有广告支持的情况下,一些发行量较大的工人阶级报刊最终停刊,这是因为它们的竞争对手有能力生产和发行更具吸引力的产品,从而压低了它们的价格。于是,广告导致的一个严重后果就是英国的全国性激进报刊的终结。那些成功存活的报刊则在以下两种方式中选择其一来实现转变。一些刊物变成了发行量较小的报纸,有点类似于我们今天所说的另类报刊。这些报刊不会与全国性报刊竞争。其他报纸则聚焦中上阶层受众的兴趣,与工人阶级读者拉开了距离。由于放弃了激进的政治承诺,这些报纸对广告商来说变得更有吸引力了。从工人阶级及其激进支持者的立场来看,无论采取哪种转变策略,转变为依赖广告的报刊都无法代表新闻自由的进步方向。相反,广告的引入和激进报刊随后的衰落导致报纸对很多事件的看法比以往更加受限。

美国报业

报纸转向以广告为生,对美国报刊的内容也产生了重大影响。在19世纪末之前,美国的报纸主要由政党、政客和党派组织资助和控制。后来,党派性、政治性报刊转向了商业性报刊。这种转变的一个主要后果就是报纸的宗旨发生了变化。随着广告成为报刊成功的关键,新闻从政治和劝服领域转向了商业领域(Baldasty 1992)。这不是一个小变化。报纸不再具有党派性,也不再将读者视为选民或公民。相反,报纸竭力避免党派性,并把读者视作消费者。事实上,我们有充分的理由相信,我们现在所说的新闻"客观性"的历史根源,就是这个商业化的过程。在这个过程中,新闻业形成了一个新的、无党派的报道框架。

美国报刊的商业化转变以两种显著的方式改变了新闻内容(Baldasty 1992)。新闻的提供者开始避免有争议的内容,而倾向于选择更平淡的内容,以吸引(而不是冒犯)大量的读者和有兴趣触达这些读者的广告商。这种转变远不止是无党派风格或不偏不倚的立场那么简单。随着广告商的愿望与新闻价值交织在一起,政治新闻本身(即便是不带有任何故意的党派倾向性)也成了问题,因为政治新闻必然会关注一些难以解决的、有时令人不快的议题。结果,报纸的重心从实质性的政治新闻转移到了其他方面。

随着新闻越来越回避政治议题,新闻报道的注意力开始转向各种软性题材,比如,体育、时尚、食谱和娱乐。而媒体报道这些内容的主要目的是支持其附带的广告。无论是过去,还是今天,这些议题都有可能引起读者的强烈兴趣。但它们之所以会成为报纸的一部分,是因为这些新形式的新闻内容既有利于广告商,又具有娱乐性。

商业化还导致了另一个具有持久意义的后果。报纸成为其新发现的经济赞助商的拥护者。根据巴达斯蒂的说法,"19世纪早期的报纸编辑是不折不扣的政党拥护者,而19世纪晚期的报纸编辑则是商业和广告商的支持者"(Baldasty 1992:141)。在如今的时代,人们倾向于认为新闻不应该受到政治的控制。然而,只有引入一种新的商业影响,才能使新闻不受政治的直接影响。广告在财务方面的作用不仅影响了新闻业的日常实践,也改变了新闻对于生产者和消费者的意义。

广告与当代新闻媒体

广告不断对新闻媒体施加强大的影响(Jackson 2014)。广告商是印刷、广播和网络新闻媒体的主要收入来源,记者、编辑和制片人都很清楚是谁在为其买单。同时,大多数记者并没有刻意去生产有利于广告商的新闻。实际情况要比以下两种情况复杂得多:一是广告商为了维护自身利益而进行常规干预(这种情况确实发生过),二是记者每天都按照广告商的议程行事。实际上,广告并不能直接决定新闻内容,它是一种既提供激励又提供约束的力量,会以一种通常可预测的方式影响新闻。

一般而言,新闻会以一种正面肯定的方式来描述广告商试图推销的产品及其诸多好处。记者和编辑可能不会把自己看作广告商利益的维护者,但是有一点毫无疑问,即他们充分意识到了广告商的经济作用。因此,这方面的主要影响也许更像记者的自我审查,可能是一种无意识的影响。自我审查指的是记者为了避免压力、消除偏见或推进自己的事业,而采取的自我怀疑、淡化报道、省略细节或放弃报道等方式。

皮尤研究中心在2000年开展的一项题为《人民与新闻》(The People and the Press)的调查中发现,41%的记者都有过自我审查的经历——放弃报道有新闻价值的题材或者软化报道的基调(Kohut 2000)。作为新闻的主要收入来源,广告导致的这些自我审查现象,引起了媒体分析家的担忧。例如,新闻网站BuzzFeed曾经删除了(之后又恢复了)美容编辑阿拉贝尔·西卡迪(Arabelle Sicardi)所写的一篇文章。这篇文章批评了肥皂品牌多芬(Dove)的一次广告活动,而多芬是BuzzFeed的广告合作伙伴之一。对此,传媒学者维克托·皮卡德(Victor Pickard)认为,多芬事件凸显了"广告商和新闻机构之间日益融洽的关系是如何鼓励隐性的自我审查的"。皮卡德明确指出,自我审查可能会在数字媒介环境中变得非常普遍:"随着广告和新闻业务之间的界限日益模糊,我们将在未来看到更多这样的争议。"(转引自Colhoun 2015)

尽管很多评论家对这一现象表示不满,但记者的这种做法并不在意料之外。从事任何职业的人都不会与周围的社会相隔绝,也不可能完全忽视自己的经济赞助人。律师需要服务于客户的利益;学者在选择研究项目时,往往会优先考虑哪些项目有利于自己获得终身教职和更多的科研经费;医生需要考虑医院和保险公司的财务状况。记者自然也不例外。

当然,记者应对广告商利益的方式比较复杂。很少有广告商会重要到让记者放弃表达任何批评意见,媒体机构通常也会用新的赞助商取代那些对自己不满意的赞助商。媒体还可以通过其他方式来保护广告商的利益。比如,如果某天晚上新闻中出现大型漏油事件,电视网的新闻制作人就会撤掉石油公司的广告。不过,对于新闻机构和广播公司而言,更普遍的做法是关注整个广告商阶层的利益,而不是个别赞助商。从实际情况来看,新闻工作者倾向于回避那些强烈批判消费资本主义制度的内容,因为这一制度是广告商这个群体的整体利益得以维系的核心条件。有时候,对广告商来说,问题并非来自新闻内容,而是来自新闻主播。2017年,福克斯新闻的著名主播比尔·奥莱利(Bill O'Reilly)的性骚扰和解案曝光后,他主持的《奥莱利实情》(*The O'Reilly Factor*)超过一半的广告商停止了与该节目的广告合作,导致其总广告时间从曝光前的15分钟下降至一周后的7分钟(见图3.4)。结果,在没有广告商支持的情况下,这档节目在10天之后就停播了(Russell 2017)。

图 3.4 《奥莱利实情》广告流失情况

来源:Russell [2017]。

某些类型的新闻报道比其他类型更容易受到广告商的影响。在地方报纸中,尤其是在分类广告的收入从报纸转移到网络空间后,关于房地产、餐饮和汽车的报道因为对地方广告商的谄媚而臭名昭著。其中的经济原因不言而喻。大部分报纸版面充斥着当地的房地产机构、餐馆和汽车经销商的广告。这些广告商往往认为自己实际上拥有这些版面。在其他广告商不可能接盘的情况下,在这三个领域写作的记者几乎没有选择的余地,只能按照传统的、温和的、讨好的方式来进行报道。

我们可以在多种不同的新闻背景中看到这种动态关系的影响。为了吸引新的广告商,编辑和制片人在报纸上开辟了新栏目,在广播和电视中开辟了新专题。例如,对音乐、电脑、食品、健康和时尚的报道在我们的新闻中非常常见,这是因为这类报道有利于媒体从销售以上产品的公司赚取广告收入。对生活方式的报道是广告商的梦想,因为在这类报道中,很多内容引导着各种形式的消费。以娱乐为导向的报道则以另外一种方式满足了广告商的需求。新闻至少应该保持一种激发而不是削弱"购买情绪"的基调(Baker 1994)。如果新闻内容一直是负面的或令人不快的,受众就不可能以某种合适的心态去接纳节目前后的广告。当然,新闻在一般情况下难免会涉及负面内容。在这种情况下,媒体要做的是给受众带来希望和安抚。比如,电视新闻的常见做法之一是在节目的最后播放一些主题轻松、积极正面的内容。

　　最后,由于新闻机构需要争取广告商的资金支持,因此,它们制作新闻的动力就在于吸引广告商希望触达的受众:富人。随着争夺赞助商的竞争加剧,新闻机构在向广告商输送高端受众方面面临着更大的压力。这种压力带来的一个后果是媒体上通常少有关于穷人的新闻,除非他们犯罪、违背基本社会规范或成为慈善抚恤的对象。实际上,编辑和制片人一般会把关于穷人的新闻限制在他们如何对中上阶层造成影响的框架内。大部分关于时尚的报道针对的都是高收入人群。当然,并不是所有的新闻都能成功地触达高端受众。不过,那些通常被我们视为高端新闻机构的媒体,比如,《纽约时报》、美国公共电视网(PBS)的《新闻一小时》(*NewsHour*)、《华尔街日报》和《华盛顿邮报》等,一般也被业内观察人士认为是最好的新闻媒体。

　　总之,广告并不能直接决定新闻,但新闻也无法完全独立于广告。对历史和当代情况的分析都表明,我们用来谈论新闻的语言——关于客观性的讨论、"优质"新闻或"声誉卓越"的新闻机构的意义、对新闻类型的界定——在一定程度上都与广告在新闻业中的核心作用有关。

结论

　　本章考察了经济层面的生产视角是如何帮助我们理解传媒产业的。虽然这种方法具有重要意义,但是对传媒经济学的关注只是看待大众媒体与社会的关系的一个有限的视角。

有一种观点认为,本章所概述的对大众媒体的分析方法具有一种过度决定论的倾向。也就是说,它过分强调了经济力量是如何决定媒体产品的性质的。这里的关键词是决定,因为批评者认为对生产过程的经济学分析无法充分界定大众媒体的具体性质。根据这种观点,生产过程涉及很多额外的干预变量。媒体的生产受到人的指导,人会在每个阶段都做出判断和解释。因此,那些专注于生产视角的研究者或许低估了媒体内部的差异性的程度,而生产环节所受到的制度性约束也不是全方位的。我们承认这种批评意见的基本观点是有道理的,但我们坚持认为没有必要全盘否定生产视角给我们带来的洞见。我们既不能忽视经济力量对媒体生产与发行的影响,也不能夸大这种影响。

毫无疑问,从经济层面理解传媒产业是十分重要的。然而,正如接下来的两章所展示的那样,要想理解传媒产业的轮廓,仅仅从经济层面入手是不够的。我们还必须考虑到政治和组织因素的作用。

讨论题

1. 产品、平台和管道有什么区别?这三个概念对于解释传媒产业的经济动态有什么作用?

2. 在数字化时代,传媒产业(电影、电视、音乐、出版、互联网平台)所有权的集中化这一现象有什么重要意义?

3. 互联网平台在所有权方面如何走上了与传统媒体类似的道路?

4. 利润压力是如何影响新闻媒体的?你认为非营利性新闻业与营利性新闻业之间存在显著区别吗?

5. 你怎么看待产品植入和品牌整合等广告策略?这表明各种形式的数字广告具有多大的有效性以及面临多少潜在的阻力?

第四章　政治对媒体的影响

本章考察政治力量对媒体的影响，并探讨政府应该在监管媒体方面扮演什么样的角色。（在第九章中，我们将反过来考察媒体对社会和政治的影响。）本章的重心不是媒体立法的细节，而是政府与媒体之间关系的整体动态。此外，我们还讨论了媒体受到的一些非正式的政治压力。这些压力来自媒体倡议组织、公益组织、宗教团体和媒体评论家。

媒体与民主

要想更好地理解媒体，无论是新闻媒体，还是娱乐媒体，都需要去考察它们所处的政治环境。在所有国家中，政府都会作为一种组织结构，不同程度地限制或促进媒体的活动。而贯穿其中的则是媒体与政治世界之间的结构与能动性博弈。政府对媒体的监管不仅涉及有针对性的媒体所有权结构政策，还涉及媒体生产的内容、使用和分发内容的技术基础。

一方面，在极权主义体制中，国家的结构性束缚很大程度上压制了媒体潜在的能动性。国有新闻机构、广播媒体和电影制片厂时常成为国家的宣传机器，宣扬一系列政府认可的信息和图像。即便媒体并非国有，专制政府也经常对媒体可以说什么和不可以说什么制定正式和非正式的规则。除此之外，支持国家利益的间接机制也会在其中起作用。例如，专制政府会雇用亲政府立场的博主和推特名人来传播相关信息，同时利用审查和监控技术来监测潜在的政治威胁。在极端情况下，挑战国家政策的记者还可能被监禁或惨遭杀害。

另一方面，民主社会以保护新闻自由和言论自由为荣。这可以解释为什么当美国总统特朗普将《纽约时报》和其他主流媒体称为"美国人民的敌人"，为"假新闻"颁"奖"，并经常发表贬低新闻界的言论时，人们会感到震惊(Flegenheimer and Grynbaum 2018；Grynbaum 2017)。这种攻击通常在专制社会中更为常见。就连特朗普自己党内的一些批评者都认为特朗普的话对国外的专制领导人有利(Sullivan 2018)。

与专制国家不同，民主社会往往拥有更加多样化的公共和私人媒体机构，为大众提供丰富多样的艺术、新闻、信息和娱乐。尽管民主社会的媒体依然受到政府的监管，但是它们通常可以更加自由地独立运作。然而，在某些民主社会中，媒体在很大程度上处于由商业公司构成的少数几个强大利益集团的控制之下。在这种情况下，对媒体的商业控制而非政治控制成为最值得关注的问题。当高度集中的媒体所有权对公共利益造成威胁时，政府可以用反垄断法来打破这种所有权集中的状态。

总之，在民主社会中，媒体依然会受到各种规制的约束。但应该如何界定这种规制的性质和程度，始终是一个充满争议的话题。

唐纳德·特朗普的推文："假新闻"媒体(堕落的@nytimes，@NBCNews，@ABC，@CBS，@CNN)不是我的敌人，是美国人民的敌人！

作为候选人和总统，唐纳德·特朗普经常攻击主流媒体机构，称记者为"人渣""骗子(sleaze)""腐败者"和"不诚实的人"。其言论的严厉程度远远超过了过去的总统。以往，总统虽有时会对负面报道表示不满，但还是会支持新闻自由的民主原则。

从言论自由到自由市场：美国监管政策的演变

在美国，有关媒体监管的争论可以追溯到其建国之初。许多美国人都很熟悉的美国宪法第一修正案保护了多项自由权利，其中就包括新闻自由。该修正案全文如下："国会不得制定关于下列事项的法律：确立国教或禁止信教自由；剥夺言论自由或出版自由；或剥夺人民和平集会和向政府请愿申冤的权利。"

修正案以"国会不得制定""法律"开头，因此这种"第一自由"表明，政府应该对媒体采取不干涉的态度。美国宪法的制定者非常清楚欧洲政府是如何迫害作者、印刷商和出版商的。在整个欧洲，政府曾通过要求持有许可证、对新闻印刷品征收重税、审查制度以及肆意发起诽谤诉讼等手段来限制印刷商的权利（Eisenstein 1968）。美国的法律和立法体系则采取了不同的路线。它在几个关键的方面保护了新闻自由。首先，它把出版许可证视为一个"事前审查"的非法案例。其次，它形成了反对向媒体征收特别税的传统。最后，它极大地限制了刑事诽谤诉讼。（2018年，特朗普总统称制约诽谤诉讼的法律是一个"骗局"，并承诺要让对新闻机构和出版商的起诉变得更加容易[Grynbaum 2018]。）这体现的是第一修正案中公共政策对新闻言论不予干涉的原则。

但通过美国宪法，我们也能发现政府和媒体关系的另一面。第一条第8款列举了属于国会权力范围的各种事项，其中包括"保障著作家和发明家对其著作和发明在限定时期内的专利权，以促进科学与实用技艺的发展"。宪法在此处明确赋予了国会出于保护著作家和发明家利益的目的，对公共传播领域进行干预的权力。通过保护著作家和发明家因投入时间、精力和资源创造新事物而获得的激励性回报，国会推动了科学和艺术的创新，增进了公共利益。

因此，在美国社会中，政府与媒体之间的关系往往涉及在**限制**政府干预来保护言论自由与**利用**政府干预来保护公共利益之间保持平衡。长期以来，在与政府对媒体的监管相关的争论中，这些相互矛盾的要求始终是问题的核心。

管制还是放松管制？

在现代媒体的管制问题上，政策争论的焦点是如何在利用政府实施监管和让私营媒体企业通过在"自由市场"中不受约束的竞争来决定自己的命运之间实现平衡。放松管制政策的支持者宣称，"自由市场"体制足以满足媒体生产者和媒体消费者的需求。他们认为，消费者拥有选择收看或购买媒体产品的最终权利，没有必要以媒体监管的形式施加政府干预。市场是一个准民主的论坛，在这里，决定媒体命运的是消费者而非政府机构。而且，不受监管让公司有能力去进行试验和创新，从而满足不断变化的消费者需求。

然而，纯粹的放松管制并非良策。因为其支持者只表明了自己**反对**什么（管制），却没有指出自己**支持**什么。显然，他们仅仅支持"自由市场"进程，却对市场的非民主性质缺乏讨论。在"自由市场"逻辑中，谁的钱更多,谁就拥有更大的影响力,公众被视为消费者而非公民。对于市场进程的结果,除了媒体产品反映了市场口味的变化这一观点之外,也没有过多的讨论。如果放任市场不管,最终导致企业巨头对某一媒介的垄断性控制,从而破坏了市场竞争带来的好处,那该怎么办呢?政府是否应该介入,对媒体的所有权进行限制?或者如果露骨的性爱场景、暴力画面和无休止的花边新闻成为市场主流并且让媒体赚得盆满钵满,那该怎么办?政府是否应该介入,对内容进行管制?同时,政府是否应该支持那些可以更好地满足一个民主社会对新闻和信息的需求但无利可图的媒体?这些都是放松管制的立场所引发的两难问题。

与放松管制的做法相比,媒体管制政策的支持者通常预设了期望的结果。评估这一结果的标准通常是实现"公共利益",即对全体公民的福祉而非个人利益的普遍关注。这一标准明显超出了市场所关心的范畴,将民主社会的整体健康囊括进来。在现代社会中,媒体应该为公共利益服务的理念最早是在无线电广播发展初期被明确提出来的。在这一时期,由于媒体使用公共电波,因此政府将服务公共利益与发放许可证关联在一起。但何为"公共利益",谁来决定?这些都是支持管制的立场所引发的核心难题。(关于"自由市场"与"公共利益"模式之间更详细的比较,见 Croteau and Hoynes 2006。)

联邦通信委员会的角色变化

现有关于媒介管制的讨论大多涉及美国联邦通信委员会,一个成立于 1934 年的独立的美国政府机构。该委员会共有五名委员,由总统任命,参议院确认,任期五年。其职责是对通过广播、电视、电报、卫星、有线电视以及互联网等各种途径进行的州际和国际传播活动进行监管。

多年来,联邦通信委员会的角色一直在不断变化,而一代一代的委员也反映了不同时期的政治气候。宽泛地说,联邦通信委员会的角色经历了三个不同的阶段:(1)第二次世界大战前;(2)第二次世界大战至 20 世纪 80 年代;(3)20 世纪 80 年代至今(van Cuilenburg and McQuail 2003)。二战前,媒体政策是一个新鲜事物,而且都是临时性的。比如,正如我们在第二章中所看到的那样,美国的电报和电话行业处于受政府监管的私人企业的垄断之下,而无线电广播则从不受约束的状态逐渐演变为一种受管制的媒介。

在第二个阶段,即二战后至20世纪80年代,这样一种观念开始得到认同:为了保护公共利益,有必要敦促媒体履行公共服务职能和社会责任。正如我们在本章下一部分将会看到的那样,欧洲的情况尤其如此。在那里,广播电视行业在很大程度上是由公共资金资助的,因此也更符合公共利益。欧洲的媒体工作者在编辑方针上一般都保持了独立性,但他们需要对民选官员负责,必须在政治倾向、文化品位和所服务的少数族群方面保持内容的多样性。

在美国,尽管媒体的私有制是一种常态,但二战前后的各种改革举措和法律裁决都巩固了这样一种理念:媒体是民主社会的一种特殊资源。因此,为了公共利益,媒体应该承担社会责任,并接受必要的监管(Pickard 2015):

- 1943年,出于对媒体所有权垄断的担忧,美国联邦通信委员会做出裁决,要求全国广播公司出售一家广播网,这个广播网后来成为美国广播公司。
- 1945年,在一项针对美联社的反垄断裁决中,最高法院强调政府有责任发展包含"多元的对立观点"的媒体。
- 1946年,为了回应公众对媒体过度商业化的担忧,联邦通信委员会发布了"蓝皮书"报告,规定了广播公司的公共服务职责,比如,关注本地事务,就当下的公共议题展开讨论,提供没有广告的公共服务节目,以及避免播放"过量"的广告。
- 1947年,应《时代》和《生活》杂志的出版商亨利·卢斯(Henry Luce)的要求成立的哈钦斯委员会(Hutchins Commission)发表了一份报告,对政府、新闻界和公众在现代民主社会中的角色提出了建议。该报告明确了这样一种观点,即新闻界必须对社会负有如下责任:满足公众需求,维护公民权利,以及那些没有任何报刊代言、几乎被遗忘的言说者的权利①(Commission on Freedom of the Press 1947:18)。

---

① 参见〔美〕新闻自由委员会:《一个自由而负责的新闻界》,展江等译,北京:中国人民大学出版社2004年版,第10页。

- 1949年,联邦通信委员会实施了"公平原则"(Fairness Doctrine)①,要求广播公司报道公共问题时须包容多样化的观点且公平地呈现对立的观点。

传播学者维克托·皮卡德(Victor Pickard, 2015: 4)指出,这些努力"将公众'阅读、观看和收听的自由'的集体权利置于媒体生产者和所有者的个人权利之上。同样重要的是,他们都肯定政府在保障这些权利方面发挥的积极作用。尽管这些倡议的实施情况各不相同,有些甚至从未执行过,但它们仍然为公共利益倡议者创建有社会责任感的媒体奠定了基石。由此,二战后的美国达成了一种共识,即政府需要在监督媒体和保护公共利益方面发挥作用,同时私有媒体也负有公共服务的责任。

直到20世纪80年代,联邦通信委员会的政策制定者才在整体上认同媒体为"公共利益"服务的重要性,并且就这一术语的内涵达成了一些共识(Krugman and Reid 1980)。例如,政策制定者普遍认为,不存在单一的公共利益,联邦通信委员会需要通过平衡不同群体的利益为公共利益服务。他们还强调,由于技术和经济在不断地变化,政府制定的媒体监管条例也不能一成不变。最后,只有能促进节目和服务多样性的监管才符合公共利益。

20世纪80年代,一切开始发生变化。保守势力呼吁放松对所有行业的管制,其中包括传媒业。到了罗纳德·里根(Ronald Reagan)参与总统竞选期间,这一变化愈发明显。媒体行业的部分人士对要求他们对公共利益标准负责的努力向来感到不满,而现在他们越来越多地在关键的权力位置上找到了政治盟友。里根任命的联邦通信委员会主席马克·福勒(Mark Fowler)甚至写道:"广播公司不再是对社区利益负责的信托机构,而是市场的参与者。"他认为,联邦通信委员会的作用只是"凭借广播公司的能力,通过正常的市场机制来确定观众的需求"。而所谓公共利益,则"是由公众的兴趣决定的"(Fowler and Brenner 1982:

---

① "公平原则"是美国联邦通信委员会于1949年推出的一项政策,要求媒体在报道公众关心的具有争议性的话题时,应同时展现关于这些话题的不同意见或来自各方的不同观点。联邦通信委员会于1987年取消了这一政策,并于2011年8月从美国政府的《联邦公报》(*Federal Register*)上删除了实施这一政策所依据的规则。国会于1987年试图以立法的形式确立这一原则,但被里根总统否决。有些人认为,联邦通信委员会取消这一原则是导致美国政治极化加深的一个因素。

209—210）。这意味着媒体只是另一种市场商品，而不是民主社会的资源。对这一观点最好的概括来自福勒的那句臭名昭著的玩笑话："电视只是另一种电器——它是一个带有图像的烤面包机。"（Mueller 1981）

从 20 世纪 80 年代开始，"自由市场"的倡导者基本上成功地废除了为保护公共利益而采取的管制措施：从 1987 年废除"公平原则"到广播许可证无须审批即可自动更新，再到不再要求广播公司提交节目记录以便公民团体和联邦通信委员会能够对广播内容进行监督。批评者认为，如果没有了这些基本的问责制，少儿电视节目明显会变得更加暴力和商业化。例如，引进的关于玩具的儿童节目，本质上是半小时的商业广告。更为普遍的是，所有节目中的广告都在增加，广播电视新闻的盈利压力也在急剧增加。联邦通信委员会废除了限制广播电视台出售速度的规定，为媒体行业的大规模兼并铺平了道路。结果是，曾经被认为承担着公共责任的广播电视新闻业，开始向娱乐节目靠拢，逐渐变为以营利为主。

反对监管的人主张"公平竞争，消除人为的进入壁垒，同时禁止任何公司控制价格或排挤其竞争对手"（Fowler and Brenner 1982：210）。我们在第二章已经讨论过，这种做法为打破电话业的垄断奠定了基础。但在广播电视等媒体领域，包括有线电视和早期互联网在内的新传播技术带来了大量新的竞争，因此，对所有权进行限制的传统做法没有必要继续实施。数字融合意味着公司之间可以进行跨媒体竞争，这使得在技术与媒体形式之间做出明确区分的旧政策不再有意义。因此，对媒体所有权的管制被大幅度放宽了。结果，正如我们在第三章中讨论过的那样，媒体公司可以通过兼并发展为规模巨大的综合性媒体巨头。然而，在某些情况下，新的竞争反而给所有权的日益集中带来了机会。

如今，放松管制的政策仍在持续，但新的监管挑战问题尚未得到解决。联邦通信委员会等监管机构一直在努力跟上技术变革的步伐，找出最佳的应对之策。比如，我们接下来要讨论的有关网络中立性的争议，就是新出现的监管问题的一个典型例子。此外，公众对社交媒体使用的隐忧，新技术公司的实力增长等，都成为引人瞩目的新议题。然而，在缺乏政策目标共识的局面下，放松管制措施仍将是当前的整体政策取向。

国际视野下的媒体管制问题

由于媒体具有重要的政治和社会意义,各国政府都会针对媒体制定相应的监管政策。本书的最后一章探讨了一些媒体的全球动态,包括全球媒体所引起的一些独特的监管问题。在本章中,我们仅通过一些简单的观察来对比美国与其他国家在这个问题上的做法。

如前所述,一些国家通过媒体国有化、取缔与官方立场相左的媒体和限制互联网接入等威权主义手段来对媒体实施直接控制。但大部分国家对媒体的监管与此不同,是把国家调控和自由市场相结合。由于各国的发展水平参差不齐,这些政策之间存在很大的差异。富裕的西方民主国家和发展中国家面临着不同的监管问题,这些都与美国的经验形成了鲜明对比。

西方民主国家的管制措施

与许多其他西方民主国家相比,美国政府在监管媒体方面的作用一直十分有限(Starr 2004)。自由市场商业主义是早期美国无线电广播的主要特征,但这造成了严重的混乱。相比之下,欧洲国家为了避免信号干扰,采取了政府直接运营媒体的模式。在这种情况下,欧洲的媒体制度具有以下特点:(1)突出公共服务职能;(2)具有国家性质;(3)政治化;(4)非商业化(McQuail, de Mateo and Tapper 1992)。

在许多国家,这种做法意味着国家垄断。1922年建立的英国广播公司最先使用这种体制。在随后的四年内,意大利、瑞典、爱尔兰、芬兰和丹麦都借鉴了英国广播公司的模式。随着时间的推移,越来越多的国家采用了类似的制度,各地随之也出现了许多变化。例如,大部分垄断制度是全国性的。但在比利时这样的国家,佛兰芒语和法语都是广泛使用的语言,于是,每个语言族群都形成了各自的公共广播服务系统。此外,大部分媒体国营的国家还采取了国有媒体与私营媒体并行的做法。

第二次世界大战之后,纯粹的商业市场体制不再是多数欧洲国家的主导性媒体制度。尽管没有单一的模式,但政府通常控制着广播电视媒体的组织运作和资金来源,并在新闻和娱乐节目的制作方面投入了大量资源。在这种情况下,政府成为广播电视行业发展的主导力量,即便非国营媒体人士常常承担着实际的节目制作任务。而政府的作用就是确保广播电视业能够提供符合公共利益的优质节目。与美国的情况一样,欧洲人对"公共利益"的理解也存在争议。但人们普遍认为,公共服务广播的目的是为公民提供多样化、高质量的娱乐、信息和教育节目,即便其中的一些内容可能无法赢利(Donders 2011;Hills 1991)。

然而,无论运作得多好,政府主导的媒体仍然会面临一些困难。在一些国家,公共服务广播遇到的困扰之一是节目中的政治性内容引起的争议。在一定程度上,由于这些争论、技术发展和政治风向发生的变化,与美国的情况相似,欧洲的广播电视行业在20世纪80年代也开始发生翻天覆地的变化。各国政府都在结构和资金上大幅度放松了对广播电视行业的管制,这为公共广播机构和商业广播电视机构之间的竞争开辟了道路。而在另一些国家,比如意大利,放松无线电波管制的压力来自私营公司和商业领袖。他们看到了电视台和广播电台内在的利润潜力,并通过运营非法广播电视台来挑战国家,从而迫使监管者重新考虑国家垄断的原则(Ginsborg 2005;Hibberd 2008)。结果,监管机构将广告引入许多公共广播电视台(尽管英国广播公司没有这么做,它在英国境内仍然没有广告),并增加了新的商业广播电视台。随之而来的是广告的增加、进口节目(这些节目往往比原创的、国内制作的节目更便宜)的增加,以及媒体公司合并成越来越大的企业集团,收购了以前的独立制片人(Hills 1991)。

讽刺的是,政府在放松了对媒体结构和资金投入的控制之后,对媒体内容的管制反而有所加强。自由市场竞争导致媒体为了吸引受众而传播更多的暴力和色情内容,为了实现利润最大化而采取更粗俗的商业化模式。为了避免这种情况发生,各国政府对节目内容做出了限制,规定了广告数量和出现频率。例如,法国、英国和瑞典(以及加拿大和澳大利亚)都禁止在儿童节目时段播放暴力内容,违者将被处以高额罚款。在一些欧洲国家,政府要求新闻、公共话题、宗教或儿童节目必须播放30分钟以后才能插入广告(Hirsch and Petersen 1992)。此外,欧盟国家还将商业媒体机构的广告时长限定为每小时12分钟(20%)。2016年,一些广播公司开始面临来自在线流媒体服务的竞争。在它们的要求下,欧盟委员会(European Commission)开始放宽这一规定,将每日广告播出总时长限制在20%的比例,同时允许广播公司灵活决定何时播放这些广告(European Union 2017)。尽管这一规定已有所放宽,但比起美国仍显严苛,因为美国根本没有这样的规定。2017年,美国各大广播网每小时的广告播出时长超过14.5分钟,而有线电视频道每小时的广告时长则超过16分钟(Nielsen 2017c)。

互联网的兴起带来了新的挑战,欧洲国家也对此做出了新的回应。在这方面,相较美国,欧洲国家更加积极地进行互联网监管和公民隐私保护,打击了网络仇恨言论,并追查了谷歌等网络巨头的垄断问题。本章在后文还将就这些具体措施进行讨论。

发展中国家的监管措施

与富裕的国家相比,发展中国家的监管问题稍显不同。过去,与富裕国家的传媒产业相比,发展中国家的传媒产业一般规模更小、实力更弱,因此发展中国家往往拥有更多的国有媒体(Djankov et al. 2003)。资金充足的西方媒体公司可以向发展中国家提供相对低成本的媒体内容,从而对其本土私营媒体行业的发展造成冲击。比如,西方通讯社和各大媒体机构常常是这些国家的新闻和信息来源。对于已经赢利的全球媒体集团来说,国际市场的收入仅仅是锦上添花,因此西方公司允许其娱乐产品以低价在发展中国家播放和公开传播。这使得发展中国家的广播电视台和电影院充斥着来自西方的媒体内容。面对大量的外国进口产品,不少人担忧本地文化可能遭遇灭顶之灾。有时,这一过程被称为"文化帝国主义"。面对全球媒体巨头的竞争,保护和促进包括公共和私营媒体在内的新兴本土传媒产业的发展,成为各国媒体管制举措的组成部分。一种相对简单的做法是要求广播公司播放一定比例的国产节目,确保这些节目在进口内容无处不在的传媒产业中占有一席之地。

最近几年,发展中国家的互联网用户,尤其是通过智能手机和无线宽带上网的人数呈爆炸式增长(Panday 2017)。基于互联网平台的语音和视频服务,如Skype和脸书,为用户提供了比传统电信公司的短信和语音服务成本低得多的选择。同样,网络流媒体服务成为用户在传统广播或有线电视之外的一个替代性选择。这些通常被称为 OTT 服务①的基于互联网的应用程序和服务，基本没有受到什么监管。这与传统的类似服务需要纳税、获得许可证和受到监管形成了鲜明对比。不过，现在，印度、泰国和印度尼西亚等发展中国家的政府正在着手制定新的监管措施。比如，要求提供此类服务的公司在当地设立办事处并雇用当地员工，要求它们与当地网络服务供应商合作并使用当地的 IP 地址和支付服务。在某些情况下，OTT 服务供应商会被要求支付带宽费用。如果它们不遵守规定，就会受到"节流"的惩罚，即放慢其服务的流量。和通过要求媒体播出一定比例的国产内容来保护本土制作公司一样，这些措施在一定程度上是为了保护本国的传统电信公司免受全球竞争的影响。但与此同时，一部分要求似乎只是为了确保能对网络流量进行监测和控制，以便在必要时对公众的网络使用情况进行监控。但无论是哪种情况，都表明全球互联网监管面临着挑战。

利益之争与管制之辩

到目前为止，我们简单介绍了关于管制的争论，主要是在自由市场主导的放松管制和政府为了公共利益采取管制措施这两种办法之间如何取舍的问题。但实际上，这场争论要复杂得多。尽管很多人在口头上呼吁"放松管制"，但几乎所有与媒体打交道的人，无论是自由派与保守派的政客、行业高管，还是公共利益的倡导者，实际上都**希望**政府实施管制。这些群体之间的分歧仅在于政府应当采取**哪种**管制措施。

例如，在实践中，几乎所有关于放松媒体管制的呼吁，实际上都主张采取**有选择性**的管制，即保留那些对传媒业发展有利的法律和政策。事实上，如果政府不通过广播许可证制度、版权和其他规定来实施监管和控制的话，媒体行业就不可能以其目前的形式存在。此外，传媒产业的不同领域一般都会支持那些限制其他领域与其竞争的管理政策。这样可以确保整个产业始终存在不同的声音。但所有媒体公司都积极支持

---

① OTT 是 Over The Top 的缩写，来源于篮球等体育运动，是"过顶传球"之意，指运动员通过在头上来回传球而到达目的地。在网络产业中，这个说法指运营商之外的第三方通过互联网直接向用户提供的各种应用服务，这导致运营商沦为单纯的"传输管道"。

一些法规,即那些对整个行业或它们所属领域有利的法规。

与此同时,那些支持新闻自由和提升媒体多样性的人,也经常呼吁出台规定来保护公共利益,使其免受强大的媒体行业的侵犯。面对这些约束,传媒业会强调放松管制政策的好处。因此,正如我们将看到的那样,政府**是否**应该监管媒体并不是相关争论的核心问题。相反,争论的重心在于政府应该**如何**采取管制措施,以及这些措施应该实施到**哪种程度**。

行业影响:选举与游说

管制之辩反映了利益之争(Freedman 2008)。管制决策创造了赢家和输家。因此,我们不禁要问:"谁从这种管制中受益?""谁受到了限制?"只有这样才能很好地对与管制相关的辩论进行解释。为了维护自己的利益,通信与媒体行业会通过组织严密的强大的政府关系部门,来资助政治候选人和游说民选官员(见表 4.1)。可以肯定的是,这些努力旨在促进对行业利益有利的立法,同时阻止那些可能损害行业利益的做法。当然,传媒行业是全社会最大的演讲台。有联邦通信委员会的官员指出,广播公司之所以在华盛顿具有强大的影响力,是因为它们控制着国会议员在地方广播电视台上出现的时长(Hickey 1995)。那些需要争取有利的媒体报道来帮助自己获得连任的政治家,一般会对可能影响媒体行业的立法比较敏感。

另一方面,除了在选举中选出那些能代表自己立场的官员外,普通公民还可以通过他们自己的宣传团体和社会运动组织,或在与监管相关的辩论发生时,向民选官员或联邦通信委员会提出自己的意见,从而影响监管政策辩论的进程和走势。通常情况下,这些斗争会在很长一段时间内来回进行,因为随着新法规的引入,随之而来的是反弹,然后在新政策实施后,又会不可避免地受到挑战。正如我们将看到的那样,这些关于管制形式的争论已经持续了几十年,直到现在仍未停止。支持低功率广播的运动就是这类斗争的一个典型例子。

公民行动:低功率广播的案例

根据道格·布鲁尔(Doug Brewer)(又名克雷文·穆尔黑德[Craven Moorehead])的描述,当时是早上六点半,政府特工突然冲进他在佛罗里达州坦帕湾的家。他们穿着防弹衣,带着枪,让布鲁尔和他的家人躺在地板上,同时对房子进行搜查。一架警用直升机在附近盘旋,其他手持冲锋枪的警察站在外面。当特工们找到了他们要找的东西时,就把布鲁尔铐在椅子上,同时取走了价值数千美元的违禁品(Nesbitt 1998;Shiver 1998)。

布鲁尔不是一个毒贩,而是一个"无证广播运营者"(radio pirate)。他运营着一家名叫"坦帕派对海盗"(Tampa's Party Pirate)的无证微型电台,主要播放"摩托车摇滚"(biker rock)音乐。在1997年11月那个早晨进入他家的特工,包括联邦通信委员会官员。当时,他们正在执行禁止无证无线电广播的联邦法规。这次突袭是联邦通信委员会对"非法电台"进行打击的一部分。他们没收的违禁品是电子广播设备。

如果布鲁尔制作了一本杂志或创建了一个网站,那么,他会受到宪法第一修正案的保护。但政府和法院对待广播媒体的方式不同,因为后者使用公共电波来接触受众。而可用的电磁波频谱是有限的,因此政府必须对谁可以使用哪些频率进行监管。(一个广播电台的呼号,比如,98.6或101,就是该电台广播的频率。)政府通过为那些在特定频率上广播的电台发放许可证来实现这种监管,而"非法"电台则没有这种许可证。

表4.1 部分与传媒相关的产业部门在选举和游说方面的开支情况

	选举(2016)	游说(2017)	总和
电子制造与设备(如苹果、英特尔[Intel]、甲骨文[Oracle]、戴尔、思科[Cisco]、国际商业机器公司[IBM])	$ 90 338 592	$ 107 914 723	$ 198 253 315
电视、电影和音乐(如迪士尼、全国广播电视协会[NAB])	$ 84 045 507	$ 45 651 093	$ 129 696 600
计算机软件(如Adobe、微软、娱乐软件协会[Entertainment Software Assoc.])	$ 48 667 672	$ 34 443 959	$ 83 111 631
电信服务(如康卡斯特、考克斯[Cox]、蜂窝电信工业协会[Cellular Telecom. Industry Assoc.])	$ 26 037 716	$ 61 733 551	$ 87 771 267
互联网(如字母控股公司[Alphabet]/谷歌、脸书、亚马逊、威瑞森)	$ 33 785 894	$ 50 016 850	$ 83 802 744

(续表)

	选举(2016)	游说(2017)	总和
印刷与出版(新闻集团、励讯集团[RELX Group]、美国出版商协会[Assoc. of American Publishers])	$70 251 000	$7 865 443	$78 116 443
图书、杂志和报纸(如汤森路透[Thomson Reuters]、美国杂志出版商协会[Magazine Publishers of America])	$67 770 685	$6 681 443	$74 452 128
公用电话服务(如美国电话电报公司、威瑞森、世纪电信公司、美国电信协会[U.S. Telecom Assoc.])	$15 714 959	$26 260 925	$41 975 884
商业电视台与广播电台(如全国广播电视协会、哈伯德[Hubbard]、辛克莱)	$9 313 054	$21 571 125	$30 884 179
电视制作(如坏机器人制作公司[Bad Robot Prod.]、自由传媒集团[Liberty Media]、模糊门制作公司[Fuzzy Door Prod.])	$23 846 092	$200 000	$24 046 092
电影制作与发行(如索尼、时代华纳、美国电影协会)	$20 811 499	$3 060 000	$23 871 499
录制音乐与音乐制作(如维旺迪环球集团[Vivendi]、美国唱片业协会[Recording Industry Assoc. of America])	$6 122 152	$9 957 403	$16 079 555
有线电视、卫星电视和电视制作(如21世纪福克斯、时代华纳)	$2 879 530	$3 928 843	$6 808 373
总和	$499 584 352	$379 285 358	$878 869 710

媒体和通信行业各部门每年花费数千万美元用于游说工作和竞选捐款,试图通过这种方式影响政府的政策。

注释:选举支出包括2016年行业个人和政治行动委员会(PACs)的捐款,购买软通货,以及筹措外部资金等。游说支出的数据来自截至2017年12月8日的记录。个别公司之所以会出现在这里,是因为它们是特定产业部门的代表,只是作为该行业部门的企业例子列出。其中一些公司的经营范围横跨了好几个领域。

来源:Federal Election Commission data and lobbying disclosure reports summarized by the Center for Responsive Politics[www.opensecrets.org]. Accessed January 11,2018。

第四章 政治对媒体的影响

建立广播许可证制度是基于很现实的原因：无证的非法电台的信号会对与其使用相同频率或者相近频率的合法电台造成干扰。有时候，它们可能也会影响其他同样使用无线电波运作的通信服务，比如，手机、传呼机、警用对讲机、数字电视信号，甚至交通信号。如果政府不对广播频率进行管理，就会导致同一频率上的电台相互干扰，个人通信工具也会受到影响。这种状况就类似于一条没有车道、信号灯、红绿灯和限速规定的马路或高速公路。事实上，正是在广播发展早期对可能出现的混乱局面的担心，才促使政府实施了广播许可证制度，并宣称这么做的目的是保护"公共利益"。

但是，那些无证的"非法电台经营者"——他们通常更喜欢微型电台（microbroadcaster）这个相对较为中性的称呼——对此却持有不同的看法。他们认为，商业媒体公司才是真正阻止他们广播的幕后黑手。这与一个世纪以前，早期商业广播公司将业余广播爱好者排挤出频谱空间的情况如出一辙。他们指出，自己运作的这些微型电台功率很低，对其他电台几乎不会造成任何干扰。此外，这些微型电台一般都会尽力确保不会干扰其他广播或通信服务的信号。但即便如此，它们的存在在当时仍被认为是非法的，因为联邦通信委员会根本不会给这些微型电台发放许可证，这导致整个广播业被那些大规模的、商业化的机构所主导。对此，广播活动人士质问道，既然联邦通信委员会对广播领域可能发生的混乱如此关注，那它为什么不直接把一部分广播频率分配给这些微型电台，然后给它们发放许可证呢？

但这一想法遭到商业广播公司的强烈反对。全国广播电视协会作为该行业的游说团体，利用人们对信号干扰的恐惧，反对建立一种新型的低功率调频广播电台。该协会甚至向国会议员分发了光盘，声称里面记录了这种干扰的效果。然而，联邦通信委员会内部的工程师指出，这个光盘里的音频模拟具有欺骗性。时任联邦通信委员会主席威廉·肯纳德（William Kennard）指责全国广播电视协会发动了一场"系统性的错误信息和恐吓战术运动"（Labaton 2000：C1）。后来，联邦通信委员会委托的一项独立研究证实，低功率广播并没有造成严重的干扰问题（FCC 2004）。

随着所谓低功率电台造成干扰的观点被证伪，社区广播的倡导者终于在 2000 年取得了一些成功——联邦通信委员会同意给低功率电台发放许可证。起初，包括全国广播电视协会和全国公共广播电台（National

Public Radio)的会员单位在内的广播公司,成功说服国会限制了广播许可证的发放范围,结果最终只有几十家,而不是原先计划的几千家社区性的低功率电台获得了许可证。但社区广播的倡导者不断施加压力,要求开放更多电台。最终,2011年1月,《地方社区广播法案》(Local Community Radio Act)生效,授权联邦通信委员会扩大社区广播电台的波段范围,这标志着低功率广播的倡导者取得了重大胜利。

到2018年初,大约有2500个新电台已经或者正在获得广播许可证。其中,超过三分之一的电台由宗教组织创办,其余的微型电台则服务于各种社区需求。这些电台几乎一直由业余志愿者来管理。这些电台所覆盖范围的半径约为3.5英里①,根据周围地形的不同而略有变化。因此,其内容主要聚焦本地事务。播放的节目包括当地新闻和高中体育比赛,以及不拘一格的音乐,而且经常在节目中重点推介本地乐队。为了给当地的少数族裔社区提供服务,有的电台还用这些族裔的母语进行广播。这些电台的一个共同点是,它们播出的节目基本上都是主流商业电台无法提供的内容。正如俄勒冈州波特兰市的一个微型电台的创始人丽贝卡·韦布(Rebecca Webb)所说:"我们自力更生,创建了一个社区电台,这是对大型媒体公司高度集中的所有权的直接回应。"(Johnson 2018)

公民活动家(citizen activist)围绕各种与媒体相关的问题开展工作。图中为网络中立性原则的倡导者在纽约时代华纳大楼前进行抗议。2017年12月,时代华纳等媒体公司成功地游说联邦通信委员会废除了相关规定。

---

① 约5.6公里。

微型电台从"非法经营"发展到合法电台的漫长之路表明,政策是政治活动的产物,媒体政策的制定过程与相互竞争的利益紧密相关。在我们探讨各种政策争论时,这些将是反复出现的问题。

左和右:多样性与产权

在日常政治生活中,对媒体管制的呼吁既来自自由派,也来自保守派。然而,管制的目标因政治立场的不同而不同。虽然双方的观点并不总是泾渭分明,但一般情况下,保守派和自由派对媒体监管问题的处理方式是不一样的。

自由派和左派人士通常认为政府实施媒体监管的目的主要是保护公众不受私营企业的支配。(而保守派则认为这是政府对自由市场的一种不必要的干预。)正如我们所见,这种看法的表现之一是自由派人士支持对媒体机构的所有权施加管制,目的是保护公共利益不受垄断企业行为的影响。这种做法实际上内含着这样一种看法,即市场没有充分的自我调节能力,而商业机构则可能获得不正当的权力和影响力。

自由派和左派人士一般会支持那些鼓励媒体内容多样性的监管政策,比如,"公平原则"。他们也支持政府资助公共媒体,因为这些媒体有时会推出一些可能没有商业利润,但很重要的节目。在美国,这种资助相当有限。2016年,对公共媒体的政府资助仅有4.45亿美元,约占联邦预算的0.01%,即每个美国人1.38美元(Bump 2017)。对非商业媒体而言,最大一笔公共资助来自国会分配给非营利组织公共广播公司(Corporation for Public Broadcasting)的资金(CPB 2018)。反过来,公共广播公司将这笔钱用于资助美国公共电视网和全国公共广播电台。公共媒体所需的其他资金来自企业和基金会的赞助,以及观众或听众的捐款(NPR 2018;PBS 2018)。

保守派和右派人士往往通过坚定地支持产权和自由市场体制来回应以上争论。(在自由派人士看来,这种主张实际上是通过牺牲公共利益来保护企业法人的利益。)在媒体所有权和控制权的监管问题上,保守派主张政府采取自由放任的政策。他们对官僚政府干预带来的危险充满警惕,并认为所谓提升媒体内容多样性的呼吁,实际上是一种"政治正确"的暴政。保守派人士普遍认为,市场是伟大的平衡器。在这个平衡体系里,思想和产品的好坏取决于它们受欢迎的程度。他们经常把"公平原则"或公共广播等理念描绘成美国主流社会以外的人试图进入媒体领域的非法企图。

虽然保守派人士对限制、约束或监管私人财产权的想法深恶痛绝，但他们常常对限制媒体产品内容的做法感到心安理得，特别是以道德的名义进行的限制。自由市场体制下的媒体往往充斥着暴力和色情内容，因为性和暴力很受欢迎，有利可图（Dines 2010）。然而，几乎所有人都认为，为了保护儿童和未成年人，有必要对媒体内容施加一些限制。事实上，保守派人士经常带头呼吁对那些他们认为不适合未成年人观看的媒体内容加以管制。因此，虽然保守派反对政府为实现多样性而要求增加内容的监管规定，但他们通常会支持限制或禁止传播他们认为不适当的内容。正如我们将看到的那样，这样做的结果是，在对媒体内容的管理方面，出现了自主约束和强制监管并存的现象。

在对媒体监管问题进行了概述之后，现在我们来看一些具体的例子，以及它们所引发的各种争论。我们将这些问题分为三大类：(1) 所有权监管，(2) 内容监管，以及 (3) 接入途径和传播渠道监管。

所有权监管

在下文中，我们将通过一些案例，对美国媒体所有权和技术的监管问题进行进一步分析（Doyle 2002；Freedman 2008；Noam 2009, 2016）。我们并不打算对这一问题进行全面讨论；相反，我们的目标是试图表明，围绕政治和媒体之间的关系展开的辩论，实际上正是社会世界中能动性和结构之间的紧张关系的一种表现。

媒体机构

在美国建国之初，当官员们制定第一修正案时，媒体所有权的问题在很大程度上是地方性事务。因此，第一修正案把"言论自由"和"出版自由"紧密联系在一起，因为在殖民地时期，这两者非常相似。当时的印刷产品大多是由个体印刷商或仅有很少雇工的印刷厂生产的。因此，书面语基本上是口语的延伸。在这种情况下，媒体的所有权并不是什么重要问题。运营一家印刷媒体所需的设备相对简单，只要拥有少量资金即可购买或租赁。从理论上讲，当时对印刷媒体的数量并没有限制。

然而，随着时间的推移，传播媒介开始发生显著的变化。首先，**媒介技术**的发展推动了集中化和更大规模的运作。早在电报出现之后，某些形式的媒介技术就以集中控制的方式得到了高效的利用。西联电报公司的"长途专线"(long lines)连接着全国各地的社区,这意味着电报网中的任何一个用户能以前所未有的规模对信息流动产生影响。电话、广播、电视网络以及有线电视服务都具有类似的特点。

其次,**所有权模式**发生了变化。随着技术越来越集中,生产规模越来越大,生产和推广最先进的媒体产品所需的资金投入也越来越多。俗话说得好,新闻自由只属于那些有能力拥有它的人。随着媒体传播和生产规模的扩大,只有那些拥有大量资本的人才能拥有最具竞争力的媒体。尽管有人说互联网创造了一个允许小公司参与竞争的公平环境,但事实上,目前各大媒体网站的启动资金通常高达数百万美元。正如我们在上一章中所看到的那样,许多传媒产业领域早已从小型和独立的本地出版商时代转向了具有全球影响力的集中式企业集团时代。

最后,那些被大型媒体企业掌控的技术具有深远的意义,极大地拓展了媒体生产者在社会中的**潜在影响力**。如今,他们可以通过覆盖全国、纵横全球的网络系统触达数以亿计的人。媒体的性质也由此发生了变化,从而导致所有权问题越来越成为媒体监管的焦点之一。

这种新情况的出现使监管者不得不努力寻求最佳的应对方式。其中一种做法就是根据每种媒体的特点,采取不同的应对方法。一般来说,不同类型的传播媒体历来就有不同的监管规则:

- **印刷**媒体基本上不受任何监管。
- **广播电视**媒体受到监管,是因为它们使用公共电波,而电波资源是有限的,因此市场上可以自由运营的广播电台的数量也是有限的。
- **公共运营商**是垄断或接近垄断状态的企业。由于用户基本上没有其他选择,所以这些企业一般都会受到监管,确保所有人都能平等使用它们提供的服务。包括电话公司在内的基础性公用事业,长期以来一直被归入公共运营商的行列。但近年来,正如我们将在后面讨论的那样,关于互联网服务供应商是否应被归类为公共运营商的辩论一直存在。这种辩论的焦点是所谓网络中立性问题。

在媒体所有权的监管方面,这些区别尤为重要。例如,联邦通信委员会始终对单个公司所能拥有的广播电台和电视台的数量进行控制。

其目的是限制大型传媒集团的潜在垄断能力,以鼓励媒体所有权的多元化。然而,主张放松管制的人认为,数字融合加剧了媒体之间的竞争,同时,互联网还降低了新兴竞争者进入的门槛,这两方面的原因使得媒介环境比以往任何时候都更有竞争性。在这种情况下,1996年的《电信法》(Telecommunications Act)开始发生了变化,放宽了对广播和电视台的所有权限制,使得媒体所有权更加集中(Aufderheide 1999)(见表4.2)。例如,在放松管制后不到两年,虽然广播电台的总数增加了3%,但电台所有者的数量却下降了12%。联邦通信委员会承认,监管政策的变化导致了"电台所有权的合并,进而重塑了广播业"(FCC 1998)。

表4.2 媒体所有权管制和放松管制的案例

媒体类型	1996年《电信法》之前	1996年《电信法》之后
全国电视台	一家公司可以: • 拥有12家电视台 • 最高可覆盖25%的美国电视家庭	一家公司可以: • 拥有最高可覆盖35%的美国电视家庭的全国电视台
地方电视台	一家公司可以: • 在同一个地方市场中仅拥有一家电视台	一家公司可以: • 在同一个地方市场中拥有2家电视台,且该市场至少有8家其他的独立电视台
全国电台	一家公司可以: • 拥有20家调幅和20家调频电台	规定已取消
地方电台	一家公司可以: • 在同一个地方市场中拥有2家调幅和2家调频电台; • 覆盖25%或更少的听众	一家公司可以: • 最多拥有8家电台(不超过5家调幅或5家调频电台),具体情况取决于市场规模
媒体类型	2017年政策变化之前	2017年政策变化之后
地方电视台	一家公司可以: • 在同一个地方市场至少有8家其他独立电视台的情况下,拥有2家电视台	规定已取消

（续表）

媒体类型	2017年政策变化之前	2017年政策变化之后
电台/电视台交叉持股	一家公司可以： • 在大多数市场中拥有2家电视台和1家电台	规定已取消
报纸/广播交叉持股	一家公司不能： • 在同一市场中同时拥有一家全功率的广播电视台（调幅电台、调频电台或电视台）和一份日报	规定已取消

1996年的《电信法》大幅放松了联邦通信委员会对媒体所有权的管制。2017年的又一轮放松管制取消了对交叉持股的限制。整体而言，大型媒体集团的形成已成为大势所趋。对此，批评者对媒体集团的权力增长表示担忧，而放松管制的倡导者却认为，这些变化更能够反映媒体竞争的现实情况，即数字融合和互联网所带来的媒体竞争格局。

来源：Aufderheide [1999]；Federal Communications Commission [2017]。

联邦通信委员会还限制了某些类型的交叉持股。例如，禁止在同一个市场中同时拥有广播电视台和有线电视系统。另外，一家公司不能在一个城市同时拥有一家日报和一家广播或电视机构。除非是在至少有8家独立媒体机构的最大的20个市场。这种限制的目的是防止媒体在本地市场的垄断控制。但是，这一规定也在2017年被取消了。

媒体公司经常为放宽所有权限制而努力，而且它们有很多机会取得成功：1996年的《电信法》要求联邦通信委员会每四年对广播电视所有权规则进行审查，以消除或修改任何由于媒体竞争加剧而不再符合公共利益的规则。一些观察家认为，媒体所有权集中在越来越少的人手中，会带来前所未有的威胁。早在1995年，全国广播公司新闻部前总裁鲁文·弗兰克（Reuven Frank）就曾指出：

> 日益明显的是，大型媒体公司对报纸、电视网和其他信息载体持续不断的并购和整合，已经成为对新闻自由和思想流通的最大威胁。这些公司对如何将知识转化为利润了如指掌，却对致力于事实调查、公共辩论或捍卫第一修正案的原则不那么感兴趣。（转引自Shales 1995：C1）

在这段话发表后的几十年里,监管减少和所有权更加集中的趋势始终在持续。

因此,政府干预媒体行业的一个明确方式,就是对媒体机构的所有权进行监管。政府可以通过防止媒体所有权的垄断来保护公共利益,因为少数几个公司对媒体信息的控制很可能不利于思想的自由流动。通过这种监管,政府可以防止媒体巨头获得对媒体市场的控制权。

版权与知识产权

说唱乐迷都知道,全民公敌乐队(Public Enemy)1990年的专辑《对黑色星球的恐惧》(*Fear of a Black Planet*)是这种音乐类型早期的经典之作。这张专辑是该乐队"噪音墙"(wall of noise)方法的缩影,它将从其他录音中剪下的声音片段分层组合成一个新的、独特的作品。尽管全民公敌乐队在这张专辑中使用了近百个样本是很极端的一个例子,但在20世纪80年代末的"嘻哈黄金时代",频繁采样是一种很常见的做法。但这个时代在1991年结束了,当时美国地区法院在Grand Upright音乐公司诉华纳兄弟唱片公司一案中裁定,如果艺术家在没有获得版权所有者许可的情况下从其作品中采样,就是违反了版权法。这一裁决永远地改变了音乐,因为乐队没有财力为这么多不同的样本支付许可费。相反,为了降低成本,后来采用这种创作技法的唱片通常只对少数声音片段进行采样。

2010年,本杰明·弗兰岑(Benjamin Franzen)执导了一部关于音乐采样与版权法的纪录片。在片中,他使用了400多个未经许可的音乐采样。尽管他的片名叫《非法音频》(*Copyright Criminals*),但他和其合作者的行为并没有被看作对他人版权的侵犯。他们的作品受到版权法中"合理使用"(fair use)条款的保护。该条款允许创作者出于教育、评论、批评和其他转换性使用(transformative uses)①的目的,在未经许可的情况下引用版权受保护的作品(McLeod 2010)。但讽刺的是,这部纪录片的售卖版DVD是受版权保护的。

音乐采样的案例和"合理使用"的豁免条款表明,从宪法中的版权条款和最早的1790年《版权法》(Copyright Act)实施至今,版权法已经

---

① 转换性使用是合理使用的一种形式,指使用人借用但在不改变其他版权人作品原有意图和版权完整性的基础上,创作出含有新信息、新意图、新美感、新洞察和新理解的新作品。

125 经过了漫长的发展过程,形成了高度复杂的体系。正是这些法律保护着本书的销售和发行。如果你翻到本书的开头,你会发现一个版权页,其中包括本书的出版日期、出版商的名称和地址,以及版权声明。这份声明写道:"保留所有权利。未经出版商书面许可,不得以任何形式或通过任何电子或机械手段复制或利用本书的任何部分,包括影印、录音或使用任何信息存储和检索系统。"这一声明由政府的法律和法规强制执行,如果有人未经出版商许可便擅自复制和销售本书,那他的行为便是非法的。这种规定的存在是为了保护出版商和作者,前者从书籍的销售中获得盈利,后者则从出版商那里获得版税。出版商和作者都投入了必要的时间和金钱,来创造你手中的这本书。因此法律规定,他们应该控制其产品的销售权、发行权,以及从中获利的权利。如果没有版权法,出版商和作者就没有办法赚取投资的回报。

联邦调查局的反盗版警告标签可贴在受版权保护的内容上,包括电影、录音、电子媒体、软件、书籍和照片。在该警告旁写着以下文字:"未经授权复制或传播受版权保护的作品……最高可处以5年监禁和25万美元的罚款。"

多年来,政府和法院扩大了版权法的范围,将各种视觉、声音和计算机软件产品纳入**知识产权**的范畴。随意复制和销售音乐光盘、数字音乐文件(比如,MP3)、电影和计算机软件都是非法的。同样,在商业出版物中使用受版权保护的照片也是非法的。为了使用你在本书中看到的照片,我们必须获得许可。即便传媒产业在某些问题上可能不希望政府施加管制,但在版权问题上,媒体大多**支持**政府进行干预。因为政府对版权的保护对传媒产业的持续运作至关重要。如果政府不执行版权法,逐利的传媒产业将无法生存。

版权法的初衷是激励人们投入必要的时间、精力和资源来进行新的创作,同时确保公众从这些努力中受益。在最初的 1790 年《版权法》中,作者享有 14 年的作品专有权。如果他们一直在世则可以延长一次,最长可达 28 年。此后,受版权保护的作品就会成为任何人都可以自由使用的公共财产。后来,传媒公司成功地游说了国会再次延长版权保护期。1998 年的《版权期限延长法案》(Copyright Term Extension Act)有时被称为《米老鼠保护法案》(Mickey Mouse Protection Act),原因在于迪士尼对该法的通过发挥了关键的游说作用。它将版权保护期在个人创作者的寿命长度之外延长了 70 年。如果作品由集体创作,版权保护的期限则为创作后的 120 年或公开发行后的 95 年,以较短者为准。这一法案的倡导者认为该举措可以让创作者将作品的收益传递给其继承人,或者从他们的创作中获得合理收益。而批评者认为,这破坏了版权法的整体目的,即在确保作为版权持有者的媒体公司能够获益的同时,激励公众的创造性并维持公共领域的活力。

 署名
允许他人复制、传播、展示和表演受版权保护的作品以及以此为基础的衍生作品,前提是他们必须按照你的要求标明作品出处。

 相同方式共享
允许他人传播衍生作品,但必须使用与你的作品相同的许可方式。

 非商业用途
允许他人复制、传播、展示和表演受版权保护的作品以及以此为基础的衍生作品,但只能用于非商业目的。

 禁止演绎
只允许他人复制、传播、展示和表演你的原作品,而不允许以此为基础创作衍生作品。

图 4.1 知识共享版权的各种方案

使用知识共享版权的创作者可以选择不同的许可方案,对其作品的使用施加不同程度的限制。

来源:Creative Commons[2018]。

近年来,有创作者找到了其他的版权方案来丰富公共领域,比如,知识共享协议(Creative Commons license)。知识共享(Creative Commons)是一个非营利组织,它通过提供免费法律工具来保护创意作品,同时最大限度地增加可供免费且合法分享、使用、再利用和再混合的素材(Creative Commons 2018)。与传统的版权不同,知识共享协议允许创作者在给予他人使用其作品的特定权利的同时,可以选择"保留部分权利"(Lessig 2005)(见图 4.1)。

内容监管

虽然对所有权的监管涉及关于政府和媒体之间的关系的基本问题,但对媒体内容本身的监管则带来了一系列不同的问题。然而,在这个问题上,结构和能动性的基础性动态关系依然在发挥作用。让我们来看几个例子。

广告的准确性问题

不同机构对欺骗性广告内容的监管,或许是最没有争议的媒体内容监管措施之一:

- 联邦贸易委员会(Federal Trade Commission)对整个广告业的运行实施监督,确保所有媒体上的广告符合法律对真实性的要求。它负责处理大多数欺骗性或欺诈性广告案件,特别关注可能产生健康后果的产品,比如,非处方药。
- 美国食品药品监督管理局(The Food and Drug Administration)负责对处方药广告的监管。
- 运输部(The Transportation Department)负责监督航空公司广告,为了杜绝隐性费用,任何广告中提到的机票价格必须是客户要支付的"全额票价"。
- 财政部(The Treasury Department)下属的美国烟酒枪炮及爆炸物管理局(Bureau of Alcohol, Tobacco, Firearms and Explosives)负责对大多数的烟草和酒精广告的监管。
- 联邦通信委员会负责对儿童电视广告的监管。

这类监管旨在保证广告的真实性和透明度,并确保其所推广的产品是安全的。

上述机构采取的监管举措,目的是要保护公众,使其免受诈骗广告的影响。广告行业的某些领域素来有"不实推销"的恶名,因为这些广告轻则涉及对事实的歪曲,重则出现类似于世纪之交专利药物广告中常见的那种疯狂吹捧。但虚假广告也可能以隐蔽的形式出现。消费者在上网时很可能不知不觉地就上当受骗了。例如，在Yelp！和亚马逊等网站上，大约15%的客户评论是假的。其中许多评论都是广告和公共关系公司花钱刷的（Weinberg 2016）。有些公司还会向博主提供免费产品，以换取后者在博文中的赞美。不过，自2009年起，任何收取了现金或免费产品的网上代言人必须向自己的读者或观众坦白其协议，否则这种代言广告将被视为虚假广告。尽管很难执行，但联邦贸易委员会还是会定期对一些非常引人瞩目的个案进行严查，包括指控一家公关公司让其员工冒充满意的顾客在iTunes商店发布视频游戏评论（Sachdev 2010）。

对广告的管制也是为了保证安全，尤其是针对未成年人的广告。例如，烟酒枪炮及爆炸物管理局对酒精和烟草等产品的广告施加管制，要求电视上不能播放香烟广告，电视体育赛事中也禁止出现烟草公司广告。食品药品监督管理局还要求处方药的广告必须披露药物的潜在副作用。

虽然政府对广告施加了管制，但它也以各种方式帮助了广告业。大多数广告支出都可以减税，这一政策每年为企业节省了数百万美元，促进了广告业的发展。农业部还为特定商品广告提供补贴。即便是充满广告的杂志和报纸，也享有邮费补贴。每到选举期，电视台和广播电台都会因为政治广告收获暴利。最后，政府还会直接购买广告。2010年，政府的广告支出超过9.45亿美元，其中有5.45亿美元用于购买征兵广告（Kosar 2012）。

在这里，我们同样发现约束与能动性之间的辩证关系在发挥作用：政府试图保护公众免受误导性推销的影响，而广告商则试图捍卫他们从政府那里获得的利益。

"公平原则"保障多样性

虽然媒体在告知公民信息方面潜力巨大，但它们也最有可能被政党和商业利益集团所滥用。为保护公共利益而对媒体进行管制的一个典型例子，是政府曾经试图通过"公平原则"来防止对媒体权力的滥用（Aufderheide 1990；Cronauer 1994；Simmons 1978）。

1949年，基于"无线电波是稀缺的公共资源"这一观念，联邦通信委员会通过了一项政策，要求广播许可证持有者"将一定比例的广播时间用于讨论与其所服务的社区利益紧密相关的公共议题"。此外，"在节目设计上,对于涉及社区利益的重要议题,必须确保公众有充分的机会听到不同的意见"(转引自 Kahn 1978:230)。尽管"公平原则"的具体内容在与时俱进,但有两项基本要求始终不变,即广播公司既要报道公共议题,又必须为相互竞争的对立观点提供表达的机会。这些准则被视为一种公共服务职责,在媒体公司申请广播执照换发时,主管部门会对此进行审查。

建立这一原则的目标是促进对公共议题的严肃报道,以及通过防止任何一种观点占据主导地位来确保观点的多样性。"公平原则"从不会压制任何观点,但是为了确保辩论足够激烈、各种不同的意见都能得到表达,它要求媒体在报道中对反对意见给予额外的陈述。联邦通信委员会只会在有人申诉时介入与"公平原则"相关的个案调查。随着时间会推移,有些陷入竞争的人试图利用,甚至在某些情况下滥用"公平原则"。例如,肯尼迪(Kennedy)、约翰逊(Johnson)和尼克松政府都曾根据这一原则发起申诉,以滋扰那些对其进行不利报道的记者(Simmons 1978)。但在更多的情况下,该原则使公众能够表达那些很容易被压制的反对意见,从而实现其预期目的。

1969 年,当广播电视业质疑"公平原则"的合法性时,最高法院以广播频谱的稀缺性为理由,全体一致地支持这一原则。然而 20 年后,有线电视的问世带来了不依赖无线电波的新媒体。同时,在里根政府主张放松管制的大环境下,联邦通信委员会于 1987 年投票决定不再实施"公平原则"。

在随后的几年里,不断有人试图恢复"公平原则"。2007 年,一项由自由派/进步派的媒体团队联合发布的研究显示,在五大商业广播公司所拥有的电台中,超过 90% 的政治谈话节目都是保守主义倾向的(Center for American Progress and Free Press 2007)。作者们列举了导致这种情况的两大因素。第一,正如我们在前面所看到的,对广播电台所有权的限制在 1996 年被取消,这导致了集中化的大型广播网的出现,而这些广播网经常播放一些制作成本低廉并在全国各地播出的节目。第二,"公平原则"的废除意味着这种节目现在可以只呈现一种观点。虽然作者们没有呼吁恢复"公平原则",但他们确实希望通过以下方式来鼓励更为多元化的节目内容:

- 在地方和国家层面恢复对商业电台所有权的限制
- 加大地方在落实广播许可制度方面的责任
- 要求没有履行公共利益职责的企业主缴纳费用以支持公共广播事业的发展

但这次努力不仅失败了,还引起了保守派人士和广播行业的强烈反对,并最终导致"公平原则"于2011年被正式废除。虽然在此前的二十多年的时间里,这一原则早已被束之高阁,但相关的官方文件里还保留着这个说法。

"公平原则"的演变历程让人回想起自由主义者曾经希望西方民主社会的主流媒体能就当前的时事进行严肃报道和激烈辩论。事实上,大部分主流广播和有线电视已经发展成为具有明显意识形态倾向且更加彼此隔绝的媒体集群:福克斯新闻和电台谈话节目偏向保守派,而微软全国广播公司则偏向自由派,等等。互联网也倾向于面向小众用户、立场单一的内容,而非大众化、观点多元的内容。正如我们将在第九章看到的,这种发展不断引起人们对媒体对民主的影响这一问题的严重关切。

对淫秽内容的道德规范

在美国,以道德的名义监管性露骨内容具有悠久的历史。早在1711年,"马萨诸塞州政府就禁止出版'邪恶、亵渎、不洁、肮脏和淫秽的内容'"(Clark 1991:977)。此后的争议主要集中在对"淫秽"的定义上。

在法律上,淫秽内容与色情内容(激发性欲望的内容)和不雅内容(在道德层面不适合广泛发行或传播的内容)不同。虽然色情或不雅内容的发行和播放会受到政府的监管,但它们是合法的。只有淫秽内容被政府列为非法内容。(一个例外是政府将所有涉及儿童的性露骨内容都列为非法内容,无论它们是不是淫秽内容。)1973年,最高法院的一项决议为评判什么是淫秽内容制定了标准,这超出了第一修正案的保护范围。如果一份材料未能通过下面这项三步测试,则被视为淫秽内容:

(1)按照当代社会的评判标准,普通人是否能发现该作品在整体上会导致人们产生淫秽的想法;(2)该作品是否以明显具有冒犯性的方式刻画或描述被州法律规定为性行为的情节;以及(3)整体

来说，作品是否缺乏严肃的文学、艺术、政治或科学价值。（转引自 Clark 1991：981）

法院使用这个定义来限制印刷品、电影和网络内容的生产和传播。

各种各样的法律条款还会对那些不属于淫秽类别的性露骨内容进行监管。例如，商人不被允许向未成年人出售色情杂志和录像。同时，法律还对电台和电视台能够播放的内容有所限制。联邦通信委员会禁止广播电视台在上午6点至晚上10点之间播放不雅内容，因为儿童可能会在这个时间段使用媒介。这种规定是为了保护儿童不受过于成人化的内容的影响（FCC 2017）。虽然不断有人试图移除广播电视中的所有不雅节目，但法院总体上认为，不雅内容的传播受到第一修正案的保护。

互联网则对是否以及如何限制色情内容提出了新的挑战。对于可以使用电脑的未成年人而言，他们能够轻易地在网站上获取露骨的与性相关的内容，这些内容如果以印刷或者录像的形式出现，则是违法的。他们还可以参加含有色情内容的网络论坛。那么，政府是否应该因为未成年人可以接触到这些内容而禁止它们的传播呢？提供网络终端的公共图书馆是否应该安装过滤软件以防止人们访问不良网站呢？这始终是一些充满争议的问题。

色情内容的制作者认为，监管者应该对互联网和印刷媒体一视同仁，不该对互联网施加管制。互联网上的制作者既没有占用公共波段，也没有主动向未成年人发行或传播色情内容。相反，是未成年人自己主动访问这些色情网站的。此外，如果父母不想让自己的孩子接触这些网站，希望保护孩子免受侵害，他们可以使用互联网过滤软件。但反对者认为，互联网更应该被视为一种广播媒体，其内容应该受到政府的监管。在他们看来，访问某个网站与收看某个电视频道没有什么本质的区别。

最初，主张监管的立场得到了《通信规范法》（Communications Decency Act, CDA）的支持。作为1996年《电信法》的一部分，该法案将在网络上传播色情内容和其他不雅内容的行为判定为非法。然而，1996年尚未结束，呼吁言论自由的激进主义分子就对此提起诉讼，法院最终裁定《通信规范法》违宪。1998年的《儿童在线保护法》（Child Online Protection Act），被普遍称为"第二版通信规范法"（CDA II）。这部法律比原来的《通信规范法》范围更窄,仅对出于商业目的而发行"对未成年人有害"的内容这一行为实施刑事处罚。但是经过多年的法庭斗争,这项法案最终也在 2009 年被废除。

《儿童在线保护法》的问题之一在于它根据法律对淫秽的定义中提及的"社会标准"来评判哪些内容是不合适的。可是,互联网上的内容也许来自某一个地方,却又能在全球范围内获取。这样一来,应该由哪种社会或哪个社群来制定评判标准呢?最高法院 1973 年通过的关于淫秽内容的决议中隐含的"自治社群"(self-contained community)概念并不适用于互联网。今天,色情内容可以在美国国内外的各大网站上轻而易举地获得,其中一些内容甚至在法律意义上达到了"淫秽"的程度,这给任何形式的监管都带来了新的挑战。

自我监管:审查与分级

除了正式的政府干预,行业的自我监管也是一种内容监管方式。为不同媒体设计的分级和警告制度就属于这一类方法(Gentile 2009;Gentile and Murray 2014)。这些分级制度通常会提醒家长警惕那些可能不适合儿童的内容。

电影审查与分级制度

自我监管的一个典型例子就是电影产业。在 1934 年之前,好莱坞电影出奇地大胆奔放。例如,女性有时会被刻画成对性问题直言不讳的形象。

然而,当一群自称道德联盟(Legion of Decency)的天主教徒说服美国电影制片人暨发行人协会(Motion Picture Producers and Distributors of America,MPDA)主席威廉·海斯(William Hays)采用严格的规范来约束电影内容时,情况发生了很大的改变。由于担心天主教徒的抗议会导致票房受损,加上政府可能会采取监管措施来回应天主教徒的诉求,海斯最终同意实施这项规范。从 1934 年到 20 世纪 60 年代,人们后来所熟知的"海斯法典"(Hays Code)①允许全国道德联盟和美国电影制

---

① "海斯法典"是 1930 年至 20 世纪 60 年代应用于美国电影业的行业道德规范。这些规范公布后,遭到电影创作人员的普遍反对。1968 年,随着美国电影分级制度的实施,这些规范逐渐被废止。

片人暨发行人协会(后来更名为美国电影协会[Motion Picture Association of America, MPAA])在没有政府干预的情况下对电影共同进行审查。

道德联盟有时表现出反犹主义倾向,指责"好莱坞的犹太人"败坏了美国的道德风气。该联盟制定的规范催生了所谓的"纯净版电影"。例如,舞蹈不能有性暗示、夫妇必须睡在双人床上。但它最大的影响在于规定了一套电影制作方法,这种方法不加批判地对现行的规范和价值观予以全盘接受。例如,电影中可以出现犯罪,但正义必须得到伸张,而且不能引导观众去同情罪犯。因此,20世纪30—50年代的大部分好莱坞电影都是简单的道德寓言,并以"好莱坞式的结局"收尾。这种结局会阐述一个简单而明确的结论,巩固人们对权威的尊重,向人们保证社会的正常运转,并排斥对包括婚姻、政府、司法系统和宗教在内的主流社会制度的一切批评。

这种全方位的自我审查之所以可行,是因为电影产业的所有权过于集中——这也说明了传媒产业垄断的危害。好莱坞"制片厂制度"的特点是一家公司可以同时拥有制片厂(以及通常会签订独家长期合同的编剧、导演和演员)和连锁影院。这种过度集中化的控制直到1948年才有所缓解。当时,最高法院判定好莱坞制片厂制度为非法的贸易限制行为。在接下来的几年里,影院和制片厂的所有权被分开了。(下文将就这个案例的具体细节进行详细讨论。)

在这之后,影院想放什么电影都可以。一些影院甚至开始进口外国电影,而这些引进的影片比过于简单的纯净版美国电影更具思想性,对性的描绘也更直白。看到这些电影广受欢迎后,美国的电影公司在20世纪60年代开始改变,制作了更多内容复杂、表达反主流文化精神以及挑战常规的电影。其中一些电影还因为片中的性、暴力、脏话和过于成人化的主题而饱受争议。反过来,这种争议又引起了公众的关注,人们开始呼吁实施新的监管措施。与此同时,国会似乎也有意推行分级制度。为了避免政府直接采取监管措施,美国电影协会于1968年同院线公司和电影发行公司共同创建了一个电影制作者自愿采用的分级制度。一个匿名委员会将代表全国家长,通过多数投票的方法来执行这个新的分级制度。

多年来,这种分级制度用G来表示内容适合全年龄段的人观看;用PG表示建议在家长的指导下观看,因为一些内容可能不适合小孩子独自观看;用 PG-13 警示有些内容不适合 13 岁以下的儿童观看;用 R 表示仅限成年人观看,或者 17 岁以下的观众必须在父母或监护人的陪同下观看;而 X 则表示仅限成年人观看的内容。

不过,这一制度还是出现了一些问题。其一,影院在限制观看 R 级片方面执行得十分松懈。联邦贸易委员会甚至发现,80%的 R 级片会销售给 17 岁以下的青少年,这其中 64%的情况是企业自身的销售计划明确地将 17 岁以下的青少年纳入目标受众的范围(FTC 2000)。

其二,公众开始把 X 级片与"硬核"色情片联系起来,尽管有的电影仅仅因为成人主题而被划入这一级别,例如,1969 年的奥斯卡金像奖最佳影片《午夜牛郎》(*Midnight Cowboy*)。对一部主流电影来说,X 级意味着"死亡之吻",因为许多报纸都不会为 X 级片刊登广告,许多影院也拒绝放映这类影片。由于美国电影协会不具备分级制度的商标保护权,色情片的发行商有时会随意地将与美国电影协会的分级制度无关的"XXX 级"作为卖点,这进一步恶化了公众将 X 级片等同于色情片的问题。最终,美国电影协会在 1990 年弃用了 X 级,而以新的 NC-17 级(表示影院不得允许 17 岁以下的青少年观看)取而代之,并获得了这一新制度的商标权(见图 4.2)。这一变化让艺术家和制片人尤为高兴,因为他们希望此举有利于更多的成人主题电影的出现。然而,一些宗教和保守团体谴责了这一举动,它们认为这是在为赤裸裸的性内容寻找主流认可的合法性。

电视分级制度

电影分级制度的例子表明,可能到来的政府监管足以促成行业自律。而电视分级制度的例子则表明,政府的要求与行业自律也可以相伴而行,这一次新技术发挥了重要的作用。1996 年的《电信法》要求制定一套分级制度,作为电视节目划分和基于此制度的节目屏蔽标准。1997 年,全国广播电视协会、美国有线电视协会(NCTA)和美国电影协会共同制定了这一分级制度。该制度将面向大众的节目划分为 TVG(所有观众)、TVPG(建议在家长指导下观看)、TV14(不适合 14 岁以下的儿童观看)和 TVMA(仅限成年人观看)几个等级。此外,儿童节目被分为 TVY(适合所有儿童观看)和 TVY7(适合 7 岁及以上的儿童观看)两个等

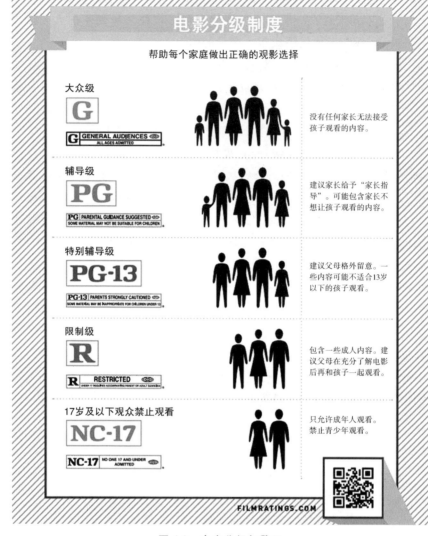

图 4.2　内容分级与警示

电影分级制度是行业自我监管的一个范例。这一分级制度由美国电影协会制定,其目的主要是帮助家长判断一部电影是否适合一家人观看。电视也采取了类似的分级制度(见 tvguidelines.org)。

来源:Motion Picture Association of America[2018]。

级。(这一制度不针对付费有线电视频道中的新闻和体育内容,以及未剪辑的电影。)

但家长们抱怨这些宽泛的分级制度不够详细,所以在1998年又有一些新的级别加入,从而形成了目前的"年龄加内容"制度。新的指南将FV(幻想暴力)纳入TVY7,将S(色情)、V(暴力)、L(粗俗的语言)和D(关于性的对话)纳入其余的范畴。此外,从2000年开始,联邦通信委员会规定所有的新电视必须配备V-chip技术①,从而能够根据这一分级制度屏蔽相关的电视节目。包括网飞、Hulu和亚马逊在内的大多数电视流媒体服务和Google Play商店②、iTunes商店等视频供应商也自愿采用了这一分级制度。

音乐家长警示标识与电子游戏

对音乐歌词的标识是行业自我监管的又一个例子(RIAA 2018)。为了应对流行音乐歌词中愈演愈烈的性描写,一群来自华盛顿特区的家长在1985年成立了家长音乐资源中心(Parents' Music Resource Center, PMRC)。然而,这群人并不是普通家长,他们中包括6位美国众议员和10位美国参议员的配偶(最受关注的是当时的参议员阿尔·戈尔的妻子蒂珀·戈尔[Tipper Gore])。在组织了一次公开的国会听证会(媒体称之为"色情摇滚"[Porn Rock]听证会)之后,家长音乐资源中心说服唱片行业采用一种自愿的家长警示标识制度。

起初,每个唱片公司都会设计自己的标识。但在1990年,各公司开始采用统一的标识,上面写着"家长警示:内容不雅"(Parental Advisory: Explicit Content)。这个标识会贴在音乐光盘上,大多数在线音乐商店也会采用这一警示标识。近年来,大约有5%的唱片带有警示标识。不过,以沃尔玛为代表的唱片零售商拒绝销售带有警告标识的唱片,这反而扩大了警示标识的影响(Fox 2006)。于是,许多歌手愿意为他们的歌曲录制"纯净"版,删去令人不适的歌词,这样就可以在没有警示标识的情况下顺利销售。

1994年,在政府的施压下,电子游戏行业成立了自己的监管机

---

① V-chip技术是一种应用于电视的屏蔽技术,可以根据分级制度来屏蔽相关的电视节目,该技术旨在帮助家长管理孩子的电视观看内容。
② Google Play商店是由谷歌为Android操作系统开发的数字媒体应用商店,其中的影视服务曾包含数千部电影和电视节目。但在2022年4月,Google Play商店宣布将影视内容迁移至Google TV,并于6月彻底移除影视服务。

构——娱乐软件分级委员会（Entertainment Software Rating Board），对电子游戏进行分级。这个自愿的分级制度沿袭了电影和电视的传统。但电子游戏的分级问题被普遍忽略，只有加利福尼亚州立法禁止青少年租借或购买含有暴力元素的电子游戏。然而在2011年，最高法院推翻了这项立法，判定电子游戏是受宪法第一修正案保护的一种艺术形式。

"国家利益"与军事审查

何为"国家利益"是一个争论不休的话题。不过，为了保护或增进所谓的国家利益，即一个国家的目标和抱负，政府有时会对媒体施加监管。这种监管的典型例子就是直接或间接的军事审查。

在南北战争时期，联邦军的将军们经常通过阅读南方的报纸来获悉南方部队的实力和军事行动方面的信息。从那时起，媒体向公众提供信息的权利和政府在战争时期保护机密情报的需求之间就产生了冲突。

这种冲突在不同历史时期有不同的表现。例如，在第二次世界大战期间，媒体自愿服从军方对信息的限制，并通过很多方式帮助盟军作战。不过在越南战争期间，这种友好关系发生了重大变化。战争初期，媒体依然服从军方的领导，但随后便开始独立进行报道。在军方看来，这是一种不负责任的报道方式。但从媒体的角度来看，军方的宣传机构对新闻界和很大一部分美国公众来说已经失去了信誉。众所周知的五角大楼事件欺骗了新闻界和公众，使得媒体保持着高度的质疑。随着越南战争陷入僵局，记者团不再信任美国国防部提供的信息。他们把下午的军事新闻发布会戏称为"五点钟的时事讽刺剧"。而越南战争也是第一场被电视媒体广泛报道的战争。虽然政府一再宣称胜利在望，但电视网上垂死挣扎的美国士兵和表达抗议的美国示威者却揭示了另一番现实。

《纽约时报》和《华盛顿邮报》公开"五角大楼文件"（Pentagon Papers）的决定加剧了媒体与政府之间的对抗关系。五角大楼文件是美国国防部的一份秘密委托报告，该报告回顾了美国干预越南的历史，却被泄露给了媒体。抛开别的不谈，这份报告显示，美国在1963年推翻和暗杀越南共和国总统的过程中发挥了关键作用；同时，美国多年的大规模轰炸行动一直未能威慑到敌人。这些内容与政府的说辞截然相反。事实上，这份报告表明，关于美国在越南扮演的角色，美国总统和国防部的官员曾多次向国会和公众撒谎。

越南战争的经验使美国军方通过两条不同的战线采取攻势。其一，它组建了一个庞大的公关团队以树立军方的正面形象。具有讽刺意味的是,这项工作涉及雇用媒体人士(以军官的身份)来提供关于如何应对媒体的专业知识。其二,军方开始制定策略以控制媒体向公众发布的信息。这一策略的核心就是记者团(press pool)。(参见 Cheney 1992; Bennett and Paletz 1994; Denton 1993; Jeffords and Rabinovitz 1994; Mowlana, Gerbner and Schiller 1992; Taylor 1992。)

记者团制度在美国入侵巴拿马和格林纳达的过程中得到了检验,并在 1990 年至 1991 年间的海湾战争中得到全面实施。这一制度通过挑选合适的记者进入记者团、控制他们在战场上的交通工具和只允许他们在预先定好的地点进行采访等方式,成功控制了记者在冲突时期的报道。军事新闻官员甚至会监视记者对士兵的采访,并在发布前对报道进行筛查。由于存在这些限制,许多可能引起争议的战争信息(比如,平民死亡人数众多,或者军队使用大型推土机将敌方部队活埋在战壕里)在战争结束很久以后才被公众知晓。乔治·布什(George Bush)总统甚至禁止媒体拍摄盖着国旗的美国士兵棺椁从返美飞机上被抬下来的场景。(2009 年,贝拉克·奥巴马[Barack Obama]总统解除了这条禁令。)尽管记者们对新的限制感到愤怒,但主要的媒体依然表示服从,它们有时还会在报纸的头版刊登公告,称美国军方的审查人员批准了所有关于战争的信息。许多批评者认为军方对新闻的限制过多,但国防部辩称这些限制是为了保护记者,大多数公众则对此表示理解。

在 2001 年 9 月 11 日世界贸易中心和五角大楼遇袭事件之后,美国总统布什发起了"反恐战争",此时公众仍然支持对媒体的限制。然而这一次,国防部以保护特种作战部队的机密为由,直接禁止记者报道战事。媒体虽然可以在有限的范围内接触航空母舰和其他区域的美国军人,但不能跟随部队进入作战区域。于是,国防部又一次成功地"净化"了对战争的描述,避免了像越战时那样的全面报道。

2003 年入侵伊拉克期间,美国军方希望与记者建立更加紧密的合作关系。在伊拉克战争(以及当时正在进行的阿富汗战争)中,美国军方最重要的媒体管理方法是根据美国国防部的基本原则,将记者嵌入实地部队。与针对新闻报道的正式审查不同,"嵌入式记者"计划允许记者进入前线,与一支部队一起行进和生活好几周或好几个月。在这期间,记者与保护他们的部队一起吃饭和交谈(Cortell, Eisinger and

Althaus 2009)。在征得一些士兵的同意后,记者还会将他们的名字或家乡写进报道,但需要剔除任何有关战略问题的信息,如部队调动、具体地点或未来的作战计划。

美国国防部的官员认为,嵌入式记者计划可以通过重点报道美国士兵的故事和经历来塑造公众对战争的看法。但批评者认为,嵌入式记者失去了他们的独立性,变得过度依赖与其关系紧密的军方信源,从而站在美国士兵而非中立观察者的角度来撰写新闻报道(Goodman and Goodman 2004)。对伊拉克战争新闻报道内容的后续研究发现,与"独行记者"(不依附美国或英国军方的记者)相比,嵌入式记者报道伊拉克的重建或平民伤亡的可能性要小得多,报道中也更少出现伊拉克人的伤亡画面。同时,正如美国国防部所希望的那样,嵌入式记者比独行记者更有可能将报道的重心放在美军身上,包括引用美国士兵的原话以及使用他们的照片(Aday, Livingston and Hebert 2005)。

近年来,互联网成为挑战军方信息控制的武器(Hindman and Thomas 2016)。例如,维基解密在2010年发布了一段机密视频,视频内容是美国在2007年向伊拉克的巴格达发动的一次空袭。在这场空袭中,美军错把两名路透社员工的相机当作武器,从而将二人误杀。这段视频是由美国陆军士兵布拉德利·爱德华·曼宁(Bradley Edward Manning)(现名为切尔西·伊丽莎白·曼宁[Chelsea Elizabeth Manning])①泄露的,同时流出的还有25多万份外交电报。维基解密后来公布了曼宁泄露的9万多份文件,使人们对美国政府及其外交使团的工作有了深入的了解(*The Guardian* 2010)。

积极活跃的媒体与强调约束的军方之间的基本矛盾集中在两个问题上:一是军队有权控制多少信息?二是媒体有权披露多少信息?对于限制那些可能会危及美军的信息,媒体通常没有任何异议。但历史表明,政府为了向公众隐瞒难堪或有争议的信息,有时会以"国家安全"为由,对媒体施加限制。因此,政府限制的作用和自由媒体的责任将一直处于争论之中,即便在冲突时期也不会停止。

---

① 布拉德利·爱德华·曼宁,曾为美国陆军上等兵,于2010年时因涉嫌将美国政府的机密文件外泄给维基解密网站而遭美国政府逮捕,判刑35年。在入狱服刑期间,曼宁于2013年8月22日发表声明,宣布改名为切尔西·伊丽莎白·曼宁,开始荷尔蒙治疗,将性别从男性改为女性。2017年1月17日,获美国总统奥巴马特赦减刑,并于同年5月17日获释出狱。

接入途径和传播渠道监管

另一种监管方式是限制或保护接入途径与传播渠道。这里介绍几个例子。

网络中立性

2000年,一家早期的拨号互联网服务供应商——美国在线公司与时代华纳公司合并,后者是当时最大的传统媒体集团之一。这一重磅之举的背后隐含着一个重要的想法:美国在线公司可以为其互联网用户打造一个"围墙花园","花园"里的内容主要来自时代华纳公司,由此实现双赢。不过,这个想法惨遭失败。仅仅八年后,这两家公司就走向正式拆分的结局。事实证明,互联网用户并不希望在限制或引导之下只能访问互联网服务供应商挑选好的内容,他们想要便捷地访问整个互联网。

网络中立性的概念

互联网服务供应商应该只提供互联网接入服务,在处理网络流量问题时保持"中立",这就是所谓的网络中立性概念。其实在这个概念出现之前,网络中立性作为一种实践就已经存在了。互联网被设计成一个中立的平台,各种类型的数据都可以在上面传输。业余爱好者和独立的创业公司可以像大型企业一样创造和发布内容,任何访问互联网的人都拥有平等的使用机会。搜索引擎使用户有能力(尽管无法拥有绝对的控制权)找到他们想要的任何内容,而互联网服务供应商仅仅提供接入服务。

但是,正如美国在线公司与时代华纳公司的例子所表明的那样,互联网服务供应商总是想要打造新的互联网体验,从而赚取更多的利润。为了阻止这种做法并保护互联网的开放性,公共利益的倡议者开始呼吁制定正式的网络中立性原则,要求互联网服务供应商平等地对待所有网络流量。他们既不能限制或偏袒对某些网站的访问,也不能加快或减慢某些网站的数据传输速度。不过,这个想法后来引发了争议(Coldewey 2017;Free Press 2018;Madrigal and Lafrance 2014;Public Knowledge 2018;Reardon 2015)。

政策之争

互联网服务供应商认为,网络中立性原则所针对的问题其实并不存在。他们向联邦通信委员会保证,政府的监管是不必要的,因为依靠市场的调节机制,消费者的需求都能得到满足。不过,在威瑞森电信公司和康卡斯特等互联网服务供应商反对网络中立性原则的同时,各种互联网内容生产公司,以及谷歌、脸书等依赖开放性网络的科技巨头,基本都支持这一原则。公众更是压倒性地支持网络中立性原则。

2010年,美国联邦通信委员会发布了《开放互联网法令》(Open Internet Order)。不过,这项法令距离真正的网络中立性还有很大的差距,这是因为它不仅允许有线电视和电话公司对消费者访问数据量较大的网站进行额外收费,还豁免了无线服务供应商,使后者不受网络中性原则的限制。这种对产业利益有利的"妥协"做法首次创建了双层网络服务模式,其中无线服务供应商可以根据需要对任何网站进行区别对待(Karr 2010; Stelter 2010)。

尽管这项法令的影响范围有限,但威瑞森电信公司和其他互联网服务供应商还是发起了法律挑战。2014年,它们在技术归类的问题上胜诉,这个问题自20世纪90年代互联网、有线电视和电话服务融合以来就一直存在。不过,随着这些技术之间的界限基本消除,我们应该把宽带互联网服务当作有线服务、电信服务还是信息服务呢?不同的法律名称伴随着不同类型的监管方式。现在,法院对这一归类问题做出了裁决,确认联邦通信委员会有权监管互联网接入服务。不过,这一切的前提是把互联网重新认定为"公共运营商"性质的电信服务,而不是之前的信息服务。

法院的裁决宣布后,更多的争论和妥协性的建议随之而来。其中,联邦通信委员会提出了另一个方案,即允许设立互联网"快速通道"和"慢速通道"。但这引起了公众的强烈抗议,包括2014年9月发生的备受瞩目的"互联网减速日"(Internet Slowdown Day)在线活动。当时,各种公共利益团体和互联网内容公司竭力反对联邦通信委员会的妥协版提议。最终在2015年,民主党多数派以3∶2的投票结果获胜,联邦通信委员会重新将宽带供应商归类为"公共运营商"并再度发布了《开放互联网法令》,规定有线和无线服务不得提供付费的"快速通道"服务、不得屏蔽以及不得"限制"数据传输速度。虽然互联网服务供应商在法庭上质疑了这项法令,但这一次他们败诉了。

不过,胜利终究是短暂的。随着唐纳德·特朗普总统在2017年上台,共和党在新一届联邦通信委员会中占据多数席位,联邦通信委员会的新主席也宣布了取消网络中立性原则的计划。尽管该事件再次引发公众抗议与网络抗争活动,但是在又一次3∶2的党派投票后,联邦通信委员会取消了保障网络中立性的《开放互联网法令》。截至2018年初撰写本书时,法律诉讼仍未解决,但网络中立性已经从美国的法律中消失了。①

影响

在网络中立性原则缺位的情况下,一些互联网服务供应商希望建立另一种更有利可图的互联网制度。这种制度有利于特定的内容提供者,尤其是在提供移动设备的接入服务方面。这样一来,互联网服务供应商就有了很多种获利的方式,但目前的一些做法完全违背了网络中立性原则,包括如下行为:

- **付费使用"免流量"服务**。美国电话电报公司的"定向流量"(Sponsored Data)业务和威瑞森通信公司的"FreeBee流量"业务对愿意付费的内容供应商有一项优惠待遇:让用户可以以"免流量"观看其内容,即使用这些公司提供的内容时可以不受用户包月计划中的流量限制(Brodkin 2016)。比如,视频流媒体服务商可以通过向互联网服务供应商付费,让用户在无须担忧流量限制的情况下无所顾忌地观看它所提供的视频;反之,如果没有购买这种服务,用户每次访问视频网站都会消耗他们的流量。这种业务有利于规模更大、更成熟的内容供应商,因为它们有能力支付这些费用。相比之下,这种做法对那些财力不足的新兴小型内容供应商十分不利。2017年初,联邦通信委员会发现这种业务违反了网络中立性原则。但在如今保护网络中立性原则的制度缺位的情况下,它们是合法的。
- **分级式访问**。欧洲有一种不同的模式:通过一种类似于有线电视套餐的分级服务,由消费者直接为网站的"免流量"服务付费。例如,2018年,葡萄牙电信服务供应商MEO推出了一项"免费"使用普通服务的基础计划。但如果要访问更知名的网站和服

---

① 2021年1月,约瑟夫·拜登当选美国总统后,于同年7月9日签署特别行政令,要求联邦通信委员会着手恢复网络中立性。

务,用户必须为每个套餐支付额外的费用,例如:"电子邮件和云"服务(如 Gmail 和 iCloud)、"通信"(如 iMessage、WhatsApp、Skype 和 Facetime);"社交"(如脸书、推特、Pinterest、Snapchat 和 Instagram)、"音乐"(如 Spotify、潘多拉、SoundCloud 和 TuneIn)和"视频"(如优兔、网飞和 Periscope)。在这种情况下,不止是不同级别的互联网接入服务有不同的价格,互联网服务供应商还需要选择将哪些网站和服务纳入套餐。

- **不正当竞争**。还有一些例子表明,互联网服务供应商会利用技术为自己获得不正当的优势(Karr 2017)。例如,从 2007 年到 2009 年,美国电话电报公司——当时是 iPhone 在美国的独家运营商——要求苹果公司禁止 iPhone 访问 Skype 以及与美国电话电报公司的一些服务存在竞争关系的其他手机端互联网产品。在 2013 年至 2014 年间,网飞等高流量网站的数据传输速度变慢——所谓的"限流"(throttling)。经调查,发现造成这种情况的原因是各大宽带供应商故意限制关键互联点的数据传输量。

不过,互联网服务供应商仍然认为网络中立性原则是不必要的,会干扰市场创新。因此,关于网络中立性的斗争仍在继续。

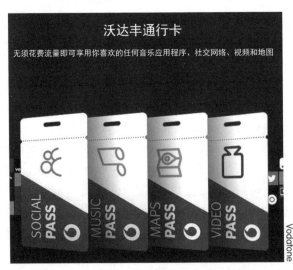

互联网服务供应商违反网络中立性原则的方式多种多样。以上图为例,总部位于欧洲的沃达丰公司向移动宽带用户收取额外的费用,从而允许他们可以无限制地"免流量"使用社交媒体、音乐流媒体、地图或视频。通过这种方式,沃达丰公司在互联网接入服务方面对不同用户进行了明显的区别对待。

垂直整合：电影、电视和流媒体

我们在第三章中看到,当一家公司掌控着生产和发行某类媒体产品的全部业务时,就会出现垂直整合。这种情况可能导致不公平的竞争行为,曾引起监管部门的干预。而在今天,这个问题仍然值得我们关注。

好莱坞的制片厂制度

最知名、最典型的垂直整合是 20 世纪第一个十年后期至 1948 年之间的好莱坞"制片厂制度"。为了逃避纽约电影信托组织早期的垄断统治(第二章曾讨论过),当时独立的电影制片人在南加州成立了工作室。他们成功吸引了城市少数族裔的新观众,并很快获得了大量投资,从而可以生产更高质量的作品,进而吸引更多的观众。1915 年,法院因信托组织的垄断行为而下令将其解散,电影由此成为一个竞争激烈的行业。

具有讽刺意味的是,以派拉蒙为首的好莱坞制片公司在发展壮大后,很快就实施了垄断行为。过去,它们会与知名演员和编剧签订长期合同,将他们与一家制片公司绑定在一起;如今,它们又将电影制作和发行相结合,要求影院签订长达一年的"捆绑预定"(block booking)协议。根据这一协议,如果一家影院想放映由当时的知名演员主演的热门电影,就必须同时购买并放映制片公司手中那些不太吸引人的电影。有时候,影院不得不在电影拍出来之前就签下这种协议。影院也曾试图通过集体投资自己制作的电影来抵制这一现象,但各大制片公司对此的回应是在全国范围内买下超过 1000 家影院。每家制片公司的影院只会放映本公司制作的电影。这就是全面整合式的"制片厂制度",它控制着创作人才、生产、发行和放映。

不过,这种做法违背了《休曼反垄断法案》(Sherman Antitrust Act)①。1921 年,联邦贸易委员会出于反垄断的目的而开始调查派拉蒙,但遭到了制片公司的抵制。直到 1928 年,最高法院命令制片公司出售旗下的院线,这才打破了制片厂制度。不过,收敛版的"制片厂制度"一直存活到 20 世纪 60 年代。在这种制度下,几家主要的制片公司依然会和创作

---

① 《休曼反垄断法案》,简称为《休曼法案》,是由美国参议员约翰·休曼提出,并于 1890 年 7 月 2 日通过的一项美国联邦反商业信托法,要求美国联邦政府对有不正当竞争行为的公司或组织发起调查和起诉。

人才签订长期合同。但在最高法院的裁决公布后,它不再包含影院放映的业务。

电视财务利益与联合经营准则

好莱坞制片厂的例子启发了联邦通信委员会,后者开始对广播电视节目采取一些不太为人所知的监管措施。虽然涉及不同的媒介,但关注点都是通过将内容的所有权与播放权分离来防止垄断行为,进而防止垂直整合的发生。

纵观电视的历史,电视网对它们播出的节目并不具备所有权。它们只是从制作公司手里购买了节目的播放权。1970年制定的"财务利益与联合经营"(financial interest and syndication, fin-syn)准则限制了三大电视网(美国广播公司、哥伦比亚广播公司和全国广播公司)的盈利能力以及在电视节目领域组成辛迪加(syndicate)[①]组织的权利(Crawford 1993; Flint 1993; Freeman 1994a, 1994b; Jessell 1993)。(在辛迪加这种组织形式中,制片商出售节目的转播权。)政府担心的问题是:如果这三家曾在20世纪70年代瓜分电视市场的电视网巨头可以拥有和控制节目的生产并组成辛迪加,它们将会控制整个电视行业。监管部门认为,强制要求这些电视网从独立节目制作公司那里购买节目,有利于培育出一个竞争更加充分的节目制作市场。

二十多年来,财务利益与联合经营准则始终在发挥作用。但在这段时间里,美国电视行业发生了很大的变化。最终,1993年,美国的一个地区法院规定电视网不再受到联邦通信委员会的财务利益与联合经营准则的约束,这是因为有线电视台的竞争以及新电视网和独立电视台的出现排除了产品垄断和组成辛迪加的可能。同样,科技的变化也是促使政府改变媒体监管方式的因素之一。

联邦通信委员会规定的改变意味着,电视网可以在所有节目中获得经济收益,并拥有建立辛迪加组织的权利。这有利于垂直整合,并把权力从制作公司和独立制作人转移到电视网(Bielby and Bielby 2003)。在这些改变发生以前,电视网自制的节目最多能占到黄金时段的20%。但在新规定出台后的一年里,三大电视网在黄金时间播出的节目中,有一

[①] 辛迪加一词源于法语syndicat,原意为"组合",在英语中指由多家同行企业间相互签订协议建立的联合经营组织。加入了辛迪加的企业,都由辛迪加总部统一处理销售与采购事宜。辛迪加是一种初级垄断形式,虽然不会垄断整个市场,但会造成局部垄断与规模经济。

半是获利颇丰的自制节目。到 2007 年至 2008 年播出季时,自制节目已经占到四大电视网所有黄金时段节目的三分之二。拥有电视网的各大制作公司——迪士尼(拥有美国广播公司)、环球(拥有全国广播公司)、20 世纪福克斯(拥有福克斯广播公司)和华纳兄弟(拥有 CW 电视网)——制作的影视剧可以占到各大电视网播出节目的 90%(Kunz 2009)。在这个封闭的制作体系中,独立制作公司几乎没有立足之地。新规定为电视网提供了一个大赚一笔的好机会。电视网可以把长期播放的自制节目授权给其他电视台转播,由此在不增加成本的情况下获得更多收益。例如,全国广播公司通过向多家媒体平台出售大受欢迎的喜剧《办公室》(*The Office*)的播放权,获得了 1.3 亿美元的收入(Dempsey and Adalian 2007)。

财务利益与联合经营准则之争的发展过程,揭示了传媒产业中的一些基本矛盾。大型媒体集团无节制的扩张威胁着小型媒体制作公司的生存。但这些大型媒体集团却认为,我们生活在一个多元化的媒介世界之中,人们面临着多种选择,垄断控制已经不复存在。而这一切留给政策制定者的问题是:政府是否应该采取监管措施来约束传媒公司的不断扩张。

网飞和流媒体之战

当网飞成为流媒体服务市场的领军者,并在 2017 年拥有超过 1 亿用户时,垄断的问题再次出现了(Koblin 2017;Spangler 2017a)。网飞曾经的角色只是别人生产的内容的发行者,起初是通过邮寄 DVD 的方式,后来是通过流媒体。但随着 2013 年《纸牌屋》的上线,网飞开始将巨额的订阅收入投入原创内容的制作。它继续制作了几十部原创剧集,仅 2018 年就在原创节目上花费了 80 亿美元,投资远超同类竞争者。在内容开支上,网飞将四分之一的资金用于原创节目的制作,其中包括 2018 年发行的 80 部电影。它的目标是在 2019 年之前,让原创内容占到全部内容的一半。

由于网飞侧重原创内容,在 2012 年至 2016 年间,由外包的制作者打造的作品数下降了 50%(Feldman 2016)。网飞的努力促使与之竞争的流媒体服务也开始行动起来,希望能吸引或留住用户。其流媒体竞争对手 Hulu 的母公司,包括 21 世纪福克斯、康卡斯特、迪士尼和时代华纳,都表示它们的内容将不再提供给网飞,而会在 Hulu 上独家播放。迪士尼甚至宣布将在2019年推出自己的流媒体服务,把重心放在自制内容上。如果消费者想要观看自己喜欢的内容——无论产自哪个公司,他们如今都面临着需要支付昂贵的费用来订阅多种流媒体服务的局面。

在我们撰写本书之际,这场流媒体之战的结局还未见分晓。网飞订阅者是否会因为无法观看其他制作公司生产的内容而开始放弃这项服务?或者,网飞能否利用发行领域的市场优势,继续独家赞助那些观众愿意付费观看的热门节目?举步维艰的有线电视行业是否会加入这场战争?就像传统的有线电视套餐一样,有线电视行业或许可以协商多方利益,从而提供包含多家内容供应商的捆绑式流媒体服务?监管机构又是否会借此机会再次插手,对垂直整合进行限制?这些问题的答案仍未可知。

网飞曾经只是一家流媒体(和DVD发行)服务供应商,但如今已经完成垂直整合,成为原创内容的重要生产者。它计划在2019年之前,让"网飞原创作品"的数量占到全部内容的一半。

无论结果如何,这场流媒体之战都让垂直整合对传媒行业的影响再度浮现出来,与制片厂制度和财务利益与联合经营准则之争遥相呼应。这些争论又一次揭示了结构与能动性之间的紧张关系。政府的干预虽然保护了媒体制作者的版权利益,但也可能限制媒体制作者的发挥空间。同时,这也说明当所有权集中在少数人手中时,市场的力量是如何被颠覆的。最后,这些争论还表明,在某些情况下,监管可以保护较小的制作公司和媒体用户的利益。监管总是在限制一部分人的同时,使另一部分人受益。

社交媒体平台

每年一月,脸书的首席执行官马克·扎克伯格(Mark Zuckerberg)都会宣布自己的新年计划,比如学习普通话、每两周读一本书,或者在环游美国的过程中认识每个州的人。然而在2018年,他宣布了一些截然不同的事情:他将集中精力解决脸书的许多问题,承认"我们目前在政策执行和防止工具滥用方面犯了太多错误"。他写道,脸书将专注于"保护我们的社区不被滥用和免受仇恨的影响,抵御各国政府的干预,[并]确保人们在脸书上花费的时间是值得的"(Zuckerberg 2018)。

在这段宣言发布的前一年,公众对脸书和其他社交媒体平台的反感与日俱增。与此同时,网络种族主义、厌女的仇恨情绪以及恐怖主义网络宣传等问题在优兔和社交媒体网站上获得了大量关注。最后,年轻人重度使用智能手机和社交媒体的负面影响也成为人们关注的热点话题。(这些都是第九章将探讨的议题。)

以上任何一个问题都很容易引起媒体监管者的注意;如果把它们放到一起,就如同一场即将来袭的海啸,会对脸书等媒体与科技公司造成直接冲击。在一场国会听证会上,一位民主党参议员直言不讳地告诫脸书、谷歌和推特的高管:"你们创造了这些平台,但是它们正在被滥用。你们必须有所行动,否则采取行动的就是我们。"(Timberg, Shaban and Dwoskin 2017)"我们非常重视脸书上发生的事情,"脸书首席律师科林·斯特雷奇(Colin Stretch)承认,"我们所看到的外国干预问题应该受到谴责。"(Pierson 2017)

这样的表态还是头一回。脸书、推特、谷歌、优兔和其他互联网公司早些时候曾拒绝对其网站的使用方式负责。在2016年大选期间,假新闻广泛传播。在这之后,推特的高管宣称:"我们只是一家公司,不应该成为真理的仲裁者。"(Crowell 2017)扎克伯格也曾讥讽道:"我觉得那种认为脸书上的假新闻……以某种方式影响了选举的想法是非常不切实际的。"(Sullivan 2016)但仅仅过了几个月,扎克伯格就在一篇赎罪日(犹太赎罪日)的帖子中道歉:"我的产品被用来分裂社会,而不是弥合伤痕。对此我请求宽恕,我会努力做得更好。"(Zuckerberg 2017)而扎克伯格的新年宣言又是一次立场的转变,而且内容非常直白,即脸书正在认真对待这些问题并打算解决它们。这种表态很像传媒公司希望通过自我监管来避免政府监管的传统做法。

什么是平台？

　　印刷、广播和有线电视等传统媒体如同把关人，它们决定着出版或播放谁的内容以及什么样的内容。互联网则让普通用户可以绕过把关人，在自己的网站和博客上发布内容。而社交媒体平台处于中间位置：它们通常不生产原创内容，而是依赖业余爱好者和专业创作者提供的用户生成内容，并采用各种算法对内容进行过滤，进而将用户引向"推荐"内容。这种运行模式和搜索引擎如出一辙。

　　这些社交媒体公司一直辩称其并非媒体公司，因为它们没有创造内容，它们只是承载他人作品的技术"平台"。马克·扎克伯格曾经直截了当地表示："我们是一家科技公司，而不是一家媒体公司。"（CNN 2016）它们坚持这种立场的关键原因在于，1995年的《通信规范法》规定，如果计算机服务供应商承载的内容不是自己生产的，它们就不用对该内容承担任何责任（Electronic Frontier Foundation 2018）。这项条款诞生于脸书、推特和优兔出现之前，当时是为了保护互联网服务供应商和网页托管服务，但现在的适用对象是社交媒体平台。

　　不过，社交媒体平台和搜索引擎有着不同的特点。脸书的动态消息功能很像传统的纸质报纸头版，二者的运作模式都是引导用户了解当天的某些新闻。据统计，超过60%的美国人会从社交媒体网站获取新闻，其中包括三分之二的脸书用户（Gottfried and Shearer 2016）。同时，推特上的"热门标签"会为用户标记突发新闻，谷歌的搜索结果则会将用户引向特定的报道和媒体。这些服务背后的算法并不是中立的；它们有意将某些用户引向最可能吸引他们的内容，诱使他们一次又一次地访问该网站。正如第九章将探讨的，许多用户都知道如何利用算法将欺骗性信息传递给容易相信的受众，而大多数人往往对此毫不知情。

　　2017—2018年似乎是一个转折点，因为公众越来越意识到这些网站和媒体公司的运作方式是一样的。正如一位商业记者在其同名专栏中所说："脸书和其他科技巨头现在已经是媒体巨头了，我们是时候用新的方式对待它们了。"（Kovach 2017）就连科技公司的高管也调整了声明的内容。2016年底，扎克伯格表达了即将改变立场的意向，开始承认"脸书是一种新型的平台。它既不是传统的科技公司，也不是传统的媒体公司"（Constine 2016）。脸书的一些有争议的做法引发了人们的强烈抵制，其中包括一场#删除脸书（#DeleteFacebook）运动，该运动导致脸书的股价下跌超过15%。当扎克伯格被要求在2018年的国会听证会上做出回应时，他的立场又一次发生转变。"我同意我们需要对内容负责，"他现在说，"但我们并不生产内容。"（Roose and Kang 2018）

那么，究竟什么是社交媒体平台呢？它们是否应该接受监管？这些问题尚未得到充分解决。

监管社交媒体

针对社交媒体平台和其他互联网公司的一些监管措施已经启动了，在版权保护方面尤为明显。美国国内和国外的法院一直要求平台方对非法发布到其网站上的受版权保护的内容负责。例如，通过使用专门的软件检索彼此的硬盘驱动器，早期的点对点对等网络（P2P）平台允许用户共享数字文件，包括受版权保护的音乐、电影和游戏。由于非法分享的受版权保护的内容并不存储于中央服务器，这些平台希望借此规避版权法的制裁。不过，这种逻辑未能说服法院。2001年，一家联邦法院宣布关闭音乐共享网站Napster（最早取得成功的P2P网站之一），并判定文件共享违反了版权法。（后来，Naptser在转型为一家合法的音乐流媒体网站后再度上线。）

尽管P2P网站不同于今天的社交媒体平台，但上述判决为后来者设置了规范。例如，优兔明确禁止用户发布受版权保护的内容。其"内容识别"（Content ID）系统的工作原理是自动对比用户上传的内容和版权方提供的庞大版权库。如果用户上传的新内容与版权库中的内容重合，优兔就会按照版权方的要求做出回应——要么把获得的广告收入分给版权方，要么下架该视频（YouTube 2018）。

对互联网公司来说，最重要的监管措施来自欧盟。2016年，欧盟通过了《通用数据保护条例》（General Data Protection Regulation）。这项条例于2018年生效，适用对象是所有在欧洲开展业务的公司，包括全球巨头谷歌和脸书。如果有公司违反了该条例，面临的罚款可能会占到其全球收入的4%。对一些公司来说，金额可能是数亿美元。为了保护用户隐私和减少数据泄露的风险，该条例还针对收集数据的用户和公司，规定了一些基本的权利和义务（European Union 2016; Trunomi 2018）。

- **访问权**。用户有权从占有数据的公司处获得全部个人数据的电子副本,并获知公司在何处以及出于何种目的而使用这些数据。
- **被遗忘权**。用户有权删除个人数据并防止其扩散。但用户的删除请求必须符合条件,包括"这些数据与最初对其进行处理时的目的不再相关,或者数据主体取消了授权"。此外,公司在考虑此类请求时,可以在用户权利和"保留数据的公共价值"之间进行权衡。
- **隐私保护机制**。社交媒体公司需要从一开始就把数据保护融入自己的系统设计,而不是事后才考虑这一问题。具体机制包括把占有和处理用户数据的时间最小化,以及限制员工对这些数据的访问。
- **数据保护官**。各平台公司需要任命一位数据保护官,其职责是直接向最高管理层汇报用户数据保护情况,并向公众披露公司在数据处理过程中和数据保护方面采取的具体措施。
- **泄露告知**。在得知数据被泄露后,公司应在72小时内告知受影响的用户。

一些观察家认为,这可能是美国未来的一种监管模式。不过,互联网公司还经历过一系列其他的法律和监管措施:

- 1998年,美国司法部对微软公司提起反垄断诉讼,原因是该公司采取非法的反竞争行为,将旗下的互联网浏览器(Explorer)与占据垄断地位的操作系统(Windows)捆绑在一起,强迫计算机制造商在它们生产的计算机上打包安装软件。最终,这起诉讼以微软的小幅度整改收场(Auletta 2001)。然而在2004年,欧盟的执行机构欧盟委员会发现了类似的问题:微软利用其在操作系统软件领域的市场主导地位,将 Windows Media Player① 与 Windows 捆绑在一起。于是,欧盟委员会命令微软开发一款不配备 Media Player 的 Windows 系统,使消费者有了选择的空间。欧盟委员会还对微软处以6.55亿美元的罚款。后来,当微软反复违反这些规定时,欧盟委员会又对该公司开出了巨额罚款——2006年的罚款为3.7亿美元,2008年的罚款则高达11.8亿美元(European Commission 2010)。

---

① Windows Media Player 是微软公司出品的一款免费的媒体播放器。

- 2017年,欧盟对谷歌处以27亿美元的罚款(谷歌对此提起上诉),原因是谷歌操纵搜索结果,偏袒自家的"购物"比价服务①。调查结果表明,谷歌在搜索引擎市场上"滥用其主导地位"(Vincent 2017)。
- 联邦选举委员会(Federal Election Commission, FEC)要求网络政治广告附加一份免责声明,公布广告的赞助人和授权者。在传统媒体上支持或反对某个候选人的政治广告很早就有这种要求。但脸书和谷歌等互联网公司成功地抵制了这一规定,它们辩称网络广告属于小件广告,没有空间显示这些信息。最终的妥协方案是,联邦选举委员会的新规定仅针对尺寸大到足以承载图像或视频的广告(Glaser 2017)。

如此多样的措施表明,监管机构越来越关注各大互联网和科技公司对互联网运行方式的影响。

自我监管

面对可能到来的监管,社交媒体平台内部出现了一种强化自我监管的趋势。2018年,脸书宣布调整"动态消息"的算法推荐顺序,让朋友和家人分享的内容优先于专业发布者的内容和热门爆款视频(Isaac 2018)。它也承诺要让用户看到脸书页面上的全部广告,从而让广告受到更多人的监督。该公司还宣布要采取行动阻止有关选举的虚假信息的传播。具体措施包括关闭几千个虚假账号、对政治广告商进行身份认证、标记政治广告,以及显示这类广告的赞助者信息(Nicas 2018)。推特也表示将为政治广告增设特殊标记,并附加一个广告信息面板,用来显示广告的赞助者、广告刊登的时长以及广告的目标受众。

不过,网络仇恨和儿童安全问题也带来了一些变化。2017年,几个主要的广告商发现它们在优兔上投放的广告出现在不同年龄儿童的裸体视频旁边,这些视频还引起了恋童癖者的评论。于是,他们停止了广告投放。此后不久,优兔开始更积极地监管平台上的视频,删除了超过15万条评论区出现的"性捕猎者"的儿童视频。该平台还关闭了超过

---

① 比价服务指的是一种为用户提供特定产品的不同价格信息以供其参考的服务。在此处的案例中,欧盟委员会指控谷歌将自家的购物比价服务置于搜索结果页面的优先位置,进而把流量吸引到自己投放的购物广告上。

62.5万条视频的评论,封禁了数百名用户的账号,并删除了近200万条视频和5万多个"伪装成家庭友好内容"频道的广告(Spangler 2017b)。

2017年,欧盟委员会(也是欧盟的立法机构)发布了针对社交媒体平台的新版指导方针,其目的是"更加积极地预防、监测及移除仇恨、暴力及恐怖主义的非法内容"(European Commission 2017)。从本质上说,该方针要求社交媒体公司投入必要的资源和人力来对本公司网站的内容进行充分的监测,并移除非法内容。相关的具体建议包括:明确在发现非法内容时后续负责执法处理的对接部门,通过有资质的第三方"可信监测机构"(trusted flaggers)对潜在的非法内容进行监督,以及投入资金开发能够自动对非法帖子和言论进行监测的先进技术。虽然指导方针的象征意义大于现实意义,但它们让社交媒体网站意识到:如果不对网站上发布的内容承担更多的责任,就可能受到更严格的监管,甚至面临巨额的罚款(Kastrenakes 2017)。

今天,当互联网占据了媒体领域的中心位置,人们对互联网巨头和其他行动者滥用权力的担忧也随之而来。这些担忧和相应的对策与以往的媒体辩论有着截然不同的性质。但是,关于媒体的社会角色,以及监管机构在保护公共利益方面的作用,人们提出的一系列广泛的问题,与过去相比并没有什么本质的不同。

非正式的政治、社会与经济压力

本章主要关注政府对媒体的正式监管和非正式的压力。然而,我们也不能忽视其他行动者在直接影响媒体或促使政府对媒体采取行动方面所发挥的政治作用。非政府参与者的积极作用也会为媒体带来政治影响。

在关于媒体的辩论中,媒体批评家和与媒体相关的智库机构是最活跃的参与者,也是大众媒体批评的主力军。在这些批评家中,一些人是专门研究媒体的学者,另一些人则受雇于私人资助的智库机构,开展与媒体相关的分析,并提出政策建议。这些批评家有着不同的政治立场。但只要对其资金来源稍有了解,我们就能大致了解他们看待相关问题的视角。

比媒体批评家更重要的是持不同政治立场的公民活动家,他们从事各类与媒体相关的写作、教育、游说和抗议活动。不过,这些公民活动家组成的团体的关注点并不局限于媒体。例如,纵观宗教团体参与的各种活动,它们有时会就道德问题向媒体施压。在某些情况下,它们会组织活动来抵制那些赞助争议性节目的广告商,或者抵制那些销售争议性书籍和杂志的商店。专门研究媒体相关议题的地方性、区域性和全国性组织大约有上百个,它们关注的议题包括好莱坞电影中的暴力问题、新闻中的政治多样性、面向儿童的电视节目以及互联网的公共接入等。同样,这些组织的政治倾向也是多种多样的(见表4.3)。

表 4.3　代表性媒体倡议组织

态度反转组织(About-Face)。反对负面和扭曲的女性形象。*about-face.org*

媒体准确性组织(Accuracy in Media)。保守/右翼的媒体批评。*aim.org*

广告克星/媒体基金会(Adbusters/Media Foundation)。旨在反对广告和消费文化的自由派/左翼运动组织。*adbusters.org*

社区媒体联盟(Alliance for Community Media)。致力于拓宽电子媒介的使用范围。*allcommunitymedia.org*

无商业化童年运动(Campaign for Commercial-Free Childhood)。"致力于从企业营销人员手中夺回童年",并限制商业主义的影响。*commercialfreechildhood.org*

民主与科技中心(Center for Democracy and Technology)。关注"与保证互联网的开放、创新和自由相关的公共政策"的非营利性公共政策组织。*cdt.org*

数字民主中心(Center for Digital Democracy)。促进宽带网络的开放、互联网接入服务的免费普及和新媒体所有权的多样化。*democraticmedia.org*

媒体与公共事务中心(Center for Media and Public Affairs)。保守/右翼的媒体研究组织。*cmpa.com*

媒体民主中心(Center for Media Democracy)。关注公共关系行业,"揭露企业的谎言和政府的宣传"。*prwatch.org*

媒介素养中心(Center for Media Literacy)。致力于"帮助公民,特别是年轻人,发展批判性思维和媒体生产技能"。*medialit.org*

商业警告组织(Commercial Alert)。帮助人们抵御有害的、不道德的或侵犯性的广告、营销以及过度的商业主义。*commercialalert.org*

保护记者委员会。监测世界各地对新闻自由的限制。*cpj.org*

常识媒体(Commonsense Media)。提供信息、建议和工具以促使媒体和科技在儿童的生活中发挥积极作用。*commonsensemedia.org*

电子前哨基金会(Electronic Frontier Foundation)。致力于保护互联网上的言论自由、隐私、创新和消费者权利。*eff.org*

公正与准确报道组织(Fairness & Accuracy In Reporting)。自由派/左翼的媒体监督

组织。*fair.org*

为未来而战组织(Fight for the Future)。发起公民运动,帮助人们争取服务于公共利益的互联网和技术政策。*fightforthefuture.org*

自由新闻组织(Free Press)。促进媒体改革、媒体所有权的独立以及通信服务的普及。*freepress.net*

亚裔美国人媒体行动网络(Media Action Network for Asian Americans)。致力于塑造准确、平衡和适当的亚裔美国人形象。*manaa.org*

媒体联盟(Media Alliance)。为媒体工作者、非营利组织和捍卫社会正义的活动家提供媒体资源和宣传中心。*media-alliance.org*

媒体研究中心(Media Research Center)。旨在对"作为左派宣传机构的全国性新闻媒体进行揭露和制衡"的保守/右翼团体。*mrc.org*

家长电视委员会(Parents Television Council)。倡导更多适合家庭观看的节目的保守派团体。*parentstv.org*

进步媒体计划(Progressive Media Project)。帮助被主流媒体拒之门外的各种社区发表专栏文章。*progressive.org/op-eds*

普罗米修斯广播计划组织(Prometheus Radio Project)。帮助基层组织建立社区广播电台,呼吁发展更多低功率电台。*prometheusradio.org*

各种组织围绕与媒体相关的问题开展教育和宣传活动。他们的网站通常包含了大量关于各类媒体话题的信息。

注释:关于更多教育团体和倡议团体的情况,参见本书的官方网址,http://edge.sagepub.com/croteau6e。

在美国,公民团体在广播许可证换发问题上已经具备了合法介入的权利。在广播行业发展的初期,当联邦通信委员会实施广播和电视许可证发放程序时,只有那些决策结果会影响到其经济利益的机构或个人才有资格全面参与其中。这种情况在20世纪60年代中期发生了变化。当时,联合基督教会(United Church of Christ)①的传播事务办公室在一场官司中胜诉。这一结果使其可以对密西西比州杰克逊市(Jackson)的一家电视台获授许可证的决定提出异议。联合基督教会谴责该电视台歧视黑人观众。美国华盛顿哥伦比亚特区巡回上诉法院作出裁定:包括公民协会、专业团体、工会、教会和教育机构在内的社区组织有权对许可证的换发问题提出异议。尽管后来的此类挑战很少取得成功,但是活动

---

① 联合基督教会是美国基督新教的教会之一,由福音归正会和公理基督教会在1957年联合而成。

人士发现,一些广播公司为了避免许可证换发受到影响,愿意与社区团体进行协商(Longley, Terry and Krasnow 1983)。他们还认识到,这种挑战有时还会导致与媒体性质相关的公开辩论。

2003年,传媒公司希望废除关于媒体所有制的规定。作为回应,联邦通信委员会试图废除所剩不多的对媒体整合的限制政策。这一企图引起了公共利益团体的注意,它们组织起来,坚决捍卫那些对主要传媒公司的规模和影响力进行限制的政策。2004年,总部设在费城的普罗米修斯广播计划组织(Prometheus Radio Project)在联邦法院对联邦通信委员会提起诉讼。在这起"普罗米修斯广播计划组织诉联邦通信委员会"案中,法院最终作出了对前者有利的裁决,认为联邦通信委员会的多样性指数(一种衡量媒体交叉持股情况的方法)存在前后不一致之处。

关于网络中立性的监管之辩也引发了公众的强烈反应和大量评论。2017年,当联邦通信委员会宣布其正在考虑废除网络中立性原则时(后来确实这样做了),公众在网上提交的评论超过2100万条,比此前所有政府机构收到的公众评论的总和都多。显然,公众对这一变化持反对意见。不过事后证明,其中有数百万条评论是伪造的。伪造的方式五花八门,包括使用临时的电子邮件地址、伪造姓名以及通过机器人生成评论,这反过来又导致人们呼吁对公众意见表达系统进行调整和改进(Hitlin, Olmstead and Toor 2017; Laposky 2017a)。

公民团体的活动是多种多样的。那些有机会接触官方机构且取得官方机构对其合法地位的认可的团体,会采取合作的立场。比如,通过游说联邦通信委员会来推动其实施内部改革。而那些没有机会接触官方机构或者后者不认可其合法地位的公民团体,就会采取对抗性行动。比如,正如我们在本章前文提到的,由于全国广播电视协会反对向低功率电台发放广播许可证,它遭到了公民团体的抗议和抵制。有时候,公众还会通过使用同样的标签在推特上发起大规模的抗议活动,这也给一些传媒公司造成了压力。最后,还有一些团体的目标不是改变主流媒体,而是从社会底层推动改革,创建另类媒体(alternative media)①(Downing 2001; Lievrouw 2011; Milan and Hintz 2010)。在实践中,推动这些策略实施的是各类群体组织。它们对地方媒体进行研究并发布相

---

① 另类媒体是在内容或传播方式等方面不同于主流媒体的一种媒体形式,通常不受政府或资本的约束,反对主流媒体的权威,并注重为少数群体发声。

关报告,就媒体事务在国会发表证词,对家长如何培养孩子的"媒体素养"提出建议,组织消费者就其关心的问题与媒体进行交流,通过直接行动和非暴力策略与联邦通信委员会或各大媒体总部进行抗争,以及发展另类媒体。

虽然有关媒体变革的各种社会运动此起彼伏,但自由派和保守派的公民团体所带来的压力在媒体辩论中始终占有一席之地。它们对传媒产业形成了十分关键的非正式政治压力。

结论

政府的监管意义重大,因为它规定了媒体在运行的过程中必须遵守的基本规则。我们对监管类型的探究表明,媒体之外的各种力量对传媒产业的发展和前进的方向发挥着重要影响。当我们思考媒体在社会世界中的作用时,我们必须考虑到这些外部力量的影响。媒体的目的、形式和内容都是由社会决定的,约束它们的制度也是如此。因此,媒体会随着时间和文化的改变而改变。无论什么时候,我们的媒介系统所采取的形式都是一系列包含利益冲突的社会进程的结果。

媒体组织在由经济和政治力量所塑造的环境中运作,其中至少有一部分经济和政治力量是在媒体组织的掌控之外的。不过,媒体的生产也并非简单地由这些结构性限制所决定。媒体专业人士制定了应对这些经济和政治力量的策略,媒体组织也有一套自己的规范和准则。在第五章中,我们将对这些媒体组织和专业人士的角色进行分析。

讨论题

1. 放松管制的倡导者一般只会说他们反对(管制)什么,而不会说他们支持(管制)什么。这种立场有哪些潜在的问题?

2. 倡导管制的人普遍认为,为了对抗强大的媒体集团,政府必须代表"公共利益"施加干预。这种立场有哪些潜在的问题?在这种情况下,你该如何定义"公共利益"?

3. 你认为政府在什么情况下有权监管媒体内容?给出你的理由。

4. 社交媒体平台不是公共空间,它们归商业公司所有。你认为这类公司是否应该对发布在自己网站上的内容负责?这样的要求会带来哪些困难?

第五章　媒体组织和专业人士

　　第三章和第四章着重介绍了经济和政治力量约束传媒产业的种种方式。但我们也必须记住：结构性约束不一定直接影响媒体的行为。各种各样的结构性约束顶多让一些选择看起来更加吸引人，一些看起来更加危险，一些看起来不可思议，并通过这种方式来影响行为。对媒体产品的制作人来说，尽管面临着一些约束，但他们仍然有很大的选择权，可以决定制作什么、如何制作以及最终的成品如何发行。好莱坞电影导演、电视网主管、图书编辑、新闻记者、播客制作人等从业者并不是"媒体机器"上没有思想的零件。这些人制作产品的方式并不完全符合我们想象中的社会结构对他们的要求。

　　我们需要理解结构的力量和人类的行为之间动态的紧张关系。其中，结构的力量塑造而不决定行为，而人类虽然可以做出决定，但并不是完全自主的。套用马克思的一句常被援引的话，媒体专业人士自己创造自己的历史，但是他们并不是随心所欲地创造，并不是在他们自己选定的条件下创造，而是在直接碰到的、既定的、从过去承继下来的条件下创造。①

　　本章将重点讨论媒体组织内部的结构与能动性之间的动态关系。我们将考察专业人士生产媒体产品的方式、媒体工作的组织方式、不同媒体行业的职业标准和实践方式、媒体专业人士培育的社会和个人关系网，以及媒体的组织结构如何影响媒体的运作方式。

经济与政治约束的局限

　　正如我们在前几章所看到的，经济和政治力量的约束作用是巨大

---

①　参见《马克思恩格斯选集》第1卷，北京：人民出版社2012年版，第669页。

的。但我们接下来的讨论表明,媒体专业人士在做决定时可以积极地应对这些约束,而且还能经常抑制它们的影响。

在经济约束下工作

我们先来简单回顾一下黄金时段电视节目的商业逻辑,这一问题在第三章中有过论述。前面提到,对利润的追求决定了电视网的节目选择。而利润来自高收视率和目标受众,后者会带来可观的广告收入。为了吸引观众,电视网的主管在节目安排上面临着巨大压力,他们一般会选择那些"安全"的节目,尽量避免冒犯任何重要的观众群体。正是这种商业逻辑使得不同电视网的节目看起来大同小异。同样,付费有线电视频道和流媒体服务的经营模式也更依赖订阅用户而非广告商,这可以解释优质的电视节目为什么会在21世纪前十年(有时被称为电视的新"黄金时代")数量大增。

在第三章中,我们重点讨论了电视网这种商业组织的约束力量。但是,吉特林(Gitlin 2000)的经典研究详细分析了经济约束与电视网的节目供应商、制片人和编剧这三种角色的能动性之间的紧张关系。这些真正在制作和选择电视节目的人是在这样一种环境下工作的:他们的每个决定都伴随着切实的代价。如果你写了很多没有商业价值的剧本,那么,你的电视编剧之路可能走得十分坎坷。同样,如果你在电视网的黄金时段播放了反常规的节目,而且收视率很低,那你很快就会不得不另谋高就了。总之,黄金时段电视节目的经济价值可能会影响决策环境,但最终的决定依然是由各个参与者在各个阶段做出来的。同时,观众的品味在不断地变化,而且不可预测,这使得从业者无法根据一个简单的公式来判断哪些节目可以赢利,哪些不能。因此,电视行业的从业者必须了解受众当前的"情绪"和某些节目的"吸引点",这样才能创作和挑选出满足利润要求的节目。

在这里,结构与能动性之间的动态关系一目了然:经济力量决定组织目标并塑造决策的环境,而人类行动者为了创作出"合适的"产品,必须要对节目本身的特点和受众的需求进行评估。事实上,大量失败的节目案例告诉我们,这一领域并不那么好驾驭。但在重重困难面前,电视从业者依然尽可能确保自己处于安全轨道上。在这条路上,为了确保决策过程的顺利,并形成常规的决策模式,他们确立了一些规则或惯例。例如,模仿(imitation)已经成为电视行业的一种常规策略,即参照并制作出与当下流行的节目相似的节目。在本章中,我们将考察媒体专业人士的这些常规做法,并由此进一步加深我们对传媒产业生产过程的理解。

应对政治约束

政治力量,尤其是政府的监管,同样在媒体组织的运作环境中发挥着重要作用。不过,即便联邦法律可以要求或禁止某种行为,政府监管带来的约束也无法单独决定媒体组织的行为。对于政府的监管政策,媒体组织有时会遵守,但有时也会采取预防措施,置之不理,重新解读,或者直接对官方的管制措施发起挑战。

对媒体组织来说,服从是最简单的策略。这么做可以避免与监管者发生冲突,但也因此让媒体组织的行为受制于监管者。正如我们在上一章所看到的,自越南战争以来,美国国防部一直善于通过各种策略来左右新闻报道的内容。在1991年的海湾战争中,政府通过记者团制度来控制媒体的信息获取途径,并要求记者将他们对战争的报道提交给军事审查官审批。在2003年爆发的伊拉克战争中,政府又采取了另一种策略:安排记者嵌入部队,使二者建立起良好的关系,以此获得对军方有利的报道。在这两个例子中,美国国防部基本上赢得了媒体的服从。同时,在战争期间,公众普遍支持军队,并对媒体持有怀疑态度,这使得媒体很难对国防部的约束性措施提出批评。

面对政府的监管,媒体采取的第二种策略是预防措施。传媒产业可以通过一种公开的自我监管来预防来自外部的监管措施。这正是电影、电视、音乐和电子游戏行业采取的策略。为了避免政府的直接监管,这些行业自愿按照适龄原则进行内容分级,并为产品贴上警告标识。

媒体组织采取的第三种常用的策略基于这样一个事实:政府的监管政策几乎总是需要重新进行解读的。这意味着媒体组织能以符合自己利益的方式来对这些政策进行自主解读。例如,1990年通过的《儿童电视法》(Children's Television Act)要求电视台在星期六早上播放教育节目。但是在教育节目的定义上,该法案保留了很大的解读空间。结果,电视台几乎把所有节目都归为教育节目,包括《摩登原始人》(The Flintstones)和《杰森一家》(The Jetsons)等老牌动画片。即便监管内容以书面的形式发布,这些电视台也能找到新的应对方法。这表明,政府监管充其量只能对媒体行为起到一部分约束作用。

传媒行业还可以直接无视法规。通过法规是一回事,执行法规又是另一回事。联邦通信委员会一直不愿意成为一个强有力的执行者,很大程度上是因为它与美国国会和应该受到监管的传媒产业之间都有着千丝万缕的复杂联系。联邦通信委员会中的有些成员曾经是传媒行业的律师,他们不愿得罪那些未来有望再度合作的行业同事。因此,有关通信的法规常常被置之不理,最终收效甚微。

最后,如果媒体组织有足够的资源,它甚至可以挑战法规,进而修改或彻底废除它们。媒体组织既可以采取法律手段,质疑某些法规的合宪性;也可以采取政治手段,游说那些有望给予支持的政客,同时震慑那些反对者,争取制定出更符合行业利益的新法规。2017年,联邦通信委员会投票决定放松对电视台的所有权管制,政策上的这一变化使得辛克莱广播集团成功收购论坛公司(Tribune Company),该集团旗下的地方电视台从此覆盖了超过70%的美国人,这场收购也成为这种应对策略的一个成功案例。

从根本上说,就像经济力量不能完全决定媒体专业人士的行为一样,媒体组织也不会被动地接受政治的约束。在这两种情况下,媒体专业人士都是积极的行动者,他们能够在特定的经济和政治框架内做出决定和采取策略。他们的行为维持着这些基本的结构性约束,有时也会推动这些约束的变化。但媒体的行为并不是完全由这些约束性条件决定的。

到目前为止,我们主要讨论了媒体生产者和消费者所处的大环境。下面我们将直接走进媒体生产者的世界,考察他们的决策过程和工作组织方式。

赢利策略:模仿、热门与明星

广阔的政治与经济环境是媒体工作的背景。在美国和其他民主社会中,大多数媒体工作承受的政治压力并不大,即便特朗普总统会持续不断地发布针对新闻媒体的煽动性推文。相比之下,在这些社会中,主流商业媒体的员工普遍面临着巨大的经济压力,因为他们的决策需要为老板带来利润。虽然不同的媒体行业在决策过程上会有细微的差别,但几乎每个在媒体行业工作的人都必须应对两个基本问题:媒体生产的高昂成本和受众品位的不可预测性。

高昂的成本与不可预测的品位

从财务决策的角度来看,将一份手稿印成一本书或者将一个创意拍成一部电影,具有较高的难度和风险。媒体创作与推广的前期成本通常十分高昂,而且这笔投资未必能够收回。因此,电视制作公司必须先投入一大笔钱来制作试播节目,才能知道是否有人想看它们的新节目。一本书的手稿必须先走完撰写、编辑和出版的流程,出版社才能知道是否有足够多的人愿意花钱来阅读这本书。即便是制作成本相对较低的媒体产品,比如,一张简单的音乐唱片,也必须经过包装和推广,才有机会走向广大主流受众。而这种推广也是很昂贵的。

除了媒体产品创作和推广的高昂成本,还存在第二个问题:受众品位的不可预测性。我们往往认为,"优质"媒体拥有一种能使其流行的内在品质。我们以为,最畅销的歌曲之所以卖得那么好,是因为它们最朗朗上口;作品销量最高的小说家之所以名利双收,是因为他(或她)的文字最为有趣和引人入胜。但研究表明,媒体产品成功的原因比我们通常以为的要复杂得多。

例如,萨尔加尼克、多兹和瓦茨(Salganik, Dodds and Watts 2006)创建了多个音乐网站,超过 14 000 位参与者在上面收听和下载同一批不知名乐队的歌曲。如果歌曲真的有一种使之流行的内在品质,那么,每个网站上应该流行着同样的歌曲。但恰恰相反,研究者发现,如果一些歌曲在某个网站上得到早期听众的高度评价,那么它们就会越来越受欢迎,但在其他网站就不一定了。这项研究表明,关于什么是好的和值得下载的音乐,早期访客的判断会影响后来的听众。那些早期的判断比某首歌曲的内在品质更为重要。

在随后的一项关于 1956 年至 2016 年《公告牌》百强单曲榜(Billboard Hot 100)①的分析中,阿斯金(Askin)和毛斯卡夫(Mauskapf)发现,流行歌曲表现出"最优差异化"的特点。也就是说,它们必须为听众所熟悉,但又不至于太过典型。同时给人新鲜感和熟悉感并不是一件容易的事,这主要是因为听众会比较同一时期的各种新歌。所以,音乐人必须与不断变化的音乐环境所带来的不确定性进行协商。最终,阿斯金和毛斯卡

---

① 《公告牌》百强单曲榜是由美国音乐杂志《公告牌》制作的一份单曲排行榜,基于单曲销量、电台播放量、流媒体播放量等指标进行排名,每周更新一次。

夫认为,他们的"发现说明践行所谓'热门音乐的科学规律'不仅困难,而且是错误的"(Askin and Mauskapf 2017:932)。他们进一步指出,即便在大数据时代,从听众偏好数据出发,逆向创作(reverse-engineer)热门歌曲也是十分困难的。

由于媒体产品的流行不仅仅取决于其内在品质,预测一个产品能否成功是一件极其困难的事。不过,媒体生产者并没有放弃。相反,他们通过其他方法来尽可能地预测和创作热门作品,其中包括模仿成功的产品和依靠明星效应。

模仿策略

在提高作品的成功概率方面,主流商业媒体公司最常用的策略就是模仿已经成功的作品,并在流行的配方中增添一点新意。这种策略有不同的表现形式,包括模仿当红乐队的音乐、翻拍热门电影或为其拍摄续集,以及和新晋热门作品的制作者签约。这些做法都暗含着一个假设,即热门作品及其制作者会带来更多的热门作品。

在第三章中,我们看到电视网的商业模式是如何造就电视上泛滥的模仿现象的。在其他媒体行业中,我们也能看到相同的情况。20世纪80年代的新版本合唱团(New Edition)和新街边男孩(New Kids on the Block)与20世纪90年代的后街男孩(Backstreet Boys)、大人小孩双拍档(Boyz II Men)和超级男孩(NSYNC)在商业上的成功,促使各大唱片公司寻找其他"男团",希望能够再掀浪潮。于是,一大批模仿者充斥着整个市场。在迪士尼频道的大力宣传下,乔纳斯兄弟(Jonas Brothers)在21世纪初大获成功。之后,以防弹少年团(BTS)和EXO为首的韩国流行音乐(K-Pop)男团在21世纪前十年掀起了新一轮以男团取胜的浪潮。

在图书出版领域,斯蒂芬·金(Stephen King)、安妮·赖斯(Anne Rice)、诺拉·罗伯茨(Nora Roberts)、帕特里夏·康韦尔(Patricia Cornwell)以及詹姆斯·帕特森(James Patterson)等大众畅销书作家在作品完成之前就已经获得了巨额的版权费。就热门电影而言,几乎每一部都会拍续集。同时,当一档全新的热门电视节目出现时,每家电视网都会迫切地推出自家的版本——或者当红节目的衍生品。例如,在《奥斯本家族》(The Osbournes)和《安娜·妮科尔秀》(The Anna Nicole Show)于2002年大获成功之后,电视制作人在接下来的十年内推出了大量全新的"真人秀"节目。从《名人复健室》(Celebrity Rehab with Dr. Drew)到

《嫁给乔纳斯》(*Married to Jonas*),这些节目关注的都是非主流和过气的名人在过什么样的生活。在2005年到2010年间,有线电视频道VH1的大部分黄金时段播放的都是"名人"系列节目。

然而,即便采用了打造热门的方法,作品也未必会大受欢迎或取得商业上的成功。很多本该流行的作品最终都没有达到预期,例如,2017年的奇幻电影《黑暗塔》(*The Dark Tower*)就是一个失败的案例。从表面上看,这部电影拥有成功所需的一切要素,并且有望开启一个收益丰厚的电影系列。它改编自斯蒂芬·金的一套人气系列小说,原著共有八本。电影由马修·麦康纳(Matthew McConaughey)和伊德里斯·艾尔巴(Idris Elba)担任主演,结果不仅遭到了影评人的抨击,票房也十分惨淡。影评人戴维·埃德尔斯坦(David Edelstein)在对《黑暗塔》的评论中说道,这部电影"不幸地融合了科学奇幻类作品中的一切毫无创意、愚蠢至极的元素,这类作品扼杀了我们当代的流行文化"。同样,2017年的电影《海滩游侠》(*Baywatch*)虽然改编自有史以来收视率最高的一档电视节目,并且由艺名为"巨石"(The Rock)的道恩·强森(Dwayne Johnson)和扎克·埃夫隆(Zac Efron)出演,但票房依然惨淡。尽管《海滩游侠》与那档广受欢迎的电视节目同名,但终究无法像《龙虎少年队》(*21 Jump Street*)一样从电视成功转战大银幕。因此,模仿不一定会带来商业上的成功,但作为一种操作层面的非正式预设,它是媒体组织尽可能提高成功概率的一种方法。

热门与明星

传媒产业追求成功的另一项战略资产是名气或明星。明星是非常重要的资源,传媒产业依靠市场调研公司来评估明星的价值。在众多评估指标中,最著名的是由营销评估公司(Marketing Evaluations, Inc.)(qscores.com)提出的Q值(这里的Q代表**商数**)。这项指标被用来衡量从好莱坞演员到快餐连锁店的一切人或事物的熟悉度和吸引力。了解和喜爱某明星的人越多,该明星的Q值就越高。例如,2016年Q值最高的艺人包括汤姆·汉克斯(Tom Hanks)、约翰尼·德普(Johnny Depp)、塞缪尔·杰克逊(Samuel Jackson)这些久负盛名的电影界宠儿,以及在2016年被评为《公告牌》年度最佳艺人的英国音乐人阿黛尔(Adele)。

名气一开始都是转瞬即逝的。公众的注意力在不断地转移,那些小有名气的人常常只能昙花一现。但在某些情况下,最初的关注可能会产生"滚雪球"效应。一件遭人唾弃的小事可以带来更大的名气,进而吸引更多人关注(Cowan 2000)。虽然只有一小部分人能够在成名之后撕下坏名声的标签,华丽转身成为大明星,但他们一旦成为大明星,名气就会变得经久不衰和相对稳定(van de Rijt et al. 2013)。对传媒产业的热门机制来说,这一小群大明星至关重要。

在一个媒体无处不在的社会中,广受喜爱的明星几乎也是无处不在的,因为规模庞大的造星工业每时每刻都在为他们做宣传。我们可以在电视访谈节目中看到他们宣传自己最新的作品,可以通过杂志和八卦博客了解他们的私人生活,还可以在推特上关注他们每天的个人感悟,甚至在 Instagram 上关注他们的活动和穿搭。

这些明星之所以随处可见,仿佛主宰着我们的媒体,主要是因为他们是那些热门作品的具体化身。就像媒体制作者为了再创佳绩而模仿已经成功的电影、电视节目和书籍一样,为了提高项目成功的概率,他们也会寻找明星并大力宣传他们。在公众选择看什么电影、看什么电视节目、购买什么音乐作品,以及阅读什么杂志方面,明星发挥了重要的引导作用。相应地,明星也可以赚取更高的报酬。因为相比找一位知名度较低的艺人,与明星合作可以提高制作者回本的概率。对有上进心的明星来说,最大限度地提升自己的曝光度,变得家喻户晓和广受欢迎,也是符合其利益的。明星曝光度的提升等同于其商业影响力的扩大,进而能够转化为其签订新的项目合同时的经济实力。同时,从制作者的利益出发,必须确保选择的明星始终处在公众的视线范围内,这样才能吸引人们关注他们的作品。最终,一个充斥着明星效应的流行媒体机制诞生了。

明星也能提高热门作品诞生的概率。出版商期待畅销书,唱片公司期待排名前 40 位的歌曲和白金唱片,电影公司期待票房大卖的电影。但是,大多数电影、歌曲和书籍都是赔钱的。这使得热门作品愈发重要,因为它们带来的利润足以弥补其他项目的损失。简言之,热门机制是大多数大型传媒公司基本的经营法则。而且,一旦打造热门成为目标,制作者就会把具有受众吸引力的明星当作成功的秘诀。如此一来,那些在社交媒体上拥有巨大影响力的明星就变得尤为珍贵,因为他们获得的关注度是打造热门作品的重要资源。

这条明星法则得到了广泛采纳,成为媒体世界的一条基本准则,甚至在一些出乎意料的地方也能看到它的踪影。广播电视新闻业大肆宣传安德森·库珀(Anderson Cooper)、梅根·凯利(Megyn Kelly)和莱斯特·霍尔特（Lester Holt）等节目主持人，通过这些名人的吸引力来争夺新闻受众。这些主持人和其他一些电视网记者都是实实在在的名人，常常出现在脱口秀节目中。他们不仅是媒体争抢的对象，还主持着为自己带来更多曝光机会的节目。高校教材领域也采用了明星制度，邀请知名教授担任大量导论性教材的编写者，即便大部分的撰写工作是由不知名的合著者完成的。考虑到少数标准教材在市场上处于支配地位——相当于热门歌曲或爆款电影，因此也不难理解教材出版商想要借助学术明星的声望和知名度的做法。

不过，由于聘请已经成名的明星是一件昂贵又麻烦的事情，大多数媒体组织都在试图打造自家的明星。近年来，一种普遍的方法是通过选秀节目来打造明星，如福克斯的《美国偶像》和《舞魅天下》（So You Think You Can Dance）以及全国广播公司的《美国之声》和《美国达人》。虽然这些节目的绝大多数参赛者很快就淡出了公众视野，但也有少数人创造了热门作品并成为明星，比如，《美国偶像》中的凯莉·克莱森（Kelly Clarkson）和凯莉·安德伍德（Carrie Underwood），以及《美国之声》中的卡莎蒂·波普（Cassadee Pope）。

打造热门与明星

我们可能认为所有崭新的媒体产品成为爆款的机会是一样的，它们的表演者成为明星的机会也是一样的——尤其是在社交媒体时代。毕竟，观众才是真正的裁判，他们可以决定哪些是热门作品以及谁能成为明星。这背后有这样一种假设：作品的成功和明星的走红都归功于观众的喜爱。但这是具有误导性的。

并不是所有的媒体产品都有同等的机会成为热门作品，也不是所有的媒体人物都有同等的机会成为明星。热门作品和明星总是少数，用来打造这些作品和明星的资源也是有限的。因此，在受众接触到这些作品和明星之前，媒体组织就已经确定了哪些产品和哪些人最有机会获得成功。如果有一家公司负责制作和发行你的作品，但公司早已认定你的作品不具备成为热门的条件，那你几乎不可能成为明星。不过，如果媒体高管认为你具有明星气质，你还是有机会成为明星的——尽管最终结果未必如愿。因此，是媒体高管而非受众做出了最初的判断，这对作品的成功至关重要。

例如，那些被认为具有爆款潜质的电影会得到大量的宣传。这可能包括线上发布的电影预告片、刷屏的电视广告、"未来之星"亮相访谈节目、与快餐店和其他机构合作的跨界营销活动、面向核心受众积极开展的社交媒体活动,以及全国各地的影片放映活动。但对于那些不被看好的电影,宣传力度要小得多,放映的影院数量更少,这使得它们几乎注定无法成为热门作品。下一次你浏览网飞、Hulu 或亚马逊视频的时候,可以留意一下你从未听说过的大量影片。很多作品在影院里匆匆下映,几乎没有任何广告。只有真正的电影爱好者才会注意到它们的存在。有些影片甚至从未进入影院,而是直接以 DVD 和点播服务的形式发行。最终,只有那些被电影公司认为具有爆款潜质的电影才有机会获得知名度,从而成为卖座大片。例如,温斯坦公司(The Weinstein Company)把詹姆斯·格雷(James Gray)的著名电影《移民》(The Immigrant)的上映时间从 2013 年的假日季①推迟至 2014 年的春季。而且,放映该影片的影院数量不足 150 家。尽管影评人很喜欢这部电影,影片的主演更是大明星华金·菲尼克斯(Joaquin Phoenix)和玛丽昂·歌迪亚(Marion Cotillard),但电影公司在上映前就已经做好了预判——《移民》是一部只能吸引小部分人观看的电影,几乎没有成为热门作品的机会。这个自我实现的预言活生生地将电影的观众群限制在很小的范围内。

音乐产业的情况也是如此。一些作品被归入有望赢利的类别,一些作品被归入有望走红的类别,而其他作品则被认为只能吸引少数人或某一类群体(Frith 1981)。于是,音乐人首先要克服的障碍就是首张专辑发行之前的初步分类环节。那些被认为其作品有望走红的人会比那些被认为缺乏潜力的人获得更多的机会和资源。不过,这种支持是有代价的,要想在宣传上获得更大的支持,艺人必须遵循标准化的"成功"公式。唱片公司可能会向一个出过热门唱片的乐队施压,要求它们在下一张唱片中产出类似的东西,而不是采用新的声音或风格。

在图书产业中我们也能看到类似的情况。宣传和营销资源最有可能集中在畅销书上,销量排名靠后的作者常常发现他们的书相对无人问津。出版商会基于对销量的预判来决定包装的方式、印刷的数量、图书的价格、推广的方式、是否要投资音频版,以及发行的地点。这些预判往往在定稿之前就已经完成了。同样,一旦电视节目被选入黄金档,最重要的事情就是确定它们的播放时段。是把节目安排在热门节目之后,还

---

① 假日季是指从感恩节到第二年元旦这段时间。

是把它们安排在收视率低、居家观众少的周五晚间时段？其他电视网会在同一时段播放什么节目？由于有些时段比另一些更有优势，那些看起来不可能获得高收视率的节目一般会被安排在没有多少观众的时段，而且很快就会停播。

以明星对抗不确定性

媒体组织希望制作出既受欢迎又能赢利的热门作品，明星则是实现这一目标的重要手段。在媒体的世界里，不确定性是一种常态。为了使决策更加谨慎，媒体高管试图摸索出一些规律。对明星和声誉的追逐就是使传媒产业的流动性和模糊性得到控制的主要方式之一。

例如，电影制作是一个不确定性很强的行业。没有一种方法能够确保一部电影在商业上取得成功。同时，电影的制作和发行又涉及大量的参与人员。在这种情况下，明星的存在有助于削弱人们对风险的感知。明星让人们更容易接受自己需要承担的风险，即便风险并没有明显地降低。从本质上讲，明星的出现提供了一种用来评估项目潜力的通用标准，从而使得整个过程理性化。在这样一个不确定的行业中，明星制是一种有效的应对机制（Prindle 1993）。

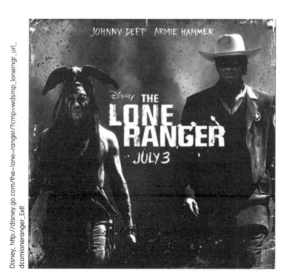

像约翰尼·德普这样一位在经典的热门作品中扮演过知名角色的大明星早已功成名就。然而，我们永远无法确定启用明星是否能降低风险。2013 年的电影《独行侠》(*The Lone Ranger*) 最终票房惨败。

第五章 媒体组织和专业人士

电视行业也是如此。节目制作人会依赖曾经的热门节目制作人来证明自身决策的正确性(Bielby and Bielby 1994)。与电影行业一样,电视节目制作人要想打造热门节目是很困难的,更不用说预测热门节目了。节目制作人必须让各种支持者——广告商、地方台的经理和电视网高管——都满意,他们必须证明其节目决策并不是随随便便做出来的。在这种情况下,曾经的热门节目所带来的声誉就成为一种关键支撑。电视行业的各种参与者都认为,之前的热门作品是挑选节目的合理依据。他们甚至会以此为卖点,在宣传广告中向观众强调:这档即将上线的新节目是由曾经的某热门作品制作人打造的。

然而,和业内人士的普遍期待相反,**明星=热门=成功**的模式并没有那么准确地预测媒体产品的市场反应。举个例子,假如你是生活在21世纪头十年的一家电影公司的老板,想要借助詹妮弗·劳伦斯(Jennifer Lawrence)的明星效应来推销一部新电影,那么你可以看看在2012年至2015年间上映的四部《饥饿游戏》(*The Hunger Games*)(美国票房收入从2.82亿美元到4.25亿美元不等)或者在2011年至2016年间上映的三部《X战警》(美国票房收入从1.46亿美元到2.34亿美元不等),这可能让你对继续推进新的电影项目感到安心。接着,你可以再看看2015年的《奋斗的乔伊》(*Joy*)(美国票房收入:5600万美元)或者2017年的《母亲!》(*Mother!*)(1800万美元),这可能让你有充分的理由感到担忧。在詹妮弗·劳伦斯主演的电影中,影院收入的幅度在1800万美元到4.25亿美元之间。当你得知这一消息后,会做出什么样的决定呢?当然,一些大片还有其他的收入来源,特别是海外影院、DVD销售以及点播和流媒体业务。某些电影虽然在国内遭遇票房失利,但往往可以在其他地区获得可观的收入。不过,这些因素带来了一系列需要控制和考虑的额外变量。

电视网常常想吸纳名人并把他们留在电视上,但即便是围绕明星打造的节目也未必能取得成功。也许你想要围绕一档广受欢迎的节目中的某个角色来打造衍生节目。比如,《欢乐酒店》的衍生剧《欢乐一家亲》最终播出了264集,而《欲望都市》(*Sex and the City*)的衍生剧《凯莉日记》(*The Carrie Diaries*)只播出了26集。你也可以试着找一个不那么火的电影明星出演电视剧,但效果可能同样悬殊。比如,基弗·萨瑟兰(Kiefer Sutherland)出演的《24小时》(*24*)最终播出了192集,而杰瑞·奥康奈尔(Jerry O'Connell)出演的由《丑女贝蒂》(*Ugly Betty*)和《办公室》的创作者打造的《请勿打扰》(Do Not Disturb)只播出了2集。这些案例表明,明星=热门=成功的模式并不可靠。不过,就算完全相反的证据摆在眼前,电影和电视行业的生产组织形式以及这些创意产业的不确定性,依然有助于解释为何热门作品和明星之间的关系会始终对决策产生影响。

从明星到产品宇宙

与皮克斯动画的其他热门电影相比,2006年的儿童电影《赛车总动员》(Cars)惨遭差评,成为该公司票房表现最差的电影之一。不过,这并没有妨碍续集的制作。《赛车总动员2》(Cars 2)在2011年上映,《赛车总动员3》(Cars 3)在2017年上映。这是因为《赛车总动员》的衍生作品广受欢迎,在五年内创造了近100亿美元的销售额。其拟人化的赛车形象既可以被开发成玩具来售卖,也可以印在无数产品上。这样的成绩使得《赛车总动员2》的衍生品开发如法炮制,推出了飞机、火车和船艇等造型的产品。事实上,《赛车总动员2》催生了300多种玩具和不计其数的其他衍生品,既有儿童服装和背包,也有床上用品和意大利面。如果再算上电子游戏、加州迪士尼乐园中占地12英亩①的"赛车总动员"主题园区以及电视节目,《赛车总动员》就不仅仅是一部电影了,它已经被开发成一个巨大的商业特许经营项目。为了最大限度地提升电影及其衍生产品的海外吸引力,主角闪电麦昆(Lightning McQueen)在电影中还参加了在日本、法国、英国和意大利举办的世界大奖赛(Chmielewski and Keegan 2011)。尽管前两部《赛车总动员》的票房表现不佳,但《赛车总动员3》承诺将继续提高"赛车总动员"主题商品的销量,并宣传加州迪士尼乐园的"赛车总动员"主题园区。

《赛车总动员》代表了一种新兴的媒体产品,这种产品不局限于一种表现形式。亨利·詹金斯(Henry Jenkins)将**融合文化**(convergence culture)定义为"跨越多种媒体平台的内容流动、多种传媒产业之间的合作,以及那些四处寻求各种娱乐体验的媒体受众的迁移行为"(Jenkins 2006:2-3)。过去,传媒公司往往只需要依靠某个好故事(比如,一部小说或一部电影)或某位名人(比如,一位畅销小说作家或大片明星)的力量;而现在,它们致力于创造一个虚构的宇宙,与之相关的产品可以横跨

---

① 约4.86公顷。

一系列不同的媒体平台,包括电影、电视节目、电子游戏、漫画书、网站等。

让我们以《星球大战》系列的热门电影为例。尽管这些电影都取得了巨大的商业成功,但它们只是"星球大战"产品宇宙中的一小部分。为了真正了解《星球大战》的影响,我们还必须考察六套不同的"星球大战"电视动画节目,几十种获得授权的星球大战应用程序和游戏,数百本连载的星球大战主题小说和漫画,多个系列的星球大战主题玩具、服装、鞋子以及万圣节服饰等。在漫威的超级英雄电影宇宙的多平台拓展实践中,我们也能看到类似的发展模式。当然,要想打造一个由虚构角色构成的宇宙,并吸引观众追随多个媒体平台,并不是一件简单的事。但是,如果传媒公司做到了这一点,就能为某个本来难以预测成败的传媒产品提供可靠的保障。

媒体专业人士所面临的约束来自两个方面:一是打造热门节目的过程中始终存在的不确定性;二是需要找到一个能够与消费者建立长期联结的多平台虚构宇宙。此外,他们还必须在传媒产业中存在已久的角色和惯例中探索前进的方向。虽然他们在选择将哪些媒体推向市场方面具有一定的能动性,但依然面临着行业传统的结构性约束。我们现在就来探讨一下这个问题。

媒体工作的组织方式

在一项经典研究中,社会学家霍华德·贝克尔观察到,"艺术生产需要专业人士之间的精心合作"(Howard Becker 1982:28)。这句话也适用于媒体内容的生产。无论我们谈论的是电影、书籍、音乐、广播、杂志、报纸还是电视,信息的生产和发行都需要很多人来共同完成。当产品的发行者是一家大型传媒公司时,即使是最为个人化的媒体产品,如创作型歌手的个人专辑,也需要许多其他的角色的参与,包括音乐制作人、唱片公司代表、专辑封面的设计师、音乐作品的宣传人员等。因此,一个重要的研究方向就是考察媒体工作的组织方式,探究媒体专业人士在制作传媒产品的过程中如何合作。

遵循惯例

贝克尔针对许多从事媒体工作的人,提出了一个很重要的问题:"他们如何确定合作的条件?"一些研究者认为,媒体专业人士的行为是由组织的"需要"所决定的(Epstein 1973)。换句话说,维系组织的目标将组织内的不同个体指向同一个方向。不过,即便把这种分析方法运用得炉火纯青,也很难解释媒体专业人士的自主行为。另一种用来解释媒体专业人士之间的合作的方法认为,他们必须在每次接受任务之前协商合作的条件。这种方法强调了独立行动的能力,却忽略了媒体专业人士所受到的约束。

与这些分析方法不同,贝克尔关注结构与能动性之间的紧张关系,这与社会学家的发现相一致。他告诉我们,"以合作的方式来创作艺术作品的人一般不会推倒一切重来。相反,他们依赖如今已经得到广泛认可的惯例,即那些处理此类问题的常规做法"(Becker 1982:29)。

惯例指的是在某一领域内被广泛采用的实践模式或技术方法。我们很容易发现惯例,却很难找出它的来源和意义。在新闻报道、流行音乐和广告中,我们可能都发现过一些惯例。例如,排名前40位的音乐很少令我们感到惊喜,因为它们在乐器的选择、歌曲的长度、主歌/副歌的结构等方面都遵循普遍的惯例。我们可能会好奇,电台节目制作人是怎么学会遵循这些惯例的,以及他们怎么知道哪些歌曲适合自己的电台。答案是,电台节目制作人将自己视为唱片制作人和听众之间的中间人,对于电台代表什么风格的音乐,他们有自己的理解。为了让听众和唱片公司都感觉得到了支持和理解,他们还会建立一个实用的曲库。如果没有这些惯例,电台节目制作人就无法开展他们的工作(Ahlkvist and Faulkner 2002)。

好莱坞的经纪人也必须学会游刃有余地践行本行业的社交惯例,只有这样,他们才能真正被视为业内人士而得到尊重。这些惯例包括在比弗利山庄(Beverly Hills)①及其周围的现代主义建筑中举办会议,在言行举止上,必须表现得自信、轻松和时尚,以及向他人赠送带有个人风格的创意礼品(Zafirau 2008)。行业惯例还会采用一些便于消费者识别的表现形式。你无须成为一名平面设计师,就会知道杂志封面的最上方是大写的出版社名称,而且几乎总有一张大尺寸的主打图片。或者,你还知道晚间新闻的播报会在一个演播室进行,播音员坐在一张桌子后面。即使是《每日秀》(*The Daily Show*)和《塞斯·梅耶斯深夜秀》(*Late Night*

---

① 比弗利山庄位于美国加州洛杉矶西部,有"全球最尊贵住宅区"的称号,是众多好莱坞明星和洛杉矶富豪的居住地。

with Seth Meyers)这样的深夜喜剧新闻节目,也遵循这些惯例。如果特雷弗·诺亚(Trevor Noah)以单口喜剧的形式讲一些当天的政治笑话,我们可能会认为《每日秀》是另一档深夜喜剧节目,而不是对新闻播报的喜剧化呈现。由于制作者和受众已经习惯了常规的形式,当一些传媒产品打破常规时,它们就会令人耳目一新,显得别具一格。

最近,一项关于电视采访节目的研究发现:与新闻节目相比,名人访谈节目有着明显不同的惯例(Loeb 2015)。新闻采访者会保持客观的态度,名人访谈节目的采访则带有鲜明的个人特色,人们会在采访中谈论和分享自己的个人经历。此外,新闻采访者还常常会以一种敌对的口吻提出尖锐的问题。相比之下,名人访谈节目的采访非常友善,充满各种溢美之词。观众也深谙这些惯例,所以他们并不指望艾伦·德詹尼丝(Ellen DeGeneres)[①]会像雷切尔·玛多(Rachel Maddow)[②]那样提问。不过,当名人访谈和新闻报道这两个世界相互融合时,采访的惯例也会有所改变。例如,在2016年总统竞选的前几个月,当时的候选人——因电视节目《学徒》(The Apprentice)而闻名的唐纳德·特朗普,经常以名人的身份出现在福克斯新闻节目中,还会经常通过电话与节目主持人展开友好的私人对话。

尽管惯例常常看起来像是随意定下的,但实际上并非如此。它们是基于媒体专业人士的工作常规形成的,在一定程度上也是职业教育和工作培训的结果。为了在惯例的基础上理解媒体内容,我们需要考虑惯例的来源、人们在工作中如何遵循惯例,以及惯例如何造就被我们视为常规的媒体生产方式。

新闻常规及其影响

作为一项常见的媒体工作,新闻生产得到了广泛的研究。这不仅是因为它对惯例的依赖,还与它独特的动态特征有关,而后者恰好体现了结构和能动性之间的互动。20世纪70年代和80年代的一系列经典研究为我们认识新闻生产奠定了基础,这些研究成果迄今仍未过时(Epstein 1973; Fishman 1980; Gans 2004; Sigal 1973; Tuchman 1978; 相

[①] 艾伦·德詹尼丝,美国著名电视节目主持人、演员、制作人,以在全国广播公司的电视脱口秀节目《今夜秀》中担任常驻嘉宾而知名,参演多部电视剧,多次主持奥斯卡颁奖典礼。

[②] 雷切尔·玛多,美国著名电视节目主持人和自由派政治评论员,以主持每周在微软全国广播公司播出的政论节目《雷切尔·玛多秀》(Rachel Maddow Show)而知名。

关综述,参见 Cottle 2007)。最近,很多研究又对这一领域进行了补充,这些研究考察了新闻编辑室的变化,包括技术革新和经济压力带来的变化(相关综述参见 Powers 2011)。整体来看,它们揭示了媒体工作的组织方式所涉及的一些动态机制。

这些研究可以帮助我们思考一个简单的问题:什么是新闻?乍一看,答案似乎显而易见:新闻是关于超出我们直接经验的近期重要事件的信息。但是,我们怎么知道哪些因素会让某个事件变得重要呢?我们又怎么知道与某个重要事件相关的哪些信息是有价值的呢?我们把这类问题留给专业记者。结果,我们需要记者来充当"把关人"(White 1950)——判断什么是重要的,什么是不重要的,什么是**有新闻价值**的,并为我们提供关于这些具有新闻价值的事件的事实性描述。从根本上说,如果我们要了解新闻的真正含义,就需要了解记者如何形成他们的判断和描述。换句话说,我们需要考察专业记者的日常工作,因为新闻的定义和新闻报道的撰写都是在这一过程中完成的。

让我们从新闻机构内部人员的视角来看一看新闻生产的过程。新闻工作者必须为网站、广播或报纸生产内容,无论当天是否发生了重要的事情。这意味着,编辑和记者必须找到新闻。同时,每天的确会发生很多事情:人们吃饭、遛狗、买卖商品、犯罪、宣布新政策、旁听法庭辩论、参加体育赛事、在沙滩休憩、打仗、竞选公职等,不胜枚举。然而,新闻媒体不可能报道所有发生的事情,只有一些重要的事情才能成为新闻。对于记者来说,难点在于判断哪些事件具有新闻价值,以及采集到足够的信息来报道这些事件。

从表面上看,新闻报道似乎是一项不可能完成的工作。新闻记者怎么知道哪些事件要报道,哪些要忽略呢?他们不可能在决定报道某个事件之前,先把几十个事件都调查一遍。如果那么做,他们永远无法在截止日期之前完成任务。所以,记者必须从一开始就知道什么是重要的事件。他们是如何做到这一点的呢?

两项经典的社会学研究(Fishman 1980; Tuchman 1978)认为,我们可以从新闻业的日常工作中找到答案。因为新闻媒体不能重复昨天的报道,所以必须用理性原则来管理新闻采集和报道的过程。换句话说,新闻媒体必须在新闻发生之前预测新闻的发生地,并据此分配记者的任务。在新闻机构内部,记者遵循常规,后者会告诉他们去哪里找新闻以及如何有效地采集新闻。当一套基本的常规做法被当作职业规范时,不同的新闻媒体将对新闻价值做出类似的判断,当代的美国新闻业便是如此。在这种情况下,我们很难看到媒体是如何做出判断的。

新闻工作者的常规工作方式是什么样的?塔克曼(Tuchman 1978)用"新闻网"(news net)的比喻来解释新闻采集的常规做法。为了捕捉有新闻价值的事件,新闻机构撒下了一张由通讯社、全职记者和通讯员组成的"网"。不过,这张网并不能捕捉到所有事件,和其他网一样,它满是漏洞,只能捕到"大鱼"。它就像一个初始的过滤器,将那些不符合新闻标准的事件剔除出去。

新闻采集工作的组织方式透露了编织新闻网的标准。新闻机构会在他们认为重要的地点安排工作人员或设立分管部门。例如,媒体一般在华盛顿和伦敦都设有办事处,但在得克萨斯州的休斯敦或肯尼亚的内罗毕却没有。因此,在这些预先确定的重要地点及其周边发生的事情更有可能成为新闻,而在这些地点之外发生的事情很容易被忽视。

新闻媒体还会在预计有新闻发生的重要机构里安排常驻记者。在实际工作中,这意味着一系列官方机构所在地,比如,警察局、法院大楼、市政厅、州议会大厦、美国国会山和白宫等都会成为记者的驻扎地。每一天,驻扎在市政厅的记者都需要提供一篇或多篇关于那里的报道。市政府很可能会派出一位负责媒体关系的官员,他很乐意以新闻稿、公告、记者招待会等形式向记者提供大量新闻。后来,体育、商业和艺术等领域也成为热门的新闻来源地,新闻工作者认为这些领域每天都会产生新闻。因此,为了定期获取新闻,记者会和这些领域的关键人物搞好关系。

这种"跑口"策略,即安排常驻记者重点关注某个机构或领域的做法,是媒体能够"捕捉"新闻事件的关键。但记者关注的每个领域都包含很多潜在的不同机构,因此他们必须采取策略,找到具有新闻价值的事件。菲什曼以一家地方报纸的"司法口"为例,其中包括"三个执法机构:城市警察、县治安官和一个联邦调查局办公室;四个刑事机构……两个少年犯管教所;两个法院系统;一个范围颇广的毒品亚文化群体"(Fishman 1980:33)。菲什曼指出,由于要报道如此广泛的领域,记者们形成了一套复杂的工作常规,他称之为"兜圈巡视"(rounds)。

这种兜圈巡视活动构成了记者每天主要的工作内容,并为他们确定了首先要寻找的事件。从本质上讲,各个领域的记者通过兜圈巡视的过程来制定日程表,据此拜访不同的机构,并和有望提供新闻的信源交谈。这种日常的工作流程是围绕着组成某个领域的官方机构来安排的。例如,法治记者通常围绕法院、警察局和地方检察官办公室的日程表来安排每天的工作,如此他们便能随时参加各种会议,出席新闻发布会,了解预先安排的事件,以及获得官方资料。记者每隔一段时间——也许是一小时——还会到一些地方去看看是否有什么事情"正在发生"。例如,负责法治报道的记者为了避免遗漏重要事件,可能会给每个监狱、少年犯管教所、执法机构和法院打电话。

对于哪些领域是重要的以及那里发生的事情是否值得报道,并没有放之四海皆准的答案。相反,这会随媒体的目标受众以及更一般意义上的媒体职责的不同而改变。例如,TMZ 是时代华纳旗下的一家名人八卦网站和一档电视节目。以传统新闻媒体的一般标准来看,它所报道的"新闻"是没有新闻价值的。TMZ 是 Thirty Mile Zone(三十英里区域)的缩写,范围涵盖以洛杉矶的比弗利大道和北拉谢内加大道的十字路口为中心、方圆 30 英里①的区域,美国的主要制片公司总部都坐落于此。有时候,为了获得媒体的关注,明星和他们的公关人员会向记者和名人摄影师透露行踪。于是,后者就会蹲守在奢侈品店、餐厅和其他地点,希望可以偷拍到明星的照片并对他们进行简短采访。虽然最终的报道与传统日报大相径庭,但两者生产内容的过程十分相似。

由于记者必须在截止日期之前为他们的雇主写出新闻报道,因此新闻工作中形成这样的常规做法也就不足为奇了。如果不这么做,记者如何才能既满足新闻机构的要求,又能快速、持续地采集新闻呢?但问题在于,我们不仅很少从这些方面讨论新闻,也没有注意到这种做法的后果。

举例而言,在考察特定的新闻领域时,我们发现:早在各类事件发生之前,新闻机构就已经确定了要去哪里寻找新闻。与此同时,这种新闻采集的常规做法的负面影响也是切实存在的:它实际上使得某些事件不可能成为新闻。比如,一个众所周知的事实是,美国媒体很少报道非洲和南美洲的新闻,这很大程度上是因为记者不太可能被派往那里。这表明,新闻价值不是事件的内在特征,而是专业记者和新闻机构在日常实践中建构的结果。

常规的新闻实践造成的另一个影响是对官方信源的依赖。官方信源可以持续稳定地为记者提供信息,供后者在报道中使用。这种为了获得"新闻"而依赖官方信源的做法意味着,这些信源可以经常出现在媒

---

① 约 48.3 公里。

体的报道中,而外部人士或批评者则很难被报道。最终的结果是,新闻往往反映了当权者的观点。

最后,常规的新闻实践还会导致对事件的过分关注和对过程的忽视。记者关注的是他们周围的新鲜事(事件),但他们往往没有资源(时间、金钱和专业知识)去关注长期的发展状况和前因后果。因此,新闻报道往往是转瞬即逝的,总是在某一刻聚焦一些事件,然后又迅速转向另一个毫无关联的新事件。这种关注事件但忽视过程的做法,很可能影响到人们是否能够以及如何理解复杂的问题,例如,战争、金融危机、犯罪趋势和预算决策。

技术与新的新闻常规

在有关新闻编辑室的经典研究之后,随着行业的变化和新技术的出现,记者的日常工作流程发生了很大的变化。正如鲍尔斯(Powers 2011:12)所总结的那样,"与经典研究所处的时代相比,今天的媒体渠道和报道形式大大增加了,互动性大大增强了,对于谁是记者和什么才是新闻业的看法也有了更多的不确定性"。在新闻的社会建构这一问题上,虽然许多基本观点至今仍然具有解释力,但由于新闻工作的结构性背景发生了变化,建构过程的具体细节也有所改变。

经济压力加剧

第三章描述了传媒集团的发展,这意味着新闻机构面临更大的经济压力,还可能影响新闻的质量(Klinenberg 2007;McChesney 1999, 2004)。随着互联网的兴起,报纸的分类广告收入、显示广告收入和订阅收入都出现了剧烈下滑。在纸媒和广播电视领域,这样的经济压力导致了大规模裁员、工作竞争加剧以及就业不稳定状况。由于新闻机构要削减开支,管理层还要求记者在工作中提高效率和生产力(Deuze 2007;Majoribanks 2000)。与此同时,吸引受众从而将其兜售给广告商的压力越来越大,这意味着收视率和观看者的数量(在新闻网站上这是很容易测量的)变得越来越重要。在决定什么(不)可以成为新闻方面,越来越需要考虑受众的因素,这催生了更多娱乐化或者以各种"生活方式"为主题的内容(Boczkowski 2010)。

扩充体量和信源多样化

有线电视新闻与互联网新闻的发展彻底改变了新闻内容的体量。

今天的新闻机构不用为了适应日报的版面空间或者半小时的电视新闻时长而删减内容。相反,为了填充没有体量限制的 24 小时有线电视新闻频道和网站,它们必须生产出几乎无穷无尽的"内容"。在新闻队伍的规模缩减的情况下,为了填补巨大的新闻空缺,由专家、评论员和倡导者参加的谈话类有线电视新闻节目大量出现。同时增多的还有那些被视为合法新闻来源的内容。一项针对《纽约时报》和《华盛顿邮报》的内容的研究发现,传统新闻机构越来越多地将博客作为报道的信源,尤其是在政治报道方面。反过来,博客也在很大程度上将传统新闻机构的报道作为自己的信源,从而形成了一个"新闻信源的循环"(Messner and DiStaso 2008)。

技术革新也改变了信源。例如,推特现在是许多记者日常工作的一部分,这是因为他们不仅经常发推特,而且全天都在关注自己的推特动态(Barnard 2016)。通过这种方式,记者可以拓展信源和收集信息。一个典型的例子是,美国全国公共广播电台的记者安迪·卡文(Andy Carvin 2013)依靠推特建立了信源网络,从而远程报道了 2010 年"阿拉伯之春"运动期间突尼斯和埃及的抗议情况。

互联网还能在记者求证或提供背景信息之前,就让信息流传开来。有了智能手机和社交媒体,非记者群体也可以拍摄和传播他们的图片和视频,并附上评论。这意味着传统新闻媒体再也无法垄断对突发性新闻的报道。在主流新闻媒体报道之前,你可能已经在推特或者脸书上看到关于火车脱轨或政治示威的新闻。如今,新闻媒体的报道中更是常常出现用户生产的图片和其他社会媒体内容。

新闻加速

有关新闻编辑室的经典研究以报纸、新闻杂志和晚间新闻广播为研究对象,这些媒体的特点是把一天作为一个新闻生产周期,并设有截止日期。但在 24 小时有线电视新闻和新闻网站的时代,这种可预测的新闻周期已经被无休止、不稳定的"新闻旋风"(Klinenberg 2005)所取代,记者必须不断地重写和更新新闻报道。与过去相比,不断更新网站意味着严重压缩有关新闻的决策时长。记者经常抱怨这带来了更大的压力,他们必须在更短的时间内做出明智的新闻判断。媒体批评家迪安·斯塔克曼(Dean Starkman)曾将网络时代的新闻工作者的状态比喻成在轮子上不停奔跑的仓鼠。厄舍借用他的话,将新闻业形容为"一个速度比事实核查更重要、数量比质量更重要的领域"(Usher 2014:12)。

有线电视新闻网崛起后,为了紧跟正在报道的新闻,各家新闻编辑室都开始不停歇地监测24小时运行的有线电视新闻机构。报纸会在自家的网站上预告第二天的新闻内容,相互竞争的新闻机构都有编辑和记者密切关注这些网站。如果一家媒体报道了某条新闻,其他媒体很可能会迅速跟进。这使得主流新闻的同质化现象更严重。一味效仿其他新闻机构也意味着记者不用那么认真地考虑新闻价值(Boczkowski 2009,2010)。如果某条新闻得到了竞争对手的报道,那么它就会被自动认为是具有新闻价值的。

事实上,有些新闻报道只是简单地改写了其他媒体的新闻。正如菲利普斯(Philips 2010:96)所说,"现在的新闻媒体有一种普遍的做法,即要求记者改写别人的新闻。在某些情况下,媒体甚至不愿多打一个电话,在引用和举例时也不会标注来源"。这种做法的后果是,虽然今天涌现出更多家媒体,但是不同媒体产出的新闻往往比过去更加相似(Boczkowski 2010; Schudson 2011)。

所有这些对速度的追求也激发了一种相反的趋势,即所谓"解释性新闻"的出现。解释性新闻不追逐最新的热门新闻,而是试图提供有助于人们理解当日议题的背景信息。这方面的尝试不仅包括以践行解释性新闻为主旨的网站,如Vox新闻评论网①和538新闻网;也包括主流新闻媒体的专题栏目,如《纽约时报》的"The Upshot"和《卫报》的"Explainers"。这些尝试之所以行得通,是因为互联网打破了印刷新闻和电视新闻受到的时空限制,灵活性更强。另外,这类报道有时还会采用数据分析和数据可视化工具。

新闻呈现与追逐流量

如今,新闻媒体往往成为多媒体企业,不仅融合了印刷、视频和图片,还改变了记者讲故事的方式(Boczkowski 2004)。这种呈现方式的目的在于提高人们的参与度。媒介学者尼基·厄舍在研究当代新闻编辑室如何制作新闻时,发现了即时性、互动性和参与性这三种价值是如何挑战记者的传统工作模式的(Usher 2014)。例如,在互联网时代,新闻

---

① Vox是美国沃克斯传媒旗下的一家新闻评论网站,致力于向公众提供新闻事件的背景信息。

媒体长期追求的即时性已经升级为一种超即时性（hyper-immediacy）。一方面，为了吸引受众的注意，记者不断地产出更新的报道，并将其发布在网上。他们掌握的每一条新信息都会变成报道。另一方面，编辑也希望获得源源不断的新内容，从而为他们的网站持续引流。不过，追求高度的即时性意味着新闻网站上的报道总是转瞬即逝的。如果一篇报道无法吸引人们访问、评论和分享，那么它可能会失去醒目的头版位置，甚至在几个小时后就被更新的内容所取代。与此同时，厄舍发现越来越多的人想要制作互动新闻，从而使用户参与进来，增加他们的页面停留时长。这意味着网页设计师、计算机程序员、数码摄影师和视频编辑等职业在新闻生产的过程中发挥着日益重要的作用，进而对新闻机构内部传统的身份层级构成冲击。如果有员工掌握了制作互动内容的技能，即使他们缺乏新闻背景，也能在新闻工作中扮演核心角色，这无疑改变了"做新闻"的内涵。

正如《华尔街日报》的这张照片所示，技术已经由内而外地改变了当代新闻编辑室。在永不熄灭的电视屏幕旁，报社的记者不断更新网络内容，持续产出一系列文字、音频和视频报道已经成为其日常工作的一部分。

无论是经典研究还是今天的最新研究，新闻生产社会学（a sociology of news work）通过证明记者应对新闻机构要求的方式具有重要的意义，使我们对新闻的生产过程有了深入的了解。新闻采集的标准做法，对新闻发生地的一致判断，以及资金紧张的新闻机构日益效仿其他机构的报道——这些发现都有助于解释为什么数量众多的新闻机构每天产出的新闻如此相似,并且都聚焦官方机构的活动。那是因为,我们看到的新闻是工作常规的结果,而这些常规的关注点通常都是合法官方机构的活动。

自动化的新闻编辑室

新的数字化工具正在改变记者的工作常规。对于即将发生多大的变化,现在还无法得出肯定的答案。因为我们既不知道这些技术会如何发展,也不知道记者和他们的雇主会接受还是拒绝这些新工具。但是,变化正在发生。例如,新闻机构正在尝试把人工智能工具作为节省劳动力的强大设备,从而实现记者工作的自动化。由于海量的免费内容充斥互联网,新闻编辑室深陷经济困境。这种自动化的模式或许可以让新闻机构用更少的记者产出更多的报道。

新闻公司正在使用人工智能机器人来完成从调查背景到撰写报道的所有工作。例如,《华盛顿邮报》的人工智能机器人 Heliograf 在运行的第一年就撰写了 850 篇新闻报道,完成了关于 2016 年里约奥运会、地方高中的体育赛事和 2016 年国会选举的报道(Moses 2017)。再如,谷歌向英国新闻联合社(Press Association)投资了一大笔钱,用于开发一项名为"雷达"(Reporters And Data And Robots,RADAR)的人工智能项目。该项目计划每月撰写几千篇本地新闻报道,并自动生成与报道相匹配的图片(Gregory 2017)。

新闻写作机器人使用数据采集算法和预设的新闻模板来采集、合成信息,并以新闻报道的形式呈现出来。机器人的人工智能属性使它们能够从经验材料中了解到一篇理想的新闻报道是什么样的。例如,新闻机器人可以追踪点击量最高的报道、在社交媒体上讨论度最高的报道或者正面评论最多的报道,然后对算法进行调整,从而最大限度地呈现出最优结果。虽然大多数机器人报道都存在篇幅小、数据多的特点,但算法已经达到让人难以判断一篇报道的作者是人类记者还是人工智能机器人的程度了。

新闻行业的许多人都对新闻机器人的潜在用途持乐观态度。一位记者在描述 Heliograf 时表示:"与传统媒体以普罗大众为目标,通过劳动密集型的人工撰写方式来完成少量报道的情况不同,Heliograf 以小众群体为服务对象,以自动化的方式生产关于小众类或地方类话题的大量报道。"(Keohane 2017)为了说明像 Heliograf 这样的工具以及新闻编辑室里类似的人工智能工具——如 BuzzBot①、Wibbitz② 和 Wordsmith③——的价值,基奥恩(Keohane)将《华盛顿邮报》四年前对选举的报道拿来做比较:"2012年11月,四名员工花费25个小时,仅能人工编写并发布一小部分关于选举结果的报道。相比之下,2016年11月,Heliograf 在几乎没有人工介入的情况下,完成了500多篇文章。"(Keohane 2017)

为少数受众生产当地新闻,这听起来似乎很吸引人。尤其是对那些认为自己所在的社区没有得到新闻媒体足够关注的人来说,这种为本地服务的新闻很有价值。不过,原本是为少数受众服务的内容,最终都变成为个人这个唯一的受众服务的内容。新闻算法使我们得以想象完全个性化的新闻业是什么样子。那不仅意味着信息流为每个人挑选符合其兴趣的新闻,也意味着信息流可以为每个人"定制"新闻。但这种极度的个性化只会加剧当前的政治极化,让我们越来越难以分辨经过核实的新闻和由于引起了我们先入为主的信任和恐惧而看似真实的新闻。非营利组织全球编辑网络(Global Editors Network)的首席执行官认为,算法新闻业将为新闻开启新的可能性,但也会带来严峻的挑战:"可以肯定的是,人工智能将加剧假消息的泛滥。如果工程师今天可以创造自动化新闻,那么他们明天就能创造自动化的假新闻。"(Pecquerie 2018)

之所以运用算法来报道新闻,部分是为了提高效率和节约人工成本。因此,我们可以预想到,未来会有更多的机器人来承担一部分新闻编辑室员工的工作。一些记者可能会认为这是一个令人不寒而栗的前景。普通人也可能关心依靠机器人记者来获取新闻意味着什么。

有一种方法可以缓解上述的一些顾虑,即让新的算法工具与记者合作,而不是取代记者。这种新闻形式被称为"增强新闻"(augmented journalism)(Marconi, Siegman and Machine Journalist 2017)或"算法辅助新闻"(Lecompte 2015)。它的工作流程不同于前几代新闻工作者的经历,但仍然需要人类记者。对增强新闻最乐观的预想是,人工智能可以承担记者现在的大量琐碎工作,使他们可以腾出时间,完成形式更为复杂的报道。另外,人工智能工具还可以帮助记者分析海量的数据,包括统计数据、照片、视频和各种文件。在增强新闻的时代,新闻编辑室可

---

① BuzzBot 是 Buzzfeed 在 Messenger 上推出的一款新闻机器人,可以通过智能对话的方式从用户那里收集信息。
② Wibbitz 是一个自动生成视频的工具,可以将文字信息自动转化为视频内容。
③ Wordsmith 是美联社采用的一款新闻写作机器人,每秒可产生2000条报道。

以依靠算法来定期查询数据库，从而使记者了解具有潜在新闻价值的事件或趋势。例如，《洛杉矶时报》有一款名为 Quakebot 的算法，一旦发生了高于预设震级的地震，它就会自动撰写报道。该报的另一款算法还能够追踪该市的每一起凶杀案（Lecompte 2015）。在总结人工智能如何颠覆新闻编辑室的工作流程时，马尔科尼（Marconi）、西格曼（Siegman）和一个帮助他们撰写报告的人工智能"机器记者"（2017）写道："记者可能会减少抄录和手动查阅数据库的时间，而把这些时间用于打电话和根据人工智能的分析来追踪线索。"

增强新闻的发展还伴随着复杂的伦理问题。新闻媒体将面临新闻透明性方面的质疑（Renner 2017）。比如，公民是否有权知道他们在阅读一篇由算法制作的新闻报道？更具争议的是，新闻媒体是否应该公布用于新闻写作的算法程序所遵循的基本原则，以便读者了解新闻判断的计算基础？随着人工智能日益融入新闻编辑室的日常工作，记者和媒介学者都在密切关注新闻工作的变化以及这种变化所带来的后果。

客观性

我们已经看到，对**新闻**和**新闻价值**的具体定义在很大程度上是由记者组织工作的方式所决定的。不过，新闻业还有更多未知等待着我们探索。比如，让我们来分析一下客观性这个概念。如今，大多数与美国主流新闻媒体相关的评论性文章，都会在开篇或结尾处对这些媒体是否遵循客观性以及公正、平衡、公平原则进行一番评价。政客和其他公众人物经常批评新闻界缺乏客观性，指责记者有立场倾向、固执己见或者有习惯性的偏见。即便是大众关于新闻媒体的讨论，也经常聚焦客观性问题。我们理所当然地认为客观性是美国新闻业的核心。我们似乎都"确信"新闻应当是客观的。但问题是，新闻常常不能满足这种普遍的期待。

客观性这种价值究竟来自哪里？我们为什么这么关心它？客观性的理想又会如何影响新闻业的日常实践？迈克尔·舒德森（Michael Schudson 1978）的一项重要研究《发掘新闻》（*Discovering the News*）认为，客观性理想是有因可循的，并不是理所当然的。这项研究完美地展现了有关职业规范和实践的研究是如何帮助我们更好地理解媒体的。

客观性的起源

我们所说的**客观性**指的是什么？舒德森给出了一个有价值的定义：

"所谓客观性的信念,意味着对'事实'的笃信,对'价值'的质疑,以及对将二者相分离的坚持。"(Schudson 1978:6)客观性是一种信念,它认为事实和价值的分离是一项很复杂的工作,因此需要一种方法或一套实践来确保这种分离。这种方法就是客观性新闻(objective journalism)。根据舒德森的说法,客观性新闻是一个相对较新的概念。直到第一次世界大战之后,客观性才成为在美国新闻业起主导作用的一种价值观。

在第一次世界大战之前,记者并不认同我们今天所说的**客观性**。作为最早的通讯社之一,美联社试图以一种众多报纸都接受的方式来报道新闻。而《纽约时报》为了吸引精英受众,则采用了一种"信息"模式的报道方式。但是,记者们既不考虑事实与价值的分离,也不认为事实本身是有问题的。相反,对一战之前的记者来说,事实是不言自明的。基于事实的新闻以揭露事实为目标,而实现这个目标并不需要客观报道的方式。记者的任务很简单:发现并报道事实真相。在那个时代,记者对于他们识别相关事实和准确报道的能力充满信心。

20 世纪 20 年代,美国的新闻工作者开始怀疑他们对事实的这种信念。很多美国记者在一战期间参与了战时宣传工作。这项工作的成功使得他们无法接受对"事实"的简单理解。在看到事实很容易被操纵之后,记者们变得更加怀疑和悲观。他们开始不相信所谓的事实,意识到事实既可以服务于真相,也可以服务于幻觉。

与此同时,公共关系领域开始兴起,专业的公关人员成为早期的"媒体顾问"(spin doctor)①。他们向记者提供信息,小心翼翼地控制着记者与有权势的委托人之间的接触,并专门为媒体策划活动,比如,新闻发布会和拍照活动。公关人员由此可以扭曲事实,有策略地发布信息,并通过官方文件或新闻稿来塑造大量的新闻内容。面对这种状况,记者的怀疑和悲观情绪愈发强烈。

当记者认识到信息是可以被操纵的,加上以塑造公众态度为目标的公关行业的兴起,他们对自己中立地报道"事实"的能力产生了信心危机。在舒德森的描述中,客观性成为化解这种信心危机的"科学"手段——换言之,它是"为一个连事实都不能相信的世界所设计的方法"(Schudson 1978:122)。通过培养准记者践行客观性的"科学"方法,正

---

① 又可译为政治化妆师、舆论专家、宣传顾问等,这一角色通过一系列公关手段,影响媒体的报道,进而改变舆论。

职记者将以事实为基础的技能转变为一种包含特定方法的职业规范。因此,客观性成为专业记者必须习得的一套实践或惯例。

这套方法包含哪些具体的做法呢？W. 兰斯·贝纳特（W. Lance Bennett 2009）综合了有关新闻专业规范的研究,得出六种关键的做法：(1)保持政治中立；(2)遵循体面和良好品位的普遍标准；(3)运用基于文献资料的报道方式,以物证为依据；(4)使用标准格式来呈现新闻；(5)将记者训练成"全才"而非"专家"；(6)采取编辑审查制度来确保这些方法的执行。在实践层面,客观性原则就意味着新闻界必须遵循这些基本的操作方法。

作为常规实践的客观性及其政治后果

与抽象的客观性概念相比,新闻业的日常实践才是我们理解新闻媒体的关键。新闻报道往往看起来大同小异,这是因为记者遵循着同样的基本常规。他们和相同的人交谈,使用相同的格式,遵循相同的基本行为准则,并且密切关注着彼此,以确保自己没有被同行落下。如果我们把客观性理解为一套常规的新闻实践,我们就能明白为什么所有的新闻报道都很相似了。由于记者采用同样的方法,并且互相关注对方的工作,因此他们报道的新闻都差不多。事实上,如果各家媒体的新闻大相径庭,一定会有人质疑客观报道的方法,这可能预示着一场新的行业危机。

然而,遵循一套相同的做法不一定能实现客观性的理想,即价值与事实的分离。实际上,遵循与客观性相关的这些做法直接给政治利益集团带来了好处。

我们已经看到,发生在成立已久的机构（特别是官方机构）内部和周围的事件才会被定义为新闻。而在这条边界之外的事情可能永远不会被专业记者捕捉到。即使被捕捉到了,根据既定的重要性划分标准,它们也不太可能被认为具有新闻价值。这就是为什么大量的新闻都是与官方有关的,即便这些新闻总是很常见,并且是可预测的。记者和新闻媒体正是在这些机构的常规程序和它们的可预测性的基础上,开展自己的工作的。因此,新闻价值是社会建构的结果。它不是事件的固有属性,而是被记者赋予的。一旦我们意识到这一点,我们过去谈论新闻的方式就显得不那么恰当了,尤其是把新闻比喻成一面"镜子"——对事件的简单反映——的观点已经不再成立了。即便是一面镜子,也无法反映整个世界。它一定会朝着某个方向,反映一些方面,并排除另一些方面。因此,媒体所传播的形象远非完整,顶多反映了社会的一个小侧面。

此外,媒体所反映的对象并不是被动的。相反,人们持有各种权益,掌握着各种权力,与新闻生产者维持着各种关系,因而能够积极地影响新闻内容。因此,最终的媒体形象往往反映了社会行动者的相对权力,而不是某种"客观"的现实。

所以,新闻产生于这样一个社会过程:媒体从业者决定什么具有新闻价值,什么没有新闻价值;什么人重要,什么人不重要;什么观点值得报道,什么观点应该抛弃。这些决定都不是完全客观的。客观性的理想是将价值与事实分离,但这种理想终究是无法实现的,哪怕依然有人认为这是一个有价值的目标。除此之外,与客观性相关的实践方法很容易导致这样一种倾向:让当权者获得极高的媒体曝光度,而忽略了那些权力中心之外的人。记者依赖那些"合适的"、能接触到的,同时最好是权威的信源,意味着他们主要和政府官员、企业高管进行交谈,并最终复制了他们对世界的看法。因此,整体来看,"客观性"新闻通过强调官方的观点和活动,实际上维护着当权者的利益。

拒绝客观性:另类新闻

正如我们所见,作为美国新闻业的标准,客观性是一个相对较新的现象。美国的开国元勋保护新闻自由之时,他们保护的是以党派色彩浓厚的小册子和期刊为主的出版物。在整个 19 世纪,报纸往往隶属于政党。这些政党会站在某个角度公开辩论,而不会在很多问题上努力保持中立。尽管"客观性"新闻已经取代了这一古老的传统,但"倡导式"(advocacy)新闻(advocacy)或"另类"(alternative)新闻一直延续到今天,并且发展出多种形式。

阿东和汉密尔顿(Atton and Hamilton 2008)认为,另类媒体"试图从伦理和政治的角度挑战客观性和公正性"。他们质疑这样一种观点:"首先,将事实与价值分离是有可能的;其次,从伦理和政治的角度来看,这样做也是可取的。"(Atton and Hamilton 2008:84)另类新闻的报道者不仅反对不介入事件的观念,还希望积极推动他们支持的事业。

另类新闻项目的媒体形式十分广泛,包括报纸、杂志、网站、广播电视节目等。近年来,互联网拓宽了另类新闻的接入渠道,让另类新闻获得了更多的关注,并使其在全球范围内的扩张达到了前所未有的高度(Lievrouw 2011)。

可以被称为另类新闻的工作有很多。其中一些存在于进步的扒粪运动传统①之中。这种传统可以追溯到19世纪,主张基于事实的报道,致力于揭露主流媒体所忽略的社会症结或不法行为。例如,创立于1976年的非营利性杂志(现已创办网站)《琼斯母亲》(*Mother Jones*)取名自一位早期的劳工运动领袖,并自称是"一家由读者支持的非营利性新闻机构……对政治、气候变化、教育、食品等一切议题进行独立的调查报道"(Motherjones.com 2018)。凭借调查性报道,它赢得了无数奖项,并在2017年获得美国杂志编辑协会(American Society of Magazine Editors)的年度最佳杂志奖。

另类新闻的另一些尝试致力于拓宽新闻的视角。《现在民主!》(*Democracy Now!*)号称是"每日一小时的全球独立新闻时间"。正如其网站所说,这档节目的

> 报道包括每天突发的头条新闻,以及对那些在全世界最紧迫问题中身处一线的人进行的深度访谈。在《现在民主!》中,你将听到人们为自己发出的各种声音,获得有关全球性事件的独特的,有时甚至是煽动性的观点。(Democracynow.org 2018)

还有一些利用互联网来建立国际联系的尝试。例如,根据其自身的说法,全球网络独立媒体中心(Indymedia)提供了"一个集体运营的媒体网络,旨在创作激进、准确和充满热情的真相报道"(Indymedia.org 2018)。独立媒体中心的活动家不以客观性为目标,他们持有自己的立场,会对当下的问题表达典型的左翼或进步观点。

保守派的活动家也创造了自己的媒体形式,将新闻和观点融合在一起。布赖特巴特新闻网(Breitbart News)已经成为极右翼新闻和评论领域中最受瞩目的网络阵地。2005年,保守派活动家安德鲁·布赖特巴

---

① 美国新闻界和纪实文学界在19世纪末20世纪初发起的一场黑幕揭发运动,以揭露丑闻与黑幕、报道社会阴暗面为特点。最有代表性的作品包括艾达·M. 塔贝尔(Ida M. Tarbell)的《标准石油公司史》(*The History of the Standard Oil Company*)、厄普顿·辛克莱(Upton Sinclair)的《屠场》(*The Jungle*)等。

特(Andrew Breitbart)(2012年离世)创建了这家新闻网(Breitbart.com)。当网站的首席执行官史蒂夫·班农(Steve Bannon)离开布赖特巴特,转而负责唐纳德·特朗普2016年的总统竞选活动时,该网站获得了国际关注。随后,班农成为特朗普总统的首席战略师。但几个月后,他就离开了白宫,并回到了布赖特巴特。最终,在与特朗普家族发生冲突后,班农失去了在布赖特巴特的工作。布赖特巴特与特朗普竞选团队之间的联系和该组织极端的保守态度使其在极右翼圈子里成为知名的政治新闻网站。此外,还有Townhall这种商业化运作的网站。根据网站的描述,它汇聚了"100多位重要的专栏作家和意见领袖的政治评论和分析,100家合作机构的研究报告、保守派电台访谈节目,以及一个由数百万保守派草根用户组成的社区。Townhall.com致力于在美国的政治辩论中提升保守派的声量"(Townhall.com 2018)。这家网站还与数百名保守派博客作者保持着密切联系。

在最理想的情况下,即使这些新闻机构尝试站在某个政治立场上探讨问题,它们也可以通过基于证据和事实的报道来拓宽新闻的视角或者解决主流商业媒体所忽略的问题,进而在帮助人们了解问题、提升参与程度方面发挥重要作用。但在最糟糕的情况下,一些党派媒体——无论是主流媒体上措辞尖锐的有线电视脱口秀节目还是另类新闻网站——会加剧政治极化的趋势和虚假信息的传播。如果人们沉浸在肯定其信仰、迎合其偏见的媒体环境中,那么,他们就不可能理解反对者的观点,也不可能与持不同意见的人进行有效的讨论,更不可能发现健康运转的民主社会所必需的共同基础。相反,如果人们仅仅依靠这些媒体获取资讯,近年来痼疾难除、严重分裂的政治局面可能进一步恶化。

正如我们所看到的那样,新闻媒体的生产是一系列惯例和常规的结果,这些惯例和常规推动着专业人士合作完成他们的工作,并满足所在机构的要求。这些惯例包括基本的职业规范(比如,客观性)和基本的组织目标(比如,新闻采集)。媒体的日常实践在很大程度上塑造着最终的媒体产品。

我们也能看到技术变革对这些常规的改变。为了创造新的报道形式、发表新的观点,有的媒体会拒绝某些惯例,最典型的例子就是客观性的观念。

职业角色与专业社会化

记者并不是唯一一类遵循常规的媒体专业人士。对工作实践和职业规范的分析可以帮助我们理解其他媒体行业。现在让我们来看看另外两个例子——摄影师和图书编辑,并从职业角色的角度来进行考察。

角色

在社会学理论和研究中,**角色**的概念由来已久。它可以帮助我们理解社会和个人之间的关系,以及结构的力量和能动性之间的关系。我们在日常对话中也会使用这个词:我们知道演员会扮演特定的角色;我们可能会把篮球队的一名队员叫作角色球员(role player)①;在得知本地的酒吧最近发生了一场争吵后,我们可能会询问我们的朋友,当事人在争吵中扮演了什么角色。从社会学的角度来看,角色可以被看作与各种社会地位相关的一系列期待。例如,学生知道自身角色的基本要求:上课、完成作业、尊敬老师,等等。我们很少思考角色的具体内容,这是因为我们在很大程度上已经把它内化了。事实上,角色已经变成了我们自我意识的一部分。你会说"我是一名学生",而不会说"我扮演了学生的角色"。

但是,角色的社会建构性有时又很明显,比如,当角色期待被违背的时候。以课堂为例,如果一名学生在课堂上呼呼大睡,鼾声如雷,甚至为了睡得舒服一点,直接躺到了铺了地毯的地板上,班上的其他人就会感到不舒服。这是因为打鼾的学生公然违背了对学生这个角色的一个核心要求:学生不仅要上课,还要表现出对课堂的兴趣——即使是伪装出来的兴趣。这种情景会让角色规范一目了然,当我们看到哪些事情是不应该做的,就会更加确认哪些事情是应该做的。

当我们必须开始一种新的角色时,我们也能意识到角色的存在。想象一下你要开始一份以前从没做过的新工作。无论是做服务员、教师还是股票经纪人,在最初的几天里,与这个新角色相关的一系列期待都是不太清晰的,甚至会令人感到困惑。但最终,你必须掌握胜任新工作的

---

① 体育术语,通常用在篮球运动中,指的是为一号主力球员提供辅助支持的配角球员,往往在球队中扮演二号、三号或四号球员的角色。

秘诀。要做到这一点,你需要听从指示、观察他人的做法,以及获得关于自己工作表现的反馈。

学习一个角色的基本规则的过程叫做**社会化**。在本书中出现的媒体从业者——记者、摄影师、作家、电影制作人、音乐家,等等,都需要经过社会化才能扮演好角色。我们可能认为这类工作是**创造性**的,需要有特殊才能的人来完成。但我们要明白,即使是这些创造性的媒体工作,也必须由那些满足自身角色期望和符合其所工作的组织的期望的人来完成。

角色的概念强调了外部社会控制的重要性。可以说,特定的角色通过告诉我们应该做什么而成为一种社会控制机制。由于其他社会成员都知道这些角色规范,我们与他人的互动就成为践行这些期待的途径。我们一般不会认为角色期待是压迫性的,因为社会的控制并不是直接强加给我们的。我们不同程度地内化了角色的要求,这种内化常常十分彻底,以至于我们很少觉察到社会控制的存在。由此,角色的概念解释了个人行为是如何被更广泛的社会力量所塑造和影响的。

但这不是角色的全部内涵。角色不是僵化的,它们没有规定具体的行为。相反,个人在他们的角色框架内,往往有很大的协商空间。例如,父母在不违背角色规范的条件下,可以采取各种方式和他们的孩子相处——朋友、严厉的管教者或撒手不管的监护人。但是,限制依然存在。有些行为被广泛认为违背了基本规范,有些行为甚至会导致孩子离家出走,从而终止了父母的角色。

角色也不是静止的。父母角色的例子说明了角色的动态本质。今天,人们对父母的期待已经不同于 50 年前了。角色同样不是永恒不变的,社会状况的变化会创造或消除某些角色。下面,我们将探讨角色和社会化如何适用于媒体专业人士,以及不断变化的社会状况会如何影响这些角色。

摄影

照片无处不在。对大多数人来说,照片并不怎么神秘。手机的摄像功能使我们可以便捷地捕捉到各种日常活动的图片。我们可以拍下在图书馆睡觉的朋友,我们刚刚准备好的饭菜,或者在暴风雪中来一张自拍。而且,只需要点击几下,我们就可以在社交媒体上与朋友和家人分享照片。我们还可以使用简单的图片编辑软件来修饰图片,或者使用

Photoshop 进行更精细的处理。那么,如何区分摄影爱好者和专业摄影师呢?

最简单的答案是专业摄影师可以凭借他们的照片获得报酬。但是,我们可能认识这样一类人:他们的业余摄影完全可以与出版的摄影作品相媲美。因此,仅仅从技术层面来做区分是不够的。这个问题的另一个答案是天赋。专业摄影师看待照片的眼光是我们一般人所没有的。这种区分无疑是有道理的,但我们很难将其用于实际用途。应该由谁来界定这种天赋或眼光呢?我们应该如何判断,谁配得上专业摄影师的身份,谁又只是一个摄影爱好者?

不过,如果我们把摄影师看成扮演摄影师的角色并按照相应的角色规范行事的人,就更容易形成对这个职业的理解。巴塔尼阐述了摄影师这个职业角色是如何在 19 世纪中叶出现的。早期的摄影师希望将摄影这个新兴的领域组织化,使之成为一个受人认可的职业。为了提升声誉,吸引有钱人来照相,并与摄影材料的供应商建立良好的关系,早期的摄影师宣称"他们的摄影棚和摄影行为是一种高雅文化"(Battani 1999:622)。

当然,由于存在不同类型的摄影,因此就有不同类型的摄影师角色。例如,摄影记者和广告摄影师可能使用相似的基本设备,却扮演着不同的角色,承担着不同的任务、期待和规范。罗森布拉姆(Rosenblum 1978)的经典研究《工作中的摄影师》(*Photographers at Work*)表明,角色期待和组织要求在解释报纸和广告中的摄影风格差异,以及摄影师在两种环境下对创意的不同理解方面发挥了重要的作用。

新闻图片和广告图片遵循不同的风格惯例,这使得二者的形象相差甚远。即使是没有受过专业训练的人也能够看出它们的差异。例如,人们很容易区分《名利场》(*Vanity Fair*)[①]里推销牛仔裤或香水的图片和《纽约时报》头版的新闻图片。如果说图片的风格和相关的惯例是差异化的,那么这种差异也许来源于摄影师自身的社会化、他们的工作角色以及图片需要满足的组织目标。

摄影师的社会化

社会化指的是人们习得某种角色期待的过程。年轻的摄影记者和

[①] 《名利场》是美国知名的老牌文化时尚杂志,创刊于 1913 年,报道内容多为明星的私生活,同时也包括新闻、评论、随笔等内容。

广告摄影师一开始掌握的摄影技能可能差不多。他们都知道摄影需要具备哪些基本技能。而社会化要求他们超越技术层面，学会如何从概念层面看待图像。摄影记者和广告摄影师拥有不一样的视角。每个摄影师只有掌握这种视角，才能拍摄出合适的图片。此处隐含的假定是，看待事物的方式是社会建构的结果。摄影记者和广告摄影师必须学会以符合他们职业角色和组织角色的方式来看待图像。

刚入门的摄影师必须学习和内化他们所在组织的基本规范，同时还要学习职业文化。刚进报社的摄影记者则要了解报纸及其网站的新闻特点，更重要的是熟悉新闻机构筛选图片的过程。摄影记者在工作中会拍摄大量照片，但只有一张会登上报纸，网站也只会发布其中的几张。图片编辑就是负责决定要使用哪些图片的人。因此，摄影师的社会化过程包含学习图片筛选的规则，这样才能拍摄出会被图片编辑选中的图片。

摄影记者要遵循一条基本的职业规范：图片应该记录发生的事情，而不是改变它们。虽然图片只能选择性地抓拍复杂情景是一件不可避免的事，但把自己置于旁观者的视角正是摄影记者意识形态的核心所在。摄影记者必须学习如何置身事外地拍到合适的图片。

由于要拍摄的事件几乎都是预先安排好的（例如，新闻发布会、游行、体育赛事）或者符合标准的报道模式（例如，火灾、事故、犯罪），因此，摄影记者明白，只有预先策划好要拍摄什么类型的图片，才能拍摄到合适的图片。这要求摄影记者提前想好拍摄的战略位置，选好合适的镜头，判断事件中的重要场景或人物，最终拍摄出令编辑满意的图片。因此，摄影记者的社会化包括学会如何提前策划行动及设计镜头。

广告摄影师所遵循的组织和职业规范不同于摄影记者。其中一处差异是，广告摄影师不用置身事外，而要学会把控一切。广告摄影师要对每张图片的方方面面负责，图片中的每一处细节都需要精心设计：灯光、场景、发型、服装、珠宝、背景和道具等。广告摄影师必须学会精密地把控，并掌握完成这项工作所需的技能。

广告摄影师认为，广告摄影是一项集体工程，处理好与艺术总监、广告商代表的关系是这项工作的关键一环。他们知道，成功不仅依赖能拍出好照片的独特视角和技能，也需要与拥有广告创意主导权的人协商，甚至是讨好他们。在实践中，这意味着广告摄影师不能把自己当作纯粹的艺术家。这个职业要求他们把自己的角色当作商业驱动的集体工程的一部分。

这两张图片展现的都是人们的用餐时刻。哪一张出自新闻,哪一张出自广告呢?这种显而易见的差异表明,摄影记者和广告摄影师会不同程度地控制图片内容。

摄影师的工作角色与组织目标

新闻编辑室内部的分工决定了摄影记者要拍摄的图片的类型。专业的新闻摄影通常需要与许多人合作:分配任务的人、摄影师、挑选图片的图片编辑、印刷工、对报道的选择有决定权的编辑,以及创建和更新网站的网页设计师。新闻机构是成熟的官僚制机构,依赖明确的规则和分类体系。这种组织形式促使摄影记者拍摄出标准的图片,也就是我们大多数人能够识别出来的那种新闻照片。但分类体系才是关键。根据这一体系,新闻报道被分为不同的类型:灾难、战争、政治选举、立法辩论和社区冲突。在新闻生产的过程中,新闻机构会为不同类型的报道设计标准的脚本,其中包含对图片的要求。摄影记者需要拍摄出符合这种脚本的要求的图片。如果图片编辑总是删去不符合脚本要求的图片,摄影记者就会立刻明白不能再拍摄这类图片了。

对摄影师角色的期待也包含界定创造性的方式。编辑希望摄影记者有良好的新闻判断力,能够发挥主动性,拍摄出从各个方面反映新闻事件的好图片。同时,编辑和读者都希望摄影记者能够定期拍出符合标准化报道的要求的标准化图片。这些要求并没有给摄影记者留下多少自由创作的空间。不仅主题是指定的,组织规范也规定了合适的图片类型。最终,摄影记者普遍把自己当作拍照的记者,而不是有创造力的艺术家。

相比之下,广告摄影师则扮演起商人的角色,因为他们必须将服务出售给广告代理商和广告商。在艺术总监的指导下,他们拍摄的是预先设计好的图片。因此,大量的广告摄影仅仅是一项技术性工作。摄影师必须具备足够的知识和技能来有效地达成创意决策者的意愿。广告摄影师的日常工作主要是拍摄设计好的照片,然后做一些微调(例如,角度和灯光)。这样,艺术指导就可以在不同版本的照片之间进行挑选。

对绝大多数广告摄影师来说,创造性不在于对图片的构思,而在于捕捉到所需图片的能力。这种能力常常表现在为拍摄过程中的技术难题设计解决方案。因此,广告摄影的创造性指的是,当标准的技术不奏效的时候,能够发挥创新能力,拍摄出艺术总监想要的图片。因此,广告摄影的创造性不在于视角,而在于对技术的掌握(Rosenblum 1978)。在数字时代,对技术的掌握越来越多地涉及通过熟练使用图像处理软件来满足客户的需求。

不过,摄影师的表现并不是完全一致的。他们在不同的机构工作,这些机构对他们有不同的要求。经过社会化,他们需要扮演不同的职业角色,拍摄不同类型的图片。组织和职业规范是我们理解摄影师所拍摄的图片、他们的日常工作和自我评估方式的背景。在对摄影师的考察中,我们有一个重要发现:工作场所里的权力关系可以很好地解释媒体专业人士的工作。无论是新闻摄影记者还是广告摄影师,都必须拍摄合适的图片,从而使上司满意。大多数时候,他们都在执行别人的创意而不是实现自己的想法。随着越来越多的摄影师成为自由职业者或者项目承包商,而不再以全职员工的身份工作,识别组织的期待和提供组织所需图片的能力成为摄影师职业发展过程中日益重要的因素。

那么,在组织结构中处于较高级别的媒体专业人士又是怎样的情况呢?哪些规范或社会力量会影响他们组织工作的方式?对图书编辑的工作进行考察可以帮助我们回答这些问题。

编辑决策的制定

图书出版是一个充满活力、包含多个方面的行业。书籍会以五花八门的主题出版,以多样的形式包装,在不同的场合出售,并由各种类型的读者购买。此外,还有不同类型的出版公司,包括以七位数的预付款签约知名作家的大型商业公司和出版学术专著的小型出版社。

对所有出版公司来说,关键的决策是出版哪一本书。无论出版社的目标是以数百万册的销量挤进畅销书排行榜,还是被大学教授选为课堂教材(在这种情况下,卖出几千册就算成功了),所有出版社必须从众多书稿中选出最终能成为书籍的少数作品。这样的选择过程在其他传媒行业也普遍存在。唱片公司只与少数歌手签约,好莱坞制片公司生产的电影数量有限,电视台每年只在黄金时段增加少量的新节目。在这些行业中,决策者需要针对他们并不完全了解的项目做出大量的选择。当然,这些选择会产生实质性的影响,决定了哪些书籍、音乐、电影和电视节目将会问世。

不同的行业以及行业中的不同部门有不同的规则来控制决策过程。商业媒体公司对稳定利润的追求使得评估经济成功的潜力成为决策过程的核心特征。决策者需要制定策略来评估一部电影或一本书的潜在利润。

图书编辑的工作

在大多数出版社中,负责书稿的征集、评估和签约的人被称为策划编辑。他们的工作是为出版社选出高质量的书,剔除不适合的书,并与作者们合作,最终出版契合组织目标的图书。不同出版社的策划编辑有不同程度的自主权和不同的编辑任务,但一般情况下他们都是出版决策的主要制定者。

一项关于出版业的经典研究(Coser, Kadushin and Powell 1982)发

现,决定一部书稿出版与否的关键在于作者通过什么样的渠道引起出版商的注意。对于一部书稿的"质量"或"价值"的抽象评估远远没有书稿来到出版商面前的方式那么重要,至少在决定一本书能否出版方面是这样。在编辑面前,有不同"来路"的作者(或许应该说成堆的书稿)。这些书稿是根据接收方式来分类的。数量最多,也是最难成功的一类作者是主动把书稿寄给出版社的一群人。这类作者希望凭借书稿的吸引力获得出版的机会。遗憾的是,这些有抱负的作者不太可能通过这种办法取得成功。一家大型出版社表示,在每年 15000 份自投稿件中,大约只有一份可以出版(Anand,Barnett and Carpenter 2004)。

相比之下,其他途径更有可能达到出版的目的。与没有标明签收者的做法相比,如果主动投递的书稿标注了编辑的姓名,就更有可能得到严肃的对待。更重要的是,与编辑的私人交流才是真正帮助书籍出版的因素。来自非正式渠道(其他作者、朋友或专业会议)的书稿会被放进单独的一小叠书稿里,进而得到更多的重视。而最受重视的书稿来自拥有经纪人的作者。有潜力的作者都希望拥有一名经纪人,但是他们最后发现,经纪人在代理对象的选择上是非常挑剔的。社会学家克莱顿·奇尔德雷斯认为,文学经纪人是出版行业重要的把关人。根据他的说法,一家大型文学管理公司的创始人估计:"每一封主动投递并最终走向出版的作者的询问信背后有超过 11 000 封信被拒绝了。"(Childress 2017:70)

当然,所谓书稿"堆积如山"的情况只是一种夸张的说法,但这种比喻表明,出版社是按照这些书稿的类别来组织工作的,即便这种安排是无意识的。从组织方式看,这个系统的运作就像一场有不同入口的障碍赛。每份书稿从不同的起点出发,面临不同的障碍、机会和时限,甚至还会遇到不同的人事问题,直到跑完全程或者被淘汰出局。每一场障碍赛的性质取决于出版社的组织特征。

尽管科泽(Coser)及其同事所讨论的影响策划编辑的基本因素仍然在发挥作用,但最近的研究发现,今天的出版业出现了一些新的动态。例如,策划编辑在日益增大的压力下只签约有望成为爆款的书。同时,他们在阅读投稿方面也十分吃力,这是因为更多的时间都花在了图书的营销和宣传上,专业的营销和宣传人员在决定哪些图书可以出版方面拥有越来越大的话语权(Greco,Rodriguez and Wharton 2007)。出版社现在的合作对象常常是那些有能力自我宣传和交叉推广书籍的作者。他们的宣传途径包括自己撰写人气博客、主持或参加节目以及定期给报纸和杂志投稿。出版社比以往任何时候都更加希望作者拥有活跃的网络形象,能够通过推特、脸书和其他社交媒体平台宣传他们的新书。

随着人们越来越关注潜在的畅销书以及有望大赚一笔的电影版权,拥有忠实读者群的知名作家地位不断上升,维护作家或委托人利益的"超级经纪人"也随之出现。近年来,出版行业里的权力天平从出版社向知名作家和他们的经纪人倾斜了。约翰·汤普森在研究美英两国的大众图书产业时指出,这些新兴的超级经纪人

> 不认为自己是在作者和出版社之间协商利益的中间人,而更多地把自己看作客户利益的忠实捍卫者。他们主要从法律和财务的角度来筹备工作,并通过对客户作品的各项权利的控制,决定将哪些权利以何种条件分配给哪家出版社,从而取代了出版社的中心地位。在他们看来,出版社不是这个领域的核心角色,只是他们代表客户实现目标的一种手段,这一目标就是尽可能有效和成功地把作品推向市场。(John Thompson 2010:66)

汤普森认为,出版界的这一现象实属罕见,但它并不能代表大量的小型出版商。这些小型出版商在没有强势经纪人的情况下处理着作者的作品。

美国的出版社每年大约出版 30 万种书。为了争夺公众的注意力,编辑和宣传人员承受着巨大的压力。近年来,自出版(self-publishing)①的爆炸性增长更是带来了新的竞争局面。虽然很难得到确切的数据,但据估计,美国现在每年自出版的新书超过了 72.5 万种(Bowker 2016)。这些自出版的新书大多销量不佳,但是仍有一些书取得了一定的成绩,还有少数作品成为畅销书。例如,畅销的情色浪漫小说《五十度灰》(*Fifty Shades of Grey*)最初就是自出版的,后来才被传统出版社购买。目前,出版社已经注意到了这个现象,一些出版社甚至推出了他们的自出版品牌,如西蒙与舒斯特的拱门出版社(Simon and Schuster's Archway Publishing)。

由于出版的书籍数量众多,任何一家书店都不可能把所有的新书摆上书架。出版社在决定要出版哪些书时会遵循一系列惯例,同样,书店

---

① 自出版是指创作者在没有第三方出版社介入的情况下,自主出版发行书籍等媒体产品。

也会按照自己的惯例来决定要销售哪些书。预览版样书和出版社的图书目录可以帮助书店做出决定。就像报纸的头版一样,出版社会把它们最看好的书放在目录前列,并留出更多的展示空间。除了图书目录,米勒(Miller 2006)认为,书店的采购员(他们决定一家书店要进哪些书)还会考虑如下因素:作者以往作品的销售情况;这本书的题材在当下的流行度;出版社的促销预算和计划;作者是否会开展巡回签售活动或在媒体上露面;销售代表或编辑的热情程度和建议;订购和收到这本书的难易程度;销售的一系列因素(折扣、运费、支付方式和退货政策);图书的市场价格、产品质量和封面设计;图书的话题性;采购员对当地人品位和习惯的认识;以及采购员的个人品位;等等。米勒认为,独立书店和连锁书店都会采用常规惯例来在海量的书籍中筛选,但独立书店在决策中更加重视当地读者的兴趣。

像亚马逊这样的线上书店不用担心书籍的存储问题,因为它们的商店只存在于虚拟空间之中,而它们的实体书存放在租金便宜、无须装饰的仓库里。这赋予了它们更大的优势,因为实体书店必须为人流密集场所的选址支付高昂的租金,而且还得时常面对读者想要的某本书店内却无货的问题。不过,线上书店也面临一些其他困难,比如,读者浏览书籍的不便。为了解决这个问题,线上书店在它们的网站上加入了书籍的封面图,用户搜索书籍的页面会显示相似和推荐的书籍,还有像亚马逊的"在线试读!"(Look Inside!)这样的选项。这些改变试图让购买者获得逛实体书店的体验(Weedon 2007)。尽管电子书的人气没有持续增长,但是稳定的受欢迎程度加上改善电子阅读体验的新设备,给线上书店带来了额外的竞争优势。它们没有存储和运输实体产品的成本,可以即时地把书籍提供给读者。2015 年,电子书约占图书销售总额的 24%(Milliot 2016)。

学术出版

沃尔特·鲍威尔(Walter Powell 1985)研究了两家学术出版社选稿时的操作流程。在图书行业中,学术出版是一个不太以营利为导向的板块。一般来说,为了支付生产成本,图书需要大量出售。同时,还要符合出版社对学术质量的要求。不过,编辑不需要把注意力完全集中在签约畅销书上。因此,学术出版社的策划编辑的目标要比大型商业出版社的同行模糊得多,后者把销售潜力作为主要的目标。

与商业出版社的情况一样,学术编辑也遵循一套惯例。这些惯例受到标准的操作假设的指导,后者可以帮助编辑制定出版决策。由于书稿的数量众多,编辑不可能对每份书稿都给予关注。如果书稿来自一位从未联系过出版社的不知名作者,那么它就不会得到编辑的关注,因此也不太可能出版。如果书稿来自与出版社有交情的作者,或者属于编辑的征稿,那么它很快就会得到高度的重视。此外,编辑还会邀请知名学者担任丛书编辑,从而吸引新作者或者由这些知名学者来评估书稿。通过这种方式,编辑可以将评估工作转交给一群稳定且值得信赖的学者,他们可能在某个领域更加专业。大多数学术出版社还会聘用外部审稿人——由编辑请来匿名评估书稿质量的人。编辑通过这一系列行动来应对他们的工作量,从而达成他们的编辑目标以及对作者、同事和朋友的承诺。这一切表明,编辑有很大的自主权,他们可以在需要的情况下聘用丛书编辑、将稿件发给有可能伸出援手(或拒绝)的外部审稿人,并密切关注他们认识的学者在参与哪些项目。

在鲍威尔的研究中,他起初接受了编辑的解释,即他们在获取选题方面拥有很大的决定权。但是,他后来注意到几件事,由此产生怀疑:编辑清楚地知道哪些作者应该优先对待,哪些可以一直往后排;编辑从不建议出版非典型的图书,这显示出他们的边界意识;编辑岗位的流动率很高,但他们的决策却很稳定。此外,鲍威尔发现,通过观察出版社,他已经能够预测哪些书稿会被签约,而哪些会被拒绝。从本质上说,当他熟练地掌握了这些非正式规则之后,决策的过程就变得不那么神秘了(Powell 1985)。

学术出版和摄影很类似。通过社会化的过程,策划编辑掌握了出版社的价值观和偏好。而这个社会化的过程则成为一种组织施加控制的隐蔽机制。对编辑而言,社会化的关键是了解出版社会出版哪些类型的图书。其中,编辑需要了解出版社的历史和传统,对于出版社的知名书籍及其作者,他们可能也十分熟悉。简言之,成功的编辑必须了解出版社的"目录"——目前的书单,其中包括新出版的书和以前出版的书。新书必须对以前出版的书有补充作用。编辑知道这条限制,并把它当作编辑决策的准则。这样一来,对新书的选择在很大程度上是由以前出版的图书类型所决定的。此外,一家出版社的大多数外部审稿人都是在这里出版过作品的作者。因此,在每一年对新书的选择中,他们会强化类似的规范。

鲍威尔还发现编辑的决策很少被上级否决,并认为原因是编辑内化了出版社的基本规范(Powell 1985)。编辑的决策之所以没有被否决,是因为他们已经剔除了那些不符合标准的书籍。他们送给上级审批的书稿与出版社的目录相得益彰。这就是他们成为好编辑的原因。他们之所以在工作中享有很大的自主权,是因为他们在工作时不会过多地独立思考。

通过考察编辑组织工作的方式以及指导决策的组织性假设,我们可以看到,在媒体生产中,存在着人类能动性和结构性约束之间的动态关系。尽管作为组织性前提的结构性要素会阻碍变化的发生,但日常实践中的细微变化可能有助于改变这些前提,从而让全新类型的图书得以出版。存书目录(backlist)就体现了能动性和结构之间的这种关系。它反映了以前的编辑所做的一系列决策,而这些决策传统又会影响当下的决策。但是,当下的决策可以改变存书目录,进而影响未来的决策模式。在这个例子中,我们既看到了社会化过程的稳定性,也看到了其潜在的动力。

互联网、新媒体和新组织的规范

以上讨论的三种职业(记者、摄影师和编辑)都是业已成熟、拥有悠久传统的职业。但是,新兴的媒体和网络互动又是怎样的景象呢?在这些媒体中工作与传统媒体中的职业和组织有哪些不同和相似之处呢?

互联网具有高度去中心化的性质,这很容易让我们认为,网上的社会活动是完全自主的,而不像传统媒体的生产活动那样受到惯例的影响。可是,虽然互联网(尤其是社交媒体)催生了全新的互动形式,但是任何上过网的人,都能感受到有一种规范在约束着网上行为。这些规范和惯例既来自网站和社交媒体平台的创建者,也来自一部分用户。

许多网站的创建者都从属于大型媒体机构,他们受制于在各自的领域内居于主导地位的职业规范和标准。例如,专业的网络开发者协会提出了一些规范和惯例,内容涉及用户友好型网页设计、通用访问标准以及其他问题。这些团体的行为很像传统媒体从业者。而那些建立起我们与他人之间的网络,并通过讨论组、即时通信、微博、照片共享、社交网站和电子邮件来扩大网络规模的人,既借鉴了过去的惯例,又创造了新的惯例,由此形成了网络互动的规则。

例如,谷歌这样的搜索引擎会遵循惯例来运作,它的惯例以自身的设计为基础,有时也会发生改变。谷歌的算法会根据链接到每个网站的网页数量和网页的重要性而产生搜索结果的排名,从而引导用户点开链接数更多的网站。正如威德哈亚纳辛(Vaidhyanathan 2011:14)所言,"通过决定哪些网站可以被人注意乃至获得流量,谷歌已经在网络中建立了某种标准"。例如,谷歌降低了色情网站的优先级,这是为了减少用户输入模棱两可的搜索词后,意外点开这些网站的可能性。在谷歌的搜索栏中,如果在一个单词的前面输入**定义:**,就会得到该单词的含义。如果输入"**时间**"加一座城市的名字,就会得到当地的时间。网站的这些功能以及许多其他的功能都是创建者建立的结构性惯例。而且,不同的媒体有着相似的惯例,例如,推特曾经著名的"140字限制"或者脸书的"**好友**""**点赞**"和"**戳一戳**"功能。

然而,如前所述,作为媒介的互联网有一个标志性特征:用户是内容的生产者。这也是第八章的主题。这些用户并不是媒体专业人士,内容创作也不是他们的职业。于是,各种非正式的机制发展起来,它们开始传授某种媒介或某个网络空间的惯例,并指导人们采取合适的行为。比方说,你可能知道不应该在领英的个人主页上放度假的照片,因为它们与职场网络无关(甚至可能带来负面影响)。同样,你可能也不会在脸书页面上发布简历或者同事的推荐信。在这两种情况下,你知道存在着哪些规范,它们告诉人们在不同的社交媒体上应该采取什么样的行为。有时候,这些规范还会受到相对正式的监督。例如,一家广受欢迎的工作点评网站Glassdoor在俄亥俄州的办公室里有一个由26名内容管理员组成的团队,平均每人每小时阅读80至100条工作点评。当管理员发现了违反Glassdoor社区指南(指南发布在网站上)的点评时,就会删掉它们(Widdicombe 2018)。

随着时间的推移,我们还发明了帮助用户理解网络技术的语言。通过将人们在互联网上传统的感知方式乃至行为方式转变为正式的规则,这种语言赋予了网络媒体一种特殊的逻辑。用来描述网络行为的术语——例如"**喷子**"(trolling)、"**灌水**"(spamming)、"**玩失踪**"(ghosting)和"**潜水**"(lurking)等——表明我们的线上行为是可预测和模式化的。另一些社交媒体术语如"**新手**"(newbie/noob)和"**管理员**"(moderator),甚至准确地描述了特定的网络角色以及相应的角色期待。

另外一种普遍的惯例是用"表情符号"来模拟面对面聊天的语气。

在非正式的交流中,我们会使用表情符号来传递情感、丰富信息的内涵和传递幽默的态度,这往往发生在积极而非消极的聊天氛围里(Derks, Bos and von Grumbkow 2008)。我们也知道,在正式交流中使用表情符号并不合适。另一个网络语言惯例是在对话中使用首字母缩写词和俚语。这类术语一开始可能令人难以理解,经过社会化的过程,用户才能了解它们的含义。这方面的例子包括曾经常见的 LOL(大声地笑[Laughing Out Loud])和较少使用的一些词(比如,青少年常用的 CD9,意思是"代码9,爸妈来了"[Code 9, parents near])。很多缩写词都是昙花一现,突然流行,又突然过时。例如,BRB(马上回来[Be Right Back])在电脑端即时通信中曾经十分常见,但是当人们开始使用智能手机,始终保持在线状态时,这个词就失去了意义。如今,人们随时随地都可以做出回应。

在新媒体平台上形成的规范往往高度模仿传统媒体的规范。但是,新媒体也需要新的规范。在一项关于互联网规范的早期研究中,麦克劳克林、奥斯本和史密斯(McLaughlin, Osborne and Smith 1995)探讨了在线讨论组(当时被称为新闻组)的"行为准则"。实际上,他们研究的是在线对话参与者的角色期待。他们认为的确存在一些"应受谴责"的网络行为,那就是违反互联网基本规范的行为。这些规范通常被叫作"网络礼仪"。

那么,哪些行为会引起早期互联网用户的谴责呢?其中一项是对技术设备的错误使用,这通常发生在没有掌握规则的新手身上。例如,一名用户本来打算给一个人发消息,结果不小心发给了整个新闻组。第二条规范是发消息的时候不要用大写字母(使用大写字母相当于对别人大喊大叫)。第三种情况是违反了基本的网络规范,比如,没有在信息上添加电子签名,或者忘了在评论上附加之前的信息("引用")。如果用户做出了这些应受谴责的行为,负责维护小组正常秩序的用户就可能对他们进行网络训诫。起初,这种训诫可能是温和的,并且以教育为目的。但它也可能变得十分激烈,甚至引发所谓"网络论战"(flaming)。很多违规者会从他们的错误中吸取教训,寻求技术方面的帮助,并学会这些规范。自行其是的违规者可能会面临无法进入小组的威胁。而那些屡教不改的违规者最终会被踢出小组。

网络规范强有力地塑造着人们在虚拟空间的行为。也许这就是为什么绝大多数新闻组用户永远保持潜水状态,只阅读别人的信息而不发布自己的信息。事实上,有一条普遍存在的小组规范,那就是在发布信息之前,最好先关注这个小组一段时间。这使得新人可以融入小组,学习小组的历史与传统,并了解小组议程中的各种常见问题。还有一些方法可以促进新闻组新成员的社会化。例如,组员在订阅后会收到一份关于小组参与的电子行为手册,其中包括系统运作方面的技术建议和对正当行为的说明。小组讨论的历史档案也是可供查阅的,新成员被鼓励去通读这些档案。此外,新成员还会收到一份关于常见问题解答(FAQs)的文件,这是为了防止他们反复提出同样的问题。

为什么要首先建立这样的行为准则呢?有一种说法是它们为维系新闻组的身份建立了基础。当新成员学习电子社区的规范时,他们也获得了身份。当新成员因为不遵守基本规范而遭到训诫时,这种身份又得到进一步巩固。可是,这些准则来自哪里呢?许多准则都是对媒介需求的实际反映。例如,普通用户都知道发帖要填写适当的主题内容,这便于用户梳理这个主题的来龙去脉或者通过搜索找到它们。填写错误的主题内容或者空出主题栏会让用户参与虚拟社区变得更加困难,也更加耗费时间。

技术规范看起来微不足道,对违规行为的谴责又似乎过于严厉。但是,这样做都是为了在网络空间维持一种秩序。麦克劳克林和她的同事(1995)认为,最重要的可能是网络规范的背后隐藏着的社会根源。这些规范巩固和保护着电子社区的集体身份,并且可以抵御对这些身份或社区稳定性构成威胁的新成员。和其他媒体生产者一样,互联网用户也是社会世界的一员。在社会世界中,传统、组织的历史、群体身份和日常活动的流程都有助于塑造规范和实践,进而有可能影响虚拟行为。

来自早期互联网新闻组的这些发现仍然适用于新兴的媒体平台。不过,社交媒体的新用户还需要从官网政策(例如 Glassdoor 的社区指南)和初始的社会化过程中学习正确的行为规范,包括在哪里发布信息,何时转发信息,和谁分享信息。几乎所有的社交媒体——比如脸书、Snapchat 和推特——都有一套自己的行为规范政策:脸书的《权责声明》(Statement of Rights and Responsibilities)、Snapchat 的《社群指南》(Community Guidelines),以及推特的《推特规则》(The Twitter Rules)。这些政策规定了社交媒体服务的正当(和不正当)用途,包括隐私、版权、垃圾信息、色情内容和仇恨言论等方面的规则。它们为社交媒体上的行为建立了一套框架,并为如何处理那些违反政策的人提供了指导方针。不过,这些官方政策也才刚刚起步。社交媒体的一般用户早就适应了网络空间的规范,甚至对官方政策之外的规范也了如指掌,包括在好友的脸书墙上发布内容有哪些非正式的注意事项,或者如何回应(或不回应)脸书上的好友请求。

结论

本章通过介绍专业规范、制度性前提和组织结构如何塑造媒体生产者(包含专业人士和业余爱好者)的日常工作,丰富了关于媒体生产的讨论。我们已经看到,在建构和重建媒体生产常规的过程中,记者、摄影师、图书编辑和互联网用户都是积极的参与者。这些常规作为惯例,有助于组织媒体生产的集体工作。

常规和惯例都是由传媒产业中的经济、政治、组织力量以及技术性限制所塑造的。惯例也会发生改变,只是这种改变可能是缓慢的。最终,常规成为一种结构性限制,为未来的媒体专业人士的行动和决策提供指导。

对传媒产业的研究有助于我们理解生活中的媒体信息。在第四部分,我们将围绕大众媒体的内容,尤其是不平等和意识形态问题展开探讨。

讨论题

1. 媒体生产者是如何应对经济和政治约束的?这些约束通过什么方式来影响媒体工作?在这些约束面前,媒体专业人士有多大的自主权?请结合案例来分析这些问题。

2. 什么是"惯例"?这一概念如何帮助我们理解媒体专业人士的工作?为什么媒体专业人士会采用惯例?请结合案例来论述你的观点。

3. 新闻常规和新闻采集的组织方式之间是什么关系?为什么记者和新闻机构会建立这些新闻常规?

4. 社交媒体如何建立起与传统媒体相似的惯例?这对社交媒体的"全新性"以及不同媒体之间的延续性有什么启示?

第四部分 内 容

媒介对社会世界的再现

我们在第三部分主要讨论了传媒产业内部的生产过程。但是，除了我们作为用户自己创作的媒介内容之外，我们中的大多数人并不会直接观察到这些生产过程。我们能直接看到、读到、听到或者点击浏览的东西是媒体生产过程的产物，即各种媒体上呈现的内容，比如，电影、音乐、电视节目、网站或印刷出版物。对大多数人来说，这些内容正是他们体验大规模生产的媒体的最常见方式。

在第四部分，我们把焦点转向媒介内容，探索媒体以何种方式来再现社会世界。第六章探讨意识形态的问题，对媒介内容经常展示的价值观、信仰和规范进行分析。这一章研究了我们每天面对的各种媒体内容中蕴含的基本观点，以及媒体文本中潜在的矛盾和含糊之处。第七章研究了媒体如何描绘当代社会的核心不平等现象，特别是种族、阶级、性别和性取向等问题。这一章研究了媒体内容对各种群体的描述、这种描述如何随时间发生变化，以及这些描述与社会现实的关系。

第六章　媒体与意识形态

大多数媒介学者认为,媒介文本阐述了连贯审视世界的方式,即使这种方式是不断变化的。这些文本帮助我们界定自己所处的世界,并为恰当的行为和态度提供模板。例如,媒体产品如何描绘男人和女人、父母和孩子、患者和医生或者老板和员工的"恰当"角色?什么是成功,以及如何获得成功?哪些行为属于犯罪,犯罪和社会混乱的根源是什么?媒介内容中隐含着什么样的信息,这些信息又为谁的利益服务?从根本上说,这些问题都与媒体和意识形态有关。

大多数对媒体产品的意识形态分析侧重于信息内容,即关于历史或现实的故事本身,而不是这些故事的影响。在本章中,我们主要关注媒体信息。至于媒体信息与媒体用户之间的关系,我们将在本书的第五部分进行讨论。

什么是意识形态?

从根本上说,意识形态是一种意义系统,可以帮助我们界定和解释世界,并对世界做出价值判断。意识形态与**世界观**、**信念体系**和**价值观**等概念有关,但比这些概念的含义更广泛。它指的不仅是关于世界的信念,还包括界定世界的基本方式。因此,意识形态不仅仅关乎政治,它拥有更广泛、更深刻的内涵。

意识形态与"真实"世界

意识形态不一定能准确地反映现实。事实上,它们所描绘的常常是一个被歪曲的世界。在日常用语中,指责某人持有某种意识形态可能是一种侮辱,因为这个标签意味着此人在大量矛盾的证据面前,顽固不化地坚持自己的信念。当马克思主义者谈及**意识形态**时,他们通常指的是那些通过歪曲现实使当权者的行为合法化的信念体系。

正如我们在下一章要探讨的,媒介学者通常喜欢评估媒介内容与"真实"世界之间的对比情况。但是,意识形态分析者普遍认为,对**真实**的定义本身就是一种意识形态的建构。我们将谁的"现实"中的哪些方面界定为最真实的?是那些最常见的、最普遍的,还是最具影响力的?意识形态分析不是评估形象及其真实性,而是探讨这些信息传递了哪些与我们自己和社会相关的内容。

我们通常无法察觉到当代媒体的意识形态立场,因为它反映的是我们习以为常的世界观。通过回顾过去的媒体,我们可以更容易识别出媒体内容背后的意识形态。例如,我们可能会觉得老电影或过去的电视节目不太正常,这是因为它们对社会的理解并不符合我们当代的假设。以20世纪50年代和60年代初制作的大多数美国电视节目为例,这些电视剧里面几乎全是白人演员,基本不存在非裔美国人和其他少数族裔形象。这类节目通常认为,界限明晰、高度分化且不平等的性别角色是恰当和可取的。男性负责养家糊口,女性通常是全职妈妈。那个年代的传统西部片更是把欧洲裔美国人攻占原住民土地的行为看作天经地义,原住民常常被描绘成暴力的野蛮人,而不是奋力抵抗外来入侵者的英勇形象。

在讨论意识形态时,关于这些形象的首要问题不是它们是否真实反映了社会,它们显然没有(往小了说,它们只是歪曲并选择性地呈现了白人中产阶级生活的一小部分;往大了说,触及当代人敏感神经的各类极具偏见的刻板印象充斥其中。)。相反,对意识形态的研究关注的是这些形象如何阐释世界的本质是什么、世界是怎么运行的,以及世界应该是什么样的。那个时期的媒体内容所反映的意识形态是一套关于谁值得呈现和谁不值得呈现、不同的群体应该扮演什么样的角色,以及什么是正义的观念。而在今天,影视作品中的形象往往蕴含了一种与以往不同的意识形态。

在这个媒体资源丰富的数字时代,有大量从不同角度制作和发行的内容,我们似乎很容易从与自己观点相悖的媒体产品中发现蕴含意识形态的内容。例如,保守派的观众经常声称主流新闻反映了自由派的偏见,许多温和派或自由派的观众则认为福克斯新闻一向只报道保守立场的新闻。研究媒体意识形态的学者要求我们透过现象看本质,摆脱我们自己的政治偏好。如果我们更容易从自己不认同、不熟悉的媒体中发现意识形态,那么从新的角度去审视那些看似令人舒适和熟悉的媒体将大有裨益。在最理想的情况下,意识形态分析可以为我们提供一个分析媒体内容的新视角。

当学者们为了揭示意识形态而研究媒体产品时,他们感兴趣的是媒体产品中隐含的社会形象。因此,他们往往对媒体中反复出现的模式感兴趣,而不关心媒体内容的具体例子——单个报纸、网站、电影或热门歌曲所描绘的事物。对意识形态分析来说,关键是特定媒体文本中的形象和文字与我们对社会和文化问题的思考方式乃至定义方式是否吻合。

主流意识形态与文化冲突

媒体意识形态研究中存在一个重要的争论:一些人认为媒体会宣扬当权者的世界观,即"主流意识形态",而另一些人则认为媒体文本中包含了很多矛盾的信息,这些信息既反映了主流意识形态,也在一定程度上对这种世界观提出了挑战。

我们更倾向于认为媒体文本提供了一个关于意义的文化竞争场所,而不是仅仅提供了单一的意识形态。换句话说,代表不同利益、不同力量的意识形态观点在媒体文本中进行着较量。不过,这并不是一个公平的战场。一些观点会占有优势,原因可能是它们被认为广受欢迎,或是它们建立在人们所熟悉的媒体形象上;另外一些观点则很少见,或者很难以特定的形式传播开来,因为人们对其并不熟悉。

例如,倘若一位政治分析人士说"我们需要一支强大的军队来打击恐怖主义",这显然是在利用美国社会普遍存在的一种情绪。因此,它无须任何解释,就能被人们所理解。这里所调用的是一种人们普遍认为理所当然的关于世界的假设,即一种意识形态立场。而假如另一位分析人士表示"也许我们在世界各地的驻军是恐怖主义产生的诱因之一",这句话可能会引起人们的不解乃至愤怒。要想获得人们的理解,这种观点需要增加更多的解释。因为它与美国的主流意识形态相悖,即便这种看法在其他社会中可能是十分常见的。

不同的行动者都试图利用媒体向大众传达他们对世界的理解。不过,受众不一定会统一的方式来理解或阐释这些内容的意义。我们将在第八章中更全面地探讨这一问题。例如,2017 年的电影《逃出绝命镇》(*Get Out*)是一部融合了恐怖和喜剧元素的电影,它讲述了一位非裔美国男青年拜访其白人女友的富裕家庭所住的乡间住宅的故事。电影充满了各种奇思妙想(此处不做剧透),对美国的种族政治进行了讽刺性的批判。喜剧演员乔丹·皮尔(Jordan Peele)担任这部电影的编剧和导演。该片不仅票房大卖,还获得了四项奥斯卡奖提名。那么,这样一部电影蕴含哪些意识形态的内容呢?这部电影获得了一致好评,在"烂番茄"(Rotten Tomatoes)①上的好评率达到99%。《纽约时报》的影评人曼诺拉·达吉斯(Manohla Dargis 2017)在评论中对《逃出绝命镇》大加赞赏,表示这部电影具有挑战观众的能力:"皮尔先生提醒我们,恶魔有时就像邻居一样熟悉。毕竟,一个人的小说可能是另一个人真实遭遇的恐怖事件。"相比之下,《国家评论》(*National Review*)的阿蒙德·怀特(Armond White 2017)是少数觉得这部电影存在弊病的影评人。他认为这部电影"无足轻重",导演乔丹·皮尔"利用了人们在种族问题上的不适感,不负责任地将种族问题带来的痛苦和缓解种族主义问题的种种努力对立了起来"。显然,不同的评论者对同一媒体产品的意义和重要性有非常不同的解读。

此外,媒体内容的整体趋势及其意识形态常常是人们争议和辩论的焦点。例如,基督教保守派和伊斯兰极端主义分子都认为,美国媒体是社会堕落与罪恶的象征。而大多数美国人认为,媒体中的性、暴力和消费主义只是一个简单的事实。于是,媒体一次又一次地遭到一些人的批评,同时又会得到另一些人的称赞。这些关于媒体的论战经常会变得非常激烈,一些人呼吁彻底的审查,另一些人则捍卫言论自由。还有一些人担忧文化斗争的后果,因为政治极化似乎日益加剧,论战双方看起来没有丝毫妥协的可能。

意识形态的"文化战争"

对于政治家、企业、公民活动家以及宗教团体等各类群体来说,媒体是他们在这个时代传播特定思想的主战场。事实上,在当今美国社会,媒体是詹姆斯·戴维森·亨特(James Davison Hunter 1991;Hartman 2015;Hunter and Wolfe 2006)等人所说的"文化战争"的中心。在这场战争中,他们围绕基本的伦理问题争论不休。亨特强调,媒体中的广告、

---

① "烂番茄"创办于1998年,是一家美国电影和电视评论网站。该网站会追踪众多平台上的评论内容,并统计正面评价的比例。若一部作品的正面评价超过60%,将会被标记为"新鲜"。反之,当正面评价低于60%,则会被标记为"腐烂"。

新闻、给编辑的信、观点评论等形式都为公共话语提供了基本的形式,进而引发了文化战争。人们围绕堕胎、同性恋、移民或者死刑的伦理问题在媒体上争论不断,而且常常形成两极分化的态势。无论是传统的报纸专栏、电视广告,还是从博客和推特到优兔视频和脸书帖文的一切社交媒体,都成为文化保守派和进步派人士用来宣扬自己立场的手段。

媒体形象之所以常常引起争议,一个主要的原因是人们认为媒体总是在宣传令人反感的观点。简言之,很少有人会对那些宣传他们所支持的观点的媒体文本提出批评。因此,意识形态分析常常伴随着政治宣传。批评者在发现被歪曲的讯息后,会借此来表达自己的意识形态观点。结果,对媒体意识形态的讨论变成了一个非常棘手的问题。

最复杂的意识形态分析是审视媒体报道和媒体文本中包含的潜在矛盾,其中可能存在另类的观点,或者意识形态的冲突。因此,意识形态分析绝不仅仅是政治批判,即批评者大声谴责媒体中的"错误"思想。在我们看来,如果仅仅关注某一种媒体文本的意识形态,而不与更广泛的媒体形象相联系的话,这种分析的价值并不大。反思一部流行的电影,比如《美国狙击手》(*American Sniper*)中隐含的意识形态,也许会很有意思。(它是对军方的美化,还是一个关于战争创伤后果的故事?)但是,只有更认真地思考媒体文本中的形象模式,而不是孤立地分析一部电影,这种研究才会从聚会时的交谈转向严肃分析。在最理想的情况下,意识形态分析可以提供一个窗口,让我们看到社会上正在进行的更广泛的意识形态争论。我们可以通过这个窗口来了解媒体文本中传播的思想、这些思想的建构方式、它们如何随着时间发生变化,以及受到了哪些挑战。

意识形态的正常化作用

2015 年 9 月,记者保罗·索洛塔洛夫(Paul Solotaroff 2015)在《滚石》(*Rolling Stone*)杂志的一篇文章中,讲述了他跟随当时的候选人唐纳德·特朗普参加总统竞选活动的经历。索洛塔洛夫观察了竞选活动中的特朗普,还与他在特朗普大厦的办公室以及他的竞选飞机上进行了交谈。据索洛塔洛夫的描述,在见过热情的新罕布什尔州民众之后,特朗普在飞机上观看了福克斯新闻,并批评了自己在共和党初选活动中的竞争对手。当看到卡莉·菲奥莉娜(Carly Fiorina)出现在屏幕上,特朗普大喊:"看看这张脸!有人会为她投票吗?你能想象这就是我们下一任总统的样子吗?! 我的意思是,她是个女人,我不该说别人的坏话,但说真的,伙计们,拜托了。我们是认真的吗?"这只是当时的候选人、后来的总统特朗普发表的一连串以外貌评判女性的评论(通常为负面)中的一个例子。特朗普还经常在自己的推特账号上发表评论,并定期在媒体上发声。这位总统的辩护者可能觉得他只是在开玩笑、讽刺,或者认为他太诚实,说了别人想说又不敢说的话。然而,他在新闻和社交媒体上经常点评杰出女性的外貌,包括政治领袖、企业高管、记者、明星和运动员。这造成了严重的影响,即便这种影响不易察觉。

在围绕媒体意识形态展开的斗争中,最重要的是什么?正如特朗普的例子所显示的那样,媒体文本可以被视为阐述基本社会规范的关键载体。媒体为我们描绘了社会互动和社会制度的场景,并通过日复一日的重述,在形成广泛的社会定义方面发挥了至关重要的作用。从本质上说,各种媒体内容日积月累的结果就是阐述了什么是"正常的"(例如,女性要想成功就必须重视自己的外貌)以及什么是"不正常的"。对社会规范的阐述很大程度上是通过以下步骤来完成的:传统的大众媒体,尤其是电视和大众广告,倾向于展示一系列范围有限的行为和生活方式,同时边缘化或忽视那些不符合媒体规范的人。不过,一旦媒体开始凸显差异性,比如,当电视脱口秀节目中开始出现跨性别活动家、非法占地的抗议人士或者脱衣舞演员这类通常在大部分媒体中几乎不会出现的群体时,它们往往会用一种猎奇的、夸张的方式来展示这些差异。

理解这些内容的关键是要认识整体模式,而不是任何一个具体的个案。例如,2015年全球媒体监测项目(Global Media Monitoring Project, GMMP)发现,只有10%的报纸、电视和广播新闻是以女性为中心的,大多数新闻报道都在巩固传统的性别刻板印象。事实上,根据2015年的监测报告,只有4%的新闻报道挑战了传统的性别刻板印象。在报告的前言中,玛格丽特·加拉格尔(Margaret Gallagher)用一个令人信服的理由肯定了监测媒体内容的重要性:

> 媒体具有强大的力量,这不仅仅是因为它们作为文化或商业机构,可以选择和表现各种社会和政治现实。更重要的是,媒体具有象征性的力量——它们有能力决定哪些是正常的,哪些社会分工是可以接受的或被认为是理所当然的。这种象征性的力量意味着媒

体可以使包括不平等的性别关系在内的现有社会和政治关系合法化。(GMMP 2015:1)

尽管政治立场可能不同,但那些关注媒体如何描述同性婚姻的人和那些批评媒体内容中普遍存在的性别刻板印象的人,其实有着相同的担忧。他们都担心媒体的表现会让特定的社会关系正常化,让人们觉得某些行为方式看起来并没有什么不正常。如果媒体文本可以规范人们的行为,那么它也能限制人们的思想。意识形态工作就隐含在媒体文本的模式之中。媒体中经常出现的思想和态度会进入合法的公共辩论。而那些被大众媒体所排斥,或者只是作为被批判的靶子出现的观点,并不具有这种合法性,故而也不在人们可接受的思想范围之内。因此,我们既可以通过分析媒体传达的讯息内容,也可以通过感知信息的缺失和被剔除,来把握媒体的意识形态作用。

媒体从业人员普遍无法接受媒体会传递意识形态的说法。这些业内人士并不认为媒体具有规范行为和制造边界的功能,而是倾向于认为他们创造和传播的媒体内容只是在反映既有的公共规范和观念。这不是意识形态,而仅仅是一面镜子,反映的是人们对事物本质的基本共识。

可以肯定的是,意识形态之所以常常出现在媒体文本中,不是作者和制作者们有意把他们的价值体系强加给传播对象的结果,而是一系列结构性力量交织作用的结果,包括制作者关于谁是目标传播对象和他们期望得到什么的想法、行业文化、体裁惯例、生产者对人伦关系的认识,以及特定社会背景下的普遍文化标准(Levine 2001)。事实上,正如我们在第三章中看到的,大多数媒体都是商业化的组织,它们通过吸引受众来获取利润。因此,我们有充分的理由相信,对媒体制作者来说,受到市场的欢迎比宣扬某种特定的意识形态更加重要。当然,宣扬消费主义除外。对媒体意识形态的研究并不表明制作者在有意推销某种思想和行为方式。意识形态不仅仅产生于立场坚定的意识形态拥护者中,在我们的日常生活中,在我们对常识的界定中,以及构建共识的过程中,都可以发现意识形态。

196

意识形态分析的理论基础

对意识形态的分析可以追溯到卡尔·马克思的著作,特别是 20 世纪欧洲的马克思主义。不过,这种分析随着时间的推移而有所改变,虽然保留了马克思主义的一些内容,但已经变得更加复杂,并且出现了一些细微的差别。接下来,我们将从马克思主义的起源开始,回顾意识形态分析的演变过程。这部分内容之所以与我们讨论的问题有关,是因为它有助于揭示一种关于社会如何运行的视角——特权和权力与一个人在经济和阶级结构中的地位息息相关。

早期马克思主义的起源

对早期的马克思主义者来说,关于意识形态的讨论常常与"虚假意识"(false consciousness)这个概念联系在一起。意识形态被视为一种强有力的社会控制制度,统治阶级将代表其利益的世界观强加给被统治阶级。在这种制度下,当被统治阶级接受了统治阶级的基本意识形态,他们就被认为有了"虚假意识",因为他们的世界观是为他人的利益服务的。对于马克思和早期马克思主义者来说,社会革命的前提是工人阶级打破统治阶级对其思想的束缚——超越"虚假意识"——并发展出一种代表工人阶级物质利益的"革命"意识。这种新的思维方式与提升资产阶级经济利益的主流意识形态相悖。(后来,学者们将目光转向经济和阶级结构之外的领域,分析了特权和权力如何根据种族、性别和性向认同[sexual identity]等其他身份因素来进行分配。)

在这一语境下,意识形态被认为包含了"虚假"的思想,因为它不能客观地反映人们的阶级利益。资本家统治工业社会的方式之一,就是在工人阶级身上强加一种世界观,这种世界观看似描述了全人类的经验,实际上只为资本家的利益服务。例如,老板们经常采用"分而治之"(divide-and-conquer)的策略,通过煽动对少数族裔和新移民的仇恨,在工人内部制造冲突。在美国,白人劳工常常认为他们面临的最大问题是少数族裔或移民抢走了他们的工作。雇主们明白,只要这种信念成为主流,工人之间的内部分歧就会阻碍他们为了争取更好的薪酬和工作条件进行有效的自我组织。对于工人来说,持有这样的信念实际上违背了他们自身的经济利益。

因此,意识形态与神秘化、掩盖利益,以及把特殊利益和普遍利益相混淆有关。此外,我们也可以通过直白的经济和阶级语言来理解意识形态。资本家在剥削劳动、积累资本的过程中获得阶级利益。他们推崇个人主义和自由市场,这种意识形态是其经济利益的结果。而工人阶级只有从根本上改变他们的工作环境，重组社会生产关系，才能获得自己的阶级利益。这可以通过一场社会革命——集体行动和市场监管——来实现。根据早期的马克思主义思想，任何不符合这种经济现实的思想体系，都是资本家意识形态作用下的产物。从这个角度来看，意识形态分析就是要找出工人阶级的思想未能反映其阶级利益的方式。从本质上说，关键问题就在于指出他们的意识如何是"虚假的"以及改变这种状况的必要性。

自从与"虚假意识"这一概念相联系以来，对意识形态的批判已经发生了很多变化，但仍然保留了早期马克思主义模式的一些基本轮廓。意识形态分析仍然关注权力问题，以及意识形态这种意义系统如何成为权力行使过程的一部分。意识形态分析仍然关注统治问题，以及某些群体如何使他们的特殊利益以社会总体利益的面目被接受。但是，当代意识形态研究在理论上更加复杂，侧重于意识形态斗争的持续性，以及人们如何协商甚至反对当权者的意识形态。我们并不能简单地说人们的观念就是"虚假的"，观念和经济利益之间的联系也不一定就是直接明了的。事实上，很多当代的意识形态研究不再关注经济和阶级的关系，转而采取一种更具动态性的概念化方法，从文化的视角展开研究。

文化霸权

文化霸权（hegemony）是为当代媒体意识形态研究注入活力的一个关键的理论概念。这一概念来自意大利思想家安东尼奥·葛兰西。作为一个活跃在20世纪20至30年代的马克思主义者，葛兰西的文化霸权概念将文化、权力和意识形态问题联系了起来。他认为，统治集团可以通过强力（force）、合意（consent）或两者相结合的方式来维持权力。强力统治需要动用军队和警察等机构，通过强制手段或威胁使用强制手段来迫使人们服从。在历史上，使用强力或威胁通过更严厉的强迫形式作为统治策略的社会并不少见。军事独裁就是最明显的例子。

但是，葛兰西（Gramsci 1971）指出，权力的行使不仅仅有强力这一种途径，还可以在文化或意识形态层面实现。例如，在美国这样的自由民主社会中，强力并不是权势集团实施统治的主要手段。当然，历史上的确有一些使用强力手段的先例：19世纪和20世纪之交对工人运动的镇压、第二次世界大战期间对日裔美国人的拘禁、20世纪50年代对共产党员的监禁、20世纪60年代针对黑豹党（Black Panther Party）①的暴力行动，以及"9·11"事件之后对数百名穆斯林男子的拘留。这些例子之所以引人注目，是因为使用强力手段并不是维持社会秩序的常规策略。相反，葛兰西认为，权力运作的常态是通过一个不同的领域，即日常生活的文化领域来实现其目的的。因为正是通过文化的手段，人们基本接受了当前既存的社会现实。

因此，合意是理解葛兰西的文化霸权概念的内涵的关键。文化霸权是通过文化领导权来实现的。合意是努力争取的结果，统治阶级需要想方设法，使他们的世界观作为一种普遍的思维方式被全体社会成员接受。而学校、宗教和媒体等机构可以帮助当权者获得这种文化领导权，因为正是这些机构生产和复制了人们对社会的理解方式。

然而，文化霸权不仅仅是意识形态层面的控制，也不仅仅是把一个群体的思想强加给另一个群体。相反，这个过程要隐蔽得多，因为它是在常识层面运作的，即人们对社会生活和事物状态的各种假设。正是通过这些假设，人们规定了什么是"自然的"和"事物本来的状态"。毕竟，所谓常识不就是那些如此显而易见以至于无须多加思虑的观念吗？我们用常识这个说法来指那些"众人皆知"或者至少应该知道的知识，因为这些知识所代表的是深层次的文化信仰。实际上，当我们用常识来形容一种事物时，通常是为了否定那些与我们对世界运行方式的基本假设相悖的视角。葛兰西（Gramsci 1971）提醒我们，最有效的统治方式之一就是塑造这种常识性假设。所有被视为天经地义的东西都处于一种没有异议的环境之中。在这里，质疑这些假设既没有必要，也是不可能的（Gamson et al. 1992）。

研究文化霸权问题的理论家告诉我们，那些常识性的假设，那些我们认为天经地义的东西，实际上都是由社会建构的。它们不仅暗示了一种理解社会的特殊方式，还会产生一些后果。例如，"你不能与市政府对抗"，或者女性与男性相比更适合养育孩子，又或者"温和"立场比"极端"立场更理性——这些都是常识。与人们接受其他类型的思想时的情况一样，一旦人们接受了这些常识性的假设，他们同时也就接受了蕴

---

① 黑豹党是一个由非裔美国人组成的黑人民族主义和社会主义政党，1966年10月由休伊·牛顿（Huey Newton）和鲍比·西尔（Bobby Seale）所创，主张武装自卫和社区自治，致力于通过组织和动员人民，为美国黑人争取民权。最终，由于黑豹党内部的意识形态分歧和美国政府的全面压制，黑豹党于1980年正式解散。

含在其中的关于社会关系的某种观念或意识形态。

类似的情况也出现在我们所说的"自然"状态之中。"自然"是与"文化"相对的,因为人们一般认为自然并不是人类能直接控制的对象。整体而言,人们认为,"自然"不是社会建构的结果,它比人类社会的建立更加持久和稳定。因此,如果社会结构和社会关系被视为自然的,那么它们就具有了一种恒久性和合法性,从而被提升到一个无须争议的层次。我们会把某些社会关系看作"自然的"(或"非自然的")。比如,人与人之间的贫富分化,人们对政治漠不关心的态度,以及不同种族背景的人更愿意与本族群的人扎堆,这些都是自然的吗?如果是自然的,那么我们就没有必要再去关注经济不平等、政治冷漠或族群隔绝问题,因为它们不再是社会问题,而是事物本来就有的自然秩序。

我们再来看一些更有争议性的问题。种族主义意识形态的基本观点是有的种族天生就比其他种族高贵。性别歧视的基本假设是男人和女人天生适合承担不同且不平等的任务。今天关于性取向的讨论中更是充斥着这样的观点:异性恋是"自然的",同性恋是"不自然的"。这些例子都说明了关于自然的说法是如何为意识形态服务的。如果这些观点被广泛接受,如果人们认为这些是自然而不是文化的结果,那么,种族不平等、性别歧视,以及对同性恋、双性恋和跨性别群体(LGBTQ)的妖魔化就有了正当的理由,因为这些关系都是自然秩序的结果。因此,关于何为自然和正常的观念是文化霸权的核心。

不过,文化霸权既不是永久的,也不是一成不变的。葛兰西(Gramsci 1971)将其理解为一个始终在形成的过程。要想通过合意有效地行使权力,通过领导权实施的意识形态工作是必不可少的。常识和自然的观念必须不断得到巩固,因为人们的现实经验会使他们对主导意识形态产生怀疑。人是能动的主体,而现代社会又充满了矛盾,因此文化霸权永远不可能是完整的,也不可能是一劳永逸的。有些人拒不接受处于霸权地位的世界观,还有些人可能会抵制它。而且随着历史条件的变化,处于霸权地位的意识形态的某些方面也会逐渐丧失说服力。葛兰西最终把文化霸权看作一场关于我们对世界的基本设想的日常斗争,它总要面对修正和对立。统治者试图通过定义社会所依赖的假设来维持自己的权力,寻求稳定性与合法性,并将潜在的反对力量纳入基本的意识形态框架。一个十分典型的例子是,20世纪60年代的反叛形象如今已经融入我们的民主叙事,甚至被用来推销汽车和服装。

英国文化研究的领军人物、社会学家斯图亚特·霍尔(Stuart Hall)通过复杂的分析,解释了媒体机构是如何在这种文化霸权观念的形成过程中发挥作用的。霍尔认为,媒体是文化领导权和文化霸权运作的主战场,参与了他所说的"表意的政治学"(the politics of signification),生产了关于世界的形象,并赋予各种事件特定的意义。媒体内容并不是简单地反映了世界,而是**表征**(re-present)了世界。媒体定义了真实,而不是复制了"外部世界"的"真实"。正如霍尔所说:"表征(representation)是一个完全不同于反映(reflection)的概念。表征暗含的是选择和展现、构建和塑造的积极行动,这不只是传输一个已经存在的意义,而是主动**赋予意义**的过程。"(Hall 1982:64)

媒体表征常常与权力和意识形态问题交织在一起,因为为事件赋予意义的过程意味着可能存在对现实的多种定义。例如,工人的罢工行动可以有各种相互冲突的呈现方式。报道工人的个人经历,或是采访工会领袖,都可以为罢工者塑造正面的形象。但如果报道把重心放在公司管理层的声明上,便可能让人对罢工形成负面的解读。如果报道关注的是罢工给公众造成的不便,那么,与冲突本身相关的问题就会显得无关紧要。在《黄金时间行动主义》(*Prime Time Activism*)一书中,媒介社会学家夏洛特·瑞安(Charlotte Ryan 1991)回忆了她早年在一家公立医院担任工会组织者的经历。每天晚上离开警戒线后,工会活动家都会跑回家观看电视新闻,看看他们的行动在当地新闻中是怎么呈现的:媒体是站在工人的立场上还是公司的立场上?罢工工人的形象又是如何被呈现的?

正如霍尔(Hall 1982)所说,媒体拥有"以特定的方式来再现和定义事件的力量"。那么,关键问题是"对事件的再现遵循着什么样的模式?"从根本上说,这是一个与意识形态有关的问题。因为媒体可以在让某些观点以真理的面目大行其道的同时,把其他同样宣称自己是真理,从而与前者形成竞争关系的观点边缘化或者排除掉。许多学者认为,媒体通常会采用主流的假设和众所周知的关于世界的常识。最终的结论是,媒体所再现的内容虽然不是完全封闭的,却倾向于复制那些构成文化霸权之根基的主流叙事和价值观。例如,社会学家奥斯汀·约翰逊指出,尽管跨性别者在大众媒体中的可见度越来越高,但媒体对这一群体的经历的描述采用了一种"跨规范"(transnormative)的视角。约翰逊分析了一组有关跨性别者生活的纪录片,发现这些影片主要从医学角度来解释跨性别者的身份。约翰逊将跨规范性(transnormativity)描述为"一种霸权意识形态的等级体系"(Austin Johnson 2016:466),这种描述建立在医学解释的基础上。约翰逊认为,媒体传播这种"跨规范"意识形态会造成严重影响,因为它排斥对跨性别者经历的其他理解方式,尤其是那些不是基于医学模式的看法。最终,当代媒体对跨性别者生活的呈现所反映的意识形态,实际上成为与性别常规(gender conformity)和性别认同相关的更广泛的文化冲突的一部分,并为各种争议性问题提供了一个特殊的观察视角——比如,跨性别者是否应该使用公共厕所?

毫无疑问,媒体不是政治领导人、企业家或者文化和宗教权威等权势者的简单代理人。在第八章我们将会进一步谈到,权势者的思想并不是简单地强加给读者或观众的。在媒体这个文化领域内,权势者的思想既可能被广泛传播,也可能遭受争议。比如,推动社会变革的活动家和社会运动会经常挑战媒体上传播的权势者的观点(Andrews and Caren 2010;Lievrouw 2011;Ryan 1991)。当我们从对媒体、意识形态和文化霸权的理论探讨,转向关注媒体产品意识形态的具体案例时,我们将会看到媒体产品在更广泛的意识形态之争中发挥作用的复杂方式。

当我们考察外国媒体的视角时,很容易察觉到美国媒体关于世界的假设。例如,卡塔尔半岛电视台的英语频道(美国地区可访问 http://english.aljazeera.net)推出了一个定期播出的调查栏目,旨在"揭露秘密和沉默背后的真相";《人民与权力》(People and Power)系列纪录片关注权力的行使与滥用;一档定期播出的节目《帝国》(Empire)"从国际公民的视角出发,对全球大国关系进行报道和讨论"。与美国主流新闻媒体相比,这些节目往往采用截然不同的视角。

新闻媒体与公共辩论的局限

数十年来,美国人一直就新闻媒体的政治立场争论不休,政治光谱上的左右两派都对新闻媒体提出过激烈批评。在这场辩论背后隐含的假设是,新闻媒体中实际上充斥着意识形态,媒体对议题、事件和消息来源的选择都不可避免地涉及价值判断。右翼政党攻击媒体过于自由,左翼政党又攻击媒体过于保守。最终,媒体机构成功抵御了这些攻击,记者找到了属于他们自己的位置——保持中立。这个中间地带是记者的避风港,在这里他们不受意识形态的约束。毕竟,如果左右两派都就意识形态问题批评媒体,那就意味着新闻不具有意识形态。来自左右双方的攻击使媒体保持中立的做法变得合情合理。

由于我们总是把意识形态和极端思想联系在一起,保持中立者便被认为是实用主义者,不带有特定的意识形态。同时,既然意识形态是可以避免的,新闻业的中间地带就变成了一种安全区。记者有充分的理由占领这个地带。它能使他们免受批评,并赋予新闻合法性,从而吸引大批同样认为自己处于中间位置的读者和观众。

然而,新闻需要反映"共识"这一说法本身就暗含了意识形态,因为新闻必须首先在定义"共识"方面发挥积极作用。既然共识需要被定义,那么,所谓报道只是反映业已存在的共识的说法就是站不住脚的,因为它遮蔽了这一事实:共识是在定义的过程中得以确立的。对于新闻业的中立地位来说也是如此。与其说新闻具有中立地位,不如说它定义了什么是中立地位。在这个过程中,新闻报道有效地捍卫了这种世界观的合法性,而这反过来又有利于现有社会制度的再生产。简言之,中间立场是有意识形态的,因为它是常识性的假设产生、复制和扩散的文化空间。

精英与内部人士

大量学术文献探讨了新闻媒体是如何塑造国家与世界的意识形态的。这些研究的一个重大发现是,新闻通常关注当权者和当权机构,并从总体上反映他们的既得利益。这是否会使新闻"自由"或"保守"就是另一回事了。有些人声称现存体制(the establishment)是自由的,另一些人则认为它是保守的。通过阅读、研究文献,我们认为:无论是哪种情况,新闻都在重申基本的社会秩序和作为其基础的价值观与假设。

在经典著作《什么在决定新闻》(*Deciding What's News*)中,社会学家赫伯特·甘斯发现新闻中两个最持久的价值是**社会秩序**和**国家领导力**。对秩序和领导力的关注使得新闻业对社会的看法相对温和,并倾向于维护既有的等级秩序。正如甘斯指出的那样:

> 新闻所珍视的是由占据公共、商业与专业领域职位的中上阶层的中年白人男性所构成的社会秩序,这样的概括可能会稍显简单化,但事实大致如此……简言之,在其他条件一致的情况下,新闻最关注与支持的是精英个体及精英机构的活动。(Herbert Gans 2004:61)

由于关注精英群体,新闻所呈现的世界是极其缺乏多样性的,这极大地影响了新闻描述政治世界的方式。对大多数主流新闻媒体来说,政治既与各种权力问题(谁掌握权力,在什么场合和什么情况下行使权力,会产生什么结果)无关,也不是一个围绕时事展开广泛辩论的舞台。相反,政治被看作内部人士的事务,只有少数享有特权的人才能参与其中。

因此,政治新闻在本质上是只有少数"内部人士"才能提供的内幕消息,这意味着只有少数分析家才有资格成为固定的评论者和新闻来源,不管他们之前的评论和当权时的行为是否明智。只要他们现在或者过去是能够接触权力圈层的内部人士,就可以成为新闻所关注的"专家"。因此,只有内部人士才有资格对时事进行评论和分析。我们在新闻中看到的"争论"实际上都是持有传统政治观念的内部人士之间的辩论,而不认同这种人为构建的共识的人则被排除在外。

由于受邀参与讨论的内部人士的范围有限,所以他们提出的看法实际上隐含了许多没有阐明的假设,并忽略了其他可能性。例如,在分析美国2018年向巴基斯坦、也门和索马里发起的无人机袭击的效果问题时,有些讨论从一开始就忽略了关于这种军事行动可能造成的后果。有关2017年特朗普总统企图废除《平价医疗法案》(Affordable Care Act)与民主党努力捍卫"奥巴马医改计划"(Obamacare)的讨论,则忽略了其他可能的解决方案,比如单一支付者医疗制度①。其结果是,新闻所呈

---

① 单一支付者医疗制度是一种全民医疗保险制度,指的是由单独一个公共机构(通常是政府)进行医保筹资,并向所有社会成员提供或购买医疗服务,使每个人都能获得医疗保障。

现的观点对立仅仅反映了内部人士之间的差异,而且这种差异往往微乎其微。这种新闻报道的方式无法帮助公众了解更广泛的观点。更关键的是,它间接地否定了其他观点的价值。最终,新闻发挥意识形态作用的主要方式是在可以接受和不可接受的观点之间划出界线,而能够被接受的总是内部人士所主张的那些传统观点。

作为意识形态建构的经济新闻

经济议题的新闻报道之所以值得关注,其原因在于它再现了一种高度意识形态化的世界观。大多数经济新闻的消息来源和报道内容都是商界(Croteau and Hoynes 1994)。虽然个人可以在经济生活中扮演各种各样的角色——工人、消费者、公民或投资者——但经济新闻把焦点放在投资者的活动和利益上。一个典型的例子是,几乎每份报纸都有一个商业版面,却很少有消费者或劳动者的版面。因此,经济新闻主要是商业新闻,而商业新闻的主角是企业法人和投资者。

在这种新闻中,证券市场的起伏往往是重点,这也是衡量国家经济健康状况的指标之一。然而事实上,大约一半的美国家庭根本不持有任何股票(Wolff 2017),而最富有的10%的家庭持有超过80%的美国股票资产(Cohen 2018)。通过将经济健康状况等同于投资者的资产状况,新闻露出了意识形态的一面。这种界定忽视了不同群体有着不同的经济利益。虽然股市上涨被描绘成对整个国家有利的好消息,但即使市场暴涨,也总会有输家。例如,企业赢利能力的提高可能是生产力提高的结果,而生产力提高的后果可能是大规模的裁员。但商业新闻节目报道企业裁员时,往往关注裁员对股市的影响。或者,正如我们在过去几年中所看到的,股价飙升可能是由不断增长的消费者债务所推动的。但媒体主要关注商品销售公司和服务公司的健康状况,却忽视了这种不断增长的债务负担对普通美国人的长期影响。

另一个典型的例子是2008年经济危机后的政府救市和经济衰退。对此,经济新闻仍然采用自上而下的视角,并把报道的重心放在投资者身上。卓越新闻项目(Project for Excellence in Journalism)[①]实施的一项

---

① "卓越新闻项目"是美国的一家研究组织,其采用实证的方法来评估和研究新闻界的表现。该组织成立于1997年,2006年加入皮尤研究中心,2014年更名为"皮尤研究中心新闻项目"。

对2009年2月至8月期间媒体报道的研究(PEJ 2009:1)发现:

> 对于这场自大萧条以来最严重的经济危机,媒体主要采用了自上而下的视角,从奥巴马政府和大企业的角度进行报道,更多地反映了政府和商业机构,而不是普通美国人的声音和想法。

这项研究发现,企业是新闻报道中最常见的信源,出现在大约40%的报道中,而工会代表"几乎完全被排除在报道之外"(PEJ 2009:8),仅出现在2%的新闻报道中。此外,该研究还发现,当投资者的利益受到威胁时——比如,股市下跌——媒体就会大幅增加经济报道。而一旦对投资者的威胁消退,股市开始上涨,经济报道在整个新闻报道(news hole)中的占比,或者播出时间和报道篇幅就会相应地减少(见图6.1)。但与此同时,数百万普通美国人却面临着持续的经济不确定性和失业问题的困扰。

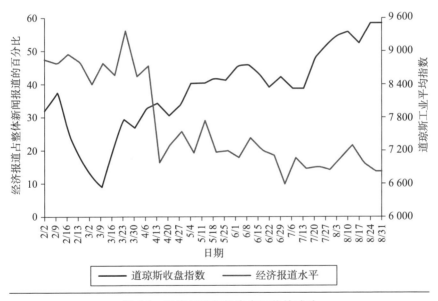

图6.1　经济报道与投资者面临的威胁

媒体的经济报道往往更重视自上而下的投资者视角,而忽视了普通的美国工薪阶层。2008年的经济危机导致股市暴跌,威胁到了投资者的利益,媒体的经济报道相应地增加。随着政府救助华尔街的措施带来股价上涨,投资者面临的威胁减少,媒体对经济危机的报道数量也大幅下降。尽管在当时,普通美国民众的经济状况几乎未见好转。

来源:Project for Excellence in Journalism[2009]。

在经济危机期间,并非只有美国媒体的经济报道如此褊狭。一项针对英国新闻媒体的研究认为,尽管全球资本主义经济出现了大规模崩溃,但"新闻报道的范围和报道形式相当单一,除了少数的例外情况,大部分信息都在宣扬,或者至少没有质疑居于主导地位的自由市场意识形态"(Robertson 2010)。

我们不妨转换一下看经济新闻的视角,做这样一个假设:如果有关经济的报道主要关注工人的生活和利益,从工作条件的角度评估经济健康状况,并高度重视工会官员的经济分析,那将会有什么样的结果呢?媒体有可能被贴上"反商业"或"亲劳工"的标签,批评者将以报道存在"偏见"为由对其展开攻击。简言之,媒体会被认为在提倡包含意识形态的经济观点。然而,令人惊讶的是,新闻媒体对企业和投资者视角的重视却被普遍视为报道经济的恰当方式。事实上,商界人士的世界观在经济新闻中处于绝对主导地位,以至于它看起来是一件再自然不过的事情。我们想当然地认为经济等同于美国的企业,经济健康等同于投资者的满意度。尽管这里并不存在对媒体的故意操纵,但显而易见,经济新闻的例子恰好说明了媒体是如何利用和再生产处于霸权地位的意识形态的。

电影、军队和男性气质

对媒体产品进行意识形态分析的一大挑战是:不存在单一的媒体。我们需要重申,媒体(media)这个词是复数,它表明构成我们媒介环境的组织和技术是多元的。因此,在总结媒体的意识形态内容时应该格外小心,因为在很多情况下,我们谈论的是某个特定的媒介,甚至可能是特定的媒介文本。意识形态分析面临的另一个挑战是,媒介文本是在特定的历史背景下被创造出来的,它回应并塑造着当时的文化潮流。因此,大众媒体的形象不是静止的,它们的形式和内容都会发生变化。考虑到媒体的动态性,意识形态分析需要关注媒体形象的变化——这些变化有时是细微的,有时是巨大的。

如果对媒体和意识形态的研究既要考虑历史的特殊性,又要警惕对单一文本的过度概括,那么哪些分析策略才是有用的呢?最常见的一种方法是聚焦特定的媒体类型或题材,比如,电视情景喜剧、好莱坞恐怖电影或浪漫小说。因为同一题材的文本遵循相同的基本规则,分析者可以研究这些规则中隐含的主题和思想,而不必担心它们所揭示的矛盾源于不同的题材或有着不同的叙事模式,所以,大多数有关媒体意识形态的研究的主题都是较为具体的,观点也比较狭隘。这些研究关注的问题包括电视烹饪节目中有关性别的信息(Matwick and Matwick 2015)、流行电影中全球政治冲突的意义(De Lissovoy et al. 2017),或者电子游戏中的军国主义思想(Robinson 2016)。

另外,从总体上来说,针对媒体文本的学术研究要么关注特定的历史时期,例如,里根时期关于外交政策的新闻(Herman and Chomsky 2002),要么对一种媒介题材在不同时期的表现形式进行比较,例如,研究20世纪40年代到70年代的畅销书(Long 1985)。这些研究一方面说明了某种媒介是如何呈现一种特殊的世界观或意识形态冲突的,另一方面探讨了在不同的历史语境下如何阐释这些故事。

动作冒险电影和军事/战争电影是20世纪80年代和90年代早期广受欢迎的两种电影类型,因此有必要探讨它们的意识形态倾向。动作冒险电影如《夺宝奇兵》(Raiders of the Lost Ark)和《绿宝石》(Romancing the Stone),军事电影如《第一滴血》(Rambo)和《壮志凌云》(Top Gun),都吸引了大量观众,拍摄了续集,并引来无数模仿者。学者们使用意识形态框架来理解这些电影中隐含的信息,探讨的问题包括:这些电影是关于什么内容的?为什么对这一时期的美国观众有如此大的吸引力?换言之,这些电影的意识形态是什么?这些看待世界的方式如何与更广泛的意识形态相联系?这些问题既有助于解读电影本身,也有助于在社会语境下理解电影的意义。

动作冒险电影

动作冒险电影是20世纪80年代最受欢迎的电影类型之一。在这类电影中,很多最受欢迎的影片都制作了续集或被翻拍,所以今天的观众很可能对它们并不陌生。由哈里森·福特(Harrison Ford)主演的四部《夺宝奇兵》便是典型代表。在电影中,男主角在90分钟的时长内,与邪恶的反派展开了快节奏的搏斗,表现出非凡的勇气和能力。几次侥幸脱险后,男主角最终取得了胜利,战胜了反派,拯救了世界,同时还赢得了女主角的芳心。这类电影的另一种版本是把主角放在遥远的异国他乡,这使得反派和人物行为更加出人意料。但我们依然可以在以美国为背景的电影中发现基本的故事线,比如《虎胆龙威》(Die Hard)、《生死时速》(Speed)、《尖峰时刻》(Rush Hour)和《碟中谍》(Mission: Impossible)。一方面,这类电影是惊心动魄、悬念重重的(尽管我们心里清楚主角最终必定获胜),甚至充满了浪漫的情调,我们看到主角在走向激动人心的圆满结局之前,不断迎接新的挑战,克服看似不可能克服的困难。另一方面,如果我们透过现象看本质,就能够挖掘出这些电影的故事模式,以及这些故事如何呼应当代的社会困境。

吉娜·马尔凯蒂(Gina Marchetti 1989)认为,这类电影的意识形态主要体现在对主角的典型化塑造上,例如,英雄和恶徒,并由此引出了关于善与恶、强与弱、勇气与怯懦的具体故事。动作冒险电影有一个潜在的主题,即对"我们"和"他们"的区分。其中,反派象征着"差异"的危险。当然,还有很多种划分内部群体和外部群体的核心标准。国籍和种族是常见的分界标识,比如,美国白人(迈克尔·道格拉斯[Michael Douglas]、布鲁斯·威利斯[Bruce Willis])打败了危险的外国人。在其他划分标准中,还会出现文明人战胜野蛮人(《夺宝奇兵2:魔域奇兵》[Indiana Jones and the Temple of Doom]),或者法律和秩序的捍卫者战胜精神错乱的疯子(《生死时速》)。

最终,英雄都会有效地铲除"他者"(指反派的差异性)所代表的危险,而且一般会在激动人心的高潮部分杀死反派。形象地说,社会秩序通过界限的重新确立得以恢复,这个界限明确了什么是可以接受的,什么是不可接受的,而那些不可接受的终将自食其果,走向灭亡。这些电影没有停留在排斥和妖魔化"差异"的层次,而是将那些不一样的群体变成主流社会的一部分。英雄在当地的助手,比如,《夺宝奇兵》中印第安纳·琼斯(Indiana Jones)的儿童伙伴豆丁(Short Round)可以成为主流社会的一员。一边是反派死于非命,另一边则是英雄的朋友或伙伴所代表的"差异"被驯化和接纳(Marchetti 1989)。因此,"差异"要么被消灭,要么被驯化。驯化的方式是将"他者"融入当代社会的等级关系,不过那些最新被驯化的"他者"很可能处于等级关系的底层。最终,以英雄的个人胜利为中心的动作冒险电影成为一种彰显硬汉力量的故事,这种硬汉形象则成为代表美国梦意识形态的传奇人物。

越南主题电影和近期的战争电影

动作冒险电影在20世纪80年代有一种特殊的类型,即以"重返越南"为主题的电影,典型代表是热门电影《第一滴血》。此外,还包括《越战先锋》(*Missing in Action*)三部曲和《长驱直入》(*Uncommon Valor*)。在这些影片中,主角一般是一名越战老兵,在越战结束十年后回到越南,营救美国政府早已抛弃的美国战俘。在这个过程中,越南人被妖魔化为死有余辜的残暴敌人,主角——尤其是西尔维斯特·史泰龙(Sylvester Stallone)和查克·诺里斯(Chuck Norris)——会在解救战俘的过程中给这些敌人重创。

这些电影的意识形态非常鲜明,它们受欢迎的时候正值保守派的罗纳德·里根担任总统,因此这种意识形态上的共鸣也就不足为奇了。从本质上讲,这些电影是对战争的重现。其中,美国人既是好人,也是胜利者。对于一个无法接受越战失败、仍挣扎在战败耻辱之中的国家来说,这类电影是一种救赎。如果美国没有在战场上取得越战的胜利,那么电影可以让其公民回到幻想的世界里改写故事的结局。在这些故事中,不再有耻辱和失败,取而代之的是骄傲、胜利和对国家实力的重新肯定。这也是罗纳德·里根的主张之一。他在1980年的总统竞选中呼吁恢复国家自豪感,重塑国家实力,并希望帮助国家渡过"越南综合征"(the Vietnam syndrome)这个难关。

从根本上说,"重返越南"主题电影是一个意识形态计划,旨在通过提供替代性的胜利,帮助人们克服"越南综合征"。苏珊·杰福兹认为,这些电影不仅仅与我们的国家自豪感有关,也不仅仅是对越战失败的重新解读(Jeffords 1989)。她提出了一个极具说服力的观点:"重返越南"主题电影是美国社会"重新找回男性气质"(remasculinization)这个大工程中的一部分。这种对男性气质的强调正是里根时期所推崇的意识形态的一个重要组成部分。面对越战的失败和女性主义的壮大,以刚强为特征的男性气质重新得到了肯定。

在杰福兹(Jeffords 1989)看来,这些越南电影本质上与美国式"男子气概"的定义有关。在那个时期,传统的阳刚形象受到了20世纪60年代的社会运动和东南亚战败的挑战。西尔维斯特·史泰龙扮演的兰博(Rambo)和查克·诺里斯扮演的布拉德多克(Braddock)回到越南,想要重新夺回信心和力量。与此同时,这些角色对政府不满,谴责其太过软弱(换言之,"女性化"),以至于无法承担需要刚强特质的使命。这次回归既是为了解救战俘,也是为了回到一个神话般的过去。在那里,一个强大的美国统治着世界,刚强的美国男人统治着他们的家庭。兰博和布拉德多克象征着20世纪80年代的美国男人的欲望,这群人在不断变化的社会环境中苦苦挣扎,而电影则为他们提供了一个间接的、意识形态层面的应对方法。

维基共享资源(Wikimedia Commons)/美国海军官廊大众传播专家凯南·惠滕伯格(Kathryn Whittenberger)

2012年的电影《勇者行动》(Act of Valor)展现了战争电影中常见的硬汉气概,片中出现了大量军用直升机、两栖攻击舰、无人机等纳税人资助的装备以及包含现役的海豹突击队(Navy SEALS)在内的人员。这部电影讲述了一支精锐的海军特种作战部队对恐怖分子大本营的袭击,灵感源自美国国防部的一项招募计划。

这种流行的大众媒体形象不仅仅是我们观赏娱乐时的纯真幻想。如果我们从意识形态的角度来看,电影的内容和它们的流行都透露了一些关于20世纪80年代美国文化和社会的信息。当时,关于男性气质/军事的电影既反映了美国男性的担忧和欲望,也有助于重塑一种在20世纪90年代盛行的新阳刚形象。这些电影是政治文化的一部分。当时的政治文化为1989年受到美国民众支持的入侵巴拿马行动和1991年更受支持的海湾战争创造了条件。海湾战争期间的电视新闻画面甚至与1986年的热门电影《壮志凌云》中的画面没有太大的区别。20世纪80年代末,美国人确实克服了"越南综合征",其标志是在巴拿马和伊拉克发动的军事行动以及后来的"反恐战争"都得到了民众的支持。好莱坞电影在一定程度上参与了这种转变所必需的意识形态工作。

然而到了21世纪,现实世界的各种事件挑战了好莱坞对战争的简单看法。美国在"9·11"事件中遭受了具有强烈象征意义的恐怖袭击,美国在入侵和长期占领伊拉克期间未能找到大规模杀伤性武器,伊斯兰国(ISIS)的出现,以及持续多年的阿富汗战争——在我们撰写本书时,这场战争已进入第 17 个年头①,获奖记者史蒂夫·科尔(Steve Gross 2018)认为这"充其量是一场磨人的僵局"——所有这些事件都出现在新一代的战争电影中。《夺金三王》(*Three Kings*,1999)和《辛瑞那》(*Syriana*,2005)等影片依然侧重于从美国人物角色的视角看问题。尽管片中加入了一些潜在的批判视角,但这些视角最终被视为对美国外交政策的另类看法,因此也是"不正常的、不可接受的或不可能的"(Fritsch-El Alaoui 2009/2010:131)。2008 年的奥斯卡获奖影片《拆弹部队》(*The Hurt Locker*)美化了拆弹组(Explosive Ordnance Disposal, EOD)②的工作。与 20 世纪 80 年代和 90 年代的战争片相比,该片在一定程度上进行了创新。但其他电影,比如《锅盖头》(*Jarhead*,2005)和《止损》(*Stop-Loss*,2008),则聚焦陷入看似永无止境的战争循环的美国士兵,以及日益强烈的犬儒主义与绝望情绪。克林特·伊斯特伍德(Clint Eastwood)的二战剧《父辈的旗帜》(*Flags of Our Fathers*,2006)揭示了硫磺岛上升起美国国旗这一标志性事件背后的神话,他的《硫磺岛家书》(*Letters from Iwo Jima*,2007)更是从日本人的视角展现了硫磺岛战役的恐怖。在最近的一系列关于当代战争的电影中,《天空之眼》(*Eye in the Sky*,2015)探讨了无人机战争的伦理问题,《比利·林恩的中场战事》(*Billy Lynn's Long Halftime Walk*,2016)表明,脍炙人口的军人英雄事迹其实不符合伊拉克战争的现实,《感谢您的服役》(*Thank You for Your Service*)强调了战争对退伍军人的持续影响。与过去那些大同小异的电影相比,近期的战争电影有了更丰富的视角。

电视、流行文化和意识形态

某些类型的大众电影一直是意识形态分析的素材,但对电视节目而言,我们可以说几乎所有类型的节目都成为意识形态分析的对象。事实上,对媒体意识形态的分析有时会被简化为对电视的分析,就像针对媒体的要求常常是针对电视的一样。这是因为电视一直是最主要的媒体

---

① 2021 年 8 月 30 日晚,最后一批美军撤离阿富汗,标志着美军在阿富汗近 20 年的军事行动结束。2021 年 9 月 6 日,阿富汗塔利班发言人称,随着塔利班控制了潘杰希尔省,历时 20 年的阿富汗战争已经结束。

② 拆弹组,又称爆炸军械处理小组,是美国军队中的拆弹部队,专门负责辨识爆炸物,拆除尚未爆炸的军火、简易爆炸装置、大规模杀伤性武器等。

形态。从目前来看,即使新兴的网络媒体越来越受欢迎,即使随着录像机的出现以及观看平台从传统电视转向电脑和移动设备,人们看电视的习惯已经改变,但这一论断依然是正确的。2018年,收视率最高的电视网节目仍然有大约1500万观众,美国有超过1亿人通过电视观看了2018年的超级碗比赛。从总统选举到体育赛事,从自然灾害到大规模枪击事件,电视依然是观念和影像传播的最主要载体。

从受众规模来看,电视不仅是最流行的媒体,它还会经常对流行媒体发表评论。事实上,很多电视节目讨论的话题就是媒体本身(见表6.1)。此外,脱口秀节目和娱乐节目还会关注媒体名人的生活,以及电视、电影和音乐行业的方方面面。由于很多电视节目的主题和背景都是大众媒体,电视实际上在对媒体世界发表评论。电视节目常常是自我指涉的(self-referential)——或者至少是以媒体为中心的——以至于大部分电视节目都假定观众身处媒体文化的包围之中,就连理解节目中的幽默元素,也需要观众对相关的媒体内容有所了解。我们与电视的接触,以及电视以自我指涉的方式来展示流行文化的特点,已经让我们绝大多数人成为经验丰富的观众,不仅能够捕捉到电视节目中的这些指涉,而且知道它们指的是什么。

电视与现实

如果真的像很多学者说的那样,电视是媒体文化的核心,那么电视节目传播的思想就具有重要的社会意义。电视向我们讲述了当今社会的哪些故事?电视如何界定主要的社会类别?如何描绘主要的制度或不同类型的人?在电视的世界里,什么是"规范",什么是"越轨"?

表6.1 关于媒体的电视节目

节目	电视网(播出时间)	节目中的媒体环境或职业
《迪克·范·戴克秀》 (The Dick Van Dyke Show)	哥伦比亚广播公司 (1961—1966)	喜剧/综艺节目编剧
《鹧鸪家庭》 (The Partridge Family)	美国广播公司 (1970—1974)	音乐人
《玛丽·泰勒·摩尔秀》	哥伦比亚广播公司 (1970—1977)	地方电视台

（续表）

节目	电视网（播出时间）	节目中的媒体环境或职业
《卢·格兰特》	哥伦比亚广播公司（1977—1982）	大型报社
《WKRP 在辛辛那提》（WKRP in Cincinnati）	哥伦比亚广播公司（1978—1982）	广播电台
《亲情纽带》（Family Ties）	全国广播公司（1982—1989）	公共电视台
《风云女郎》（Murphy Brown）	哥伦比亚广播公司（1988—1998）	电视新闻杂志节目
《家居装饰》（Home Improvement）	美国广播公司（1991—1999）	家装类电视节目
《拉里·桑德斯秀》（The Larry Sanders Show）	家庭影院（1992—1998）	深夜脱口秀
《我为卿狂》（Mad about You）	全国广播公司（1992—1999）	纪录片导演
《欢乐一家亲》	全国广播公司（1993—2004）	广播热线节目
《新闻广播台》（News Radio）	全国广播公司（1995—1999）	全新闻电台
《人人都爱雷蒙德》（Everybody Loves Raymond）	哥伦比亚广播公司（1996—2005）	体育新闻记者
《其父"奇"女》（Just Shoot Me）	全国广播公司（1997—2003）	时尚杂志
《体育之夜》（Sports Night）	美国广播公司（1998—2000）	体育新闻类电视节目
《消消气》（Curb Your Enthusiasm）	家庭影院（2000—2011，2017）	电视编剧
《明星伙伴》（Entourage）	家庭影院（2004—2011）	好莱坞电影明星

(续表)

节目	电视网（播出时间）	节目中的媒体环境或职业
《临时演员》(Extras)	家庭影院（2005—2007）	电影产业
《老爸老妈的浪漫史》	全国广播公司（2005—2014）	电视记者
《丑女贝蒂》	美国广播公司（2006—2010）	时尚杂志
《我为喜剧狂》(30 Rock)	全国广播公司（2006—2013）	素描喜剧节目
《弦乐航班》(Flight of the Conchords)	家庭影院（2007—2009）	音乐人
《广告狂人》	美国经典电影有线电视台（2007—2015）	广告公司
《新闻编辑室》(The Newsroom)	家庭影院（2012—2014）	有线电视新闻台
《好女孩的反抗》(Good Girls Revolt)	亚马逊（2015—2016）	新闻杂志
《大祸临头》(Catastrophe)	亚马逊（2015—2018）	广告主管
《老妈撞入电视台》(Great News)	全国广播公司（2017—2018）	电视新闻
《谷中十日》(Ten Days in the Valley)	美国广播公司（2017—2018）	电视制片人
《嘻哈市长》(The Mayor)	美国广播公司（2017—2018）	胸怀大志的说唱歌手

来源：Project for Excellence in Journalism[2009]。

电视常常被认为具有浓厚的意识形态色彩，原因之一是它几乎完全采用传统的、"现实主义"的形象建构方式，从而隐藏了摄像机的作用。因此，家庭情景喜剧仿佛在邀请我们去邻居家做客，法庭剧让我们感觉自己坐在庭审现场。我们大多数人并不会误以为这些家庭和法庭是

"现实生活"本身。比如,我们并不会把这些电视形象与真实的邻居相混淆。不过,电视的魅力就在于它看起来很真实,我们观看的时候常常会把假戏当真。看电视的乐趣来自我们能够暂时忘记自己的知识:一个名叫艾比·舒托(Abby Sciuto)[①]的海军罪案调查处法医鉴定科学家不存在,奥利维亚·波普联合公司(Olivia Pope & Associates)[②]这家危机公关公司不存在,西部世界也不存在。

电视的意识形态运作依赖它对"现实"的定义和安排——它声称要展现家庭生活的趣味和艰辛、警务工作的危险、20多岁单身青年的快乐和困惑,或者法庭的审判过程。为了吸引忠实的观众,编剧和制片人创作出这些"现实",并对其进行包装。这些形象并不是简单地反映了一种无可挑剔的现实,而是再现了另一个世界,这个世界远没有30分钟或60分钟的节目那么井然有序。

为了获得收视率,电视制作人常常会采取一种"最不易被讨厌"的节目策略,这要求节目避免争议,保持温和的政治立场。这种方法本身就含有意识形态,因为温和的政治立场倾向于特定的形象和故事,同时把其他形象和故事推到边缘位置或完全剔除。这就是为什么电视节目通常避免涉及堕胎或宗教信仰等话题,因为这两者都可能引起争议。

然而,如果无视电视网的高管希望节目避免争议、大受欢迎的想法,我们就很难对电视节目的意识形态进行整体概括。这种节目策略会巩固当今社会的主流规范。为了更深刻地了解电视节目的意识形态,以及它们如何对不稳定的社会和政治问题做出回应,我们需要更细致地研究一种特殊的节目类型。埃拉·泰勒(Ella Taylor 1989)对20世纪50年代至80年代黄金时段电视节目中家庭形象的变化进行了研究,让我们更清楚地看到了电视网意识形态的变化始末。

电视与不断变化的美国家庭

从20世纪五六十年代开始,以《小英雄》(*Leave It to Beaver*)、《奥兹和哈里特的冒险》(*Ozzie and Harriet*)、《妙爸爸》(*Father Knows Best*)、《家有仙妻》(*Bewitched*)和《太空仙女恋》(*I Dream of Jeannie*)为代表的

[①] 艾比·舒托,美剧《海军罪案调查处》(*Naval Criminal Investigative Service*)中的人物,是一位天才科学家。

[②] 美剧《丑闻》(*Scandal*)中的主角奥利维娅·波普(*Olivia Pope*)创办的一家公关公司。

电视剧展现了白人中产阶级幸福安稳的生活。电视将城郊家庭表现为一个现代的后稀缺（postscarcity）社会的核心要素。这种社会是一种城郊式的乌托邦，在那里，社会问题很容易得到解决（或根本不存在），共识成为主导思想，而且很难找到种族、族裔或阶级间差异与冲突的迹象。泰勒（1989）认为，如果这种家庭真的存在，那它们就是电视广告商的目标人群。尽管如此，这种战后的家庭形象——以及关于一个家庭应该是什么样子的直观呈现——只是特例，却被伪装成了美国家庭普遍的样子。

然而，电视上的家庭形象并不是一成不变的，不断变化的社会条件和电视行业的新营销策略造就了更多元的家庭形象。最大的变化发生在20世纪70年代，泰勒（1989）称之为一种"相关性转向"（turn to relevance）——当时，以家庭为主题的电视节目成为人们探讨当代社会和政治问题的一个领域。诺曼·李尔（Norman Lear）的《全家福》是这种新类型的典型代表。人们原以为这部剧会失败，但它成为十年内最受欢迎和最赚钱的电视剧之一。该剧以纽约皇后区的一个家庭为背景，围绕不同角色之间持续不断的紧张关系而展开。剧中主角包括阿奇·邦克（Archie Bunker）——一个典型的偏执的白人工人阶级成员，性格坚强但缺乏自主地位的妻子伊迪丝（Edith），呼吁女权主义的女儿格洛丽亚（Gloria）以及她的丈夫迈克尔（Michael）——一个具有左派政治倾向的社会学研究生。长期以来，阿奇和迈克尔都会就种族关系、妇女在社会中的恰当角色、美国的外交政策，甚至吃什么食物等话题展开争论。在争论的整个过程中，主角们相互对骂，向彼此发泄怒气。阿奇怀念20世纪50年代的美好时光，格洛丽亚和迈克尔则对未来充满担忧。20世纪70年代的热门电视剧还包括《杰斐逊一家》和《莫德》（这两部剧是《全家福》的衍生作品），以及《桑福德父子》（Sanford and Son）和《好时光》。它们也许不如《全家福》那么尖锐，却和前一个时代那种毫无冲突的白人中产阶级家庭剧截然不同。

直到20世纪70年代中期，家庭剧中的形象才不完全是白人中产阶级，家庭生活也不再那么理想化。家庭既是爱与温暖的地方，也是冲突和斗争的源泉。简言之，社会问题进入了家庭剧。泰勒（Taylor 1989）认为，导致这种变化的关键因素是电视网的需求，尤其是哥伦比亚广播公司。它把目标受众对准了受过高等教育的年轻的居住在城市的观众，这是一个被广告商看重的群体。剧中出现的新形象更贴近当代的实际情况,不再是岁月静好和伤感怀旧的样子。这对于经历过 20 世纪 60 年代社会动荡的年轻消费者来说是有吸引力的。但电视的意识形态变化是缓慢的,甚至在很多方面,这种变化并不明显。在 20 世纪 70 年代,展现理想的中产阶级家庭的怀旧节目也很受欢迎——《快乐时光》(*Happy Days*)就是其中的代表。

随着家庭剧中的美满形象在 20 世纪 70 年代逐渐消失,一种在工作场景下展开的新的家庭形象开始出现。在《陆军野战医院》《玛丽·泰勒·摩尔秀》《出租车》(*Taxi*)和《笑警巴麦》(*Barney Miller*)等节目中,故事的场景并不是家庭。相反,这些节目围绕同事之间的关系展开,泰勒称之为"工作之家"。在这些节目中,工作场所成为人们获得支持、建立共同体和宣誓忠诚的地方。有一些人同工作的联系多于同家庭的联系,对他们来说,工作场所是一个温暖舒适的家。泰勒认为,"工作之家"的形象之所以流行,是因为在 20 世纪 70 年代,人们普遍对私人生活和公共生活之间的界限变化感到焦虑,尤其是那些追求声望和成功的年轻职员。从本质上说,无论是在电视上还是在观众的生活中,"工作之家"都提供了一个躲避家庭冲突的安全港湾。

20 世纪 70 年代美国工作场所的管理方式日益理性化(rationalization),越来越多的男性和女性进入大型官僚机构工作。在这种情况下,用家庭形象来描绘工作场所的做法难免让人惊讶。泰勒认为,以"工作之家"为主题的节目大受欢迎,在很大程度上说明了电视的社会作用:

> 如果把电视叙事理解为对一些糟心事的评论和解决,而不是对真实生活的反映,那么,我们就可以认为这些展现"工作之家"的电视节目,实际上是在批判现代企业中疏远冷漠的氛围,同时相信人们有可能在松散零碎的联系中建立共同体与合作关系。(Taylor 1989:153)

当然,正是我们想要干净利落地化解社会困境的想法,催生了具有意识形态色彩的电视节目。在这种情况下,电视虽然展现了家庭冲突的一面,但又通过一种以职业为导向的意识形态来化解冲突,从而让我们放心地相信:尽管情况有变,但一切都会好起来。最终,尽管电视节目把冲突和社会相关议题纳入了自己的视野,但它依然会给观众呈现美满的家庭和幸福的结局。

在过去的几十年里,电视观众见证了各种大相径庭的家庭生活。在

20世纪90年代的流行节目中,各种家庭应有尽有:从怀旧风格的《纯真年代》(Wonder Years)和岁月静好的《考斯比一家》(Cosby Show),到愤世嫉俗的《拖家带口》(Married with Children)和冷静平淡的《优雅从容》(Grace under Fire)。在21世纪的头一个十年里,《辛普森一家》和《恶搞之家》(Family Guy)以动画的形式塑造了功能失调的家庭形象,《绝望主妇》(Desperate Housewives)展现了郊区富人的秘密生活,《胜利之光》(Friday Night Lights)刻画了普通双职工家庭,这些节目都在争相吸引观众的注意力。家庭结构多元化的节目最终变成了一个普遍现象,出现了表现单身母亲的《吉尔莫女孩》(Gilmore Girls)和单身父亲的《好汉两个半》(Two and a Half Men),表现多种族混合家庭的《如此一家人》(The Fosters),以及表现多种族领养家庭的《我们这一天》(This Is Us)。单亲家庭、双职工家庭、混合家庭等共同构成了今天电视节目中的家庭模式。

不断变化的家庭形象表明,电视节目及其传播的意识形态绝不是一成不变的。在今天关于家庭意义的文化冲突中,电视形象本身不仅是意识形态竞争的一部分,同时也定义了家庭。

修正传统:新母亲主义

如今,媒体上充斥着各种新兴的美国家庭形象,但其中的传统观念依然很明显。特别值得一提的是,在20世纪50年代的电视中大放异彩的完美母亲形象重新回归。这一形象经过调整,再度登上各大媒体平台。道格拉斯和迈克尔斯(Douglas and Michaels 2004)称之为"新母亲主义"(new momism)。如今的广告、电影和杂志不仅展现妈妈照顾孩子和收拾家务的一面,还会展现她们去健身房、追求事业以及性感的一面。一般而言,媒体都会展现"完美"的母亲形象,比如,时尚杂志赞美明星妈妈时,不仅强调她们的杰出成就和完美身材,还会让她们给出关于如何成为一位"好"妈妈的建议。道格拉斯和迈克尔斯认为,"新母亲主义"包含了"一套观念、规范和实践——媒体对此进行了最为频繁和有力的呈现。它表面上似乎是在赞美母性,实际上却在宣扬我们无法企及的完美标准"(Douglas and Michaels 2004:4-5)。根据道格拉斯和迈克尔斯的说法,这种"新母亲主义"植根于女权主义。女权主义认为女性应该拥有自主权,并且能够为自己的生活做出选择。但"新母亲主义"实际上与女权主义相悖,因为它在暗示这样一种观念:女性唯一明智的选择就是成为一名母亲。

道格拉斯和迈克尔斯认为,从更广泛的意义上来说,母亲一直是各个媒体平台关注的焦点。在《父母》(*Parents*)和《职业母亲》(*Working Mother*)等杂志、《极品老妈》(*Mom*)和《怪妈闯荡记》(*Odd Mom Out*)等电视节目、《劳拉博士》(*Dr. Laura*)这样的电台谈话节目,以及广告形象和新闻报道中,我们都可以发现将母亲的形象浪漫化和商业化的意识形态。这些媒体形象通过设置完美的标准和规定一个"好母亲"应该做什么,发挥了典型的意识形态功能。此外,媒体所呈现的母亲形象会让当代的妈妈产生一种威胁感:在与"完美"模范比较之后,很多人最后会认为自己不够好,并感觉一直受到他人的监视。根据道格拉斯和迈克尔斯的说法,媒体对母亲这个身份的过度关注源于特定的媒体动力,最显而易见的就是制作者和广告商希望接触职业女性这一目标受众。

这种趋势也延伸到了互联网。例如,早期的"妈咪博客"(Mommy blogs)成为妈妈们讨论做母亲所面对的挑战和困境的场所。诸如"对小货车的愤怒"(Rage against the Minivan)①之类的网站经常组织支持性社群,帮助人们分享自己的经历。其中一位博主写道:"我也经历过那些事情,它们的确很糟糕,但你会挺过来的。"不过,随着时间的推移,广告商找到了最受欢迎的博客,并开始赞助其内容。有些网站曾经吸引了一批粉丝,向他们展示父母的另一面,后来却充斥着精美的产品植入照片。正如一位博客经营者所说:"公司不想和做母亲的困难扯上关系。它们想要和那些赢家合作。"于是,理想化、商业化、"完美的"母亲就出现在了互联网上(Bailey 2018)。

作为一种意识形态批判的说唱音乐?

我们已经看到,媒体可以从意识形态的角度被分析,但这并不意味着媒体产品在意识形态上是统一的。它们相互矛盾,又容易改变。简言之,媒体文本中并非只有一种意识形态。即便如此,大多数媒体仍然可以被看作一个呈现、改编以及偶尔挑战主流版美国故事的场所。主流版的美国故事是一种意识形态,它本质上是在维护资本主义民主社会当下

---

① "对小货车的愤怒"是由一位养育了四个孩子的母亲克里斯汀·豪尔顿(Kristen Howerton)经营的网站,上面分享了她和孩子们的日常生活以及关于领养、育儿、旅行和社会正义等话题的见解。

的社会秩序。同时,通过新闻、大众电影、电视这些寻求更多受众的媒体文本,传统规范和主流价值观得以重申,即使形式会略有修改。因此,通过媒体产品,文化霸权每天都在建构、受到挑战或者得到重建。但是,广为流传的大众媒体文本是否有可能表达反抗或者反对文化霸权呢?媒体又是否能挑战人们理解社会的主流方式呢?

特里西娅·罗斯(Tricia Rose 1994)在她关于早期说唱音乐意义的经典研究(以及《嘻哈战争》[The Hip Hop War,2008]中的后续研究)中认为,说唱音乐应该被理解成一种对美国主流社会中潜在意识形态的媒介批判。说唱代表着对当代社会权力和权威结构的另一种解释,讲述的是一个不一样的故事。罗宾·凯利认为,一些说唱歌词"试图传达一种社会现实主义的感觉","大致类似于对种族主义制度和社会实践的一种街头民族志描述,但往往以第一人称的形式进行"(Robin Kelley 1994:190)。

很多早期的说唱音乐都表达了对刑事司法系统、警察和教育系统等机构的批判,并认为正是这些机构展现和再生产了种族不平等。这些另类诠释并不都是直接的表达,而常常是很隐晦的,需要掌握一定的内情(inside knowledge)才能完全理解它们的意思。罗斯认为,说唱音乐

> 运用隐晦的语言和经过伪装的文化符码来评价和挑战当前各方面的权力不平等……说唱音乐通过笑话、故事、手势和歌曲的形式来批判权力的各种表现形式,它对社会的评论在意识形态层面体现了一种反抗姿态。(Rose 1994:100)

尽管公众一度把目光集中在"匪帮说唱"(gangsta rap)[①]的愤怒宣泄上,但罗斯指出,更多的说唱音乐会采取一种巧妙而间接的表达方式,通过对当前的社会关系提出对立的阐释,拒绝关于黑人青年、城市生活和种族不平等的主流意识形态假设。

说唱音乐用新叙事取代传统叙事的做法是一种意识形态置换,其根源在于社会世界的不平等。罗斯认为,说唱音乐叙述的内容对社会有不一样,甚至是对立的理解,它来源于黑人城市青年的生活经历。从本质

---

① 匪帮说唱诞生于20世纪80年代中后期,是一种富有争议的嘻哈音乐流派,歌词体现了美国街头帮派的文化与价值观念,常常包含暴力、犯罪和性等主题。

上说,说唱音乐代表了一种来自下层的意识形态批判,是一种从当代社会中弱势群体的角度出发对社会制度进行批判的音乐形式。

同时,说唱音乐的意识形态也充满矛盾。尽管一些政治立场激进的男性说唱歌手会对社会制度中的种族主义色彩进行批判,但其音乐作品的歌词和观念中也常常包含性别歧视和仇恨同性恋的内容。他们经常侮辱性地描绘女性,常常提到对女性的暴力行为。因此,虽然一些黑人男性说唱歌手对主流的种族意识形态提出了挑战,但他们总体接受并强化了关于性别角色和性取向的传统意识形态。这么看来,说唱音乐的话语在意识形态方面并非全然与主流意识形态假设对立。

然而,罗斯认为,说唱歌词对社会现实的另类理解存在偏见和矛盾之处,不能完全解释说唱音乐为什么会被看作一种意识形态批判的形式。其实,就算说唱歌词没有明确的政治表达,说唱音乐仍然参与了围绕公共空间的意义和使用而展开的更为广泛的斗争。简言之,关于说唱音乐的主流话语——我们经常在新闻媒体对说唱音乐的报道中看到——与"对黑人的空间管制"这一更宽泛的话语联系在了一起。就说唱音乐而言,主流话语关心的是说唱文化以何种方式对社会秩序构成威胁,尤其是当大批黑人青年一起参加音乐集会时。罗斯认为,黑人青年在公开的说唱活动中声称他们有权使用公共空间,而这种活动的存在本身就是意识形态斗争的一部分。在这场斗争中,说唱群体拒绝接受"他们对社会具有'威胁'"的主流说法。公共空间的使用所暗含的抵抗意味使这种大型集会有了政治色彩,也只有在这种大型集会中,新的表达形式和思想才有可能出现。这种对公共空间的争夺是罗斯所谓的说唱音乐中"隐蔽政治"的核心。

当然,说唱音乐不仅仅是一种虽然自身存在矛盾,但在黑人群体中流行的政治表达方式。它也是一个利润丰厚的产业。事实上,说唱音乐之所以能够取得商业上的成功,很大程度上是因为这种音乐形式受到了城郊白人青年的喜爱。白人购买的说唱和嘻哈音乐产品比黑人更多。这让说唱音乐的意识形态变得更为复杂。人们很难再接受这样一种说法:说唱音乐是"反文化霸权"的,是对主流意识形态的一种抵抗。表达这种态度的媒体内容也不太可能吸引中上层的城郊白人群体或唱片公司。罗斯的核心观点是,说唱音乐的意识形态往往被掩盖了,如果有人了解说唱音乐的黑人城市文化根源,就更容易发现它背后的意识形态。因此,尽管黑人青年和白人青年都喜欢说唱音乐,但他们对说唱音乐的意义有着截然不同的理解。正如第四部分所探讨的,我们有充分的理由相信,说唱音乐的意义是多元且富有争议的。但即便如此,我们还是容易陷入商业化带来的困境。

公司生产的商业媒体产品在意识形态上是否有可能彻底站在反抗的立场上呢?即便说唱音乐会批评警察、批评学校、批判主流媒体,但它仍然是公司的一部分,受到文化产业规则的约束。这意味着说唱音乐本质上是一种商品,经过包装和营销,最终会被卖给特定的消费群体。如果销路不好,它就会从大众市场消失。而一旦某种音乐包装和营销策略在市场上奏效,唱片公司就会争相模仿,直到将利润榨干为止。简言之,说唱音乐既是一种商品,但同时也参与了意识形态斗争。

正如20世纪60年代那些反叛形象的商业化——从詹尼斯·乔普林(Janis Joplin)戏谑地祈祷拥有一辆奔驰汽车的歌词被用于奔驰汽车的广告,到约翰·列侬(John Lennon)和小野洋子(Yoko Ono)推销苹果电脑的形象——所表明的那样,文化产业能够将反抗性的表达形式纳入主流,使之成为受市场规则约束的商品。当说唱音乐变成了经常出现在全国广告活动中的知名商品,它在批判层面的影响力可能会损失大半。现在,说唱音乐既是销售唱片和产品的工具,也是一个表达反抗的论坛。不过,融入市场的举措并不能完全消除一种文化形态——比如,说唱音乐——的意识形态批判力,尤其是当这种批判以罗斯所说的隐晦的方式来表达时。

此外,采用和改编说唱音乐及其所从属的更广泛的嘻哈文化,使之反映世界各地的本土情况,常常能恢复说唱音乐在意识形态批判方面的优势(Morgan and Bennett 2011)。突尼斯说唱歌手哈马达·本·阿莫尔(Hamada Ben Amor)的作品就是一个例子。他以艺名El Général为人所知,其作品长期遭到政府的封杀。在2010年的"阿拉伯之春"运动之前,El Général在优兔上发布了一首名为《国家元首》(原名为"Rais Lebled",英文译为"Head of State")的歌曲,对专制政府的暴行进行了控诉。随后,El Général又发布了一首歌,赞扬突尼斯日益高涨的抗议运动。这两首歌引起了突尼斯政府的愤怒,政府逮捕了El Général。不过在政治抗议者对El Général的支持下,政府一周后就释放了他。突尼斯政府被推翻后,El Général还受邀为数千名年轻的抗议者现场演唱他那首圣歌。

总之,说唱音乐在国内外的表现说明了文化霸权的运作方式。大众媒体的文本是充满矛盾的,它们可能站在反对的立场上,传递不一样的意识形态。与此同时,它们也可能会复制某种主流意识形态的假设。不过,即便是这种非常有限的批判,也是很难维持的。商业化是意识形态斗争的必经阶段,哪怕是批判性的媒体产品,也表现出(至少是部分地)融入大众商品的趋势,接受关于社会现实的主流定义所划分的种种边界。当然,这是一个仍在进行中的过程,彻底的融入永远不可能实现。虽然事实证明,传媒产业具有非常强的适应性和创造力——似乎任何表现形式都可以被"驯化"成适合出售给大众市场的产品,但是,优兔和 SoundCloud 等音乐传播平台的发展表明,在适当的情况下,说唱音乐可以绕过商业市场的"驯化",在活跃的政治变革运动中发挥作用。

广告与消费文化

每天,我们在家里、车上、工作场所、网上、街上都会遭遇广告的轰炸。由于企业总在寻找新的地方宣传它们的产品和服务,因此广告几乎无处不在。长期以来,公交车和地铁一直是广告投放的主要场所,吸引着乘客和路人的目光。航空公司有时也会出售飞机外身的广告位。电视和广播里同样一直充斥着广告。当你上网时,会发现五颜六色的广告成为上网体验中最重要的一部分:新闻网站上的弹窗和横幅广告、"免费"博客平台和网站周边的广告、推文广告、可打印的网站优惠券,以及谷歌和脸书页面内的广告。体育赛事也与广告密不可分,无论是在电视上还是在体育场上,都能看到广告的踪影。邮件和智能手机也是广告投放的渠道。此外,我们还穿着带有广告标识的衣服,洗澡时更是哼着广告歌曲。简言之,广告已经深深地嵌入我们生活的环境,我们无须多想就能看到、听到甚至闻到它们(通过杂志上的香水广告)。

广告是怎样描述我们以及我们的社会的呢?从某种层面来说,广告一定会针对它的产品或服务来讲故事。广告告诉我们,如果喝了某个牌子的啤酒,我们就会遇到漂亮的女人;如果用了合适的化妆品,我们就会遇到帅气的男人;如果购买了某种汽车,我们就能获得声望;如果使用了某种清洁剂,我们就能节省时间;如果穿上某种衣服,我们就能踏上探险之旅。广告还会告诉我们,哪种商品能帮我们省钱,哪种服务能让我们更健康,以及哪种新产品是送给爱人的绝佳礼物。这些广告中蕴含着大量的信息,暗示着产品和生活方式之间、服务和心理状态之间的联系。

同时,广告也会标出关于价格、实用性等方面的信息。面对这些情形,我们不是被动的参与者。我们了解广告的惯例,并不指望广告描述的联系——比如化妆品和爱情、西装和成功——真的存在。

尽管广告信息五花八门,而且经常使用反讽和幽默的手法,但几乎所有广告都有一个共同点:一切为了销售。它们把受众当作消费者,赞颂这种消费资本主义的社会组织方式,并将其视为一种理所当然的现实。这种观点中显然蕴含了某种意识形态。广告告诉我们,幸福和满足是可以买到的,我们每个人首先是一个独立的消费单位。在家庭的亲密关系之外,市场上的买卖关系不仅是一种适当的社会关系形式,而且可能是唯一的社会关系形式。有时,甚至家庭的亲密关系也是为销售而建立的。一则最近的商业广告试图让消费者相信,使用品食乐集团(Pillsbury)的产品在家烘焙为一家人创造了永恒的记忆。广告对消费文化的推崇不仅使中产阶级甚至中上层阶级的生活方式成为一种标准,也让购买力成为衡量美德与自由的标准。

公共场所的广告越来越多。这张纽约时报广场的照片就是大量广告耸立在城市中的典型例子。当然,我们日常生活中的广告并不都是那么夸张的形式。除了电视、社交媒体和广告牌,鞋子、出租车、购物袋、咖啡杯以及其他很多地方都有广告。今天,你在哪里看到了广告呢?

在这个过程中,广告将某些价值观——特别是那些与获取财富和消费商品相关的价值观——提升到了近乎宗教的地位。此外,广告还会倡导这样一种世界观:注重个人价值和私人空间,忽视集体价值和公共领域（Schudson 1984）。虽然广告所推崇的价值观不是空穴来风，有现实的依据，但这并不意味着它们的意识形态色彩有所减弱。无论广告是否成功推销了产品——有些成功了，而有些失败了——广告中都隐含着一种渗透到我们媒体文化中的信息，即消费主义价值观的重要性。

20世纪早期的消费主义

斯图亚特·尤恩（Stuart Ewen 1976）研究了我们现在所谓的消费主义文化的历史根源，追溯了20世纪早期广告在这种文化的兴起中所发挥的作用。19世纪末至20世纪初的资本家和行业领袖将大众广告视为一种塑造美国人意识的手段，认为它可以为迅速工业化的社会带来合法性和稳定性。这种新观念的核心是要打造一种以消费的快乐为基础的新生活方式。大众广告是在20世纪20年代兴起的。当时的商界领袖开始意识到，他们对工作场所的控制需要与一种统一的意识形态相辅相成。于是，广告成为这一计划的核心，其目的不仅是销售产品，也是销售一种新型的美式生活方式。在这种生活方式中，消费抹除了一切差异，外来移民可以融入美国的主流生活，而购买行为相当于选举投票，是推动美国民主进程的一种力量。

因此，广告的存在从一开始就不仅仅是为了销售个别产品，更是为了创造消费者。只有刺激新的需求、创造新的习惯，大规模生产的经济模式才能实现赢利，那些在艰苦的工厂环境下长时间工作的人才能得到安抚。这就是广告的作用。早期的广告从业者利用人们对生活的不安全感和对自身外表的不自信，刺激他们对新产品的需求。当时的人对消费的普遍看法是：个人问题可以在消费的世界里得到解决。而现在的人则把购物当作一种让自己开心的方式。广告告诉我们，漱口水、洗手液和除臭剂等新产品可以帮助我们避免尴尬的情况，它们是我们进入现代世界的通行证。人们应该抛弃新移民带入美国的旧习惯和风俗，转而青睐新的美式生活，从而参与到消费社会中来。广告不仅把消费主义鼓吹为推动20世纪美国社会融合的途径，还把它包装成一种缓和社会冲突——尤其是阶级冲突、具有社会黏合功能的意识形态。

在兜售跨越阶级的消费主义意识形态方面，广告采取的一种方式是关注消费领域，忽视生产领域。工人的工作环境也许不尽如人意，甚至有失尊严，但是广告会创造这样一个世界：远离工作的艰辛，凸显消费者的生活方式的美好。毕竟，这种生活方式及相应的世界观才是广告所要

兜售的，无论人们是否真的能过上这样的生活。正如尤恩所说，尽管消费主义的意识形态

> 是为了刺激那些拥有足够资金和欲望的人去消费，但它也试图向那些没有条件的人描绘美好生活的画面……在商业文化蓬勃发展的大环境下，最重要的政治任务是指明"应该拥有什么样的梦想"。(Ewen 1976:108)

上面这些梦想只能通过消费商品来满足，而且还只是暂时的满足。要想追随广告所推崇的生活方式，就需要持续不断地消费。因此，我们的消费文化与广告密切相关，广告帮助创造了消费主义，并不断采用新的形式来维持它，使之成为当代美国意识形态的核心。

作为广告的女性杂志

"女性杂志"是一种广告导向十分突出的媒体，不断宣扬消费主义的意识形态。这类杂志把重心放在广告上，广告占据了大部分的版面，这使得一位评论家为其贴上了"女性广告杂志"的标签（McCracken 1993）。像 Vogue、Glamour、Redbook、Cosmopolitan 以及 Elle 等出版物都内含一页页华丽的广告，介绍各种以女性为目标受众的产品。

所谓的女性杂志充斥着广告和编辑处理过的内容，几乎所有这种类型的杂志所宣扬的意识形态，都会鼓吹与美丽、健身、吸引男性以及"美好生活"相关的消费行为。

一般情况下,这些杂志通过介绍如何在消费市场上购买到美貌、性感、事业成功、烹饪技巧和社会地位,来宣扬一种消费主义的生活方式。在消费主义意识形态的视角下,社会问题可以被重新定义为个人问题,并且可以通过购买适当的产品得到解决。女性杂志认为女性是一个特殊的社会群体,有着特殊的产品需求。这些杂志将女性的身份与一系列特定的消费行为联系在一起,使后者成为前者的前提条件。因此,要做一个"女人",就要知道该买什么。女性杂志上的广告既展示了特定的产品,也宣扬了消费的快乐和需求。

尽管人们阅读女性杂志的普遍方式是随意地翻页,快速地浏览广告和标题,但女性杂志不仅仅是广告。艾伦·麦克拉肯(Ellen McCracken 1993)认为,那些广告之外的经过编辑处理的内容,也是一种"隐蔽的广告"形式,同样在宣扬以消费为导向的意识形态。最明显的广告就是杂志的封面。封面上理想女性的标准形象在暗示读者:只要购买这本杂志,你就可以获得线索,从而知道怎么买以及买什么才能成为理想的女性。除此之外,封面还会在杂志里再次出现,并和产品信息列在一起,进一步暗示这种形象是可以买到的。

女性杂志中的"编辑建议"栏目也是一种隐蔽的广告形式,同样在兜售消费意识形态。例如,"美容建议"一般会推荐人们购买各种化妆品来变得美丽。这些建议通常会给出效果最好的品牌名称,而这些品牌也常常出现在这本杂志的广告版面中。定期更新的"形象改造"栏目则会把一个"普通"的女人变成一个魅力四射的模特,其本质上也是在宣传杂志的其他页面所推销的美容产品。因此,这些建议中实际上包含了适当的消费习惯。就像早期的广告会刺激人们的需求一样,女性杂志会对女性需要什么给出建议。最终,女性杂志通过直接和隐蔽的广告形式来销售杂志,同时宣扬了这样一种意识形态:鼓励人们把消费针对特定性别的产品作为身份形成和个人满足(实现"美好生活"的梦想)的途径。

广告与文化全球化

广告所贩卖的梦想从美国传播到了世界各地。为美国品牌——从可口可乐到耐克(Nike)——打造的美国广告在日益蓬勃的全球媒体文化中广泛传播。一般来说,美国的媒体产品,无论是电视节目还是好莱坞电影,都收获了大量的国际受众。这些广告和节目通过展示美国富裕的物质生活和消费机会,成为宣扬美式生活方式的国际传播载体。

尽管不同的产品有不同的销售说辞,娱乐媒体也在不同的地方采用了不同的主题,但大多数美国媒体——尤其是面向国际市场的媒体——都遵循一套基本的参考框架,即把美国定义为消费资本主义和政治自由的结合体。由于媒体是由营利性公司持有并经营的,因此,当我们看到一系列宣扬消费社会优点的媒体形象时,也不会感到意外。同时,鉴于接触国际观众变得越来越容易,美国公司把国际市场看作在 21 世纪取得成功的关键。

如果广告和出口的娱乐产品在推崇美国的生活方式,那么它们真正兜售的是什么? 毕竟,我们很难把多元化、分散化的美国文化概括为某种简单明确的主题。美国向全球展示的形象和许多美国国内的广告一样,都是关于美国梦的。美国被描绘成一个梦想之地,在这里,每个人都能实现(或者买到)自己的心愿。这个梦想之地的形象不需要高度统一,因为其传递的意识形态的核心就是个性和自由,它们体现在**消费选择**这个概念里。每个消费者都可以通过选择购买什么来实现梦想:可口可乐还是百事可乐(Pepsi);卡尔文·克莱因(Calvin Klein)①、汤米·希尔费格(Tommy Hilfiger)②,还是盖璞(The Gap)③;耐克还是安德玛(Under Armour);苹果手机(iPhone)还是三星盖乐世(Galaxy)手机;安飞士(Avis)还是赫兹(Hertz)④。在这个电子梦想之地,获得幸福的方法就是买到"正确"的产品。想象一下麦当劳广告里的食客多么快乐,拉夫劳伦(Ralph Lauren)⑤的杂志广告中的世界又是多么宁静。

《摩登家庭》《大小谎言》(*Big Little Lies*)等电视节目所描绘的世界,展现的同样是魅力四射的人们过着被各种现代消费品簇拥的舒适生活。而且,广告和娱乐媒体都崇尚新潮——例如,在衣服、汽车、休闲活动和食品方面——人们不仅需要消费,还需要持续不断地消费,这样才能跟得上风格的变化。对风格的重视是为了吸引年轻人,他们日益成为商家

---

① 美国设计师卡尔文·克莱因以自己的名字于 1968 年创办的服装品牌,常简称为 CK。
② 美国设计师汤米·希尔费格以自己的名字于 1985 年创办的服装品牌。
③ 由唐·费希尔(Don Fisher)于 1969 年在美国旧金山创立的服装品牌。
④ 两者均为美国汽车租赁企业品牌。
⑤ 由美国服装设计师拉夫·劳伦于 1967 年创办的服装品牌,致力于设计和生产高端休闲或半正式的男女服饰,以经典的马球衫(通常所谓的 Polo 衫)闻名于世。

最垂涎的市场，以及媒体的活跃用户。国际广告、电视和音乐创造了一种新兴的跨越国界的全球青年文化。在这种文化中，不同国家的年轻人拥有风格相似的服装和外表，选择同样的品牌，喝同样的汽水，抽同样的香烟，吃同样的快餐，收听和播放同样的音乐。虽然国际年轻人市场跨越了国界，但在美国媒体产品的影响下，年轻人青睐的风格很大程度上取决于美式观念和商品。

美国的媒体产品可能是全球传播度最广的，但是它并不是唯一的。许多欧洲和日本的公司也会打造针对国际市场的媒体和广告，而且经常与美国的公司合作。赫伯特·席勒（Herbert Schiller 1992）是美国媒体出口的早期批评者之一，他认为几乎所有全球传播的媒体内容都在宣扬一种相似的意识形态。利用媒体来推销生活方式的做法虽然源自美国，但已经演变成一种全球现象。哪怕这些全球媒体的内容会在推销的说辞中体现不同国家的文化差异，但它们对差异的强调依然是为了宣传消费商品的价值观。具有讽刺意味的是，全球媒体内容中的文化差异——比如，美国媒体中的多元文化形象——吸引着受众，其目的却是宣扬消费主义意识形态。这种意识形态的最终目标是将不同的文化融合成一种越来越统一的国际消费文化。正如20世纪80年代为赈济饥荒而作的热门歌曲唱的那样，如果"天下一家"[①]，那是因为我们都购买同样的东西，或者梦想着购买同样的东西。

随着媒体的跨国传播，文化变得越来越全球化。同时，与三十年前相比，今天的美国媒体内容展现了更多的差异性。但是，对于美国人和外国人在全球文化中的地位，美国媒体传递了什么样的信息呢？这个问题本质上是一个意识形态的问题。

威廉·奥巴尔（William O'Barr 1994）在研究广告中的外国人形象时指出，对于广告的意识形态分析需要考察他提出的广告中的"二级话语"（secondary discourses）。与初级话语（关于广告产品的具体特征）不同，二级话语指的是广告中隐含的那些关于社会关系的观念。从这个角度来看，广告形象在推销产品的同时，传递了关于社会生活的信息，而我们可以透过传递信息的方式，发现广告中的意识形态。语境、背景、主要

[①] 《天下一家》（*We Are the World*）是迈克尔·杰克逊（Michael Jackson）和莱昂纳尔·里奇（Lionel Richie）为赈济非洲饥荒而创作的一首慈善歌曲，此曲于1985年3月7日通过哥伦比亚唱片公司发行。

行动者的特征,以及广告中行动者之间的互动是二级话语的核心内容。

奥巴尔(O'Barr 1994)认为,在当代平面广告中,展现外国人形象的广告主要有三种:旅游广告、产品代言和国际商业广告。旅游广告中的外国人被描绘成"他者"——不同于广告的目标受众"我们"——在广告中,这些"他者"可以为美国游客提供娱乐。无论是当地人与美国游客一起跳舞、绘画和微笑的画面,还是邀请游客成为"贵宾"或向游客"敞开我们的家门和心扉"这样的广告文案,都隐含着这样一种信息:外国的土地是为美国游客服务的。通过展现希望取悦游客的当地人所获得的满足感,这类形象暗示着美国人的需求和欲望是这种潜在关系的关键。旅游广告的模式显而易见:美国游客主导着他们与外国文化的关系,尤其是当广告宣传的内容是去第三世界国家旅游的时候。

产品广告中呈现的外国人形象会将所宣传的商品和我们对外国的联想挂钩。奥巴尔(O'Barr 1994)认为这些形象向我们讲述着关于外国社会的故事。例如,通过呈现身穿典型"原始"服装的黑人模特,将女式内衣与非洲联系起来;通过制造香水产品与中国的艺术、文字或者泰姬陵之间的关联,将香水与中国或者印度联系起来。具有讽刺意味的是,这些产品——女士内衣或香水——与非洲、中国或者印度社会没有任何关系,采用"他者"的形象是为了宣传西方人生产和使用的产品。

那么,广告为什么要采用这些形象呢?奥巴尔(O'Barr 1994)认为,采用异国他乡的形象是为了表明产品具有异域风情或者浪漫色彩。通过这种方式,它们也在暗示非洲人、中国人或者印度人与美国人不同,前者常常被描绘得更加原始或更加性感。建构这些联想是为了让产品更加吸引人,同时强调外国人本质上是完全不同的存在。

旅游广告和产品广告中的外国人形象强调了差异,把"他者"描绘成附属于美国游客和消费者的存在,或者是他们的快乐源泉。这些形象与美国在当今全球秩序中的地位有关,其背后的意识形态与包含外国人形象的早期广告所传达的信息几乎相同。不过,经济全球化使得广告中诞生了一种全新的外国人形象:潜在的商业伙伴。

当我们走进国际商务领域时,相关的广告形象就不再显示出差异,因为这可能会给业务带来阻碍。相反,国际商业广告中的外国人形象强调美国人与外国人拥有共同的立场和共同的目标。外国商人不再被描绘成"他者"——奇异的或有威胁性的"他们",而被看作和我们一样的人。比起旅游广告或产品广告,这类广告的目标受众要少得多,仅针对国际商人群体。然而,商业广告提供了一种不同于将外国人描绘成"他者"的模式,即使这种模式目前只运用于全球企业界。

广告中最为广泛传播的"他者"形象会从美国的视角出发表达对外国人的看法,即"我们"与"他们"之间存在根本性的区别。在"我们"与"他们"的关系中,"我们"处于主导地位,而"他们"可以激励、娱乐和服务"我们"。在全球文化中,媒体展现了更多关于外国和外国人的形象,国际商业广告更是催生了新的形象。但是,广告中隐含的关于"我们"是谁以及"他们"是谁的信息依然来自一个古老的设定:居于主导地位的美国人和居于附属地位的外国人。

互联网意识形态

我们已经说过,当意识形态在"人们视为理所当然"的层面发挥作用时,或者说当一些事情看起来顺理成章、毫无争议时,意识形态的威力是最强大的。从某种意义上讲,互联网和相关的数字技术也有自己的意识形态。那就是,它们倾向于支持一种看似符合常理和"自然"的存在方式,但这实际上是一套特定的社会和权力关系的产物。

1968年秋,《全球概览》首次出版,斯图尔特·布兰德（Brand 1969）在第一期发表了一段宣言,表达了对即将到来的新技术时代的歌颂:

> 吾辈皆神,且擅长此道。迄今,人们获得的权力和荣耀均是通过政府、大型企业、正规教育和教堂等远程手段实现的,但这种状态如今已经进入重大缺陷超过实际益处的阶段。与这种困境和获益状况相对应的,是一种私密的、个人的力量正在崛起——个人可以实现自我教育、自我启迪、塑造自己的环境,并把自己的探险经历与任何感兴趣的人分享。

人们曾经期待早期的新技术具有赋权的作用,可以让个人脱离社会统治机构的控制。正如第二章所述,早期的互联网革新者受到反文化信念的影响,认为社会机构——尤其是政府,是压迫性的,而解决办法则来自新技术助力下的个人主义。

半个世纪过去了,我们依然能在互联网上看到这种信念体系的影响。个体的自我赋权起初就是一种反文化价值观,随后又融合了硅谷资本主义,演变成一种将自由至上主义和新自由主义相结合的视角。这种意识形态主张放松产业管制,削减公共服务的资金投入并推动其私有化,以及削弱工会这一对抗资本主义剥削的堡垒。互联网促进了自由贸易和资本的自由流动(尽管**不是**人的自由流动),打破了经济的稳定性,限制了政府对本国经济的掌控力。从影响经济后果的能力(随着全球资本的自由流动而变得困难)到私有数字平台的言论监管(第一修正案并不适用于此),政府作为公众意愿的集中表达,往往无法掌控局面,真正握有控制权的是私人企业。

随着政府严肃处理重大社会问题的合法性被削弱,以及其他社会机构纷纷受到挑战,很多人把技术以及与之相关的信息社会视为救世主,从而形成一种"技术救赎的意识形态"(Mattelhart 2003:152)。代表个人自由的互联网被看成一个交流和自我表达的中立"平台",一位评论家称之为"技术主义解决方案"(technological solutionism)(Morozov 2013);而数字技术和"大数据"被奉为万能宝典,似乎无论是个人问题还是全球危机,都可以从中找到解决办法。

你的体重超标了吗?不妨戴上一块收集数据的运动手表,监测你的运动情况和生命体征。你的生活中缺少爱情吗?不妨注册一款在线约会服务。你是一名成绩落后的在校学生吗?不妨尝试一下电脑和教育软件。交通拥堵让你抓狂吗?别担心,无人驾驶汽车和虚拟红绿灯会让通勤变得简单顺畅。压迫性的政府仍然让你失望吗?使用推特来发起抗议和社会革命吧。你担心美元会贬值吗?不妨投资那些与政府无关和基本不受监管的加密货币。这些新技术几乎总是与互联网云服务有关,它们解决个人和社会问题的方法似乎无穷无尽。

对许多人来说,互联网代表着一种生活方式。它意味着一种即时且持续的连接,连接的对象包括他人、信息、娱乐和市场。作为网络社会中的节点,我们参与互联网生活的方式巩固了这种独特的运行模式,并使其看起来像一种无法避免、无比寻常的现实。正如凯瑟琳·萨里卡基斯(Katharine Sarikakis)和达雅·屠苏所说:"因此,像所有意识形态一样,互联网意识形态的主要目的是将一套特殊的观念规范化,这套观念是一种独特的世界观,其前提是相信新的信息与通信技术具有奇迹般的魔力。"(Daya Thussu 2006:3)

不过,持批评态度的观察家对互联网的那些"无比寻常""合乎规范""无法避免"的特征表示了怀疑。他们认为,危险的互联网意识形态为企业的幕后操纵提供了掩护。这种操纵在让少数精英变得富有的同时，欺骗了其他所有人。有时候，这些警示性分析来自那些曾经深入敌营的人，即对数字技术的发展方向感到失望的硅谷内部人士（Morozov 2011，2013；Lanier 2013）。

以虚拟现实研究而闻名的计算机科学家杰伦·拉尼尔（Jaron Lanier）认为，大量的财富已经流入少数寡头的口袋，他们利用算法来控制互联网和更广泛的经济领域。他所说的"海妖服务器"（Siren Servers）通过提供免费或低成本的商品和服务来吸引用户。我们的电子邮件服务、视频平台、社交媒体，以及音乐流媒体都是免费使用的，这掩盖了产品背后的商业机制。当然，这些服务同样受到广告商的赞助，我们也成为卖给广告商的产品。但是，不同于受广告商赞助的早期媒体，我们为了加入这个"免费"的互联网环境，自愿放弃了大量关于我们在做什么、在哪里做以及和谁在一起的个人数据。事实上，我们在互联网上留下的数字踪迹使得数据挖掘人员可以充分了解我们是谁，以及我们在任何时刻的想法。我们自愿提交的数据不仅成为掌控和贩卖数据的公司赚取财富的来源，同时也为这些公司更好地操控用户提供了线索。因此，这种"免费"的互联网经济有一个隐藏的代价，那就是在网络活动的持续监控下，用户们交出了大量的个人数据。

与此同时，互联网平台希望用户自愿创作内容，从而吸引更多的人观看更多的广告。这就是社交媒体和其他依赖用户生成内容的平台得以发展的基础。这种发展模式需要人们把极端的自我披露和自我推销视为一种常态，同时把人们对隐私的关注仅维持在最小化的水平上，从而达到社交媒体平台的目的，即利用免费的用户劳动来创造内容，以此吸引更多的用户。

因此，我们最终拥有了越来越多的寡头企业——脸书、谷歌、亚马逊等——它们挖掘我们的数据，为我们提供新闻和娱乐，通过算法来塑造我们的上网体验，并深刻地影响我们对世界的理解。不过，这种情形并没有让我们想起反乌托邦小说中令人感到压迫的"老大哥"形象，相反，我们认为它合情合理、无比寻常，而且符合我们的最大利益。这就是意识形态的力量之所在。

结论

本章从意识形态的角度考察了媒体的内容。我们回顾了意识形态分析的基本理论框架,并且通过几个具体的例子,发现了媒体中的意识形态。这些例子表明,大众媒体所宣扬的意识形态不止一种。媒体意识形态的研究者关注媒体中隐含的有关社会的故事、被媒体合法化的价值观,以及被看作"规范"的行为类别。多数大众媒体经常以一种不易察觉甚至矛盾的方式,宣扬那些认同现有的基本社会安排和社会制度合法性的观点,并将那些所谓与"主流"不符的观点和行为边缘化。

媒体内容有时会通过批判当今的社会组织和规范来挑战主流意识形态,但商业化使得这些媒体难以持续发出批判的声音。对人气、更广泛的发行范围和高收益的争夺,往往会弱化媒体内容的批判性,促使媒体回归更加主流(和市场化)的意识形态。当然,还是有一些媒体一直在宣传另类的意识形态。地方周报、评论期刊、公共电视、另类媒体网站和独立电影通常会有意识地提供不同于主流媒体的观点。然而,这些不一样的观点只能出现在媒体舞台的边缘位置,只有很少的受众能够看到,缺乏挑战主流媒体的资本。

在本章中,我们还探讨了各种媒体文本的意识形态,研究了我们每天接触的内容中隐含的观点。当我们研究媒体内容时,我们需要更加具体地考察媒体再现社会世界的方式。在第七章中,我们将关注媒体内容与社会不平等之间的关系。

讨论题

1. 意识形态是什么?媒体内容如何成为美国当代"文化战争"的中心战场?请举例说明你的观点。

2. 在媒体的意识形态分析中,"文化霸权"这一概念有什么意义?它为什么如此重要?它与"虚假意识"分析的区别是什么?根据这个概念,我们又应该去哪里寻找意识形态发挥作用的证据?

3. 在有关家庭定义的长期的文化冲突中,电视内容发挥了怎样的作用?媒体中家庭形象的变化与家庭结构的变化之间有什么关系?

4. 虽然流行的说唱歌曲会变成广告歌曲,但说唱音乐能否被看作对主流规范和价值观的批判?请说明你的观点并陈述理由。

第七章　社会不平等与媒体再现

也许是由于人们很容易接触到媒体产品,因此对媒介内容的研究一直都是媒介研究中最常见的主题。媒体产品的生产过程是在电影拍摄地、录音棚和编辑室里发生的,一般人很少有机会直接身处现场。相比之下,我们的周围到处都充斥着媒体产品,研究者可以轻而易举地获得这些内容。

无论背后的原因是什么,有关媒介内容本质的研究和评论的确数不胜数。在本章中,我们不再回顾大量的文献,而是围绕再现(representation)这一主题来探讨媒介内容。我们要探究的问题是:"社会世界的媒体再现与外部'真实'世界之间有何差异?"后文中的讨论表明,这并不是研究媒介内容的唯一路径。但由于本书的社会学视角主要关注的就是媒介与社会世界的关系,因此这一问题成为我们要探讨的核心议题。

另外,我们讨论的重点是社会不平等问题。我们认为,媒介内容的创作者常常复制了种族、阶级、性别和性取向等方面的社会不平等。这并不是说媒体如同一面镜子,被动地反映着社会不平等。恰恰相反,中上阶层的白人男性一直以来都掌控着传媒产业,媒体产品反映的基本是他们对社会的看法。因此,社会世界的不平等影响的是生产媒介内容的传媒产业的组织方式。

作为对这种问题的一种回应,活动人士对媒体提出挑战,要求拓展媒介内容中普遍存在的狭隘视角。有些人甚至创办了另类媒体,通过文字和视听手段来讲述他们自己的故事。近年来,从社会总体情况来看,以推动进步为目标的社会变革运动的确在某些方面改变了社会不平等现象。这种自发的人类能动性给社会世界带来了变革,进而影响了传媒产业的组织方式。日益多元化的当代媒介内容也在不同程度上反映了这些变化。

最后,媒介技术的变化同样引起了媒介内容的变化。随着媒体数量的增加,曾经稀缺的媒介内容变得丰富起来。而这种丰富性正好为内容多样性的提升提供了空间。

媒介内容与"真实"世界的差异

对媒体产品的内容分析一再表明,媒介内容往往与社会世界的实际状况之间存在差异。"真实"世界与媒体对社会世界的再现之间存在的这种差异正是本章要讨论的主题。

"社会世界的媒体再现与外部的'真实'世界有何差异?"这是一个重要的问题,因为我们通常会根据媒体反映现实的准确性来对其进行划分。比如,我们会区分小说和纪实文学,新闻/公共事务和娱乐内容,纪录片与剧情片、"真人秀"节目,等等。正如我们在本书第四部分看到的那样,如果媒体产品与真实世界之间的差异很大,媒介的影响也会更加显著。例如,当媒介内容缺乏多元性,或者过多地渲染暴力、性,以及其他在真实世界中通常会受到约束的现象时,我们往往会感到更加担忧。

社会世界的媒体再现与外部"真实"世界之间的差异还带来了一些其他问题。其一,媒体和文化研究领域的相关文献提醒我们,再现不等于真实,即便媒体经常会引导读者或观众把两者等同起来(Hall, Evans and Nixon 2013)。再现需要经历一个选择的过程,在这个过程中,构成真实的某些方面得到强调,而其他方面则被忽略了。即便是试图重现真实的纪录片,也会经历这个过程。因此,虽然我们总是把媒体形象是否"真实"作为我们对这些再现进行评价的标准,但实际上所有媒体内容对社会世界的**再现**都是不完整且狭隘的。

其二,媒体通常并不试图如实反映"真实"世界。我们大多数人都希望新闻节目、历史书籍和纪录片尽可能公平、准确地再现社会世界发生的各种事件。(经过对媒体生产过程的考察,我们已经知道,在时间和资源有限的情况下,要做到这一点是很困难的。)但是,从本质上来说,许多媒体内容(比如,科幻电影)与当代社会生活之间存在着很大的距离。实际上,如果真实与媒介再现之间的这种距离不复存在的话,诸如科幻电影之类的媒体内容也就不可能存在了。

不过,我们也不能过分夸大这一点,因为即便是科幻电影这样的奇幻类作品,也有可能给我们带来关于现实社会的启示。通常,这也是这类作品的魅力之所在。20世纪60年代,在黄金档电视剧《星际迷航》

(*Star Trek*)中,有一幕柯克(Kirk)船长和乌胡拉(Uhura)中尉接吻的戏,这是美国电视剧史上的首次跨种族之吻。虽然这一内容出现在关于未来的科幻作品中,但它同时也是对当时美国种族关系的一种反映。在《星际迷航》后来的衍生剧中,制片人让一名非裔美国人饰演《星际迷航:深空九号》(*Deep Space Nine*,1993)中的指挥官,一名女性饰演《星际迷航:航海家号》(*Voyager*,1995)中的舰长,《星际迷航:发现号》(*Star Trek:Discovery*,2018)中甚至出现了一对同性恋人。这些变化一直是社会评论关注的话题。近年来,一种以"非洲未来主义"(Afrofuturism)(Womack 2013)为核心的新兴题材更进一步,描绘了一种以非洲文化为基础的未来或者另类世界,而不仅仅是在一个白人主导的世界里安排一个黑人角色或与黑人相关的故事线。比如,2018年的好莱坞大片《黑豹》讲述了集超级英雄、政治领袖和宗教人士三种角色于一身的主角回到一个神秘的非洲国家的故事。这个国家没有遭受过殖民剥削,利用本国资源成为地球上科技最发达的国家。虽然以上这些都是科幻作品,但它们显然是对这些作品所处社会状况的一种反映。

最重要的一点是,所有媒体产品都有潜在的社会意义,即使是那些虚构的幻想类作品。媒体产品的创作者往往对此心知肚明,并且会通过娱乐媒体来表达对现实社会的看法。相应地,读者和观众也通过接触娱乐和新闻媒体来获得对社会的认识。因此,我们有必要关注这些媒体信息,其中包括那些并不打算如实反映社会的媒体形式,比如,科幻小说、肥皂剧、音乐视频和言情小说。

社会世界的媒体再现与"真实"世界之间的差异还引出了第三个问题,这里涉及一个棘手的术语:**真实**。在一个社会学家讲述现实的社会建构、后现代主义者质疑可知现实的存在的时代,"真实"世界这个概念看起来就像一件稀奇的古董。我们基本同意社会建构论者的观点,即没有哪一种对现实的再现是绝对"正确"或"真实"的,因为任何对现实的描述都不可避免地是在特定框架下实现的,必须要从多面的现实中对其中某些构成要素进行取舍。不过,有些社会事实似乎是确凿无疑的,能够帮助我们衡量现实。举一个简单的例子,我们很了解美国的年龄分布情况。近年来,大约有23%的美国人口在18岁以下(U.S. Census Bureau 2018)。假设电视情景喜剧中有一半的角色都是儿童,那我们可以肯定地说,这类节目中儿童比例是其在真实世界中的两倍。我们之所以能够这样说,是因为我们采用了一种十分准确的方法来测量总体的人口年龄分布情况。

然而,在其他的例子中,这个问题的合理性却遭到了更多质疑。比如,媒介内容所描绘的世界是否像某些人所说的那样,在整体上比真实的社会更加自由(liberal)？这取决于你如何定义**自由**,以及如何衡量媒体世界和"真实"世界中的自由。因为这个概念比年龄要模糊得多,所以,我们必须对那些关于媒体"偏向"的说法保持警惕。总之,虽然我们可以对媒介内容与社会进行一些有价值的比较,但由于我们测量社会世界的能力有限,最终得出的观点也必然会受到这种能力局限的影响。

在20世纪60年代的民权组织"黑豹党"成立以前,作为漫画角色的"黑豹"就已经出现了。在当时的漫威和DC宇宙①中,这是第一个非裔美国人角色。在2018年的好莱坞同名电影中,集超级英雄、政治领袖和宗教人士三种角色于一身的黑豹再次登场。《黑豹》属于正在崛起的非洲未来主义题材作品,是幻想和科幻作品回应"真实"世界的典型例子。

最后,社会世界的媒体再现与"真实"世界有何差异的问题,似乎还暗示着媒体**应该**反映社会。这个假定并没有得到广泛的认同。对很多人来说,媒体只是逃避日常生活的一种方式。因此,媒体产品有多"真

---

① DC宇宙指DC漫画公司旗下漫画建构的统一的世界观,包括漫画人物、宇宙、神灵、历史走向和物理规律等。DC漫画的主要竞争对手漫威漫画同样采用类似的平行宇宙世界观。

实"对很多人来说无关紧要。但是,我们也没有必要认为媒体就应该准确地反映社会,并以此作为衡量媒介再现与社会世界之间关系的标准。恰恰是媒介内容与社会现实之间的差异引发了一些值得我们关注的有趣问题。

媒介内容的重要性

虽然本章的重点是媒介内容,但我们必须意识到,研究者之所以关注媒介内容,目的是推导出与其他社会过程相关的结论(Berelson 1952;Holsti 1969;Neuendorf 2017)。也就是说,他们研究媒介内容是为了对这些内容的重要性进行评估。研究者用来评估媒介内容重要性的方法至少有五种,包括:媒介内容如何受到(1)生产者的意图、(2)受众兴趣和(3)社会整体状况的影响,媒介内容(4)对受众的影响,以及将其视为(5)与社会背景无关的封闭文本。

举例来说,我们可以回到前面关于儿童与情景喜剧的假设。如果研究者发现情景喜剧中儿童角色的比例是其在现实世界中的两倍,我们可以给出很多种解释。各种不同的研究路径都在试图对媒介内容的来源与重要性做出某种解释。

媒介内容是对生产者意图的反映。我们可以认为这种以儿童为中心的内容反映了节目编剧和制作人的意图。这种将内容与制作者联系起来的解释方法,鼓励我们去探讨情景喜剧的编剧和制作人的社会特征。我们可能会发现,一种可能是,这些主创人员大多是这样一群人:40多岁,有自己的孩子,并从自己的家庭生活中获得故事灵感。因此,大量的节目都是关于儿童的。另一种可能是,合作的广告商对有关儿童的节目表现出强烈的兴趣,从而促使制作人打造出更多这一类型的节目。为了明确其中的关联,研究者需要走出媒介内容领域,对媒体从业者和生产过程开展更广泛的研究(本书第二部分考察的正是这种研究)。如果研究的是用户生成内容,则需要考察用户这一群体。内容分析可以引起我们对这个问题的重视,但内容本身并不能为此类节目中出现大量儿童角色这一现象提供合适的解释。

媒介内容是对受众偏好的反映。我们或许可以认为,儿童数量如此之多反映了受众对情景喜剧的偏好。这并不一定表明儿童在受众中占了很大的比例,但可能是因为许多受众都已经为人父母,他们喜欢看情景喜剧中小孩子的滑稽动作。这就是说,媒体从业人员在迎合其潜在受众的偏好,而不是从他们自己的兴趣出发,更不是受到制作过程的影响。从这种视角来看,内容只是对受众偏好的反映,媒体生产者只不过是在"为人们提供他们想要的东西",而人们得到的东西也正是他们想要的。为了证明这一论断,研究者们不能局限于对媒介内容的研究,而是必须进入受众研究的领域。

媒介内容是对社会整体状况的反映。部分研究者将媒介内容看作对社会规范、价值观以及社会整体利益的一种反映。这种研究思路不仅仅局限于受众层面。比如,有人认为,情景喜剧中儿童占主导的现象反映出社会对儿童的高度关切。同时,它也可能反映了这样一个事实:我们生活在一个以儿童为中心的社会。在这样一个社会中,人们高度重视儿童。显然,以确凿无疑的方式得出这类高度概括性的结论并不是一件很容易的事情。为了支撑这类观点,研究同样需要扩展到媒介内容之外的领域。

媒介内容会对受众产生影响。研究者有时会考察媒介内容对受众的潜在影响。或许电视里过多的儿童角色会鼓励夫妻生育或者多生孩子——但也有可能导致他们拒绝生育!在这里,研究者同样需要将内容分析与受众解读(本书第四部分探讨的主题之一)联系起来。不过,媒体的影响十分广泛。因此,在内容和受众的反应之间建立直接的联系并不容易。这里的侧重点与前三种路径不同,它关注的不是内容如何反映生产过程、观众需求或者社会状况,而是内容给受众带来的社会影响。

媒介内容作为自我封闭的文本。大量的研究是针对媒介内容本身的。也就是说,这些研究并不试图将内容与生产者、受众或社会联系起来,而是将媒介内容视作一种自我封闭的文本,需要通过"解码"来揭示其意义。比如,在 2007 年的恐怖片《勇敢的人》(The Brave One)中,朱迪·福斯特(Jodie Foster)饰演一位纽约市的电台主持人,当她和未婚夫一起经过中央公园时,后者遭到谋杀。于是,福斯特越过法律,私自杀死了那几个犯罪分子。一项关于这部电影的分析认为,该片是对美国在"9·11"袭击后所受创伤的一种隐喻。这篇文章的结论是,这部电影

> 既是由文化创伤所构成,同时也构成了一种文化创伤。影片中角色所遭遇的个人创伤作为一种隐喻,不仅在这部法外复仇主题的电影中发挥着关键作用,同时也象征着一个经历过创伤的国家。虽

然(《勇敢的人》)设想了创伤性损失所带来的破坏性后果,但它这样做的目的是减轻这种后果;而且,虽然这部电影让片中女主角的行事方式看起来和男性一样,但它同时又十分谨慎地划清了性别身份和国家认同的边界。(King 2010:128)

这种研究传统有很多变体。相比社会科学中的内容分析,它们与文学研究、电影研究、语言学中的结构主义和符号学有着更紧密的联系。不过,研究者有时会把这种路径与文化研究视角下的生产和受众接受研究结合起来。而评估这种分析的有效性通常是很难或者几乎不可能实现的,因为这个领域没有什么统一、标准的方法。尽管如此,对那些关注文本中不同元素之间的关系,或者影像生产的语言、语法和词汇等问题的人来说,这些研究还是很有价值的。

在概述了研究者评估媒介内容重要性的不同路径之后,我们现在回到内容本身。尽管我们无法脱离生产者、受众或者更宏大的社会规范来单独研究内容,但把媒介内容本身作为分析的重点是可行的。我们还会把讨论限定在种族、阶级、性别和性取向这几个基本的问题上,因为它们不仅可以说明我们应该如何通过社会学路径来进行内容分析,而且这几个问题也都与不平等的主题紧密相关。

种族、族裔身份和媒介内容:包容、角色与控制

社会学家和人类学家都认为种族是一个社会建构的概念,其内涵随着时间的推移或文化的差异而发生改变(Smedley and Smedley 2012)。从生物学的角度来看,不同种族的基因没有实质性的差异。事实上,不同血型在生物学上的差异可能比不同种族之间的差异更大。然而,种族差异却具有极其重要的社会意义,并且给现实世界带来了深远的影响。社会科学家的研究涉及这些社会建构性差异的演变和影响,尤其是它们如何对歧视性现象的结构和实践方式产生影响。**族裔身份**(ethnicity)也是一种文化创造物,它指的是一种源自共同的祖先和祖国的共享的文化传统。

鉴于它们在社会生活中的重要意义,有如此多的研究关注媒介内容如何处理种族和族裔身份问题,也就不足为奇了(Dávila and Rivero 2014; Dines et al. 2018; Lind 2017; Luther, Lepre and Clark 2018; Rodman 2014；Squires 2009）。在历史上,美国主流媒体一直将"白种人"作为衡量其他种族的标准。"白人属性"（whiteness）成为一种理所应当的特质,这意味着它不需要明确的界定。比如,我们通常不会说"白人文化""白人社区""白人选票"等。但是,我们经常听到"黑人文化""拉丁裔社区"等说法。在美国,如果没有提及种族,通常就是指"白种人"。因此,无处不在的白人视角也许是美国媒体最显著的特征之一。

当白人属性成为一种默认的文化底色,关于种族和族裔身份的美国传媒研究更侧重于关注那些少数族裔。为了理解大众传媒如何展现种族差异,我们必须追溯美国文化中种族刻板印象的早期根源。纵观美国的大众传媒史,黑人、美洲原住民、亚裔、拉丁裔和其他少数族裔很少得到传媒业的关注。由于这些少数族裔只占总人口的很小一部分,因此主流媒体并没有把他们看成重要的受众群体（近年来,这种情况开始改变）。在媒介内容上,少数族裔要么被忽视,要么被刻板化地描绘成黑人保姆、印第安少女、拉丁情人或者邪恶的亚裔军阀。这种刻板化的形

从1968年到1971年间,黛安·卡罗尔（Diahann Carroll）在情景喜剧《朱莉娅》（*Julia*）中饰演主角。朱莉娅是一位寡居的单身母亲（她的丈夫在越南战争中阵亡）,同时也是一名护士,过着中产阶级的生活。在当时,人们批评朱莉娅不关心政治,并且远离贫穷的工人阶级非裔美国人。但是,朱莉娅也是电视荧幕上最早颠覆黑人女性刻板印象的角色之一。

象是由白人媒体制作者创作出来的,与各个种族和族裔群体的真实情况相去甚远(Wilson, Gutierrez and Chao 2013)。近年来,虽然发生了一些显著的变化,但更加隐晦的刻板印象依然存在。

我们在考察媒体如何描绘种族和族裔差异时,会遇到三个关键的问题。第一个问题相对简单,即**包容性**的问题:媒体制作者是否把不同种族和族裔的形象、想法和文化都包含在媒介内容之中?第二个值得关注的问题是媒体内容中**人物角色**的本质:当制作者把少数种族和族裔包含在媒体内容之中时,他们是如何描绘这些人的?在这里,种族和族裔刻板印象的历史就成为关键。第三,对生产的**控制**至关重要:不同种族和族裔的群体能否控制反映各群体特征的媒介形象的创造和生产过程?第三个问题侧重于生产过程和传媒产业的性质,而不是媒介内容本身。然而,媒体的发展历程表明,媒介内容往往反映了权势者的观点。

媒介内容中的种族和族裔多样性

一些研究探讨了当代媒体中种族和族裔的包容性问题,它们的发现有助于还原历史语境,并提醒我们注意不同时期的变化。整体而言,媒体对不同种族和族裔的包容程度已经发生了巨大的改变。与过去相比,今天的媒体对族裔的表现显得更加多样化。然而,这种进步是不平衡的、不充分的。

电影。在20世纪二三十年代的早期好莱坞电影中,黑人很少出现,或者只能扮演两种角色:滑稽表演者或仆人。直到第二次世界大战后,才有更多的非裔美国人出现在荧幕上。不过,当时留给他们的角色依然很少(Bogle 2016; Cripps 1993)。自那之后,电影中的种族多样性逐渐提升。近年来,电影中的黑人角色与美国黑人人口的比例大致相当。例如,2016年,黑人占美国人口的13.3%,与2016年美国票房排名前100的电影中非裔演员的比例基本相同(13.6%)。不过,亚裔的比例仍然偏低。相比于5.7%的亚裔人口比例,有台词的亚裔角色只占到3.1%。对拉丁裔群体(包括其中的所有种族)的呈现也明显不足。在2016年的电影中,该群体的角色数量只占到3.4%,但他们的人口比例却是17.8%。整体而言,少数种族/族裔占美国总人口的38.7%,但仅占角色总数的29.2%(Smith, Choueiti and Pieper 2017; U.S. Census Bureau 2018)。

电视。在20世纪四五十年代的电视上,黑人基本只能扮演滑稽表演者和喜剧演员这种传统的刻板角色,几乎不可能扮演严肃的角色。喜剧和综艺节目成为黑人施展才艺的固定舞台,同时也是唯一的舞台(Dates 1993)。20世纪六七十年代,随着电视节目中出现了更多的黑人和少数其他族裔群体,情况开始发生改变。到1969—1970年播出季,一半的电视剧里都有一个黑人角色。从这一时期到20世纪80年代早期的调查显示,虽然当时的黑人大约占总人口的11%,但电视中的黑人角色已经占到了6%到9%(Seggar, Hafen, and Hannonen-Gladden 1981)。在20世纪90年代,非裔美国人在电视节目中的比例增加,几乎与他们在总人口中的比例持平(Greenberg and Brand 1994)。之后,电视节目中出现了严重的种族隔绝现象。一项在1997年至2006年间进行的电视节目抽样研究发现,许多节目中仍然全部或者几乎全部是白人演员(Signorielli 2009)。

早期的电视黄金档节目中很少有其他种族或族裔群体出现。在20世纪70年代,只有两部情景喜剧——《奇科和那个男人》(*Chico and the Man*)和迅速下播的《瓦尔迪兹万岁》(*Viva Valdez*)的主角是拉丁裔。在20世纪80年代,拉丁裔在《迈阿密风云》(*Miami Vice*)和《洛城法网》(*L.A. Law*)等节目中成为主要角色。但拉丁裔群体未能得到充分呈现的情况一直持续到20世纪90年代之后(Mastro and Behm-Morawtiz 2005)。同样,亚裔角色也是少之又少。直到1994年,才出现了亚裔家庭背景的情景喜剧《美国女孩》(*All-American Girl*)(Wilson et al. 2013)。

肯尼亚·巴里斯(Kenya Barris)是美国广播公司的情景喜剧《喜新不厌旧》(*Black-ish*)的编剧。他曾经回忆道,在成长的过程中,"我看了《老友记》和《宋飞正传》(*Seinfeld*)之后心想,'这算哪门子的纽约?'"(Bauder, Elber and Moore 2015)。这两部久负盛名的作品里几乎全是白人角色。不过,近年来,种族和族裔的多样性已成为黄金档电视节目的标配,曾经的障碍正在被逐步清除。在21世纪头十年,福克斯的情景喜剧《明迪烦事多》(*The Mindy Project*)由一位南亚裔美国女演员担任主演,这在传统电视网的历史上是头一回;美国广播公司的政治剧《丑闻》由一位非裔女演员主演,这是电视网近40年来第一部由黑人女性主演的作品。巴里斯的《喜新不厌旧》《嘻哈帝国》《初来乍到》(*Fresh Off the*

Boat)等一系列近年来的热门作品也延续了这一趋势。自2016—2017年播出季以来,非裔美国人和亚裔在电视上的比例已经超过了他们在美国总人口中的比例,但拉丁裔的呈现仍然不足(GLAAD 2018)(见图7.1)。其他研究也证实了电视中种族多样性的提升,只是在方法和具体发现上存在差异(Chin et al. 2017;Smith et al. 2016)。正如一家监督机构在年度多样性调查中所总结的那样:"经过长时间的小踏步,大多数广播电视网在过去几年里稳步前进,如今的媒体内容似乎终于朝着更具种族多样性的方向迈出了重要的一步。"(GLAAD 2018:14)

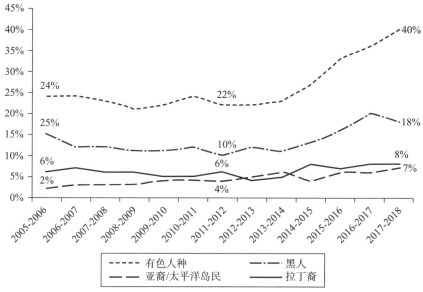

图7.1 广播电视网黄金档的种族和族裔再现情况(时间单位:播出季),2005—2018

在近年来的黄金档电视剧中,少数种族和族裔角色的比例显著提升。自2016—2017年播出季以来,出现在电视上的非裔和亚裔美国人的比例已经和他们在美国总人口中的比例持平,甚至比后者更高。但是,拉丁裔角色严重不足。在2017—2018年播出季期间,40%的角色是有色人种。(在2016年的美国人口中,白人[非西班牙裔]占61.3%,黑人占13.3%,亚裔占5.7%,拉丁裔[包含所有种族]占17.8%[U.S. Census Bureau 2018]。)

来源:GLAAD[2018]。

广告。早期的广告研究不断发现,广告中缺乏对有色人种的呈现。但很多最近的研究表明,多样性已有明显的提升。以时尚领域为例,20世纪80年代末的一项针对时尚杂志 *Cosmopolitan*、*Glamour* 和 *Vogue* 的研究发现,只有2.4%的广告以黑人女性为主角(Jackson and Ervin 1991)。但如今的广告更具多样性。一项关于模特的研究以2004年的主要杂志为样本,发现19.2%的模特是黑人,14.5%是西班牙裔,7.2%是亚裔(Peterson 2007)。还有一份行业评论分析了49本国际时尚出版物的近800张杂志封面,发现包含有色人种的封面比例在稳步且显著地提升:从2014年的17.4%提升至2017年的32.5%(Tai 2017)。

电子游戏。随着电子游戏日益成为传媒行业中的重要组成部分,有研究开始关注游戏世界中的再现问题(Dill et al. 2005;Nakamura 2009)。2005年,一项研究对Xbox、Playstation和任天堂(Nintendo)平台上150款最受欢迎的游戏中的所有角色进行了一场"虚拟普查",试图对这些角色的人口统计学特征进行描述(Williams, Martins, Consalvo and Ivory 2009)。这次"普查"发现,白人(占游戏角色的80.1%;当时白人在美国人口中占75.1%)和亚裔/太平洋岛民(占游戏角色的5%;在美国人口中的实际比例为4%)的比例过高,黑人角色的比例较低(占游戏角色的10.7%;实际人口比例为12.3%),西班牙裔角色的不足最为明显(占游戏角色的2.7%;实际人口比例为12.5%)。美洲原住民角色的比例较为准确,略低于1%。然而,就主要的游戏角色而言,它们的种族和族裔身份并没有那么多样。在主角中,白人占85%,黑人不足10%,亚裔不足2%。同时,没有一款游戏将西班牙裔和美洲原住民设为主角,他们通常只扮演次要角色(Williams et al. 2009)。不过,已经有越来越多的电子游戏允许用户在创建自己的虚拟角色时自由地选择种族和族裔身份。游戏《南方公园:完整破碎》(*South Park: The Fractured but Whole*)甚至通过挑衅式的设计,让这些功能变成了表达社会立场的方式;玩家选择的游戏难度越高,人物角色的肤色就会变得越深(Yin-Poole 2017)。

内容多样性和丰富性的提升与受众的分化

直到不久之前,关于媒体再现中的包容性问题,人们的看法都是相对简单明确的:情况十分糟糕。在所有媒体中,白人男性都是主角,少数种族和族裔(以及我们即将讨论的女性)被严重忽略了。但现在,情况变得更加复杂。正如前面粗略的概述部分所言,尽管媒体再现仍然是不平衡和不充分的,但角色的多样性已经有了明显的提升。事实上,在一些媒体内容中,少数种族和族裔群体的比例有时甚至是过高(overrepresented)的。虽然这个趋势可能会发生改变,但目前我们似乎都认为媒体内容的包容性会继续增强。这是为什么呢?为了更好地理解这些变化的未来走向,我们需要回到第一章中的媒介模式所蕴含的社会学分析路径。

第一,大多数主流媒体都是密切关注用户趋势的商业公司。当总人口中的种族和族裔多样性提升时,具有包容性的内容更有可能吸引到被售卖给广告商的多元受众。因此,提升多样性是个赚钱的路子。而且,只要这个国家的媒体用户是多样化的,这种情况就会持续下去。预计到 2040 年,美国人口中的白人将占到 72%(非西班牙裔白人占 51%),黑人占到 13%,亚裔占到 8%,跨种族的混血群体占到 6%,西班牙裔(包括其中的所有种族)占到 24%(U.S. Census Bureau 2014)。

第二,行业内外的激进人士一直在为改变媒体行为而不懈努力。监督组织一直主张变革。关于媒体内容和从业人员多样性的各种年度报告也十分常见(本章引用了其中一些报告)。在不同的传媒行业中,一直都有个人或团体在推动关键职位招聘标准的多样化。针对重要奖项的象征性抗议,如#奥斯卡太白(#OscarsSoWhite)和#格莱美太男性化(#GrammysSoMale),则呼吁人们关注有色人种和女性代表性不足的问题,并邀请用户表达他们对更加多样化的再现的支持。还有一些不太知名的团体,比如,"黑人游戏社群"(Blacks in Gaming),会通过建立在线社区,帮助人们建立联系和分享各自的想法,由此促进变革。

第三,媒体数量的增加——尤其是有线电视和流媒体服务,以及由此产生的大量媒体内容共同推动了包容性不断增加的趋势(见图 7.2)。举例来说,在 20 世纪 80 年代末,新成立的福克斯电视台制作了大量面向黑人观众的节目,原因在于其他电视网大多忽略了这个细分市场。接着,下一轮竞争又使得更多的新节目把目标转向未受重视的观众。当时,广播电视媒体还面临带宽、黄金时段等资源稀缺的问题,但有线电视频道和流媒体摆脱了这些限制,使得电视节目数量大增。有人预测,美国各大媒体公司将在 2018 年制作 500 多部电视剧,比 8 年前增长了 150%(Schneider 2018)。

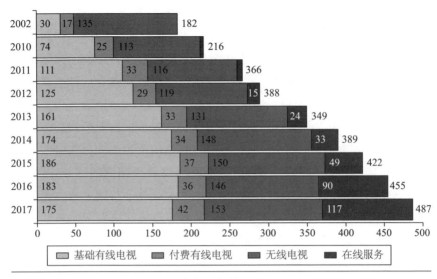

图 7.2　电视剧数量，2002—2017

有线电视和流媒体的发展催生了大量的内容，为更加多样化的节目创造了条件。

来源：FX Research in Schneider[2018]。

尽管节目数量的增加可能会提升媒介内容的多样性，但讽刺的是，它也可能削弱多样性的影响。随着选择的增多，受众开始分化，很多美国观众并不会真正接触到多样化的媒介内容。结果，电视节目反而变得高度分众化。比如，在 2017 年播出季期间，最受非裔美国观众喜爱的 5 部电视剧均未挤进最受白人观众喜爱的前五名（Levin 2017b）（见表 7.1）。

我们将在后文看到，媒体受众的分化使人们担心媒体无法承担普遍的社会化代理人（a common socializing agent）的角色。传媒公司为了争夺广告赞助，以广告商希望接触的特定小众群体为目标，不断开发新产品。例如，汽车等产品的商业广告旨在吸引特定种族和族裔的部分受众（Maheshwari 2017）。随着目标定位日益精细化，受众也越来越关注针对他们的人口统计学特征或生活方式专门打造的媒体产品，而对面向其他群体的产品视而不见。图罗在 20 多年前就曾提醒过我们，这个过程"可能会加速削弱不同群体之间的容忍度和相互依赖性，而这种容忍度和相互依赖性恰恰是社会得以运行的必备条件"（Turow 1997：7）。

表 7.1　不同种族/族裔群体最喜爱的黄金档电视节目，2017

节目（电视网）	白人	非裔美国人	亚裔美国人	西班牙裔
《海军罪案调查处》（CBS）	第一			
《我们这一天》（NBC）	第二		第四	第四
《生活大爆炸》（CBS）	第三		第五	
《美国达人》（NBC）	第四		第一	第二
《行尸走肉》（AMC）	第五		第三	第一
《嘻哈帝国》（Fox）		第一		第五
《明日之星》（Star, Fox）		第二		
《爱与嘻哈：亚特兰大》（Love & Hip Hop Atlanta, VH1）		第三		
《富人和穷人》（The Haves and Have-Nots, OWN）		第四		
《逍遥法外》（How to Get Away with Murder, ABC）		第五		
《舞动世界》（World of Dance, NBC）			第二	第三

美国电视观众的内部是有区隔的。就最喜爱的五档节目而言，非裔美国人观众与其他种族和族裔群体几乎没有重叠。

种族、族裔与媒体角色

对有色人种的包容性有所提升是一个令人振奋的进步，但创造出来的新角色又有怎样的特征和品质呢？在美国历史的大部分时间里，白人给其他种族创造的大多数形象都具有明显的种族主义色彩。18 世纪末，很多小说和戏剧里都存在"桑博"（Sambo）①这种"滑稽黑人"的刻板印象。戴兹和巴洛指出，舞台上的这种带有种族主义色彩的角色"有一套司空见惯的形象塑造模板：总是唱着毫无意义的歌曲，总是在舞台上跳舞。他衣着花哨，装腔作势，言辞荒唐，而且表演者都是黑脸扮装的白人演员"（Dates and Barlow 1993:6）。流行文化中的这种形象是后来的大众媒体中种族主义刻板印象的前身。

---

① "桑博"是英语中对非裔的贬义称呼，与温顺、忠诚和愚蠢等刻板印象相关。

早期的种族形象

19世纪的流行文化中充斥着带有种族主义色彩的刻板印象。在小说《间谍》(The Spy)中,詹姆斯·费尼莫尔·库珀(James Fenimore Cooper)塑造了一个刻板的家奴形象:忠心耿耿、忠于职守、知足常乐,同时还因为迷信和怕鬼而倍显滑稽。这个形象在之后的许多书籍和电影中反复出现。而在舞台表演中,白人扮成黑脸,做着带有种族主义色彩的动作,把黑人演成滑稽的小丑。在19世纪30年代,一位名叫托马斯·达特茅斯·赖斯(Thomas Dartmouth Rice)的白人演员模仿了他在街角看到的一个奴隶男孩的歌舞表演。赖斯用烧焦的软木把脸涂黑,穿上破烂的衣服,他的表演最终让《跳吧!吉姆·克劳》(The Jump Jim Crow)[①]流行开来。早期的黑人戏就有白人扮成黑脸,模仿黑人音乐和舞蹈的传统。同样,美洲原住民也成为舞台表演中的笑料。有一部流行的滑稽剧,名字就叫《原始的、土著的、古怪的、歌剧风格的、半文明的和半野蛮的波卡·洪塔斯盛典》(The Original, Aboriginal, Erratic, Operatic, Semi-Civilized and Demi-Savage Extravaganza of Pocahontas)[②](Wilson et al. 2013)。无论是舞台上演唱的歌曲还是印成乐谱的歌曲,当时的流行歌曲也包含了种族主义色彩的刻板印象。即便是出于善意的作品,比如,哈丽特·比彻·斯托(Harriet Beecher Stowe)的反奴隶制小说《汤姆叔叔的小屋》(Uncle Tom's Cabin),也保留了对黑人的"正面"刻板印象:温柔的、如孩童般天真的苦难受害者。

奴隶制的终结催生了不同的黑人形象,但它们依然带有种族主义色彩。"知足常乐的奴隶被忠心耿耿的仆人所取代:女奴隶变成了家庭保姆,男奴隶则变成了年迈的汤姆叔叔。"(Dates & Barlow 1993:11)淳朴而随和的雷默斯叔叔(Uncle Remus)操着典型的黑人口音,成为战后种植园生活的模范保护伞。恢复自由的黑人男性在小说中被描绘成愤怒、残忍、野兽般的形象。1915年,格里菲斯拍摄的歌颂3K党的电影《一个国家的诞生》(Birth of a Nation)依然刻画了类似的角色,这表明制作者

---

① 《跳吧!吉姆·克劳》是一首建立在对黑人的种族主义模仿和嘲弄之上的歌曲,被黑人戏表演者托马斯·达特茅斯·赖斯推广开来。

② 讲述了约翰·史密斯(John Smith)、约翰·罗尔夫(John Rolfe)等白人殖民者来到美洲大陆后与美洲原住民领袖波瓦坦(Powhatan)的女儿波卡·洪塔斯(Pocahontas)相遇的故事,这部滑稽剧在1855年首次亮相后迅速流行开来。

会把带有种族主义色彩的形象放进电影这种新媒介。

1920年,美国总统威尔逊(Wilson)表示,美国人在第一次世界大战中浴血奋战是"为了捍卫世界民主"。然而,早期的美国电影依然经常呈现宣扬白人至上的种族主义形象。在《一个黑鬼的求爱与婚礼》(*The Wooing and Wedding of a Coon*, 1905)和《黑鬼》(*The Nigger*, 1915)等电影中,黑人遭到极其恶毒的攻击。墨西哥政府还封禁了把墨西哥人刻画成强盗、强奸犯和杀人犯的电影,比如,1914年的《上油佬①的复仇》(*The Greaser's Revenge*)。而亚洲人则在电影中被描绘成对美国价值观的威胁,比如,1916年的电影《黄祸》(*The Yellow Menace*)。早期的电影还公开宣扬白人优于美洲印第安人的论调,比如1916年的电影《雅利安人》(*The Aryan*)(Wilson et al. 2013)。

早期的美国电影常常把亚洲人刻画成外来的威胁者。白人演员波利斯·卡洛夫(Boris Karloff)在1932年的电影《傅满洲的面具》(*The Mask of Fu Manchu*)中扮演了一名具有威胁性的亚洲邪恶罪犯——傅满洲博士(Dr.Fu Manchu)。傅满洲系列电影改编自更早出版的长篇小说和短篇小说,这个系列将主角刻画成一个决心向白人复仇的邪恶杀手。

在第二次世界大战前,电影产业逐渐发展和成熟,但带有种族主义色彩的刻板化形象依然存在,只是其冒犯性稍微有所淡化。流行的西部

---

① "上油佬"是19世纪美国西南部地区对墨西哥人的贬义称呼,该称呼可能源自当时的墨西哥人通常从事的职业:给货车车轴上润滑油或给兽皮涂油脂。

片里充斥着对美洲原住民的刻板印象。电影导演把忠实的黑人奴仆形象搬上大银幕。于是,海蒂·麦克丹尼尔(Hattie McDaniel)凭借在《乱世佳人》(*Gone with the Wind*)中扮演斯嘉丽·奥哈拉(Scarlett O'Hara)的奴隶"保姆"一角,成为第一个获得奥斯卡奖的黑人演员。为了应对大众的不满以及在墨西哥和拉美市场中不断下滑的发行量,好莱坞用充满异域风情的"拉丁情人"形象取代了早先的"上油佬"形象。亚洲人则要么被刻画成暴力的反派,比如,傅满洲博士,要么被刻画成滑稽而睿智的形象,比如,广受欢迎的陈查理(Charlie Chan)系列电影。

缓慢的变化与"现代"种族主义

现代媒体对少数族裔的刻画正是脱胎于上述长期存在的种族主义形象。随着年代的变化,媒体形象也发生了改变。第二次世界大战后,尤其是 20 世纪 60 年代后,所有类型的媒体都越来越具有包容性和敏感性。争取种族平等的民权斗争给好莱坞带来了影响。在 20 世纪 50 年代末和 60 年代,许多杰出的电影都以黑人遭遇的歧视为主题,比如,《逃狱惊魂》(*The Defiant Ones*, 1958)、《杀死一只知更鸟》(*To Kill a Mockingbird*, 1962)、《像我一样黑》(*Black Like Me*, 1964)、《炎热的夜晚》(*In the Heat of the Night*, 1967)和《猜猜谁来吃晚餐》(*Guess Who's Coming to Dinner*, 1967)等。1964 年,西德尼·波蒂埃(Sidney Poitier)成为首位获得奥斯卡最佳男主角奖的黑人演员。20 世纪 60 年代末和 70 年代初,围绕"黑人权力"展开的斗争愈演愈烈。同一时期,以"黑人剥削"(black exploitation)①为主题的电影开始兴起。这些影片的演员阵容几乎全是黑人,比如,《夏福特》(*Shaft*, 1971)和《骚狐狸》(*Foxy Brown*, 1974)。20 世纪 80—90 年代,一些黑人演员取得了巨大的成功,导演为这些明星提供了从喜剧到剧情片的各种角色。2001 年是一个里程碑,两位非裔美国人分别获得奥斯卡最佳女主角奖和最佳男主角奖:哈莉·贝瑞(Halle Berry)和丹泽尔·华盛顿(Denzel Washington)。尽管如此,获得 2016 年奥斯卡最佳男主角和最佳男配角提名的 20 位演员都是白人,2017 年的情况也一样。于是,一场以#奥斯卡太白为网络标签的抗议和抵制运动引起了人们对这个问题的关注,并呼吁提升电影业的文

---

① 黑人剥削电影,是 20 世纪 70 年代初在美国出现的一种面向黑人观众的电影类型,其特色是黑人在电影中扮演正面角色,而白人则扮演恶棍、腐败官员等反面角色。

化多样性(Kirst 2016)。作为对这种呼吁的回应,在此后的两年里,奥斯卡奖提名名单变得更加多样化了。

与此同时,白人对印第安人统治时期的重新审视也在一系列电影中有所体现。在 1970 年的电影《小巨人》(*Little Big Man*)中,卡斯特(Custer)将军多年来一直对印第安人施加暴行,最终在小巨角河战役(Battle of the Little Big Horn)①中得到了应有的下场。到了 20 世纪 90 年代,电影开始创造一种不同的刻板形象:理想化的印第安人。例如,《与狼共舞》(*Dances with Wolves*, 1990)和《杰罗尼莫》(*Geronimo*, 1993)的主题拓展至白人的负罪感和印第安人的尊严。电影中对其他种族的刻画也顺应了这一趋势,有色人种获得了一系列新角色(Wilson et al. 2013)。

虽然主流媒体整体上对刻板印象更加敏感了,但是有争议的种族和族裔形象依然层出不穷。近几十年来,甚至一直到 2001 年的"9·11"恐怖袭击事件,对阿拉伯人的刻板印象都是媒体再现中的重要内容。比如,1998 年的电影《烈血天空》(*The Siege*)讲述了席卷纽约市的阿拉伯恐怖主义,2000 年的电影《交战规则》(*Rules of Engagement*)则描述了对美国驻也门大使馆前示威人群的杀戮行为。这些电影激起了阿拉伯裔美国人组织的抗议。比如,美国伊斯兰关系委员会(Council on American-Islamic Relations, CAIR)认为,这两部电影延续了对阿拉伯人的刻板印象:暴力和狂热。(讽刺的是,这两部电影的主演都是非裔美国人,第一部是丹泽尔·华盛顿,第二部是塞缪尔·杰克逊。)事实上,媒体对阿拉伯人和阿拉伯裔美国人的刻板化呈现一直以来都是人们审视的对象(Fuller 1995; Lind and Danowski 1998)。"9·11"事件后,对阿拉伯裔美国人的负面新闻报道(Nacos and Torres-Reyna 2007),以及好莱坞电影等娱乐媒体产品中阿拉伯人和阿拉伯裔美国人的刻板形象(Shaheen 2008, 2014)获得了更多的关注。杰克·沙欣(Jack Shaheen)对好莱坞电影中的阿拉伯人形象进行了超过 35 年的研究,他发现电影所塑造的阿拉伯人形象变得更糟了,而不是更好了。他还指出,与过去相比

---

① 小巨角河战役,又译作小大霍恩河之战、小大角战役等,是 1876 年 6 月 25 日在蒙大拿州的小巨角河附近发生在美军和北美势力最强大的苏族印第安人之间的战争。该战役最终以印第安人的胜利而告终。

如今电影中的阿拉伯人形象变得更加夸夸其谈、残忍好战,也更加富有、无情和邋遢。他们被刻画成文明世界的敌人,为全世界人民带来威胁的狂热恶魔。石油酋长资助核战争;伊斯兰激进分子杀害无辜平民;满脸胡须、邋里邋遢的"恐怖分子",其中有男有女,把他们的美国俘虏扔进山洞和肮脏的黑屋子,然后折磨他们。(Shaheen 2014:4)

然而,在沙欣看来,其他缺乏代表性的群体对媒体刻板印象的应对措施带来了改善阿拉伯裔美国人处境的希望。他写道:"几十年来,许多种族和族裔、男女同性恋者以及其他群体都承受了歧视性描绘之痛。"但最终,"人们会共同应对这一切,直到他们自己成为电影制作人,就可以制作、导演和出演一些勇敢的电影,拍出他们的人性光芒"(Shaheen 2014:5)。

这些刻板化的形象受到各类监督组织越来越多的质疑和挑战(见表7.2)。例如,很多代表亚裔美国人的组织批评电视上缺乏亚裔美国人的角色。这个问题在《五口之家》(*Party of Five*)和《出乎意料的苏珊》(*Suddenly Susan*)等节目中尤为明显。这些节目把故事背景设定在旧金山,这座城市超过三分之一的人口是亚裔美国人,但节目中很少出现甚至从未出现亚裔美国人的角色。一项关于2015—2016年播出季期间的电视节目的研究发现,亚裔美国人和太平洋岛民(Asian Americans and Pacific Islanders,简称亚太裔[AAPI])依然只是"电视荧幕上的装饰物"(Chin et al. 2017)。这项研究涉及的对象包括首次播出的黄金档电视节目、基础有线电视节目、付费有线电视剧以及流媒体原创电视剧。在这些节目中,亚太裔角色的代表性不足(在电视角色中占4.3%;在美国人口中占5.9%)。将近三分之二(64%)的电视节目中根本没有稳定的亚太裔角色,超过三分之二(68%)的电视节目只有一个亚太裔角色——这无疑是典型的"装饰性角色"。即便有节目把故事设定在亚太裔人口众多的城市,代表性不足的问题依然十分普遍:故事设定在纽约市(亚太裔人口占13%)的节目中,70%没有固定的亚太裔角色;故事设定在洛杉矶(亚太裔人口占14%)的节目中,53%没有固定的亚太裔角色。就算出现了亚太裔角色,相比于其他角色,他们也不太可能完全摆脱家庭或恋爱关系。一些常见的刻板印象也依然存在,比如"永远的外国人、黄祸、模范的少数族裔、缺乏男性气质的男人、异域风情十足的女人、白人的助手"（Chin et al. 2017：2）。不过，也有一些节目脱颖而出，它们对亚太裔角色进行了多方面的再现，堪称典范。比如，家庭影院的《罪夜之奔》(*The Night Of*)、美国经典电影有线电视台的《行尸走肉》、网飞的《无为大师》(*Master of None*)以及美国广播公司的《初来乍到》。

表7.2 反对媒体的刻板印象

刻板印象	打破刻板印象
"亚裔美国人是无法被同化的外国人。"	"把亚洲人刻画成美国的一分子。增加没有外国口音、融入美国文化的亚裔美国人形象。"
"亚洲文化天然具有掠夺性。"	"亚裔对美国社会具有积极的贡献。"
"亚裔美国人只能从事少数几种固定职业。"	"亚裔美国人可以从事多种主流职业：医生、律师、治疗师、教育工作者、美国士兵等。"
"在包含亚洲人或亚裔美国人的节目中，亚洲人只能沦为配角。"	"更多的亚洲人和亚裔美国人扮演主角。"
"亚洲男性缺乏甚至毫无性吸引力。"	"更多的亚洲男性扮演正面而浪漫的角色。"
"作为'中国娃娃'（China doll）①的亚洲女性。"	"自信、自尊、悦己、爱人的亚洲女性形象。"
"作为'龙女'（dragon lady）②的亚洲女性。"	"当反派为亚洲人时，人物的恶行与种族无关。"
"亚洲人必须通过自我牺牲来证明自己的高尚。"	"活到故事最后的亚裔正面角色。"
"亚裔美国人是'模范的少数族裔'（model minority）。"	"观众对亚裔角色的错误和缺点产生共鸣。"
"亚洲身份（Asianness）可以用来解释神奇或超自然现象。"	"亚洲文化并不比其他文化更神奇。"

---

① 所谓"中国娃娃"，是一种认为亚裔女性具有柔弱、顺从和细腻等特征的刻板印象。
② "龙女"是对亚裔女性的一种刻板印象，认为部分亚裔女性身上具有强悍、冷酷、神秘和狡诈等特征。

(续表)

刻板印象	打破刻板印象
"为了让白人演员饰演亚裔,亚裔主角被贴上'美亚混血'或'欧亚混血'的标签"	"在所有人都能真正地公平竞争之前,亚裔角色——尤其是主角——应该由亚裔演员来饰演。"

反对媒体刻板印象的组织数不胜数,其中包括亚裔美国人媒体行动网络。以下内容摘自该组织为好莱坞建立的公开备忘录,主题是"媒体对亚裔的有限描述和如何改变它们"。这份备忘录指出:

> 尽管个别制片人和电影人的出发点是好的……但好莱坞对亚洲人的描述通常局限于少数刻板化的角色。这影响了广大社会成员看待和对待亚裔美国人的方式……以下是反复出现在主流媒体中的带有偏见的亚洲人形象……每种描述都伴随着一段"打破刻板印象"的内容,后者回击了那些不准确的描述……[这项工作的目标是]通过拥抱一个更具包容性的人类共同体,来促进好莱坞的繁荣。
>
> 来源:Media Action Network for Asian Americans [2018], http://www.manaa.org/asian_stereotypes.html.

如今,美国主流媒体中已经很少出现明显带有种族主义色彩的有色人种形象。当然,在电影、电视、小说和其他媒体中,还是可以轻而易举地找出刻板化的种族形象。但是,不加掩饰的刻板印象已经不是大势所趋了。不过,种族主义的遗产可能会以更隐晦但同样强大的方式表现出来,比如,研究者所说的"现代种族主义"(modern racism)(McConahay 1986)或"色盲种族主义"(color-blind racism)(Bonilla-Silva 2014)。

例如,在一项围绕有关黑人和白人的芝加哥当地新闻报道而展开的经典研究中,罗伯特·恩特曼区分了两种形式的种族主义。**传统种族主义**(traditional racism)与公开的偏见有关,通常基于黑人在生理上就低人一等的观念。而**现代种族主义**要复杂得多,它避开了带有种族主义色彩的陈旧形象。结果,根据恩特曼的说法,"如今的刻板印象变得更加隐晦了,刻板化思维可能在潜意识层面得到了加强"(Robert Entman 1992:345)。

恩特曼在他的研究中解释了新闻媒体是如何助长现代种族主义的。他发现,地方新闻着重报道了政治上活跃的非裔美国人的活动。我们很容易把对这些活动的**排斥**看作有种族问题的。但是在这里,恩特曼却说,**包容**这些活动的方式才是造成种族主义的原因。恩特曼发现,"黑人激进人士出现时,通常只是为黑人社区的利益辩护,而白人领袖则经常被描绘成整个社区的代表"(Entman 1992:355)。因此,恩特曼认为,观众可能会形成这样一种印象:黑人的政治诉求是谋取黑人自己的"特殊利益",而不是追求公共利益。种族刻板印象的循环是很难打破的。多年的种族主义所造成的政治边缘化可能会促使黑人领袖以激进的方式争取"黑人社区"的利益。新闻媒体及时地报道了这些激进的行动。但这样的报道无意中传达了这样一种信息,即黑人在谋求特殊待遇,这反而助长了白人的仇恨情绪,并导致非裔美国人在政治上长期处于边缘位置。(有趣的是,互联网上近年来出现了相似的情况。#黑人的命也是命运动抗议警察对黑人的暴力行为和体制性的种族歧视,而很多白人觉得这是在为黑人谋求特殊地位,于是诞生了#生命皆可贵(#AllLivesMatter)这样一种反向的运动,后者试图淡化非裔美国人处境的特殊性[Carney 2016]。)

恩特曼还批评了让黑人新闻播音员与白人新闻播音员搭档主持的安排,其中,黑人新闻播音员通常表现得"冷静、友好,但很务实"(Entman 1992:357)。尽管这种安排可以被视为一种进步,但恩特曼认为"让富有魅力、口齿伶俐的黑人担任这样一个享有声望的公共角色,是在暗示黑人并非生来就低人一等或者不受社会欢迎,以及种族主义不再是黑人进步的严重阻碍"(Entman 1992:358)。恩特曼的分析表明,我们必须从整体层面来理解种族和媒体的关系。如果新闻内容依然存在种族偏见,那么,种族多样化的新闻主播就算不上多大的进步。只有当媒体的各个方面——包括媒体内容——都能更准确地反映社会的种族多样性时,才会迎来真正的改变。为了实现这个目标,恩特曼建议我们必须更加关注媒体的生产过程影响媒介内容的方式。恩特曼认为,新闻生产规范与持续存在的刻板化形象密不可分。例如,为了创作出戏剧性的报道,记者选择的音频常常来自那些情绪激动、让人联想到冲突的黑人领袖。这种追求戏剧性的引用方法虽然有时具有误导性,却符合媒体关于"优质电视节目"的标准。于是,这些规范和做法在无意中塑造了非裔美国人的刻板化形象。

正如恩特曼和罗杰基(Entman and Rojecki 2000)在关于不同媒体形式的研究中所发现的那样,这些刻板化的形象往往不易察觉。例如,在地方电视新闻的犯罪报道中,黑人往往是犯罪者,而白人往往是受害者。与白人相比,黑人的嫌疑犯照片更可能出现在新闻里。报道黑人被警察拘留的可能性也是白人的两倍。因此，作者们认为，黑人往往被描绘成比白人更具有威胁性、更缺乏同情心的形象。

关于2005年新奥尔良卡特里娜飓风的大部分新闻报道都采取了类似的方法。新闻媒体把非裔美国人描绘成无助的受害者或劫掠者，相反，把白人描绘成救援者和保护者。通过这种方式，媒体巩固了对非裔美国人的负面刻板印象，进而减弱了同情的基调。一项研究针对美国发行量最大的日报，考察了它们在卡特里娜飓风报道中使用的新闻图片。研究发现，关于在新奥尔良发生的这起事件的新闻摄影既是建立在恩特曼等人所描述的现代种族主义的基础上，同时也再生产了这种意识形态："在报道所呈现的人物形象中，着重呈现白人军官和社会服务人员对非裔美国'难民'的'救济'可能是最重要的主题之一。"（Kahle, Yu and Whiteside 2007：86）最近的一系列研究表明，地方新闻已经有了实质性的改善，但早期研究所发现的一些问题依然存在（Campbell, LeDuff, Jenkins, & Brown 2012；Dixon 2015）。

最后，网络媒体中的种族再现是一个规模不大但日益成熟的研究领域。这个领域的学者普遍认为，网络媒体与其他媒体并没有本质上的区别（Josey et al. 2009；Melican and Dixon 2008；Lind 2017；Noble and Tynes 2016）。有研究显示，传统媒体公司生产的网络内容，比如，新闻网站上的内容，往往和某些早期研究所发现的电视与纸媒新闻的特点十分相似。考虑到这些内容都来自同一个行业，这个发现或许并不令人意外。正如我们将在第八章中看到的那样，用户生成的内容也会助长网络上的刻板化形象，就像带有种族主义色彩的"病毒视频"（viral video）的广泛传播一样（Gray 2015）。

种族与阶级

恩特曼（Entman 1992）的研究提到了非裔美国人形象中的阶级问题，但没有对此深入探讨。实际上，他只是对比了散发着中上阶层气质与自信的黑人主播和新闻报道中贫穷的工人阶级黑人。为了理解不同种族和族裔的当代媒体形象，我们有必要考察他们的阶级特征（以及即将讨论的性别）。接下来，我们不再把主流媒体中的非裔美国人形象看作一个整体。

从电视上的黑人形象来看，阶级的影响造就了两组不同的形象（Gray 1989, 2004）。一方面，中产阶级黑人一直是黄金档娱乐节目中的主要角色。典型代表包括20世纪80年代的《考斯比一家》和近期的

《喜新不厌旧》。这些节目刻画了成功实现传统美国梦的非裔美国家庭。另一方面,关于黑人的新闻报道和纪录片倾向于关注那些被称作"底层"的贫苦非裔美国人,他们深陷毒品、犯罪和暴力的泥潭。这些形成鲜明对比的形象所隐含的信息是:既然一些黑人取得了显而易见的成功,那么,其他黑人的失败就是他们自己的过错造成的。

在对电视、广播、音乐、电影、广告和公共关系中的黑人形象进行了全面回顾之后,戴兹和巴洛得出结论,认为白人生产的黑人形象和黑人的文化抵抗之间的矛盾"已经日益卷入更加复杂的社会冲突和问题。实际上,'肤色界限'的重要地位正受到代际、性别和阶级差异的挑战"(Dates and Barlow 1993:527)。我们已经不能用某一组媒体形象来代表非裔美国人或其他种族和族裔了。

控制媒体中的种族形象

媒体对不同种族的忽视或者刻板印象强调了一个往往被视为理所当然的事实:富裕的白人男性历来控制着主流大众媒体,他们所生产的内容通常延续了带有种族主义色彩的刻板印象。例如,冈萨雷斯和托雷斯(Gonzalez and Torres 2011:2)在关于美国新闻史的概述中认为,白人控制的"报纸、广播和电视是让种族主义观念扎根于大众心里的关键力量。它们通过把非白人的少数族裔刻画成对白人社会的威胁、强化对其他种族的忽略、加剧族群仇恨以及突出歧视性的政府政策来实现这一点"。他们指出:

> 那些(在一般大众中)广为流传的刻板印象,往往反映的是媒体的所有者、编辑以及顶级编剧的世界观。利用种族恐惧不仅是提升报纸销量和节目收视率的一条可行之策,同时也是社会当权者的工具,其用途在于吸引公众支持领土和帝国主义扩张政策,或者削弱下层阶级对不得人心的政策的反对。(Gonzalez and Torres 2011:4)

虽然白人经常宣传带有种族主义色彩的形象,但从历史来看,非裔美国人和其他少数族裔也会创造抵抗的文化予以应对。从弗雷德里克·道格拉斯(Frederick Douglass)①的奴隶自传到兰斯顿·休斯

---

① 弗雷德里克·道格拉斯(1817—1895),19世纪美国杰出的黑人政治家、文学家、废奴运动领袖。他的三部自传猛烈地抨击了奴隶制和种族歧视,大大推动了美国乃至世界性的废奴运动及反种族歧视运动。

《逃出绝命镇》(2017)的编剧和导演乔丹·皮尔运用惊悚片/恐怖片的手法,针对那些实质上是无意识的种族主义者的自由派,巧妙地表达了对当代种族关系的看法。这部广受好评的电影表明好莱坞主流电影对种族的刻画越来越细腻。

(Langston Hughes)①的诗歌,从贝西·史密斯(Bessie Smith)②的蓝调音乐到肯德里克·拉马尔·达克沃斯(Kendrick Lamar Duckworth)③的前卫说唱(progressive hip-hop),从保罗·罗伯逊(Paul Robeson)④的各类作品到集演员、编剧和导演于一身的乔丹·皮尔对社会的评论——在此仅列举几个知名人物——黑人激进人士和艺术家通过主流和非主流渠道,共同推动一种反文化,来反对白人媒体和文化所宣传的种族主义刻板印象。《自由日报》(*Freedom's Journal*)是美国第一份非裔美国人出版的报纸。它的编辑在1827年发行的第一期中写道:"我们希望为自己辩护。长久以来,一直是别人替我们发声,公众一直被不实陈述所欺骗。"

---

① 兰斯顿·休斯(1902—1967),20世纪美国最杰出的黑人作家、诗人、剧作家之一,对美国黑人文学产生了巨大影响。

② 贝西·史密斯(1894—1937),20世纪20—30年代美国著名蓝调女歌唱家,她和路易斯·阿姆斯特朗(Louis Armstrong)一起对爵士乐的发展产生了重大影响,被称为"蓝调女歌后"或"蓝调皇后"。

③ 肯德里克·拉马尔·达克沃斯(1987—),来自美国加州康普顿的说唱歌手、词曲作家及音乐制作人。

④ 保罗·罗伯逊(1898—1976),美国歌手、运动员、演员,因在政治激进主义及美国民权运动中的活动而出名。

(转引自 Rhodes 1993：186）

这些情绪也是其他种族群体创造另类媒体的出发点。以新闻业为例，1808 年，第一份拉丁裔报纸《密西西比报》(*El Misisipi*) 在新奥尔良出版（出版商为白人）。1828 年，第一家美洲原住民报纸《切罗基凤凰报》(*Cherokee Phoenix*) 出版。1851 年，《金山新闻》(*The Golden Hills' News*) 在旧金山出版，它可能是第一份亚裔美国人办的报纸。这三份出版物都是双语的。从此以后，在很多地区，双语出版都是面向拉丁裔、亚裔和美洲原住民的出版形式（Wilson et al. 2013）。

有色人种、女性以及为穷人和工人阶级谋求利益的人都面临着一个两难困境：他们必须在发展另类媒体和从内部改革主流媒体之间做出选择。（我们将在第八章中看到，社交媒体提供了另一种选择，即志同道合的网络社区用户可以对主流内容发表批判性评论。）第一种策略是发展另类媒体。在财力有限的情况下，这种策略更加可行，并且生产者有望掌握控制权。同时，互联网的兴起使得人们可以创建大量网站，以此提供关于不同种族和族裔的新闻、娱乐和政治讨论。但这种策略通常意味着放弃触达广大受众的机会，只追求少数受众。究其原因，一部分是因为在预算有限的情况下，另类媒体无法与主流媒体制作成熟、引人入胜的产品以及较好的员工素质相媲美。

第二种策略是从内部改革主流媒体。这种策略的好处和挑战与上一种策略相反。主流媒体的成功可以带来大量的资金，使产品触达数百万受众。然而，即便有奥普拉·温弗瑞（Oprah Winfrey）①和拉塞尔·西蒙斯（Russell Simmons）②这样的人存在，主流媒体的所有权和控制权仍然主要掌握在富有的白人男性手中。就算一些有色人种和女性已经坐上了具有权威性和影响力的位置，他们的代表性依然远远不够。

报纸的例子可以说明这种影响力是多么有限。1978 年，美国新闻编辑协会（American Society of News Editors，ASNE）承诺在 2000 年之前，新闻媒体能够充分体现美国族裔的多样性。在这一承诺未能按时兑现

---

① 奥普拉·温弗瑞(1954—)，美国著名脱口秀主持人、电视制片人、演员、作家和慈善家，最具影响力的非裔美国人之一。她最广为人知的电视节目是 1986 年至 2011 年间播出的《奥普拉脱口秀》(*The Oprah Winfrey Show*)。

② 拉塞尔·西蒙斯(1957—)是美国企业家和唱片公司高管，与人共同创办了著名的 Def Jam 唱片公司，同时拥有自己的媒体公司 Rush Communications，旗下有十多家企业和三个非营利组织。

后,该协会重申了这一目标,但把截止日期定在2025年(Ho 2017)。无疑,前面还有很长的路要走。《2017年美国新闻编辑协会新闻多样性调查》(The 2017 ASNE Newsroom Diversity Survey)考察了661家新闻机构,发现在这个少数族裔占39%左右的国家,新闻编辑中的少数族裔仅占16.5%。其中,黑人占5.6%,西班牙裔占5.6%,亚裔和太平洋岛民占4.5%。领导岗的多样性程度更低,少数族裔仅占13.4%。调查中涉及的63家在线新闻网站(24.3%)比598家报纸(16.3%)更具多样性。尽管不同种族的代表性程度依然不平等,但这些数据表明,这些年情况已经有了显著改善。根据美国新闻编辑协会的调查,在1978年,少数种族和族裔在新闻编辑室中的比例仅为4.2%;而在2012年,这个比例已经变为12.4%(ASNE 2017)。少数族裔记者从媒体内部推动改革的一种方式是组建各种协会,这些协会可以团结各种力量,共同提升新闻的多样性。这些协会包括全国西班牙裔记者协会(National Association of Hispanic Journalists)、美国亚裔记者协会(Asian American Journalists Association)、全国黑人记者协会(National Association of Black Journalists)和美国原住民记者协会(Native American Journalists Association)。

其他传媒领域也存在少数族裔代表性不足的现象。从2007年到2017年,在每年排名前100位的电影中,只有5.2%的导演是黑人,亚裔导演仅占3.2%(Smith, Choueiti and Pieper 2018a)。《2016年好莱坞编剧报告》(The 2016 Hollywood Writers Report)指出,电影编剧中的少数族裔仅占7%,电视编剧中的少数族裔仅占13%(Hunt 2016)。不过,在流行音乐的某些领域,有色人种的比例反而非常高。从2012年到2017年,在《公告牌》百强单曲榜上的600首歌曲中,42%的歌手是少数族裔,2017年的比例甚至达到了51.9%(Smith, Choueiti and Pieper 2018b)。

性别与媒介内容

在某些方面,媒体刻画女性的历史与刻画有色人种的历史有着相似之处。女性几乎在所有媒体中都处于边缘位置。在早期大众媒体中,简单、刻板的女性形象占据主导地位。随着女权运动对媒体受众和传媒行业的影响,刻板形象逐渐让位于更为多样化的女性形象与角色。在这里,我们看到的同样是一段充满不公正、不平等与变革的历史。

女性：媒体呈现与控制

家庭和异性恋爱情是很多电影、音乐视频和电视节目的中心主题，这使得女性（不同于有色人种）可以经常出现在媒体上。然而，大量关于性别与媒体的文献指出，男性和女性出现在媒体上的频率并不是平等的。比如，黄金档电视节目中的男性角色一直多于女性角色，并且男性更常担任主角（Fejes 1992；Greenberg and Worrell 2007；Scharrer 2012；Signorielli 2009）。十多年来，这种情况基本没有改变。在2017—2018年播出季的黄金档电视剧、有线电视节目和首次播出的流媒体节目中，固定角色依然以男性为主，占比为57%，而女性仅占43%（GLAAD 2018）。同样，电视动画节目和电子游戏中的角色也以男性为主（Klein and Shiffman 2009；Robinson et al., 2009）。

尽管女性经常出现在媒体上，但男性更有可能控制媒体形象的创作和生产。在2017年票房收入最高的250部电影中，只有11%的导演、11%的编剧、19%的执行制片人、16%的剪辑师和4%的摄影师是女性（Lauzen 2018）。从2007年到2017年，在年度排名前100位的电影中，只有4.3%的导演是女性，每位女性导演大约对应着22位男性导演（Smith et al. 2018a）。整体来看，《2016年好莱坞编剧报告》指出，女性在电影编剧中占16.9%，在电视编剧中占28.7%（Hunt 2016）。女性在流行音乐界的代表性也远远不够。从2012年到2017年，在《公告牌》百强单曲榜上的600首歌曲中，女性在歌手中仅占16.8%，在作曲者中占12.3%，在制作人中占2%（Smith et al. 2018b）（见图7.3）。就广播和电视新闻而言，女性在导演中占33.1%，在全体员工中占44.2%（Women's Media Center 2017）。在2017年的新闻从业者中，女性在报社员工中占38.9%，在新闻网站员工中占47.8%，而在这些新闻编辑室的领导岗位中，约有38.9%为女性（ASNE 2017）。

事实上，这些关于性别的情况与我们讨论种族和族裔问题时的发现十分相似。女性一般不处在掌控者的位置。也许正因为如此，与男性相比，她们在媒体产品中成为主角的可能性更小。社会学家达内尔·亨特（Darnell Hunt 2013：1）总结了女性和少数族裔在电视中的地位："尽管希望不大，但我们必须在电视多样性方面付出更多的努力，从而让讲述美国故事的编剧队伍能够更好地反映这个国家的实际状况。"这句话也同样适用于其他形式的媒体。

改变女性(以及男性)的媒体角色

女性和男性的媒体形象反映并再生产了一套刻板但又不断变化的性别角色。在黄金档电视节目中,男性比女性更有可能担任主角,男性说的话通常也比女性多。此外,我们主要在家庭、友谊和爱情这些领域看到女性,而男性更有可能出现在与工作相关的活动中(Lauzen, Dozier and Horan 2008)。与女性相比,男性更有可能从事传统意义上的男性职业,并拥有更高的职位,而不太可能出现在家庭生活中(Glascock 2001)。一般来说,电视上的女性角色往往比男性角色更年轻;中年男性角色比中年女性角色更有可能"担任领导,行使职业权力,以及拥有明确的目标"(Lauzen and Dozier 2005: 253)。

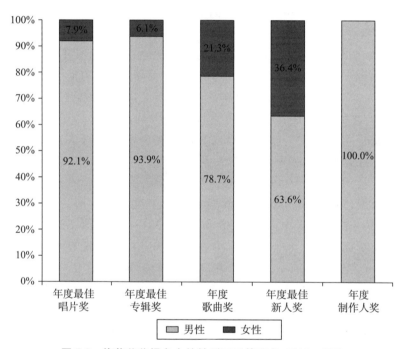

图 7.3 格莱美奖提名中的性别不平等现象,2013—2018

2018 年的#格莱美太男性化运动表明,音乐行业最负盛名的奖项提名存在女性代表性不足的问题。这个问题已存在多年,反映了音乐行业一直以来的就业不平等现象。

注释:"年度最佳唱片奖"和"年度最佳专辑奖"授予表演者和制作团队,"年度歌曲奖"只授予作曲家。

最近,一项针对黄金档电视节目的内容分析发现:"在描绘女性的时候,某些令人反感的性别刻板印象依然存在,而其他的似乎正在减少。"(Sink and Mastro 2017:16)值得一提的是,男性角色依然展现了有更多的言语和肢体暴力,从而表现出更强的支配性;而女性一般会被描绘成更加性感和注重家庭的形象。但令人惊讶的是,男性比女性更容易被客体化——被视为性对象或弱势性别(sexually degraded),其他研究也佐证了这一趋势(Gianatasio 2013;Rohlinger 2002)。此外,男性角色和女性角色在智力、表达能力和积极性方面并没有差异。

虽然发生了一些变化,但媒体对性别角色的刻画具有相对稳定性。我们可以从一段撰写于 25 年前的总结中看出这一点。即便放在今天的语境下来看,这段总结整体上依然是准确的。当时,费耶什总结道:"成人电视上的男子形象并没有过多地偏离关于男性和男性气质的传统父权制观念。"(Fejes 1992:12)他们通常被媒体刻画成有权有势的成功人士。他们"身居高位,行事以理性而非情感为基础,他们活在家庭和人际关系之外的世界,和各种事务打交道,解决问题是他们生活的主线"(Fejes 1992:12)。

女性角色常常符合与女性气质相关的刻板印象。多年来,女性的主要角色一直是母亲、家庭主妇或性对象。不过,传媒行业也对女权主义者组织的社会变革活动做出了回应。与种族刻板印象一样,近年来,传媒行业中公然的性别刻板印象有所减少。与几十年前相比,如今的女性角色和媒体形象显然更为广泛。但是,女性在整个社会中仍然面临着不平等的遭遇,而媒体则清楚地反映了女性遭受的不平等待遇。正如辛克和马斯特罗(Sink and Mastro 2017:18)在他们的电视研究中所总结的那样:

> 当然,《国务卿女士》(Madam Secretary)、《丑闻》和《逍遥法外》这些电视剧都以有权有势的女主角形象而闻名,但不幸的是,这些例子似乎只是例外,黄金档节目的内容才是常态。与前者不同,年轻、顺从、充满性挑逗意味的女性才是电视上普遍存在的形象。

我们很容易在一些媒体内容中发现女性所遭受的不平等待遇,比如,有性别歧视色彩的广告,有辱人格的色情作品,以及编剧为电视情景喜剧和剧情片创造的刻板化的女性角色。然而,和种族主义刻板印象一样,包含性别歧视的刻板印象也常常以更隐晦的形式出现,比如,对女子体育的报道。

案例分析:女子体育

在超过25年的时间里,研究者一直在考察女子体育报道的数量、特征和本质。他们既看到了一些振奋人心的变化,也发现了一些始终存在的问题。

早期的研究发现,有关女子体育的报道微乎其微,仅有的报道也充斥着赤裸裸的性别歧视。塔格尔(Tuggle 1997)发现,在娱乐与体育电视网的《世界体育中心》(*Sports Center*)和有线电视新闻网的《今夜体育》(*Sports Tonight*)中,有关女子体育的报道占比不足5%。他总结道:"这两档节目几乎在每个维度上,都把女子体育刻画得没有男子体育重要。"

20世纪七八十年代的研究发现,在为数不多的关于女性运动员的电视报道中,她们往往被塑造成"无足轻重、幼稚、性感"的形象(Messner, Duncan and Jensen 1993:123)。谢尔(Schell 1999)指出,女性经常被刻画成"供男性消费的性对象,而不是竞技运动员"。穆斯托、库奇和梅斯纳(Musto, Cooky and Messner 2017)在总结他们20世纪90年代以来的研究成果时指出:"评论员经常公然以性别歧视和贬低的口吻谈论女性运动员。当男子棒球比赛中出现穿着比基尼的女观众时,他们会露出带有性暗示意味的窃笑,或者色眯眯地盯着漂亮的职业女运动员。"

某些性别歧视则要隐晦得多。梅斯纳和他的同事研究了关于1989年美国大学体育协会(National Collegiate Athletic Association, NCAA)男子和女子篮球锦标赛以及1989年美国网球公开赛的电视报道,结果发现女子体育和男子体育有不同的解说模式。在女子篮球的报道中,性别总会被"标注"出来,比如"美国大学体育协会女子全国锦标赛"(NCAA Women's National Championship Game)或"女子篮球"。相比之下,电视报道会赋予男子比赛一个普遍的名称,完全不提性别,比如"四强赛"(The Final Four)、"美国大学体育协会全国锦标赛"(The NCAA National Championship Game)等。对运动员的称呼也因性别而异。在网球比赛中,评论员直呼女性运动员名字的次数是男性运动员的七倍。在篮球比赛中,这个比例大约是 2∶1。梅斯纳和他的同事提醒读者,"一般而言,处于支配地位的人才有权直呼下属(年轻人、雇员、底层民众、少数族裔、女性等)的名字"(Messner et al. 1993:128)。最后,用来描述运动员的语言也存在一系列差异。男教练是"喊叫",而女教练是"尖叫"。女球员出色的投篮是因为"好运气",而男球员的出色表现则是其"个人意志作用的结果"。

到 21 世纪,梅斯纳和库奇发现对女性的报道并没有增加,只有不到 2% 的地方电视体育报道是关于女子体育的;同样,娱乐与体育电视网的《世界体育中心》对女子体育的报道也不到 2%。因此,他们的结论是:"在电视新闻和重要节目中,女子体育报道和男子体育报道之间的差距不仅没有缩小,反而扩大了。"(Messner and Cooky 2010:22)基安、蒙代洛和文森特指出:

> 尽管积极参加或参加过有组织的体育运动的妇女和女孩数量大幅增加,但研究显示,体育媒体对男子体育的报道通常远多于对女子体育的报道。几乎所有级别的比赛和大多数体育项目都是如此。(Kian, Mondello and Vincent 2009:447)

虽然报道的数量仍然很少,但报道的特征和本质却发生了变化。梅斯纳和库奇考察了娱乐与体育电视网的《世界体育中心》和几家位于洛杉矶的地方电视台的体育新闻。他们发现,轻视女子体育和把女性运动员描绘成性对象的报道如今已经很少了。那些为了吸引男性观众而贬低女性和开性玩笑的女子体育报道基本上消失了。取而代之的是突出女性运动员作为家庭成员的一面,强调她们作为母亲、妻子或者女友的角色。这是吸引男性受众的一种新策略。穆斯托等人后来发现,这与对男性的报道形成了鲜明对比:

> 根据我们 25 年来对男性运动员报道的研究,他们极少讨论作为父亲、丈夫或男友的男性。这种报道框架虽然承认女性在体育上的成绩,但仍然强调妻子、母亲或女友等传统的异性恋女性角色,从而将女性边缘化。(Musto et al. 2017:580)

21 世纪头十年,报道有了新的变化(Cooky, Messner and Musto 2015; Cooky and Messner 2018)。穆斯托等人注意到,近期报道的特点是"乏味

研究表明,对女子体育的报道不仅少于对男子体育的报道,而且带有刻板的性别歧视色彩——尽管近年来不再那么明显了。

和平静。大部分女子体育报道不再是侮辱性的或矛盾的,但是缺乏鼓舞人心和幽默诙谐的语言、慷慨的赞美以及经常出现在男子体育评论中的那种强势表达"(Musto et al. 2017:590)。他们认为,这种弱化女性的限制性报道方式是一种更加隐晦的新型性别歧视。就像直白的种族主义被隐晦的"色盲种族主义"所取代一样,直白的性别歧视也被所谓"淡化性别"的性别歧视所取代。"淡化性别"并不是对性别差异"视而不见",而是强调男子体育和女子体育之间的差别,并"通过弱化女性的报道方式,使女性的体育成绩在和男性的比较中显得平平无奇"。"这种'淡化'的语言使男子体育和女子体育间的等级差别变得稀松平常,并且不会因为公然的性别歧视而遭到指控……(因而)巩固了性别界限和等级体系,以一种比以前更加隐晦、更难以察觉的方式传递了男性天生优越的不实观点。"(Musto et al. 2017:578)

阶级与媒介

唐纳德·特朗普当选总统后,出现了对"被遗忘的"工人阶级的大量讨论。但在这种叙事中,工人阶级始终是白人。这些分析和评论的前提大多是不准确的,并不符合美国工人阶级的实际情况。事实上,工人阶级的种族构成比其他群体更加多元,他们主要从事服务业而非制造业(Rowell 2017)。然而,这场讨论意外地发现了一个现实:美国媒体往往很少关注工人阶级,无论他们属于什么种族。

有趣的是,研究者也没有太关注媒介内容中的阶级问题。与种族或性别相比,关于阶级的媒介内容研究要少得多。然而,正如社会学家戴安娜·肯德尔所说:"即使是粗略地看一眼媒体,也能清楚地发现阶级对媒介内容的渗透。无论记者、编剧或娱乐写手是否愿意承认阶级框架在他们对日常生活的分析中的重要性,它都会不断渗透到每年撰写和制作的无数文章和电视节目之中。"(Diana Kendall 2011:3)因此,研究媒体人物的阶级分布以及不同阶级所对应的角色是很重要的。同样重要的是,我们必须意识到阶级问题和传媒产业之间的独特关系。

阶级与媒介内容

绝大多数情况下,媒体所描绘的美国社会比现实中的美国更加富裕。尽管有很多判断社会阶级的方法,不同的方法又会得出不同的结果,但大约三分之二的成年美国人没有四年制的大学学位——这正是工人阶级的一项特征指标(U.S. Census Bureau 2017a)。此外,大多数美国人从事着服务类、文职类或制造类工作(很少出现在媒体中),近一半的人自认为是工人阶级(Hout 2007)。然而,媒体把社会世界描绘成一个中产阶级——尤其是中产阶级专业人士——占大多数的世界。

家庭情景喜剧

家庭情景喜剧里充斥着"阶级"的影子。布奇(Butsch 2003)研究了1946年至2000年间播出的315部家庭情景喜剧。因为以工作场所为背景的情景喜剧会限制主角的职业,比如警察剧,所以他特地把这类作品排除在外。相比之下,家庭情景喜剧的重心是家庭生活而非工作,这使得创作者可以为角色设计各种各样的职业。布奇发现,在这些节目中,一家之主是蓝领工人、文职人员或服务人员的节目只占14%。超过三分之二(68%)的家庭情景喜剧以中产阶级家庭为背景。在这些家庭里,人们从事的职业并不普通,且精英职业的比例过高。

医生和护士的比例是 9∶1,教授和教师的比例是 4∶1,律师和普通会计师的比例是 10∶1。这些电视角色的高薪职业意味着丰厚的收入,因此,这些情景喜剧中的家庭大多住在环境优美且设施齐全的中产阶级住宅里。

当然,也有例外。但需要指出的是,在过去的几十年里,例外十分罕见:

- 《蜜月期》(The Honeymooners,1955-1956)中的拉尔夫(Ralph)是一名公交车司机。
- 《全家福》(1971—1979)中的阿奇·邦克是一名偏执的码头工人。
- 《好时光》(1974—1979)刻画了一个贫困的工人家庭,女佣弗洛丽达(Florida)和她的丈夫詹姆斯(James)是一家之长。其中,詹姆斯遭遇失业,有时候会同时做两份低薪工作。
- 《拖家带口》(1987—1997)刻画了一个很不正常的家庭,艾尔·邦迪(Al Bundy)是这个家庭中的父亲,也是一名鞋店售货员。
- 《罗斯安家庭生活》(Roseanne,1988-1997)中的主角做过各种工作,包括工厂工人、服务员和美容院的洗发师,她的丈夫是建筑工和机械工。
- 《凡人琐事》(Family Matters,1989-1997)中的母亲哈丽雅特·温斯洛(Harriet Winslow)在一家百货公司做过各种工作,她的丈夫卡尔(Carl)是一名警察。
- 《后中之王》(King of Queens,1998-2007)中的道格·赫弗南(Doug Heffernan)是一名送货员,他的妻子是一名秘书。
- 《乔治·洛佩兹秀》(The George Lopez Show,2002-2007)的故事围绕一个低端制造厂的经理和他的工人阶级家庭展开。
- 《中产家庭》(The Middle,2009年至今①)中的父亲是一名采石场经理,母亲则做过一系列服务工作。

---

① 《中产家庭》已于 2018 年播完。

有趣的是,这些关于工人阶级的节目常常强调剧中人物希望通过做小生意来过上中产阶级的生活。例如,衍生节目《阿奇·邦克的小酒馆》中的阿奇·邦克成为一家酒吧的老板,《罗斯安家庭生活》中的父母也经营着各自的生意:一家不大成功的摩托车店和一家餐馆。

虽然情景喜剧中的工人阶级角色相对较少,但动画节目是个例外。自从《摩登原始人》把弗雷德(Fred)设计成一名采石场的"起重机"操作员,工人阶级角色就一直是黄金档动画喜剧中的重要角色:《恶搞之家》中的彼得·格里芬(Peter Griffin)是一名蓝领工人;《克里夫兰秀》(*The Cleveland Show*)中的克里夫兰·布朗(Cleveland Brown)是一名电缆安装工;《乡巴佬希尔一家的幸福生活》(*King of the Hill*)的主角是一名液化燃气销售员;长期播映的《辛普森一家》中的荷马(Homer)是一名不合格的核电厂技术员。工人阶级形象在动画作品中的凸显与其在真人作品中的匮乏形成了鲜明对比。

与相对较少的工人阶级家庭形象相比,在大量家庭情景喜剧中,一家之主都有一份中产阶级的职业。律师、医生、建筑师、广告经理、记者和商人等诸多职业都出现在这类作品中。布奇(Butsch 2003)认为,中产阶级角色在电视情景喜剧中的主导地位传递了一个细微但重要的信息:某些节目中的少数工人阶级角色属于反常的存在,因此,他们在经济上不太成功一定是他们自己造成的。

"工人阶级应该对自己的命运负责"是典型的中产阶级观点,它忽略了塑造社会阶级的结构性环境。布奇(Butsch 2003)发现,另一种趋势也在强化这种观点。与电视中的大多数中产阶级家庭不同,工人阶级家庭的父亲被刻画成有时可爱但能力不足的小丑,因此经常遭到嘲笑。拉尔夫·克拉姆登、弗雷德·弗林特斯通、克里夫兰·布朗、彼得·格里芬、格·赫弗南、艾尔·邦迪以及荷马·辛普森可能是最典型的代表。这些角色都是傻瓜,只是傻的程度不同而已。他们追求愚蠢的致富计划,最后总是因为不够聪明而陷入麻烦。但每部作品都把女主角塑造成头脑冷静、能掌控局面的形象。这些作品中的工人阶级子女也常常比他们的父亲更聪明、更有能力。事实上,布奇认为,50 年来,电视对工人阶级男性的再现一直遵循着一套较为标准的脚本:

> 虽然有一些变化和例外,但是无能甚至滑稽的工人阶级男性的

刻板化形象一直是主流。在各种黄金档节目中,这种形象与一贯能干的工人阶级妻子、子女以及充满男子气概的中产阶级父亲形成了鲜明对比。他们共同构成了一组形象,其中,工人阶级不仅被剥夺了男子气概,他们的阶级状况也被合理化了。(Butsch 2015:133)

布奇(Butsch 2003)认为,在这类作品中,虽然中产阶级的父亲有时也会遭到嘲笑,但并没有工人阶级的父亲那么频繁。相反,关于中产阶级家庭的喜剧作品——从《妙爸爸》和《小英雄》到《家有仙妻》和《脱线家族》(The Brady Bunch),再到《考斯比一家》和《纯真年代》——一直以来的创作惯例是中产阶级的父亲要胜任他们的工作,并且往往是聪明能干的家长。布奇认为,这种创作方式隐晦地表达了这样一种看法:工人阶级家庭之所以苦苦挣扎,是因为缺乏能力与智慧;中产阶级家庭之所以能够成功,是因为拥有能力和智慧。这种形象巩固了这样一种观念,即阶级不平等是合理的、正常的。多年来,其他各种研究也发现,电视上的中产阶级父亲形象比工人阶级父亲形象更有能力(Cantor 1990;Pehlke et al. 2009)。一项小型研究探讨了21世纪头十年的情景喜剧中的父子互动。结果发现,与工人阶级父亲的形象相比,情景喜剧中的中产阶级父亲形象更加积极正面,具体表现为参与度更高、亲切有趣的互动更多、消极的互动更少(Troilo 2017)。

也许正是电视对阶级形象的扭曲导致了特朗普当选后新闻媒体经常提到的被排斥感。自由撰稿人诺埃尔·默里(Noel Murray 2017)在评论"电视对美国工人阶级的无情忽视"时指出:

> 我们最知名的喜剧和电视剧对廉租办公区、超市、快餐店、非封闭式住宅区以及公寓大楼里发生的事情不感兴趣,甚至完全不了解。因此,很多民众觉得自己的声音无法通过主流媒体得到表达。他们被遗忘、被无视……被隐晦地告知:他们是无人在意的一群人,甚至是异类。

八卦谈话节目与电视真人秀

日间电视谈话节目和电视真人秀节目是另外两种阶级问题明显的媒体形式,两者以截然不同的方式巩固着关于阶级的神话。

电视角色的阶级可以通过各种方式传达给观众,用于展现家庭生活的布景就是其中之一。2018年,《罗斯安家庭生活》短暂复播,它保留了标志性的工人阶级布景,包括破旧的家具、廉价的墙饰和凌乱的家庭杂物。相比之下,《喜新不厌旧》虽然因种族多样性而备受赞誉,但它展现的是许多情景喜剧中常见的中上阶层家庭。其布景包括看起来昂贵而优雅的餐厅、高端的美食厨房、巨大的壁橱和高雅的艺术品。

20世纪70年代,有普通民众参与的日间谈话节目在美国首次出现,并在八九十年代达到人气顶峰。早期日间谈话节目的先驱人物菲尔·多纳休(Phil Donahue)经常让嘉宾围绕堕胎、女权和新文化趋势等争议性话题展开严肃的讨论。日间谈话节目的支持者认为,它为那些原本被忽视的声音提供了一个独特的表达空间。甘姆森对这些节目进行

第七章 社会不平等与媒体再现

了研究,他指出:

> 支持者声称谈话节目可以让普通民众发声,让不受重视的人被看见……多纳休等人还断言,从过去到现在,谈话节目一直是具有"革命意义"的节目类型。"这就是民主,"多纳休表示,"[在我的节目诞生之前]竟然没有一档节目能够每天让普通人站起来提出疑惑。我为这个节目的民主精神感到骄傲。"(Gamson 1998:14)

这种民主化的倾向有它的好处。多纳休(1998)认为这些谈话节目提高了LGBTQ群体在美国家庭里的可见度。但随着时间的推移,这种类型的节目发生了改变。节目的形式和结构极大地歪曲了"普通人"的形象。它们突出低俗话题、挑起冲突、策划奇观,成为"八卦谈话节目"或"电视垃圾"。

结果,这个唯一的工人阶级和穷人经常亮相的电视论坛最终保留了这样的神话:这些人不守纪律、暴力、懒惰、性欲旺盛,而且普遍举止怪异。有一些追求轰动效应的谈话节目,比如,杰瑞·斯普林格(Jerry Springer)和莫里·波维奇(Maury Povich)主持的节目,经常强调穷人或工人阶级的极端生活方式。为了娱乐观众,节目会特意寻找行为粗野的嘉宾,经由制片人的指导,那些滑稽的举止被放大,从而制造出戏剧性和娱乐性的电视效果,而这些嘉宾则被视为怪胎。

虽然如今的日间谈话节目依然存在暴露阶级问题的场面,但它们的人气已经被较新的"真人秀"(RT)节目夺走。传媒学者琼·德里对英美两国真人秀节目的研究发现,节目对待阶级的方式是混杂的,这在一定程度上取决于真人秀的类型。她指出,有时候,"一些节目对阶级三缄其口或避而不谈,但在另一些节目中,阶级却异常醒目,成为工作人员和观众之间交流的话题"(June Deery 2015:128)。虽然在很多节目中,阶级都是次要的,但是在另一些节目中,阶级又是最重要的。例如,在家装"改造"类节目中,富裕阶层的价值观占据主导地位。德里观察道,"没有人走进一个中产阶级家庭后,会把它改造成工人阶级风格:花岗岩必须取代富美家(Formica)①,钢材必须取代塑料"。但有时候,这些改造类节目暗含着对工人阶级(主要是男性)技能的赞美,比如《帮你改

---

① 指同名品牌公司富美家集团生产的一种层压复合材料,常用作桌面和厨房家具的贴面板。

装车》(*Pimp My Ride*)中复杂的汽车维修技术。

德里写道,近年来的电视真人秀有一个方面特别令人担忧,即"借助刻板印象甚至讽刺漫画来制造笑料、嘲讽或令人反感的效果",比如,美国的"红脖子"(redneck)①、"圭多"(guido)②和英国的"查夫"(chav)③(June Deery 2015:131)。有时候,节目制作者把工人阶级和穷人当作廉价的劳动力,专门找那些他们认为能体现阶级刻板印象的人来参加节目,由此增加竞争类真人秀节目的紧张感和戏剧性。德里认为,电视真人秀已经"变成一种为了中产阶级媒体制作者和观众的需求而生产工人阶级身份的有效途径,无论是需要且值得救助的好穷人形象(比如家装改造类节目),还是行为恶劣、顽固不化且沾沾自喜的坏穷人形象(比如大量的纪实类节目),都是如此"(June Deery 2015:143)。她认为:

> 工人阶级只是一种可以利用的廉价资源。与地位更高的人相比,他们更容易受到蝇头小利的诱惑,对社交尴尬更加无感。在特定经济利益的驱动下,许多人甚至自愿接受羞辱(正如一位真人秀节目的制作人所言),因为他们感到自己被社会边缘化了,希望得到公众的关注。(June Deery 2015:134)

工会禁忌

注重个人主义、反对集体行动,是媒介内容的另一个重要特征。如果说媒体很少呈现工人阶级,那么对工会成员的呈现就更少了,尽管美国的工会成员超过1400万(Bureau of Labor Statistics 2018)。即便工会成为焦点,其内容通常也是负面的。

在一项经典研究中,普鲁特(Puette 1992)考察了好莱坞电影、电视剧、电视新闻和社论漫画中的工会形象,结果发现了一些歪曲工会及其领袖形象的基本"套路"。这些媒体形象蕴含着刻板印象,比如:工会保护和鼓励没能力、懒惰和不服管的工人;工会削弱了美国的国际竞争力;工会领袖因为不属于受教育或有教养的(特权)阶层,所以比商界或政界领袖更有可能被权力腐化;以及,工会不再是必不可少的。当然,工会

---

① 贬损用语,指思想保守、受教育程度低、种族主义观念强的美国乡村工人阶级白人男性。
② 贬损用语,指意大利裔美国工人阶级男性,常常具有虚荣、好斗、大男子主义等特征。
③ 贬损用语,指言行举止粗鲁蛮横的社会底层青年。

绝不是完美的组织,它们也是媒体批评的对象。但是,普鲁特的分析表明,除了极少数的例外,美国工人阶级为集体赋权所做的最明显的努力遭到了系统而无情的贬低。

十年后,马丁(Martin 2003)也研究了媒体对工会的报道,试图探究相关报道如此贫乏的原因。他的分析围绕这样一种观念:媒体几乎只把受众当作消费者而非劳工。商业媒体通过关注消费者议题,试图回避劳资纠纷中的真实问题。例如,新闻媒体会花更多的时间来报道旅客的航班延误,但不会关注航空公司的员工为什么罢工。按照惯例,新闻媒体也需要简单地报道事件的"两面"。但对于两种相互矛盾的说法的真实性,它们却很少告诉观众或读者。这样的报道缺乏足够的信息量,往往会把劳资纠纷描绘成与受众无关的争吵。

在美国的电视上,很少有对工会的正面(或者平衡)描述。这样的描述一旦出现,就会引起人们的关注。当哥伦比亚广播公司播出警察剧《心桥》(*The Bridge*)时,《洛杉矶时报》的电视评论员指出,观众之所以觉得这部剧很新鲜,不是因为它把背景设在加拿大,而是因为它的故事主线。"一旦这个绝妙的叙事清晰起来,美国人就会意识到,他们看到的是一个很重要的问题。《心桥》讲的是一名巡警试图通过……工会来铲除腐败。"(McNamara 2010)除了罕见地展现工会的正面形象外,这部剧还强调了阶级问题。剧名指的是一座将多伦多的富人区和贫民区分隔开来的桥。虽然这部剧在美国只播了三集就下线了,但在更欢迎工会的加拿大,这部剧又被续订了一季。

这种情况至今仍未改善。最新的研究发现,媒体依然把工会成员刻画成薪不配位、贪得无厌、不值得帮助的形象(Brimeyer, Silva and Byrne 2016; Kane and Newman 2017)。

新闻媒体

阶级问题也直接渗入了新闻媒体的内容。新闻通常比较重视中上阶层的读者和观众所关心的问题。以股市报道为例,只有大约一半的美国家庭直接或间接(如通过互惠基金、养老金或退休账户)持有股票。全美超过80%的股票(无论是直接持有还是间接持有)实际上由最富有的10%的家庭所持有(Wolff 2017)。因此,绝大多数人不太可能对股市报道感兴趣。大多数美国人甚至不了解股票上市和股市报道。然而,股市报道却成为新闻节目和报纸的重要内容。现在,不妨回忆一下,你上一次看到新闻报道解释如何申请福利金和延长失业保险是什么时候？看到新闻报道介绍工人成立工会、了解工作场所的健康和安全隐患的合法权利又是什么时候？就连提到这些报道都会让人觉得奇怪，因为这与我们对新闻"应该"是什么的习惯性认知背道而驰。

总的来说，新闻反映的是中上阶层的世界观。在这个世界里，报纸的商业版面欣欣向荣，而报道劳工的记者却几乎绝迹。新闻可能会把"普通人"叫作消费者，但几乎从来不会称其为劳工。即便是有关消费者的报道也在少数，因为它们有可能得罪广告商。例如，《圣何塞信使报》（San Jose Mercury News）曾发表过一篇无关痛痒的专题报道，为消费者提供了如何购买新车的建议。一个由47家当地汽车经销商组成的团体为此开展报复行动，取消了该报每周"驾驶"版中的52页广告，给报社造成了100万美元的经济损失。地方汽车经销商对报业的施压早就臭名昭著。但这一次，报社选择向联邦贸易委员会起诉，该委员会裁定汽车经销商属于非法合谋。最终，经销商与联邦贸易委员会达成协议，同意今后不再抵制该报（Chiuy 1995）。这一事件生动地说明了广告商是如何直接或间接地影响媒介内容的。广告商不希望媒介内容破坏公众的"欲购情结"（buying mood）。

新闻和公共事务节目中的人物反映的也是片面的美国生活。"硬新闻"的主角通常是有权势的人，尤其是政客、专业人士和企业高管。可以说，对许多记者而言，新闻实际上就是当权者的言行。正如我们在第五章所看到的，新闻业的组织结构倾向于报道有钱有势的人。新闻业围绕市政厅、州议会大厦和联邦政府办公室等掌握权力的政治机构来组织新闻报道。拥有资源和影响力的人也可以通过新闻稿、新闻发布会和伪事件等方式，向记者提供经过修饰的信息，从而获得媒体的关注。而有关工人阶级和穷人的日常报道只可能来自负责犯罪新闻的记者。

与单纯的新闻节目不同，公共事务节目在嘉宾选择上有很大的自由度，制作人会邀请嘉宾对时事进行评论和分析。然而，从阶级的角度来看，节目嘉宾的选择也严重偏向专业人士。在知名的公共事务节目中，政客和专业人士一直是最主要的嘉宾（Croteauand Hoynes 1994）。相反，几乎没有代表工人阶级的组织。整体而言，公共电视倾向于专业信源，而将大众排除在外（Croteau, Hoynes and Carragee 1996）。

最后，阶级形象往往与种族问题交织在一起。尽管大多数工人阶级都是有色人种，但工人阶级这个词却经常让人联想到白人。芭芭拉·埃伦赖希指出:"最难消除的刻板印象是把工人阶级(在大众的想象中只有白人)当作一群反动分子和偏执狂,'戴安全帽的家伙'(hard hat)或'红脖子'等称呼就是这种阶级侮辱的体现。"(Barbara Ehrenreich 1995:41)她还观察到,"今天的中产阶级在读报纸、看电视甚至上大学的时候,很可能以为美国不存在白领阶层和顽固不化的'底层黑人'以外的其他居民"(Barbara Ehrenreich 1995:40)。

她的最后一句话尤为重要。在媒体内容中,"穷人"往往等同于黑人——尽管生活在贫困线以下的美国人口中,只有23%是黑人,大约三分之二是白人,43%是非西班牙裔白人(U.S. Census Bureau 2017b)。一项关于主要的新闻杂志和三大电视网的研究(Gilens 1996)考察了贫困报道所采用的形象。结果发现,在新闻杂志中,62%的穷人是黑人,电视报道中的比例则为65%。这种对阶级和种族的严重歪曲很容易造成公众的误解。民意调查确实显示,美国人——包含所有种族——往往严重高估了穷人中黑人的比例。

广告

阶级形象未能得到充分再现的情况可能在广告中表现得最为明显。广告将穷人排除在外,而且严重缺失工人阶级形象。一方面,杂志、电影和电视上充斥着描绘舒适、中产阶级和富裕生活的广告。就像与少数族裔和女性相比,白人男性成为"标准"一样,富裕的中产阶级在广告中也是"不言自明"的存在,成为默认的标准。此外,阶级地位可能比性别或种族身份更重要。比如,如果把比较富裕的女性或有色人种与工人阶级白人男性放在一起比较,人们往往更倾向于选择前者(Callier 2014)。另一方面,在讨好工人阶级消费者的牛仔裤和啤酒广告中,富裕的男性被描绘成有些娘娘腔或欧洲人的形象,与"率真"且十分阳刚的美国男性形象形成鲜明对比。后者通常从事蓝领工作,会修理汽车,驾驶卡车,喜欢看体育比赛,并且会购买广告中所展示的品牌产品(McAllister and Kumanyia 2013)。

在过去,这种阶级对比相对隐晦。但麦卡利斯特和奥佩勒通过考察"后衰退期"(post-recession),即2007年至2012年的经济衰退之后的广告,发现别克(Buick)、好事达(Allstate)、直播电视公司和其他大广告商的广告中存在格外明确的阶级对比。从所谓"阶级羞辱"(class shaming)策略来看,这些广告把富人描绘成被无能的工人阶级所连累的受害者,并对服务业的从业人员进行了嘲讽。它们所展现的工人阶级是消费不起这些公司品牌的失败者和无能者,而充满智慧的富人却消费得起。一则凯迪拉克的广告——保守派的电台谈话节目后来对它称赞有加——大肆鼓吹一套混合了民族主义和自力更生观念的思想。在这则广告中,主角一边穿过他的豪华住宅,一边直接对着摄像机说话。在嘲笑欧洲人"散步回家……顺便去趟咖啡馆……还在八月休假"之后,他反过来对美国大肆赞扬:"因为我们是充满激情、勤奋工作的信徒……一切都很简单:只要努力工作,你就能创造属于自己的财富。"他一边说一边走进昂贵的凯迪拉克汽车(McAllister and Aupperle 2017:148-149)。他说的最后一句话呼应了我们经常听到的一种说法,即人对自己的命运全权负责,结构性障碍不会造成阶级不平等。

有时候,这些广告采用了麦卡利斯特和奥佩勒所说的"工人阶级面孔",其特点是知名演员把夸张的阶级羞辱伪装成幽默的形式,类似于黑人戏中的黑脸妆。例如,直播电视公司的一系列商业广告对演员罗伯·劳(Rob Lowe)"好"的一面和"坏"的一面进行了比较。"坏"的一面是有线电视,"好"的一面是直播电视公司的卫星电视服务。"好"的罗伯·劳总是衣冠楚楚、穿着时髦地出现在整洁的家里,"坏"的劳则具有夸大的、刻板的工人阶级特征——浓密的胡子、大背头、白T恤、超大的黄金饰品,身旁还有一个衣着破旧、刻有文身、露出乳沟的女人。作者总结道,这类广告"对人们如何理解结构性不平等的重要性,以及如何理解贫困和特权具有暗示作用……如果通过购买就可以防止'我成为这样的人',那么,为什么穷人不做出更好的消费决策呢?"(McAllister and Aupperle 2017:153)

解释阶级形象:"有些人比其他人更有价值"

正如我们所看到的,媒体对阶级的刻画偏向于富人,忽视甚至从负面的角度刻画工人阶级和穷人。我们在第三部分探讨了媒体的生产视角,它有助于提醒我们注意那些可能造成这种情况的各种相互交织的社会力量。阶级以一种独特的方式构成传媒产业的基础,将广告商、制作者和观众联系在一起。

首先,大多数媒体都是依赖广告费的商业企业。因此,要解释有关阶级的内容,首先要考虑广告商的偏好。所有的商业媒体都是营利性的,受制于广告商。这意味着广告商会非常关注媒体消费者的经济状况。他们想要接触那些收入足以购买其产品和服务的人群,无论是男性还是女性，无论是黑人、白人、亚裔还是拉丁裔。你可以通过媒体产品上的广告来推测它想要接触哪个阶级。每个人都得买牙膏和早餐麦片，但当你看到一个节目或一本出版物上出现了珠宝、名车和投资服务的广告时，你就知道它的目标是富裕的受众。

其次，由于媒体制作者需要广告商，因此他们对于什么会吸引或推开广告商有着敏锐的嗅觉。提供稳定的中产阶级消费者是他们吸引广告商的常见方式。而要想找到这类消费者，有时需要采取一些不同寻常的做法。例如，为了调整读者群构成（以家庭平均收入为标准），一些报纸增加了针对富裕家庭的内容，比如，"时尚"栏目着重介绍高端的时装、文化和餐厅。此外，还有一些报纸缩减了贫困地区的发行规模，提高了这些地区的报纸价格，并降低了富裕地区的报纸价格，这使得穷人难以购买它们的产品！例如，20世纪90年代，《洛杉矶时报》把市中心贫民区的报纸日售价从35美分提高到50美分。与此同时，它把周边富裕县的报纸售价降至25美分（Cole 1995）。报纸出版商并不是唯一一群认为富人比穷人或工人阶级对传媒产业更重要的人。20世纪70年代，美国广播公司向广告商发布了一份收视观众简报，重点强调了广告商最想知道的人口统计学特征。该公司还把这份简报的标题定为"有些人比其他人更有价值"（Wilson et al. 2013:25）。

更常见的情况是，媒体为了迎合广告商，会直接避开可能会对后者造成冒犯的内容。就电视而言，广告商希望电视剧中的角色使用其产品。于是，电视剧成为广告的一种"补充背景"。正如布奇（2018）所说：

> 这要求电视剧的创作以富人为中心。对这些富人来说，消费是轻而易举之事。因此，富人角色占据了主导地位，消费水平较高的职业人群也得到了过多的呈现。即使是在描绘工人阶级家庭的情景喜剧中，经济压力也很少成为故事的常规主题。(Butsch 2018:446)

编剧和其他节目创作者也明白规避争议的必要性。这些人通常都是在严格的时间限制下工作的。因此，他们常常采用经过反复检验的制作模式，并依赖"一个由电视制作人组成的封闭的小圈子"（Butsch 2018:448）；而这显然是一个中产阶级圈子。

最后，受众在决定媒介内容的命运上发挥着作用。例如，许多刻画工人阶级角色的节目之所以引人注目,一方面是因为它们罕见,另一方面是因为它们非常受欢迎。受欢迎的电视节目更有可能获得成功。不过,这种情况可能被夸大了。广告商而非观众掌握着最终的决定权。有时候,收视率较低的节目因为能吸引到理想的观众群体,于是节目得以保留下来。与此同时,如果收视率较高的节目只能吸引一些不太理想的观众群体,也会被叫停。长期播出的《女作家与谋杀案》(*Murder She Wrote*)就是如此。尽管收视率很高,但它没有吸引到大多数广告商青睐的 18 岁至 49 岁的观众,因此最终被停播。这部剧的编剧通过最后一集表达了对这个行业的抨击,把标题定为"死于人口统计数据"。

社会学家戴安娜·肯德尔提醒我们,新闻和娱乐媒体中的阶级刻板印象深刻地影响着我们对不平等的理解。媒体通过影像和叙事将穷人描绘成"他者",即与主流公民截然不同的人。他们"利用工人阶级在穿着、举止以及说话方式上不如中上阶层的观念"(Kendall 2011:3)来维系这样一种看法:中上阶层高人一等,他们理应拥有财富和特权。与此同时,这些媒体再现几乎没有提及美国社会日益加剧的不平等状况,也无助于人们理解当今社会分层体系的复杂性。

性取向:"出柜"与媒体再现

在美国,LGBTQ 群体是另一个一直被媒体报道忽视和歪曲的社会群体。几十年来,这个群体几乎遭到了所有媒体的忽视或奚落。与争取种族平等、妇女权利和工会权益的社会运动一样,LGBTQ 群体既创办了属于自己的另类媒体,也逐渐获得了主流媒体的正面描述。它对美国社会产生了巨大的影响,改变了社会规范和法律,也因此成为推动媒介内容彻底改变的催化剂。(表 7.3 罗列了这一过程的关键节点。)

表 7.3 "出柜"……LGBTQ 群体影视形象变化的关键节点

1970	改编自真实事件的传记电影《克里斯汀·乔根森的故事》(*The Christine Jorgensen Story*)讲述了一个真实的变性人克里斯汀·乔根森的故事。
1971	在哥伦比亚广播公司的《全家福》中,阿奇·邦克发现大男子主义的酒友史蒂夫是同性恋。虽然观众可能怀疑过之前的一些角色是同性恋,但史蒂夫是电视情景喜剧中第一个明确同性恋身份的角色。

(续表)

1972	美国广播公司的《酒吧一角》(*The Corner Bar*)是一部播出时间不长的情景喜剧,剧中出现了美国电视史上第一个常设的同性恋角色彼得·巴拿马(Peter Panama),他是一位时髦的布景设计师。
1972	美国广播公司的《那个夏日》(*That Certain Summer*)是第一部对同性恋持同情态度的电视电影。
1977	美国广播公司的《肥皂》(*Soap*)首播。这是一部疯狂戏仿日间肥皂剧的作品,比利·克里斯托(Billy Crystal)扮演一名男同性恋,这是一个常设角色。
1983	美国广播公司的《我的孩子们》(*All My Children*)中出现了日间肥皂剧的第一条同性恋故事线。
1984	《兄弟》(*Brothers*)被电视台拒播后,在有线电视"娱乐时间电视网"播出。该剧探讨了同性恋和异性恋的性取向、同性恋恐惧症和艾滋病问题。
1985	全国广播公司的《早霜》(*An Early Frost*)是第一部探讨艾滋病问题的电影。
1988	美国广播公司的《罗斯安家庭生活》首播。在故事的结尾,主角结识了一位女同性恋好友、一个有女朋友的母亲以及同性恋老板。在其中的一集里,主角还在同性恋酒吧里被一个女同性恋亲吻。
1989	美国广播公司的《三十而立》(*Thirtysomething*)中,两个男性角色在一起过夜后躺在床上。尽管画面中他们没有触碰彼此,但广告商撤走了100万美元的广告费。在夏日重播季中,该集没有播出。
1990	哥伦比亚广播公司的喜剧《北国风云》(*Northern Exposure*)首播。在剧中,两个常设的男同性恋角色经营着一家旅馆,并在某一集举行了婚礼。在另一集里,该剧虚构的阿拉斯加西塞利小镇被设计成是由19世纪的女同性恋者创立的。
1991	托尼·库什纳(Tony Kushner)创作的《天使在美国》(*Angels in America*)上映,这部作品分为上下两部,主题是同性恋的生活和艾滋病。这部作品获得了普利策戏剧奖和托尼最佳戏剧奖。2003年,家庭影院把它改编成一部迷你剧,并再度获奖。
1993	在《费城故事》(*Philadelphia*)中,汤姆·汉克斯饰演一名患有艾滋病的男同性恋。布鲁斯·斯普林斯汀(Bruce Springsteen)为这部电影创作了主题曲。

(续表)

1994	在音乐电视网的《真实世界：旧金山》(*Real World: San Francisco*)中，一对男同性恋情侣交换戒指，不久后其中一人因艾滋病并发症去世。
1994	美国公共电视网播放了英国制作的迷你剧《城市故事》(*Tales of the City*)，该剧把背景设在70年代的旧金山，并描写了男女同性恋的爱情。
1996	在情景喜剧《老友记》中，罗斯(Ross)的前妻和她的同性恋人结婚，婚礼由保守派的共和党国会议员纽特·金里奇(Newt Gingrich)的妹妹坎达丝·金里奇(Candace Gingrich)主持。
1997	艾伦·德詹尼丝和她在美国广播公司的情景喜剧《艾伦》(*Ellen*)中饰演的角色一起"出柜"，成为电视网历史上第一个同性恋主角。
1997	美国广播公司的《爱情相对论》(*Relativity*)中出现了第一个完整的女同性恋之吻。
1998	《威尔和格蕾丝》(*Will and Grace*)首播，其中一个主角是一位同性恋律师。
1999	电影《男孩别哭》上映，该片根据真实的故事改编，讲述了一名变性男子被朋友们发现了秘密的故事。
2000	娱乐时间电视网的《同志亦凡人》(*Queer as Folk*)首播，它是第一部以同性恋群体为主角的节目，也是电视上第一次出现同性恋性爱画面。
2003	同性恋家长变得更加常见。家庭影院的电视剧《火线》(*The Wire*)中，同性恋侦探基马·格雷格斯(Kima Greggs)和她的伴侣领养了一个孩子。热播医疗剧《急诊室》(*E.R.*)中的一位主角凯莉·韦弗医生(Dr. Kerry Weaver)"出柜"，并和她的消防员女友共同抚养了一个儿子。
2003	精彩电视台的《粉雄救兵》(*Queer Eye for the Straight Guy*)首播，加入了越来越受欢迎的"真人秀"电视阵营。
2004	娱乐时间电视网的《拉字至上》是第一部以女同性恋、双性恋和跨性别者为主角的电视剧。
2005	《断背山》上映并获得多项奥斯卡奖。这是一部爱情片，讲述了两个有家室的男牛仔之间的情感。
2005	《穿越美国》上映，主角是一名跨性别女性。
2005	维亚康姆集团旗下的标志电视台(LOGO TV)是第一个致力于打造LGBTQ节目的有线电视台。
2007	《黑金家族》(*Dirty Sexy Money*)在美国广播公司首播，出现了广播电视网历史上第一个常设的跨性别角色。

（续表）

2007	肥皂剧《地球照转》(*As the World Turns*)是首部播放两个男性接吻的日间电视节目。
2008	西恩·潘在电影《米尔克》中饰演同性恋权利运动家哈维·米尔克并获得奥斯卡奖。
2009	美国广播公司的《摩登家庭》开播,剧中一对恩爱的同性恋情侣领养了一个女儿。美国前总统奥巴马曾表示,这是他们家最喜欢的电视剧。
2013	网飞的《女子监狱》(*Orange Is the New Black*)把背景设在女子监狱,人物角色多样,包括跨性别者和女同性恋。
2014	亚马逊的《透明家庭》聚焦一位跨性别女性在晚年选择生理变性的故事。
2016	《月光男孩》讲述了一个黑人青年接受自己的性取向的故事,成为第一部获得奥斯卡最佳影片奖的LGBTQ电影。
2017	重启版《超凡战队》(*Power Rangers*)中的黄衣战士是一个名叫特里妮(Trini)的女同性恋,这是第一部以同性恋为主角的超级英雄电影。

来源:Compiled by authors from Jacobs[2013], Thompson[2013], and media accounts。

在回顾与这一主题相关的文献时,费耶什和彼得里希认为,在20世纪30年代早期以前,电影中的同性恋一直被视为"笑料""一种性刺激的形式"或者"越轨、变态和颓废的形象"(Fejes and Petrich 1993:397)。从20世纪30年代中期到60年代早期,更加保守的规范在好莱坞成为主流,制片人严格限制并审查电影中的同性恋形象。当同性恋的形象在20世纪60年代再度兴起时,通常都带有负面色彩。费耶什和彼得里希指出,这一时期,"在最好的情况下,同性恋被刻画成不幸、不健康或边缘化的形象;而在最坏的情况下,同性恋被刻画成变态和应当消灭的恶魔"(Fejes and Petrich 1993:398)。在他们引用的文献中,有一篇是关于1961年至1976年间所有同性恋影片的评论性文章。在这一时期,这类电影一共有32部。其中,LGBTQ角色在18部电影中被杀害,在13部电影中自杀。只有一部电影让一个男同性恋角色活了下来。

在那之后,主流电影对同性恋的刻画有了显著的进步——毕竟也没有退步的余地了。随着时间的推移,现实而正面地刻画同性恋的电影慢慢增加。例如,《断背山》(*Brokeback Mountain*, 2005)讲述了两个现代牛仔为性取向而挣扎的故事;由西恩·潘(Sean Penn)主演的传记电影《米尔克》(*Milk*, 2008),故事原型是加州第一个担任公职的男同性恋人士哈维·米尔克(Harvey Milk)。这两部主流电影谨慎而细腻地谈论了同性恋问题。此后,关于这个题材的电影大量涌现,包括《孩子们都很好》(*The Kids Are All Right*, 2010)、《卡罗尔》(*Carol*, 2015)、《月光男孩》(*Moonlight*, 2016)和《请以你的名字呼唤我》(*Call Me By Your Name*, 2017)。同时出现的还有跨性别者的形象。好莱坞影片《男孩别哭》(*Boys Don't Cry*, 1999)和《穿越美国》(*Transamerica*, 2005)就是展现这一群体的成功之作。尽管好莱坞正在迎头追赶,但由同性恋群体制作的独立电影始终能呈现出更加多元的 LGBTQ 形象。

电视行业的路线和好莱坞大致相同。从滑稽的变装皇后到危险的恶棍,电视节目经常贬低同性恋群体。在哥伦比亚广播公司 1967 年的一部纪录片中,主持人迈克·华莱士(Mike Wallace)总结道:"一般的同性恋,如果真的存在这样的人,他既没有兴趣,也没有能力维持一段像异性恋婚姻那样长久的关系。"鉴于在法律上推动同性婚姻合法化的努力已经获得成功,这种说法如今看起来特别具有讽刺意味(Fejes and Petrich 1993:400)。随着 20 世纪 70—80 年代同性恋运动的发展壮大,人们开始要求电视更公正地描绘同性恋群体。1974 年,医疗剧《维尔比医生》(*Marcus Welby*)中的一集出现了一个有恋童癖的同性恋者,并暗示同性恋是一种可以治疗的疾病。毫无疑问,这部剧激怒了同性恋运动人士,他们通过组织媒体监督活动,质疑媒体对同性恋的负面描述。在他们的努力下,黄金档节目中开始出现同性恋角色。不过,这类节目几乎总是从"异性恋的视角来看待同性恋。在这些充满戏剧性的节目中,同性恋成为一个对异性恋的生活和希望造成破坏性干扰的问题"(Fejes and Petrich 1993:401)。在 20 世纪八九十年代,同性恋开始得到更加严肃和真实的呈现,特别是在有关艾滋病问题的角色上。但这一次,保守派和宗教极端主义分子组织起来质疑媒体上的形象。他们反对对同性恋的正面描绘,并组织起来抵制这些节目的广告商。

1997 年是一个里程碑。当时,情景喜剧《艾伦》的主角以及饰演这个角色的女演员艾伦·德詹尼丝一同在备受关注和期待的一集里"出柜"。为了纪念电视上第一个公开同性恋身份的主角,同性恋者反诋毁联盟(GLAAD)赞助了"和艾伦一起出柜"(Coming Out with Ellen)的活动。人权运动(Human Rights Campaign)组织也向全国各地庆祝这一事件的派对主人送出了上千份派对套装(Rosenfeld 1997)。

从那以后,电视上的同性恋角色变得更加显眼,尤其是在有线电视上。《同志亦凡人》(2000—2005)在娱乐时间电视网播出,是第一部聚焦同性恋角色及其性行为的电视剧。《拉字至上》(2004—2009)也在娱乐时间电视网播出,是第一部聚焦女同性恋、双性恋和跨性别者生活的电视剧。而家庭影院的电视剧《六尺之下》(*Six Feet Under*, 2001-2005)中的大卫·菲舍(David Fisher)则被认为是电视上出现的第一批复杂的男同性恋角色之一。在 2005 年的一集里,他和一名警察结婚,这是美国电视剧中第一次出现同性恋婚礼。

此后,电视业的包容性日益增强。同性恋者反诋毁联盟(2018)关于 2017—2018 年播出季的分析报告指出:

- 在广播电视网的黄金档电视剧中,常设的 LGBTQ 角色有 58 个(占所有角色的 6.4%);
- 在有线电视网的黄金档电视剧中,常设的 LGBTQ 角色共有 103 个;
- 在流媒体首播剧中,常设的 LGBTQ 角色共有 51 个。

与几年前相比,这是一个重大转变。事实上,鉴于 LGBTQ 角色数量众多,同性恋者反诋毁联盟转而开始考察 LGBTQ 角色的多样性问题了。例如,在广播电视网和有线电视网上,男同性恋在 LGBTQ 角色中的比例最高,分别占到 47% 和 42%;而女同性恋在流媒体节目上的比例最高,达到 36%。正如同性恋者反诋毁联盟主席莎拉·凯特·埃利斯(Sara Kate Ellis)所说:

> 电视屏幕上的 LGBTQ 角色往往是白人男同性恋,他们在电视屏幕上的比例超过了我们这个群体的其他人之和。事实上,在美国人口中,女性的数量多于男性,双性恋则是 LGBTQ 群体中的大多数。(GLAAD 2018:3)

她呼吁媒体更多地关注有色人种的同性恋群体,以及女同性恋和女双性恋的故事,从而更好地再现 LGBTQ 群体的多样性。

有关同性恋的新闻报道也随着时间的推移而发生改变。在 20 世纪 60 年代之前,同性恋很少被提及。直到同性恋平权运动的兴起,同性恋议题才进入新闻报道(Gross 2001)。20 世纪 80 年代,艾滋病的流行促使新闻媒体更加直接地报道同性恋议题。到了 21 世纪,关于同性恋服兵役和同性婚姻的讨论更是成为新闻头版追逐的话题。而有关同性恋的正面报道,主要出现在有活跃而公开的大型同性恋组织的大城市。相对保守的小社区对同性恋问题的报道往往落后于前者。

20 多年前,费耶什和彼得里希指出,大众媒体中的同性恋形象不会自发地发生改变。这些改变"并不是由更开明的社会态度带来的。对改变起到决定性作用的是对抗和质疑负面刻板印象的同性恋行动主义"(Fejes and Petrich 1993:412)。迄今为止,这个观点依然正确。纳迪观察到,形象之所以有了改变,一部分原因是"同性恋者在媒体生产中的参与程度有所提高,比如,在许多大城市定期举办的同性恋电影节、日益吸引主流广告商的同性恋报纸和杂志以及同性恋公共电视"(Nardi 1997:438)。这些重大的改变也发生在我们考察的所有群体身上。妇女组织、民权团体和同性恋组织都是重要的社会力量,它们通过集体行动的方式,充分发挥人类的能动性,促使传媒业从本质上改变媒介的内容。相比之下,工会和其他代表工人阶级和贫困群体的组织还未能对媒体关于本群体的报道形成同等的影响力。

结论

娱乐和新闻媒体没有反映真实世界的多样性。但是,正是因为缺乏多样性,媒介内容才能反映社会世界和传媒产业中的不平等现象。但这种不平等的现象并不是一成不变的,媒体在增强再现的包容性方面已经取得了重大进步。虽然代表性不足仍然是一个不容忽视的现实,但我们也不应该对倡导者的行动所带来的进步视而不见。

讨论题

1. 媒体在描绘社会世界的多样性时,是否应该力求"真实"? 为什么? "真实"的重要性是否依具体情况而定?

2. 你认为大众媒体对大学生的描绘是否真实? 为什么? 如果媒体形象与现实之间存在差距,你认为是什么造成的?

3. 请解释为什么中上阶层群体在大众媒体内容中的比例过高。

4. 有些人可能会说,在我们这个媒体资源丰富的时代,社会不平等和媒体再现不再是问题,因为人人都可以找到面向特定人群的小众内容。你同意这种观点吗? 为什么?

第五部分　用　户

　　基于前文关于技术、产业和内容的讨论,第五部分将重点考察用户,由此完善本书对媒介的社会学分析框架。用户,就是我们自己:消费、分享、时而创作内容的非专业人士。第八章强调用户在媒介发展过程中发挥的积极作用。作为受众,他们可以阐释自己阅读、收听和观看的媒介内容。作为创作者,他们可以运用数字工具,与他人分享自己创作的内容。第九章则考察了媒介的影响,包括两个方面:媒介如何影响个人用户,以及在更广泛的层面上,媒介如何塑造用户生活于其中的社会和政治世界。

第八章　受众与创作者

正如我们在第四章中看到的那样,媒体用户可以对媒体组织及其监管机构施加政治影响。本章则要着重考察用户所扮演的其他角色:积极的受众和内容创作者。随着媒介技术的飞速发展,用来描述我们与媒介之间关系的语言也会在一段时间内不断更新。(还记得"信息高速公路""赛博空间"和"网上冲浪"吗?)不过,为了描述当下的媒介活动,我们决定采用一个简单的术语:用户。用户这个术语的优点在于其开放性。它可以涵盖我们作为受众的角色和我们在互联网上的其他各种角色。同时,"用户"也意味着一种积极的角色,既会积极地阐释现有的媒介内容,也会积极地创作自己的内容。

在大多数情况下,我们都是以受众的身份去观看、阅读和收听别人创作的内容。在数字时代到来之前,理解受众如何从他们接触的各种媒介内容中创造意义一直是研究者的兴趣所在(Sullivan 2013)。然而,互联网改变了人们使用媒介的方式,让人们可以更加便捷地评论、分享和创作内容。因此,为了更加深刻地理解用户,这些活动也成为媒介学者的研究对象。本章将首先介绍关于媒体受众的研究,然后考察与互联网使用和用户生成内容相关的一些问题。

积极的受众:能动性与结构的平衡

从最早的广播时代起,学者们就很关注媒介内容对其接触者的潜在影响,这也是下一章将要讨论的问题。然而,很多早期的研究认为,人们只能被动地接受社会统治集团所传递的媒介信息。种种分析表明,受众的诸多行为和态度是由他们无法掌控的结构性力量所塑造的,包括传媒产业的经济结构(Murdock and Golding 1973)、资本主义国家的政治结构(Althusser 1971)乃至人类心灵的心理结构(Lacan 1977)。在这种观点看来,媒体的思想灌输往往十分彻底,以至于人们都没有意识到自己处于媒体的掌控之中。

本书的第三部分强调,经济和政治力量必然会影响传媒产业及其生产的内容。同时,第六章也提到,媒介内容通常带有意识形态属性,因为它总在宣扬特定的信息。但是,如果只关注这些强大的力量,就会低估那些活生生的受众的积极作用,对人类的能动性视若无睹。(这类似于第二章中技术决定论者的看法,他们认为是技术"导致"了事情的发生,却没有充分考虑到人可以能动地创造、部署和使用技术。)

为了克服这些局限,研究者开始更多地关注受众。其中,有两种研究路径最具影响力。第一种是"使用与满足"路径,它关注两个基本问题:(1)人们用媒介做了**什么**?(2)他们**为什么**使用媒介?这种取向认为媒体用户可以主动选择要接触什么媒介(这被称为"选择性接触"),而且他们的选择通常是为了满足特定的需要(这赋予了部分研究一种心理学取向)。我们还将在下一章中看到,这类研究表明,不同受众的媒介使用差异意味着不存在单一的媒介"效果"(Rubin 2009;Ruggiero 2000)。即便研究者想要理解互联网使用行为,这种路径也被证明是适用的,可以为理解用户的网络行为及其动机提供基本思路(Sundar and Limperos 2013)。

第二种路径是批判文化研究,关注人们如何阐释他们接触的媒介内容,并从中创造意义。这种取向也认为受众在媒介发展过程中发挥了积极的作用。值得一提的是,研究者强调,媒介内容的意义未必只有一种,人们会以不同的方式积极地阐释这些内容,这些不同的阐释方式又往往与其社会地位有关(Storey 2015)。这类研究也有助于我们理解互联网的使用。它提醒我们要从真实用户的日常生活中理解互联网,并对人们互联网使用方式的多样性予以关注(Bakardjieva 2005)。

在本章中,我们同时借鉴了这两种传统,因为它们可以帮助我们更加细致地描绘媒介过程的运行方式,实现结构性约束与人类能动性之间的平衡。

多义性:媒介内容的多元意义

在文化研究领域,学者们使用**多义性**(polysemy)来指称这样一种观念:多种意义可以共存于同一媒介内容或"文本"之中。媒介内容之所以具有多义性,部分原因是媒介文本中蕴含着"额外"的意义(Fiske 1986)。

比如,一档电视节目中的大多数元素共同构成了一种相对统一的阐释,这种阐释很可能反映了创作者期望传达的意义。但是,在节目中处于边缘位置的众多零碎元素无法融入其中,主流的阐释也无法将它们完全吸纳。于是,文本形成了一种允许人们"逆向解读"(read against the grain)的结构。

举例来说,想象这样一部电影,里面的士兵肆意而残忍地杀戮一群手无寸铁的平民。大多数人或许都觉得这一幕很可怕。但是,电影可能孕育着不一样的阐释,比如,战争的必要性、士兵的忠诚或者敌人的邪恶。也许受害者和士兵们语言不通,或者士兵们表现出恐惧或困惑,或者前面的剧情已经表明,这些平民是敌方士兵伪装的,又或者电影最终宣判这场战争是一次胜利。这些情况中的任何一种,都可能开启不一样的解读方式,即便文本的意义已经十分明确了。如此一来,任何类型的媒介内容都会包含这样的元素:它们可以被用来建构不一样的意义,有时甚至是相互矛盾的意义。

关于这一点有大量的传闻证据(anecdotal evidence)。以热门喜剧《陆军野战医院》为例,这部剧由哥伦比亚广播公司于1972年至1983年间播出,累计播出11年。它讲述了一群战地医生在朝鲜战争期间面临的考验和磨难,并通过带有反威权和反战色彩的幽默形式,毫不掩饰地批评了越南战争。这部剧的初创编剧拉里·吉尔巴特(Larry Gelbart)想要表达的观点是:战争是徒劳无益的。然而,拉里在四年后退出了这部剧,因为他担心作品的长盛不衰会在无意中让观众觉得角色们已经宿命般地接受了战争,而这种阐释并不是他的本意。当然,还存在其他阐释。这部剧的一位主演迈克·法雷尔(Mike Farrell)提到过他收到的一些来信,信里写着"伙计,你们让战争看起来很有趣""看了你的剧之后,我决定要报名参军"之类的话。法雷尔表示:"我在回信里说过,'我不太明白你看了我们的剧之后,是怎么得出这个结论的'。"不过,法雷尔也提到,他"收到过一封很棒的来信,写信的孩子说他原本打算成为一名职业军人,但看了这么多年我们的剧之后,他发现这不是他想要的。最终,他决定要成为一名牧师"(转引自 Gitlin 2000:217)。这些例子说明了何为多义性:媒介文本能够包含多元意义。

由于对多义性文本的阐释是"开放的",因此,这些文本能够被各种各样的人所欣赏。对面向大众市场的媒体来说,它们的制作者需要争夺受众的注意力,最成功的媒体往往拥有能够吸引各类受众的内容。于是,多义性成为一种备受青睐的内容特征。创作者明白这一点,并且常常特意为他们的作品留出多种阐释的空间。以对家庭影院具有开拓性贡献的电视剧《黑道家族》(The Sopranos)为例。该剧围绕意大利裔美国黑帮头目托尼·索普拉诺(Tony Soprano)以及他如何经营家庭、私人生活、犯罪活动和黑道家族而展开。托尼·索普拉诺是一个明显的反英雄(antihero)①形象,杀人如芥、损人利己。但是,观众却被要求去理解他,而且必须发现他的某些可爱之处(Carroll 2004)。《黑道家族》中的许多角色都被刻画成亦正亦邪的形象,整部剧都建立在相互对立的意义之上,使观众产生矛盾的情绪,而这正是其取得成功的一个关键原因。正如这部剧的创作者大卫·蔡斯(David Chase)解释的那样:"我们可以让观众自己探究发生了什么,而不应该直接告诉他们发生了什么。"(转引自 Lavery 2006:5)

阐释受限:编码/解码与社会结构

多义性并不意味着文本是绝对开放的,阐释的方式是无穷无尽的。它也不意味着受众可以随心所欲地创造媒介文本的意义,从而在与媒介的互动中掌握绝对的权力。这样的看法是用一种同样有问题的观点取代一种过于简单的观点。前者认为意义是绝对开放的,它只看到了能动性却忽略了结构;后者认为意义是既定的,它只看到了结构却忽略了能动性。与这些观点相反,阐释存在多种可能,但也会受到形形色色的限制,记住这一点对我们大有裨益。

其一,尽管媒体制作者乐于接受意义的模糊性,但他们通常对自己的作品有一些"偏好式解读"(preferred reading),即他们希望受众领会的主要意义。斯图亚特·霍尔引入"编码"和"解码"来解释这个过程。他认为,创作者通过采用广泛的文化参照物和特定媒介的惯例,有意或无意地为他们的作品编码,从而赋予其意义。比如,电影借助灯光、音乐、拍摄角度和剪辑,向观众传达了特定的意义。俯拍的对象可能看起来娇小脆弱,仰拍则暗示拍摄对象处于强势地位。电影制作艺术的重中之重就是掌握这种视觉编码,并能巧妙地利用它们来引导受众的偏好式解读。

---

① 文学或影视作品中具有反派的缺点但同时具有英雄气质或做出英雄行为的角色,可以是故事的主角,也可以是重要配角。

对受众来说,"解码"是一个运用关于特定媒介和广泛文化符码的隐性知识来解读媒介文本的意义的过程。比如,当一个电影角色首次出场时伴随着不祥的音乐,观众就知道他们应该把这个角色当作坏人或危险人物。这是一种专属于特定媒介的符码,我们对此都很熟悉。事实上,由于我们和被媒介浸润的文化之间存在千丝万缕的联系,我们对很多基于特定媒介的能力都习以为常,甚至不会稍加反思。

更为普遍的文化符码也很重要。有些意义之所以更容易建构,是因为它们借助普遍的文化价值观和有关世界运行方式的一系列普遍假设。这些符码建立在人们习以为常、无须详细说明的假设之上。新闻媒体不需要向美国的受众解释为什么总统的行为具有新闻价值。电影和电视节目也不需要解释亲子关系或者富人和穷人间关系的背景知识。通过采用人们熟悉的符码和文化观念,媒体制作者可以引导受众进行偏好式解读。虽然可能有其他的阐释,但它们更难走近受众,因为它们挑战了共同的假设或者依赖非主流的信息资源。因此,尽管意义是由受众建构的,替代性阐释也是有可能的,但有一种阐释也许最为普遍,因为它符合主流文化的基本价值观。

其二,受众的社会地位会影响他们对媒介内容的阐释,即便这种影响不是决定性的。不懂流行音乐的老年人可能无法欣赏脱口秀演员关于流行明星的段子。我们的年龄、职业、婚姻及父母状况、种族、性别、所住社区和教育背景等因素会以各种方式塑造我们的日常生活,影响我们使用媒介的方式,以及我们用来阐释媒介体验的框架。

因此,为了理解媒介过程,我们需要基于特定的历史条件来考察处于特定社会地位的受众是如何建构意义的。这涉及能动性(受众从多义性文本中建构意义)和结构(阐释模式和塑造它们的社会位置)之间的平衡。意义不是自动生成的,而来自媒介内容和处于特定社会地位的用户之间的互动。

意义解码与社会立场

尽管媒介内容总在宣扬某些信息而忽略其他信息,但积极的受众能够以不同的方式对媒介内容进行阐释。一些经典研究通过强调社会结构的作用,探讨了这一明显的矛盾。

阶级和《全国新闻》

人们乐于相信自己可以自由地阐释媒介文本，这是因为个人主义立场赋予了每个人很大的权力。然而，戴维·莫利（David Morley 1980）发现社会地位会影响人们的阐释，其影响的方式不是直接决定，而是提供用于解码媒介信息的资源。

莫利对英国的一档新闻"杂志"类电视节目《全国新闻》（*Nationwide*）进行了考察，分析了节目信息的"偏好式"或"主导"意义，并通过采访不同社会背景的观众，了解他们对节目的理解。他发现，不同社会阶级的人对电视节目的阐释方式往往不同。比如，银行经理会对《全国新闻》中的经济报道进行偏好式解读。莫利认为《全国新闻》的框架非常符合银行经理的常识观念。他们很少注意到经济报道中的争议性问题，更加关注节目的形式而非内容。此外，莫利采访的工会成员认为经济报道完全是在维护管理层的利益，而年轻的管培生却认为这些报道有利于工会。莫利指出，银行经理、管培生和工会成员的阐释存在很大的分歧，这"充分证明了节目或'信息'的'意义'取决于观众在解码情境中采用的阐释符码"（Morley 1992：112）。

不同社会阶级的学生参与者也从《全国新闻》中解读出了不同的意义。中产阶级的学生批评这档节目的报道缺乏足够多的细节。在他们看来，这档节目的价值不大，因为它缺乏资讯类节目应有的严肃性。而以黑人为主的工人阶级学生认为这档节目充斥着琐碎的细节，并且枯燥无味，缺乏电视节目应有的娱乐价值。简言之，不同阶级的学生对《全国新闻》采用了各不相同的阐释框架——一些人关注信息，另一些人关注娱乐——因此，他们对节目的看法截然不同。

莫利总结道，社会阶级并不能**决定**人们阐释媒介信息的方式。相反，社会阶级（或许我们应该再加上年龄、种族、族裔、性别和其他重要的身份标识）在为我们提供解码的文化"工具"上发挥了重要的作用。它们常常作为话语工具，为人们理解世界提供了一套语言和框架。例如，为了对《全国新闻》中的经济信息进行批判性阐释——莫利称之为"对抗式"解读，工会激进分子会借助他们熟悉的工会政治语言——显然，这是"一个全新的解释模式，已经超出了节目提供的参考框架的范围"（Morley 1992：117）。我们很容易把对媒介内容的对抗式解读和某些拥有足够话语资源的群体联系在一起。比如，女权主义观点可以为一些女性提供工具,帮助她们对流行杂志和电影中的女性形象进行对抗式解读。

我们的社会地位为我们提供了看待世界的框架,这使得一些事物变得清晰可见,而另一些事物则被遮蔽了。因此,我们赋予不同媒体产品的意义最终还是和自身的社会地位有关。在这种观点下,受众依然是积极的,他们依然具有解码的能力,采用特定的工具也未必会导向某种固定的阐释。但是,并非每个人都拥有相同的文化工具。我们的社会地位为我们提供的是一系列不同的文化工具。而我们会在大致相同的模式下,借助这些工具来建构意义。因此,人类虽然是积极的主体,但也会受到特定的结构性条件的约束。

性别、阶级和电视

安德莉娅·普莱斯的研究《看电视的女人们》(*Women Watching Television*)是另一项关注社会结构与受众解读之间关系的著名研究。普莱斯对中产阶级和工人阶级女性进行了访谈,特别关注她们的背景、她们对性别议题的看法以及她们看电视的经历和偏好。

普莱斯认为,工人阶级和中产阶级女性在节目的评价标准和电视角色的认同标准上有所不同。第一个不同点表现在对电视节目"真实性"程度的评价上。工人阶级女性往往对她们认为真实的形象给予很高的评价,而中产阶级女性并不期待电视节目有多真实。工人阶级女性可能会把电视对中产阶级生活的刻画当作真实的,尤其是和她们认为"不真实"(且不常见)的工人阶级生活相比。工人阶级女性看重真实性,并相信中产阶级家庭的电视形象是真实的,这导致她们以一种自我贬损的方式来看待自己所处的阶级地位,因为她们发现自己的实际处境与媒体所展示的形象之间差距悬殊。正如普莱斯所说:"电视把中产阶级的物质生活定义为社会生活的一般标准,而工人阶级女性很容易受到这些内容的误导。"(Andrea Press 1991:138)

中产阶级女性不太考虑节目是否真实,因为在大多数情况下,她们都认为(并接受)节目并不真实。与工人阶级女性相比,中产阶级女性也更能接受电视上的女性形象。工人阶级女性对独立的职业女性形象和刻板化的性感女郎形象——最常见的两种女性电视形象——一直持批判态度。这在很大程度上是因为她们觉得这些形象不真实,和她们印象中的美国女性相去甚远。然而,中产阶级女性往往关注这些形象的正面品质,要么为这些电视角色辩护,要么认同她们。于是,中产阶级女性对电视中女性形象的阐释构成了她们对女性身份的理解,而工人阶级女性则反对这种阐释。

我们可以从普莱斯(Press 1991)的研究中推测出社会阶级、传媒产业、内容和受众解读这些"媒介·社会模式"中的元素之间的关系。一方面,凭借工人阶级的生活经验,工人阶级女性能看出大部分电视节目呈现了扭曲的、不真实的工人阶级生活,尤其是工人阶级女性的生活。但是,由于缺乏丰富的中产阶级生活经验,工人阶级女性更有可能把中产阶级的媒体形象看作真实的。另一方面,中产阶级女性更有可能和同样是中产阶级的媒体制作者拥有相似的背景,对阶级有着某种共同的、默认的看法。因此,中产阶级女性基本上意识不到阶级问题,而且认为媒体对女性的刻画是"正常的",因为这些形象更符合她们的中产阶级视角。这再次表明,社会地位和意义的创造是相互联系的,尽管联系的方式是复杂的和间接的。

种族、新闻和意义的创造

达内尔·亨特(Darnell Hunt 1997)对不同"种族"如何阐释有关1992年洛杉矶暴动的电视新闻进行了研究。暴动发生在几名警察暴力殴打黑人司机罗德尼·金(Rodney King)并被宣判无罪之后。这起暴力事件被录像带记录下来,并在电视新闻中反复播放。亨特注意到,对这场暴动的态度因种族而异。民意调查显示,关于1992年4月发生在洛杉矶的这一事件,黑人和白人对其起源、重要性和后果有着截然不同的理解。后来,围绕O. J. 辛普森(O. J. Simpson)谋杀案的审判,同样出现了种族分歧。

为了弄清楚媒介权力与受众权力之间的关系,亨特向来自洛杉矶的15组被试(分为白人、黑人和拉丁裔三个族裔,每个族裔的小组数量相同)播放了暴乱当晚的一段17分钟的新闻报道,并要求每个小组讨论如何对一个12岁的孩子讲述他们刚刚看到的事件。对这些小组讨论的分析表明,不同性别和阶级的人对这一新闻片段的反应没有多大的差别,但他们对新闻的阐释存在显著的种族差异。

亨特发现,相比于拉丁裔和白人,黑人更有可能在小组讨论中使用象征团结的代词(我们[主格],我们[宾格],我们的[所有格])和象征距离的代词(他们[主格],他们[宾格],他们的[所有格])。当黑人讨论关于暴动的新闻报道时,他们会从种族的角度来理解自己的身份和重要的社会议题,这个现象在白人小组的讨论中没有出现,在拉丁裔小组的讨论中也很少见。此外,在观看新闻片段时,黑人和拉丁裔比白人表现得更加活跃。前两者在观看的过程中有说有笑,整体上更加活跃,尤其是黑人。白人则是安静地观看,没有任何反应。黑人们持续不断的交谈并不是随意的说笑,而是在对新闻及其可信度发表评论。事实上,亨特发现,对于这段新闻报道,黑人"似乎倾向于质疑其中的许多假设"(Hunter 1997:143),对新闻的准确性和采用的术语都表示了怀疑。相比之下,亨特认为,白人观众更能接受新闻的报道方式。

亨特认为,这个研究中的观看者建构了对新闻的"协商式"解读,虽然不同的群体在解码中采用了不同的资源。黑人在解码新闻时更有可能对暴动采用另类的或者对抗式的解读方式,而白人和拉丁裔的解读可能符合文本的"偏好式意义"。亨特认为,解码中的种族差异在很大程度上源于社会关系网络和群体团结意识的差异。在这个案例中,与种族身份相关的话语资源塑造了受众观看新闻和解码新闻文本的方式。与此同时,不同的阐释有助于巩固观看者的种族认同感。这种亨特所谓的"种族化的观看方式"(raced ways of seeing)既塑造了解码的社会过程,同时也是由这个过程所建构的。

抵抗与女性主义认同

还有一种媒介阐释类型是抵抗。女性主义学者对女性回应与抵抗媒体形象的方式进行了探讨。安吉拉·麦克罗比(Angela McRobbie 1984)在讨论舞蹈的媒体形象与这项活动之间的关系时表示,少女们对舞蹈电影(比如经典电影《闪电舞》[*Flashdance*])的阐释与电影的主导意义相反。在麦克罗比的研究中,女孩们并没有把电影解读成这样一个故事:一个女人嫁给了她老板的儿子,并在成为一名杰出舞蹈家的路上利用性感来取悦男人。相反,她们的解码强调自主性和属于自己的性征(sexuality)。在这种阐释下,舞蹈并不是为了取悦男性或者向男性展示自己的身体。它的核心是享受自己的身体,表现自己的性征。这种解读通过主张一种不需要男性认可的性别认同来反对关于女性性征的主流阐释。女孩们凭借她们在俱乐部跳舞的经验重新阐释了《闪电舞》,这种阐释方式支持她们建构一种强大、独立、具有性别特征的女性身份认同。

莉萨·刘易斯（Lisa Lewis 1990）认为，麦当娜和辛迪·劳帕（Cyndi Lauper）等表演者的青少年粉丝也有类似的阐释性抵抗。音乐视频作品中的表演建立在强调女性的性感和男性的快感的传统形象之上，并采用了符合这种形象的服装风格。但青少年粉丝将其解读为对自身欲望的表达。对年轻的女粉丝来说，这些视频与音乐电视网以往的视频截然不同。它们所呈现的性魅力是女性力量的标志，因为视频中的女性是主体，而不是客体。女粉丝会模仿这些女性表演者的风格，这不是为了男人而打扮自己，而是在不放弃女性身份的情况下主张对名气、权力和控制力的追求。这是她们对音乐视频文本的核心阐释。在更广阔的文化环境中，这些文本通常被看成对女性的负面刻画。

这些案例与抵抗之间有着怎样的联系呢？上述两个案例都表明，对抗式解码和社会行动之间存在着一定的联系。这些对抗式解码是建构亚文化身份的一部分，体现了对传统规范和角色的抵抗。在音乐电视网的案例中，女粉丝是音乐视频形象的主要抗争者，她们对音乐产业的要求为女性音乐人的发展提供了机遇。此外，在两个案例中，对抗式解码都不是自由漂浮的，而是受众在特定社会环境下的一种集体活动。不过，传媒产业总有办法把抵抗包装成一种崭新的风格。在《酷的征服》(*The Conquest of Cool*)一书中，托马斯·弗兰克（Thomas Frank 1997）阐述了广告业是如何利用反叛的青年文化的。新型的营销活动会建立在反叛和解放的话语之上，由此推广新颖的"时尚消费主义"（hip consumerism）。

最后，在抵抗的可能性这个问题上，最关键的是其社会影响。这些阐释是如何与社会行动联系起来的呢？我们看到的三个案例清楚地分析了对抗式解码、人类活动、文化工具和社会环境之间的关系。这些例子表明，虽然"对抗式解码"和"抵抗"是有用的概念，但我们在使用它们的时候需要谨慎（Condit 1989）。如果我们想搞清楚所谓"抵抗"究竟意味着什么，就应该认真考察具体的受众会在哪些情况下进行抵抗，以及由此带来了什么样的后果，而不是盲目夸大人们抵抗统治的无穷力量。

美国电视节目的国际解读

不同国家的文化差异也会导致人们对媒介内容的不同解读。美国的电视节目在其他国家一直很受欢迎。但是，既然意义是多元的，而且是由处于特定社会地位的观众所建构的，那么，对那些几乎没有或完全没有美国文化直接经验的国际观众来说,美国的电视节目传递了什么样的意义呢?一些学者既不认为美国的电视形象可以直接把某种意义灌输给全球观众,也不认为国际观众可以轻易地结合本国的社会环境来理解这些外国形象。相反,他们的研究目标是要理解国际受众解读美国电视节目的复杂方式,特别是他们在这种解读中如何积极利用各种包含大量意识形态信息的形象。

有一项经典研究来自利贝斯和卡茨(Liebes and Katz 1993)。他们关注的是20世纪80年代的电视剧《豪门恩怨》,该剧吸引了几十个国家的观众。这部晚间剧讲述了一个经营石油生意的得克萨斯州富裕家族的生活。这个家族的姓氏为尤因(Ewing),剧中的一位主角兼反派名为约翰·尤因(John Ewing)。2012年,由部分原班人马参演的续作在特纳电视网播出。这部剧展现了家族成员的人生起伏,主要讨论了地下恋情、幕后交易以及忠诚和背叛之间持续的矛盾关系。但是,这部剧又包含哪些潜在的信息呢?

利贝斯和卡茨(Liebes and Katz 1993)对三个国家的六个种族的"解码"情况进行了对比:洛杉矶的美国人、日本人和以色列的四个群体——俄罗斯新移民、摩洛哥犹太人、以色列的阿拉伯居民和基布兹(kibbutz)[①]居民。这项研究需要对每个种族群体单独进行焦点小组访谈。一群朋友聚在其中一个人的家里看剧。看完后,他们需要在研究者的指导下对这部剧进行讨论。在每个焦点小组中,观看者都需要"复述"刚刚看完的故事,就像给一个错过剧情的朋友讲解一样。结果发现,这些不同的种族采用了不同的复述方式。阿拉伯人和摩洛哥犹太人大都一幕一幕地复述情节,通常比较详细。美国人和基布兹居民则侧重于角色而非情节。俄罗斯人既不关注情节,也不关注角色,他们阐述了故事的寓意。当然,不是每一个种族的所有人都采用了同样的阐释策略,但是这些阐释模式是十分清晰的。

利贝斯和卡茨(Liebes and Katz 1993)认为,不同群体的文化定位可以解释这种阐释策略的差异。阿拉伯人和摩洛哥犹太人是这项研究中最"传统"的群体,他们所采用的线性复述方式将他们的文化和他们从达拉斯家族生活中看到的真实世界联系在一起。俄罗斯人则善于领悟

[①] 基布兹是希伯来语"团体"的意思,此处指以色列的一种建立在生产资料公有制基础上的集体社区,过去以农业生产为主,现在也从事工业和高科技产业。

隐含的言外之意。而美国人和基布兹居民基于其文化对心理学和群体动力学的兴趣来讨论角色的态度和行为。每一种复述方式都有其深层的文化动力,后者为不同的受众提供了特定的文化资源。

复述方式的差异表明,尽管不同种族的小组看的是同一部剧,但他们眼中的内容并不一样。比如,美国人对作品的解读是游戏式的,在情感上相对抽离;阿拉伯人则会投入感情,表达对作品价值观的反对。因此,阿拉伯人最有可能把作品解读为"美国人是不道德的",而美国人更有可能认为这些节目除了娱乐之外没什么意义。从根本上讲,即使人们会采用不同的文化资源来解读这些电视形象、社会或国家,对家庭关系的广泛描述——他们的成功和悲剧——才是《豪门恩怨》广受欢迎的原因。

虽然《豪门恩怨》取得了国际性的成功,但它并不是在所有地方都受欢迎。《豪门恩怨》在日本就遭到了冷遇。日本观众对这部剧的"批评"意见比其他任何一个国家都多,而且当地很少有人会把《豪门恩怨》与自己的生活联系在一起。这或许解释了《豪门恩怨》没有在日本流行起来的原因,即观众对这部剧基本无感。《豪门恩怨》有太多不符合日本人的认知且不被接受的地方——不符合晚间剧的风格、不符合观众对美国社会的认知、不符合观众对本国社会的感受,甚至不符合观众对人物动机的看法。在多元阐释上的开放性可以解释这部剧风靡这么多国家的原因,但在日本的文化语境下,《豪门恩怨》显然没有带给观众多少启示。

在线意义创造:第二屏幕

在广播时代,传统的阐释社群(interpretive communities)是由面对面的社会关系组织起来的。读书俱乐部聚在一起讨论共同阅读的内容。家庭成员在客厅里一边商量着看什么节目,一边讨论各个节目的优点。朋友们一起看电影,并在回家的路上讨论电影所传达的意义。今天的用户在体验哪些媒介内容以及和谁一起体验方面拥有更大的自主权。媒体用户更有可能通过线上"碰面"的方式来讨论媒介内容,而不会真的面对面交流。脸书群组、在线论坛和其他网络空间为用户提供了共同解读媒介内容的机会。尽管由于网络环境的技术限制,与这些社区相关的争议还很多,但芬伯格和巴卡尔吉耶娃(Feenberg and Bakardjieva 2004)认为,用户参与虚拟社区的行为为集体的意义创造和动员开辟了新的可能性。他们的兴趣和关注的问题可能不会直接涉及政治,但对于人们的自我实现和幸福具有重要意义。这使得互联网有望成为一个刻意培育公民,而不仅仅是培养消费者的场所。

推特就是一个很受欢迎的创造意义的网络平台。有一本很有影响力的书叫《公交车上的男孩》(*The Boys on the Bus*, Crouse 1973),讲的是记者如何报道1972年的总统选举,其中包括记者如何在竞选事宜上达成基本一致的共识。后来,这本书启发瑞秋·赖斯·莫朗(Rachel Reis Mourão 2014)写了一篇题为"时间线上的男孩"("The Boys on the Time-line")的论文。这篇论文对2012年总统选举期间430名政治记者的推特使用情况进行了研究。结果发现,与40年前的面对面交流过程一样,记者对网络平台的使用也有助于对发生的事件达成共识和建构新闻叙事。由此,记者们在网上建构了一个独特的阐释社群。其中,推特上的互动尤其重要,因为记者会在上面发布政治报道。随后,这些报道经过主流媒体的分享,又传递给更广泛的受众。

最广为人知的一种线上创造意义的方式是使用"第二屏幕",即用户在看电视时使用另一块数字"屏幕"(比如,手机、平板电脑)来访问推特和其他互联网平台,并实时讨论他们在电视上看到的内容。流行的电视节目也经常通过设置话题标签来获得稳定的推特流量(Highland, Harrington and Bruns 2013)。通过这种方式,受众创造了一个用户实时生成的媒介景观。它与传统的大众电视并存,而且对后者做出回应。随着越来越多的电视观众参与到这种超出传统观众行动范围的媒介活动中来,第二屏幕的体验变得越来越普遍(McClelland 2012)。

尽管推特和其他平台成为创造意义的渠道,但创造意义的过程与受众研究过去的发现非常相似:用户(作为受众)观看、阅读或者收听媒介内容,分享他们的看法,并与他人展开讨论。(由于这些看法通常是通过网络和其他人分享的,因此,这个行为涉及内容创造。我们将在本章的后面讨论这一问题。)例如,当用户使用第二屏幕讨论政治节目(比如,新闻播报和竞选者辩论)时,他们会寻找更多的信息,并且希望对他们正在观看的内容展开讨论(Gil de Zúñiga, Garcia-Perdomo and McGregor 2015)。观众在这些讨论中的参与情况可以成为我们预测他们其他线上政治参与状况的一个参考因素。对用户来说,使用第二屏幕似乎可以让新闻变得更有意义和更具相关性,并且可以转化为更多的政治活动。

在某些方面,线上的意义创造将周边环境之外的人囊括进来,从而为扩大阐释社群打开了一扇大门。你不一定要和你的兄弟讨论刚刚一起看的电影有何价值,而是可以在网上找到一小群志同道合的人,和他们一起讨论,并对媒体内容做出回应。正如我们将在下一章看到的那样,这种受众被分散成小众群体的现象既是一种赋权(通过找到志同道合的人来肯定自己的基本兴趣的价值取向),也是一种扭曲(限制人们接触异见)。

第二屏幕现象凸显了受众的体验在互联网时代是如何发生改变的。受众可能会被他们的第二屏幕分散注意力,也可能会更多地和其他用户打交道,而不是参与他们表面上在观看的节目。与此同时,我们不应该忽视"第一屏幕"的重要性。因为正是这些媒介内容吸引着受众的注意并促使用户发布自己的观点和内容。随着学者持续研究媒介受众的各种行为,考察具体的日常媒介实践,密切关注新媒体用户与传统媒体用户之间的异同将大有好处。

在线社会地位:黑人推特

《纽约客》(*New Yorker*)在 1992 年刊登了一幅著名的漫画。画中有两只坐在台式电脑前的狗,其中一只对另一只说:"在互联网上,没人知道你是一条狗。"这幅漫画象征着人们对早期互联网的主流看法,并揭示了互联网的一个关键特征,即能够超越一个人的"真实"身份。在这个新兴的——并且很大程度上是基于文本的——网络世界中,或许性别、种族、年龄、国籍——甚至物种!——都不重要了。

虽然伪造网络身份是人们使用互联网的一大特征,但真实世界的社会身份依然能很好地融入网络环境。种族身份就是一个典型的例子,尽管在性别、性取向、族裔身份和其他社会身份上,我们也能发现类似的情况。詹金斯指出,当早期的网络爱好者试图用"色盲"这个词来形容互联网的特征时,"他们真正的意思是,他们迫切需要一个不必考虑、看见或谈论种族差异的地方"。因此,网络并没有消除种族偏见。除非特别声明,网上的每个人几乎都会被默认为白人。詹金斯指出:"这种无意识的错误通常并不是由于公开的种族主义。相反,它反映了白人网民对多种族环境的无知。"他继续指出,如今,在一个发展更为充分的网络环境中,我们"需要放弃网络可以消除种族歧视的幻想,转而致力于打造一个认识、讨论和推动种族与文化多样性的空间"

(Jenkins 2002)。

有色族裔很早就开始在网上建立体现种族意识的社区。这些用户没有忽视种族,他们在网上找到了一个共同建构和确认种族身份的空间(Byrne 2008;Everett 2008;Nakamura and Chow-White 2012)。正如我们将在下一章中讨论的那样,虽然网络上存在种族主义和仇恨情绪,但主要由有色人种组成的网络空间可以为少数族裔提供支持和肯定的积极力量。比如,斯蒂尔(Steele,2018:123)指出:"博主和他们所在的社区为非裔美国人创建的网络空间可以为各种目的服务,包括保护文化、进行公共抗争和巩固组织制度。"种族化的网络社区通常涉及明确的象征边界,包括确定哪些人可以成为社区的一分子,或者以自己的亲身遭遇为基础表达对社会不公正的抗争(Hughey 2008)。比如,白人的脸书留言板上很少有关于种族不平等的言论,但这些言论在有色族裔人士的脸书留言板上很常见。显然,后者传达出一种强烈的群体意识和种族意识(Grasmuck, Martin and Zhao 2009)。

李旺、怀特和波托克基于"使用和满足"框架,调查了323名黑人用户使用推特平台的动机。他们发现,很多网络行为的根源都是人们曾经遭受歧视的经历。具体而言,他们的分析显示,受歧视的经历导致了更高的群体认同。这种认同与"种族能动性"(racial agency)——"为了给自己的种族带来积极的变化而采取行动的意愿"(Lee-Won, White and Potock 2017:7)——有关。最终,种族能动性与更多地使用推特来寻求信息、表达观点和建立社交网络有关。

所谓"黑人推特"(Black Twitter)——微博客服务的非裔美国人用户创造的网络社区——是最著名的网络种族空间之一。无论是推特的用户数量,还是推特的使用频率,非裔美国人都高于白人(Smith 2014;Murthy, Gross and Pensavale 2015)。与传统受众研究发现的对抗式阐释社群相似,格雷厄姆和史密斯(Graham and Smith 2016)认为,黑人推特是一种"网络化的反公众①"(networked counterpublic)领域,从属群体或边缘群体在这里形成和分享对抗式话语。这种空间促成了种族意识,"鼓励黑人建立自豪感,激发有色人种之间的互相关照,以及一起挑战隐性和显性种族偏见的共同责任感"(Lee 2017:7)。

---

① 所谓反公众,指的是与社会主流或主导群体立场相对立,同时在一定程度上意识到自己相对于后者处于弱势地位的社会群体。

黑人推特经常被直接用来质疑主流媒体报道中的偏见。李（Lee 2017）发现，黑人推特的运作方式很像一个"数字家园"，主要包括三个步骤：(1) 重新定义；(2) 采取反叙事并提供证据；(3) 组建社区。首先，用户对主流媒体的内容进行重新定义。比如，在媒体采用带有贬抑和刻板印象色彩的照片来呈现警察暴力的受害者后，推特用户建立了"如果他们枪杀了我"（#IfTheyGunnedMeDown）这样一个"黑人标签"（blacktag），并反问道："如果我被枪杀了，新闻会从我的社交媒体账号上选择哪张照片来代表我呢？"使用这个话题标签的用户会发布一张容易遭到负面解读的个人照片，并把它与另一张更能展现日常生活的照片放在一起。以其中的一组照片为例：一张照片显示一名年轻的黑人男子和他的朋友们比着一种可能让人联想到帮派的手势（但实际上是黑人兄弟会①的手势），旁边的一张照片显示该男子在大学毕业典礼上戴着学位帽、穿着学位袍。我们不难看出：新闻媒体通过选择凸显负面形象的照片，建构起一种关于"危险的"黑人青年的简单而刻板的叙事。其次，黑人推特用户一边分析媒体和警方说法中的矛盾点，一边分享有用的信息和身边人的经验，从而建构起反叙事。最后，用户通过组织和支持以社区为基础的政治运动、集会、抗议和其他活动，形成建设性的应对方式。这种网上的团结互助行动常常会引发标签行动主义（hashtag activism）和街头政治活动，比如#弗格森（#Ferguson）和#黑人的命也是命运动（Bonilla and Ros 2015；Kuo 2016）。

因此，网络空间既可以培育集体认同，也使人们能够建构和分享对主流媒体的批评，乃至参与线上和街头政治行动。

媒体乐趣：明星游戏

学者们不仅对受众角色进行了严肃的研究，同时也探讨了人们使用媒介的原因。对于这个问题，有一个很简单的答案：有趣。媒介世界在很大程度上是一个娱乐世界。我们生活中的大部分时间都花在娱乐和从媒体中寻找乐趣上。但媒介学者一向对媒体的娱乐性保持警惕。一方面，20世纪70年代的媒介研究几乎只关注"严肃"的媒体类型，尤其

---

① 美国大学里的一种黑人学生社团。

是新闻。另一方面,乐趣本身被当作问题:媒体娱乐人们是为了把大家的目光从生活中更重要的领域移开。毕竟,如果人们每天晚上都忙着看《单身汉》或在脸书上发帖,又怎么能成为有责任心的公民,或者挑战社会秩序呢?

还有一些研究既没有否定乐趣,也没有假设乐趣会让人们满足于现状,而是考察了媒体乐趣的具体来源和人们从媒体中获得乐趣的条件。特别是女性主义者,他们很关注乐趣这个领域,认为大众媒介带来的乐趣对女性来说是一种解放(Walters 1995)。女性主义媒介学者洪美恩(Ien Ang 1985)在关于《豪门恩怨》的一项经典研究中指出,幻想是解释媒体乐趣的关键。她认为,幻想使我们相信自己是与众不同的,社会问题是可以解决的,或者我们是可以生活在乌托邦里的。其他国家的研究也有类似的发现。比如,金发现年轻的韩国女性在思考国际电视节目所描绘的世界时,会反思自己的经验。这"开辟了一个难得的空间,韩国女性可以在其中以极具批判性的方式理解自己的生活处境"(Kim 2005:460)。而埃斯皮里图发现年轻的菲律宾女性喜欢韩国电视剧,她们认为韩剧比本国制作的电视剧和从美国、墨西哥进口的电视剧更加"精致和有益"。埃斯皮里图认为,女性对美国电视的批评以及她们表达对韩国电视的偏爱可以被视为"一种对美国在菲律宾的文化霸权的抵抗行为"(Espiritu 2011:369)。因此,从各个方面来看,要想认识媒体乐趣的意义,就不能只分析单一的媒介文本。媒体受众可以将媒介融入复杂的幻想,从而使他们的日常生活变得更加愉悦。

明星是流行媒体的乐趣来源之一(Turner 2013)。为什么全国(乃至全世界)的人都很关注演员、音乐人和其他媒体名人的私人生活呢?严肃的学者可能倾向于将明星的世界斥为毫无意义的琐碎小事,更极端的态度是对吸引公众眼球的危险性娱乐敲响警钟。然而,乔舒亚·甘姆森(Joshua Gamson 1994)认为,关注明星是复杂的行为。在通过大众媒介与明星世界互动的过程中,受众会使用一系列阐释策略。一些受众基本相信他们所看见的,认可明星的价值,并且关注他们的天赋或才华。另一些人则认为明星是人为创造的,热衷于发现其面具下的样子,拆穿这些明星的"神话"。还有一些观众就是甘姆森所谓的"游戏玩家",他们既不相信明星是真实的,也不认为这是简单的欺骗,而是以一种游戏的态度看待明星的世界。

这种游戏的态度表现在两种活动中：传播八卦和探查消息。对一些人来说，明星所带来的乐趣来自八卦游戏。在这个游戏中，明星是真实的还是人为创造的，或者他们是否配得上自己获得的名誉，都不重要。其乐趣在于玩游戏，而游戏的内容就是分享有关明星生活的信息。八卦游戏之所以有趣，是因为每条消息的真实性无关紧要。朋友们可以围绕那些离奇的事情开怀大笑，也可以享受评价明星的人际关系而不用考虑后果的乐趣。

其他的游戏玩家则致力于探查有关明星的真相。尽管游戏玩家们也不确定他们是否能够探查到真相，但这个游戏的驱动力其实是一个由来已久的问题，即在这个充满媒体形象的世界里，什么才是真实的？因此，其乐趣在于集体的探查活动，而不在于对真相或真实的最终论断。游戏本身就是乐趣之源，因为玩家们会像永无止境地剥洋葱皮一样，仔细观察明星的外表和娱乐杂志，然后和其他人分享他们的消息。每场表演或每则新闻都会增添故事的素材，并使这种探查游戏继续下去。与这种乐趣相伴的是推测和顿悟的瞬间以及不断寻找更多的信息，而这些信息恰恰是由造星系统源源不断地生产出来的。

最终，明星的世界成为一个真实与虚幻交织的地方，二者的界限是模糊不清的。玩游戏的受众知道游戏是在一个"半虚构的"世界中进行的，这使得游戏有趣而自由。此外，这些游戏的乐趣正来自明星自身的琐碎小事。甘姆森认为：

> 玩游戏的明星观察者其实并不是真的关心明星——这与粉丝高度而深切地关心明星的刻板形象相反——这让游戏变得可能，而且有趣……[明星们]对观众没有任何影响力。如果他们有，游戏的"自由度"就遭到了破坏。就这种观看明星的游戏而言，最关键的是明星本身并不重要。（Gamson 1994：184）

我们看到，大众媒介所带来的乐趣源于受众对媒介琐碎性的认识，这使得它们成为娱乐和游戏的绝佳载体。

媒介使用的社会语境

除了阐释媒介内容，积极的受众在媒介使用的方式和原因上也有重要的选择权。下面，我们的关注点将转移到媒介使用本身上来。

浪漫小说与阅读行为

作为最具影响力的受众研究之一,珍妮斯·拉德威(Janice Radway 1991)的经典著作《阅读浪漫小说》(*Reading the Romance*)挑战了关于"浅薄"的大众媒体的许多假设。浪漫小说之所以遭到广泛的诋毁和文化价值上的贬低,部分原因是它们被视为女性的专属领域。此外,浪漫题材与异性恋主义的传统社会观念存在关联:落难的少女,离开男英雄就会变得不完整的女人,甚至还有与性侵她的男人相爱的女人。但是,拉德威并没有假定她对文本的阐释揭示了文本的"真正"意义,而是将她对浪漫小说的分析和一群经常阅读这些小说的中产阶级白人女性的阐释进行了对比。研究发现,虽然读者是积极的,但她们也会受到自身社会处境的影响。

拉德威的一个重要发现是,在为什么阅读浪漫小说这一问题上,女性更加看重**阅读的行为**,而不是故事的内容。这些读者不外出工作,但承受着全职家庭主妇的压力。她们认为,阅读浪漫小说的意义在于逃避日常生活的烦恼。从本质上说,阅读浪漫小说给女性带来了独处的时光、平静安宁的机会,并让她们从照顾他人的情感劳动中暂时解脱。它提供了拉德威所说的"自由空间",这个空间远离女性所处的社会世界。

在拉德威的研究中,浪漫小说读者的生活受到传统文化规范的严重束缚,这些规范对贤妻良母有着明确的要求。虽然女性基本接受了这些规范,但她们的情感需求无法从日常生活中得到满足,而这一切的根源正在于女性活动所受到的文化束缚。因此,阅读浪漫小说是女性拒绝(哪怕只是暂时拒绝)接受这些规范的一种方式。她们可以把注意力放在自己而不是别人身上。但这种抗议是微弱的和不彻底的。阅读浪漫小说的行为过程并没有彻底反对妻子/母亲的角色。相反,它提供了一种替代性乐趣,有助于弥补这些受到严重束缚的角色无法满足的需求。

但是,为什么偏偏是浪漫小说呢?拉德威认为,浪漫小说可以让女性"逃离"社会的制约,每天走进女主角的童话世界,获得情感需求的满足。浪漫小说的多义性并没有让拉德威研究的读者群体能以满足自身需要的方式来任意解读所有的浪漫小说。相反,这些女性读者会严格区分她们喜欢的小说和厌恶的小说。她们积极寻找的小说会迎合这些期待:男性可以满足女性的需求,男女主角会幸福地生活在一起,女性对亲密关系的追求胜过男性对社会成就的传统追求。因此,阅读浪漫小说不仅是一种字面上的逃离(通过阅读行为),也是一种象征性的逃离(通过虚构的浪漫情节)。

虽然浪漫小说常常被斥为带有性别歧视色彩的无意义的内容,但一项针对白人中产阶级女性读者的经典研究发现,阅读行为可以帮助女性逃避日常生活的需求,进而成为她们维护自身独立性的一种方式。与此同时,浪漫内容可以让这些女性获得她们在自己的生活中寻求的情感滋养。

和家人一起看电视

在《家庭电视》(*Family Television*)中,戴维·莫利(Morley 1986)和拉德威一样关注媒介使用行为。这项研究探讨了观看电视的家庭环境,揭示了电视的使用是如何嵌入家庭的社会关系的。就像阅读浪漫小说的行为一样,看电视这一社会行为的核心是电视文本对观众的意义,它通常发生在集体环境中。

根据莫利的研究,性别是理解相对传统的英国家庭如何体验电视的关键所在。由于家庭内部性别角色的差异,成年男性和成年女性看电视的方式截然不同。男性要么非常专心地看电视,要么根本不看。而女性则把看电视当作一种可以和谈话、做家务同时进行的社会行为。对女性来说,仅仅坐下来看电视而不做别的事情似乎是在浪费时间。

看电视是一项十分普遍的活动,电视也成为众多闲聊中的话题。当我们同朋友或家人讨论电视或其他类型的媒体时,我们就参与了一种集体阐释活动。我们会讲述所发生的事件、事件发生的原因、事件的意义以及接下来可能会发生什么。这是我们为电视节目或者电影、歌曲、博客等建构意义的过程。但在这方面,女性和男性也是不同的。莫利(Morley 1986)发现,女性经常讨论电视,而男性表示自己很少会这样做。这要么是因为男性不和朋友讨论电视,要么是因为男性不愿意承认他们参与了一项他们认为很女性化的活动。

与媒体互动和讨论媒体产品是意义创造过程的重要组成部分。意义是由积极的受众在特定的社会环境中建构的。正如特纳和塔伊(Turner and Tay 2009:2)所指出的那样:"客厅里的电视家庭受众如今已经四散而去——去了厨房、书房、自习室或电脑室、家庭影院、卧室,最后全都离开了家:走上街头、走进他们的手机。"然而,即使环境发生了变化,莫利的基本观点仍未过时。拉德威和其他学者采用阐释社群这个术语,暗示社会结构的力量(我们作为社群中的成员)和人类能动性的力量(阐释行为)都在起作用。当我们探讨观众的时候,我们需要记住一点:人们为无处不在的媒体产品创造的意义是与媒介世界之外的经验和社会结构联系在一起的。从本质上说,媒介是我们生活的一部分,必须结合构成我们生活的各种关系来对之进行理解。当这些关系发生变化时,我们与媒介的关系也将发生变化。

看电视是一项在一定程度上因社会地位而异的家庭活动。女性和男性看电视的方式截然不同。男性往往专心地看电视,而女性可能在看电视的同时和人闲聊或者做家务。

阐释的局限性

如我们所见,定义社会现实的权力并不是由媒体生产者简单地强加给毫不知情的受众的。媒介信息的意义不能被简化为人们对特定媒介文本的"编码式""偏好式""主导式",或者最普遍的解读的产物。拥有特定文化资源和社会背景的受众会积极地阐释媒体产品。社会和文化权力的分配仍然重要,因为它们决定了我们所掌握的话语资源和我们使用媒介的社会语境。但是,这种权力并非不可撼动。如果媒介信息传递了"主导"意识形态,那么,这些信息就只是意义的原始素材;它们离不开建构的过程,同时也必然会受到修正。

这种观念促使一些学者考察了受众对媒介文本的"对立式"解读或者"抵抗性"阐释。和麦当娜的少女粉丝(本章在前面已经讨论过)一样,受众会"抵抗"强加给他们的偏好式意义,以对立的甚至是颠覆性的方式积极地重新阐释媒介信息。约翰·费斯克(John Fiske 1987)在关于电视的研究中甚至表示,阐释性抵抗本身就能产生乐趣。在这种观点下,媒介使用的乐趣和通俗文化的"流行"完全是受众独立判断、选择的结果。媒介赋予了受众以自己的方式了解世界的自由。我们或许可以说,抵抗之所以有趣,是因为它让那些在日常生活中没有权力的人拥有了权力。

有一种论调认为,公民不是被动的历史客体,而是积极的主体,有能力思考和行动。因此,抵抗的潜力几乎是无穷无尽的。这种信念和乐观态度虽然令人赞叹,但并不能充分解释积极的观众和强大的文化产业之间的关系,也无益于理解现实抵抗的条件和可能性。因此,一些批评家从一开始就认为积极的受众和阐释性抵抗是研究者凭空幻想的"无形的虚构"(Hartley 1987),或者高估用户自主权、低估媒体权力的"毫无意义的民粹主义"(Seaman 1992)。至于受众对媒介的阐释,他们认为很难确定什么是"抵抗"或"对立"。而且,他们认为,即使一些群体不接受媒介内容的主导意义,那也无法阻止同一内容对其他人施加完全不同的影响,从而获得社会影响力。这些批评家指出,积极的受众很符合"消费者多元主义"的保守观点,即每个人都可以按照自己的意愿自由地阐释和使用媒介,而没有必要担心媒介权力集中或者意识形态支配主流内容。尽管一些批评可能过于简单,但它们的确提出了一个有用的警告,即不要想当然地认为,人们对媒介内容的阐释必然会充斥着对立式解读。

不过,有些批评严重夸大了事实。正如利文斯通所说:

> 挑战文本分析者的权威并不是要否认文本的重要性。承认意义创造的本土化过程并不是要否认大型媒体集团的政治经济力量。主张媒介的影响是有条件的并不是要否认影响的存在。考察多元的生活世界的决定作用并不是要否认社会结构会通过一个复杂的过程深刻影响生活世界。(Livingstone 2015:442)

正如我们所见,莫利(Morley 1980)的《全国新闻》和拉德威(Radway 1991)对浪漫小说读者的研究都表明,受众至少有能力创造部分对立的意义。即便如此,这种解读的抵抗潜力依然有限。然而,亨特在研究关于洛杉矶暴乱的新闻时总结道,受众对新闻中观点的反抗可以被当作"有意义的抵抗行为本身,或者有助于激发未来某个有意义的社会行动所必需的意识"(Hunt 1997:162)。或许,真正的抵抗最好是通过"有意义的社会行动"的方式,而不仅仅是通过创造另类的阐释来实现的。

从积极的受众到抗拒的行动者

积极的受众不仅阐释主导的媒介信息,有时还会主动回应。这就是典型的文化抵抗。

阐释性抵抗和女性主义政治

琳达·斯坦纳(Linda Steiner 1988)对早期《女士》(Ms.)杂志的"无可奉告"(No Comment)专栏的研究,为我们提供了一个读者社群对抗式解码的范例。《女士》杂志于1972年创刊,起初是一份女性主义月刊,1990年改版为一份更具深度且不含广告的刊物,现在则成为一份季刊。作为一份典型的另类媒体,该刊发表的观点和分析往往与主流媒体的信息相悖。这一点在每一期的"无可奉告"专栏中都得到了充分体现。这个专栏汇集了读者提供的各种内容(广告占了大多数),是美国社会存在性别歧视的有力证据。这些材料来源广泛,包括大大小小的报纸、杂志、目录簿和广告牌。

在"无可奉告"专栏中,《女士》的读者可以识别来自主流媒体的形象,并"揭露"它们潜在的性别歧视。常见的做法是把女性描绘成男性的财产。例如,一则保险广告暗示妻子是"财产",一篇新闻报道在报道一位女政治家时仅提及她丈夫的名字。其他的主题包括蔑视女性主义的图片,公然利用女性身体的广告,暗示女性享受性暴力的图片,以及贬低女性成就的报道。

当《女士》的读者看到"无可奉告"上的这些内容时,她们可能会怒气冲冲,也可能会开怀大笑,或者两者兼有。但是,这和抵抗有什么关系呢?斯坦纳(Steiner 1988)认为,"无可奉告"的目的正是建立一个以《女士》为中心的女性主义社群,共同抵抗那些强化性别歧视形象的媒介信息。随着《女士》的读者以有悖于主导意义的方式解码"无可奉告"专栏中的内容,她们实现了对女性的传统定义的反抗。而且由于《女士》是一份女性主义刊物,"无可奉告"的读者采用的一系列文化工具可能会加剧对"性别歧视"形象的对抗式解读。传统规范和角色是这些媒体形象的基础。《女士》的读者的抵抗行动,有助于建构与这些传统规范和角色相对立的女性主义群体的身份认同。

这些解码行为是一种公共的集体行为。当读者向"无可奉告"提供内容,并把这当作一种与志同道合的女性主义者分享对抗式解码的方式时,他们建立了一套共享的意义系统,从而为女性主义团体的团结奠定了基础。通过这种方式,他们利用并再生产了女性主义话语,使之成为这种对抗式解读的关键资源。反过来,正是在这份杂志所提供的空间中,意义创造活动成为一种明确的政治行为,它的口号是:"这不仅仅是一本杂志,更是一场运动。"(msmagazine.com)

文化干扰

媒介抵抗最典型的例子可能是文化干扰(culture jamming),即"一系列旨在批评、破坏和'干扰'消费文化运作的策略"(DeLaure and Fink 2017:6)。文化干扰实施者采用的主要策略是"恶搞"(pranking)(Harold 2004)。典型的恶搞是通过破坏和挪用企业的标志和产品来传递与生产者最初的意图不同的信息。

大多数文化干扰的参与者都是在本地社区工作的普通激进人士。位于加拿大的广告克星(adbusters.org)就是一个由这类激进人士组成的团体,他们会创作"颠覆性广告"(模仿主流品牌的广告)和"反商业广告"（颠覆性的广播电视广告）（Liacas 2005）。不过，也有一些文化干扰人士已经获得了知名度。比如，班克斯（Banksy）是一个匿名涂鸦艺术家使用的名字，他的讽刺作品在国际上享有盛名。安迪·比奇鲍姆（Andy Bichlbaum）和迈克·博南诺（Mike Bonanno），又名"没问题侠客"（The Yes Men）（theyesmen.org），通过恶搞的方式揭露跨国公司、政府和跨国组织的欺骗行为。例如，他们伪造了一个世界贸易组织（WTO）的网站。这个网站看起来非常真实，他们甚至收到了代表世界贸易组织向各种机构发表演讲的邀请。在这个网站上，他们还对国际经济组织提出了尖锐的批评。2009年的纪录片《拯救世界的好人》（*The Yes Men Fix the World*）记录了这个团体的文化干扰活动。一位媒介学者（Strauss 2011）认为，这部影片在教授公共关系专业的学生关于企业社会责任和职业伦理的知识方面十分有效。同样重要的是，施特劳斯（Strauss）认为，电影和更广泛的文化干扰活动可以为学生和教师带来一种可能性：

> "没问题侠客"电影的最后一段展现了个人和集体行动的力量，并鼓励观众像"没问题侠客"那样去行动：发现世界上的不公正现象，向他人指出这一点，并努力改善这个现象。由此，它可以为那

出生于韩国、居住在纽约的艺术家李·吉（Ji Lee）参与文化干扰的一种方式是把红色的小丑鼻子贴在浮夸的广告上。幽默的小丑鼻子经常被用来嘲讽主流媒体产品，如动作电影和带有性别歧视色彩的广告，它可以润物细无声地让观众以批判的方式思考广告的形象及其销售的产品。

些对解决社会问题和不公问题感到疲惫和无力的学生提供宝贵的动力。或许同样重要的是,它也可以对老师产生类似的影响,让老师们重新相信自己选择的职业、教过的学生可以给我们的世界带来正面的影响。(Strauss 2011:547)

随着文化干扰和女性主义另类媒体的出现,我们已经从作为受众的媒体用户转变为作为内容创作者的媒体用户。本章接下来的内容将继续关注这一问题。

内容的创作与分发

在互联网诞生以前,几乎所有用户都只能是受众。他们可以积极地阐释大规模生产的内容,可以同家人、朋友讨论和批评媒体,但通常无法创作和广泛传播自己原创的内容。但是,仅仅过了一代人的时间,互联网、数字化、融合、更便宜的硬件和使用便捷的平台就让普通用户也能创作媒介内容。用户可以创作并分享社交媒体和博客的帖子、照片、视频、音乐等。此外,互联网能够让人际传播和大众传播在同一媒介上进行,从而模糊了早期媒介之间的界限。简言之,用户不仅是积极的受众,而且可以通过互联网从事各种活动,包括创作和传播原创内容。

正如布兰克所说:

尽管大众媒体仍然以为数不多的大型组织的形式存在,并面向大众生产着发行量可观的出版物,但它们已经彻底失去了自150多年前大众报纸发行以来的主导地位。(Blank 2013:591)

正如利文斯通(Livingstone 2015)指出的那样,在这种情况下,被认为"无处不在"(Bird 2003)的受众变成了"曾经的受众"(Rosen 2006),并逐渐自然地"消亡"了(Jermyn and Holmes 2006)。媒介学者有时会使用"产用者"(prod-user)这种颇为尴尬的词来描述曾经的受众在今天的变化(Bruns 2008;Bruns and Schmidt 2011)。一些学者为了研究这个以互联网为中心的新世界,还创立了"互联网研究"(Dutton 2014)和"数字社会学"(Daniels, Gregory and MacMillan Cottom 2016)等分支学科。

然而,随着整整一代互联网用户的特点逐渐清晰,我们对已经发生的变化的程度和局限性有了更深刻的认识。正如本书一直强调的,虽然互联网的创新具有重大而深远的意义,并且远远超出了媒介研究的范围,但它与过去的事物之间的共同点也比许多人以为的要多。这一点在"受众研究"领域最为明显。正如我们已经看到的,传统的研究倾向于认为受众可以积极地使用媒介,以不同的方式阐释和使用媒介。这些差异往往源于他们的社会地位。事实证明,这些发现也适用于互联网用户。我们即将看到,人们使用互联网的方式也各不相同,而这些差异同样也与社会地位的差异有关。

对人们在日常生活中如何使用互联网进行研究,不仅有助于消除与网络使用过程相关的神秘感,让我们将之视为一种常态,同时也有利于我们把对网络使用的分析与早期学术工作联系起来。巴卡尔吉耶娃指出,这个领域的研究者关注:(1)普通人如何在他们的生活环境中使用互联网;(2)社会和文化环境如何影响互联网的使用;(3)互联网使用与日常生活中的其他实践和关系有什么联系。如她所言:"坚持讨论日常生活中的互联网是为了否认这种媒介的特殊性,将其视为平凡之物,但绝不是认为它无关紧要。"(Bakardjieva 2011:59)

互联网不仅带来了新的在线参与形式,还带来了非专业用户生产的媒介内容。在这里,我们将探讨研究者通过研究这些新现象所获得的一些洞察。

参与式文化

与几十年前相比,今天的用户置身一个不同的媒介环境。迈克尔·科廷在关注电视的变化时,用"矩阵媒体"(matrix media)一词描述了互联网带来的媒介景观。这种复杂的环境在不同的地方和国家有不同的特点,但其普遍的特点包括:(1)用户之间的互动交往;(2)多个生产点(sites of productivity);(3)可供阐释和使用的各种工具。更重要的是,科廷指出,尽管这些变化是由技术推动的,但是由用户实现的。他认为,最新的进步"是由受众行为的变化所推动的,受众的行为正在为一个日益壮大的娱乐、信息和互动宇宙指引方向"。由此造就的矩阵媒体"在一个生产和消费的边界变得模糊的环境中蓬勃发展"(Michael Curtin 2009:19)。

亨利·詹金斯非常关注生产和消费之间的界限变得模糊的问题。他把我们的数字时代叫作"参与式文化"的时代,与受众袖手旁观的时代形成鲜明对比。"我们现在不能把媒体生产者和消费者看作不同的角色,而要把他们都看作参与者,他们会根据一套我们还没有完全明白的新规则展开互动。"但他也提醒我们,"并非所有的参与者都是平等的。企业和传媒企业中的个人,仍然比个体消费者乃至消费群体拥有更大的权力。同时,一些消费者也更有能力参与这种新兴的文化"(Jenkins 2006:3)。不过,用户——詹金斯所谓的"消费者"——创造和分享内容的能力依然很重要。

詹金斯对参与式文化的描述如下:

1. 艺术表达和民众参与的门槛相对较低;
2. 鼓励人们创作并和他人分享;
3. 通过某种非正式的指导,那些知识丰富的人可以将他们的知识传授给新手;
4. 参与的成员相信他们的贡献是很重要的;
5. 成员们感觉彼此之间有某种社会联系(至少他们在意别人对他们作品的看法)。(Jenkins 2009:7)

这种理想的参与式文化正是互联网的支持者所期望看到的。(不过,一些学者警告道,这种对参与性的追求会导致人们更加关注那些能被直接观察到的活动,同时低估了不参与和消极或破坏性参与的重要性[Lutz & Hoffmann 2017]。)新闻学者杰伊·罗森(Jay Rosen 2006)写道:

> 以前被视为受众的人是那些在媒介系统中处于接收端的人。这种系统以广播模式单向传播,进入成本很高,只有少数几家声势浩大、彼此竞争的公司可以参与其中,其余的人只能相互隔绝地独自收听——但今天,他们的处境已经发生了根本性的变化。

他乐观地写道:"你们再也无法控制我们能看什么。你们再也无法控制媒体,因为它们现在被分成专业和业余两个领域。你们再也无法控制新平台的生产,因为它们不再是单向的。你们和我们之间形成了新的权力平衡。"虽然权力平衡究竟发生了多大的变化还有待观察,但学者们一直在研究互联网带来的这种新媒体格局。

在线参与

在线参与的不平等现实使理想的参与式文化黯然失色。在大型网络社区和社交网络中,通常是少数人生产大多数内容,更多的潜水用户只是观看,并不贡献任何内容。这个现象有时被叫作**参与不均**(participation inequality）。有两条流行的非正式经验法则可以描述这一现象。"1%法则"认为，有 1 个创作内容的人，就有 99 个不创作内容的人（Arthur 2006）。这条法则的变体是"90-9-1 法则"，它认为在参与者当中，通常 90%的用户在潜水，9%的用户偶尔提供内容，1%的用户贡献最多（Nielsen 2006）。这些显然是不准确的经验法则，因为用户的参与情况因网站而异，也可能随时间而变。但是，凭借传闻和对特定网站的参与比例的测量，有关参与不均的总体观点已经得到了证实（Arthur 2006；McConnell 2006；Wu 2010）。

"1%法则"和"90-9-1 法则"兴起于互联网早期，只是针对单一网站而言的。那么，更广大范围内的互联网使用情况又如何呢？或许有人只浏览维基百科的条目而不贡献内容，但在自己喜爱的网络论坛上又十分活跃。在一种情境下，她是潜水者，但在另一情境下，她又是贡献者。媒体市场调研公司弗雷斯特研究公司（Forrester Research）（Bernoff and Anderson 2010）调查了成年人的互联网参与程度，并开发了存在交集的用户类型来描述从最活跃到最不活跃的角色：

1. **创作者**（Creators）生产供他人消费的内容，比如，写博客，上传视频、音乐和文字内容。
2. **健谈者**（Conversationalists）通过社交网站或推特，同消费者、公司和其他人分享自己的看法。
3. **评论者**（Critics）通过发表点评、评论博客或者编辑维基文章来回应别人的内容。
4. **收集者**（Collectors）通过简易信息聚合（Really Simple Syndication，RSS）服务、标签和掘客（Digg）等投票机制为自己或他人整理内容。
5. **加入者**（Joiners）维护社交网站上的个人资料。
6. **旁观者**（Spectators）消费他人生产的内容。
7. **非活跃用户**（Inactives）既不创造也不消费新媒体内容。

表 8.1 展示了弗雷斯特研究公司收集的用户类型数据。

这些基本数据反映了两个问题。第一个问题或许并不让人意外：在互联网用户中最常见的角色是旁观者，就像传统的大众媒体受众一样。有些人并不想要成为内容创作者。创作大量的内容是一个耗时的工程，并且需要一定的技术素养，这不是每个人都拥有的。因此，即便在网络上,大部分人在大部分时间里都是受众,是消费他人作品的旁观者。比如,2015年常识媒体(Common Sense Media)关于美国青少年的"调查"发现,青少年平均每天花在数字媒体上的时间超过5个小时,其中只有3%的时间花在创作自己的媒介内容上,比如制作数字音乐或艺术作品、写作和制作视频等。

第二,即使数据只涵盖了少数富裕国家,互联网使用也存在地区差异。比如,日本的"健谈者"和"加入者"的比例大约是美国和欧盟的一半。这表明,参与和内容创作因文化环境而异。文化的力量塑造了用户的体验。比如,与大多数西方国家相比,土耳其人使用社交媒体关注他人的目的更可能是学习和社交互动,而不是创作和分享内容(Kurtulus, Özkan and Öztürk 2015)。正如我们在最后一章中所看到的,互联网接入的持续全球化反而突出了在特定文化背景下理解媒体使用的重要性。

表8.1 社交媒体参与类别(%),2011

	美国	欧盟	日本
创作者	24	23	25
健谈者	36	26	18
评论者	36	33	24
收集者	23	22	15
加入者	68	50	29
旁观者	73	69	72
非活跃用户	14	21	24

据业界估计,在美国、欧盟和日本,大约四分之一的互联网用户是生产原创内容供他人观看的"创作者"。

来源:Forrester Research, Inc., n. d.。

媒介学者也提出了许多不同的分类方法来描述互联网使用的各个维度。比如,根据人们的互联网使用频率、活动范围、使用理由,以及人们对网络活动的态度等指标来划分用户。(关于分类方法的综述,参见Blank and Groselj 2014。)比如,通过分析近1500名英国互联网用户的数据,布兰克和格罗塞利(Blank and Groselj 2014)发现了40多种互联网活动,并将它们总结为10种类型。每种类型的参与率如下:

电子邮件	93.5%
信息检索	85.7%
传统大众媒体	78.3%
社交	61.2%
商业	59.8%
学习和工作	48.1%
娱乐	46.3%
博客	30.1%
生产(创意内容)	23.4%
不道德行为(赌博、色情)	20.9%

在互联网使用方式中,最常见的是电子邮件,排名第四的是社交,两者都属于人际传播。与此同时,消费内容——无论是信息检索还是查看传统的大众媒体网站——依然是最普遍的互联网行为。这个列表提醒我们,互联网通常被用来完成日常任务,比如,购物和做作业。而创作新内容和博客的用户相对要少一些,这与弗雷斯特研究公司总结的"创作者"比例相近。

布兰克(Blank 2013)以不同的方式对数据进行分类,总结出三种基本的互联网活动类别。四分之三的用户(75%)参加社交和娱乐活动(使用社交网站,上传图片、视频和音乐);三分之一的用户(34%)创作高质量的内容(撰写博客、维护个人网站和发布其他原创内容);还有大约八分之一的用户(13%)是出于行使公民权利的目的使用互联网的。比如,使用电子邮件进行政治联络,或者对政治问题发表评论。

谁是内容创作者?

在互联网发展的早期阶段,人们对"数字鸿沟"问题——互联网接入的不平等现象——给予了相当大的关注(van Dijk 2006,2017)。这种鸿沟依然是一个现实问题,存在于全球范围内的不同国家之间,以及西方社会中的老年人和年轻人之间(Friemel 2014)。然而,随着互联网的普及,虽然用户的数量和多样性有所增加,但接入不一定就能转变为参与。当数字鸿沟缩小时,"参与鸿沟"(Jenkins 2009)或"第二级数字鸿沟"(Hargittai 2001)却变得更加突出。很多研究开始探讨如下问题:(1)人们使用互联网的方式有哪些?(2)这些使用行为的动机是什么?

(3)谁在创作内容？

尽管这些研究的方法和分析各不相同,有时甚至会得出相互矛盾的结论,但似乎存在一些整体性的趋势(Blank 2013；Hargittai and Walejko 2008；Schradie 2011)。众所周知,社会地位与不同程度的互联网参与和内容创作之间存在一定的关联,尽管在哪些社会特征是最重要的,以及哪种类型的参与最易受影响方面还没有统一的答案。或许并不令人意外的是,年龄似乎也很重要。年轻用户通常比年长用户创作了更多的内容。这可能和年轻用户是"数字原住民"有关。当他们出生时,互联网已经成为生活中理所应当的存在(Palfrey and Gasser 2008)。即便年龄差距不大,也可能存在差异。例如,豪尔吉陶伊与韦勒寇(Hargittai and Walejko 2008)发现,与高年级的大学生相比,低年级的大学生会创作更多的内容。

阶级似乎对创作者的影响最大。作为阶级地位的标志,收入和受教育水平是导致创作差距的关键。与拥有大学学历的人相比,只受过高中教育的人创作得更少。就大学生而言,基于父母的受教育水平可以很好地预测一个人成为创作者的可能性。例如,施拉德(Schrade 2011)发现,拥有大学学历的人成为博主的可能性是拥有高中学历的人的1.5倍。同时,大学毕业生发布照片的可能性是高中毕业生的两倍,大学毕业生在新闻组发表评论的可能性是高中毕业生的三倍。造成这种差异的一部分原因是最初的数字鸿沟。那些高收入群体更有可能在家庭和工作场所中拥有稳定和高质量的互联网接入途径,使得在线参与更加容易。但是,施拉德认为这种差异还源于与阶级相关的文化工具的差异。受教育水平更高的用户倾向于使用互联网来改善他们的生活,他们有更大的动力去参与和创作内容。教育还关系到对某些内容创作至关重要的技能,比如,写作能力。

其他因素也发挥着作用,但显然重要性要稍低一些。例如,到目前为止,性别差异方面的发现一直在变化。与男性相比,女性似乎更少在网上发布内容。但是,随着女性拥有更多的网络经验,这种差距会慢慢消失。施拉德(Schrade 2011)发现,种族和族裔身份的影响较小,也更不明确。布兰克(Blank 2013)发现,就业减少了人们制作政治内容的可能性,而拥有大学学位反而大大增加了这样做的可能性。因此,大学生是政治上最活跃的网络群体之一。

为什么创作？

除了评估在线参与的类型和程度之外，研究者还考察了用户生产内容的动机。研究通常聚焦特定的用户群体，包括女性博主（Chen 2015）、维基百科贡献者（Rafaeli and Ariel 2008）、读者众多的政治评论人士（Ekdale et al. 2010）、年轻人（Vainikka and Herkman 2013）和其他用户（Bechmann and Lomborg 2012；Fullwood, Nicholls and Makichi 2014；Livingstone 2013；Macek 2013；Matikainen 2015；van Dijck 2011）。

基于我们对积极受众的认识，不同类型的内容（比如，表达型或信息型、建设型或对抗型）和不同类型的用户（比如，常规或间歇性用户，匿名或可被识别的用户）会产生不同的动机，这一点不足为奇。不过，这些研究提出了三种相互关联的动机，它们对非专业人士尤为重要：

- **自我表达/身份形成**。用户之所以创作内容，是为了有机会表达自我、施展才华与技能。在这个过程中，他们参与建构或者巩固了一种身份认同感：一个独立的、有创造力的自我。
- **互动/共同体建构**。自我表达和身份形成通常发生在共同体之中。共同体归属涉及互动（不仅仅是潜水），通常伴随着感知到的社会责任，比如，支持其他成员。不过，这一点往往没有公开说明。从共同体成员那里获得积极的反馈是一件鼓舞人心的事，但遭到轻视或者获得不适当的反馈则会削弱人们的积极性。
- **分享**。共同体成员的身份之所以有助于激励用户创造新内容，是因为存在希望成员和别人分享新内容的社会期待。人们从反馈中学会分享，分享又让人们获得正面的关注，并通过娱乐他人或告知他人信息来获得人气，从而确立自己在群体中的角色。

要想清楚地了解互联网用户及其动机，还需要克服许多方法上的障碍。不过，很多研究已经揭示了当下互联网使用的本质。随着技术的发展，越来越多的人沉浸于数字世界以及数据的改进中，我们需要相应地调整我们的认识。但是，就目前而言，互联网给媒介使用带来了重大影响。在普通用户中，有影响力的创作者仍然是少数。不过，这一小部分人也能给互联网生活带来相当大的影响。

媒体粉丝

在互联网创作者中,有一个特别活跃的群体,他们把自己定义为某些类型、文本或作者的粉丝。学者探讨了众多媒体粉丝的活动、经历以及"粉丝圈"(fandom)的实践,在有关粉丝的传媒研究中发展出一个专门的子领域(Gray, Sandvoss and Harrington 2017; Jenkins 2012)。在互联网诞生以前,粉丝圈就已经出现了。不过,在线论坛和网站让粉丝可以更方便地创作和分享内容,从而建立自己的社区(Booth 2010)。

粉丝研究兴起于20世纪90年代,它挑战了人们对粉丝群体普遍的刻板印象,即"狂热分子",一种因痴迷而不同于大多数媒体受众的怪人或极端分子。从事粉丝研究的学者没有因为粉丝的狂热兴趣而对他们不屑一顾,反而探究了各种形式的粉丝活动。

第一,粉丝无疑是媒体的积极阐释者,他们会把自己积累的知识作为阐释的资源。事实上,了解广泛的背景信息是粉丝体验的重要特征。了解的深度和投入的强度更是区分粉丝和普通观众的关键。粉丝可以从前传中了解情节发展、角色特征、叙述技巧或者未完内容的诸多细节。他们还会动用自己的知识来理解情节的转折、新角色的出现或者老角色的回归。参与阐释活动的时候,解码过程往往是媒体粉丝的快乐源泉,也是让他们获得乐趣的关键。

第二,粉丝圈是一种社会活动。很多粉丝都是网络粉丝团体的积极参与者。这些团体使粉丝有机会和志同道合的人分享他们的兴趣,有时甚至能够彼此见面。他们可以围绕最喜爱的书籍、电视节目、艺术家或者电影类型来分享各种信息,讨论最新作品的意义,并形成对媒介文本的集体阐释。粉丝团体还为粉丝提供了多种联系方式,从在线论坛和脸书主页到粉丝简讯和年度会议。比如,SoapOperaFan.com 致力于为每一部重要的日间肥皂剧举办在线论坛。Mockingjay.net 是一个粉丝网站,专门发布与《饥饿游戏》同名书籍和电影相关的新闻。哈利·波特的粉丝则可以参加由"破釜酒吧"(The Leaky Cauldron)和"无名组"(The Group That Shall Not Be Named)等粉丝组织举办的很多集会。对许多粉丝来说,与其他粉丝的持续互动是媒体粉丝体验的核心。

第三,一些粉丝成为激进成员,他们会参加旨在倡导、保护或改变某些媒介形式或文本的集体行动。粉丝一般是通过共同参与粉丝团体而联系在一起的。因此,粉丝往往很早就组织起来,随时准备在面临不公正现象时发起动员。在历史上,粉丝组织过一些活动来挽救不再被续订的电视节目,其中包括 1999 年的一次失败的活动。当时,粉丝试图延续已经播放了 35 年的日间肥皂剧《另一个世界》(Another World)(Scardaville 2005)。2012 年,粉丝还组织了一场运动,促使全国广播公司的喜剧《废柴联盟》(Community)被续订了新的一季。2009 年,尼克国际儿童频道(Nickelodeon)播出的动画片《降世神通:最后的气宗》(Avatar: The Last Airbender)的粉丝组织了一场活动,要求改编的电影聘用亚洲演员。粉丝的要求最终落空,电影聘用了白人演员。不过,这场运动持续推动了亚裔美国人和其他代表性不足的群体进入好莱坞电影的选角名单(Lopez 2011)。有时候,粉丝也会参加一些和他们的兴趣没有直接联系的活动。例如,Lady Gaga 动员她的粉丝支持同性婚姻平权。

第四,粉丝一直是原创媒介内容的生产者。在前数字时代,粉丝会制作并传播他们自己的出版物——粉丝杂志或者爱好者杂志。这些杂志通常是影印的,里面是粉丝对某种媒介形式的大量评论。许多备受欢迎的粉丝杂志都是关于音乐的。20 世纪 70—80 年代有大量关于朋克摇滚的早期杂志。《星际迷航》的粉丝是第一批有组织的粉丝群体,也是同人小说(fan fiction)的开拓者。同人小说是粉丝创作的故事。他们会延伸电视节目的故事线,并经常为主角设计新的经历和挑战。如今,同人小说变得越来越受欢迎,网络平台让粉丝作品的创作和分发变得越来越容易。fanfiction.net 网站刊载了动漫、电影、漫画、电视节目和其他媒介的同人小说,拥有数以万计的作品。由粉丝生产的媒体使忠实的粉丝有机会表达自我、锻炼技能以及和志趣相投的粉丝通过媒体建立联系。

粉丝圈生动地展现了用户生成内容和用户社群是如何与传统的专业媒体内容进行在线互动的。

作为把关人和分发者的用户

与大众媒体传统的广播模式相比,今天的互联网环境有一个很大的不同,那就是专业的"把关人"角色有所削弱,虽然还没有完全消失。例如,当日报或晚间新闻播报的新闻数量受到时间和空间的限制时,编辑的一项核心工作就是充当"把关人",决定把哪些新闻和观点传递给读者和观众。电台的音乐节目主持人在音乐选择上扮演着类似的角色。

电视节目制作人在娱乐节目等领域也扮演着相似的角色。然而,随着互联网的出现,时间和空间的限制荡然无存,传统的把关时代也走到了终点。用户可以绕过编辑,自行出版图书;音乐人可以绕过唱片公司,在SoundCloud上分享他们的音乐;初出茅庐的电影导演可以在优兔或维梅奥上上传和分享他们的作品。

然而,在媒介内容的海洋中,用户可能会被大量的选项淹没,从而陷入"选择疲劳"(choice fatigue)(Ellis 2000:171)。因此,必然会出现一种新的"把关"过程。在这种机制中,用户发挥了更加积极的作用。一方面,用户可以在一定程度上决定哪些内容会受到关注,哪些内容会被忽略。(平台算法也在这里发挥了重要作用,我们将在下一章探讨这个问题。)比如,在某些情况下,用户对媒介内容的批评会减少这些内容被其他用户看到的可能性。但另一方面,用户在内容传播方面也扮演了重要角色,这种内容通常被称为"病毒式媒介"(viral media)。然而,詹金斯、福特和格林对"病毒"这个比喻提出了批评,因为它暗示受众是被动的,容易受到外界的感染或污染。他们认为,正是由于用户的积极参与,所谓的"扩散性媒介"(spreadable media)才成为可能。

不同类型的媒介有不同的把关过程。例如,评论和推荐影视内容不再是专业评论人的专属领域。烂番茄这样的网站使得用户可以对电影和电视节目打分和评论,同时还能看到公开发表的评论汇总(Faughnder 2017)。就像Yelp这样的网站可以帮助人们挑选餐厅一样,在25岁到44岁的电影观众中,将近一半的人会经常参考烂番茄。业内人士表示,它的评分可以决定电影票房的成败。这个网站既推动了热门影片的成功,也加速了差评电影的死亡。不过,如果把用户与专业人士的评论和评分放在一起,有时能看出大众和专业人士之间的品位差距。普通观众喜欢《作战室》(*War Room*,2015)和《会计刺客》(*The Accountant*,2016)这样的电影,但它们却受到影评人的差评。而影评人却对遭到观众厌恶的《邪典录音室》(*Berberian Sound Studio*,2013)和《柳树溪》(*Willow Creek*,2014)等电影大加赞赏。烂番茄等网络平台使用户的观点能够被快速分享,并和传统专业评论人的观点放在一起,由此改变了把关的过程。

把关最初是和新闻专业人士联系在一起的(White 1950)。在这个领域,用户的参与也改变了把关的形式。专业记者可以通过安排显眼的位置或采用吸人眼球的图片,在新闻网站上着重呈现某些报道。

但如今,普通媒体用户也能决定哪些新闻可以受到关注。简·辛格探讨了这种新现象,并称之为"二级把关"。她对138家美国报纸的网站进行了为期两个月的内容分析,被选择的网站在地域、规模等方面各不相同。她发现,所有报纸都为在线用户提供了进行某种把关的机会。

第一种把关方式是监视其他用户。大部分网站(76%)都会鼓励读者举报辱骂性评论或者向其他用户推荐某些评论(59%)。辛格发现:"通过让用户们相互鉴别有潜在问题的言论,新闻组织和它们的受众共同承担起把关人的角色,根据道德标准对受众发布的内容进行把关。"(Jane Singer 2014:67)

第二种把关方式可能更为重要,即用户对已发布报道的反馈。大多数网站(82%)上的用户活动都是可以跟踪的,并且可以自动形成一个可点击的报道列表,上面列举了"最受欢迎""阅读量最大"或"浏览量最大"的报道。在报纸的网站上,这种列表通常出现在醒目的位置。正如辛格所说:"如今最有价值的网站位置留给了新闻热度列表;但在以前,控制和极力捍卫这种新闻排序的人是记者。"(Jane Singer 2014:68)新闻编辑室密切关注这些热度指标,以便更好地了解用户的兴趣,并为未来的报道提供决策依据。

第三,用户能够推动新闻报道更广泛地传播,履行传统的把关人职责,判断哪些报道值得传播。几乎所有的报纸都允许用户通过电子邮件(97%)或Reddit、脸书、推特等社交媒体上的"分享"按钮(94%)传播网站的内容。

这些功能在新闻网站上十分常见,人们很容易把它们当作理所应当的存在。但是,正如辛格所说,它们标志着新闻业的重大变革。"通过采用这类复杂的自动化工具,记者们放弃了曾经的一项专属权利,即对新闻的传播价值进行裁决,并向受众传播每天的最佳报道。"(Jane Singer 2014:68)她继续写道:

> 长期以来,记者一直把自己当作社会的把关人。如今他们发现,日益积极的受众正在分担这一职责。用户对新闻的选择不仅是为了自己的消费,也是为了他人的消费,包括他们的熟人和一部分无差别的网络公众。这种"用户生成的可见性"(user-generated visi-

bility)转向提供了一个新的视角,使我们得以重新审视传统观念对记者的社会角色的理解。(Jane Singer 2014:68)

在18世纪,报纸相对昂贵,一份报纸通常有多个读者。于是,当时的一些出版商形成了将第四页留白的惯例。这样一来,读者就可以添加评论,为后面的读者带来便利(Hermida 2011)。从那以后,报社和其他媒体就开始寻求用户的反馈。但是,互联网让用户扮演了更加积极的角色,他们可以通过推荐和分享来推广内容,也可以通过撰写负面评论来批评内容。例如,亚马逊上的书评、影评和乐评对用户的购买行为具有指导作用。由于互联网的存在,评论和推荐可以被身边的社交圈以外的人看到,它本身也构成了一种有意义的内容创作形式。

结论

受众研究最主要的贡献在于强调人类个体或集体能动性的重要性。积极的受众这一传统通过探究人、社会地位和他们阐释的媒介文本之间的互动,使真实的人成为媒介研究的焦点。互联网用户研究则进一步延展了这一思路,考察了用户如何参与网上活动和如何创作自己的原创内容。

虽然用户是积极的,但他们的活动仍然受到各种结构性限制。媒介信息本身至关重要(即使可能包含多重意义),因为它们使得某些阐释比其他阐释成立的可能性更大。用户用来阐释和创作媒介内容的文化工具也不是统一的。处于不同社会地位的人拥有不同的资源。社会结构正是通过塑造文化资源分配的秩序,对意义生产和媒体创作发挥着限制作用。

而且,积极的用户也不是完全自主的。媒介社会学需要同时考虑用户的能动性和结构性约束。用户也不一定能避免受到媒体的影响。而理解媒体如何潜在地影响个人用户和整个社会,正是我们在下一章将要探讨的问题。

讨论题

1. 当你看电视、听音乐、读书或者浏览网页时,你认为自己在多大程度上是"积极的"?就不同类型的媒介来说,你所进行的活动的形式是否有所不同?

2. 你认为社会场景会影响你的观影体验吗?为什么?在电影院、教室、客厅的电视和配备耳机的笔记本电脑上的观影体验有哪些异同?

3. 对媒介内容进行对抗式解码需要哪些资源?你是否认为自己曾经以挑战偏好式解读的方式对媒介内容进行过解读?为什么?

4. 你是否在网上创作过内容或分享过原创内容?如果有过,原因是什么?你的动机和本章提到的研究发现是否一致?如果不一致,原因是什么?你的回答反映了网络媒体创作的哪些特征?

第九章　媒介影响

正如我们在本书第三部分所看到的,传媒产业不仅受制于经济力量,也受制于法律和非正式的政治压力。同时,我们在上一章了解到,用户可以积极地阐释媒介内容,有时还会对创作者预期的偏好式解读构成挑战。这些动态强调了限制媒介影响的各种力量。但是,媒介确实以各种方式影响着社会,本章就来探究其中的一些影响。我们先从"媒介效果"理论和研究中的一些关键概念出发,这些理论和研究的关注点通常是媒介接触如何影响个体。接着,我们以政治为例,考察媒介对社会机构的广泛影响——这个过程有时被称为"媒介化"(mediatization)。最后,我们还将指出互联网和社交媒体可能给社会带来的影响。这些路径将共同揭示媒介对当代生活的广泛影响。

媒介效果研究的启示

在 2016 年的一项调查中,美国射箭协会(USA Archery)——一个推广射箭运动的组织——的成员被问及射箭运动的榜样。结果,他们提到虚拟人物的次数和提到真实射箭运动员的次数一样多。在 18 岁以下的女性受访者中,将近一半(48.5%)的人表示《饥饿游戏》中的角色凯特尼斯·伊夫狄恩(Katniss Everdeen)对她们选择射箭运动的决定有"很大"或"一定"的影响。超过三分之一(36.4%)的人表示,迪士尼的动画电影《勇敢传说》(Brave)中的梅莉达(Merida)公主影响了她们。这两部电影于 2012 年上映,在接下来的两年里,美国射箭运动的参与人数激增 86%,女性的数量更是翻了不止一倍(Geena Davis Institute on Gender in Media 2016)。

我们该如何理解这个看似简单的现象呢？是媒介"导致"人们成为射箭手吗？显然不是,否则我们怎么解释绝大部分看过电影的人都没有拿起弓箭呢？但是，射箭运动的参与者（尤其是女性）在这个时间点骤增，实在令人震惊。这不太可能是巧合，因为参与者把这些电影归为重要的影响因素。

欢迎来到一个错综复杂、迷雾重重的"媒介效果"世界。对于这个世界，几乎每个人都知道**有些事情**正在发生，但是我们很难确定媒介影响的原因、方式、程度和对象。当然，人们关注的通常不是射箭运动，而是舆论、暴力、物质滥用、投票、仇恨团体的激进化和消费主义之类的问题。（比起媒介的正面影响，负面行为往往更受关注。）在这种情况下，人们常常怀疑媒介具有立竿见影的强大效果。但是，几十年的媒介研究表明，它的影响要复杂和微妙得多。

对媒介效果研究演进的总结常常强调其摇摆的特点：早期的理论认为媒介具有直接且立竿见影的效果；第二个阶段的研究走向另一个极端，发展出"有限效果"理论；最后，近期的研究又出现了一些逆转，开始强调长期效果。虽然这种说法简单易懂，却具有误导性。事实上，媒介效果研究并没有出现严重的摇摆。例如，权威说法通常把早期的研究等同于"皮下注射论"或者"魔弹论"，即媒介可以把信息直接注射进公众的"血液"。事实上，这些比喻出现在后来的学者对早期研究的诋毁当中（Lubken 2008；Pooley 2006；Sproule 1989）。即使是说明媒介具有强大影响力的著名案例——奥森·威尔斯（Orson Welles）1938 年的广播剧改编自赫伯特·乔治·威尔斯（Herbert George Wells）的小说《世界大战》(*War of the Worlds*)，它的播出引发了广泛的恐慌——在很大程度上也是报纸虚构的。那些报纸希望打压夺走其广告商的新媒体（Campbell 2010；Pooley and Socolow 2013）。因此，无论是研究还是公众，关于媒介影响的早期认识并不像一些人描绘的那么极端。所谓"研究的摇摆"也没有那么夸张，不同类型的影响都有据可循。

这套"摇摆"叙事之所以具有吸引力，是因为它以简洁的方式阐述了研究的演进过程。但实际上，很多不同的甚至互相冲突的理论长期共存，它们探讨了媒介的不同方面和不同类型的效果。是一时的改变还是持久的影响？是立竿见影还是长期见效？是影响人们的想法还是行为方式？是劝说人们改变还是巩固既有的信念？是直接影响还是间接影响？这些变量和很多其他的变量构成了这个研究领域的特征。但是，理解如此多样的研究内容是一件很困难的事。有一篇研究综述（Bryant and Miron 2004）曾经在相关文献中提炼出经常被引用的 26 个关键理论。另一篇综述（Neuman and Guggenheim 2011）则将 29 种理论归入 6 个类别。

我们并不打算梳理这个不太工整的研究领域。对媒介效果研究的全面回顾远远超出了本章的论述范围（参见 Bryant，Thompson and Finklea 2012；Perse 2008；Potter 2012；Sparks 2015）。回到本章的目的上来，我们只希望列举这些研究中的重要概念和发现。我们将这些思想简单地分为两种理论和研究：(1) 揭示削弱媒介效果的因素；(2) 强调媒介的各种效果。从最早的媒介研究开始，这两种思路就同时存在，而且还将持续存在，因为它们代表了"结构-能动性"动态的两个方面，而这个动态正是媒介过程的核心。

早期研究：议题的确立

虽然关于媒介效果的早期研究通常只是一种推测，但是它们为后来的研究确立了议题。它们表明，不断壮大的媒介世界是一个值得认真关注的重大发展。

媒体与民主

有关媒介效果的早期思考关注的是新闻媒体在民主生活中的角色以及媒体影响人们想法的能力。早在 19 世纪中叶，社会学等领域的学者就已经对此有过论述，远远早于传播或媒介研究的出现（Hardt 2001）。卡尔·马克思阐述了新闻自由对民主的重要性，他本人也当过记者和报纸的专栏作家。斐迪南·滕尼斯（Ferdinand Töennies）关注快速变化的城市社会中普遍的传播与舆论问题。马克斯·韦伯（Max Weber）也当过政治记者，甚至参与创办了一份日报。他认为新闻媒体是传播思想的重要工具，能够提升思想的影响力，并对政治决策的过程至关重要。在 20 世纪早期，美国社会学家查尔斯·霍顿·库利（Charles Horton Cooley）指出，现代传播可以使信息快速传递到遥远的地方。他还写道，报纸"对组织公众思想是必不可少的"（Cooley 1909：83）。在第一次世界大战期间，随着政府开展以影响舆论为目的的宣传工作，记者沃尔特·李普曼（Walter Lippmann）开始批判"大众"依赖刻板印象来理解和感知世界，并赞许媒体为了公共利益而"制造共识"的做法（Lippmann 1920：173）。

这些思想的意义在于,它们预言了新闻媒体在快速城市化的社会中与日俱增的重要性。正如我们即将看到的,随着这些思想的出现,早期的研究者开始高度关注媒介在民主生活中发挥的作用——塑造舆论乃至影响选民的态度。

娱乐与儿童

从 1929 年开始,一个由 18 名社会科学家组成的团队在 4 年的时间里进行了 13 项关于电影内容、受众构成以及电影影响的研究。这就是佩恩基金会研究(Payne Fund Studies),它取名自资助这项研究的私人基金会,是最早考察媒介效果的经验研究之一。在其中的一项研究中,芝加哥大学社会学家赫伯特·布鲁默(Herbert Blumer)试图探究电影如何影响儿童和青少年。主题的新颖使这项研究成为一次"探索性"的尝试。布鲁默也承认,由于这个主题具有"难以测量的特征","社会和心理学研究中通常采用的方法似乎不能带来多大的帮助"(Blumer 1933:xi)。而他的团队则依赖人们对媒介体验的自我报告。此外,他们还对 1200 名小学生进行了调查,并对超过 130 名大学生和高中生进行了深度访谈。

这项研究表明,媒介具有很大的影响力。儿童会在游戏中模仿电影,青少年会从电影角色那里学习如何打动他们的恋爱对象。电影是一些儿童的恐惧之源,却让成年人体会到悲伤与激情。各个年龄段的人都能从电影中学到东西。他们选择了各自认为有意义的内容,并基于这些影像,形成对这个世界的理解。布鲁默总结道,人们应当把注意力放在

> 电影如何为人们的行动提供具体的观念指导、如何让人们了解自己拥有的权利与特权,以及如何让人们知道自己应该喜欢什么上。最后,我们还指出了电影是如何影响到人们的态度的。(Blumer 1933:194)

以社会心理学为基础,布鲁默是从儿童和青少年如何学习周围世界和发展自我意识的背景出发,来理解这些研究发现的。在某些情况下,这意味着儿童对电影角色的模仿只是一种游戏行为。但在另外一些情况下,特别是对青少年来说,电影是灵感的来源。他们会模仿电影中那些有吸引力和会带来好结果的行为。无论是哪种情况,布鲁默的结论表明,电影是"真正的教育机构"(Blumer 1933:196)。而且,因为"它们常

常把极端情况呈现得像规范一样"（Blumer 1933:197），所以，它们可能与家庭、学校和宗教机构等其他教育来源之间存在冲突。

在布鲁默看来，电影的影响力源于其艺术形式。他认为，电影能够吸引人们并制造"情绪波动"，使观众"屈服于眼前的感动，失去正常的自控力。冲动和感情被唤醒，每个人都准备好观看与其日常举止有所不同的行为"（Blumer 1933:198）。对大多数人来说，这种状态是暂时的（就像看悲伤的电影时会哭泣一样），但"正如我们的案例所示，它有时候也会相当持久"（Blumer 1933:198）。布鲁默指出了其中的差异。例如，那些受教育程度较低和生活在低收入地区、家庭生活不太平的人似乎最容易受到影响。

尽管布鲁默的研究方法存在问题，尤其是围绕电影的影响而提出诱导性问题（Petersen 2013），但在当时，这项研究是相当复杂的。它是一项运用多种方法的大规模研究，考察了真实的媒介实践，比较了不同社会地位之间的差异，并考虑到合理的细节和限制条件。而主流媒体简化并夸大了这项研究的发现，在某些情况下甚至忧心忡忡地暗示电影是儿童行为问题的根源。其实，这项研究的探索性成分更大，它没有对电影会带来好的影响还是坏的影响给出定论，并且完全承认电影对每个人的影响是不同的。这项研究的长远意义在于它不局限于新闻媒体，而是严肃地考察了"仅仅"作为娱乐的媒介内容的潜在影响。

大众社会与媒介影响

布鲁默的电影研究与那种对大规模普通"群众"保持警惕的思想有一些相似之处。1896年，古斯塔夫·勒庞（Gustave Le Bon）在他的著作《乌合之众：大众心理研究》（*The Crowd: A Study of the Popular Mind*）中表达了对"情绪感染"的警惕。勒庞提醒道，完全理性的个体可能会被群体行为所吞噬，参与他们从未考虑过的行动。这种想法与布鲁默的观念相近，即电影能够战胜人们的自控力，让他们"屈服于眼前的感动"。布鲁默等学者之所以怀疑群体中的人或者看电影的人容易受到外界的影响，其中一个原因是现代生活破坏了传统共同体的稳定性，使无数人在"大众社会"中无所归属、不堪一击。

第二次世界大战对宣传的运用在各个方面都得到了加强，这导致人们之前对第一次世界大战宣传手法的担忧进一步加剧。虽然美国及其盟国会利用广播和电影等工具来宣传战事，但最令战后美国观察家担忧的是纳粹德国的宣传。这一时期的大众社会理论是一种广泛的社会思潮,其中包含了媒介具有巨大影响的观念(Kornhauser 1959；Reisman 1953)。尽管这个理论有各种版本,但它的核心思想是:在当时的社会中,人们日益同质化,人际关系和群体关系衰退,传统的人际纽带遭到削弱。传统的大家庭让位于小型的(以及进一步分裂的)核心家庭,而家庭成员由于工作和学业的缘故,相处的时间很少。牢固的宗教联系让位于更加脆弱的宗教身份,甚至让位于世俗身份。城市的"熔炉"文化阻碍了族群身份的维持。随着零星分散的郊区发展起来,具有凝聚力的邻里和社区参与逐渐减少。在大型组织中工作的人变得更加疏远。

虽然大众社会理论家发现了战后美国的人际孤立和人格解体的趋势,但与此同时,他们也注意到了持续发展的媒介,尤其是电视。他们认为,这些媒介在促进分散和原子化的人的团结和同质化方面发挥了关键作用。由于失去了重要的人际纽带,大众特别容易受到媒介信息的影响。尽管大众社会的说法可能最适合用来形容极权主义政权,但彼此疏远的公众借由媒介来获得某种集体认同感,这种观念与人们对媒介影响的普遍担忧是一致的。

总之,这些早期的思想为随后的许多媒介效果研究确立了议题。它们不仅开创性地将媒介看作一种有影响的社会力量,还提出了一些警告。后来的研究者将在此基础上考察媒介的影响受到了哪些限制。

有限效果论

到了 20 世纪中叶,几乎每个人都意识到了媒介的重要性,而研究者更加关注媒介在社会中的角色。这类研究的背景是人们普遍关注媒介对传统价值的影响,以及政治宣传对民主过程的影响。

有限效果论与两级传播

"有限效果论"(更极端的说法是"弱效果论")是一个概括性的说法,涵盖了许多不同的观点。但这些观点有一个共同之处,即认为媒介的影响会由于受到社会和心理因素的干扰而有所减弱。"有限效果论"和"弱效果论"被用来描述一些理论家的观点,但就像早期的"皮下注射"模式一样,是后来的批评者,而不是这些理论家本身让"有限效果论"和"弱效果论"的说法变得人尽皆知。

有限效果论与哥伦比亚大学社会学家保罗·拉扎斯菲尔德（Paul Lazarsfeld）及其同事的研究有密切关系。正是他们开展的多项研究，最终导致了这种观点的形成（Lazarsfeld, Berelson and Gaudet 1944; Katz and Lazarsfeld 1955; Klapper 1960）。其中，最著名的成果是《人民的选择》（The People's Choice, 1944）。在特定时间内通过分组访谈对同一批受访者进行多次调查，他们研究了1940年总统选举期间，信息是否以及如何影响了俄亥俄州伊利县的选民。这项研究发现，媒介（当时的广播和报纸）的影响远没有许多人想象的那么大，来自媒介的信息很少会改变选民对竞选者的看法。实际上，媒介信息反而强化了大多数人既有的信念。

这项研究和后来的一些研究认为，限制媒介影响的原因有很多，其中包括学者们所谓的三种"选择性过程"。很多人并不关注新闻（选择性接触），因此不太可能受到媒介内容的影响。而那些接触媒介的人往往有坚定的政治信念，他们对媒介内容的阐释倾向于支持自己既有的看法（选择性理解）。而且，他们更有可能回忆起与其观点相一致的信息（选择性记忆）。这些"选择性过程"和其他社会动态因素是解释媒介的影响为何有限的关键。在《人民的选择》（Lazarsfeld, Berelson and Gaudet 1948: xx）第二版序言中，作者写道："为了保证自身的安全感，个体会回避对其态度构成威胁的宣传，"而且"人们会发现，与群体中其他成员间的联系会强化自己的态度。由于共同的群体成员身份，他们会有相似的态度，并表现出相似的选择倾向。"（我们将会看到，学者们在半个世纪后又做了一个类似的分析：互联网使人们能够选择自己的个人网络和新闻来源，而这可能会强化他们既有的观点。）

《人民的选择》的作者们认为，媒介的**真实**效果主要是通过由本地意见领袖（opinion leaders）参与的"两级传播"来实现的。"意见领袖"（在研究对象中约占20%）是这样一群人：要么试图说服别人接受某种政治观点，要么被别人询问过政治问题。与女性和工人阶级相比，他们中的男性和中产阶级比例过高。但研究人员指出，意见领袖分散在各个社会阶级中。拉扎斯菲尔德和他的同事认为，"意见领袖"横跨媒介和人际传播这两个世界，他们比大多数人更关注新闻，而且会和别人讨论政治。因此，他们在两级传播中发挥着核心作用。媒介将信息传递给意见领袖，这些领袖则可以影响那些与他们有私人联系的人。

对任何担心媒体具有宣传力量的人来说，有限效果论的发现都是一剂"安心针"。(我们还将看到,在有关互联网影响的研究中,有限效果论会再次出现。)事实上,《人民的选择》在最后传递了一种非常乐观的态度:

> 在某种程度上,伊利县的选举结果是面对面交往的传播效果的最佳证明……归根结底,没有什么比人更能打动人。从伦理的角度来看,这是宣传这一严峻的社会问题中的一丝曙光。拥有更热情的支持者和通过专家来动员草根支持的一方,有更大的获胜机会。(Lazarsfeld et al. 1948:157-158)

最终,研究表明,普通美国人能够保护民主,他们完全有能力抵御任何媒介的影响。

然而,有限效果论也存在问题。其一,他们只关注政治活动家和营销人员(他们是一些研究的资助者)感兴趣的短期行为,即投票行为和购买行为。由此,他们低估了其他类型的影响,其中一些影响在这项研究的发现中已经有所体现。不过,公平地说,一本阐述有限效果论的重要著作也曾经提醒过读者,不要"盲目地将大众传播的效果和潜在影响最小化"(Klapper 1960:252)。例如,有关有限效果论的研究发现,媒介强化了既有的观念。这一发现并没有引起营销人员和政治活动家的兴趣,因为他们的目标是改变人们的想法。但这个发现与媒介具有强化主流价值观的意识形态力量的说法形成了共鸣(正如我们后面要讨论的"涵化理论"),同时也把那些不受欢迎的观念排除在外(我们将在"沉默的螺旋"部分讨论这一问题)。其二,两级过程表明,媒介可以非常有效地向全社会传播观念,甚至可以触达那些没有接触过原始信息的人。当互联网促使信息和虚假信息通过社会交往而非主流媒体传播开来时,这个观点再次成为重要的洞见。另外,尽管存在种种缺陷,但有限效果模式特别强调读者选择、过滤和判断媒介信息的能力,而积极的受众研究也遵循同样的路径,不过是以一种截然不同的方式。

积极的受众

第八章已经探讨了积极的受众的许多方面。因此,我们在这里提到这一路径只是为了还原其历史语境。积极的受众传统强调人们可以用多种方式阐释媒介内容,而且用户的社会地位往往对他们如何理解媒介信息起到重要作用。这一传统承认用户的能动性,由此暗示用户具有削弱媒介力量的特征。研究者发现，人们对媒介内容的阐释、理解和反应与他们的阶级、种族、性别和其他社会特征有关。积极的受众研究还揭示了社会情境在影响人们使用和理解媒介方面的重要作用。

强效果论

"有限效果论"的批评者（Gitlin 1978）认为，它忽视了很多重要的媒介影响，对传媒产业不断膨胀的影响力视而不见。他们试图拓宽媒介研究的范围，对与生产、权力和影响力相关的广泛议题进行考察。在第三部分，我们从生产的角度探讨了一些观点。在第六章中，我们又从意识形态维度考察了媒介的影响。在这里，我们将回顾媒介效果研究和相关理论的一些例子，它们展现了媒介发挥影响的多种方式（Scheufele and Tewksbury 2006）。

议程设置和框架理论

对于媒体的"议程设置"（agenda-setting）功能，伯纳德·科恩有一句名言："媒体在告诉人们怎么想方面也许并不成功，但在告诉人们想什么方面却异常成功。"（Cohen 1963：13）这种将人们的注意力引向某些议题的能力凸显了新闻工作者在选择和塑造新闻方面发挥的重要作用。

一项经验研究检验了科恩的观点，对1968年总统选举期间的媒体和未决定投票意向的选民进行了调查（McCombs and Shaw 1972, 1977）。调查发现，媒体关注的焦点和未决定投票意向的选民所关注的议程惊人地相似。这一发现表明，媒体议程和选民议程之间存在相关性，但这项研究还无法确定二者的因果关系。

冯克豪瑟（Funkhouser 1973）通过分析三组数据解决了这个问题：（1）关于最重要的全国议题的民意调查结果；（2）全国排名前三的新闻周刊的报道；（3）对关键问题领域"现实状况"进行衡量的统计指标。冯克豪瑟发现，民意和媒体报道之间存在实质性的关联，这证实了先前的发现。但更重要的是，他发现无论是民意还是媒体报道，都与"真实"世界的统计指标不太相关。例如，在美国向越南派遣的军队数量达到峰值**之前**，媒体报道和公众对越南战争的关注程度就已经达到了顶峰；在校园示威和城市骚乱达到最严重的程度**之前**，媒体报道和公众对大学校园和城市骚乱的关注程度就已经达到了顶峰。这不仅表明媒体对特定议题的报道比该议题在"真实"世界中的重要性对民意的影响更大,也表明媒体的报道不一定反映了真实世界的形势。

包括经验研究在内的一系列研究一直试图确定媒体报道和受众议程之间的因果关系。例如,艾英加和金德(Iyengar and Kinder 2010)向被试播放了经过剪辑的多版电视新闻录像。这些不同版本的录像没有本质区别,只有一个例外。研究者将不同的报道剪进录像,让被试分别看到关于环境、国防或通货膨胀的片段。观看前后的测试对比表明,被试更有可能把研究者在各条"伪造"的新闻中强调的议题选为重要议题。研究者还发现,在被试观看了一条新闻后,其议程设置就会受到一定的影响。而大多数影响出现在被试观看了很多条剪辑的新闻之后,这揭示了媒介接触的累积效应。

框架:二级议程设置

如果说议程设置关注的是报道什么新闻,那么框架(framing)理论关注的则是报道是**如何被建构的**(D'Angelo and Kuypers 2010;Iyengar 1991;Johnson-Cartee 2005)。框架这个概念可追溯到社会学家欧文·戈夫曼(Goffman 1974)的研究,指的是媒体为事实信息选择的语境。框架理论认为,媒体组织和呈现信息的方式会影响人们对报道的理解。因此,一些学者将框架称为二级议程设置(McCombs 2014)。媒体对报道的组织涉及言语和视觉信息、对事实的包含和排除,以及记者讲故事的顺序。

框架可以组织信息并使其便于理解。例如,一方面,记者可能会将公交车司机的罢工描述成给通勤者带来巨大不便。另一方面,他们也可能将这一事件描述成薪酬微薄、不受尊重的工人为了得到关注而孤注一掷的努力。这两种报道在事实层面可能都是准确的,但对重要信息的选择会促使观众以特定的方式来理解报道。新闻事件的参与者一直试图影响媒体报道的框架。工会的反对者希望媒体放大"造成不便"的报道框架,劳工的支持者则希望薪酬微薄和工作条件成为媒体关注的焦点。甘姆森(Gamson 1992)以及德鲁克曼和尼尔森(Druckman and Nelson 2003)的研究表明,框架的效果存在差异。甘姆森通过焦点小组研究,考察了普通工人阶级如何通过将媒介信息与大众智慧和经验知识相结合来建构意义。他的研究将媒介视为一种工具或资源,人们可以在不同程度上借助媒介来理解时事。这些研究表明,当个体与某一议题没有直接联系,依靠媒介来获取信息时,框架效果可能最为明显。

互联网时代的新议程设置者

尽管媒体基本的议程设置功能已经得到证实,但问题并没有那么简单,也不止于此(McCombs 2014)。在数字化时代,专业新闻不再是毫无争议的议程设置来源。正如我们在前一章中看到的,如今,用户在推广和传播媒介内容的过程中扮演着重要角色,对媒体通过把关来设置议程的专业地位构成了挑战。政治博主成为重要的议程设置者,他们和专业记者互相影响彼此的议程(Wallsten 2007)。

为传统的议程设置带来最大变化的是社交媒体。例如,纽曼等(Neuman et al. 2014)围绕29个政治议题,考察了在线讨论(通过推特、博客、论坛和留言板)与主流新闻媒体(包括本地报纸和广播网站、全国广播和印刷媒体)之间的关系。他们对海量数据的分析清晰地表明,在线讨论并不像传统的议程设置所预测的那样紧跟主流媒体的步伐。相反,每个领域都有一定的独立性:社交媒体对社会问题(如节育、同性婚姻)和公共秩序问题(如枪支和毒品)的讨论多于传统新闻媒体;后者更关注经济问题(特别是政策)和治理过程。整体而言,社交媒体上的讨论既可能**先于**新闻媒体的报道,也可能在其之后。而且,在一半的案例中,在线讨论和媒体报道之间存在互为因果的连锁循环。

这些分析表明,社交媒体在一定程度上影响了权力的平衡。它开启了传统媒体和社交媒体用户相互依赖的新时代,取代了过去的单向议程设置。虽然不同的议程设置者并不具有相同的权力,专业媒体仍然掌控着最大的公共话语平台,但社交媒体的规模和普及性意味着其累积效应也是巨大的。

沉默的螺旋

如果说议程设置关注媒体突出特定议题的能力,那么"沉默的螺旋"(The Spiral of Silence)理论则关注那些公共话语之外的观点(Donsbach, Salmon and Tsfati 2014)。长期以来的经验研究表明,人们容易服从群体期待(Asch 1952, 1955)。而且,政治研究者早就发现了"从众效应",即人们采取某些立场或支持某些竞选者的原因是这些立场或竞选者受到广泛的欢迎(Dizney and Roskens 1962)。沉默的螺旋理论详细地阐述了这些主题。

这个理论来自一位保守的德国舆论研究者伊丽莎白·内尔-纽曼（Elisabeth Noelle-Neumann）。在第二次世界大战期间，内尔-纽曼曾加入纳粹组织，还为纳粹的出版物撰写过反犹材料，内容涉及所谓的犹太人对媒体的控制，不过她后来否认自己曾是一名纳粹分子（Bogart 1991；*New York Times* 1991；Noelle-Neumann 1991）。她的过去之所以至关重要，是因为她经历了纳粹德国战败后发生的剧烈变化。在纳粹统治时期成为主流的种族主义观点在战后变得边缘化。正是在这一背景下，内尔-纽曼形成了这样一种观点：当持少数意见的人认为其他人不赞同其意见时，可能会保持沉默。这使得优势意见可以在毫无争议的情况下胜出，并让持有这种意见的人形成一种错觉，即每个人都赞同他们的意见。

一项对沉默的螺旋理论和相关研究的综述更为正式地总结了这一过程的五个关键动力（Scheufele and Moy 2000）：

1. 社会需要就基本价值和目标达成一定程度的一致，并通过施加社会压力迫使个人同意，包括用孤立的威胁来暗示那些不同意的人。
2. 当个人形成自己的意见时，他们会害怕社会孤立，希望与他们眼中的社会优势意见保持一致。
3. 人们会监测自己的环境，留意他人的意见，并试图看出最普遍的意见和未来的意见趋势。
4. 当人们认为自己的意见占据上风或者日益占据上风时，他们可能会表达自己的意见。但是，当他们认为自己的意见处于下风或者日益处于下风时，他们可能会谨慎发言和保持沉默。
5. "一方越来越大声疾呼而另一方越来越沉默下去的螺旋式过程，逐渐使一种意见成为优势意见。"（Noelle-Neuman 1974）

沉默的螺旋压制了少数意见，夸大了政治共识的程度，从而缩小了公众讨论的范围。媒体在这个过程中扮演着重要的角色，因为人们常常通过媒体来判断当下的主流意见。如果他们在媒体上看不到自己的意见，就可能认为该意见处于边缘地位，从而更有可能保持沉默。这不一定是件坏事,因为它可以有效遏制那些人们普遍觉得危险或可憎的观点,比如,种族主义或厌女态度。

唐纳德·特朗普2016年意外当选总统再次引发了人们对沉默的螺旋的兴趣,因为一些知名的评论家认为,这可能有助于解释为什么民调总是低估特朗普的支持率,以及为什么极右翼支持者在特朗普当选后,敢于表达此前被边缘化的种族主义和反犹观点(Mecking 2017;Whiteley 2016)。特朗普的支持者以及广泛的保守派,一直是主流媒体的激烈批评者,他们经常指责主流媒体制造"假新闻"、持有"自由主义偏见"、搞"政治正确",而且基本忽视他们的观点。而特朗普的当选可能让一些此前因为没有在主流媒体上看到自己的意见而保持沉默的人活跃了起来。

这一思想重新受到关注的另一个原因是有人试图影响社交媒体上的言论。特别值得一提的是,虽然早期研究认为推特和其他平台有助于社会运动的动员,但另一些研究也发现,专制型领导人已经调整了对策,并找到了用社交媒体来阻止异见的方法。这有时被称为"计算式宣传"(computational propaganda)(Woolley and Howard 2017)。例如,斯佩塞等考察了2011—2012年间针对俄罗斯总统弗拉基米尔·普京(Vladimir Putin)的抗议活动,发现反普京和亲普京的推特用户都试图影响有关抗议活动的政治话语。起初,反普京的信息在推特上占据主导地位,但随后,一小部分非常活跃的用户成功地使亲普京的信息如洪水猛兽般淹没了推特,从而彻底扭转了局势,使之朝着有利于普京的方向发展。研究者无法确定这些信息的主要生产者是真实的支持者、被雇用的"水军",还是推特"机器人"。(推特"机器人"是一种可以操控虚假推特账号的软件,它通过发文、转发、"点赞"、"关注"甚至向其他用户直接发消息的方式来模仿真人。)无论是哪种方式,这些内容都产生了影响。斯佩塞等指出:

> 随着推特上的政治言论开始明显有利于普京的支持者,推特上持反对意见的人可能会陷入所谓的"沉默的螺旋"……他们可能会认为自己的政治意见正在日益成为少数,无法从推特上的言论中获得足够的共鸣,于是逐渐停止(发言)。(Spaiser et al. 2017:148)

另一项研究(Hampton et al. 2014)考察了人们对有关美国国家安全局(National Security Agency, NSA)职员爱德华·斯诺登(Edward Snowden)的争议事件的讨论意愿。斯诺登披露了政府对美国公民的电子邮件和通话记录进行的广泛监控。之所以选择这一事件,是因为公众对监控问题的看法存在严重分歧。与沉默的螺旋的核心思想一样,这项研究发现:"无论处于线下交流的环境还是网络环境,如果人们认为他们的受众同意自己的观点,他们就更愿意分享自己的看法。"社交媒体并没有改变这些机制。那些认为脸书好友会同意其观点的人,讨论这一事件的概率大约是其他人的两倍。事实上,与面对面交流相比,用户对于在网上分享观点的态度更为谨慎。愿意面对面讨论这一事件的人数大约是愿意在线讨论的两倍。

进一步来看,互联网提供了许多可用的信息资源(包括非常不准确的信息)以及与志同道合的人进行讨论的空间。或许,那些曾经感到孤立并困在内尔-纽曼的"沉默的螺旋"中的人,现在能够看到和他们意见相同的人,从而变得更加大胆。对那些在过去遭遇不公、处于边缘的人来说,这可能是一件好事。但是,这也可能让持有仇恨或暴力观点的人变得更加活跃,从而对社会构成挑战。

从媒介中学习

传递信息的功能使所有媒介都可以用于教育。大量的学习理论探究了媒介学习的方式和内容。其中,大多数研究的重点是儿童及其对电视的使用。这类研究考察了媒介对很多方面的影响,包括教育(例如,辅导功课和为上学做准备)、情绪(例如,引发幼儿的恐惧)、身体攻击、种族和性别刻板印象、移情能力、与肥胖的关联以及塑造健康的身体形象(Mares and Kretz 2015)。在互联网时代,儿童间的网络欺凌(cyberbulling)(Chen, Ho and Lwin 2017)和色情内容的影响(Gunter 2014)等新问题得到了研究。在这里,我们想重点关注基本的学习理论,它是这类研究的基础。

认为儿童会从媒体中学习和模仿某种行为的思想,至少可以追溯到布鲁默(Blumer 1933)关于电影对儿童和青少年的影响的考察。后来,这种观点得到了正式的验证。心理学家阿尔伯特·班杜拉(Albert Bandura)、多萝西娅·罗斯(Dorothea Ross)和希拉·A. 罗斯(Sheila A. Ross 1961)的研究就是一个例子(同时参见 Bandura 1977, 1986)。班杜拉等认为,儿童从他们的社会环境中习得行为,他把这一过程称为"观察学习"。儿童会观察各种各样的"榜样"——父母、朋友、电视角色等,并模仿其中的一些榜样。模仿行为所获得的来自他人的回应(无论是积极还是消极)具有强化学习的作用,会促使儿童放弃或长期采取某种行为。儿童的学习还来自观察他人行为的后果,这就是所谓的"替代性强化"(vicarious reinforcement)。例如,如果一个电影角色用暴力打败敌人后被当作英雄,儿童可能会视之为模仿的榜样,因为这种行为获得了积极的回应。当然,儿童所观察的榜样有很多个,而且常常相互冲突。但是,那些具备儿童渴望拥有的特征的榜样最有可能得到他们的认同。认同意味着儿童会采取各种与榜样相关的行为,并将它们内化为自己的一部分。因此,媒介的影响一目了然:媒介内容中的榜样可能会给一些儿童带来真实的后果。不过,这些内容的影响是差异化的,取决于儿童所处的社会环境和他们的心理状况。

"从媒介中学习"的一个具体研究是探讨儿童从广告中学到了什么。生活在资本主义社会,意味着儿童从小就受到旨在推销产品的广告和商业宣传的轰炸。大量证据表明,此类针对儿童的营销可能会产生长期的负面影响(Kasser and Linn 2016)。其中包括高度物质化的价值取向、不健康的饮食习惯、导致饮食失调的负面身体形象问题、暴力和攻击性的增加,以及采取危险的生活方式:包括不健康的饮食习惯,吸烟和酗酒。

从更广阔的视野来看,各种效果研究考察了各个年龄段的人如何从他们接触的媒介中学习。虽然各有各的说法,但有些结论拥有足够扎实的证据支持。例如,大量证据表明,重度接触暴力媒介会导致更具攻击性的行为,用户不仅会对暴力的影响脱敏,而且更有可能认为自己生活在一个充满敌意的"卑鄙世界"。最后一种影响是长期接触媒介的后果,这也是涵化理论(cultivation theory)的关注点。

涵化理论

涵化理论考察了看电视对人们看待和理解社会世界的长期影响。这一理论基于乔治·格伯纳(George Gerbner)及其同事于20世纪60年代末启动的文化指标项目(Cultural Indicators Project)(Gerbner et al. 2002; Morgan and Shanahan 2014; Morgan, Shanahan and Signorielli 2012)。他们认为,电视的影响来自对其内容长期而广泛的接触,而不是任何一种节目或类型。在社会人口统计特征得到控制的情况下,长期观看电视内容的重度观众比轻度观众更容易认为真实世界和电视内容高度相似。

这个一直在进行的项目在几十年的时间里对电视内容进行了仔细

的分类。研究发现,电视内容呈现了一个扭曲的世界形象。但是,对长期看电视的重度观众来说,这一形象已然成"真"。重度观众内化了电视所呈现的许多有关社会和政治世界的错误观点(比如第七章所讨论的观点)。例如,与真实世界相比,电视节目中严重缺乏老年人(他们通常不是广告商的主要目标),而重度观众往往同样低估了社会中的老年人数量。电视对犯罪和暴力的呈现也比真实生活中的情况要频繁得多,而且这些电视内容似乎会影响这一领域的重度观众。相比于中度或轻度观众,重度观众更有可能认为多数人只会为自己着想,不值得信任。格伯纳把这种现象称为"卑鄙世界综合征"(mean world syndrome)(Gerbner et al. 1984; Gerbner, Mowlana and Nordenstreng 1993)。

长期观看电视对观众政治信仰的形成所产生的影响似乎是趋向保守的(Gerbner et al. 1982, 1984)。"客观"平衡的新闻姿态使得重度观众不会自称"保守派"或"自由派"。但是,在种族、堕胎和LGBTQ权利等一系列社会问题上,自称"温和派"的电视观众在思想上其实更接近保守派,而不是自由派。在经济问题上,与中度或轻度观众相比,重度观众更有可能接受保守派的减税主张,但他们也更有可能支持呼吁更多社会服务的民粹主义主张。在更广泛的社会中,电视在异质化的人群中发挥着同质化的作用。沉浸于电视文化的行为会产生一种"主流化"(mainstreaming)的效果,即重度观看行为会消除人们在文化、社会和政治特征上的差异。由此,电视里的世界和价值观成为主流社会中的主流文化。

学者们的这些研究大多发生在电视内容有限的时代,研究对象是主要的全国广播电视网。但是,随着媒体资源的日益丰富,以及受众散布于不同平台的程度越来越高,这些变化会带来哪些长期影响,我们仍然需要一段时间才能知晓。

媒介化

让我们先看两个例子:

- 由于互联网使人们很容易就能搜到各种健康信息,因此医生常常发现,患者在到访他们的办公室之前,就已经咨询过"谷歌医生"了。研究表明,这使得患者在和医生一起决策的过程中,能够发挥更加积极的作用,更加配合医疗指导,并改善其医疗效果

- 犯罪剧的流行引发了人们对"CSI 效应"的讨论。该效应以广受欢迎的《犯罪现场调查》系列剧及其衍生作品来命名。具体来说，CSI 效应指的是，观看此类节目的陪审员对现实生活中的法庭诉讼抱有不切实际的期望。在缺乏法医证据的情况下，他们不太可能将被告定罪。随后的研究对这种影响是否存在表示怀疑，但确实发现一些律师会**预判**这种影响，从而要求进行不必要的法医检验，以克服该效应。检验请求的激增使犯罪实验室的工作堆积如山，给刑事司法系统造成了负面影响（Alldredge 2015）。

在这两个例子中，媒介影响了社会生活的不同领域，但其影响方式远远超出了传统的"媒介效果"研究所讨论的范畴。相反，这些例子说明了社会如何将媒介融入日常生活，进而影响社会互动，并改变日常生活的方方面面。一些社会学家和媒介学者将这些变化统称为社会的**媒介化**。（一些学者使用"mediatization"一词，另一些学者则使用"mediation"来表达类似的意思。）在本章，我们将考察媒介化的概念，并探讨它对政治世界的影响。

媒介化概念

与关于媒介影响的其他研究相比，媒介化意味着一种关注点的转向。它跳出传统的研究框架，在更大的范围内考察媒介动态，这是其他理论所不具备的特点。在最简单的表述中，媒介化"指的是这样一个社会变革的过程：媒介对社会各个领域的影响日益增强，并深度融入其中"（Strömbäck & Esser 2014a：244）。从媒介化的角度来看，传媒产业仍然作为一个独立的实体而存在，但媒介已经融入了社会生活的其他领域。因此，"社会制度和文化过程的特征、功能和结构因为媒介的无处不在而有所改变"（Hjarvard 2008：106）。通过用广阔的视角来考察媒介与社会生活的其他方面之间的互动，媒介化超越了大多数"媒介研究"所讨论的范围。赫普、夏瓦和隆比甚至认为："媒介化意味着……建立一种理论框架的尝试，它使我们能够与其他学科的研究者一起讨论媒介和传播在其他社会和文化领域的影响。"（Hepp, Hjarvard and Lundby 2015：316）

媒介化不是其他效果理论的替代品。相反，舒尔茨（Schulz 2004：

90)指出,它"既超越但同时又包含了媒介效果"。例如,政治媒介化研究融合了议程设置、框架理论和其他理论的观点(Esser and Strömbäck 2014)。此外,媒介化与媒介理论(第二章曾讨论过)共同关注媒介如何通过用户采用和调适它的各种方式,渗透进人们的日常生活(Bird 2003;Couldry 2012)。事实上,社会学家尼克·库尔德利和安德烈亚斯·赫普认为,有必要重新思考整个社会世界的特征。这种思考可以"从这样一种原则出发:技术中介过程和通信基础设施,即我们所说的'媒介',既是社会建构的基础,也是社会建构的手段"(Couldry and Hepp 2017:1)。

夏瓦(Hjarvard 2008)在对克罗兹(Krotz 2007)的研究进行总结的基础上指出,我们可以把媒介化理解为一个正在进行的社会"元过程",就像个人化或全球化的发展一样。媒介化和其他过程的相似点还在于,它并不是一个孤立的过程。它不仅随时间而变,而且在不同的社会和文化背景下表现出不同的特点。从这个意义上来说,自媒介兴起以来,媒介化就一直存在。然而,大多数观察家认为,自20世纪后半叶以来,媒介化的进程开始加快,特别是在以西方为主的高度工业化的现代社会。而随着媒介在全球范围内的不断扩张,这些社会所经历的变化可能会向其他国家扩散,并在这一过程中衍生出地方差异。

也有人对媒介化理论提出批评(比如,Deacon and Stanyer 2014),认为这个理论还不够成熟,它夸大了媒介在社会生活中的作用。即使是媒介化理论的支持者,也承认"基于媒介化概念的实证研究仍然相对稀少"(Hepp et al. 2015:315),而且"迄今为止,媒介化只具有理论视角或框架的特征,但还不是一个正式的理论"(Strömbäck and Esser 2014b:244)。尽管如此,我们依然认为这套框架及其提供的学术语言有助于我们对媒介和社会的思考。其实,我们早在了解"媒介化"这个术语之前就运用了它的思想。本书的名字"媒介·社会"便暗示了媒介与更广阔的社会世界的融合,而这正是媒介化理论的关注点之一。甚至我们在第一章提出的"媒介与社会世界"的模式与媒介化也有相通之处。我们的模式认为传媒产业既是一个独立的实体,也嵌入了更大的社会世界。

社会的媒介化与媒介逻辑

媒介化学者试图记录和理解的变化存在于社会的方方面面。典型的例子来自我们前面提到的医疗和刑事司法领域。但实际上,几乎在任何领域,我们都能找到相关的例子。比如在过去,特定的物理场所往往限制了社会生活。教育活动存在于学校之中,宗教活动以朝圣之地为中心,政治活动发生于政府大楼及其周边区域,艺术家则在舞台、画廊和博物馆中展示他们的作品。媒介化有助于"社会机构的虚拟化"(Hjarvard 2008:129),让这些活动都能通过媒介被体验。音乐就是一个很好的例子。正如我们在第二章中讨论过的,音乐曾经只是一种亲身的现场体验。当人们开始使用媒介来传递声音时,早期的音乐广播只想重现音乐会的现场体验。然而,随着时间的推移,录制音乐形成了自身的特色,大多数唱片不再以现场音乐会为基础。而现在,用户通过唱片就能在家中感受音乐,听众越来越期望音乐人在现场表演时再现他们录制的音乐。录制媒介的存在已经改变了面对面的现场体验(Auslander 1999;Katz 2010)。

我们身边都有这样的例子:在学校使用可以上网的智能手机、电视上播放宗教仪式和线上购物等。教育、宗教、经济以及我们前面看到的医疗和刑事司法系统,都是被媒介和数字通信所影响的社会领域。温弗里德·舒尔茨(Winfried Schulz 2004)将媒介化给交流和互动带来的变化分为四大类:

1. 媒介延伸了人类跨时空交流的能力。
2. 媒介替代了部分形式的面对面互动,比如,网上银行。
3. 媒介渗入并与日常交流共存,比如,和朋友聊天时查看手机,或者和别人一起观看电视节目时在网上与人"闲聊"与此相关的话题。
4. "媒介逻辑"促使人们调整自己的态度和行为。

最后一点中提到的"媒介逻辑"需要做出进一步解释。

"媒介逻辑"是指与特定媒介的生产过程相关的各种需求。阿什德和斯诺(Altheide and Snow 1979,1991)写道,媒介及其内容的类型是有"格式"(与惯例有关)的,它为定义、选择和呈现媒介内容制定了规则和符码。

> 格式在一定程度上包括材料的组织方式、材料的呈现风格、对行为特定特征的关注或强调,以及媒介传播的语法。格式因此成为一个用来呈现和解释各种现象的框架或视角。(Altheide and Snow 1979:10)

媒介影响社会的力量部分来自人们在与媒介互动时,基于对"媒介逻辑"的预判而对自身行为的调整。因此,媒介逻辑是将媒介生产与媒介效果联系起来的媒介化的特征之一。有一个简单的例子可以说明政治的媒介逻辑:为了更好地满足记者的需求,政客会调整他们的讲话方式,突出简短有力的表达,因为这种表达便于记者将其作为精练的引语直接插入新闻报道。政客很清楚,这种引语往往会将问题过分简化。他们还意识到,记者可能会忽略更详细的长段陈述,因为这些陈述很难和报道的预定格式相匹配。因此,如果他们想要在报道中表达自己的观点,就必须遵循新闻报道的媒介逻辑。这无疑也是一种媒介效果。

尽管不同的媒介形式之间存在共性,但是并不存在单一的"媒介逻辑"。每种媒介和内容类型都有自身的特点。例如,互联网形成了一种独特的"网络逻辑",推动"占领华尔街""黑人的命也是命"和"我也是"(Me Too)等运动在没有统一领导的情况下发展出线上行动网络,从而影响了政治参与(Bennett and Segerberg 2013)。我们即将看到,社交媒体也有植根于其独有特征的"社交媒体逻辑"。

政治的媒介化

学者们最先将媒介化的思想用于理解政治领域的改变。1986年,瑞典媒介研究者肯特·阿斯普(Kent Asp)把政治生活的媒介化界定为"政治系统在大众传媒进行政治报道的需求的影响下,进行相应调整的过程"(译文转引自 Hjarvard 2008:106)。

艾舍和斯通贝克指出,"政治的媒介化可以被定义为:媒介的重要性及其在政治过程、机构、组织和行动者方面的溢出效应(spillover effects)[①]不断增加的一个长期的过程"(Esser and Strömbäck 2014:6)。这个定义中的每一个要素都很重要:(1)媒介化是一个"长期的过程",而不是某种单一的发展状态;(2)无论如何变化,最关键的特点是媒介的重要性和影响力不断增强;(3)媒介化影响政治生活的方方面面,包括行动者和机构;(4)媒介的某些影响是间接的,涉及"溢出效应"。

基于前人过去几十年的研究,斯通贝克和艾舍最大的贡献在于提炼

[①] 所谓溢出效应,指社会组织在开展特定活动时不仅产生了活动所预期的效果,而且对组织之外的其他个体和群体产生了影响。

了政治媒介化的构成要素（Esser and Strömbäck 2014；Strömbäck 2008；Strömbäck and Esser 2014a，2014b）。他们发现，曾经主宰政治的"政治逻辑"和随后出现的"媒介逻辑"所带来的压力之间存在一种连续性。在"政治逻辑"中，政治系统的需求是首要的，这种需求塑造了政治传播的过程。参与其中的行动者认为传媒公司拥有非正式的公共服务责任，这有利于民主的运行。他们最关注的问题是保障公民的知情权，正如政治行动者和政治机构所解释的那样。而在"媒介逻辑"中，媒介的需求是最重要的，它决定着政治传播、媒体报道以及公民理解的方式。参与其中的行动者将传媒公司完全看成企业，他们最关注的问题是掌握人们感兴趣并且在商业上可行的内容。（这种区别类似于我们对媒体的公共领域模式和市场模式的讨论［Croteau and Hoynes 2006］。）

不过，早在"媒介逻辑"和"媒介化"这两个术语被使用之前，就已经有丰富的学术传统探讨了媒介在政治生活中的影响。我们现在来对其中一些观点进行讨论。

形象政治

在政治世界中，媒介对社会制度的影响可能最为明显，部分原因是竞选者不仅围绕媒体来组织竞选活动，而且会利用媒体协助治理。那些希望就政治事务进行广泛沟通的人必须考虑新闻媒体背后的"媒介逻辑"（Altheid and Snow 1979）。艾舍和斯通贝克（Esser and Strömbäck 2014b）认为，这种"新闻媒体逻辑"包含三个维度：专业主义（第五章讨论了关于规范和专业实践的一些问题）、商业主义（第三章讨论了经济压力，因为它涉及对新闻生产的影响）和媒介技术（第二章讨论了媒介的技术特征如何限制或帮助生产者）。政客和其他政治行动者必须对媒体可能会如何报道某个议题进行预判，并在既有的媒介逻辑内有效地建构他们的信息。通过这种方式，媒介逻辑在政治传播发生之前，就已经对其产生了影响。不过，我们即将看到，互联网技术革命使一些政治功能能够绕过传统媒体的限制。

政治行动者

从最简单的事实来看，当随和且上镜的气质和形象极大地提升了竞选者的成功概率时，媒介的重要性就充分表现了出来。所有重要的竞选活动都有媒体"助手",他们是指导竞选者改善其媒体形象的顾问,同时还负责应对媒体的询问。约翰·肯尼迪和理查德·尼克松在1960年进行的那场"著名"的总统辩论,已经成为说明形象之于政治的重要性的标志性例子。在那场电视辩论中,尼克松拒绝听从助手们的建议,没有过分粉饰自己。在镜头下,他面容憔悴、胡子拉碴,而肯尼迪则在电视妆容的帮助下,显得年轻而有活力。辩论结束后,形象差异的重要性开始显现。在收听广播辩论的人中,大多数认为尼克松会获胜,而在观看电视辩论的人中,大多数认为肯尼迪会获胜。在随后的几年里,这个故事所依据的民意调查的有效性大量被讨论。但政客们已经吸取了教训:形象至关重要。在这一戏剧性的事件发生后,担心在电视辩论中表现不佳的恐惧长期支配着各届总统候选人。直到16年后,才有总统候选人同意再次进行电视辩论。

善于同媒体打交道的魅力型人物在政治世界中具有明显的优势。许多名人利用媒体技能、地位和经验来追求政治事业。作为一名房地产开发商,唐纳德·特朗普早在成为一名政治家之前,就走上了追求媒体曝光和培养个人形象的道路。他后来在黄金时段的真人秀节目中的表现被普遍归为其政治成功的重要原因(Nussbaum 2017)。而罗纳德·里根之所以被誉为"伟大的沟通者",一定程度上是由于他在当演员、电台广播员和广告推销员时接受过训练。不过,他的演讲才能很大程度上局限于有脚本的情况。众所周知的是,在即兴演讲中,他经常弄错事实,讲话杂乱无章,甚至有时语无伦次。有些情况下,他甚至把自己在电影中的角色和现实生活中的经历混为一谈。他取得成功的关键在于工作人员能够为这位总统维护光鲜亮丽的公共形象。除了前两年的民意调查结果不佳外,里根在总统任内一直拥有超高的人气,尽管民意调查显示,大多数美国人并不赞同他的许多核心政策立场。一些人认为这个结果意味着形象最终战胜了实质。正如里根的幕僚长唐纳德·里根所说:

> 每次公开露面的时间都是提前安排好的,每个词都是提前写好的,里根每次的站位都有提前用粉笔标记的脚印。总统随时准备表演,这造成了一个不可避免的影响:他避开了对抗,避开了意见、问题和争论的真实交锋,而后者才是决策的基础。(Donald Regan 1988:248)

1960年肯尼迪与尼克松的第一次辩论已经成为电视影响政治的象征。外形健康、皮肤黝黑、自信满满但处于劣势的肯尼迪击败了外形瘦弱、脸色苍白、满头大汗、仍处于出院康复期的尼克松。这一事件提升了形象在政治竞选中的重要性。

自那以后,每一场总统选举都凸显了上镜在当代政治中的重要性,以及为媒体报道精心安排露面的价值。比尔·克林顿(Bill Clinton)和蔼可亲的竞选风格,乔治·W.布什朴实热情的个人特色,巴拉克·奥巴马富有魅力的演讲,以及唐纳德·特朗普好斗的风格,他们以各自的方式在媒体上大放异彩,为新闻媒体提供了好用的图片、发言和推文。相比之下,这些年落选的鲍勃·多尔(Bob Dole)、约翰·克里(John Kerry)、约翰·麦凯恩(John McCain)、米特·罗姆尼(Mitt Romney)和希拉里·克林顿(Hillary Clinton)在镜头下多少有些局促。

在媒体聚光灯下的轻松自如帮助许多媒体名人实现了政治事业上的成功:杰克·肯普(Jack Kemp)、比尔·布拉德利(Bill Bradley)、弗雷德·汤普森(Fred Thompson)、杰西·文图拉(Jesse Ventura)、阿诺德·施瓦辛格(Arnold Schwarzenegger)、莎拉·佩林(Sarah Palin)、艾尔·弗兰肯(Al Franken)等人在成为政治家之前都活在媒体的聚光灯下。事实上,和媒体有联系的政客十分常见。在2017—2018年的美国国会议员中,包括:

- 21名公共关系/传媒专业人士(参议院3名,众议院18名)
- 7名电台谈话节目主持人(参议院1名,众议院6名)

- 7名电台/电视主持人、经理或所有者(参议院2名,众议院5名)
- 8名广播电视/文字记者(参议院1名,众议院7名)
- 2名演讲撰稿人(众议院)
- 1名公共电视制片人(众议院)
- 1名报纸出版商(众议院)
- 1名纪录片导演(参议院)(Manning 2018)

这些职业所必备的媒体相关技能无疑能为其政治事业助一臂之力。

搭建舞台

媒体形象远比候选人的真实特征更为重要。它还包括候选人形象所处的整体视觉语境。就这一点而言,观察家也经常把罗纳德·里根的竞选宣传和成功当选称为典范,因为他熟练掌握了提升候选人形象的各种视觉手段。无论在竞选期间还是在成功当选后,里根团队都表现出操纵媒体报道的超凡本领。他们会向电视媒体的"每日报道"提供具有吸引力的视觉素材。这些材料基本涵盖了白宫希望媒体在当天的报道中着重强调的信息。通过这种方式,他们可以引导媒体的报道方向(至少在视觉层面),让媒体使用他们精心安排的视觉素材。在政府的协调下,就连1986年美国对利比亚的轰炸行动也需要配合晚间新闻的开播(Kellner 1990)。迈克尔·迪弗(Michael Deaver)是里根的白宫媒体专家。他后来表示,他和下属发现电视记者非常"容易管理",因为他给"晚间新闻带来好戏不断的素材,每晚都有好的视觉内容,而且替他们做了很多工作"(《晚间报道》[*Nightline*] 1989)。从那以后,每届政府都效仿这种做法,试图通过视觉手段来引导媒体去关注特定的每日或每周议题。

政治操盘手会策划各种类型的媒介事件,包括演讲、"自发事件"(这是一个具有讽刺意味的名称,因为它只是表面上看起来像是自发的事件)、国事访问、国外旅行,以及与艺术或文化有关的活动。这类活动使候选人或当选官员能够控制议程,通过向观众提供视觉信息来建构有利的政治形象,帮助做实领导人的形象,通过"讲故事"将政策戏剧化,以及借助旗帜或军人等强有力的符号给受众带来强烈的情感体验(Schill 2009)。然而,媒介事件的影响具有累积性:单个事件很少会给公众的认知带来决定性的变化,但一系列事件更有可能产生影响(Scott, Nardulli and Shaw 2002)。

例如,精心策划的拍照环节已经成为总统政治的一项常规活动。我们看到的大多数总统照片可能都是由记者和政治顾问组成的"先遣班子"一起提前策划好的,他们会为即将到来的活动寻找最佳的拍摄角度。这些先遣小组经常会拿总统及其随行人员的替身来进行拍摄演习,然后把照片发给媒体。这些照片,连同对最佳效果镜头的说明,之后会被摄影记者用于策划对"真实"事件的报道。

以鲍德里亚(Baudrillard 1983)为代表的后现代主义理论家认为,形象的重要性不断提升标志着一种新的"真实"。他们认为,在后现代社会,形象已经取代了"真实",成为一种新的"超真实"(hyperreality)。最终的结果是,公众往往无法区分形象和现实。后现代主义理论在政治世界中的实际应用表明,实质性的政策辩论不如光鲜上镜的候选人和精心策划的拍照活动重要,这种情况还将继续下去。

政党的衰落

恩特曼指出了媒体和政治领域的一个核心困境:"美国人要想成为成熟的公民,就需要优质、独立的新闻;但新闻组织要想在维持经营的同时生产这样的新闻,也需要一批成熟的公民受众。"(Entman 1989:10)在这种情况下,媒体无法成为公民与政治之间的主要纽带。因为商业利益驱动下的媒体逻辑重形象而轻实质,导致这种纽带作用不可能发生。如今,问题变得更加复杂,因为作为公民信息曾经的重要来源,政党也面临日益衰败的局面。

随着媒体在政治竞选中变得越来越重要,政党组织的重要性下降了(Negrine 2008; Negrine et al. 2007)。在美国政治中,政党过去往往能够组织基层民众,承担起联系选民、向他们介绍候选人并号召他们投票的工作。这个制度催生了一个复杂的党务人力基础系统。通过这个系统,党务工作者会被组织起来担任城市的"街区队长"。但在大部分地区,这样的组织结构已经不复存在。现在,媒体成为人们了解竞选者信息的主要渠道。竞选活动也会利用互联网平台来接触选民。同样衰落的还有一系列"中介机构"(Greider 1992),尤其是工会。这些机构曾经承担着组织和动员普通公民的工作,作为公众和政治进程之间的纽带持续发挥作用,而且这种作用并不局限于选举活动期间。

如今,媒体充当了传递政治信息和动员选民的工具,竞选者将绝大部分竞选资金花在制作和播放竞选广告以及发展互联网基础设施上

(Louw 2010)。公民不再是与竞选议题和与竞选者相关的对话的积极参与者,而是成为电视辩论、政治广告和宣传最新竞选者的网络广告的受众。鼓励人们投票的公共服务活动无助于建立任何持久的政治结构。相反,这类活动把投票作为一种个人行为加以推广,并不涉及任何长期的政治承诺,而这可能会加剧公民的分裂和政治冷漠(Norris 2000)。

不过对媒体而言,这可能是意外的收获。在 2016 年总统大选期间,哥伦比亚广播公司的首席执行官莱斯利·穆恩维斯(Leslie Moonves)坦率地谈论起他的公司与竞选之间的关系。他说:"这或许不利于美国,但绝对有利于哥伦比亚广播公司。"竞选者在电视广告上投入了大量资金。虽然穆恩维斯表示,"大部分广告与(竞选)议题无关",但是从商业角度来看,"资金正在滚滚而来,这很有趣"。"我从没见过这样的事情,对我们来说,今年会是很棒的一年。很抱歉,这样说不太好。但是,来吧,唐纳德[特朗普]。继续前进吧。"(Bond 2016)

政党结构的衰落伴随着对政党忠诚度的下降。在 20 世纪 40 年代,研究者对选民进行了早期的研究。那时,影响一个人投票行为的决定性因素是党派关系,其次是团体忠诚度、对竞选者个性的看法和对议题的考量。经过半个多世纪的媒体报道,重要性的排序已经发生了改变。在今天的总统竞选中,竞选者的个性对选民最为重要,其次是议题、党派身份和团体身份(Bartels 2002;Graber 2009;Prysby and Holian 2008)。

恩特曼观察到,"美国缺乏能够有效动员普通人参与政治的政党或其他机制"(Entman 1989:9)。因此,政党依靠媒体来接触选民,而选民依靠媒体获取信息,这种相互依赖的关系把媒体推到了一个极具影响力的位置(Dalton 2014)。在这两种情况下,媒体的权力和影响力都有所扩大。

传媒专业人士与"后真相"政治

为了实现政治目标,政客们雇用了精通媒体的专业人士,这些人通过政治营销技巧来塑造和引导舆论(Louw 2010)。今天的传媒专业人士面对着两类截然不同又相互重叠的工作领域。第一类工作是适应并试图影响传统的新闻报道。第二类工作是利用互联网来直接瞄准和动员选民。在这两种情况下,媒体都对政治过程产生了重要的影响。

与新闻媒体合作

"倾向陈述"(spin)是一种宣传形式,指编造和传播对事件、竞选或政策的特定解释,目的是制造共识和赢得公众的支持。使用这种新闻管理策略的公关专家有时被称为"媒体顾问"(spin doctors),就连他们试图操纵的记者也这样称呼他们。公共关系顾问之所以对政治至关重要,部分原因是电视在日常生活中扮演着重要的角色,即便在互联网时代也是如此(Louw 2010)。电视之所以对政客有好处,是因为它很容易引发情绪,有助于激起公众的愤怒或获得热情的支持。

倾向陈述之所以奏效,是因为公关团队、政客和记者之间存在着一种共生关系。媒体顾问需要新闻媒体传播有利于其客户议程的故事,记者则需要接触有权势的政客,进而有效地报道政府事务。因此,记者很容易被精心编织的谎言所影响。然而,由于记者不想被公关专业人士公开操纵,因此媒体顾问和记者之间的关系往往十分紧张。

倾向陈述策略包括向记者透露故事、选择性地向他们提供"私密"信息、以便于声音编辑和引语检索的方式撰写演讲稿、精心策划拍照活动、组织打击反对者的诽谤活动,以及在互联网上散布故事,比如,在优兔上发布视频(Louw 2010)。通过这些技巧,媒体顾问对重要问题进行定义,并对各类事件给出了通俗易懂的解释,由此为媒体及其受众设置了议程。

不过,倾向陈述策略并非永远奏效。在某些情况下,其结果可能会适得其反,给政客和公关顾问带来麻烦。在一个竞选者的形象等同于有价货币的政治世界中,欺骗、狡猾或无能的形象可能会带来极大的损失。在现代政治中,最出名的倾向陈述策略的失败案例发生在 2003 年。当时,乔治·W. 布什总统驾驶着一架海军喷气式飞机,戏剧性地降落在从伊拉克战争归来的"亚伯拉罕·林肯"号航空母舰上。总统站在一面"任务完成"的大旗前,宣布伊拉克作战行动结束。这个由布什团队精心策划的事件成为新闻节目的头条。《华盛顿邮报》的媒体评论家汤姆·沙尔斯(Shales 2003)将这一事件描述为一场"爱国主义盛会,这艘舰艇及其舰员是布什讲话的重要背景,让观看这一幕的国民欢呼雀跃,凸显了布什的总司令身份"。然而,当这场战争和对伊拉克的血腥占领一直持续到布什总统的任期结束以后,强有力但草率的"任务完成"形象就变成了布什挥之不去的梦魇。

使用互联网

政治专业人士很快就看到了互联网的潜力,并将其纳入竞选策略。

通过制作和传播内容,他们不仅可以在竞选中控制自己的信息,而且可以绕过记者,直接与公众沟通。唐纳德·特朗普对推特的使用是众所周知的。他明确阐述过绕过和抨击记者的策略,对福克斯的一位采访者说:"我想,如果没有推特,我可能不会在这里,因为关于我的媒体报道是虚假的,媒体太不诚实了。"(CNN 2017)

1996年大选期间,竞选团队首次广泛使用互联网来发布线上新闻稿和施政说明,并对不断发展的报道做出快速反应。2004年,竞选专家开始更加充分地利用互联网的双向沟通潜力,以吸引支持者。民主党的霍华德·迪恩(Howard Dean)在竞选中率先把互联网作为一种筹款方式,使小额捐款转化为巨额筹款。那场竞选中的一些员工为奥巴马2008年的竞选做了类似的努力,进一步推动了互联网的使用。奥巴马的竞选团队在优兔上发布了1800多条视频,其中最著名的可能是名人云集、由威廉姆·亚当斯(William Adams)①制作的音乐视频"Yes We Can"。由于竞选互动网站的存在,每位支持者都可以创建她或他自己的网络,组织活动,甚至直接打电话给尚未做出决定的邻居,由此承担了政党过去的许多职责。2012年,奥巴马的竞选团队使用了当时最先进的技术。有分析指出,这些先进技术让奥巴马"在2008年取得的令人瞩目的社交媒体影响力(当时成功筹集了5亿美金,并彻底改变了政治)相形见绌,落伍得就像手持石板的穴居原始人"(Romano 2012)。

例如,如果你在2012年大选期间上谷歌搜索"移民改革",奥巴马竞选团队发布的广告很可能会和搜索结果一起出现,因为移民改革的支持者正是这场竞选要争取的对象。点击这则访问奥巴马网站的广告后,Cookie②就会存入你的电脑。它不仅可以追踪你在竞选网站上浏览的内容,还可以追踪你在不同网页上的活动,了解你在哪里购物以及你有什么其他兴趣爱好。而这正是商业广告主经常使用的技术。在这种情况下,如果你打开了自己的脸书页面,竞选团队就能收集关于你的朋友圈、你的点赞等更多信息。之后再访问奥巴马的网站时,竞选软件就会把根据更多数据定制的内容凸显出来,包括你对移民改革的兴趣。如果你向竞选团队提供了自己的电子邮件地址,该团队就会劝你进行资金捐

---

① 威廉姆·亚当斯,艺名威廉(Will.i.am),美国歌手、音乐制作人、演员,嘻哈组合"黑眼豆豆"(Black Eyed Peas)创始人。

② Cookie是某些网站为了辨别用户身份、进行会话跟踪而储存在用户本地终端上的数据。这些数据通常经过加密,以小型文本文件的形式由用户客户端计算机暂时或永久保存。

助。其劝服的方式是强调你之前感兴趣的议题,而这些信息他们早已了解。同时,他们会根据收集到的关于你的数据,定制出符合你的特征的内容。此外,他们还可能鼓励你与本地的其他选民一起为竞选助力。

2016年,特朗普的竞选团队采用了同样的策略并进行了拓展,将其提升到一个新的高度。他们有一个由100多名员工组成的数字团队——包括程序员、数据科学家、媒体投放员和文案撰稿人。这个团队致力于建立一个覆盖数百万潜在选民的详尽的数据库。他们还聘请了一家商业数据科学公司"剑桥分析"(Cambridge Analytica),后者声称拥有每个美国人的约5000个数据点,并且能够利用它们来生成潜在选民的心理特征(Laposky 2017b)。这次竞选还通过脸书的定制广告和信息服务,来定位具有某些特征的人群。例如,由于数据表明年轻人和非裔美国人不太可能支持特朗普,竞选团队就会向他们发送贬低希拉里·克林顿的信息,试图阻止他们为其投票。而更有可能接受特朗普的人则会接收到另一些试图煽动或鼓励行动的信息。根据用户的人口统计学特征和网络数据痕迹,软件可以生成定制的信息。其结果令人大为震撼。在一位记者的报道中,特朗普的数字总监回忆道,在一天内,竞选团队"向脸书用户投放了导向十万个不同网页的广告,各个网页针对的是不同的选民群体"(Mims 2016)。

在使用这些策略的过程中,特朗普的竞选团队高度依赖社交媒体来传播信息,从而改变了政治传播的方式。竞选团队不仅可以绕过传统记者,还可以获得支持者,使信息在人们的社交网络中迅速传播开来。朋友和家人的传播也使信息显得更加真实可信。但事实上,它们往往是竞选团队操纵的产物,充斥着虚假信息——一个典型例子就是所谓教皇方济各(Pope Francis)发表了对特朗普的支持性言论。尽管虚假信息长期存在于政治之中,但当特朗普的竞选团队和欧洲右翼民粹主义运动借助大数据技术来壮大势力时,一些观察家把2016年称为"后真相政治时代"(Freeland 2016)的开端,《牛津英语词典》甚至把"后真相"评选为"2016年度英文词"(Oxford Dictionaries 2016)。

随着传统新闻业的边缘化、政党的衰落、外国特工对选举的干预以及虚假信息充斥于社交媒体,一些学者不禁要问:"民主能否幸存于互联网时代?"(Persily 2017)选举结束后,错误信息和对事实的歪曲成为特朗普政府的一大特色(Kellner 2018),记者们只能记录下白宫越来越多彻头彻尾的谎言(Leonhardt and Thompson 2017)。面对媒体对竞选团队和支持者散布虚假信息的批评,特朗普甚至能够直接反驳。众所周知,他把任何对其行为的批评都斥为怀有偏见的记者有意制造的"假新闻"。

社会运动

在有效的或反应迅速的政党缺席时,社会运动为公民提供了政治参与的机会。媒体也对这些行动产生了影响。

社会运动意味着公民团体联合起来促进一项社会或政治事业。回想一下"媒介逻辑"的观点,我们可以把媒体与社会运动之间的关系视为两个复杂系统之间的交易,其中每个系统都试图实现特定的目标。社会运动的组织者需要媒体向公众传达自己的信息,而媒体则将社会运动视为潜在的"新闻"来源。不过,媒体在与社会运动的关系中处于优势地位。一方面,社会运动的组织者通常需要大众传媒为其活动进行广泛的宣传。这些报道可以帮助社会运动争取支持,使之成为一股重要的政治力量,并扩大冲突的范围,从而吸引潜在的盟友或调停者。另一方面,媒体则有很多足以替代社会运动的新闻来源(Gamson and Wolfsfeld 1993)。

因此,社会运动面临着两大任务。其一,社会运动的组织者必须让媒体把关人相信他们的运动是值得报道的。也就是说,组织者必须证明自己的运动要么意味着一个有趣的报道角度,要么在关键问题中发挥着重要作用。这直接关系到社会运动能否进入媒体的视野。社会运动活动人士常常发现,只有符合媒体的期待,才能获得这种机会。在一本为活动人士提供媒体指南的手册中,作者生动地描述道:"一个有效的媒体战略至少在某种程度上需要迎合新闻媒体扭曲的优先次序和短暂的关注时长。"(Salzman 1998:3)在媒体眼中,小型草根组织往往并不具备"参与者"的地位。因此,为了吸引媒体的注意,这些组织可能不得不采取激烈的行动,比如,示威和抗议。

其二,社会运动必须尽可能地影响媒体对其报道的性质。这项任务关系到关于信息框架的斗争(Gamson and Modigliani 1989;Gitlin 1980;Snow et al. 1986;Snow, Vliegenthart and Corrigall-Brown 2007;Tuchman 1978)。如果媒体在报道中使用了诋毁声誉的框架,那么对社会运动而言,通过激烈的行动来获得媒体报道的策略可能会产生相反的效果。媒体采用的诋毁手段包括对运动的壮观场面轻描淡写,把示威者描绘成少数离经叛道者,通过给极少数反示威者相当程度的报道来制造"虚假平衡",以及低估示威游行的人数(Parenti 1986)。比如,始于2011年的"占领运动"(Occupy movement)成功地将国民的注意力引向被忽视的经济不平等问题。然而,随着时间的推移,在华尔街和其他地点长期驻扎以获得媒体关注的策略不仅难以维持,而且被批评者用来指责抗议者无法代表普通美国人。

与选举政治一样,媒体对简短的声音片段和有趣的视觉内容的渴望也对社会运动产生了重要影响。大众传媒通常会忽略那些无法满足记者需求的运动。尽管一味迎合媒体对戏剧性视觉效果的渴望可能会破坏社会运动信息的有效传播,但如果想尽其所能地争取有利于社会运动的媒体报道,积极的规划是必不可少的(Ryan 1991)。草根公民组织缺乏公关和媒体战略资源,当它们面对资金雄厚的政府机构、企业和其他组织,尤其是当这些运动在挑战主流规范时,它们处于明显的劣势地位。

当社会运动从主流媒体那里获得正面报道的努力遇到阻碍时,他们往往会使用"另类"或"独立"媒体来宣传自己的信息(Downing 2001, 2011; Langlois and Dubois 2005)。例如,在19世纪末和20世纪初,劳工运动催生了一系列面向不同移民群体的劳工报刊(Hoerder and Harzig 1987; Pizzigati and Solowey 1992)。20世纪60年代的政治环境十分活跃,社会激进主义盛行,于是"地下"媒体得到了蓬勃发展。这种媒体由地方报纸和另类通讯社组成,反映了政治激进分子和反文化活动家的观点和关切(Armstrong 1981)。到了20世纪70—80年代,"自己动手"(do-it-yourself)政治与朋克和硬核音乐的敏感性催生了将政治和文化分析与评论相结合的各种"杂志"(zines)。

如今,作为许多社会运动组织的"印刷机",互联网提供了主流媒体中少有的信息和分析。而且由于可负担的媒体制作工具和软件的增加,社会运动的媒体项目大幅提高了生产力。运动组织广泛使用互联网和社交媒体来发布信息和视频,宣传他们的事业和招募新成员(Kahn and Kellner 2004)。社交媒体还使社会运动的参与者能够迅速分享信息,各种标签行动主义也吸引了主流媒体的注意,从而扩大了他们的信息传播范围。

公民的疏离

在民主社会中,公民需要充分的信息才能采取恰当的政治行动,而媒体正是这种信息的来源。一个自由而运转良好的新闻界是追究当权者责任的宝贵工具。这就是媒体对民主进程如此重要的原因,也是宪法第一修正案保护"新闻自由"的原因。然而,如果新闻媒体不再为公众服务,而仅仅是争夺消费者注意力的商业企业,那么,民主也将遭到侵蚀。新闻组织面临的一个重大问题是,在一个用户希望在线免费获取新闻的时代,主流新闻媒体如何既能维持经济效益,又不丧失其公共服务的责任? 付费墙和捐款似乎只能是权宜之计。

与此同时,批评者发现,政治新闻在很多方面都存在缺陷。有关选举的新闻把重点放在个人故事、竞选者的个性和提前安排好的竞选活动上,而不太解释实质性问题,以及政策辩论的背景和影响(Graber and Dunaway 2018)。批评者认为,相比于民调反映的当选概率,媒体对竞选者在这些问题上的立场缺乏兴趣。例如,一项针对 2007 年总统初选前几个月的研究发现,新闻报道对选情的关注度远远大于其他话题,其中"战略和民调"在全部报道中占到了一半的比例。虽然这项研究发现,选情是报纸、电视网、有线电视、商业和公共广播以及互联网等新闻媒体主要的报道框架,但网络新闻媒体对战略和民调的报道比例是最高的(PEJ 2007)。

恩特曼(Entman 1989)认为,媒体扭曲了政治过程,将选举变成了一场赛马,把执政变成了一场战略性的国际象棋比赛。卡佩拉和贾米森(Cappella and Jamieson 1997)认为,着眼于政治"游戏",即竞选活动和玩弄权术,而非实质性的问题、政策及其后果,助长了犬儒主义,侵蚀了公众的信任,加剧了政治冷漠(Goldfarb 1991; Robinson 1976; Rosen 1993)。这类报道对政治行动者也产生了影响。德安吉洛和艾舍(D'Angelo and Esser 2014)指出,美国的总统竞选中普遍存在一种"元报道"。新闻媒体会花费大量的时间解释和分析竞选活动的媒体策略。这种关于媒体的媒体报道,反过来会推动竞选中的媒体策略的进一步调整,由此形成一个无休止的循环。

最终,媒体报道中也充斥着犬儒主义。批评人士经常表示(Rosen 1993: 9),在媒体的报道中,

> 总统是一个笨手笨脚的小丑,政府是一个无可救药的烂摊子,政治不值得被严肃地关注。于是,在不知不觉中,媒体助长了这些看法,然后又站在一旁调查这种现象的危害,仿佛这是一场自然灾害。

互联网政治：不确定的未来

顾名思义，政治的媒介化意味着媒介的影响力日益扩大。正如我们所见，媒介影响的对象既有政治精英（政治家和竞选团队的操盘手），也有政党的制度结构。这不仅影响了社会运动传播信息的方式。也许最重要的是，这同时也加剧了公民的政治疏离和犬儒主义的情绪。

互联网已经带来了新一轮的变革，但我们仍然不确定目的地在哪里。早期的狂热分子认为，互联网是一个特别的机遇，有助于重振衰落的民主。但最近，我们也看到了各种强大的力量是如何利用互联网技术进一步腐蚀民主的。显然，新技术本身并不是解决方案。巴奈特早期的观察仍然是准确的："真正的挑战——将疏离、犬儒和冷漠的主流政治文化转变为关心和参与的政治文化，不能仅仅依靠新的传播手段来应对。"（Barnett 1997：213）

毫无疑问，互联网正在催生新的政治表达和组织形式。但是，社会和当权者只能听见一小部分新的声音。辛德曼强调了说话和被听见之间的重要区别。辛德曼围绕六个政治话题，分析了数百万个网页。结果表明：一方面，只有极少数新的声音能够被听见，因为它们的网站只能吸引到极少数读者，并且没有被其他网站所链接；另一方面，辛德曼发现，与传统媒体的受众相比，网络受众实际上**更加**关注主要的几家网站。他指出："尽管——更确切地说是由于——互联网的内容不计其数，公民似乎更加紧密地聚集在某一类别的少数头部信息源周围。"（Hindman 2009：18）这种聚集创造了一个等级体系，

> 它是结构性的，与构成网络的超级链接交织在一起；它也是经济性的，处于谷歌、雅虎和微软等公司的统治下；它还是社会性的，一小群高学历的白人男性专业人士所发表的网络意见被过多地呈现出来。（Hindman 2009：18-19）

尽管如此，随着互联网的成熟和新旧交织的"混合媒介系统"（hybrid media system）（Chadwick 2017）的出现，我们已经看到了各种"被听见"的例子（Gainous and Wagner 2014）。在某些情况下，所谓的标签行动主义可以让孤立的声音凝聚起来，使人们关注到被忽视的问题。"#弗格森"和"#黑人的命也是命"促使人们关注警察枪击问题和结构性的种族主义；"#我也是"强调性骚扰是一个普遍存在的社会问题；"#不

再发生"(#NeverAgain)成为受枪支暴力威胁的学生的口号。特别重要的是,这些行动吸引了传统媒体的报道,使它们的信息得到了极大的扩充。虽然这种行动主义永远无法取代传统的政治组织形式,但是它也能发挥有益的作用(Tufecki 2017)。

有关社交媒体使用、政治知识和政治参与的各种研究都得出了类似的结论(Bode 2016; Wolfsfeld, Yarchi and Samuel-Azran 2016)。无论人们之前的政治兴趣或知识水平如何,关注传统媒体的政治新闻都能增加对政治和时事的了解。但是,关注社交媒体通常不会有这样的效果。社交媒体上的新闻似乎主要是对传统媒体的补充,而不是替代。虽然社交媒体可以让用户偶然地接触到政治信息,并获得学习的**机会**,但使用社交媒体似乎很少或者无法带来真正的政治学习。那些能够利用好互联网的人其实早就有了一定的知识储备。不过,社交媒体使用与更高的政治参与程度有关,无论是线上,还是线下。正如一项研究的结论显示的那样:"绝对没有人支持'懒散行动主义'(slacktivism)这个概念。在本研究中,通过社交媒体来了解政治事务的公民更有可能走出家门、参与行动。"(Wolfsfeld et al. 2016: 2109)

但现实是,我们不知道公民是否能够或者如何重振我们衰落的民主。我们也不确定互联网将在这个过程中扮演什么样的角色,究竟是好还是坏。这个问题就像一个快速移动的目标物。随着年轻人养成新媒体的使用习惯、数字技术更新迭代以及监管机构做出回应,或许还需要过一段时间,我们才能看到新技术的全部影响(Chadwick 2006, 2017; Shah, Kwak and Holbert 2001)。与此同时,这些新技术又影响着社会生活,并引发了一系列紧迫的问题。

数字化悖论:网络媒介的影响

由不断发展的互联网、移动通信和社交媒体所构成的"三重革命"(Rainie and Wellman 2012)对日常生活产生了深远的影响。对大多数人来说,这是一件好事。为了纪念万维网(使大多数互联网流量得以运行的软件)诞生25周年,皮尤研究中心(Pew Research Center 2014b)调查了美国人对互联网的使用情况以及他们对互联网的影响的看法。总体而言,76%的用户认为互联网给整个社会带来了积极影响。高达90%的用户表示,互联网对他们个人来说是一件好事。除了肯定互联网在工作方面的重要性之外,三分之二(67%)的受访者表示,互联网加强了他们与家人和朋友的关系。超过三分之二(70%)的人表示,他们在网上受到过友好或慷慨的对待。只有25%的人表示,他们在网上遭遇过不友好的对待或攻击。互联网已经成为日常生活的一部分,将近一半(46%)的人表示很难或几乎不可能弃用互联网。

然而,随着互联网的成熟,许多学者和普通人开始质疑它对社会的影响。在本章中,我们列举了一些新的困境,重点关注社交媒体及其造成的意外后果。

社交媒体逻辑与算法权力

脸书、Instagram 和推特等社交媒体平台是最流行的互联网产物之一(见图9.1)。这些平台将数字化的人际传播要素与传统的媒体形式相结合,使用户能够创造、分享和回应内容。范·迪克和波尔提出了"社交媒体逻辑"的四个关键要素——可编程性(programmability)、流行机制(popularity)、互联性(connectivity)和数据化(datafication)。它们构成了社交媒体平台的策略、机制和经济基础。我们可以从几个构成要素出发来理解社交媒体的影响。

可编程性是"社交媒体平台触发和引导用户进行创造性或交流性贡献的能力,而用户通过与这些编码环境的交互,可能会反过来影响这种平台所激活的传播和信息流"(Van Dijck and Poell 2013:5)。可编程性的技术要素包括计算机代码、算法以及与各个平台相连的接口。用户要素包括人们在使用这些平台时所做的选择和反馈。

流行机制包含技术要素(如算法)和用户行为。每个平台都为人、主题和事物提供了量化和提升人气的机制。社交媒体鼓励用户与他人接触,从而为平台带来更多的流量。"点赞""关注""转发"等机制都可以量化人气,并鼓励人们进一步提升人气。

互联性包括将人与人、人与内容、广告商与用户联系起来。最后一项尤为重要。这可能涉及好友列表、订阅频道或用户"关注"的播放列表,具体机制依平台而定。借助这些机制,广告商可以在一定程度上根据用户通过这些连接关系进行的选择来准确定位自己的目标客户。

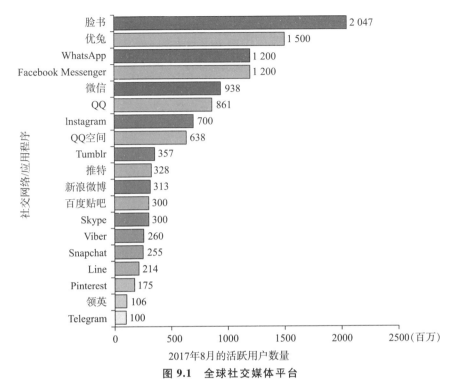

图 9.1 全球社交媒体平台

以脸书旗下的产品和谷歌的优兔为主的社交媒体平台具有巨大的影响力。随着这类平台的大量涌现,许多观察家呼吁出台新的监管措施,以规范平台的运作方式。

来源:Statista[2017]。

数据化涉及对数字化活动的全方位量化处理,包括用户查看了哪些内容及查看了多长时间、用户建立了哪些联系以及哪些内容能够引起反应。这不仅包括用户自愿发布的所有构成"个人资料"的数据、照片和其他内容,还包括用户被动提供的元数据,如智能手机生成的时间戳(time stamps)①和全球定位系统(GPS)产生的位置信息。将收集来的"大数据"提供给广告商,成为社交媒体平台的经济命脉。

鉴于社交媒体的基本逻辑,这些平台并不是"中立"的。它们不仅会引导用户采取某些类型的行动,还是企业追踪用户的关键机制。记者

---

① 时间戳是使用数字签名技术生成的数据,包括原始文件信息、签名参数、签名时间等信息。时间戳的主要目的在于借助一定的技术手段,对数据产生的时间进行认证,从而验证这段数据在产生后是否经过篡改。

约翰·兰彻斯特(John Lanchester 2017)指出:"脸书不仅有广告业务,还有监控业务。事实上,脸书是人类历史上最大的一家监控公司。它对你的了解远远超过了最具侵入性的政府对其公民的了解。"

算法是社交媒体逻辑的一个重要组成部分。简单来说,算法是一种软件代码,可以在没有人为干预的情况下完成各项任务。程序员会为算法的运行方式编写指导规则,无须进一步干预,算法就能用于处理海量数据、搜索、排序和推荐等工作。有时候,算法可能会造成令人担忧的意外后果。

例如,脸书上的广告会被用于种族主义的目的。脸书的自动化广告投放系统以算法为依托,基于用户在平台上阅读、分享和写作的内容,以及这些活动对用户的意义,对用户的兴趣进行识别。这一自动化过程的结果是,数以万计的广告投放类别让广告商可以将信息精准地传递给对其产品感兴趣的用户。其中,大部分广告无伤大雅。如果你在一场说唱音乐演唱会上发布了一张自拍,你可能会被标记为某个地方的音乐爱好者,然后接收到有关新发布的音乐或者即将在你所在地区举行的演唱会的广告。但是,这个系统一旦建立起来,基本上无须人工干预就可以自动运行,这使得它很容易受到偏见的影响和遭到滥用。为了证明这一点,记者们在脸书上投放了广告,其目标是被脸书算法识别为对"仇恨犹太人者"等话题感兴趣的人。结果,脸书在 15 分钟内就批准了这些广告(Angwin, Varner and Tobin 2017)。谷歌同样允许广告商根据用户在搜索栏中输入的内容来锁定目标人群。结果,他们同样允许对搜索种族主义内容(比如,"黑人毁了一切",或者"犹太寄生虫")的人群投放广告(Kantrowitz 2017)。记者们还发现,脸书的广告系统可以用于阻止向少数族裔投放住房广告,这可能违反了有关公平住房的法律,该法严禁住房广告歧视(Angwin & Parris 2016)。在这两起事件中,记者联系了脸书后,公司表示修改了程序,以防止未来再次发生这种情况。

由于算法处理大数据时的计算量巨大,涉及很多不同的变量,因此算法的创建者往往并不清楚它们是如何运行的以及将会得出什么结果,这赋予了算法一定程度的自主性。同时,由于算法通常受专利保护,公司以外的人也无法得知算法是如何编写的,这使得它们具有一定的保密性。用户通常没有意识到——或者根本没有考虑到——算法的存在,因此,算法具有相当大的权力(Beer 2009; Pasquale 2015; Turow 2006)。

我们经常看到算法的各种产物,包括脸书的动态消息服务、谷歌的搜索结果和地图路线、"猜你喜欢"的音乐或电影建议、"你可能认识的人"的提示,类似的例子不胜枚举。它们通常带来了便利,提醒你关注可能感兴趣的某个乐队、新产品或人。然而,我们即将看到,算法同时也是最大的数字化悖论的核心所在。与其说它是一个技术问题,不如说它是一个社会和政治问题。这需要我们思考一个问题:我们希望数字媒体如何运作?

新闻业的危机

互联网公司凭借技术之力,颠覆了现有的产业,削弱了传统新闻业的经济基础(Franklin 2011;Jones 2009;McChesney & Pickard 2011;Meyer 2009)。随着用户纷纷转向"免费"的在线内容,过去支撑报纸新闻业的订阅量大幅下降。作为新闻组织主要收入来源的纸媒广告也流向了互联网。克雷格列表网站(Craigslist)和易贝(eBay)取代了报纸分类广告,而谷歌、脸书和网络广告经纪人则取代了传统媒体的展示广告(display ads)。随着用户和广告商都转向了互联网,出版商也决定跟上他们的步伐。

独立的新闻网站提供了免费的在线内容,这强化了人们对免费获取新闻的期待。而一些媒体则开启付费墙模式,试图挽回损失的收入。为了接触更多的读者,出版商允许自己的内容出现在脸书和其他平台上,这使得"分布式内容"(distributed content)变得十分普遍。遗憾的是,在从社交媒体上看到新闻报道的人中,大约三分之二的人都记得他们是在哪个社交媒体上看到的,但只有不到一半的人记得哪家新闻媒体是最初的发布者(Kalogeropoulos and Newman 2017)。尽管如此,出版商争相创作的内容还是要符合这些平台的格式和内容偏好。当脸书的研究发现用户更喜欢视频而非文字时,新闻媒体应该"转向视频"的呼声就会随之而来。例如,以冷静的政治报道而闻名的《华盛顿邮报》也开始制作有脚本的搞笑视频,试图通过分布式内容来吸引更多的用户(Bilton 2017)。

这与新闻组织过去的运作方式不同。在传统的新闻网站上,无论是纸质报纸还是在线网站,都会向用户提供一整套内容。用户可以浏览标题,查看体育版面,然后深度阅读一篇专题报道。这些内容都来自一家新闻媒体。这意味着媒体的编辑人员需要提供全方位的信息和新闻,以及有关生活方式和娱乐的轻量报道。但是,就分布式内容而言,每篇报道或者每个视频必须独立存在。用户点进脸书或苹果新闻平台查看内容时,无须退出就能浏览许多不同媒体的内容。他们可能不会点开《华盛顿邮报》关于医疗改革的严肃**报道**,但是会看一段有趣的视频。当新闻媒体的经济效益越来越依赖单篇文章的点击量"成绩"时,新闻业的动态就发生了改变。有了衡量读者在线行为的指标后,编辑在决定哪些报道值得分派或撰写时,难免会受到报道可能的受欢迎程度的影响。

互联网并没有像一些人预测的那样绕过把关人,而是创造了一种新的把关人。正如一项与此相关的新闻研究所述:"脸书、Snapchat、谷歌和推特等公司正在迅速取代传统出版商的角色……这些公司的角色不仅仅是分发渠道,它们还控制着受众看到的内容、因受众的关注而获益的对象乃至流行的新闻格式和类型。"(Bell and Owen 2017:9)与此同时,正如我们在第三章中看到的,印刷新闻业的工作岗位持续减少,报纸纷纷停刊,即便互联网新闻业的就业人数增长,也无法抵消其他领域的失业人数。裁员冲击着地方和各州的新闻组织,使得有关市政厅和州议会大厦的报道寥寥无几乃至绝迹。

一些学者尝试提出更加积极的论调,认为其他方面的发展足以抵消新闻组织所面临的经济和技术挑战(Alexander, Breese and Luengo 2016)。例如,一代高素质的新闻工作者开始使用新的数字新闻工具。他们声称,面对经济和技术的考验,虽然传统的新闻机制难以为继,但更重要的是,新闻业依然有力地守护了我们的文化目标。在数字世界中,帮助公民参与民主生活、追究当权者的责任依然是新闻业存在的理由。只是网络的发展使这些任务比以往任何时候都更难以完成。

信息失真:虚假信息和回声室

2018年,佛罗里达州帕克兰市的一所高中发生了一起大规模枪击事件。有关这一事件的新闻发布47分钟后,一个以种族主义和反犹内容而闻名的匿名聊天板上出现了右翼立场的帖子,内容是这次事件的应对方案。他们计划通过散布谎言来影响公众对该事件的看法,谎称事后接受采访的学生是"危机演员"(crisis actor)①——假装成学生的表演

---

① 原指演习训练中扮演灾难受害者的表演人员。

者,该事件则是一起"假旗"(false flag)行动①,其目的是为限制枪支争取支持。右翼激进分子在其他场合也使用过这种策略,包括在康涅狄格州的桑迪·胡克村和科罗拉多州的奥罗拉发生的枪击事件。在随后的几个小时内,他们搜索了学生们的社交媒体讯息,试图寻找任何可以用来对付学生的内容。他们还编造了各种嘲讽学生和质疑事件真实性的迷因(memes)②,并把开枪者的照片亮度调暗,使其肤色看起来不会显得太白。随后,右翼阴谋论电台主持人亚历克斯·琼斯(Alex Jones)在他的节目《信息战》(*Infowars*)中提出了"假旗"事件的可能性。当发帖者发现有一个学生是一名联邦调查局特工的儿子后,很快以此为"证据",宣称这起事件是联邦调查局发起的大规模反特朗普运动的一部分。这些推文和梗在社交网络上快速传播,小唐纳德·特朗普甚至给一条关于所谓反特朗普运动的推文点了赞。随着这些谬论的传播,被这些攻击性言论激怒的人们开始进行反击,却在无意中帮助它们在互联网上传播开来。在一周之内,优兔上最"热门"的视频给这位联邦调查局特工的儿子贴上了假"演员"的标签。在另一个右翼论坛上,一个经常发帖的人在帕克兰枪击案发生后的第二天这样写道:"外面正在发生一场战争……而枪战只是其中的一部分。真正的武器是信息,攻击的对象是大脑。"(Timberg and Harwell 2018;Yglesias 2018)

  少数匿名用户有能力影响有关重大问题的全国讨论,这足以说明社交媒体的力量。去中心化的互联网不再像传统媒体那样有控制信息的把关人,从而为民主参与和"参与式文化"带来了希望(Jenkins 2009)。但讽刺的是,高度集中化且归企业所有的社交媒体应运而生,它们可以展示用户创作的内容、主持讨论和促进网络联系。其中不乏有益的影响:慈善机构可以为它们的项目众筹资金;激进人士可以利用推特来组织反对专制政权的活动;市民可以建立脸书群组,推动社区问题的解决;业余爱好者可以在优兔上分享他们的创意,并发布有关一系列绝妙主题的 DIY 教学视频;Reddit 用户可以从主题众多的子论坛中获得有用的宝贵信息。

333

---

① "假旗"行动,又叫"伪旗"行动,是一种隐蔽行动,指通过使用其他组织的旗帜、制服等手段误导公众以为该行动由其他组织执行。
② "memes"是一个网络流行语,指在同一个文化氛围中,人与人之间传播的思想行为或者风格。译为"模因"或"迷因"。

这幅图展示的是一个右翼倾向的梗,它试图诡称悲惨的大规模枪击事件实际上是自由派的一场表演,充斥着扮演受害者的"危机演员"。这类信息试图播下怀疑新闻真实性的种子,助长分裂之势,打压有关枪支立法的呼声。

然而,由于社交媒体平台的运作方式,在绕过传统新闻媒体把关人的情况下,信息(包括虚假信息)都可以在社交网络上畅通无阻地快速传播(Cacciatore, Scheufele and Iyengar 2016)。首先,为了满足广告商的需求,社交媒体平台利用算法将用户划分为很多小众群体,并把用户推向他们一直喜欢的同一种内容。其次,面对丰富多样的内容,用户可能只会选择与他们的观点一致的信息。最后,在自己选择的在线社交网络中,用户也只会和志同道合的人互动。这可能会造成"回声室"(echo chambers)(Sunstein 2002)或者"过滤泡"(filter bubbles)(Pariser 2011)现象,即用户无法接触到其他观点,而他们现有的观点却不断得到强化。如果用户给基于某个立场来讨论社会或政治问题的报道或视频点了赞,算法就会给他们推荐类似的报道,并减少相反的观点。如果用户"关注"了分享他们认同的政治内容的推特账号或"订阅"了相关的优兔频道,他们就会源源不断地收到同类信息。随着时间的推移,脸书的动态消息、推特流、优兔推荐和其他信息源共同强化了某一种观点。

有时候,传播假新闻并非出于政治目的。吸引受众并将他们贩卖给广告商,也能让人获利。有一篇新闻报道对一系列支持特朗普的捏造性报道进行了追踪,发现源头是一家网站,其创建者来自苏联加盟共和国格鲁吉亚,是一名22岁的计算机科学专业的学生。这名学生表示,他起初试图宣传希拉里·克林顿,但他的网站并没有获得多少浏览量。于是,他转而宣传唐纳德·特朗普,并采取"标题党"风格的报道,比如"哦,我的天!特朗普将发布摧毁奥巴马的秘密文件!"结果,网站的流量和收入猛增。他表示:"对我来说,一切都是为了收入。"(Higgins, McIntire and Dance 2016)

对这个新现象的一种理解是把它看成数字化时代的"有限效果"模式(Bennet and Iyengar 2008, 2010)。从这个角度来看,社交媒体对政治传播的影响是有限的,因为用户能够自主地选择他们要接触什么内容,而算法只能提供强化现有态度和信念的内容。不过,这样的论断所受到的批评和早期的有限效果论类似:它们过分强调改变人们思想的重要性,而低估了强化现有观点的重要性。相比之下,一些研究表明,"高选择权和意识形态多元化的媒介环境"加上对负面政治广告的接触,会加剧用户观点的两极分化(Lau et al. 2017)。此外,一些学者认为,正是这种使信息迎合现有信念的能力,使得互联网,尤其是社交媒体在当前的政党纷争时代成为一种强大的因素(Sunstein 2002)。脸书这样的公司正是通过扩大用户规模、提高用户的平台参与度以及向广告商贩卖他们的注意力来获利。而能够识别具有用户吸引力的内容的算法,最终可能会传播煽动情绪、激发憎恶、骇人听闻或引发争议的内容(Tufekci 2018)。煽动情绪有助于提高人们的参与度,而冷静讨论通常不起作用。

解决自动推荐同质化内容的问题并不是一件容易的事。脸书曾试图设置"管理员"(curator),通过人工干预的方式为其网站侧栏的"热门话题"挑选重要报道,但这种做法很快引发了争议。一名匿名员工声称,管理员存在压制保守派新闻报道的系统性偏见(Nunez 2016),保守派激进人士也做出了回应。极右翼网站布赖特巴特检查了这些脸书员工的社交媒体账号,把他们提供的自由派内容当作他们普遍存在反右翼偏见的证据。尽管一项内部调查"没有发现任何证据表明该报告是真实的"(Zuckerberg 2016),但脸书最终还是妥协了,解散了团队,重新调整了热门栏目。为了缓解右翼人士的顾虑,脸书还举办了一场由马克·扎克伯格和知名保守派人士参加的公开会谈。最终,脸书恢复了该栏目的算法推荐机制。

这些新现象的后果有多种可能。在最温和的情况下,人们可能只是对现实有一个扭曲的认识,没有考虑到相反的观点。然而,一旦虚假信息和攻击他人的谎言进入信息网络,潜在的负面后果就会逐步升级。至少,最近几年的党派僵局在很大程度上可以归因于这种"活跃"的信息环境——具有高度煽动性、高度选择性并常常具有误导性或虚假性的信息在其中持续不断地传播。在最糟糕的情况下，这些行为可能会冲击民主的合法性。

计算式宣传：煽动性内容和推特机器人

脸书自己发布的研究表明，社交媒体平台可以影响选民的登记率和投票率（Bond et al. 2012；Jones et al. 2016）。在2012年的选举周期内，脸书公司进行了一项覆盖6100万脸书用户的随机对照实验。当公司调整了一些用户的动态消息内容后，投票人数增加了34万以上，这是一个非常庞大的数字。2016年，脸书临时设置了一个简单的提醒功能，鼓励人们登记投票。随后，选民登记人数激增（Chokshi 2016）。这两个例子提醒我们，要注意社交媒体的潜在力量和被滥用的可能性。

计算式宣传也可干预选举。计算式宣传"利用算法、自动化和人为策划，在社交媒体网络上有意传播误导性信息"（Woolley and Howard 2017：6）。尽管它对选民投票率或选民偏好的影响尚不明确，但干预选举的目的是帮助特定的候选人赢得总统大选。

牛津大学有一个由12名研究者组成的国际团队，他们对计算式宣传当前的情况进行了概述。研究者对9个国家的计算式宣传进行了案例研究，包括美国、巴西、乌克兰和俄罗斯等。他们采访了65位该领域的权威专家，确定了脸书、推特和微博上的大型社交网络，并针对选举和政治危机背景下的强宣传时期，分析了七个社交媒体平台上的数千万条帖子。研究者指出，这些社交媒体账号之所以重要，是因为在一些国家，"脸书等公司实质上是公共生活的垄断平台"，是"年轻人形成政治身份的主要媒介"（Woolley and Howard 2017：2）。

研究者发现，普遍的计算式宣传存在不同的策略，在不同的环境下会呈现出不同的特点。在威权国家，"社交媒体平台是社会控制的主要手段"，一些平台受到政府和针对该国公民的造谣运动的控制或有效支配。在一些民主国家，倡导者或外部势力会利用社交媒体平台来操纵大范围的舆论或针对特定的人群。在这种情况下，大量虚假账号被创建和管理，从而制造出公众普遍支持或反对某一议题或某位竞选者的假象。（对脸书和谷歌来说，虚假账号带来了更广泛的问题。它们根据广告的点击量来向广告主收费，但众所周知，点击量中的很大一部分都是由使用虚假账号的推特机器人伪造的。广告行业的出版物《广告周刊》[*Ad-*

Week]估计,在线广告每花费六美元,就有一美元用于欺诈性点击[Lanchester 2017]。)

研究者指出:"最强大的计算式宣传同时涉及算法推送和人工干预,它是机器人和人为制造的煽动性内容共同作用的产物。"(Woolley and Howard 2017:5)他们指出,用于政治操纵的社交媒体机器人"也是加强在线宣传和仇恨运动的有效工具。一个人或一小群人可以指挥一大群推特上的政治机器人,制造出大范围共识的假象"(Woolley and Howard 2017:6)。

右翼组织和机构是美国大多数虚假信息的源头(Howard et al. 2017)。在 2016 年总统选举期间,推特上的特朗普支持者传播的垃圾新闻花样最为丰富,其数量比其他群体加起来还要多。在脸书上,极右翼团体也做了同样的事情。

仇恨与审查

2015 年 5 月 18 日上午 11 点 38 分,美国总统巴拉克·奥巴马在新开通的推特账户 @potus 上发布了他的第一条推文。当时,总统发推特还是一件新鲜事,他友好地发布了第一句问候:"你好,推特!我是巴拉克。真的!"只过了 10 分钟,就出现了带有种族歧视色彩的称谓。11 点 48 分,有人回复:"抓到一只癌症黑鬼。"(Badash 2015)新技术使过去的种族主义再度泛滥,推文(Cisneros and Nakayama 2015)、病毒视频(Gray 2015)、迷因(Yoon 2016)乃至搜索引擎的结果(Noble 2018)等最新的媒介内容中都充斥着种族主义的论调和形象。的确,种族主义仇恨已经遍布整个互联网(Jakubowicz et al. 2017)。

种族主义和更广泛的仇恨情绪似乎在网络空间中十分盛行。在美国国内,各种各样的仇恨团体利用互联网搜集、组织和传播谎言。在全球范围内,恐怖组织也做着同样的事情。这些团体过去依靠主流媒体来进行宣传。正如巴奈特和雷诺兹指出的那样,恐怖主义行动主要是为了吸引"新闻媒体、公众和政府的注意。正如关于"9·11"的报道所示,媒体几乎采用了任何可以想象到的方式来传播恐怖分子的信息"(Barnett and Reynolds 2009:3)。一些批评者认为,主流新闻媒体时常间接地帮助恐怖分子宣传他们的不满和实力。然而,近年来,恐怖分子更加依赖自己的媒体。互联网为全球恐怖组织及其支持者提供了通过优兔等社交媒体平台和他们自己的网站进行交流的机会,其形式包括讨论小组、视频、政治文章、指导手册和领导人演讲(Seib and Janbek 2011)。他们还可以使用互联网进行加密通信。

如果互联网公司不解决这些最严重的问题,民选官员就会考虑采取可能的监管措施。在这一紧要关头,拥有这些平台的公司开始介入,试图识别和阻止"假新闻"和仇恨网站。谷歌的首席律师公布了在优兔平台上打击恐怖主义内容的新措施,包括为"可信任标记"项目雇用更多的员工。它还将投入"更多工程资源,用于我们最先进的机器学习研究,进而开发新的'内容分类器',帮助我们更快地识别和删除有关极端主义和恐怖主义的内容"。换句话说,公司将调整它们的算法(Walker 2017)。推特也宣布,它已经关闭了近30万个"宣传恐怖主义"的账号。其中,只有不到1%的账号是政府要求关闭的。推特正在充当审查者的角色,在政府干预之前就先发制人。2017年,弗吉尼亚州夏洛茨维尔发生了另类右翼示威者实施的暴力行动。在冲突中,这些示威者杀害了一名反示威者。脸书随即采取行动,关闭了与该运动相关的一系列账号,包括"右翼敢死队"(Right Wing Death Squad)和"白人民族主义者联盟"(White Nationalists United)。一天前,它还关闭了用于组织集会的页面"团结右翼"(Unite the Right)(Herrman 2017)。2018年,当脸书的首席执行官马克·扎克伯格在国会的各委员会作证时,他承认"一些监管措施是不可避免的"(Kang and Roose 2018)。

这些事件共同暴露了在私有的社交媒体平台上进行公开讨论的矛盾之处。谁能决定哪些观点值得关注或应当被驱逐?在公民生活,即公共领域中,第一修正案保障言论自由、反对政府施加控制的企图。然而,在谷歌和脸书的私人领域中,第一修正案并不适用。私人企业决定了言论的边界。政府是否应该以及如何监管这类平台——是迫使它们采取更多的措施来消除极端主义仇恨的内容,还是坚决遵循言论自由的标准,将是未来几年需要我们持续关注的问题。正如达尔所言:"我们不能相信数字平台的自我监管……因为这有悖于它们最大化股东利益的首要目标。"此外,他警告道:

> 没有简单易得的答案,但如果对这一新的互联网现象视而不见,我们的未来将继续面临严重的危险。美国政府和我们的监管机构需要了解数字平台是如何成为武器的,它们如何被错误地用于攻击美国公民,以及同样重要的是,攻击民主本身。(Dhar 2017:728)

社会自我管理

一些最出名、最吸引人的社交媒体功能设计者后来一直在谴责这些功能的负面影响。脸书的工程师杰森·罗森斯坦(Jason Rosenstein)设计出了"点赞"按钮。他说:"人类的发明总是出于好意,但又会产生意想不到的负面后果。"为了防止互联网成瘾,他现在走向了一个极端:"我们现在对这件事情的讨论之所以特别重要,我认为原因之一是,我们可能是能够记住过去生活的最后一代人了。"特里斯坦·哈里斯(Tristan Harris)是一名前谷歌员工,他后来成为一位公共评论家。他认同这种看法:"我们的一切思想都可能被劫持。我们的选择并不像我们想象的那样自由。"(Lewis 2017)

一想到互联网平台对政治、社会和经济的影响,我们就很容易忽略其对普通用户的潜在影响。然而,越来越多的社会心理学研究在探讨社交媒体的使用如何影响用户。基本的社交媒体逻辑也驱动着这些影响。

当一种产品或服务的价值随着使用人数的增加而增加时,"网络效应"就产生了。社交媒体就是一个例子。对用户来说,当他们认识的其他人也使用某个平台时,该平台的收益就会增加。对拥有这些平台的公司和使用平台来锁定潜在客户的广告商来说,越多人加入和保持活跃,它们的收益就会越多。从社交媒体公司的视角来看,它们的目标永远是吸引更多的用户,并保证现有的用户尽可能地在线,以便向广告商贩卖他们的注意力。要想实现这些目标,就需要提高用户的参与度(engagement),鼓励他们积极参加(participation)和卷入(involvement)各类网上互动过程。

其一,为了提高参与度,社交媒体鼓励用户进行自我披露,希望消除公共和私人身份之间的界限。互联网用户"熟练地"接受了隐私权的丧失——我们常常不仔细阅读就"接受"了隐私条款。(一项研究估计,如果普通用户把他们在互联网上收到的每一份隐私和数据使用条款都读一遍,他们每天就要花40分钟——一年就是244个小时[McDonald & Cranor 2008]。)在注册账号时,平台通常会提示用户创建个人资料,公开他们的部分信息。这些资料往往鼓励人们以他们消费的产品来定义自己,比如喜爱的电影、音乐、书籍等。

其二,社交媒体鼓励自我宣传:告诉别人你的想法,你在做什么,你要去哪里,你在消费什么(Curran et al. 2016)。在社交媒体平台上发布的帖子、图片、链接等内容马上就会被商品化和用于吸引更多人的注意力,从而将他们贩卖给广告商。从某种意义上说,使用脸书、推特或Reddit等社交媒体平台的任何人都在免费为这些公司工作,因为他们的活动有助于吸引他人,从而为这些公司增加价值。

不过,用户生成内容的具体特征并不重要,真正有价值的是由此促成的他人参与。米勒(Miller 2008)指出,例如,

> 在从博客、社交网络到微博的转变中,我们看到网络行为者之间的对话和沟通发生了改变。网络过去的目的是促进实质性内容的交流,但它现在的首要关注点是维护网络本身。(Curran et al. 2016:158)

这张大概拍摄于1900年的照片表明,自拍并不是什么新鲜事。但是,今天的自拍时常被发布在网上,从而模糊了私人和公共之间的界限。

追踪每个用户的"关注者"或"好友"数量凸显了这一关注点。这些数字有助于培养一种"微名人"的意识。对一些人来说,它们可以成为衡量人气的有效指标。为了最大限度地提高人气而精心塑造自己的公共形象,成为社交媒体上的一个普遍现象。这个过程具有互惠性,例如,关注那些关注你的人,转发他们的推文,并期待别人也转发你的推文等,这有助于提高参与度。算法也创造了一个旨在提高参与度的无止境的反馈闭环。平台利用之前的用户行为数据,生成实时的预测性分析,由

此获得更多有望吸引用户的人、内容或主题。这让人们对社交媒体的使用变得欲罢不能。

缺乏现实世界的互动而纯粹通过社交媒体建立和维持的社交关系，更可能是一种缺乏或者毫无承诺的便利关系（Curran et al. 2016）。在现实世界中，社交往往是不可避免的。比如，和家人、同事、邻居以及同学的交往。管理社交关系则需要社交技能，如果做不到这一点，就会造成一定的后果。而在网上，社交要容易得多。用户可以通过屏蔽或"取关"某人，迅速化解任何重大的麻烦。这种情况和社会学家齐格蒙特·鲍曼（Zymunt Bauman）经常提到的对于当代生活的观察（他称之为"流动的现代性"）有所不同："在流动的现代生活中，没有永恒的纽带，我们在一段时间内占有的任何东西都只能松散地联系在一起。当形势发生变化时，它们就会快速且轻易地再度解绑。"（Gera 2017）社交媒体似乎是为这种情况而设计的。

研究表明，用户对社交媒体和互联网的使用体验是复杂多样的，这取决于他们带入体验的社会因素。一项研究的元分析发现，用户的体验通常是好的，人们可以从中找到相似的人，从与他们的互动中获得正面的社会支持，并形成一种共同体意识和满足感。反过来，社会支持感的增强又会带来生活质量的提高（Oh, Ozkaya and Larose 2014）。

另一项针对现有的社会心理学研究的元综述表明，使用脸书的动机包含两个基本方面：（1）为了增强自我价值感而寻求群体归属的需要；（2）向他人展示自我的需要（Nadkarni and Hofmann 2012）。由于这些因素的存在，人们会修饰自己的网络形象，向他人展示"最好"的一面，就像我们在日常的面对面互动中所做的那样。这种形象并不是虚构的。用户通过线上活动（尽管他们的情绪往往表现得更加稳定），呈现出相当准确的个性画像。而且，他们在线下的个性特征也会在线上得到延续。例如，在线下性格外向的脸书用户往往比内向的用户拥有更多的线上"好友"。不过，线上的自我常常是用户心目中符合社会期待的身份，他们渴望在线下拥有这种身份，但尚未实现这一点。

当一些人混淆了理想的线上自我与真正的现实自我时，可能会出现负面的心理后果。一系列研究表明，将自己与理想的在线形象进行比较会让用户产生嫉妒、不满的情绪，他们会特别在意自己在生活中的缺陷（Appel, Berlach and Crusius 2016）。例如，一项针对大学生的研究发现，在社交媒体环境下,和他人进行负面的比较会使个体陷入自我苛责的危险。这些用户会反复琢磨自己的问题,这可能会导致抑郁症状(Feinstein et al. 2013)。另一项纵向研究同样发现,使用脸书与幸福感呈负相关。在脸书上点赞、点击链接或状态更新的次数越多,自我报告的心理健康状况就越差(Shakya and Christakis 2017)。

脸书发布的研究表明,脸书用户表达的情绪会影响其他用户的情绪,这一过程被称为"情绪传染"(emotional contagion)(Kramer, Guillory and Hancock 2014)。研究者试图通过调整部分动态消息的内容,来考察这种效应。结果发现,当他们减少动态消息中的正面内容时,人们发布的正面信息也会相应减少。当他们减少动态消息中的负面内容时,负面的帖子也会随之减少。(作为一项操纵人们情绪的研究,出于伦理层面的考虑,这篇文章在发表时附上了一则"编辑部关切"。)

尽管公众经常认为社交媒体的使用与抑郁症之间存在因果关系,但事实可能恰恰相反。一项研究试图将使用脸书前的心理特征和使用脸书的影响分离开来,结果发现,已经陷入抑郁的人可能会把社交媒体当作一本数字日记:一个不必考虑受众的自我表达渠道。对一些人来说,这样做是把社交媒体当作疏解消极思想的安全阀。而另一些用户可能会使用脸书来建立社交关系,从而帮助自己对抗抑郁症状(Scherr and Brunet 2017)。在这两种情况下,使用社交媒体对有抑郁症状的人来说都是有益的。

还有更为罕见的情况。一些分析者认为,之前就存在心理健康问题的人可能会沉迷于互联网,就像他们可能会沉迷于赌博一样。这种"成瘾"的表现包括:沉迷于使用互联网;反复尝试减少使用但未成功;试图减少使用时出现的情绪障碍;超过计划或期望的使用程度;谎报使用程度;过度使用达到危及事业、学业或人际关系的程度(Christakis 2010)。不过,这些观点批评的实际上是对互联网的**滥用**,而不是对互联网的正常使用,正如酗酒并不能说明适度饮酒一定是不好的。

结论

我们介绍了媒介影响社会世界的一些方式,并提到了社会科学家对这些影响的一些理解。在当代社会,媒介无疑改变了大多数人的生活方式。为了在使用媒介的过程中发挥其优势,同时尽可能降低其负面影响,我们应该深入理解媒介是如何对我们产生影响的。

讨论题

1. 以下理论模式的主要论点是什么?你觉得哪一个更可信?为什么?

   A. 有限效果论　　　　　　B. 议程设置理论

   C. 沉默的螺旋　　　　　　D. 涵化理论

2. 什么是媒介化?这个概念与其他媒介效果理论有什么区别?

3. 你认为可以采取什么措施来对抗政治媒介化的负面影响?

4. 你认为我们今天面临的最大的"数字化悖论"是什么?为什么?

5. 有没有什么媒介影响是本章没有提到而你认为特别重要的?如果有,请说明。

已 # 第六部分 结 语

第十章　全球化与媒介的未来

20世纪60年代中期,加拿大文化学者马歇尔·麦克卢汉写道,随着电子媒介的兴起,"人类已经将自己的中枢神经系统扩展到了全球范围"(Marshall McLuhan 1964:19)。麦克卢汉认为,电子媒介的发展标志着人类历史的一个新阶段。有史以来第一次,物理距离不再是一个障碍,全球范围内的即时大众传播成为可能。麦克卢汉普及了"地球村"的概念。根据这个概念,人们在全球范围内表达自己声音的同时,彼此之间的距离也将大大缩短。麦克卢汉认为,这样的信息环境"促进彼此的承诺和相互参与。我们已经不可逆转地成为彼此的一部分,并对彼此承担责任"(McLuhan and Fiore 1967:24)。麦克卢汉是在互联网出现之前提出这些观点的。但后来的互联网爱好者呼应了麦克卢汉的观点,他们把这种新媒介看作促进全球理解与和平的一种方式。

自从麦克卢汉发表这些观点以来,全球媒体已经逐步实现了真正的全球化。世界范围内几乎所有的主要传媒公司都有面向全球受众的国际业务。例如,21世纪福克斯就拥有"包括福克斯电影、国家地理频道、福克斯新闻台、福克斯体育台、FX有线电视台、印度星空台、Hulu流媒体平台和天空电视台在内的一系列全球视听品牌……以大约50种语言为170多个国家的10亿用户提供服务"。每当有重大赛事举办时,全世界会有亿万观众同时观看;据估计,2016年里约奥运会的部分电视报道有36亿观众,这个数字接近世界人口的一半(Baker 2016);谷歌在50多个国家设有办事处;推特有34种语言版本;脸书有21亿月活跃用户,日活跃用户达14亿。互联网的广泛使用已经成为一个全球性现象。截至2018年,全球有超过42亿人上网,超过世界人口的一半(Internet World Stats 2018)。

然而,媒介日益全球化的后果并不像麦克卢汉希望的那样简单直接。事实上,媒介全球化的发展趋势充满了模糊性和矛盾性(Lule

2017）。一些发展带来了麦克卢汉所设想的那种积极变化，但另一些趋势造成的后果令人警惕。无论是好是坏，也无论媒介未来会向哪个方向发展，全球面向已经成为传媒产业的一个内在构成要素。因此，对媒介发展的全球面向进行把握，对我们思考媒介的未来具有重要的意义。

本章探讨了媒介全球化的性质和潜在后果。我们已经在前几章中讨论了与媒介相关的一些全球性问题。要把全球化与我们所关注的问题分开是不可能的。在本章，我们将主要探讨以下两个问题。第一，我们把媒介全球化作为一种独特的社会力量来讨论，它既促进了社会变革，又受到全球变化的影响。第二，我们把在本书前几章中为了分析的目的而分开的概念重新整合了起来。在现实世界中，技术、所有权和生产、监管、内容和意识形态以及用户都是密不可分的。为了能够连贯地进行讨论，我们不得不把这些以及其他一些概念分开。不过，在最后一章中，我们在讨论主题之间的转换将以一种更具有整合性的方式进行，因为这样才能更贴近真实而复杂的媒介世界。

什么是全球化？

从广义上讲，全球化涉及一系列正在进行的相互关联的过程，包括金融和贸易的国际化、世界银行之类的国际组织的发展、不断加剧的人员流动、乐施会（Oxfam）之类的跨国非政府组织的壮大以及数字技术的扩散等。"全球媒体"的观念与这些大规模的全球化过程紧密相关。

从媒介的角度来说，我们认为全球化包括两个核心构成要素。第一个与不断变化的地理和物理距离的作用有关。正如我们在第二章中讨论过的那样，随着电子媒介的发展，人们能够超越极远的物理距离进行即时通信。在全球化时代，这个趋势发展到了全球性层面，全球范围内的实时传播成为现实。这种电子传播本身就是全球化的特征之一，同时它也为其他领域的全球化进程提供了支撑。比如，如果没有国际传播网络的话，全球金融和制造业就难以为继。

全球化的第二个维度与传播的内容有关。随着电子媒介和移动设备的普及，来自不同文化的信息和观念、图像、声音，都有可能被那些处于信息发出方文化之外的人接触到。从这个意义上说，如今能够获得文化资源的人口规模要比以往大得多，尽管接触这些内容既可能带来积极影响，也可能造成负面结果。

跨越时空限制

当人类开始绕着地球飞行时,从太空拍摄的照片让人们第一次在一张图像中看到了整个地球的样貌——一个巨大的黑暗空间中的蓝色小球。也许没有什么比这些现在人所共知的照片更能体现全球化的象征意义了。在相机快门的咔嚓声中,人类花了几个世纪才探索和绘制出来的地球的广袤土地,突然显得渺小而脆弱。我们仅用一张照片就能捕捉到非洲平原和美国中西部平原之间的遥远距离,而这或许恰恰表明物理距离其实并没有那么重要。

用一张图片捕捉整个地球的能力,意味着人类在许多方面都在向全球化迈进。物理距离意义上的空间的实际意义已经被大大削弱。到达全球范围内的任何一个角落比以往任何时候都更加便捷,移民、国际旅行和货物运输因此变得极其普遍。当人们移动时,电子通信往往使他们能够与家人保持联系。旅行者、移民,甚至是难民,都可以通过互联网或手机与朋友和家人保持联系。他们还可以收听在线广播电台,观看母语卫星电视节目。通过拨打 Skype 电话,输入电子邮件信息,或通过微博客平台进行交流,旅行者可以消除信息发送者和接收者之间的距离。在某些情况下,电子通信甚至可以使实际旅行的需求不复存在。例如,许多会议是通过在线视频进行的,一些公司的员工在世界各地远程工作。

这些传播活动削弱了空间的重要性,同时也克服了时间的障碍。传播几乎是即时发生的,这意味着我们经常 24 小时不间断地处于媒介世界之中。信息传播的速度不断加快,这导致人们觉得需要习惯性地检查短信、电子邮件或社交网络主页。这样的传播可能是有用的,充满乐趣的,但也可能让人无所适从,充满压力。媒介内容的生产以及我们获取这些内容的速度和便利性都大大提高了,这意味着我们最大的任务往往是在海量的信息中筛选出对我们有用的内容。

跨越文化边界

全球化不仅仅指用于远距离交流的技术创新。此外,也许更重要的是,它还指来自全球不同地区的文化之间的交流和交融。尤其是所谓媒介全球化,指的是作为文化产品的媒介内容能够被全球范围内的用户所获取。联合国贸易和发展会议(UNCTAD)指出了促进全球创意产业发展的五个趋势:(1)国家文化和媒体政策的放松管制;(2)全球收入的增加使得媒体和文化产品的支出增加；(3)技术变革和数字化；(4)全球服务业的兴起；(5)国际贸易的扩张(UNCTAD 2004：5)。这些发展趋势叠加在一起，让跨越文化界限变得更加容易。

让我们通过音乐的例子来进一步阐明什么是媒介全球化。音乐是最容易走向全球市场的媒体产品之一，因为它的语言是通用的。印刷媒体在一定程度上实现了国际化，但语言和文化障碍限制了它们的影响力。为了跨越文化边界，制作者必须翻译印刷媒体，而且必须有大量识字的读者来消费这些产品。相比之下，电视和电影之类的视觉媒体更容易获得全球观众，因为人们不需要识字就能使用它们。不过，这些媒体通常都有对话，制作者必须用当地语言为其配上字幕或配音。然而，即便歌词是用当地人无法理解的外语写的，音乐依然可以跨越国家和文化的边界，在全球范围内进行销售。人们购买的是音乐，而不是歌词。

音乐的全球化至少带来了三个方面的发展。第一，那些过去通常很难超越特定文化的音乐产品，现在更容易被来自不同文化背景的人接触到。实物唱片，特别是CD，在世界各地都可以买到。当地广播电台播放这些作品，让听众能够听到来自世界各地的音乐。对于那些可以上网的人来说，下载和流媒体使他们能获得比以往更多的音乐。

第二个发展是不同文化之间的音乐元素的交流。例如，在传统的非洲文化中，音乐表演是社区活动的一部分。多位鼓手各自敲打一个鼓，让不同的鼓声汇集在一起，并同步移动身体进行舞蹈。西方的爵士乐和摇滚乐鼓手不需要移动，他们通过将不同的鼓集合在同一个鼓架上来调整这种技术。此外，当代非洲流行音乐经常将西方摇滚乐的电吉他与更传统的非洲音乐旋律和节奏相结合。在这两种情况下，艺术家们都在另一种文化的背景下合并和调整了一种文化的组成部分。从这个意义上说，全球媒体压缩了这些不同音乐形式之间的文化距离。

音乐的全球化也导致了第三种发展，即一种融入了许多不同文化的新的、独特的混合形态的音乐。通过使用各种不同的乐器，并把许多文化的旋律和节奏感整合进来，音乐家创造了一种无法与任何单一文化相对应的新音乐，即有时候人们所说的"世界音乐"。对于这种整合是代表了不同文化的积极融通，还是把不同的文化"融合"为某种更具同质化的混合物，评论家们意见不一。不管结论如何，由此产生的音乐类型从某种意义上说是文化全球化趋势的一种反映。

正如我们将要看到的那样，与媒介全球化相关的核心问题之一是文化如何以及在什么样的条件下传播。

媒介全球化的承诺与现实

在麦克卢汉(McLuhan 1964)对"地球村"的设想中,媒体就像一个电子演讲台,各种不同的观点都可以从这里发出。这种观点的多样性反过来又扩大了关于世界不同领域和方面的公共知识的范围。最后,观点和知识的传播可以促进不同国家和文化之间的相互理解。

毫无疑问,今天的新媒介技术促进了更广泛的交流,并使文化产品的分享达到了前所未有的程度。然而,麦克卢汉的地球村理念与现实之间依然存在巨大的落差。在一个日益全球化的世界媒体舞台上,人们很容易为了争夺注意力而迷失在各种声音相互碰撞的喧嚣之中。权力仍然掌握在少数大型媒体集团手中,这些集团对人们可以听见哪些声音具有深刻的影响。此外,全球范围内醒目的经济不平等意味着,即使媒体内容对所有人开放,世界上的大部分人也依然无法获得这些内容。我们再次看到,社会因素凌驾于技术能力之上。

柯兰等人(Curran et al. 2016:7-11)在他们的著作中详细阐述了这一点,并提醒我们"互联网的影响并不完全是由其技术决定的,而是受到社会结构和社会过程的制约"(Curran et al. 2016:7)。他们认为,互联网(以及在此之前的所有媒介)实际上并没有达到那些早期支持者的乐观期望,原因在于存在以下七个方面的关键限制:

1. **世界是不平等的**。数字鸿沟(digital divide),即人们在获取互联网资源方面存在的差距,正是普遍存在的经济不平等的一种表现。
2. **语言把世界割裂开来**。因为大多数人只能讲一种语言,所以,互联网也按照语言被划分为不同的组成部分。
3. **语言是权力的媒介**。那些讲英语的人可以在互联网上接触到更多的人(见表10.1)。而那些只能说相对比较小众的语言的人,往往会被隔绝在广泛的互联网传播之外。
4. **人们拥有不同程度的文化资本**。那些具有良好的教育背景、较好的写作技能和相关专业能力的人,一般都能参与到线上讨论之中;而那些不具备这些能力的人则会被边缘化。
5. **冲突的价值观、信念和利益造成了世界的分裂**。这些相互冲突的价值观也蔓延到互联网上。面对这种局面,专制政府试图控制网络传播。与此同时,各类仇恨团体和极端主义分子也开始大行其道。

6. **民族主义文化限制了互联网上的国际主义倾向**。无论是电视频道以本国事务为核心的做法,还是一些国家通过与世界其他地区保持相对隔绝来维持自身网络的封闭性,互联网的全球主义趋势往往会让位于国家利益和民族文化。

7. **威权政府可以对互联网进行有效管理**。在互联网发展之初,人们曾经希望一个开放的、不受限制的互联网能够推动民主力量的壮大。但随着威权国家在控制互联网接入和传播内容方面越来越有效,这种希望已经被大大削弱了。

由于这些限制,地球村的愿景在很大程度上仍未实现。

在一些人看来,全球媒体的扩张导致了一系列发展,但这些发展产生的后果可能更令人担忧,而不是希望之源。正如我们所看到的那样,媒体的全球化包括规模和影响力空前的高度集中的传媒集团的崛起。一般来说,商业利益,而不是教育关切或利他动机推动了媒体的全球化发展。此外,具有讽刺意味的是,互联网往往被分割为不同的"回声室"和"过滤泡",而这意味着人们常常在这个庞大的传播网络中处于孤立的状态。简言之,地球村的理想是要通过平等分享信息和文化,促进人们之间更深入的相互了解。但这种美好愿望与当今全球媒体现实之间还有相当大的落差。尽管媒体全球化发展的趋势持续地为人们提供着进步的希望,但我们也必须意识到这些诱人的发展所造成的社会影响。下面,我们将主要围绕与媒体全球化相关的四个关键领域展开讨论:所有权、内容、监管和用户使用权的问题。

表 10.1　互联网最常用语言,2018

1. 英语	51.8%
2. 俄语	6.6%
3. 德语	5.8%
4. 西班牙语	5.1%
5. 日语	4.9%
6. 法语	4.1%

（续表）

7. 葡萄牙语	2.7%
8. 意大利语	2.5%
9. 中文（繁简体）	2.0%
10. 波兰语	1.7%
11. 土耳其语	1.3%
12. 荷兰语、佛兰芒语	1.3%
13. 韩语	0.9%
14. 捷克语	0.9%
15. 阿拉伯语	0.6%

所有网站中有一半使用的是英语，英语无疑是互联网上的主流语言。尽管技术将我们联系在一起，但语言仍然是造成互联网隔离的一个重要障碍。只懂英语的人无法理解全世界另一半网站的内容；只懂英语以外的一种语言的人则无法理解互联网上的绝大部分内容。

来源：W3Techs［2018］。

全球传媒产业

我们首先来考察一下所有权的问题。正如我们在本书第三部分看到的那样，为了理解媒体的整体属性，我们必须搞清楚媒体的所有权和生产控制问题。

产品的全球化与产权的集中

截至2018年初，优兔上有史以来流传最广的歌曲和观看次数最多的视频，是由波多黎各艺术家路易斯·方斯（Luis Fonsi）与巴拿马歌手和作曲家埃里卡·恩德（Erika Ender）共同创作，由扬基老爹（Daddy Yankee）演唱的 *Despacito*。这首歌在 Spotify 上的播放量超过 10 亿次，在优兔上的观看次数达到了惊人的 50 亿次——这些数字还在继续增加。这首歌的特点是朗朗上口的流行雷鬼舞曲节奏，音乐视频中加入一个性感模特，配上阳光明媚的波多黎各地方风情，以及唯美的摄影风格。然而，这是一首本来不大可能成为热门歌曲的作品。自从 20 年前的新奇舞曲 *Macarena* 以来，*Despacito* 是第一首在美国流行榜上排名第一的西班牙语歌曲。

这首本来很可能默默无闻的歌曲却跨越语言界限成为大热门,原因何在?有人认为这要归功于互联网流媒体的民主力量,借此作品可以冲破文化界限并对大众口味做出回应。然而,这首歌的巨大成功背后也有一些更常见的原因:在全球市场上对文化作品有组织的营销。这首西班牙语歌曲的录制是环球音乐集团(UMG)拉丁音乐部门正在进行的努力的一部分。而环球音乐集团本身是维旺迪媒体集团的一个部门,它的目标是进入日益增长的拉丁裔市场。"我们正在积极追求能在全球范围内传播的新声音和新音乐,并尊重和加强拉丁文化",环球音乐集团的 Republic 唱片公司总裁说。在向主流电台和媒体推广 *Despacito* 方面,该公司发挥了十分关键的作用(Cobo 2017)。

这首歌在拉丁美洲很受欢迎,并在优兔的全球音乐榜和 Spotify 全球 50 强中名列前茅。但它在美国没有引起什么兴趣,直到与 UMG 有合作关系的流行偶像贾斯汀·比伯(Justin Bieber)录制了一首带有英文歌词的混音版。唱片公司迅速利用这位流行偶像的全球品牌效应,发行并推广了这首混音版,最终使原唱和比伯的版本都登上了国际排行榜。环球音乐集团的负责人指出:"请来贾斯汀·比伯意味着我们可以把一些已经很好的东西,真正提升到某种高度,而这在作品创作之初是不可想象的。"(Savage 2017)(不过,这样的交叉推广并非没有陷阱。当比伯在不知道西班牙语歌词的情况下现场演唱这首歌时,插入了"玉米煎饼"(burrito)和"多力多滋"(Doritos)这样的词语,结果激怒了拉丁乐迷[Bacle 2017])。

所谓"协同效应",指的是利用某项公司资产来促进另一项资产,从而推动两者的共同增长。但这只是媒体集团使用的推广策略之一。这些媒体集团的全球影响力使其拥有庞大的推广策略库,有时甚至可以为特定市场量身定制一套策略。比如,在印度,环球音乐集团的推广活动包括一个名为#DespacitoMovement(这同时也是一个推特标签)的竞赛,其主要内容是邀请粉丝上传自己随歌起舞的视频。粉丝在网上分享视频,实际上为这首歌进行了免费的社交媒体推广。比赛最终选出了一名获胜者,著名的印度编舞家希马克·达瓦尔(Shiamak Davar)为她导演和编排了这首歌的印度版视频。比赛结果和随后的视频在印度媒体上被大力宣传,从而为这首歌又做了一次广告(Radio and Music 2017)。

随着这首歌逐渐在全球范围内获得知名度,唱片公司开始利用它的成功来获得更多关注。通过宣传这首歌曲在流媒体上创纪录的播放量,唱片公司试图不断提升它在主流媒体上的曝光度。

Despacito 的全球成功体现了当今全球媒体的一些关键特征:在全球范围内被分享但由西方媒体集团拥有和推广的混合文化。就这一点来说,这首歌并没有什么独特之处。苹果音乐有大约 4500 万首歌曲可供播放。苹果的 iTunes 商店将歌曲分为近 50 种主要类型和几十个子类型,范围从古典歌剧到死亡金属,从韩国嘻哈到传统蓝草(Bluegrass),从印尼宗教音乐到电子回响贝斯(Dubstep),几乎无所不包。然而,这种丰富的多样性使我们很容易忽视一个深层的现实。正如我们在第三章中所看到的那样,整个流行音乐产业实际上只由环球音乐集团、索尼音乐娱乐公司和华纳音乐集团这三家巨头所主导,它们占全球所有音乐销售额的三分之二以上。

更广泛地说,少数几家大型媒体公司生产了全球市场上的大部分媒体内容。少数电影公司主导着全球票房。2017 年,全球四家最大的电影公司合计获得了全球电影票房总收入的近三分之二:博伟(Buena Vista)(迪士尼)21.8%,华纳兄弟(时代华纳)18.4%,环球(康卡斯特)13.8%,以及 20 世纪福克斯 12%。

电视制作也逐渐向全球层面发展,而且所有权往往都是高度集中的。例如,长期播放的电视真人秀节目《老大哥》在全球 50 多个国家制作,包括塞尔维亚、印度、菲律宾、尼日利亚和厄瓜多尔。为了适应不同地区观众的口味,制作方会对节目稍做修改,但该节目的这些不同版本都属于同一家公司。其他已经出口到世界各地的节目还包括《百万富翁》《美国偶像》《与星共舞》等。除了真人秀,西方公司也主导着其他形式的电视节目。蒙特卡洛电视节(The Monte Carlo Television Festival)每年都会向全球观众最多的三类电视剧颁发奖项。与以往一样,2017 年获奖的三部作品全部是美剧,包括《生活大爆炸》(喜剧)、《海军罪案调查处》(剧情片)和《大胆而美丽》(*The Bold and the Beautiful*)(肥皂剧)。

上述关于音乐、电影和真人秀节目的讨论表明,尽管媒体产品的销售已经遍布全球,但媒体生产的所有权和控制权在很大程度上依然集中在少数几个大型媒体集团手中。这些集团通常由几十家甚至几百家不同的公司组成。消费者购买的产品上有各种各样的公司名称,但他们可能没有意识到,这些不同的品牌实际上都是同一个跨国公司的分部,只不过其生产和销售设施分散在许多不同的地区而已。

华特迪士尼公司是全球最大的媒体集团之一,拥有超过19.5万名员工,2017年全球收入达550亿美元。

传统媒体:遍布全球的迪士尼

只要对主要的传统媒体公司稍加观察,我们就会发现这些公司的扩张范围有多广。在第三章中,我们看到迪士尼作为一家规模庞大的企业集团,在美国拥有几十家从事各类媒体业务的子公司。表10.2详细展示了迪士尼的一些国际资产,其广泛的业务触角涉及广播电视、有线电视、电影制作、互动媒体和出版方面的控股,以及在线媒体资产和主题度假乐园。(在我们撰写本章时,迪士尼对21世纪福克斯公司的收购正在等待批准。如若成功,这次收购将极大地扩展其国际控股的规模。)

表10.2 华特迪士尼公司部分全球控股资产,2017

电视

- 娱乐与体育电视网:在美国以外拥有19个电视频道(主要在拉丁美洲),以四种语言(英语、西班牙语、葡萄牙语和法语)覆盖61个国家和地区。ESPN.com和ESPN应用程序则以三种语言为全球用户提供服务。
- 迪士尼频道、迪士尼少儿频道、迪士尼XD:超过100个迪士尼品牌的电视频道以34种语言在162个国家和地区播出。

- A&E 电视网（50%的所有权）：在 200 多个国家和地区提供节目，包括 A+E 拉美频道、A+E 英国频道、A+E 亚洲频道、A+E 印度频道、A+E 德国频道和 A+E 意大利频道。
- Hungama：印度少儿有线电视频道。
- UTV/Bindass：印度青少年有线娱乐和音乐频道。
- CTV 电视网（30%的所有权）：在加拿大拥有多个频道，包括英语体育台（The Sports Networks，TSN）1-5、法语体育台（Le Réseau des Sports，RDS）、RDS2 台、RDS 资讯台（RDS Info）、加拿大 ESPN Classic 频道、加拿大探索频道（Discovery Canada）和加拿大动物星球频道（Animal Planet Canada）。
- Seven TV（部分所有权）：为俄罗斯观众提供服务的迪士尼免费无线电视频道。
- 迪士尼电视（德国）公司：包括 RTL 迪士尼电视（50%的所有权）、德国 RTL II 频道、儿童视频点播服务频道 Kividoo、奥地利 ATV2 频道、奥地利 RTL 2 频道。
- 华特迪士尼国际电视日本台。
- UTV 软件传播公司（UTV Software Communications）——印度多媒体集团。

电影

- 占 2017 年全球票房总收入的 29.9%（华特迪士尼影业（Walt Disney Pictures）、博伟、皮克斯、漫威、卢卡斯影业和试金石［Touchstone］）。
- 华特迪士尼拉美公司（Walt Disney Company Latin America）：包括米拉维斯塔电影公司（Miravista Films）、华特迪士尼阿根廷公司（Walt Disney Company Argentina）和巴塔哥尼克电影集团（Patagonik Film Group）。
- 华特迪士尼影视制作公司日本分公司（Walt Disney Studios Japan）。

音乐

- 迪士尼音乐集团：在全球范围内制作、出版、销售和授权音乐作品。

出版

- 在多个国家用多种语言创作、发行、授权和出版各种产品，包括儿童书籍、漫画书、图画小说集、学习产品和故事应用程序。
- 迪士尼全球出版公司日本分公司（Disney Publishing Worldwide Japan）。

会员订购服务

- 迪士尼电影频道和点播平台（Disney Cinemagic and Disney Cinema），仅在欧洲提供服务。

广播

- 迪士尼广播电台：只在拉美地区提供服务。

消费产品和互动媒体

- 向世界各地的各种制造商、游戏开发商、出版商和零售商发放文学作品的许可证。

- 通过零售店、互联网购物网站和批发商销售商品;在欧洲有87家迪士尼商店,在日本有55家商店,在中国有两家商店。
- 通过应用程序分销商、在线以及消费者的游戏内购买来销售游戏。
- 在中国的27个英语学习中心收取学费(迪士尼英语)。
- 迪士尼互动集团日本分公司(Disney Interactive Group Japan)。

主题乐园和度假区
- 巴黎迪士尼乐园。
- 香港迪士尼乐园(47%的所有权)。
- 上海迪士尼乐园(43%的所有权)。
- 东京迪士尼乐园。

来源:Walt Disney Company[2017];Box Office Mojo[2018];相关媒体报道除了其人所共知的美国资产(见第三章),华特迪士尼公司还在40多个国家和地区开展业务,在各种媒体中持有股份。

迪士尼的例子表明,尽管全球性公司的触角已经延伸到媒体各个部门和全球各个角落,但这些企业集团的控制权仍然集中在富裕的发达国家。媒体的所有权显然没有同步全球化,全球媒体资产依然主要掌握在少数几个富裕国家手中。西方媒体公司依然主导着全球媒体产品的流通和发行渠道(Artz 2015;Hamm and Smandych 2005;Miller et al. 2008)。

高度集中的所有权和控制权意味着,与媒体目标和内容相关的决策,以及从掌控的高利润企业中获得的利益,仍然牢牢掌握在全球最富裕国家的少数几家大公司手中。

全球媒体新巨头:谷歌和脸书

互联网带给人们的许诺之一是,它可以绕开传统媒体的把关人,成为一个表达不同观点的去中心化的网络。正如我们所看到的那样,在一定程度上,这种情况确实发生了,因为全世界每天都有无数的人在创造、评论和分享媒体内容。然而,我们也看到,新的媒体巨头已经出现,特别是谷歌和脸书,这两家平台已经占据了互联网广告收入的巨大比例,它们的算法悄悄地塑造了全球数十亿用户的在线体验。在这个意义上,它们成为新的把关人。

目前,全球所有数字广告收入的整整三分之一都被一家公司收入囊中。这家公司就是谷歌(严格来说是其母公司字母控股公司)(Statista 2018b)。这是因为谷歌网站占了全球所有在线搜索业务的85%以上(Statista 2018c)。事实上,世界上流量最大的40个网站中有12个是立足于不同国家或地区市场的谷歌搜索网站(见表10.3)。这使谷歌对互联网流量的影响力惊人,因为用户在搜索信息时,很少会关注第一或第二页之外的结果。

表10.3 谷歌搜索网站及其全球排名,2018

排名	网站	国家或地区
1.	Google.com	美国
8.	Google.co.in	印度
17.	Google.co.jp	日本
23.	Google.de	德国
24.	Google.co.uk	英国
25.	Google.com.br	巴西
27.	Google.fr	法国
29.	Google.ru	俄罗斯
33.	Google.it	意大利
35.	Google.es	西班牙
38.	Google.com.hk	香港(中国)
39.	Google.com.mx	墨西哥

尽管美国人使用的是广为人知的Google.com网站,但其他国家或地区的人使用的却是不同版本的谷歌搜索网站,其算法会按国家和地区对搜索结果进行定制化呈现。在全球前40个网站中,谷歌的各类地区网站占了12个。

来源:Alexa[2018]。

谷歌的美国主站是世界上访问量最大的网站,其旗下的优兔视频平台是全世界第二受欢迎的网站(见表10.4)。优兔最初是一个用户生成内容的平台,现已发展成为一个混合网站,其中也包含来自传统媒体公司的内容和非专业用户制作的视频。优兔同时也是世界上最受欢迎的点播音乐流媒体平台,占所有此类流媒体市场份额的近一半(46%)(IFPI 2017b),比Spotify、Apple Music、Tidal、Deezer和Napster的总和还要多。2017年,谷歌凭借其强大的优兔用户群进军电视直播市场,推出了YouTube TV。

在这份全球访问量最大的网站名单上,出现了两个中国网站。大部分中国网站基本上是谷歌(百度)、脸书(人人网)、优兔、推特(微博)和亚马逊(淘宝)在中国的翻版。相比之下,较为特殊的是微信(QQ.com)。作为一款综合应用程序,它把西方人熟悉的谷歌、脸书、Skype、推特、Tinder、Instagram、亚马逊、优步(Uber)等各大平台的相关功能熔为一炉。

表10.4 全球访问量最大的网站,2018

排名	网站	类型	国家	母公司
1.	Google.com	搜索引擎	美国	字母控股公司
2.	YouTube.com	视频	美国	字母控股公司
3.	Facebook.com	社交	美国	脸书
4.	Baidu.com	搜索引擎	中国	百度
5.	Wikipedia.org	参考资料	美国	维基百科基金会
6.	Reddit.com	社交	美国	先进出版公司(Advance Publication)
7.	Yahoo.com	新闻	美国	威瑞森
8.	Google.co.in	搜索引擎	美国	字母控股公司
9.	QQ.com(WeChat)	集成应用程序	中国	腾讯控股(Tencent Holdings)
10.	Amazon.com	购物	美国	亚马逊(Amazon)

世界顶级网站排名能让我们对互联网的动态发展有一个基本的认识。在这个榜单中,美国的商业网站占据主导地位。但中文网站的存在说明互联网被不同的语言划分为不同的区域。排名前十的网站中有四个(优兔、脸书、维基百科和Reddit)主要依靠用户生成的内容。在这些网站中,只有维基百科是非营利性的。

说明:对世界顶级网站进行排名有多种不同方式,每种方式产生的结果也会有所不同。此处使用的是Alesa(亚马逊旗下公司)推出的一个常用排名,其依据是网站的平均每日访问量和页面浏览量的组合。

来源:Alexa [2018]。

谷歌拥有世界排名前两位的网站,脸书则位居第三。(脸书还拥有照片分享平台Instagram,在全球访问量最大的网站中排名第15位。)脸书的发展速度极为惊人。2007年,该平台有5800万月度用户,年收入为 1.53 亿美元,运营亏损 1.38 亿美元。到 2017 年,它的月度用户超过了 21 亿,收入为 406 亿美元,利润为 159 亿美元(Statista 2018a)。2018 年年初,美国和加拿大用户在脸书上所用的时间有史以来第一次出现下降,这可能预示着未来的发展困境。但就目前来说,脸书依然是全球范围内遥遥领先的社交媒体平台(Wagner and Molla 2018)。

像脸书这样的公司的增长已经趋于平稳,因为大多数可以访问互联网并希望使用相关服务的人都已经做到了这一点。然而,截至 2017 年,世界上近一半的人口仍然无法访问互联网,而且访问速度的重大差异有时会限制用户使用互联网的方式。2017 年,世界平均宽带连接速度约为每秒 7.7 兆比特(Mbps),但不同国家的平均网速差异悬殊。从尼日利亚的 1.5 兆比特到韩国的 28.6 兆比特,后者比前者快了 19 倍(Broadband Commission on Sustainable Development 2017)。正如我们在第三章中提到的,脸书实施的项目旨在使其社交媒体平台在发展中国家能被更广泛地使用,从而达到扩大用户群的目的。脸书的非营利性开放计算项目,协助开发运行互联网所需的开源硬件。同时,该公司也发射了人造卫星,并致力于开发太阳能无人驾驶飞机,目的是通过中继技术把互联网信号传播到无法联网的偏远地区(Facebook 2018b)。然而,它在该领域最著名的项目是免费基础服务计划,旨在为公众提供包括脸书平台在内的有限的基本服务。这些服务是免费的,不收取任何数据费用(Free Basics 2018)。

但实际上,免费基础服务计划提供的是一个"围墙花园",它允许用户免费使用数量有限的服务(不收数据费),但拒绝用户访问互联网的其他服务。脸书认为,如果用户能免费尝到互联网的甜头,他们就会愿意为更多的访问付费。免费基础服务计划一直有很大争议,批评者认为它明显违反了网络中立性原则,即互联网服务供应商应平等对待所有网上内容。批评者还指控脸书给发展中国家带来新"数字殖民主义"。例如,在印度,在公众的呼声引发了一场全国性的支持网络中立性原则的"拯救互联网"运动之后,印度电信管理局禁止了免费基础服务计划(Anastácio 2016;Bhatia 2016;Shahin 2017)。

免费基础服务计划带来的问题十分普遍。旨在促进互联网自由的公民和媒体活动组织"全球之声"(Global Voices)发布了一份关于该计划在哥伦比亚、加纳、肯尼亚、墨西哥、巴基斯坦和菲律宾的实施情况的报告。该报告指出,除了违反网络中立性原则外,免费基础服务计划未能满足当地居民的语言需求,因为这些服务提供的本地内容十分有限,而且将用户引向美国网站,并收集了大量的用户数据。简言之,调查者发现免费基础服务计划实际上是为其母公司的目标服务的,而不是服务于当地用户的需求。2018年,脸书在那些批评最激烈的国家关闭了免费基础服务计划。

脸书的规模还造成了其他一些令人不安的后果。自2012年以来,为了更好地管理公民对互联网的使用,全球范围内有50多个国家通过了相关法律。一般来说,这些管理举措都会涉及脸书。例如,在越南,脸书同意删除官方所说的关于政府官员的不准确言论的帖子;在以色列,脸书与政府合作,明确哪些内容应当被审查;在德国,脸书遭到起诉,因为它拒绝让用户为了保护隐私而使用假名;由于脸书审查了一名艺术教师发布的裸体画,脸书在法国也遭到了起诉;巴西封锁了脸书旗下的WhatsApp消息应用程序;布隆迪则几乎封锁了包括脸书、Instagram和推特在内的所有社交媒体(Mozur et al. 2017)。这些行动可能只是一个开始,因为各国都在试图控制互联网。

正如昂温警告的那样:

> 互联网已被证明可以通过扩大信息获取渠道、加快互动速度以及提供对互联网基础设施设备所需原材料的需求来促进经济增长。然而,几乎没有证据表明互联网的发展促进了平等,或者,总的来说,促进了自由的扩大。(Unwin 2013:543)

解读全球媒体内容

无论媒体的产权和发行渠道掌控在谁的手中,全球媒体内容始终是争论的焦点之一。在这里,我们想讨论三种对全球媒体做出不同解释的理论框架:文化帝国主义、文化冲突论以及文化混杂理论。下面,我们将对这些理论的内涵和局限性逐一进行分析。

文化帝国主义及其局限性

文化帝国主义认为,西方,尤其是美国的媒体产品在世界其他地区具有极其强大的支配能力,以至于达到了可以将其视为一种文化意义上的帝国主义的程度。早在互联网出现之前,相关论述即已出现,当时关注的焦点是电视。这种思想无疑是对那种带有种族中心主义色彩的美国文化至上主义观点的一种重要的纠正(Boyd-Barrett 1977；Schiller 1971)。

殖民主义的历史是文化帝国主义理论产生的背景。长期以来，西方社会一直主宰着全球的大片土地，通过军事征服或经济统治来攫取自然资源，从而使自己变得富有。这往往会导致一种依赖关系，即殖民国家削弱了当地的工业和发展，让殖民地依靠较富裕的殖民国家的经济投资和专业知识。此外，殖民国家往往还试图将其文化强加给当地居民，例如，导致英语和基督教在全球诸多地区的传播。

根据文化帝国主义理论，跨国媒体公司的活动中存在着类似的殖民主义关系。美国的媒体公司拥有发达的、资金充足的基础设施，在制作高质量的电影和电视节目方面占据了先机。显然，生产具有高产值的昂贵媒体产品离不开这些基础设施。但大多数国家根本没有资源来建设这些设施。西方媒体公司可以把为国内市场制作的内容出口到其他国家，从而在不产生额外生产成本的情况下，实现利润的增长。从短期来看，由于大部分国家的传媒产业都是被以营利为目的的市场模式所驱动的，因此，出于商业利益考量，进口美国制造的廉价文化产品一般是最经济的选择。但从长远来看，美国媒体公司制作的大量价格低廉的电视节目和电影在其他国家的媒体播出，对当地传媒产业的潜在发展造成了破坏。这样一来，这些公司不仅保持了对媒体内容的所有权和控制权，还导致其他国家在文化生产领域对美国产生依赖。除了经济层面的这种控制之外，批评者还对西方媒体泛滥的文化影响深表担忧，认为这导致了传统地方价值观的衰落。例如，美国媒体倾向于宣传个人主义和消费主义，这往往与许多美国文化产品输入国的传统价值观相冲突。有批评者甚至认为，美国文化对当地文化的这种影响可能是毁灭性的 (Hamm and Smandych 2005；Mattelart 1979；Schiller 1992)。

西方媒体的洪流遍布全球，几乎不可阻挡。在文化帝国主义理论出现之初，全球范围内的文化失衡甚至比今天还要严重。这个理论突出强调了西方媒体集团的影响力，这无疑是很有启发性的。但是，一旦过度简化，文化帝国主义理论也可能存在以下几个方面的不足(Elasmar and Bennett 2003；Tomlinson 1991, 2003)。

第一，文化帝国主义理论对不同类型的媒体缺乏区分。无疑，美国的文化产品在某些资本密集的媒介领域处于绝对主导地位，尤其是电影产业。平均而言,一部美国故事片的制作成本远远超过1亿美元,这还不包括营销预算,而这可能与制作成本一样多甚至更多(Verrier 2009)。而不少投资规模很大的电影的成本可能是这个额度的好几倍。例如,好莱坞大片《阿凡达》的制作成本约为3.1亿美元,广告成本约为1.5亿美元(Barnes 2009)。许多热门电视节目也非常昂贵。比如,《权力的游戏》的某些剧集每集耗资1500万美元(Ryan and Littleton 2017)。这远远超过了大多数非美国制作公司的承受能力。然而,就不同类型的媒体来说,这种成本高昂的产品只是极少数的例外。比如,印刷媒体一直是地方性的,因为它的制作成本较低,而且主要使用当地语言,主要关注当地问题。相比之下,其出口费用较高,从经济上来说并不划算。至于其他媒体,比如,就电视和音乐产业来说,本土内容一直在增长,区域性的出口中心也已经发展起来(Laing 1986)。从这个意义上说,文化帝国主义的论调显得过于笼统了。

第二,文化帝国主义理论低估了当地传媒的作用。当地媒体生产的内容,由于更贴近当地文化,往往很受欢迎。近年来,数字技术已经降低了媒体内容的制作成本。因此,在某些情况下,当地的制作者可以通过采取本地化的制作方案,为用户提供与同质化的国际媒体内容不同的产品,从而形成与全球媒体集团竞争的相对优势。即使在电影和电视之类较为昂贵的媒体类型中也是如此。例如,对韩国电视进行的一项长达25年的纵向研究发现,韩国电视台播出的进口节目比例降低了一半左右,降到不足8%(Lee 2007)。韩国的电影业近年来也有了很大的发展。在1996年和2004年之间,韩国观众观看的电影中,本国制作的电影的比例增加了一倍多,从23.1%增加到54.2%(Flew 2007)。近年来,中国和尼日利亚的电影产业也发展迅速。然而,在西方之外,人们耳熟能详的最有活力的电影产业的例子莫过于以孟买为基地的"宝莱坞"(Bollywood)了。作为印度电影产业中专门制作印地语电影的部门,宝莱坞的历史可以追溯到20世纪初的无声电影时代。(宝莱坞这个名字来源于孟买的旧名Bombay和好莱坞[Hollywood]的融合。)宝莱坞专注于音乐剧、浪漫故事片和情节剧,每年制作的电影数量比好莱坞多得多。这些电影通常是低成本的,但在印度很受欢迎(Bose 2006)。宝莱坞电影占印度市场的40%以上,地区性电影作品占另外50%,国际电影只有不到10%(Deloitte 2016)。因此,虽然这些当地作品获得的资金投入远远不如那些国际大制作,它们却成为进口的西方作品的有力竞争者。实际上,有迹象表明,随着当地媒体行业在全国市场的竞争力不断提升,美国文化产品的进口浪潮可能已经达到了顶峰。

第三,过度简化的文化帝国主义理论没有认识到媒体产品的意识形态多样性。例如,格雷(Gray 2007)指出,美国出口的媒体产品无一例外地必定会宣扬沙文主义的美国世界观,这种假设过于简单。他的研究认为,作为美国在国际市场最成功的媒体作品之一,长期播出的动画系列片《辛普森一家》很多时候实际上是对美国文化和资本主义价值观的一种极具批判性的嘲讽。它是美国电视节目一个悠久传统的一部分。这些在国内外广受欢迎的节目,常常把美国视为一个充满不平等和问题丛生的国家。因此,即使美国的媒体产品被出口到许多国家,外国消费者也对它们充满热情,但这些流行的媒体产品所传达的信息并不是整齐划一的。

第四,文化帝国主义理论通常假定被动的受众会受到外国媒体的影响。但这种看法没有充分考虑到我们在第八章所讨论的"积极的受众"的作用。由于受到当地的文化价值观的影响,对不同地区的受众来说,特定文化产品的意义可能是非常不同的(Butcher 2003; Liebes and Katz 1993; Sreberny-Mohammadi 1997; Strelitz 2003)。因此,我们不能假设外国受众会以某种单一的方式阐释美国的媒体产品。事实上,美国生产的全球媒体产品的流通,似乎并没有像一些人担心的那样,导致一种单一的美国化意识。它也没有像一些人希望的那样,创造出一种单一的开明的"全球意识"。在评估全球媒体的影响力时,对接触媒体产品是否会从根本上改变人们的信念,我们需要在进行谨慎的分析之后,才能给出可靠的回答。

由于上述原因,虽然文化帝国主义框架有效地强调了富裕的西方国家的影响力,以及全球文化产品流动的不平等状态,但它高估了这些媒体内容的影响力,低估了当地传媒产业的能力和当地文化的韧性。

全球文化冲突?

另一种理解全球媒体的方法不是把来自西方的单向的文化流动看成对其他国家的支配,而是认为在不可调和的世界观之间发生了深刻而持久的冲突。持有这种"文明冲突观"的人认为,西方的价值观正受到非西方文明,尤其是伊斯兰势力的冲击(Huntington 1996)。许多人对这种论点提出批评,认为它过于简化,是非历史的(Skidmore, 1998; Pieterse

1996)。这种观点的支持者把不同的文化归结为单一的"文明",做出一些经不起推敲的概括。然而,在现实中,这种论调却很受欢迎,尤其是在"9·11"事件之后。

文化冲突论的一个典型例子来自本杰明·巴伯(Benjamin Barber 1995)的著作《圣战与麦当劳世界》(*Jihad vs. McWorld*)。该书如今已经成为一本经典之作。在书中,他描绘了一幅全球文化冲突的图景:连接世界的世俗跨国消费资本主义("麦当劳世界")与分裂世界的宗教极端势力("圣战")运动陷入持续的冲突。他认为,这是两种相互冲突的力量,但诡异的是,它们彼此之间又是相互促进的。"圣战"是对跨国资本主义同质化和世俗化力量的抵抗宣言。然而,它没有为人们如何在一个现代的、全球化的世界中生存提供可能的解决方案。相反,"圣战"的特征是狭隘的仇恨,而这对民族国家的生存构成了威胁和破坏。相比之下,"麦当劳世界"满足了人们对超越当地(通常是宗教的)规范和约束的渴望。但是,它将个人降低为消费者,同时过分强调全球统一市场和贸易的重要性,这对民族国家的民主体制同样构成了挑战。

这种分析路径提醒我们,文化价值往往是根深蒂固的,不太可能因为进口外国文化产品就会立即发生改变。实际上,这些进口的文化产品反而可能会激起反感。不过,这种两极对立的观点同样过度简化了极为复杂的现实,这无助于我们对全球媒介状况的理解。

混杂性文化

第三种理解全球媒体内容的框架既不认为西方文化统治着非西方文化,也不认为不同的文化之间存在无法化解的冲突。相反,它认为当代文化是不同力量的混合体,即所谓文化混杂(cultural hybridity)(Kraidy 2005;Pieterse 2004)。(应注意把这个说法与"混合媒介系统"这一概念相区别,后者指的是媒介**技术**而不是文化的融合。)尽管学者们以各种方式使用这个术语,但文化混杂性通常强调文化随时间的变化而变化。全球化只是加速了一直在发生的文化混合过程。

例如,在承认美国进口的媒体内容大量存在的同时,拉美地区的观察家长期以来一直强调当地媒体产品的重要性。他们更愿意谈论"不对称的相互依赖"(asymmetrical interdependence),而不是文化帝国主义或文化冲突论。这种观点认为,美国媒体在当地市场的存在不是一种线性的单向过程,而是与当地国家广播电视节目中既有的某些本土形式相融合(Straubhaar 1991)。比如,弗卢指出,在巴西,"有选择地吸收国际先进经验与不断创造能满足当地文化需求的节目类型是紧密结合在一起的,比如,**电视小说剧**(telenovela)"——一种源自拉美地区的电视迷你肥皂剧(Flew 2007:121)。

同时,在流行音乐领域,非西方文化长期影响着西方艺术家。音乐家保罗·西蒙(Paul Simon)、大卫·伯恩(David Byrne)(传声头像乐队[Talking Heads]前成员)和斯汀(Sting)(警察乐队[The Police]前成员)等知名主流艺术家,早在几十年前就将非洲和南美的音乐元素融入了他们的作品。观察家有时批评西方音乐家借鉴非西方文化的过程是剥夺性的,因为它代表了西方艺术家和唱片集团为了利润而对西方之外本土文化的掠夺。然而,另一些人认为,通过这种借鉴,非西方的本土音乐在全球范围内的可见度增加了,从而让全世界的听众都有机会欣赏到这些音乐。事实上,"世界音乐"(world music)已经越来越受欢迎,成为一个常见的音乐类别,既代表了全球不同的特定地区创作的音乐,也代表了各种乐器和节奏的混合,形成了一种独特的不以某种单一文化为基础的"全球性的"声音。

西方音乐和其他国际音乐元素的结合往往是很复杂的。例如,南非的"乡镇舞蹈乐"(township jive)①、姆巴卡(Mbaqanga)②、奎拉(kwela)③和祖鲁合唱音乐的各种元素,在保罗·西蒙经典的格莱美获奖专辑《雅园》(*Graceland*)中,几乎占据着主导地位。西蒙对南非流行音乐产生兴趣,部分是由于这些音乐让他想起了20世纪50年代的美国摇滚乐。事实上,美国摇滚乐和20世纪50—60年代的其他非裔美国人的音乐风格都在南非广为传播(Garofalo 1992)。因此,当地文化吸收了20世纪50年代美国摇滚乐的影响,并在此基础上产生了新的音乐风格,而这些音乐反过来又成为20世纪80—90年代美国流行音乐的灵感源头。从那时起,不同风格的音乐家创造了混合音乐,把来自不同文化的音乐元素熔为一炉。显然,过于简化的文化帝国主义模式无法解释世界音乐背后

---

① "乡镇舞蹈乐"是南非乡镇音乐和非洲舞蹈形式相结合而产生的一种音乐流派,对西方的霹雳舞音乐文化产生了影响。
② 姆巴卡是20世纪60年代源自祖鲁音乐传统的一种南非乡村音乐类型。
③ 奎拉是一种来自南非的以六音孔哨笛为基础的街头音乐,具有爵士乐的底蕴,以及类似于噪音爵士乐的独特节奏。

这些不同音乐元素之间的复杂联系。

这种文化混杂性现象得以出现的原因之一是当地文化具有弹性。媒体公司知道,西方文化,特别是美国文化对其他国家的吸引力是有限的。为了应对不断变化的环境,许多跨国公司在应对国外本地市场方面变得更加成熟。大多数媒体集团都采取了双管齐下的策略来销售文化产品。一方面,将西方艺术家作为全球超级明星来进行推广和销售。例如,像碧昂丝和德雷克(Drake)①这样的全球音乐明星的专辑,可以不受语言差异的影响在全球大卖。另一方面,适应当地文化。例如,虽然近几年来一直处于挣扎生存的边缘,但MTV(2018)仍然将自己宣传为"世界上首屈一指的青年娱乐品牌。在全球范围内能触达超过5亿个家庭"。为了维持这种市场地位,它通过出口其美国模式,同时创建了几十个"本地化"版本,包括MTV非洲、MTV亚洲、MTV澳大利亚、MTV巴西、MTV欧洲、MTV拉丁美洲和MTV俄罗斯。这些频道的特点是国际和本地音乐艺术家的混合。

地方文化的韧性也促使西方媒体公司为培养本土人才投资。最终,即便这些新兴的明星不会成为全球市场的大热门,他们也依然可以被打包推销给当地或区域市场。例如,日本的宇多田光(Hikaru Utada)、俄罗斯的瓦列莉亚(Valeriya)、中国的韦唯、加纳的萨米尼(Samini)以及其他许多艺术家的唱片都在他们所在的地区销售了数百万张,但在美国却几乎无人知晓。当然,这种方法本身就是一把双刃剑。即使大型媒体集团承认当地文化品味的重要性,它们也可能因为进入当地媒体市场而损害当地媒体公司的利益。有时,这意味着与本地公司的直接竞争,从而形成大卫迎战歌利亚(Goliath)②的局面。但有时,国际传媒公司也可能会与当地公司采取合资企业的形式,共同制作电视节目和电影等文化产品。

企业追求跨国利润的动机助长了其对文化帝国主义的恐惧。但具有讽刺意味的是,同样的原因也迫使企业关注当地的文化和习俗,即便这种关注只是表面上的。不少国际媒体公司已经意识到,专门为当地市

---

① 德雷克,1986年10月24日出生于加拿大多伦多,说唱歌手、词曲作者、演员。
② 根据《圣经》记载,歌利亚是非利士人的首席战士,带兵进攻以色列军队。他拥有无穷的力量,所有人看到他都要退避三舍。最后,牧童大卫用投石弹弓打中歌利亚的脑袋,并割下他的首级。大卫日后统一以色列,成为著名的大卫王。

场制作的媒体产品往往比标准化的全球产品更受欢迎。

"本地适应"(local adaptation)的结果之一是,在世界的某些地方,对外国文化的抵制已经减弱。尽管"文化冲突"理论家提醒我们,极端主义分子对西方世俗文化的入侵恨之入骨,但西方电视和其他文化产品最近在海外市场的广泛传播,并没有遭遇像早期外国文化涌入时那样的反对。在这个时代,全球企业都在小心翼翼地使其产品至少在表面上符合当地的文化品位,因此现在西方商品在国外的流动阻力较小。

无疑,混杂性观念更贴近当代现实。媒体所推动的全球传播进程已经带来了许多影响。艺术家从全球各地的文化中汲取了大量灵感。通常情况下,由此产生的作品确实是一种混合体。然而,混杂性主要指的是所产生的文化产品的性质。谁拥有和控制这些产品?谁有权力推广和分享这种混杂性文化?这个过程是否冲淡了当地文化的特色?如果我们想更好地理解全球媒体,对权力、生产和控制的考虑——这正是文化帝国主义理论所关注的问题——就必须成为我们分析框架的一部分。

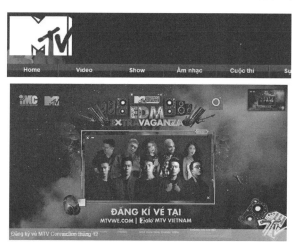

人们熟悉的 MTV 标志出现在 MTV 越南网站的醒目位置。英语和越南语两个语言版本的信息和音乐作品并列在一起。西方媒体公司经常根据当地观众的口味偏好来为他们提供定制化的产品。

全球媒体监管

谁在管理着麦克卢汉所说的"地球村"?我们在第四章看到,监管机构是影响媒体的主要社会力量。然而,尽管各国政府通常会针对媒体运行制定和实行法规,但全球媒体能跨越这些法规设定的边界(Sreberny 2005),从而对政府的监管构成挑战(Calabrese 1999;Price 2002)。

特别值得注意的是,有三种结构性变化削弱了各国政府监管媒体的能力。第一,各国政府和国际组织都感受到来自全球媒体集团和跨国私人资本的压力。例如,国际商会在促进企业利益和倡导反对监管方面非常有发言权(Flew 2007)。第二,全球"自由贸易"协议规避了政府的影响和控制,因为这些协议包含了许多政府和公司必须遵守的规则和标准(Chakravartty and Sarikakis 2006)。例如,世界贸易组织的《与贸易有关的知识产权协定》(Trade Related Aspects of Intellectual Property Rights)越过了各国的国内规则,直接规定了表演者、广播公司和音乐制作人的权利(Ó Siochrú and Girard 2002)。第三,互联网的无国界性使其很难受到国家法规的约束(Goldsmith and Wu 2008)。

不过,正如我们将在下文中看到的那样,人们已经付出了各种努力试图塑造全球媒体发展的性质,包括互联网治理的民主化和保护独特的地方文化的生存能力。其中,最早的努力主要集中在改变全球新闻"信息流"的不平衡状态上。

信息流动的政治

各种国际性论坛是对全球媒体进行调节的重要机制。在政治上,对媒体全球化趋势的关注至少可以追溯到 1925 年。那一年,联合国的前身国际联盟(League of Nations)成立了一个委员会,负责

> 确定有助于促进和平的方法,特别是:(a)确保以更快的速度和更低的成本传播媒体新闻,从而减少国际误解的风险;(b)商讨各类技术问题,并寻找能安抚公众意见的解决方案。(转引自 Gerbner et al. 1993:183)

因此,国际联盟认为,通过媒体向全世界传播信息,是促进和平与理解的有效手段。这种做法在以后的岁月中将继续存在。

约 25 年后,第二次世界大战期间各种宣传手段的使用促使人们更加关注媒体的信息传播。美国利用联合国提供的论坛推动一项政策,允许在全世界范围内收集、销售和传播信息。1948 年召开的联合国信息

自由会议(UN Conference on Freedom of Information)的最终决议认为:"信息自由是人民的一项基本权利,它是联合国致力于实现的所有自由的试金石,没有它,世界和平就无法得到维护。"该决议进一步规定,信息自由的有效性有赖于"向人民提供多种多样的新闻和意见来源",并反对使用"各种有意或无意中可能对和平构成破坏作用的宣传手段"(转引自 Gerbner et al. 1993:179,181)。

虽然信息应该跨越国界自由流动的想法在西方人听来是善意的,但许多发展中国家却认为,这种主张与"第一世界"倡导的以市场为导向的信息流动观点是一致的,因此是不公正的。由富裕的发达国家组成的"第一世界"和发展中国家在基础设施发展和资本资源水平之间横亘着巨大的鸿沟。因此,国际信息的"自由"流动的实际结果,就是发达国家的主要新闻机构几乎主导了全球信息的收集和传播。这就好比每个人都被邀请参与一幅多文化壁画的创作,但只有一些人拥有颜料和画笔。那些拥有资源优势的人能够表达他们的愿景,而那些资源匮乏的人则只能陷入沉默。

美国的美联社、合众国际社(United Press International)和英国的路透社(Reuters)等西方通讯社主导了全球各地的新闻报道。他们从所谓"反映工业化国家经济和文化利益的有限视角"(MacBride and Roach 1993:6)出发,收集信息并撰写新闻报道。这种批评延伸到娱乐媒体,以及对相对较新的媒介技术的使用,比如,通过卫星和后来的互联网技术来直接传送新闻和娱乐内容。

发展中国家缺乏大型商业媒体发展所需的私人投资。因此,人们希望能在政府的支持下,发展出满足公共而非私人需求的媒体。这些公共需求涵盖了广泛而多样的领域,包括传播有关公共卫生、农业实践和儿童教育的基本信息,以及更广泛地获取新闻信息,从而加快民主社会的建设步伐。

对许多西方人来说,政府参与媒体的组织和生产,会引起对审查和国家控制的担忧。在某些情况下,这确实发生过。然而,在许多发展中国家,政府对当地媒体运作的参与是确保这些媒体能在与西方媒体集团的竞争中生存下去的唯一办法。此外,许多发展中国家不希望被来自西方的"自由流动"的信息所淹没。相反,它们希望全球的信息流动既是自由的,也是更平衡的。基于这些考虑,发展中国家认为需要政府的干预对来自发达国家的大量信息进行管理。但在西方人看来,这种做法与信息"自由流动"的理念是背道而驰的。

在这种情况下,联合国教科文组织(UNESCO)接受了经济较为落后的发展中国家关于建立"世界信息和传播新秩序"(New World Information and Communication Order, NWICO)的主张。1978年,联合国教科文组织关于媒体的宣言重申了记者"有报道的自由和最充分地获取信息的权利",同时还建议媒体应当为和平和理解做出贡献,"让那些与殖民主义、新殖民主义、外国占领以及所有形式的种族歧视和压迫作斗争的人们,以及所有在自己的领土上无法发出声音的被压迫者,获得表达观点的机会"(转引自 Gerbner et al. 1993:176)。这意味着,需要倾听那些被排除在主流媒体之外的声音。显然,这种观点是对现状的一种挑战。

1980年,联合国教科文组织任命了一个研究传播问题的国际委员会,由爱尔兰诺贝尔奖获得者肖恩·麦克布莱德(Seán MacBride)担任主席。该委员会的任务是分析现代社会的传播问题,并提出通过传播促进人类发展的相关政策建议。麦克布莱德委员会(The MacBride Commission 1980)最终发表了题为《多种声音,一个世界》(*Many Voices, One World*)的报告,将"传播的权利"确定为一项基本人权。该委员会还对简单的信息"自由流动"的支持者提出了批评,认为对这种观点的批判性接受强化了西方在发展中国家的文化主导地位。

发展中国家认为,它们的努力是为了平衡全球信息生产和传播的天平,而这个天平长期以来都是向较富裕的西方国家倾斜的。一些西方国家认为,这种努力实际上是一种言论审查形式,对它们的世界观以及在全球范围内传播这种世界观的自由构成了威胁。由于感受到了这种威胁,西方国家决定采取强有力的行动,对"世界信息和传播新秩序"运动以及联合国教科文组织展开攻击。美国和英国——两个最主要的西方新闻输出国——在1983年底宣布退出联合国教科文组织。这一举动取得了成功,阻止了"世界信息和传播新秩序"运动的后续发展,并让教科文组织的工作陷入瘫痪。在这种情况下,独立于联合国和各国政府的非政府组织开始兴起和运作起来,继续推动与"世界信息和传播新秩序"相关的讨论。进步的媒体专业人士和学术界人士组成了麦克布莱德圆桌会议(MacBride Roundtable)。作为一个一年一度的倡导性小组活动,圆桌会议不断吸纳新成员的参与。但总体来说,相关进展甚微。到20

世纪 90 年代,联合国和联合国教科文组织相继放弃了对"世界信息和传播新秩序"的支持。最终,英国和美国分别于 1997 年和 2003 年重新加入教科文组织。

"世界信息和传播新秩序"的例子说明,要想改变全球媒体的性质是极其困难的,尤其是在这场讨论的参与各方的权力并不对等的情况下。随着互联网的兴起,全球信息流动不平衡的挑战再次出现。

互联网治理

昂温(Unwin 2013:542)提醒我们:"互联网并不是偶然出现的事物。它主要是在美国资本的商业利益的影响下发展起来的。"尽管在早期,互联网很快就超越了它的美国起源背景,成为一个国际性的网络,但美国在制定互联网运作的基本标准方面仍然保留了不成比例的巨大影响力。而美国的这种影响力,主要是通过控制互联网名称与数字地址分配机构(Internet Corporation for Assigned Names and Numbers,ICANN)来实现的。该机构因缺乏透明度和问责机制以及与美国商务部关系密切而受到广泛批评(DeNardis 2013;Mueller 2002,2010)。

互联网名称与数字地址分配机构(2018)成立于 1998 年,负责对事关全球互联网安全、稳定和互操作性的技术性问题进行监管。它最广为人知的职责包括负责互联网数字分配机构(Internet Assigned Numbers Authority,IANA)及其网址数据库的运行,以及创建顶级域名(如.com、.info、.mil)、国家域名(如阿拉伯联合酋长国的.ae、日本的.jp 和墨西哥的.mx)和使用阿拉伯语、中文或其他特定语言字符的域名。在外人看来,互联网名称与数字地址分配机构的工作可能是常人难以理解的。但对全球互联网领域的专家和分析家来说,由于人们对美国对互联网名称与数字地址分配机构具有非同寻常的影响力感到不满,它也是一个引发了强烈争议的机构。最终,美国政府于 2016 年放弃了对互联网名称与数字地址分配机构的控制,使其成为一个独立的非营利组织,其管理委员会的成员从各个利益相关者群体中选出,包括政府职员、技术和电信专家、产业界人士和互联网用户。董事会成员必须包括来自世界主要地区(亚洲/太平洋、非洲、欧洲、拉丁美洲/加勒比海和北美)的代表。尽管对透明度和问责机制的担忧仍然存在,但人们对互联网名称与数字地址分配机构拥有了更多的独立性依然表示了肯定(Finley 2016)。

关于互联网治理的本质的辩论,成为在日内瓦(2003年)和突尼斯(2005年)举行的联合国信息社会世界峰会(World Summit on the Information Society,WSIS)的重要内容之一。在这两次峰会上,政府代表和私营部门人士汇聚一堂,就如何弥合全球数字鸿沟展开合作进行了讨论。但对这个议题的关注,让那些重视人权和信息民主化问题的非政府组织觉得自己关心的议题被边缘化了(Unwin 2013)。例如,进步通信协会(The Association for Progressive Communications)在确保会议讨论的主题不仅仅是如何扩大互联网接入方面发挥了重要作用。正如该组织的使命宣言所指出的:

> 我们帮助基层团体利用技术来发展它们的社区和增进自身权利,我们努力确保政府与信息和通信有关的政策符合广大人民的最佳利益,特别是生活在全球南方的人民。(The Association for Progressive Communications 2018)

在这些峰会上,关于应该如何治理互联网的辩论不仅促成了互联网名称与数字地址分配机构脱离美国的控制,而且还推动了互联网治理论坛(Internet Governance Forum,IGF)的建立,这是一个开展政策对话的国际性论坛。

互联网治理论坛首次会议于2006年举行,此后每年都在不同的国家举办会议。该论坛不是一个管理机构,它没有决策权。举办论坛的目的只是促进来自政府、私营部门、非政府组织和技术界的不同利益相关者之间的讨论。这些讨论涉及广泛的议题,包括发展中国家的能力建设、互联网安全、人权和自由表达,以及网络接入和多样性问题。互联网治理论坛经常向相关管理机构提出政策建议,呼吁对现状做出改变(Internet Governance Forum 2018)。

互联网治理是整个互联网顺利运作的基础,民族国家将继续在其中扮演关键角色(Goldsmith and Wu 2008)。随着安全和言论自由以及技术发展等问题的不断出现,这些管理和咨询机构将继续在互联网的发展过程中发挥重要作用。

保护多样性

不可否认,美国的电视、电影和音乐在全球大多数社会中无处不在,甚至在富裕国家也是如此(UNESCO 2017)。一项分析发现,2012年到

2013年间,美国电影在51个国家的十大电影中占了六部,在拉丁美洲则是十大电影中的八部(UNESCO 2015：129)。近年来,美国作品在整个欧洲电影市场中的占比略低于三分之二。相比之下,欧洲电影占北美电影市场的比例却不到10%(European Audiovisual Observatory 2016)。在美国电视上,除了公共电视频道上播出的英国广播公司的节目外,几乎看不到任何其他欧洲节目。如果说美国的媒体产品在传统上具备相对富足和充分的媒体资源的欧洲发达国家都处于主导地位的话,那么,我们可以想象,在电影或电视制作产业更不发达的发展中国家,美国媒体产品的影响力必然会更加强大。联合国教科文组织指出,全球媒体和文化的主导趋势是"内容自上而下地从经济和社会强势群体流向地位较低的弱势群体,从较发达国家及其媒体机构流向较不发达的国家及其传播网络"。这种状况导致"共同体和文化内部的身份观念和社会纽带发生了根本性的变化,而这种变化又往往以牺牲当地的文化表达为代价"(UNESCO 2010：1-2)。在这种不平衡的情况下,批评者最担忧的也许就是文化最终会丧失其独特的元素。如果电影、电视和音乐成为全球大规模生产的同质化产品,就像散落在国际文化景观中的许多标准化的麦当劳餐厅一样,那么,这对整个世界而言都是一种重大损失。

与关于信息"自由流动"问题的辩论一样,美国长期以来一直反对任何可能限制文化产品跨国流动的做法。例如,在1993年贸易与关税总协定(General Agreement on Trades and Tariffs, GATT)的谈判中,当时的美国电影协会主席杰克·瓦伦蒂(Jack Valenti)对文化管制的做法表示反对。在他看来,"文化与口香糖没什么两样,都是一种消费产品"。但并不是所有人都赞同他这种看法。当时的法国总统弗朗索瓦·密特朗(François Mitterrand)回应说："思想的创造物不是单纯的商品,不能被当作商品来对待。"(Poirier 2013)欧洲谈判代表明确表示,他们打算把文化产品排除在自由贸易协定的整体框架之外。

这种"文化例外"论成为那些想要抵制美国电影和电视节目不受控制地涌入本国市场的人们的集结号。十年后,当"文化例外"论的反对者在2013年美欧贸易谈判前夕再次出现时,他们遭到了迅速而激烈的反击。欧洲电影业的主要人士发起签订了一份请愿书,认为"文化例外是不可谈判的"。文化和创意产品应该继续被纳入豁免范围,不受任何自由贸易协定的约束(Petition of European Filmmakers 2013)。先后有欧洲导演、作家、技术人员和制片人5000多人在这份请愿书上签名。好莱坞的一些重量级人物也表达了他们的支持。导演史蒂芬·斯皮尔伯格(Steven Spielberg)认为:"文化例外是捍卫电影制作多样性的最佳方式。"德国导演维姆·文德斯(Wim Wenders)在一封致欧洲议会的信中表示:"文化不是商品;你不能把它和汽车、灯具或螺丝和螺栓混为一谈。"(France 24 2013)最终,欧洲议会赞同这一立场,并通过了一项将文化产品排除在贸易谈判之外的决议。

随着时间的推移,"文化例外"论已经演变成对保护文化多样性的一种广泛的呼吁。最重要的是,2005年,联合国教科文组织通过了《保护和促进文化表现形式多样性公约》(Convention on the Protection and Promotion of the Diversity of Cultural Expressions)。(投票结果是148比2,只有美国和以色列反对。)该公约旨在保护和促进文化多样性,创造"文化繁荣和以互利方式自由互动的条件",鼓励文化间的对话,并促进对文化多样性的尊重(UNESCO 2005)。

尽管这一公约得到了国际社会的广泛支持,但保护文化多样性的具体实践是在国家层面进行的。正如我们前面讨论过的,进口外国媒体产品有时会淹没本地文化,这主要有两个方面的原因:(1)缺乏支持本地媒体发展所需的基础设施;(2)进口的媒体产品普遍价格低廉,这对本地的营利性媒体机构来说具有不可抗拒的诱惑力。在一些国家,为了保护媒体内容的多样性,政府专门采取了一些旨在改变这种经济现实的管理措施。比如,对本地媒体进行补贴,设立由公共资金资助的媒体机构,或者对进口的外国媒体产品征税。另一种策略是为本地制作的媒体内容设定基础配额。一些国家会把这些策略结合起来使用。

例如,欧盟为其成员国设定了欧洲文化内容的基准线,但一些国家以本国内容配额的方式提高了这一要求。欧盟规定,所有欧盟国家播出的广播电视节目中,必须有51%的内容是在欧盟范围内制作的(Little 2008)。但在法国,国家规定电视台播出的节目中至少有40%的内容是在法国本土制作的。而政府对电视频道、互联网供应商、票房收益等的税收则用于对在法国制作的电影进行补贴(Buchsbaum 2017)。由于这些努力,法国的国内电影和电视节目的比例高于其他欧洲国家。与此同时,在意大利,60%的电影和电视虚构作品必须是欧洲国家制作的,其中20%必须来自意大利本土(Middleton 2017)。

其他国家在媒体内容的比例上也有相应的规定(Office of the United States Trade Representative 2017)。在巴西,2011年的一项法律要求付费电视台每天至少播放三个半小时的巴西本地内容,这一规定促进了巴西本土电视和电影业的蓬勃发展(Acioli 2017)。在阿根廷,私营广播电视台播出的节目中必须有60%是本地内容。在马来西亚,政府规定本国广播电视台播出的节目中必须有80%的电视节目和60%的广播节目是本地制作的。南非规定无线电视台的节目中必须有45%的南非内容,电台播放的音乐必须有60%是南非本地的作品(National Association of Broadcasters 2018)。在加拿大,20世纪60年代以来的一系列法律规定,要求加拿大私营广播公司播放的节目中,有55%的内容必须是在加拿大或由加拿大人全部或部分制作的。

另一个例子是,中国对进口美国电影实行配额制。为了规避这一限制,好莱坞制片商不得不寻找中国的合作伙伴来共同制作电影,从而免除进口限制。这种合作关系让中国制作人能够快速学习电影制作的成功经验和技能。近年来,中国电影产业发展迅猛,有望成为全球最大的电影生产国。中国规模庞大的电影观众得到了好莱坞制片商的关注,他们在作品中加入越来越多的中国演员和情节元素来吸引这些观众。比如,中国国家航天局在《火星救援》(The Martian)中对遭遇困境的美国施以援手;在《变形金刚:绝迹重生》(Transformers: Age of Extinction)(部分场景设定在中国香港)中,中国奋起抵抗外星人的入侵;而在《星球大战外传:侠盗一号》中,有两位中国演员扮演了重要角色。所有这一切,都绝非偶然(Beech 2017)。

电影《变形金刚》被推销给中国观众。尽管中国的电影院大量增加,但中国也规定了每年可在国内公开放映的美国电影的数量。

互联网和视频点播流媒体服务的兴起,给本地内容带来了新的挑战。网飞是这一领域的巨头,它在提供流媒体服务的同时,也加强了原创内容的制作。网飞率先使用数据分析技术来制作节目。它使用算法来分析庞大的观众习惯数据库,以此提升作品的成功概率。批评者认为,这种做法的结果是平淡无奇的衍生作品,它们只能复制已经成功的东西,而无法开拓新的创意领域。欧盟要求网飞等视频点播流媒体服务平台提供的影片目录中必须有 30% 的欧洲内容。尽管网飞一直在与内容限制作斗争,但其他国家也陆续提出了类似的要求。例如,网飞在 2017 年向近 800 万澳大利亚人提供流媒体服务,却没有在该国雇用一个人。与之具有竞争关系的澳大利亚本地广播电视机构,面临着必须提供一定比例的本地内容的要求,但网飞不受这种约束。澳大利亚正在努力堵住这个漏洞,将本地文化内容的比例要求延伸到流媒体服务。在加拿大,为了防止政府出台此类规定,网飞承诺在五年内投资 5 亿美元支持加拿大本地制作的作品(Kostaki 2017;McDuling 2018)。

以上这些案例表明,即使在一个互联网跨越国界进行传播的世界里,国家层面的各种管制措施仍然很重要。

全球媒介使用者:"地球村"的局限性

既然世界上的主要媒体集团都来自北美、欧洲和日本这些富裕的工业化地区,我们还能把这样一个不平等的媒介系统看作真正"全球性的"吗?麦克卢汉(McLuhan 1964)所说的"地球村",意味着一个具有同等影响力的行动者可以在其中进行公平竞争的全球空间。显然,全球媒介生产的实际状况与这种设想相去甚远。

然而,有人认为,"全球媒介"的本质是消费而不是生产。让媒介具有全球性特征的,不是别的,而是全世界的用户都可以使用它。的确,互联网的全球性扩张是令人瞩目的。截至 2018 年,全世界有超过 42 亿人在使用互联网,有 32 亿活跃的社交媒体用户,其中,有 52% 的互联网流量是通过智能手机实现的(We Are Social 2018)。

然而,网络世界依然充满了不平等。媒介技术在世界各地的普及程度不尽相同。在全球范围内,媒介消费的模式与经济不平等的模式相同。那些拥有更多媒体资源和进行更多媒介生产活动的富裕国家,同样也在媒介消费方面更胜一筹。"地球村"的平等主义形象再一次掩盖了现实。

最显而易见的一点是世界上的富裕地区和贫穷地区之间在获取信息和通信技术方面的差距,即所谓的"全球数字鸿沟"。尽管有相反的看法,但一个不容否认的事实是,全球存在的惊人的经济不平等程度决定了媒介使用水平的差异。在所有关于全球媒体和即时通信的讨论中,我们很容易忘记,为了基本的生存而斗争仍然是地球上相当一部分人日常生活的主旋律。迄今为止,世界上依然有几乎一半的人口无法接触到互联网。①

全世界范围内的互联网接入水平差距极大。在北美,几乎每10个人中就有9个是互联网用户。与之形成鲜明对比的是,在中非地区,每10个人中几乎只有一个人可以接入互联网。

这种巨大的差异表明,我们不能从一种统一的全球性视角出发来分析媒体的使用状况。在许多国家,只有中产阶级和上层阶级才有能力定期接触全球媒体产品。一位早期的评论家在写到南美洲时指出:"在一个许多人仍然贫穷的大陆,大众文化往往是阶层差异的标志。……与300英里②外的贫困省份的学生相比,布宜诺斯艾利斯的学生在文化消费方面与纽约的学生更接近。"(Escobar and Swardson 1995:1)在许多较为贫困的国家,有能力接触到全球性媒体往往是精英阶层的标志。

我们还可以从廉价笔记本电脑的案例中看到数字鸿沟,以及弥合这种鸿沟的困难。2002年,麻省理工学院教授尼古拉斯·尼葛洛庞帝(Nicholas Negroponte)发起了一项名为"每个孩子一台笔记本电脑"的活动,目的是为发展中国家的学童提供专门为他们设计的价值100美元的笔记本电脑。项目的实施者对技术充满信心,设备的设计也采取了自上而下的策略。但他们忽略了技术采用的社会语境。对那些身处贫困国家、苦苦挣扎在生存边缘的人来说,笔记本电脑几乎没有什么用处。这个项目最初的设计是用手摇的方式为电脑供电,使其在没有电的地区也能使用。但这一设想最终不得不放弃,因为事实证明这根本行不通。相

---

① 根据 datareportal.com 公布的最新数据,截至2023年1月,全球互联网使用人口占世界总人口的比例为64.4%。

② 约为482.8公里。

反,对发展中国家的人们来说,无论是上网还是人际交流,手机都比笔记本电脑更加实用。尽管出发点是好的,但笔记本电脑项目不仅充满争议,而且在许多人看来是完全失败的(Nussbaum 2007;Rawsthorn 2009)。显然,那种认为把西方人设计的技术推广到发展中国家,就可以改变全球不平等状态的想法,是十分幼稚的。富裕国家和贫穷国家之间的巨大差距,仅靠手提电脑是无法缩小的。

最后,数字鸿沟还与如何理解社交媒体在中东和北非等地的民主运动中发挥的作用有关。关于这个问题,一些人的理解出现了偏差。2009年,伊朗总统选举引发争议,首都德黑兰的示威者在推特上为外部观察员定期发送最新信息。美国国务院甚至要求推特推迟预定的维护,以免妨碍活动人士间的沟通。几年后,社交媒体也在包括埃及革命在内的所谓"阿拉伯之春"(Arab Spring)抗议活动中发挥了作用(Howard and Hussain 2013;Saleh 2012)。示威者利用互联网组织抗议活动,并向外界发送视频。但抗议活动也是通过现有的传统网络和机构,特别是工会组织起来的(Lee and Weinthal 2011)。实际上,我们不应该夸大社交媒体的影响和意义。例如,尽管西方媒体将伊朗的示威活动吹捧为"推特革命",但后来的分析表明,大多数推特信息都来自伊朗境外,而来自伊朗国内的信息主要是针对外部受众,而非当地公民(Esfandiari 2010)。这些信息一般都未经证实,常常混淆视听。实际上,在伊朗国内,这些新媒体传播渠道所起的作用远不如老式的口耳相传来得重要。西方观察家似乎忽视了这样一个事实,即推特不支持波斯语,而波斯语是伊朗人最常使用的语言。正如洛杉矶一家波斯语新闻网站的经理迈赫迪·耶安尼贾德(Mehdi Yahyanejad)所评论的那样:"推特在伊朗的影响是零……在这里(美国),推特上与伊朗有关的信息很多,但如果你仔细观察……就会发现大部分都是美国人自己发的。"(Musgrove 2009)这些观察表明,在评估新媒体在政治生活中的作用时,我们需要慎之又慎。

以上例子说明,全球数字鸿沟会通过各种方式表现出来。麦克卢汉的"地球村"与我们当下的现实之间还有相当大的距离。

普遍的变化与媒介的未来

变化是人类历史上最大的不变因素之一。社会学学科的出现,在很大程度上是对19世纪欧洲政治、经济和知识变化的回应。随着现代工业社会取代了传统农业社会,当时的社会思想家试图理解他们周围发生的革命性变化。工业化、多样化的城市人口和现代都市取代了农业、农村生活和同质化的人群。这些剧烈变化也让社会付出了代价。贫困、城市贫民窟、对童工的剥削、危险的廉价工作等一系列社会问题涌现出来。

在 21 世纪,数字通信的发展标志着社会生活的新革命,同时也意味着相应的代价。昂温告诫说,互联网能带来

> 非人化和异化的效果。就像 19 世纪的工厂生产使人类成为机器的附属品一样,21 世纪的互联网也使人们越来越成为计算机的附属品。这样一来,用户一方面与自然的和充满创造活力的物质世界越来越疏远,另一方面则日益陷入虚拟现实,并因此越来越处于那些设计了这些虚拟现实的人的掌控之中。(Unwin 2013:549)

在本世纪,未来的技术变革所带来的深远影响,将会与工业化变革给人类社会带来的震撼不相上下。例如,在短期内:

- 流媒体选项的增加将继续改变我们体验电视、音乐和电影的方式,使互联网在媒体领域比以往任何时候都更加处于核心地位。
- 随着增强现实和虚拟现实技术的发展,以及媒体制作者和用户越来越多地采用这些技术,它们的意义将变得更加深远。
- 随着"智能家居"变得越来越普遍,"物联网"可能会扩大。在日益复杂的互动数字"助理"的帮助下,这个技术网络中的一部分将会作为一种新手段,对我们所获取的信息、新闻和娱乐进行调节(Bardot 2017;Marconi and Siegman 2017)。
- 可穿戴技术的影响范围将会继续扩大。正如一位观察家所说,互联网就像电一样——不可见、不侵扰,但更深入地嵌入人们的生活(Pew Research Center 2014a;Rainie 2017)。

不过,更重要的是对媒介和传播系统或多或少会有影响的社会发展:

- 语言、国籍和政治观点将继续让互联网变得支离破碎。
- 威权政府可能会继续在国内对互联网使用进行严厉管制,同时在国外将互联网作为一种对外斗争的武器(Mueller 2017)。
- 作为对网络安全和外国干涉选举问题的一种回应,对网络科技公司的监管可能会得到加强。然而,这种做法会带来变化吗?

在言论自由、隐私保护和对监控的关注方面,代价会是什么?
- 随着民族国家之间对彼此的互联网关键基础设施发动攻击的情况越来越普遍,互联网很可能会成为未来国际冲突的战场。政府将如何应对这种情况?这对未来开放的互联网接入意味着什么?对监控和安全问题而言又意味着什么?
- 加密技术将继续使隐私和在线信息的匿名共享成为可能,并为从非法销售毒品、武器和被盗信用卡号码,到人口贩运、儿童色情和恐怖主义等各类在暗网上进行的非法活动提供便利。同样,这里的关键问题是政府是否会强化对这些问题的干预、这种干预将采取什么形式,以及这将对其他用户产生何种影响。
- 新闻业的财政危机将继续。对记者的压制可能会继续,对网上各类虚假信息的打击也会升级。
- 各种新的宣传形式可能会在网上加速扩散和流传,导致公民越来越难以对各种相互竞争的观点进行甄别。
- 媒体公司、广告商和政府很可能会使用更多的侵入性监控手段,来收集越来越多的与人们的行为、信仰和社会联系相关的数据。

　　这些只是我们可能面临的几个比较明显的问题。然而,未来媒介的发展方向将取决于社会成员的抉择。无论是媒介技术的进步,还是与之相关的社会发展,没有什么是必然的。或许我们每个人都可以在引领媒介技术的未来方向和使用方面发挥积极作用。

　　本书对媒介社会学分析的论证始于第一章。在那里,我们提出了一个媒介和社会世界研究模式。我们试图表明,对媒介的理解离不开对一系列社会关系的把握。许多人讨论"媒体"问题的最常见的方式,就是只关注媒体的内容。到这里,我们应该能够清楚地看到,用这种思路来指导我们对媒介及其社会意义的把握,最终得到的结果显然是不完整的。相反,我们必须对本书提出的媒介社会学研究模式中的各种关系保持敏感。这些关系涉及技术、传媒产业、媒体内容、活跃的受众和用户,以及媒体之外的社会世界。无论未来发生什么样的变化,理解媒介始终意味着对这些高度复杂的社会关系进行充分的把握。

讨论题

1. 马歇尔·麦克卢汉设想了一个电子"地球村"。在这里,人们将"不可逆转地成为彼此的一部分,并对彼此承担责任"。麦克卢汉的设想在哪些方面被证明是正确的？在哪些方面是错误的？

2. 为什么发展中国家生产的媒体产品很难与较富裕的发达国家竞争？

3. 你认为"文化帝国主义"仍然是一种威胁吗？为什么？

4. 在试图保护本地文化的过程中，各国对外国媒体产品的涌入做出了哪些回应？

5. 你认为在你的一生中，最重要的媒体变化是什么？说出你的理由。

参考文献

Abbate, Janet. 1999. *Inventing the Internet*. Cambridge, MA: MIT Press.

Acioli, Renata. 2017. "In Brazil, Film and TV Law Fosters Industry Boom." *Sparksheet* (http://sparksheet.com/in-brazil-film-and-tv-law-fosters-industry-boom/).

Ackerman, Seth. 2001. "The Most Biased Name in News: Fox News Channel's Extraordinary Right-Wing Tilt." *Extra!* July/August. Retrieved March 7, 2011 (http://www.fair.org/index.php?page=1067).

Aday, Sean. 2010. "Chasing the Bad News: An Analysis of 2005 Iraq and Afghanistan War Coverage on NBC and Fox News Channel." *Journal of Communication* 60 (1): 144–164.

Aday, Sean, Steven Livingston, and Maeve Hebert. 2005. "Embedding the Truth: A Cross-cultural Analysis of Objectivity and Television Coverage of the Iraq War." *Harvard International Journal of Press/Politics* 10 (1): 3–21.

Ahlkvist, Jarl A. and Robert Faulkner. 2002. "Will This Record Work for Us?: Managing Music Formats in Commercial Radio." *Qualitative Sociology* 25 (2): 189–215.

Alba, Davey. 2017. "Facebook's Officially a Media Company: Time to Act Like One." *Wired*, March 6 (https://www.wired.com/2017/03/facebooks-officially-media-company-time-act-like-one/).

Alexa. 2018. "Top Sites." (https://www.alexa.com/topsites).

Alexander, Jeffrey C., Elizabeth Butler Breese, and María Luengo, eds. 2016. *The Crisis of Journalism Reconsidered*. New York, NY: Cambridge University Press.

Alldredge, John. 2015. "The 'CSI Effect' and Its Potential Impact on Juror Decisions." *Themis: Research Journal of Justice Studies and Forensic Science* 3 (1): 6 (http://scholarworks.sjsu.edu/themis/vol3/iss1/6).

Allen-Robertson, James. 2015. "The Materiality of Digital Media: The Hard Disk Drive, Phonograph, Magnetic Tape and Optical Media in Technical Close-up." *New Media & Society* 19 (3): 455–470.

Altheide, David L., and Robert P. Snow. 1979. *Media Logic*. Thousand Oaks, CA: Sage.

Altheide, David L., and Robert P. Snow. 1991. *Media Worlds in the Postjournalism Era*. New York, NY: Aldine de Gruyter.

Althusser, Louis. 1971. *Lenin and Philosophy*. London: New Left Books.

Anand, Bharat N., Kyle Barnett, and Elizabeth Carpenter. 2004. *Random House Case Study*. Boston, MA: Harvard Business School.

Anastácio, Kimberly. 2016. "A View from the Cheap Seats: Internet and Colonialism." GigaNet: Global Internet Governance Academic Network, Annual Symposium 2016 (https://ssrn.com/abstract=2909369).

Andrews, Kenneth T., and Neal Caren. 2010. "Making the News: Movement Organizations, Media Attention, and the Public Agenda." *American Sociological Review* 75 (6): 841–866.

Ang, Ien. 1985. *Watching Dallas*. London, UK: Methuen.

Angwin, Julia, and Terry Parris Jr. 2016. "Facebook Lets Advertisers Exclude Users by Race." *ProPublica*. October 28 (https://www.propublica.org/article/facebook-lets-advertisers-exclude-users-by-race).

Angwin, Julia, Madeleine Varner, and Ariana Tobin. 2017. "Facebook Enabled Advertisers to Reach

'Jew Haters.'" *ProPublica*. September 14 (https://www.propublica.org/article/facebook-enabled-advertisers-to-reach-jew-haters).

Appel, Helmut, Alexander L. Gerlach, and Jan Crusius. 2016. "The Interplay between Facebook Use, Social Comparison, Envy, and Depression." *Current Opinion in Psychology* 9: 44–49.

Armstrong, David. 1981. *A Trumpet to Arms*. Boston, MA: South End Press.

Arthur, Charles. 2006. "What Is the 1% Rule?" *The Guardian*. July 20. Retrieved December 8, 2010 (http://www.guardian.co.uk/technology/2006/jul/20/guardianweeklytechnologysection2).

Artz, Lee. 2015. *Global Entertainment Media: A Critical Introduction*. Malden, MA: John Wiley & Sons.

Asch, Solomon E. 1952. *Social Psychology*. Englewood Cliffs, NJ: Prentice Hall.

———. 1955. "Opinions and Social Pressures." *Scientific American* 193 (5): 31–35.

Askin, Noah, and Michael Mauskapf. 2017. "What Makes Popular Culture Popular? Product Features and Optimal Differentiation in Music." *American Sociological Review* 82 (5): 910–944.

ASNE (American Society of News Editors). 2017. "The ASNE Newsroom Diversity Survey" (http://asne.org/diversity-survey-2017)

Association for Progressive Communication. 2018. "About APC" (https://www.apc.org/en/about).

Atton, Chris, and James F. Hamilton. 2008. *Alternative Journalism*. London, UK: Sage.

Aufderheide, Patricia. 1990. "After the Fairness Doctrine: Controversial Broadcast Programming and the Public Interest." *Journal of Communication* 40 (3): 47–72.

———. 1999. *Communications Policy and the Public Interest: The Telecommunications Act of 1996*. New York, NY: Guilford Press.

Auletta, Ken. 1991. *Three Blind Mice: How the TV Networks Lost Their Way*. New York: Random House.

———. 2001. *World War 3.0: Microsoft and Its Enemies*. New York: Random House.

Auslander, Philip. 1999. *Liveness: Performance in a Mediatized Culture*. New York, NY: Routledge.

Bacle, Ariana. 2017. "Justin Bieber Doesn't Know the Spanish Lyrics to 'Despacito.' " *Entertainment Weekly*. May 25 (http://ew.com/music/2017/05/25/justin-bieber-doesnt-know-despacito-spanish-lyrics/).

Badash, David. 2015. "'Hello N*gger': Conservatives Welcome President Obama to Twitter." *New Civil Rights Movement* (http://www.thenewcivilrightsmovement.com/davidbadash/1_hello_n_gger_conservatives_welcome_president_obama_to_twitter).

Bagdikian, Ben. 2004. *The New Media Monopoly*. Boston, MA: Beacon Press.

Bailey, Sarah, Pulliam. 2018. "How the Mom Internet Became a Spotless, Sponsored Void." *Washington Post*, January 26 (https://www.washingtonpost.com/outlook/how-the-mom-internet-became-a-spotless-sponsored-void/2018/01/26/072b46ac-01d6-11e8-bb03-722769454f82_story.html?utm_term=.4e06cab658ea).

Bakardjieva, Maria. 2005. *Internet Society: The Internet in Everyday Life*. Thousand Oaks, CA: Sage.

———. 2011. "The Internet in Everyday Life: Exploring the Tenets and Contributions of Diverse Approaches." Pp. 59–82 in Mia Consalvo and Charles Ess, eds. *The Handbook of Internet Studies*. Blackwell Publishing.

Baker, C. Edwin. 1994. *Advertising and a Democratic Press*. Princeton, NJ: Princeton University Press.

Baker, Liana B. 2016. "Half the World Watching Games, Opening Ceremony Ratings Flat: IOC." Reuters. August 17 (https://uk.reuters.com/article/us-olympics-rio-ioc-broadcast/half-the-world-watching-games-opening-ceremony-ratings-flat-ioc-idUKKCN10S1ZX).

Baldasty, Gerald J. 1992. *The Commercialization of News in the Nineteenth Century*. Madison, WI: University of Wisconsin Press.

Bandura, Albert. 1977. *Social Learning Theory*. Englewood Cliffs, NJ: Prentice Hall.

———. 1986. *Social Foundations of Thought and Action: A Social Cognitive Theory*. Upper Saddle River, NJ: / Prentice Hall, Inc.

Bandura, Albert. Dorothea Ross, and Sheila A. Ross. 1961. "Transmission of Aggression through the Imitation of Aggressive Models." *Journal of Abnormal and Social Psychology* 63 (3): 575–582.

Barber, Benjamin R. 1995. *Jihad vs. McWorld*. New York, NY: Ballantine Books.

Bardot, Trushar. 2017. "The Future of News Is Humans Talking to Machines." *NiemanLab*. September 18 (http://www.niemanlab.org/2017/09/the-future-of-news-is-humans-talking-to-machines/).

Barnard, Stephen R. 2016. "'Tweet or Be Sacked': Twitter and the New Elements of Journalistic Practice". *Journalism* 17 (2): 190–207.

Barnes, Brookes. 2009. "Avatar Is No. 1 but without a Record." *New York Times*. December 20. Retrieved December 9, 2010 (http://www.nytimes.com/2009/12/21/movies/21box.html).

Barnett, Brooke, and Amy Reynolds. 2009. *Terrorism and the Press*. New York: Peter Lang.

Barnett, Steven. 1997. "New Media, Old Problems: New Technology and the Political Process." *European Journal of Communication*. 12 (2): 193–218.

Bartels, Larry. 2002. "The Impact of Candidate Traits in American Presidential Elections." Pp. 44–69 in *Leaders' Personalities and the Outcomes of Democratic Elections*, edited by Anthony King. New York: Oxford University Press.

Battani, Marshall. 1999. "Organizational Fields, Cultural Fields, and Art Worlds: The Early Effort to Make Photographs and Make Photographers in the Nineteenth Century." *Media, Culture, and Society* 21 (5): 601–626.

Bauder, David, Lynn Elber, and Frazier Moore. 2015. "TV Networks Make Unequal Progress toward On-screen Diversity." Associated Press. January 21 (https://www.apnews.com/a86e495dbe714a1e849d3d72d5d8d0ff).

Baudrillard, Jean. 1983. *Simulations*. New York: Semiotext(e).

———. 1988. *Selected Writings*. Mark Poster, ed. Stanford, CA: Stanford University Press.

Bechmann, Anja, and Stine Lomborg. 2012. "Mapping Actor Roles in Social Media: Different Perspectives on Value Creation in Theories of User Participation." *New Media & Society* 15 (5): 765–781

Becker, Howard S. 1982. *Art Worlds*. Berkeley, CA: University of California Press.

Beech, Hannah. 2017. "How China Is Remaking the Global Film Industry." *TIME*. January 26 (http://time.com/4649913/china-remaking-global-film-industry/).

Beer, David. 2009. "Power through the Algorithm? Participatory Web Cultures and the Technological Unconsciousness." *New Media & Society* 11 (6): 985–1002.

Bell, Emily, and Taylor Owen. 2017. "The Platform Press: How Silicon Valley Reengineered Journalism." Columbia Journalism School, Tow Center for Digital Journalism (http://towcenter.org/wp-content/uploads/2017/04/The_Platform_Press_Tow_Report_2017.pdf).

Bennett, W. Lance. 2009. *News: The Politics of Illusion*. 8th ed. New York: Longman.

Bennett, W. Lance, and Shanto Iyengar. 2008. "A New Era of Minimal Effects? The Changing Foundations of Political Communication." *Journal of Communication* 58: 707–731.

———. 2010. "The Shifting Foundations of Political Communication: Responding to a Defense of the Media Effects Paradigm." *Journal of Communication* 60: 35–39.

Bennett, W. Lance, and David Paletz, eds. 1994. *Taken by Storm: The Media, Public Opinion, and U.S. Foreign Policy in the Gulf War*. Chicago, IL: University of Chicago Press.

Bennett, W. Lance, and Alexandra Segerberg. 2013. *The Logic of Connective Action: Digital Media and the Personalization of Contentious Politics*. New York, NY: Cambridge University Press.

Berelson, Bernard. 1952. *Content Analysis in Communication Research*. New York, NY: Free Press.

Berger, Peter L., and Thomas Luckmann. 1966. *The Social Construction of Reality*. New York, NY: Doubleday.

Bernoff, Josh, and Jacqueline Anderson. 2010. "Social Technographics Defined." Forrester. Retrieved

December 8, 2010 (http://www.forrester.com/empowered/ladder2010).

Bertrand, Natashia. 2017. "Shuttered Facebook Group that Organized Anti-Clinton, Anti-immigrant Rallies across Texas Was Linked to Russia." *Business Insider*. September 13 (http://www.businessinsider.com/facebook-group-russia-texas-anti-immigrant-rallies-2017-9).

Bhatia, Rahul. 2016. "The Inside Story of Facebook's Biggest Setback." *The Guardian*. May 12 (https://www.theguardian.com/technology/2016/may/12/facebook-free-basics-india-zuckerberg).

Bielby, William T., and Denise D. Bielby. 1994. "All Hits Are Flukes: Institutionalized Decision Making and the Rhetoric of Network Prime-Time Program Development." *American Journal of Sociology* 99: 1287–1313.

———. 2003. "Controlling Prime-time: Organizational Concentration and Network Television Programming Strategies." *Journal of Broadcasting & Electronic Media* 47: 573–596.

Bijker, Wiebe E., Thomas P. Hughes, and Trevor Pinch. 2012. *The Social Construction of Technological Systems*. Cambridge, MA: MIT Press.

Bilton, Ricardo. 2017. "With Scripted Comedy Videos, The *Washington Post* Wants to Provide 'New Entry Points to the News.'" NiemanLab. September 14 (http://www.niemanlab.org/2017/09/with-scripted-comedy-videos-the-washington-post-wants-to-provide-new-entry-points-to-the-news/).

Bird, S. Elizabeth. 2003. *The Audience in Everyday Life: Living in a Media World*. New York: Routledge.

Birkinbine, Benjamin, Rodrigo Gomez, and Janet Wasko, eds. 2017. *Global Media Giants*. New York: Routledge.

Black Lives Matter. 2018. "Black Lives Matter." (https://blacklivesmatter.com/).

Blank, Grant. 2013. "Who Creates Content?" *Information, Communication & Society* 16 (4): 590–612.

Blank, Grant, and Darja Groselj. 2014. "Dimensions of Internet Use: Amount, Variety, and Types." *Information, Communication & Society* 17 (4): 417–435.

Blondheim, Menahem. 1994. *News over the Wires: The Telegraph and the Flow of Public Information in America 1844–1897*. Cambridge, MA: Harvard University Press.

Blum, Andrew. 2012. *Tubes: A Journey to the Center of the Internet*. New York, NY: HarperCollins.

Blumer, Herbert. 1933. *Movies and Conduct*. New York, NY: Macmillan.

Boczkowski, Pablo. 2004. *Digitizing the News: Innovation in Online Newspapers*. Cambridge, MA: MIT Press.

———. 2009. "Technology, Monitoring and Imitation in Contemporary News Work." *Communication, Culture & Critique* 2 (1): 39–58.

———. 2010. *News at Work: Imitation in an Age of Information Abundance*. Chicago, IL: University of Chicago Press.

Bode, Leticia. 2016. "Political News in the News Feed: Learning Politics from Social Media." *Mass Communication and Society*. 19: 24–48.

Bogart, Leo. 1991. "The Pollster & the Nazis." *Commentary*. August 1 (https://www.commentarymagazine.com/articles/the-pollster-the-nazis/).

Bogle, Donald. 2016. *Toms, Coons, Mulattoes, Mammies, and Bucks: An Interpretive History of Blacks in American Film*. New York, NY: Bloomsbury Academic.

Bolter, Jay David, and Richard Grusin. 2000. *Remediation: Understanding New Media*. Cambridge, MA: MIT Press.

Bond, Paul. 2016. "Leslie Moonves on Donald Trump: 'It May Not Be Good for America, but It's Damn Good for CBS.'" *The Hollywood Reporter*. February 29 (hollywoodreporter.com/news/leslie-moonves-donald-trump-may-871464).

Bond, Robert M., Christopher J. Fariss, Jason J. Jones, Adam D. I. Kramer, Cameron Marlow, Jaime E. Settle, and James H. Fowler. 2012. "A 61-million-person experiment in social influence and political mobilization." *Nature* 489: 295–298.

Bonilla, Yarimar, and Jonathan Ros. 2015. "#Ferguson: Digital Protest, Hashtag Ethnography, and the Racial Politics of Social Media in the United States." *American Ethnologist* 42: 4–17.

Bonilla-Silva, Eduardo. 2014. *Racism without Racists: Color-blind Racism and the Persistence of Racial Inequality in America*. Landham, MD: Rowman & Littlefield.

Boorstin, Daniel. 1961. *The Image*. New York: Atheneum.

Booth, Paul. 2010. *Digital Fandom: New Media Studies*. New York, NY: Lang.

Bose, Derek. 2006. *Brand Bollywood: A New Global Entertainment Order*. Thousand Oaks, CA: Sage.

Bowker. 2016. "Report from Bowker Shows Continuing Growth in Self-Publishing." September 7 (http://www.bowker.com/news/2016/Report-from-Bowker-Shows-Continuing-Growth-in-Self-Publishing.html).

Box Office Mojo. 2018. "Studio Market Share." (http://www.boxofficemojo.com/studio/?view=company&view2=yearly&yr=2017&p=.htm)

Boyd-Barrett, Oliver. 1977. "Media Imperialism: Towards an International Framework for an Analysis of Media Systems." Pp. 116–135 in *Mass Communication and Society*, edited by James Curran, Michael Gurevitch and Janet Woollacott. London, UK: Edward Arnold.

Braid, Mary. 2004. "Page Three Girls—The Naked Truth." *BBC News Online*. September 14. Retrieved November 29, 2010 (http://news.bbc.co.uk/2/hi/uk_news/magazine/3651850.stm).

Branch, Taylor. 1988. *Parting the Waters: America in the King Years 1954–1963*. New York: Simon & Schuster.

Brand, Stewart. 1968. "The Purpose of the Whole Earth Catalog." *Whole Earth Catalog*. Fall (http://www.wholeearth.com/issue/1010/article/196/the.purpose.of.the.whole.earth.catalog).

Brigs, Asa, and Peter Burke. 2009. *A Social History of the Media: From Gutenberg to the Internet*. Malden, MA: Polity Press.

Brill's Content. 1998. "Dan Rather on Fear, Money, and the News." October: 116–121.

Brimeyer, Ted, Eric O. Silva, and R. Jolene Byrne. 2016. "What Do Unions Do? Media Framing of the Two-Faces of Labor." *Journal of Labor and Society* 19: 517–532.

Broadband Commission for Sustainable Development. 2017. "The State of Broadband: Broadband catalyzing sustainable development." UNESCO. September (https://www.itu.int/dms_pub/itu-s/opb/pol/S-POL-BROADBAND.18-2017-PDF-E.pdf).

Brodkin, Jon. 2016. "Pay-for-Play: Verizon Wireless Selling Data Cap Exemptions to Content Providers." *ARS Technica*. January 19 (https://arstechnica.com/information-technology/2016/01/verizon-wireless-selling-data-cap-exemptions-to-content-providers/).

Bruns, Axel. 2008. *Blogs, Wikipedia, Second Life, and Beyond: From Production to Produsage*. New York: Peter Lang.

Bruns, Axel, and Jan-Hinrik Schmidt. 2011. "Produsage: A Closer Look at Continuing Developments." *New Review of Hypermedia and Multimedia* 17 (1): 3–7.

Bryant, Jennings, and Dorina Miron. 2004. "Theory and Research in Mass Communication." *Journal of Communication* 54 (4), 662–704.

Bryant, Jennings, Susan Thompson, and Bruce W. Finklea. 2012. *Fundamentals of Media Effects*. Long Grove, IL: Waveland Press.

Buchsbaum, Jonathan. 2017. *Exception Taken: How France Has Defied Hollywood's New World Order*. New York, NY: Columbia University Press.

Buckingham, David. 1993. *Reading Audiences: Young People and the Media*. New York, NY: Manchester University Press.

Bump, Philip. 2017. "Trump Reportedly Wants to Cut Cultural Programs That Make Up 0.02 Percent of Federal Spending." *Washington Post*. January 19 (https://www.washingtonpost.com/news/the-fix/wp/2017/01/19/trump-reportedly-wants-to-cut-cultural-programs-that-make-up-0-02-percent-of-federal-spending).

———. 2018. "A (So Far) Complete Timeline of the Investigation into Trump and Russia." *The Washington Post*. April 24 (https://www.washingtonpost.com/news/politics/wp/2018/02/05/a-so-far-complete-timeline-of-the-investigation-into-trump-and-russia).

Bureau of Labor Statistics. 2017. "Newspaper Publishers Lose over Half Their Employment from January 2001 to September 2016." U.S. Department of Labor. *The Economics Daily*. August 3 (https://www.bls.gov/opub/ted/2017/newspaper-publishers-lose-over-half-their-employment-from-january-2001-to-september-2016.htm).

———. 2018. "Union Members Summary." U.S. Department of Labor (https://www.bls.gov/news.release/union2.nr0.htm).

Butcher, Melissa. 2003. *Transnational Television, Cultural Identity and Change: When STAR Came to India*. Thousand Oaks, CA: Sage.

Butsch, Richard. 2003. "A Half Century of Class and Gender in American TV Domestic Sitcoms." *Cercle*. 8: 16–34.

———. 2005. "Five Decades and Three Hundred Sitcoms About Class and Gender." Pp. 111–135 in *Thinking Outside the Box: A Contemporary Television Genre Reader*, edited by Gary R. Edgerton and Brian G. Rose. Lexington, KY: University Press of Kentucky.

———. 2018. "Why Television Sitcoms Kept Re-creating Male Working-Class Buffoons for Decades." Pp. 442–450 in Gail Dines, Jean M. Humez, Bill Yousman, and Lori Bindig Yousman, eds. 2018. *Gender, Race, and Class in Media*. Thousand Oaks, CA: Sage.

Byrne, Dara N. 2008. "Public Discourse, Community Concerns, and Civic Engagement: Exploring Black Social Networking Traditions on Blackplanet.com." *Journal of Computer-Mediated Communication* 13 (1): 319–340.

Cacciatore, Michael A., Dietram A. Scheufele, and Shanto Iyengar. 2016. "The End of Framing as We Know It . . . and the Future of Media Effects." *Mass Communication and Society* 19 (1): 7–23.

Calabrese, Andrew. 1999. "Communication and the End of Sovereignty?" *Info: Journal of Policy, Regulation and Strategy for Telecommunications, Information and Media* 1 (4): 313–326.

Callier, Patrick. 2014. "Class as a Semiotic Resource in Consumer Advertising: Markedness, Heteroglossia, and Commodity Temporalities." *Discourse & Society* 25 (5), 581–599.

Campbell, Christopher P., Kim M. LeDuff, Cheryl D. Jenkins, and Rockell A. Brown, eds. 2012. *Race and News: Critical Perspectives*. New York, NY: Routledge

Campbell, W. Joseph. 2010. "Fright beyond Measure? The Myth of the War of the Worlds." Pp. 26–44 in *Getting it Wrong: Ten of the Greatest Misreported Stories in American Journalism*. Berkeley, CA: University of California Press.

Cantor, Murial G. 1990. "Prime-time Fathers: A Study in Continuity and Change." *Critical Studies in Mass Communication* 7: 275–285.

Cappella, Joseph N., and Kathleen Hall Jamieson. 1997. *Spiral of Cynicism: The Press and the Public Good*. New York: Oxford University Press.

Carney, Nikita. 2016. "All Lives Matter, but So Does Race: Black Lives Matter and the Evolving Role of Social Media." *Humanity & Society* 40 (2): 180–199.

Carr, David. 2014. Barely Keeping up in TV's New Golden Age. *New York Times*. March 10, p. B1.

Carroll, Noël. 2004. "Sympathy for the Devil." Pp. 121–136 in *The Sopranos and Philosophy*, edited by Richard Greene and Peter Vernezze. LaSalle, IL: Open Court.

Carvin, Andy. 2013. *Distant Witness*. New York: CUNY Journalism Press.

Castells, Manuel. 2001. *The Internet Galaxy. Reflections on the Internet, Business, and Society*. New York: Oxford University Press.

Center for American Progress and the Free Press. 2007. "The Structural Imbalance of Political Talk Radio." (https://cdn.americanprogress.org/wp-content/uploads/issues/2007/06/pdf/talk_radio.pdf)

Center for Responsive Politics. 2018. Various databases at OpenSecrets.org.

Chadwick, Andrew. 2006. *Internet Politics: States, Citizens, and New Communication Technologies*. New York: Oxford University Press.

———. 2017. *The Hybrid Media System: Politics and Power*. New York, NY: Oxford University Press.

Chakravartty, Paula, and Katharine Sarikakis. 2006. *Media Policy and Globalization*. Edinburgh, UK: Edinburgh University Press.

Chen, Gina M. 2015. "Why Do Women Bloggers Use Social Media? Recreation and Information Motivations Outweigh Engagement Motivations." *New Media & Society* 17 (1): 24–40.

Chen, Liang, Shirley S. Ho, and May O. Lwin. 2017. "A Meta-analysis of Factors Predicting Cyberbullying Perpetration and Victimization: From the Social Cognitive and Media Effects Approach." *New Media & Society* 19 (8): 1194–1213.

Cheney, Richard. 1992. "Media Conduct in the Persian Gulf War: Report to Congress." Washington, DC: Department of Defense, Public Affairs Office.

Childress, Clayton. 2017. *Under the Cover*. Princeton, NJ: Princeton University Press.

Chin, Christina B., Meera E. Deo, Faustina M. DuCros, Jenny Jong-Hwa Lee, Noriko Milman, and Nancy Wang Yuen. 2017. "Tokens on the Small Screen: Asian Americans and Pacific Islanders in Prime Time and Streaming Television." (https://www.aapisontv.com/uploads/3/8/1/3/38136681/aapisontv.2017.pdf).

Chiuy, Yvonne. 1995. "FTC Settles Car Ad Boycott Case." *Washington Post*. August 2, p. F3.

Chmielewski, Dawn C., and Rebecca Keegan. 2011. "Merchandise Sales Drive Pixar's 'Cars' Franchise." *Los Angeles Times*. June 21. Accessed July 8, 2013 (http://articles.latimes.com/2011/jun/21/business/la-fi-ct-cars2-20110621).

Chokshi, Niraj. 2016. "Facebook Helped Drive a Voter Registration Surge, Election Officials Say." *New York Times*. October 12 (https://www.nytimes.com/2016/10/13/us/politics/facebook-helped-drive-a-voter-registration-surge-election-officials-say.html).

Christakis, Dimitri A. 2010. "Internet Addiction: A 21st Century Epidemic?" *BMC Medicine* 8: 61.

Chung, Philip W. 2007. "The 25 Most Notorious Yellow Face Film Performances." *AsianWeek*. November, 28. Retrieved August 7, 2013 (http://www.asianweek.com/2007/11/28/the-25-most-infamous-yellow-face-film-performances-part-1/).

CIRP (Consumer Intelligence Research Partners). 2017. "Amazon Echo Dominates US, with 75% of Users." (http://files.constantcontact.com/150f9af2201/92e32c6b-80ad-46ee-a11e-467eaa9f6b75.pdf).

Cisneros, J. David, and Thomas K. Nakayama. 2015. "New Media, Old Racisms: Twitter, Miss America, and Cultural Logics of Race." *Journal of International and Intercultural Communication* 8 (2): 108–127.

Clark, Charles S. 1991. "The Obscenity Debate." *CQ Researcher*. 1: 971–991.

Clifford, Stephanie. 2010. "Before Hiring Actors, Filmmakers Cast Products." *New York Times*. April 5, p. A1.

CNN. 2016. "Facebook CEO: 'We're a Technology Company. We're Not a Media Company.'" (http://money.cnn.com/video/technology/2016/08/29/facebook-ceo-were-a-technology-company-were-not-a-media-company-.cnnmoney/index.html).

———. 2017. "Transcript: Inside Politics." March 16 (http://transcripts.cnn.com/TRANSCRIPTS/1703/16/ip.02.html).

Cobo, Leila. 2017. "The Success of 'Despacito' Has Labels Looking to Latin." Billboard. June 15 (http://www.billboard.com/articles/news/magazine-feature/7832991/despacito-success-record-labels-looking-latin).

Cohen, Bernard. 1963. *The Press and Foreign Policy*. Princeton, NJ: Princeton University Press.

Cohen, Patricia. 2018. "We All Have a Stake in the Stock Market, Right? Guess Again." *The New York Times*. February 8 (https://www.nytimes.com/2018/02/08/business/economy/stocks-economy.html?hp&action=click&pgtype=Homepage&clickSource=story-heading&module=first-column-region&region=top-news&WT.nav=top-news).

Coldewey, Devin. 2017. "Commission Impossible: How and Why the FCC Created Net Neutrality." *TechCrunch*. May 30 (https://techcrunch.com/2017/05/30/commission-impossible-how-and-why-the-fcc-created-net-neutrality/).

Cole, Williams. 1995. "Readers for Sale! What Newspapers Tell Advertisers about Their Audience." *Extra!*. 8 (3): 6–7.

Colhoun, Damaris. 2015. "BuzzFeed's Censorship Problem." *Columbia Journalism Review*. April 16 (https://www.cjr.org/analysis/buzzfeed_censorship_problem.php).

Commission on Freedom of the Press. 1947. *A Free and Responsible Press*. Chicago, IL: University of Chicago (https://archive.org/details/freeandresponsib029216mbp).

Committee to Protect Journalists. 2017. "Record Number of Journalists Jailed as Turkey, China, Egypt Pay Scant Price for Repression." December 13 (https://cpj.org/reports/2017/12/journalists-prison-jail-record-number-turkey-china-egypt.php).

Common Sense Media. 2015. *The Common Sense Census: Media Use by Tweens and Teens* (https://www.commonsensemedia.org/research/the-common-sense-census-media-use-by-tweens-and-teens).

Concave. 2017. "Top 10 Brands in 2016 Movies." February 24 (http://concavebt.com/top-10-brands-2016-movies/).

Condit, Celeste M. 1989. "The Rhetorical Limits of Polysemy." *Critical Studies in Mass Communication* 6 (2): 103–122.

Constine, Josh. 2016. "Zuckerberg Implies Facebook Is a Media Company, Just 'Not a Traditional Media Company.'" *TechCrunch*. December 21 (https://techcrunch.com/2016/12/21/fbonc/).

Cooky, Cheryl, and Michael Messner. 2018. *No Slam Dunk: Gender, Sport and the Unevenness of Social Change*. Rutgers, NJ: Rutgers University Press.

Cooky, Cheryl, Michael A. Messner, and Michela Musto. 2015. "It's Dude Time!": A Quarter Century of Excluding Women's Sports in Televised News and Highlight Shows." *Communication & Sport* 3: 261–287.

Cooley, Charles Horton. 1909. *Social Organization: A Study of the Larger Mind*. Charles Scribner's Sons.

Coontz, Stephanie. 2016. *The Way We Never Were: American Families and the Nostalgia Trap*. New York, NY: Basic Books.

Corporation for Public Broadcasting. 2018. "CPB Financial Information." (http://cpb.org/aboutcpb/financials).

Cortell, Andrew P., Robert M. Eisinger, and Scott L. Althaus. 2009. "Why Embed? Explaining the Bush Administration's Decision to Embed Reporters in the 2003 Invasion of Iraq." *American Behavioral Scientist* 52 (5): 657–677.

Coser, Lewis A., Charles Kadushin, and Walter W. Powell. 1982. *Books: The Culture and Commerce of Publishing*. New York: Basic Books.

Cottle, Simon. 2007. "Ethnography and News Production: New(s) Developments in the Field." *Sociology Compass* 1 (1), 1–16.

Couldry, Nick. 2012. *Media, Society, World: Social Theory and Digital Media Practice*. Malden, MA: Polity Press.

Couldry, Nick, and Andreas Hepp. 2017. *The Social Construction of Mediated Reality*. Malden, MA: Polity Press.

Cowan, Tyler. 2000. *What Price Fame?* Cambridge, MA: Harvard University Press.

Crane, Diana. 1992. *The Production of Culture*. Newbury Park, CA: Sage.

Crawford, Alan Pell. 1993. "Finis to Fin-Syn." *Mediaweek*. April 12, p. 15.

Creative Commons. 2018. "About the Licenses." (http://creativecommons.org/about/licenses).

Cripps, Thomas. 1993. "Film." Pp. 131–185 in *Split Image: African Americans in the Mass Media*, 2nd ed., edited by Jannette L. Dates and William Barlow. Washington, DC: Howard University Press.

Cronauer, Adrian. 1994. "The Fairness Doctrine: A Solution in Search of a Problem." *Federal Communications Law Journal* 47 (1): 51–77.

Croteau, David, and William Hoynes. 1994. *By Invitation Only: How the Media Limit Political Debate*. Monroe, ME: Common Courage Press.

———. 2006. *The Business of Media: Corporate Media and the Public Interest*. 2nd ed. Thousand Oaks, CA: Pine Forge/Sage.

———. 2019. *Experience Sociology*. New York, NY: McGraw-Hill.

Croteau, David, William Hoynes, and Kevin M. Carragee. 1996. "The Political Diversity of Public Television: Polysemy, the Public Sphere, and the Conservative Critique of PBS." *Journalism and Mass Communication Monographs* 157: 1–55.

Crouse, Timothy. 1973. *The Boys on the Bus*. New York, NY: Ballantine Books.

Crowell, Colin. 2017. "Our Approach to Bots & Misinformation." Twitter. June 14 (https://blog.twitter.com/official/en_us/topics/company/2017/Our-Approach-Bots-Misinformation.html).

Crowley, David, and Paul Heyer. 1991. *Communication in History*. New York: Longman.

Curran, James. 1977. "Capitalism and Control of the Press, 1800–1975." Pp. 195–230 in *Mass Communication and Society*, edited by James Curran, Michael Gurevitch, and Janet Woollacott. London, UK: Edward Arnold.

———. 2011. *Media and Democracy*. New York, NY: Routledge.

Curran, James, Natalie Fenton, and Des Freedman. 2016. *Misunderstanding the Internet*. New York, NY: Routledge.

Curtin, Michael. 2009. "Matrix Media." Pp. 13–19 in Graeme Turner and Jinna Tay, eds. *Television Studies after TV: Understanding Television in the Post-Broadcast Era*. New York, NY: Routledge.

Dalton, Russell J. 2014. *Citizen Politics: Public Opinion and Political Parties in Advanced Industrial Democracies*. Thousand Oaks, CA: Sage.

D'Angelo, Paul, and Frank Esser. 2014. "Metacoverage and Mediatization in US Presidential Elections: A Theoretical Model and Qualitative Case Study." *Journalism Practice* 8 (3): 295–310.

D'Angelo, Paul, and Jim A. Kuypers, eds. 2010. *Doing News Framing Analysis: Empirical and Theoretical Perspectives*. New York, NY: Routledge.

Daniels, Jessie, Karen Gregory, and Tressie McMillan Cottom, eds. 2016. *Digital Sociologies*. Bristol, UK: Policy Press.

Dano, Mike. 2017. How Verizon, AT&T, T-Mobile, Sprint and More Stacked Up in Q2 2017. *FierceWireless*. August 8 (https://www.fiercewireless.com/wireless/how-verizon-at-t-t-mobile-sprint-and-more-stacked-up-q2-2017-top-7-carriers).

Dargis, Manohla. 2017. "Review: In 'Get Out,' Guess Who's Coming to Dinner? (Bad Idea!)." *The New York Times*. February 23 (https://www.nytimes.com/2017/02/23/movies/get-out-review-jordan-peele.html?rref=collection%2Fcollection%2Fmovie-guide).

Dates, Jannette L. 1993. "Commercial Television." Pp. 267–327 in *Split Image: African Americans in the Mass Media*, 2nd ed., edited by Jannette L. Dates and William Barlow. Washington, DC: Howard University Press.

Dates, Jannette L., and William Barlow, eds. 1993. *Split Image: African Americans in the Mass Media*. 2nd ed. Washington, DC: Howard University Press.

Dávila, Arlene, and Yeidy M. Rivero, eds. 2014. *Contemporary Latina/o Media: Production, Circulation, Politics*. New York, NY: New York University Press.

Dawson, Jan. 2017. "Pay TV Providers Are Weathering the Loss of Cord-Cutting Subscribers." *Variety*. May 11 (http://variety.com/2017/voices/columns/pay-tv-cord-cutting-subscribers-1202421426/).

De Lissovoy, Noah, Venkat Ramaprasad, Stacia Cedillo, and Courtney B. Cook. 2016. "Scripted Fantasies and Innovative Orientalisms: Media, Youth, and Ideology in the Age of the 'War on Terror.'" *Cultural Studies Critical Methodologies* 17 (6): 442–456. doi: https://doi.org/10.1177/1532708616673653

Deacon, David, and James Stanyer. 2014. "Mediatization: Key Concept or Conceptual Bandwagon?" *Media, Culture & Society* 36 (7): 1032–1044.

Deery, June. 2015. *Reality TV*. Malden, MA: Polity Press.

DeLaure, Marilyn, and Moritz Fink. 2017. "Introduction." Pp. 1–35 in DeLaure, Marilyn, Moritz Fink, and Mark Dery, eds. 2017. *Culture Jamming: Activism and the Art of Cultural Resistance*. New York, NY: New York University Press.

Deloitte. 2016. "Indywood: The Indian Film Industry." (https://www2.deloitte.com/content/dam/Deloitte/in/Documents/technology-media-telecommunications/in-tmt-indywood-film-festival-noexp.pdf).

Democracynow.org. 2018. "About Democracy Now!" (https://www.democracynow.org/about).

Dempsey, John, and Josef Adalian. 2007. "'Office,' 'Earl' Land at TBS." *Variety*. June 21. Retrieved November 29, 2010 (http://www.variety.com/article/VR1117967376?refCatId=14).

Denardis, Laura. 2013. "The Emerging Field of Internet Governance." Pp. 555–575 in *The Oxford Handbook of Internet Studies*, edited by William H. Dutton. New York, NY: Oxford University Press.

Denton, Robert, ed. 1993. *The Media and the Persian Gulf War.* Westport, CT: Praeger.

Derks, Daantje, Arjan E. R. Bos, and Jasper von Grumbkow. 2008. "Emoticons and Online Message Interpretation." *Social Science Computer Review* 26 (3): 379–388.

Deuze, Mark. 2007. *Media Work.* Malden, MA: Polity Press.

Dewey, C. 2016. "Facebook Fake-News Writer: 'I Think Donald Trump is in the White House Because of Me.'" *The Washington Post.* November 17 (https://www.washingtonpost.com/news/theintersect/wp/2016/11/17/facebook-fake-news-writer-i-think-donald-trump-isin-the-white-house-because-of-me/).

Dhar, Vasant. 2017. "Should We Regulate Digital Platforms?" *Big Data* 5 (4): 277–278.

Dill, Karen E., Douglas A. Gentile, William A. Richter, and Jody C. Dill. 2005. "Violence, Sex, Race, and Age in Popular Video Games: A Content Analysis." Pp. 115–130 in *Psychology of Women Book Series. Featuring Females: Feminist Analyses of Media*, edited by E. Cole & J. H. Daniel. Washington, DC: American Psychological Association.

Dines, Gail. 2010. *Pornland: How Porn Has Hijacked Our Sexuality.* Boston, MA: Beacon Press.

Dines, Gail, Jean M. Humez, Bill Yousman, and Lori Bindig Yousman, eds. 2018. *Gender, Race, and Class in Media.* Thousand Oaks, CA: Sage

Dixon, Travis L. 2015. "Good Guys Are Still Always in White? Positive Change and Continued Misrepresentation of Race and Crime on Local Television News." *Communication Research* 44 (6): 775–792.

Dizney, Henry F., and Ronald W. Roskens. 1962. "An Investigation of the 'Bandwagon Effect' in a College Straw Election." *The Journal of Educational Sociology* 36 (3): 108–114.

Djankov, Simeon, Caralee McLiesch, Tatiana Nenova, and Andrei Shleifer. 2003. "Who Owns the Media?" *Journal of Law and Economics* 46(October): 341–381.

Donders, Karen. 2011. *Public Service Media and Policy in Europe.* New York: Palgrave McMillan.

Donsbach, Wolfgang, Charles T. Salmon, and Yariv Tsfati. 2014. *The Spiral of Silence: New Perspectives on Communication and Public Opinion.* New York, NY: Routledge.

Douglas, Susan J. 1987. *Inventing American Broadcasting, 1899–1922.* Baltimore, MD: Johns Hopkins University Press.

Douglas, Susan, and Meredith W. Michaels. 2004. *The Mommy Myth: The Idealization of Motherhood and How It Has Undermined Women.* New York: Free Press.

Dowd, Timothy J. 2004. "Concentration and Diversity Revisited: Production Logics and the U.S. Mainstream Recording Market, 1940 to 1990." *Social Forces* 82 (4): 1411–1455.

Downing, John D. H. 2001. *Radical Media: Rebellious Communication and Social Movements.* Thousand Oaks, CA: Sage.

———. 2011. *Encyclopedia of Social Movement Media.* Thousand Oaks, CA: Sage.

Doyle, Gillian. 2002. *Media Ownership: The Economics and Politics of Convergence and Concentration in the UK and European Media.* London, UK: Sage.

Druckman, James N., and Kjersten R. Nelson. 2003. "Framing and Deliberation: How Citizens' Conversations Limit Elite Influence." *American Journal of Political Science* 47 (4): 729–744.

Dutton, William H. 2014. *The Oxford Handbook of Internet Studies.* Oxford, UK: Oxford University Press.

The Economist. 2001. "Fit to Run Italy?" Retrieved April 14, 2011 (http://www.economist.com/node/593654?story_id=593654).

Edelstein, David. 2017. "The Dark Tower Is Not *That* Terrible . . . But It Does Feel Like a Copy of a Copy of a Copy." *Vulture.* August 4 (http://www.vulture.com/2017/08/the-dark-tower-is-not-that-terrible-but-is-perfunctory.html).

Ehrenreich, Barbara. 1995. "The Silenced Majority." Pp. 40–43 in *Gender, Race, and Class in Media*, edited by Gail Dines and Jean M. Humez. Thousand Oaks, CA: Sage.

Eisenstein, Elizabeth. 1968. "Some Conjectures about the Impact of Printing on Western Society and Thought." *Journal of Modern History* 40 (1): 1–56.

———. 1979. *The Printing Press as an Agent of Change*. Cambridge, UK: Cambridge University Press.

Ekdale, Brian, Kang Namkoong, Timothy K.F. Fung, and David D. Perlmutter. 2010. "Why Blog? (Then and Now): Exploring the Motivations for Blogging by American Political Bloggers." *New Media & Society* 12 (2): 217–234.

Elasmar, Michael G., and Kathryn Bennett. 2003. "The Cultural Imperialism Paradigm Revisited: Origin and Evolution." Pp. 1–16 in *The Impact of International Television*, edited by Michael G. Elasmar. New York, NY: Routledge.

Electronic Frontier Foundation. 2018. "Section 230 of the Communications Decency Act." (https://www.eff.org/issues/cda230).

Ellis, John. 2000. *Seeing Things: Television in the Age of Uncertainty*. New York, NY: I. B. Taurus.

eMarketer. 2017. "Google and Facebook Tighten Grip on US Digital Ad Market." September 21 (https://www.emarketer.com/Article/Google-Facebook-Tighten-Grip-on-US-Digital-Ad-Market/1016494).

Entman, Robert. 1989. *Democracy without Citizens*. New York: Oxford University Press.

———. 1992. "Blacks in the News: Television, Modern Racism, and Cultural Change." *Journalism Quarterly* 69: 341–361.

Entman, Robert, and Andrew Rojecki. 2000. *The Black Image in the White Mind*. Chicago, IL: University of Chicago Press.

Epstein, Edward J. 1973. *News from Nowhere*. New York: Vintage.

Eschner, Kat. 2017. "John Philip Sousa Feared 'The Menace of Mechanical Music.'" *Smithsonian Magazine* (https://www.smithsonianmag.com/smart-news/john-philip-sousa-feared-menace-mechanical-music-180967063).

Escobar, Gabriel, and Anne Swardson. 1995. "From Language to Literature, a New Guiding Lite." *Washington Post*. September 5, pp. 1, A18.

Esfandiari, Golnaz. 2010. "The Twitter Devolution." *Foreign Policy*. June 10. Retrieved November 30, 2010 (http://www.foreignpolicy.com/articles/2010/06/07/the_twitter_revolution_that_wasnt).

Espiritu, Belinda Flores. 2011. "Transnational Audience Reception as a Theater of Struggle: Young Filipino Women's Reception of Korean Television Dramas." *Asian Journal of Communication* 21 (4): 355–372.

Esser, Frank, and Jesper Strömbäck, eds. 2014. *Mediatization of Politics*. Palgrave Macmillan, London.

European Audiovisual Observatory. 2016. "Focus: World Film Market Trends." (https://rm.coe.int/0900001680783d9c).

European Commission. 2010. "Microsoft Case." Accessed February 16, 2011 (http://ec.europa.eu/competition/sectors/ICT/microsoft/index.html).

———. 2014. "Factsheet on the 'Right to be forgotten' Ruling." (http://ec.europa.eu/justice/data-protection/files/factsheets/factsheet_data_protection_en.pdf)

———. 2017. "Security Union: Commission Steps Up Efforts to Tackle Illegal Content Online." September 28 (http://europa.eu/rapid/press-release_IP-17-3493_en.htm).

European Union. 2016. "Regulation 2016/679 of the European Parliament and of the Council." (https://eur-lex.europa.eu/legal-content/EN/TXT/?uri=celex%3A32016R0679).

———. 2017. "The Audio Visual Media Services Directive." June 27 (http://www.europarl.europa.eu/RegData/etudes/BRIE/2016/583859/EPRS_BRI%282016%29583859_EN.pdf).

Everett, Anna. 2008. "Introduction." Pp. 1–14 in *Learning Race and Ethnicity: Youth and Digital Media*, edited by Anna Everett. Cambridge, MA: The MIT Press.

Ewen, Stuart. 1976. *Captains of Consciousness*. New York: McGraw-Hill.

Facebook. 2018a. "Facebook Reports Fourth Quarter and Full Year 2017 Results." (https://investor.fb.com/investor-news/press-release-details/2018/Facebook-Reports-Fourth-Quarter-and-Full-Year-2017-Results/default.aspx).

———. 2018b. "Open Compute Project." (http://www.opencompute.org/).

Faughnder, Ryan. 2017. "How Rotten Tomatoes Became Hollywood's Most Influential—and Feared—Website." *Los Angeles Times*. July 21 (http://www.latimes.com/business/hollywood/la-fi-ct-rotten-tomatoes-20170721-htmlstory.html).

FCC (Federal Communications Commission). 1998. "FCC Explores Idea of Creating Low Power FM Radio Service for Local Communities." Retrieved December 23, 1998 (www.fcc.gov/mmb/prd/lpfm).

———. 2004. "Report to the Congress on the Low Power FM Interference Testing Program." Retrieved February 16, 2011 (http://fjallfoss.fcc.gov/edocs_public/attachmatch/DOC-244128A1.pdf).

———. 2013. "Broadcast Station Totals as of March 31, 2013." (http://www.fcc.gov/document/broadcast-station-totals-march-31-2013).

———. 2017. "FCC Broadcast Ownership Rules." (https://www.fcc.gov/consumers/guides/fccs-review-broadcast-ownership-rules).

———. 2018a. "Obscenity, Indecency & Profanity—FAQ." (https://www.fcc.gov/reports-research/guides/obscenity-indecency-profanity-faq).

———. 2018b. "Policy Review of Mobile Broadband Operators' Sponsored Data Offerings for Zero-Rated Content and Service." (http://transition.fcc.gov/Daily_Releases/Daily_Business/2017/db0111/DOC-342982A1.pdf).

Feenberg, Andrew, and Maria Bakardjieva. 2004. "Consumers or Citizens? The Online Community Debate." Pp. 1–30 in *Community in the Digital Age: Philosophy and Practice*, edited by Andrew Feenberg and Darin Barney. Lanham, MD: Rowan & Littlefield.

Feinstein, Brian A., Rachel Hershenberg, Vickie Bhatia, Jessica A. Latack, Nathalie Meuwly, and Joanne Davila. 2013. "Negative Social Comparison on Facebook and Depressive Symptoms: Rumination as a Mechanism." *Psychology of Popular Media Culture* 2 (3): 161–170.

Fejes, Fred. 1992. "Masculinity as Fact: A Review of Empirical Mass Communication Research on Masculinity." Pp. 9–22 in *Men, Masculinity, and the Media*, edited by Steve Craig. Newbury Park, CA: Sage.

Fejes, Fred, and Kevin Petrich. 1993. "Invisibility, Homophobia and Heterosexism: Lesbians, Gays and the Media." *Critical Studies in Mass Communication* 20: 396–422.

Feldman, Dana. 2016. "Netflix Has Slashed Its Library By More Than 50% Since 2012." *Forbes*. October 3 (https://www.forbes.com/sites/danafeldman/2016/10/03/netflix-has-slashed-its-library-by-more-than-50-since-2012/#4fc34701750a).

Finley, Klint. 2016. "The Internet Finally Belongs to Everyone." *Wired*. October 3 (https://www.wired.com/2016/10/internet-finally-belongs-everyone/).

Fischer, Claude. 1992. *America's Calling*. Berkeley, CA: University of California Press.

Fischer, Sara. 2017. "Gut Check: 'The Duopoly Has THAT Much Control.'" Axios Media Trends. August 29 (https://www.axios.com/newsletters/axios-media-trends-f9a3c7f5-9d7b-429d-b295-6f9f8e4f6a90.html).

Fishman, Mark. 1980. *Manufacturing the News*. Austin, TX: University of Texas Press.

Fiske, John. 1986. "Television: Polysemy and Popularity." *Critical Studies in Mass Communication*. 3: 391–408.

———. 1987. *Television Culture*. London, UK: Routledge Kegan Paul.

Flegenheimer, Matt, and Michael M. Grynbaum. 2018. "Trump Hands Out 'Fake News Awards,' sans the Red Carpet." *New York Times*. January 17 (https://www.nytimes.com/2018/01/17/business/media/fake-news-awards.html).

Flew, Terry. 2007. *Understanding Global Media*. New York: Palgrave.

Flint, Joe. 1993. "Networks Win, Hollywood Winces as Fin-Syn Barriers Fall." *Broadcasting & Cable*. November 22, pp. 6, 16.

Forbes. 2018. "Michael Bloomberg." (https://www.forbes.com/profile/michael-bloomberg/).

Forrester Research. n.d. "What's the Social Technographics Profile of Your Customers?" Retrieved

April 14, 2011 (http://www.forrester.com/empowered/tool_consumer.html).

Fowler, Mark S., and Daniel L. Brenner. 1982. "A Marketplace Approach to Broadcast Regulation." *Texas Law Review* 60: 207–257.

Fox, Mark A. 2006. "Market Power in Music Retailing: The Case of Wal-Mart." *Popular Music and Society* 28 (4): 501–519.

France 24. 2013. "Film World Leaps to Defence of French 'Cultural Exception.'" June 14. Retrieved July 24, 2013 (http://www.france24.com/en/20130614-french-cultural-exception-spielberg-weinstein-berenice-bejo-cannes-france).

Frank, Thomas. 1997. *The Conquest of Cool*. Chicago, IL: University of Chicago Press.

Franklin, Bob, ed. 2011. *The Future of Journalism: Developments and Debates*. New York, NY: Routledge.

Free Basics. 2018. "Connecting the World." (https://info.internet.org/en/).

Free Press. 2018. "Net Neutrality: What You Need to Know Now. "Save the Internet (https://www.savetheinternet.com/net-neutrality-what-you-need-know-now).

Freedman, Des. 2008. *The Politics of Media Policy*. Malden, MA: Polity Press.

Freedom House. 2004. *Freedom of the Press 2004: A Global Survey of Media Independence*. Lanham, MD: Rowman & Littlefield.

Freeland, Jonathan. 2016. "Post-truth Politicians Such as Donald Trump and Boris Johnson Are No Joke." *The Guardian*. May 13 (https://www.theguardian.com/commentisfree/2016/may/13/boris-johnson-donald-trump-post-truth-politician).

Freeman, Michael. 1994a. "A Last Gasp for Fin-Syn?" *Mediaweek*. November 28, p. 5.

———. 1994b. "Producers Fight for Fin-Syn." *Mediaweek*. December 5, pp. 10, 12.

Friemel, Thomas N. 2014. "The Digital Divide Has Grown Old: Determinants of a Digital Divide among Seniors." *New Media & Society* 18 (2): 313–331.

Frith, Simon. 1981. *Sound Effects*. New York: Pantheon.

Fritsch-El Alaoui, Khadija. 2009/2010. "Teaching the Meter of the Impossible in a Classroom: On Liberal Hollywood's Mission Impossible." *Transformations* 20 (2): 129–137.

FTC (Federal Trade Commission). 2000. "Marketing Violent Entertainment to Children." Retrieved July 19, 2001 (www.ftc.gov/reports/violence/vioreport.pdf).

Fuller, Linda. 1995. "Hollywood Holding Us Hostage: Or, Why Are Terrorists in the Movies Middle Easterners?" Pp. 187–198 in *The U.S. Media and the Middle East: Image and Perception*, edited by Yahya R. Kamalipour. Westport, CT: Greenwood Press.

Fullwood, Chris, Wendy Nicholls, and Rumbidzai Makichi. 2014. "We've Got Something for Everyone: How Individual Differences Predict Different Blogging Motivations." *New Media & Society* 17 (9): 1583–1600.

Funkhouser, G. Ray. 1973. "The Issues of the Sixties: An Exploratory Study in the Dynamics of Public Opinion." *Public Opinion Quarterly* 66: 942–948, 959.

Gainous, Jason, and Kevin M. Wagner. 2014. *Tweeting to Power: The Social Media Revolution in American Politics*. New York, NY: Oxford University Press.

Gamson, Joshua. 1994. *Claims to Fame*. Berkeley, CA: University of California Press.

———. 1998. *Freaks Talk Back: Tabloid Talk Shows and Sexual Nonconformity*. Chicago, IL: University of Chicago Press.

Gamson, William. 1992. *Talking Politics*. New York: Cambridge University Press.

Gamson, William, David Croteau, William Hoynes, and Theodore Sasson. 1992. "Media Images and the Social Construction of Reality." *Annual Review of Sociology* 18: 373–393.

Gamson, William, and Andre Modigliani. 1989. "Media Discourse and Public Opinion on Nuclear Power." *American Journal of Sociology* 95: 1–37.

Gamson, William, and Gadi Wolfsfeld. 1993. "Movements and Media as Interacting Systems." *Annals of the American Academy of Political and Social Science* 528 (July): 114–125.

Gans, Herbert. 2004. *Deciding What's News*, 25th anniversary ed. Chicago, IL: Northwestern University Press.

Garofalo, Reebee, ed. 1992. *Rockin' the Boat: Mass Music and Mass Movements*. Boston, MA: South End.

Gates, Bill. 1996. "Content Is King." Posted by Heath Evans on *Medium*, January 29, 2017 (https://medium.com/@HeathEvans/content-is-king-essay-by-bill-gates-1996-df74552f80d9).

Geena Davis Institute on Gender in Media. 2016. *Hitting the Bullseye: Reel Girl Archers Inspire Real Girl Archers*. Los Angeles, CA: Mount Saint Mary's University (https://seejane.org/wp-content/uploads/hitting-the-bullseye-reel-girl-archers-inspire-real-girl-archers-full.pdf).

Gentile, Douglas A. 2009. "The Rating Systems for Media Products." Pp. 527–551 in *Handbooks in Communication and Media*, edited by Sandra L. Calvert and Barbara J. Wilson. Oxford, UK: Blackwell Publishing.

Gentile, Douglas A. and John P. Murray. 2014. "Media Violence and Public Policy." Pp. 413–432 in *Media Violence and Children*, edited by Douglas A. Gentile. Santa Barbara, CA: Praeger.

Gera, Vanessa. 2017. "Zygmunt Bauman, Sociologist Who Wrote Identity in the Modern World, Dies at 91." *Washington Post*. January 9 (https://www.washingtonpost.com/world/zygmunt-bauman-sociologist-who-wrote-identity-in-the-modern-world-dies-at-91/2017/01/09/ba6f821e-d6b2-11e6-b8b2-cb5164beba6b_story.html).

Gerbner, George, Larry Gross, Michael Morgan, and Nancy Signorielli. 1982. "Charting the Mainstream: Television's Contributions to Political Orientations." *Journal of Communication* 32 (2): 100–127.

———. 1984. "Political Correlates of Television Viewing." *Public Opinion Quarterly* 48 (1): 283–300.

Gerbner, George, Larry Gross, Michael Morgan, Nancy Signorielli, and James Shanahan. 2002. "Growing Up with Television: Cultivation Processes." Pp. 43–68 in *Media Effects: Advances in Theory and Research*, edited by Jennings Bryant and Dolf Zillmann. Mahwah, NJ: Lawrence Earlbaum Associates.

Gerbner, George, Hamid Mowlana, and Kaarle Nordenstreng, eds. 1993. *The Global Media Debate: Its Rise, Fall, and Renewal*. Norwood, NJ: Ablex.

Gianatasio, David. 2013. "Hunkvertising: The Objectification of Men in Advertising." *Adweek*. October 7 (http://www.adweek.com/brand-marketing/hunkvertising-objectification-men-advertising-152925/).

Gil de Zúñiga, Homero, Victor Garcia-Perdomo, and Shannon C. McGregor. 2015. "What Is Second Screening? Exploring Motivations of Second Screen Use and Its Effect on Online Political Participation." *Journal of Communication* 65 (5): 793–815.

Gilens, Martin. 1996. "Race and Poverty in America: Public Misperceptions and the American News Media." *Public Opinion Quarterly* 60 (4): 515–541.

Gillespie, Tarleton, Pablo J. Boczkowski, and Kirsten A. Foot. 2014. "Introduction." Pp. 1–18 in *Media Technologies: Essays on Communication, Materiality, and Society*, edited by Tarleton Gillespie, Pablo J. Boczkowski, and Kirsten A. Foot. Cambridge, MA: MIT Press

Ginsborg, Paul. 2005. *Silvio Berlusconi: Television, Power and Patrimony*. London, UK: Verso.

Gitlin, Todd. 1978. "Media Sociology: The Dominant Paradigm." *Theory and Society* 6(2): 205–253.

———. 1980. *The Whole World Is Watching: Mass Media in the Making and Unmaking of the New Left*. Berkeley, CA: University of California.

———. 2000. *Inside Prime Time*. Berkeley, CA: University of California Press.

Giuffrida, Angela. 2017. "Silvio Berlusconi Takes Public Office Ban to Human Rights Court." *The Guardian*, November 22 (https://www.theguardian.com/world/2017/nov/22/silvio-berlusconi-appeal-against-public-office-ban-reaches-echr).

GLAAD (Gay & Lesbian Alliance Against Defamation). 2018. "Where We Are on TV: '17–'18." (https://www.glaad.org/whereweareontv17).

Glascock, Jack. 2001. "Gender Roles on Prime-Time Network Television: Demographics and Behaviors." *Journal of Broadcasting & Electronic Media* 45 (4): 656–669.

Glaser, April. 2017. "Political Ads on Facebook Now Need to Say Who Paid for Them." *Slate*. December 18 (http://www.slate.com/blogs/future_tense/2017/12/18/political_ads_on_facebook_now_need_to_say_who_paid_for_them.html).

GMMP (Global Media Monitoring Project). 2010. *Who Makes the News?* World Association for Christian Communication. Retrieved November 6, 2010 (http://www.whomakesthenews.org/gmmp-2010-reports.html).

———. 2015. *Who Makes the News*. World Association of Christian Communication (http://whomakesthenews.org/gmmp-2015).

Goffman, Erving. 1974. *Frame Analysis*. New York, NY: Harper & Row.

Goldfarb, Jeffrey. 1991. *The Cynical Society*. Chicago, IL: University of Chicago Press.

Goldsmith, Jack, and Tim Wu. 2008. *Who Controls the Internet?* New York, NY: Oxford University Press.

Gonzalez, Juan, and Joseph Torres. 2011. *News for All the People: The Epic Story of Race and the American Media*. Brooklyn, NY: Verso.

Goodman, Amy, with David Goodman. 2004. *The Exception to the Rulers*. New York, NY: Hyperion.

Google. 2018a. "Google Fiber." (https://fiber.google.com/about/).

———. 2018b. "Google Station." (https://station.google.com/).

———. 2018c. "Our Offices." (https://www.google.com/about/locations).

———. 2018d. "Project Fi." (https://fi.google.com/about/).

———. 2018e. "Project Loon." (https://x.company/loon/).

Gordon, Janey. 2008. "Community Radio, Funding and Ethics. The UK and Australian Models." Pp. 59–79 in *Notions of Community. A Collection of Community Media Debates and Dilemmas*, edited by Janey Gordon. New York: Peter Lang.

Gottfried, Jeffrey, and Elisa Shearer. 2016. *News Use across Social Media Platforms 2016*. Pew Research Center (http://assets.pewresearch.org/wp-content/uploads/sites/13/2016/05/PJ_2016.05.26_social-media-and-news_FINAL-1.pdf).

Graber, Doris A. 2009. *Mass Media and American Politics*. 8th ed. Washington, DC: Congressional Quarterly Press.

Graber, Doris A., and Johanna Dunaway. 2018. *Mass Media and American Politics*. Thousand Oaks, CA: Sage.

Graham, Roderick, and Shawn Smith. 2016. "The Content of Our #Characters: Black Twitter as Counterpublic." *Sociology of Race and Ethnicity* 2 (4): 433–449.

Gramsci, Antonio. 1928/1971. *Selections from the Prison Notebooks*. New York, NY: International Publishers.

Grasmuck, Sherri, Jason Martin, and Shanyang Zhao. 2009. "Ethno-racial Identity Displays on Facebook." *Journal of Computer-mediated Communication* 15 (1): 158–188.

Graves, Lucia. 2017. "This Is Sinclair, 'The Most Dangerous U.S. Company You've Never Heard of.'" *The Guardian*. August 17 (https://www.theguardian.com/media/2017/aug/17/sinclair-news-media-fox-trump-white-house-circa-breitbart-news).

Gray, Herman. 1989. "Television, Black Americans, and the American Dream." *Critical Studies in Mass Communication* 16 (6): 376–386.

———. 2004. *Watching Race: Television and the Struggle for Blackness*. Minneapolis: University of Minnesota Press.

———. 2015. "The Feel of Life: Resonance, Race, and Representation." *International Journal of Communication* 9: 1108–1119.

Gray, Jonathan. 2007. "Imagining America: *The Simpsons* Go Global." *Popular Communication* 5 (2): 129–148.

Gray, Jonathan, Cornel Sandvoss, and C. Lee Harrington, eds. 2017. *Fandom: Identities and Communities in a Mediated World*. New York, NY: New York University.

Greco, Albert N., Clara E. Rodriguez, and Robert M. Wharton. 2007. *The Culture and Commerce of Publishing in the 21st Century*. Stanford, CA: Stanford University Press.

Greenberg, Bradley S., and Jeffrey E. Brand. 1994. "Minorities and the Mass Media: 1970s to 1990s." Pp. 273–314 in *Media Effects: Advances in Theory and Research*, edited by Jennings Bryant and Dolf Zillman. Hillsdale, NJ: Lawrence Erlbaum.

Greenberg, Bradley S., and Tracy R. Worrell. 2007. "New Faces on Television: A 12-Season Replication." *The Howard Journal of Communications* 18: 277–290.

Gregory, Julia. 2017. "Press Association Wins Google Grant to Run News Service Written by Computers." *The Guardian*. July 6 (https://www.theguardian.com/technology/2017/jul/06/press-association-wins-google-grant-to-run-news-service-written-by-computers).

Greider, William. 1992. *Who Will Tell the People: The Betrayal of American Democracy*. New York, NY: Simon & Schuster.

Griffith, Erin. 2017. "Memo to Facebook: How to Tell if You're a Media Company." *Wired*. October 12 (https://www.wired.com/story/memo-to-facebook-how-to-tell-if-youre-a-media-company/).

Gross, Larry. 2001. *Up from Invisibility*. New York, NY: Columbia University Press.

Gross, Terry. 2018. "After 16 Years, Afghanistan War Is 'at Best a Grinding Stalemate,' Journalist Says." *Fresh Air*. National Public Radio. February 6 (https://www.npr.org/2018/02/06/583625482/after-16-years-afghanistan-war-is-at-best-a-grinding-stalemate-journalist-says).

Grynbaum, Michael M. 2017. "Trump Calls the News Media the 'Enemy of the American People.'" *New York Times*. February 17 (https://www.nytimes.com/2017/02/17/business/trump-calls-the-news-media-the-enemy-of-the-people.html).

Grynbaum, Michael M. 2018. "Trump Renews Pledge to 'Take a Strong Look' at Libel Laws." *New York Times*. January 10 (https://www.nytimes.com/2018/01/10/business/media/trump-libel-laws.html).

Guardian, The. 2010. "WikiLeaks Embassy Cables: The Key Points at a Glance." November 29 (https://www.theguardian.com/world/2010/nov/29/wikileaks-embassy-cables-key-points).

Gunter, Barrie. 2014. "Pornography and Sexualization." Pp. 172–196 in *Media and the Sexualization of Childhood*. New York, NY: Routledge.

Hafner, Katie, and Matthew Lyon. 1996. *Where Wizards Stay Up Late: The Origins of the Internet*. New York, NY: Simon & Schuster.

Hall, Stuart. 1973/1980. "Encoding/Decoding." Pp. 128–38 in *Culture, Media, Language: Working Papers in Cultural Studies, 1972–79*, edited by Centre for Contemporary Cultural Studies. London, UK: Hutchinson.

———. 1997. "The Work of Representation." Pp. 13–74 in *Representation: Cultural Representations and Signifying Practices*, edited by Stuart Hall. Thousand Oaks, CA: Sage.

———. 1982. "The Rediscovery of 'Ideology': Return of the Repressed in Media Studies." Pp. 56–90 in *Culture, Society, and the Media*, edited by Michael Gurevitch, Tony Bennett, James Curran, and Janet Woollacott. London, UK: Routledge Kegan Paul.

Hall, Stuart, Jessica Evans, and Sean Nixon, eds. 2013. *Representation: Cultural Representations and Signifying Practices*. London: Sage.

Hamm, Bernd, and Russell Smandych, eds. 2005. *Cultural Imperialism*. Toronto, ON: University of Toronto Press.

Hampton, Keith N., Lee Rainie, Weixu L, Maria Dwyer, Inyoung Shin, and Kristen Purcell. 2014. "Social Media and the 'Spiral of Silence.'" Washington, DC: Pew Research Center (http://www.pewinternet.org/2014/08/26/social-media-and-the-spiral-of-silence/).

Hardt, Hanno. 2001. *Social Theories of the Press: Constituents of Communication Research, 1840s to 1920s*. Lanham, MD: Rowman & Littlefield.

Hargittai, Eszter. 2001. "Second-Level Digital Divide: Mapping Differences in People's Online Skills." (arXiv preprint cs/0109068).

Hargittai, Eszter, and Gina Walejko. 2008. "The Participation Divide: Content Creation and Sharing in the Digital Age." *Information, Communication & Society* 11 (2): 239–256.

Harold, Christine. 2004. "Pranking Rhetoric: Culture Jamming as Media Activism." *Critical Studies in Media Communication* 21 (3): 189–211.

Hartley, John. 1987. "Invisible Fictions: Television Audiences, Paedocracy, Pleasure." *Textual Practice* 1 (2): 121–138.

Hartman, Andrew. 2015. *A War for the Soul of America: A History of the Culture Wars*. Chicago: University of Chicago Press.

Hepp, Andreas, Stig Hjarvard, and Knut Lundby. 2015. "Mediatization: Theorizing the Interplay between Media, Culture and Society." *Media, Culture & Society* 37 (2) 314–324.

Herman, Edward, and Noam Chomsky. 2002. *Manufacturing Consent: The Political Economy of Mass Media*. New York, NY: Pantheon.

Hermida, Alfred. 2011. "Mechanisms of Participation: How Audience Options Shape the Conversation." Pp. 13–33 in *Participatory Journalism: Guarding Open Gates at Online Newspapers*, edited by Singer Jane B., Hermida A, Domingo D., et al. Malden, MA: Wiley-Blackwell.

Herrman, John. 2017. "How Hate Groups Forced Online Platforms to Reveal Their True Nature." *New York Times Magazine*. August 21 (https://www.nytimes.com/2017/08/21/magazine/how-hate-groups-forced-online-platforms-to-reveal-their-true-nature.html).

Hibberd, Matthew. 2008. *The Media in Italy: Press, Cinema and Broadcasting from Unification to Digital*. New York, NY: Open University Press.

Hickey, Neil. 1995. "Revolution in Cyberia." *Columbia Journalism Review*. July/August, pp. 40–47.

Higgins, Andrew, Mike McIntire, and Gabriel J.X. Dance. 2016. "Inside a Fake News Sausage Factory: 'This Is All about Income.'" *New York Times*. November 25 (https://www.nytimes.com/2016/11/25/world/europe/fake-news-donald-trump-hillary-clinton-georgia.html).

Highland, Tim, Stephen Harrington, and Axel Bruns. 2013. "Twitter as a Technology or Audiencing and Fandom: The #Eurovision Phenomenon." *Information, Communication & Society* 16 (3): 315–339.

Hillis, Ken, Michael Petit, and Kylie Jarrett. 2012. *Google and the Culture of Search*. New York, NY: Routledge.

Hills, Jill. 1991. *The Democracy Gap: The Politics of Information and Communication Technologies in the United States and Europe*. New York, NY: Greenwood.

Hindman, Elizabeth Blanks, and Ryan J. Thomas. 2016. "When Old and New Media Collide: The Case of WikiLeaks." *New Media & Society* 16 (4): 541–558.

Hindman, Matthew. 2009. *The Myth of Digital Democracy*. Princeton, NJ: Princeton University Press.

Hintz, Arne. 2011. "Dimensions of Policy Change: Mapping Community Media Policy in Latin America." *Canadian Journal of Communication* 36: 147–159.

Hirsch, Mario, and Vibeke G. Petersen. 1992. "Regulation of Media at the European Level." Pp. 42–56 in *Dynamics of Media Politics: Broadcast and Electronic Media in Western Europe*, edited by Kareen Siune and Wolfgang Truetzschler. London, UK: Sage.

Hitland, Paul, Kenneth Olmstead, and Skye Toor. 2017. "Public Comments to the Federal Communications Commission about Net Neutrality Contain Many Inaccuracies and Duplicates." Pew Research Center. October 29 (http://www.pewinternet.org/2017/11/29/public-comments-to-the-federal-communications-commission-about-net-neutrality-contain-many-inaccuracies-and-duplicates/).

Hjarvard, Stig. 2008. "The Mediatization of Society." *Nordicom Review* 29 (2): 105–132.

Ho, Karen K. 2017. "Diversity in Newsrooms Has Been Bad for Decades and It Probably Won't Get Better: Study." *Columbia Journalism Review*. August 16 (https://www.cjr.org/business_of_news/diversity-newsrooms-asne-study.php).

Hoerder, Dirk, and Christiane Harzig. 1987. *The Immigrant Labor Press in North America, 1840s–1970s*. Westport, CT: Greenwood Press.

Hoggart, Riahcard. 1957/2017. *The Uses of Literacy*. New York, NY: Routledge.

Holsti, Ole R. 1969. *Content Analysis for the Social Sciences and Humanities*. Reading, MA: Addison-Wesley.

Hout, Michael. 2007. "How Class Works in Popular Conception: Most Americans Identify with the Class Their Income, Occupation, and Education Implies for Them." Survey Research Center. *University of California, Berkeley* (http://ucdata.berkeley.edu/rsfcensus/papers/Hout-ClassIDJan07.pdf).

Howard, Philip N., Gillian Bolsover, Bence Kollanyi, Samantha Bradshaw, and Lisa-Maria Neudert. 2017.

"Junk News and Bots during the U.S. Election: What Were Michigan Voters Sharing over Twitter?" Data Memo 2017.1. Oxford, UK: Project on Computational Propaganda (http://comprop.oii.ox.ac.uk/research/working-papers/junk-news-and-bots-during-the-u-s-election-what-were-michigan-voters-sharing-over-twitter/).

Howard, Philip, and Muzammi Hussain. 2013. *Democracy's Fourth Wave? Digital Media and the Arab Spring*. New York: Oxford University Press.

Hoynes, William. 1994. *Public Television for Sale: Media, the Market, and the Public Sphere*. Boulder, CO: Westview.

Hughes, Thomas. 1983. *Networks of Power: Electrification in Western Society, 1880–1930*. Baltimore, MD: Johns Hopkins University Press.

Hughey, Matthew W. 2008. "Virtual (Br)others and (Re)sisters: Authentic Black Fraternity and Sorority Identity on the Internet." *Journal of Contemporary Ethnography* 37 (5): 528–560.

Hunt, Darnell M. 1997. *Screening the Los Angeles "Riots": Race, Seeing and Resistance*. New York: Cambridge University Press.

———. 2013. "Writers Guild of America—West 2013 Staff Briefing." Retrieved July 19, 2013 (http://www.wga.org/uploadedFiles/who_we_are/tvstaffingbrief2013.pdf).

———. 2016. "The 2016 Hollywood Writers Report: Renaissance in Reverse?" Writers Guild of America, West (http://www.wga.org/uploadedFiles/who_we_are/HWR16.pdf).

Hunter, James Davison. 1991. *Culture Wars*. New York: Basic Books.

Hunter, James Davison, and Alan Wolfe. 2006. *Is There a Culture War?* Washington, DC: Brookings Institution Press.

Huntington, Samuel. 1996. *The Clash of Civilizations and the Remaking of World Order*. New York, NY: Touchstone.

Husseini, Sam. 1994. "NBC Brings Good Things to GE." *Extra!*. November/December, p. 13.

IBISWorld. 2017. Television Production in the US: Market Research Report. July (https://www.ibisworld.com/industry-trends/market-research-reports/information/motion-picture-sound-recording-industries/television-production.html).

ICAAN (Internet Corporation for Assigned Names and Numbers). 2018. "Beginner's Guides." (https://www.icann.org/resources/pages/beginners-guides-2012-03-06-en).

IFPI (International Federation of the Phonographic Industry). 2017a. "Connecting with Music." (http://www.ifpi.org/downloads/Music-Consumer-Insight-Report-2017.pdf).

———. 2017b. "Global Statistics." (http://www.ifpi.org/global-statistics.php).

iHeartMedia. 2018 (http://iheartmedia.com/iheartmedia/index).

Indymedia.org. 2018. About Indymedia (https://www.indymedia.org/or/static/about.shtml).

Ingram, Matthew. 2017. "Google and Facebook Account for Nearly All Growth in Digital Ads." *Fortune*, April 26 (http://fortune.com/2017/04/26/google-facebook-digital-ads/).

Intelligence Community Assessment. 2017. "Assessing Russian Activities and Intentions in Recent US Elections." January 6 (https://www.dni.gov/files/documents/ICA_2017_01.pdf).

Internet Governance Forum. 2018. "About the IGF." (https://www.intgovforum.org/multilingual/tags/about).

Internet World Stats. 2018. "Internet Usage Statistics (https://www.internetworldstats.com/stats.htm).

Isaac, Mike. 2018. "Facebook Overhauls News Feed to Focus on What Friends and Family Share." *New York Times*. January 11 (https://www.nytimes.com/2018/01/11/technology/facebook-news-feed.html).

Iyengar, Shanto. 1991. *Is Anyone Responsible? How Television Frames Political Issues*. Chicago, IL: University of Chicago Press.

Iyengar, Shanto, and Donald R. Kinder. 2010. *News That Matters: Television and American Opinion*. Updated ed. Chicago, IL: University of Chicago Press.

Jackson, Janine. 2014. "14th Annual Fear and Favor Review." FAIR. February (https://fair.org/extra/14th-annual-fear-and-favor-review/).

Jackson, Linda A., and Kelly S. Ervin. 1991. "The Frequency and Portrayal of Black Families in Fashion Advertisement." *Journal of Black Psychology* 18 (1): 67–70.

Jacobs, Matthew. 2013. "LGBT Milestones in Pop Culture: The Watershed Moments That Got Us Where We Are Today." *Huffington Post*. Retrieved July 20, 2013 (http://www.huffingtonpost.com/2013/06/13/lgbt-milestones-in-pop-culture_n_3429832.html).

Jakubowicz, Andrew, et al. 2017. *Cyber Racism and Community Resilience: Strategies for Combating Online Race Hate*. New York: Springer.

Jeffords, Susan. 1989. *The Remasculinization of America*. Bloomington, IN: Indiana University Press.

Jeffords, Susan, and Lauren Rabinovitz, eds. 1994. *Seeing through the Media: The Persian Gulf War*. New Brunswick, NJ: Rutgers University Press.

Jenkins, Henry. 2002. "Cyberspace and Race." *Technology Review* (http://www.technologyreview.com/web/12797/).

———. 2006. *Convergence Culture: Where Old and New Media Collide*. New York, NY: New York University Press.

———. 2009. *Confronting the Challenges of Participatory Culture: Media Education for the 21st Century*. Cambridge, MA: MIT Press.

———. 2012. *Textual Poachers: Television Fans and Participatory Culture*, 2nd ed. New York: Routledge.

Jenkins, Henry, Sam Ford, and Joshua Green. 2013. *Spreadable Media*. New York, NY: New York University Press.

Jermyn, Deborah, and Su Holmes. 2006. "The Audience Is Dead: Long Live the Audience! Interactivity, 'Telephilia' and the Contemporary Television Audience." *Critical Ideas in Television Studies* 1 (1), 49–57.

Jessell, Harry A. 1993. "Networks Victorious in Fin-Syn Fight." *Broadcasting and Cable*. April 5, pp. 7, 10.

Jordan, Tim. 2008. *Hacking*. Malden, MA: Polity Press.

Johnson, Austin H. 2016. Transnormativity: A New Concept and Its Validation through Documentary Film about Transgender Men. *Sociological Inquiry* 86 (4): 465–491.

Johnson, Kirk. 2018. "As Low-Power Local Radio Rises, Tiny Voices Become a Collective Shout." *New York Times*. January 6 (https://www.nytimes.com/2018/01/06/us/low-power-radio.html).

Johnson-Cartee, Karen S. 2005. *News Narratives and News Framing*. Lanham, MD: Rowman and Littlefield.

Jones, Alex. 2009. *Losing the News: The Future of the News That Feeds Democracy*. New York, NY: Oxford University Press, 2009.

Jones, Jason J., Robert M. Bond, Eytan Bakshy, Dean Eckles, and James H. Fowler. 2016. "Social Influence and Political Mobilization: Further Evidence from a Randomized Experiment in the 2012 U.S. Presidential Election." *PLoS ONE* 12 (4): e0173851.

Josey, Christopher L., Ryan J. Hurley, Veronica Hefner, and Travis L. Dixon. 2009. "Online News and Race: A Content Analysis of the Portrayal of Stereotypes in a New Media Environment." Pp. 135–142 in *Race/Gender/Media: Considering Diversity across Audiences, Content, and Producers*, edited by Rebecca Ann Lind. New York, NY: Pearson.

Jost, Kenneth. 1994a. "The Future of Television." *CQ Researcher*. 4: 1131–1148.

Kahle, Shannon, Nan Yu, and Erin Whiteside. 2007. "Another Disaster: An Examination of Portrayals of Race in Hurricane Katrina Coverage." *Visual Communication Quarterly* 14 (Spring): 75–89.

Kahn, Frank J., ed. 1978. *Documents of American Broadcasting*. 3rd ed. Englewood Cliffs, NJ: Prentice Hall.

Kahn, Richard, and Douglas Kellner. 2004. "New Media and Internet Activism: From the 'Battle of Seattle' to Blogging." *New Media & Society* 6 (1): 87–95.

Kalogeropoulos, Antonis, and Nic Newman. 2017. "'I Saw the News on Facebook': Brand Attribution When

Accessing News from Distributed Environments." University of Oxford: Reuters Institute for the Study of Journalism (http://reutersinstitute.politics.ox.ac.uk/sites/default/files/2017-07/Brand%20attributions%20report.pdf).

Kane, John V., and Benjamin J. Newman. 2017. "Organized Labor as the New Undeserving Rich?: Mass Media, Class-based Anti-union Rhetoric and Public Support for Unions in the United States." *British Journal of Political Science* 1: 30. doi:10.1017/S000712341700014X.

Kang, Cecilia, and Kevin Roose. 2018. "Zuckerberg Faces Hostile Congress as Calls for Regulation Mount." *The New York Times*. April 11 (https://www.nytimes.com/2018/04/11/business/zuckerberg-facebook-congress.html).

Kantrowitz, Alex. 2017. "Google Allowed Advertisers to Target 'Jewish Parasite,' 'Black People Ruin Everything.'" *BuzzFeed*. September 15 (https://www.buzzfeed.com/alexkantrowitz/google-allowed-advertisers-to-target-jewish-parasite-black).

Karr, Alphonse. 1849. *Les Guêpes*. Paris: Michael Levy Frères (https://archive.org/details/lesgupes06karruoft).

Karr, Tim. 2010. "Obama FCC Caves on Net Neutrality—Tuesday Betrayal Assured." The Blog (Huffington Post) (https://www.huffingtonpost.com/timothy-karr/obama-fcc-caves-on-net-ne_b_799435.html).

———. 2017. "Net Neutrality Violations: A Brief History." *Free Press* (https://www.freepress.net/blog/2017/04/25/net-neutrality-violations-brief-history).

Kasser, Tim, and Susan Linn. 2016. "Growing Up under Corporate Capitalism: The Problem of Marketing to Children, with Suggestions for Policy Solutions." *Social Issues and Policy Review* 10 (1): 122–150.

Kastrenakes, Jacob. 2017. "EU Says It'll Pass Online Hate Speech Laws if Facebook, Google, and Others Don't Crack Down." *The Verge*. September 28 (https://www.theverge.com/2017/9/28/16380526/eu-hate-speech-laws-google-facebook-twitter).

Katz, Elihu, and Paul Lazarsfeld. 1955. *Personal Influence*. New Brunswick, NJ: Transaction.

Katz, Mark. 2010. *Capturing Sound: How Technology Changed Music*. Berkeley, CA: University of California Press.

———. 2012. "Sound Recording: Introduction." Pp. 11–28 in *Music, Sound, and Technology in America: A Documentary History of Early Phonograph, Cinema, and Radio*, edited by Timothy D. Taylor, Mark Katz, and Tony Grajeda. Durham, NC: Duke University Press.

Kelley, Robin D. G. 1994. *Race Rebels*. New York: Free Press.

Kellner, Douglas. 1990. *Television and the Crisis of Democracy*. Boulder, CO: Westview.

———. 2018. "Donald Trump and the Politics of Lying." Pp. 89–100 in *Post-Truth, Fake News*, edited by Michael Peters, Sharon Rider, Mats Hyvönen, Tina Besley. Springer.

Kendall, Diana. 2011. *Framing Class: Media Representation of Wealth and Poverty in America*. Lanham, MD: Rowman & Littlefield.

Keohane, Joe. 2017. "What News-Writing Bots Mean for the Future of Journalism. *Wired*." February 16 (https://www.wired.com/2017/02/robots-wrote-this-story/).

Kian, Edward M., Michael Mondello, and John Vincent. 2009. "ESPN—The Women's Sports Network? A Content Analysis of Internet Coverage of March Madness." *Journal of Broadcasting & Electronic Media* 53 (3): 477–495.

Kim, Youna. 2005. "Experiencing Globalization: Global TV, Reflexivity and the Lives of Young People." *International Journal of Cultural Studies*. 8 (4): 445–463.

King, Claire Sisco. 2010. "The Man Inside: Trauma, Gender, and the Nation in *The Brave One*." *Critical Studies in Media Communication* 27 (2): 111–130.

Kirst, Seamus. 2016. "#OscarsSoWhite: A 10-point Plan for Change by the Hashtag's Creator." *The Guardian*. February 25 (https://www.theguardian.com/film/2016/feb/25/oscarssowhite-10-point-plan-hashtag-academy-awards-april-reign).

Klapper, Joseph. 1960. *The Effects of Mass Communication*. Glencoe, IL: Free Press.

Klein, Hugh, and Kenneth S. Shiffman. 2009. "Underrepresentation and Symbolic Annihilation of Socially Disenfranchised Groups ('Out Groups') in Animated Cartoons." *The Howard Journal of Communications* 20: 55–72.

Klinenberg, Eric. 2005. "Convergence: News Production in a Digital Age." *Annals of the American Academy of Political and Social Science* 597(January): 48–64.

———. 2007. *Fighting for Air: The Battle to Control America's Media*. New York: Metropolitan Books.

Koblin, John. 2017. "Netflix Says It Will Spend up to $8 Billion on Content Next Year." *New York Times*. October 16 (https://www.nytimes.com/2017/10/16/business/media/netflix-earnings.html).

Kohut, Andrew. 2000. "Self Censorship: Counting the Ways." *Columbia Journalism Review*. May/June, p. 42.

Kornhauser, William. 1959. *The Politics of Mass Society*. New York: Free Press.

Kosar, Kevin R. 2012. "Congressional Oversight of Agency Public Communications: Implications of Agency New Media Use." *Washington, DC: Congressional Research Service* (http://www.fas.org/sgp/crs/misc/R42406.pdf).

Kostaki, Irene. 2017. "EU Ministers Agree to Raise 'Netflix Quota' to 30%." *New Europe*. May 23 (https://www.neweurope.eu/article/eu-council-raises-eu-content-netflix-quota-30/).

Kovach, Steve. 2017. "Facebook and the Rest of Big Tech Are Now Big Media, and It's Time We Start Treating Them That Way." *Business Insider*. October 14 (http://www.businessinsider.com/facebook-and-google-are-now-media-companies-2017-10).

Kovarik, Bill. 2016. *Revolutions in Communications: Media History from Gutenberg to the Digital Age*. New York, NY: Bloomsbury Academic.

Kraidy, Marwan M. 2005. *Hybridity, or the Cultural Logic of Globalization*. Philadelphia, PA: Temple University Press.

Kramer, Adam DI, Jamie E. Guillory, and Jeffrey T. Hancock. 2014. "Experimental Evidence of Massive-Scale Emotional Contagion through Social Networks." *Proceedings of the National Academy of Sciences* 111 (24): 8788–8790.

Krotz, Friedrich. 2007. *Mediatisierung: Fallstudien zum Wandel von Kommunikation*. [Mediatization: Case Studies on the Transformation of Communication.] Wiesbaden: VS Verlag für Sozialwissenschaften.

Krugman, Dean M., and Leonard N. Reid. 1980. "The 'Public Interest' as Defined by FCC Policy Makers." *Journal of Broadcasting* 24: 311–323.

Kunz, William M. 2009. "Prime-Time Television Program Ownership in a Post-Fin/Syn World." *Journal of Broadcasting & Electronic Media* 53 (4): 636–651.

Kuo, Rachel. 2016. "Racial Justice Activist Hashtags: Counterpublics and Discourse Circulation." *New Media & Society* 20 (2): 495–514.

Kurtulus, Sema, Erdem Özkan, and Selen Öztürk. 2015. "How Do Social Media Users in Turkey Differ in Terms of Their Use Habits and Preferences?" *International Journal of Business and Information* 10 (3): 337–364.

Labaton, Stephen. 2000. "F. C. C. Heads for Showdown with Congress over Radio Plan." *New York Times*. March 26, p. C1.

Lacan, Jacques. 1977. *Écrits: A Selection*. New York, NY: Norton.

Laing, David. 1986. "The Music Industry and the 'Cultural Imperialism' Thesis." *Popular Music and Society* 8: 331–41.

Lanchester, John. 2017. "You Are the Product." *London Review of Books* 39 (16): 3–10.

Langlois, Andrea, and Frédéric Dubois, eds. 2005. *Autonomous Media: Activating Resistance & Dissent*. Montréal, QB: Cumulus Press.

Lanier, Jaron. 2013. *Who Owns the Future?* New York, NY: Simon & Schuster.

Laposky, Issie. 2017a. "How Bots Broke The FCC's Public Comment System." *Wired*. November 28 (https://www.wired.com/story/bots-broke-fcc-public-comment-system/).

———. 2017b. "What Did Cambridge Analytica Really Do for Trump's Campaign?" *Wired*. October 26 (https://www.wired.com/story/what-did-cambridge-analytica-really-do-for-trumps-campaign/).

Lau, Richard R., David J. Andersen, Tessa M. Ditonto, Mona S. Kleinberg, and David P. Redlawsk. 2017. "Effect of Media Environment Diversity and Advertising Tone on Information Search, Selective Exposure, and Affective Polarization." *Political Behavior* 39 (1): 231–255.

Lauzen, Martha M. 2018. "The Celluloid Ceiling: Behind-the-Scenes Employment of Women on the Top 100, 250, and 500 Films of 2017." San Diego State University: Center for the Study of Women in Television & Film (http://womenintvfilm.sdsu.edu/wp-content/uploads/2018/01/2017_Celluloid_Ceiling_Report.pdf).

Lauzen, Martha M., and David M. Dozier. 2005. "Recognition and Respect Revisited: Portrayals of Age and Gender in Prime-Time Television." *Mass Communication and Society* 8 (3): 241–256.

Lauzen, Martha M., David M. Dozier, and Nora Horan. 2008. "Constructing Gender Stereotypes through Social Roles in Prime-Time Television." *Journal of Broadcasting & Electronic Media* 52 (2): 200–214.

Lavery, David. 2006. "Introduction: Can This Be the End of Tony Soprano?" Pp. 1–14 in *Reading the Sopranos: Hit TV from HBO*, edited by David Lavery. London, UK: I.B. Tauris.

Lazarsfeld, Paul, Bernard Berelson, and Hazel Gaudet. 1944. *The People's Choice*. New York, NY: Duell, Sloan & Pearce.

———. 1948. *The People's Choice: How the Voter Makes up His Mind in a Presidential Campaign*. New York: Columbia University Press.

Le Bon, Gustave. 1896. *The Crowd: A Study of the Popular Mind*. New York, NY: The MacMillan Co.

Lecompte, Celeste. 2015. "Automation in the Newsroom." *Nieman Reports* 69 (3): 32–45.

Lee, Eric, and Benjamin Weinthal. 2011. "Trade unions: The Revolutionary Social Network at Play in Egypt and Tunisia." *Guardian*. February 10. Retrieved February 24, 2011 (http://www.guardian.co.uk/commentisfree/2011/feb/10/trade-unions-egypt-tunisia).

Lee, Latoya A. 2017. "Black Twitter: A Response to Bias in Mainstream Media." *Social Sciences* 6 (1): 26.

Lee, Sangoak. 2007. "A Longitudinal Analysis of Foreign Program Imports on South Korean Television, 1978–2002: A Case of Rising Indigenous Capacity in Program Supply." *Journal of Broadcasting & Electronic Media* 51 (1): 172–187.

Lee-Won, Roselyn J., Tiffany N. White, and Bridget Potocki. 2017. "The Black Catalyst to Tweet: The Role of Discrimination Experience, Group Identification, and Racial Agency in Black Americans' Instrumental Use of Twitter." *Information, Communication & Society* 21 (8): 1–19.

Leonhardt, David, and Stuart Thompson. 2017. "Trump's Lies." December 17. *New York Times* (https://www.nytimes.com/interactive/2017/06/23/opinion/trumps-lies.html).

Lessig, Lawrence. 2005. *Free Culture: The Nature and Future of Creativity*. New York: Penguin.

Leveson Inquiry, The. 2012. "An Inquiry into the Culture, Practices, and Ethics of the Press: Executive Summary." November. London: The Stationary Office.

Levin, Gary. 2017a. "Nielsen Reveals: Who's Watching What on Netflix." *USA Today*. October 18 (https://www.usatoday.com/story/life/tv/2017/10/18/nielsen-reveals-whos-watching-what-netflix/773447001/).

———. 2017b. "Who's Watching What: TV Shows Ranked by Racial and Ethnic groups." *USA Today*. June 27 (https://www.usatoday.com/story/life/tv/2017/06/27/whos-watching-what-tv-shows-ranked-racial-and-ethnic-groups/103199848/).

Levine, Elana. 2001. "Toward a Paradigm for Media Production Research: Behind the Scenes at *General Hospital*." *Critical Studies in Media Communication* 18 (1): 66–82.

Levy, Steven. 2010. *Hackers: Heroes of the Computer Revolution*, 25th anniversary ed. Cambridge, MA: O'Reilly.

Lewis, Lisa. 1990. *Gender Politics and MTV*. Philadelphia, PA: Temple University Press.

Lewis, Paul. 2017. "'Our Minds Can Be Hijacked': The Tech Insiders Who Fear a Smartphone Dystopia." *The Guardian*. October 6 (https://www.theguardian.com/technology/2017/oct/05/smartphone-addiction-silicon-valley-dystopia?CMP=share_btn_tw).

Liacas, Tom. 2005. "101 Tricks to Play with the Mainstream: Culture Jamming as Subversive Recreation." Pp. 61–74 in *Autonomous Media: Activating Resistance and Dissent*, edited by Andrea Langlois and Frédréric Dubois. Montréal, QB: Cumulus Press.

Licklider, J.C.R. 1960. "Man-Computer Symbiosis." Pp. 73–82 in *The New Media Reader*, edited by Noah Wardrip-Fruin and Nick Montfort (2003). Cambridge, MA: MIT Press.

Licklider, J.C.R., and Robert W. Taylor. 1968. "The Computer as a Communication Device." Pp. 21–41 in "In Memoriam: J. C. R. Licklider 1915–1990," edited by Robert W. Taylor. Digital Systems Research Center (http://memex.org/licklider.pdf).

Liebes, Tamar, and Elihu Katz. 1993. *The Export of Meaning*. Cambridge, MA: Polity.

Lievrouw, Leah A. 2011. *Alternative and Activist New Media*. Malden, MA: Polity.

———. 2014. "Materiality and Media in Communication and Technology Studies: An Unfinished Project." Pp. 21–51 in *Media Technologies: Essays on Communication, Materiality, and Society*, edited by Tarleton Gillespie, Pablo J. Boczkowski, and Kirsten A. Foot. Cambridge, MA: MIT Press.

Lievrouw, Leah A., and Sonia Livingstone, eds. 2006. *Handbook of New Media. Social Shaping and Social Consequences of ICTs*. London, UK: Sage.

Lind, Rebecca Ann. 2017. *Race and Gender in Electronic Media*. New York, NY: Routledge.

Lind, Rebecca, and James A. Danowski. 1998. "The Representation of Arabs in U.S. Electronic Media." Pp. 157–168 in *Cultural Diversity and the U.S. Media*, edited by Yahya R. Kamalipour and Theresa Carilli. Albany, NY: SUNY Press.

Lippmann, Walter. 1922. *Public Opinion*. New York, NY: Harcourt Brace and Company.

Lister, Martin, Jon Dovey, Seth Giddings, Iain Grant, and Kieran Kelly. 2009. *New Media: A Critical Introduction*. 2nd ed. New York, NY: Routledge.

Little, Vance. 2008. "Audiovisual Media Services Directive: Europe's Modernization of Broadcast Services Regulations." *Journal of Law, Technology & Policy* 1: 223–236.

Livingstone, Sonia. 2013. "The Participation Paradigm in Audience Research." *The Communication Review* 16 (1-2): 21–30.

———. 2015. "Active Audiences? The Debate Progresses But Is Far from Resolved." *Communication Theory* 25: 439–446.

Loeb, Laura. 2015. "The Celebrity Talk Show: Norms and Practices." *Discourse, Context, and Media* 10: 27–35.

Long, Elizabeth. 1985. *The American Dream and the Popular Novel*. Boston, MA: Routledge Kegan Paul.

Longley, Lawrence, Herbert Terry, and Erwin Krasnow. 1983. "Citizen Groups in Broadcast Regulatory Policy-Making." *Policy Studies Journal* 12: 258–270.

Lopes, Paul D. 1992. "Innovation and Diversity in the Popular Music Industry, 1969 to 1990." *American Sociological Review* 57: 56–71.

Lopez, Lori Kido. 2011. "Fan Activists and the Politics of Race in The Last Airbender." *International Journal of Cultural Studies* 15 (5): 431–445.

Louw, Eric P. 2010. *The Media and the Political Process*. 2nd ed. Thousand Oaks, CA: Sage.

Lovink, Geert. 2013. "A World Beyond Facebook: Introduction to the Unlike Us Reader." Pp. 9–16 in *Unlike Us Reader: Social Media Monopolies and Their Alternatives*, edited by Geert Lovink and Miriam Rasch, eds. Amsterdam: Institute of Network Cultures.

Lubet, Alex. 2017. "Playing It Safe: A Brief History of Lip-Synching." *The Conversation*. January 11 (https://theconversation.com/playing-it-safe-a-brief-history-of-lip-syncing-70888).

Lubken, Deborah. 2008. "Remembering the Straw Man: The Travels and Adventures of Hypodermic." Pp. 19–42 in *The History of Media and Communication Research*, edited by David W. Park & Jefferson Pooley. New York, NY: Peter Lang Publishing.

Lule, Jack. 2017. *Globalization and Media: Global Village of Babel*. Lanham, MD: Rowman & Littlefield.

Luther, Catherine A., Carolyn Ringer Lepre, and Naeemah Clark. 2018. *Diversity in U.S. Mass Media*. Malden, MA: John Wiley & Sons.

Lutz, Christoph, and Christian Pieter Hoffmann. 2017. "The Dark Side of Online Participation: Exploring Non-, Passive and Negative Participation." *Information, Communication & Society* 20 (6): 876–897.

MacBride Commission. 1980. *Many Voices, One World: Towards a New, More Just, and More Efficient World Information and Communication Order.* London, UK: Kogan Page. Retrieved December 9, 2010 (http://unesdoc.unesco.org/images/0004/000400/040066eb.pdf).

MacBride, Sean, and Colleen Roach. 1993. "The New International Information Order." Pp. 3–11 in *The Global Media Debate: Its Rise, Fall, and Renewal*, edited by George Gerbner, Hamid Mowlana, and Kaarle Nordenstreng. Norwood, NJ: Ablex.

Macek, Jakub. 2013. "More Than a Desire for Text: Online Participation and the Social Curation of Content." *Convergence* 19 (3): 295–302.

MacKenzie, Donald, and Judy Wajcman, eds. 1999. *The Social Shaping of Technology.* Philadelphia, PA: Open University Press.

Madrigal, Alexis C., and Adrienne Lafrance. 2014. "Net Neutrality: A Guide to (and History of) a Contested Idea." *Atlantic.* April 25 (https://www.theatlantic.com/technology/archive/2014/04/the-best-writing-on-net-neutrality/361237/).

Maheshwari, Sapna. 2017. "Different Ads, Different Ethnicities, Same Car." *New York Times.* October 12 (https://www.nytimes.com/interactive/2017/10/12/business/media/toyota-camry-ads-different-ethnicities.html).

Majoribanks, Tim. 2000. *News Corporations, Technology, and the Workplace.* Cambridge, UK: Cambridge University Press.

Manning, Jennifer E. 2018. "Membership of the 115th Congress: A Profile." Washington, DC: Congressional Research Service (https://www.senate.gov/CRSpubs/b8f6293e-c235-40fd-b895-6474d0f8e809.pdf).

Marchetti, Gina. 1989. "Action-Adventure as Ideology." Pp. 182–197 in *Cultural Politics in Contemporary America*, edited by Ian H. Angus and Sut Jhally. New York, NY: Routledge Kegan Paul.

Marconi, Francesco, Alex Siegman, and Machine Journalist. 2017. "The Future of Augmented Journalism." *AP Insights* (https://insights.ap.org/uploads/images/ap_insights_the_future_of_augmented_journalism.pdf).

Mares, Marie-Louise, and Valerie Kretz. 2015. "Media Effects on Children." Pp. 35–41 in *International Encyclopedia of the Social & Behavioral Sciences*, 2nd ed., Vol. 15. New York, NY: Elsevier.

Martin, Christopher. 2003. *Framed! Labor and the Corporate Media.* Ithaca, NY: ILR Press.

Mastro, Dana E., and Elizabeth Behm-Morawitz. 2005. "Latino Representation on Primetime Television." *Journalism & Mass Communication Quarterly* 82 (1): 110–130.

Matikainen, Janne. 2015. "Motivations for Content Generation in Social Media." *Participations: Journal of Audience & Reception Studies* 12 (1): 41–58.

Mattelart, Armand. 1979. *Multinational Corporations and the Control of Culture.* Atlantic Highlands, NJ: Humanities Press.

———. 2003. *The Information Society.* Thousand Oaks, CA: Sage.

Matwick, Kelsi, and Keri Matwick. 2015. "Inquiry in Television Cooking Shows." *Discourse & Communication* 9 (3): 313–330.

McAdam, Doug. 1982. *Political Process and the Development of Black Insurgency, 1930–1970.* Chicago, IL: University of Chicago Press.

McAllister, Matthew P., and Anna Aupperle. 2017. "Class Shaming in Post-Recession U.S. Advertising." *Journal of Communication Inquiry* 41 (2): 140–156.

McAllister, Matthew. P., and Kumanyika, Chenjerai. 2013. " 'Brut Slaps . . . and Twins': Hypercommercialized Sports Media and the Intensification of Gender Ideology." Pp. 237–251 in *The Routledge Companion to Advertising and Promotional Culture*, edited by Matthew P. McAllister and Emily West. New York, NY: Routledge.

McChesney, Robert W. 1994. *Telecommunications, Mass Media, and Democracy.* New York, NY: Oxford University Press.

———. 1999. *Rich Media, Poor Democracy: Communications Politics in Dubious Times.* Urbana, IL: University of Illinois Press.

———. 2004. *The Problem of the Media: U.S. Communication Politics in the Twenty-First Century*. New York, NY: Monthly Review Press.

———. 2007. *Communication Revolution*. New York, NY: The New Press.

———. 2008. *The Political Economy of Media*. New York, NY: Monthly Review Press.

McChesney, Robert W., and Victor Pickard, eds. 2011. *Will the Last Reporter Please Turn out the Lights: The Collapse of Journalism and What Can Be Done to Fix It*. New York, NY: The New Press.

McClelland, Stephen. 2012. "Social Networks and the Second Screen." *Intermedia* 40 (3): 16–21.

McCombs, Maxwell E. 2014. *Setting the Agenda: The Mass Media and Public Opinion*. 2nd ed. Cambridge, UK: Polity.

McCombs, Maxwell, and Donald L. Shaw. 1972. "The Agenda-Setting Function of the Mass Media." *Public Opinion Quarterly* 36: 176–187.

———. 1977. *The Emergence of American Political Issues: The Agenda-Setting Function of the Press*. St. Paul, MN: West.

McConahay, John B. 1986. "Modern Racism, Ambivalence, and the Modern Racism Scale." Pp. 91–125 in *Prejudice, Discrimination, and Racism*, edited by John F. Dovidio and Samuel L. Gaertner. Orlando, FL: Academic Press.

McConnell, Ben. 2006. "The 1% Rule: Charting Citizen Participation." *Church of the Customer Blog*. Retrieved December 8, 2010 (http://customerevangelists.typepad.com/blog/2006/05/charting_wiki_p.html).

McCracken, Ellen. 1993. *Decoding Women's Magazines*. New York, NY: St. Martin's.

McDermott, Terry. 2010. "Dumb Like a Fox." *Columbia Journalism Review* 48 (6): 26–32.

McDonald, Aleecia M., and Lorrie Faith Cranor. 2008. "The Cost of Reading Privacy Policies." *I/S: A Journal of Law and Policy for the Information Society* 4 (3): 540–565.

McDuling, John. 2018. "Australia Loves Netflix. But Does Netflix Love Australia?" *Sydney Morning Herald*. March 9 (https://www.smh.com.au/business/companies/the-relentless-rise-of-netflix-will-come-at-a-cost-20180308-p4z3cm.html).

McIlroy, Thad. 2016. "What the Big 5's Financial Reports Reveal about the State of Traditional Book Publishing." *BookBusiness*. August 5 (http://www.bookbusinessmag.com/post/big-5-financial-reports-reveal-state-traditional-book-publishing/).

McLaughlin, Margaret L., Kerry K. Osborne, and Christine B. Smith. 1995. "Standards of Conduct on Usenet." Pp. 90–111 in *Cybersociety*, edited by Steven G. Jones. Thousand Oaks, CA: Sage.

McLeod, Kembrew. 2010. "How to Make a Documentary about Sampling—Legally." *The Atlantic Monthly*. March 31 (http://www.theatlantic.com/entertainment/archive/2010/03/how-to-make-a-documentary-about-sampling-legally/38189/).

McLuhan, Marshall. 1962. *The Gutenberg Galaxy*. Toronto, ON: University of Toronto Press.

———. 1964. *Understanding Media: the Extensions of Man*. New York, NY: McGraw Hill.

McLuhan, Marshall, and Quentin Fiore. 1967. *The Medium Is the Message: An Inventory of Effects*. New York, NY: Bantam.

McNamara, Mary. 2010. "Television Review: 'The Bridge' on CBS." *The Los Angeles Times*. July 10. Retrieved November 8, 2010 (http://articles.latimes.com/2010/jul/10/entertainment/la-et-thebridge-20100710).

McQuail, Denis, and Sven Windahl. 1993. *Communications Models for the Study of Mass Communication*. New York, NY: Longman.

McQuail, Denis, Rosario de Mateo, and Helena Tapper. 1992. "A Framework for Analysis of Media Change in Europe in the 1990s. Pp. 8–25 in *Dynamics of Media Politics: Broadcast and Electronic Media in Western Europe*, edited by Kareen Siune and Wolfgang Truetzschler. London, UK: Sage.

McRobbie, Angela. 1984. "Dance and Social Fantasy." Pp. 130–161 in *Gender and Generation*, edited by Angela McRobbie and Mica Nava. London, UK: Macmillan.

Mecking, Olga. 2017. "This Scientific Theory Explains Why People Keep Quiet on Things That Matter." *The

Week. April 4 (http://theweek.com/articles/685976/scientific-theory-explains-why-people-keep-quiet-things-that-matter).

Media Action Network for Asian Americans (MANAA). 2018. "A Memo from MANAA to Hollywood: Asian Stereotypes." (http://manaa.org/?page_id=543).

Melican, Debra Burns, and Travis L. Dixon. 2008. "News on the Net: Credibility, Selective Exposure, and Racial Prejudice." *Communication Research* 35 (2): 151–168.

MEO. 2018. "Internet + Mobile." (https://www.meo.pt/internet/internet-movel/telemovel/pacotes-com-telemovel).

Messner, Marcus, and Marcia Watson DiStaso. 2008. "The Source Cycle: How Traditional Media and Weblogs Use Each Other as Sources." *Journalism Studies* 9 (3): 447–463.

Messner, Michael A., and Cheryl Cooky. 2010. *Gender in Televised Sports: News and Highlights Shows, 1989–2009*. Los Angeles, CA: Center for Feminist Research, University of Southern California.

Messner, Michael, Margaret Carlisle Duncan, and Kerry Jensen. 1993. "Separating the Men from the Girls: The Gendered Language of Televised Sports." *Gender & Society* 7 (1): 121–137.

Meyer, Philip. 2009. *The Vanishing Newspaper: Saving Journalism in the Information Age*. University of Missouri Press.

Meyrowitz, Joshua. 1985. *No Sense of Place*. New York: Oxford University Press.

Mickle, Tripp. 2017. Apple Readies $1 Billion War Chest for Hollywood Programming. *The Wall Street Journal*, August 16 (https://www.wsj.com/articles/apple-readies-1-billion-war-chest-for-hollywood-programming-1502874004?tesla=y&mod=e2tw).

Middleton, Rich. 2017. "Italy Readies Local Content Quotas." C21Media (http://www.c21media.net/italy-readies-local-content-quotas/).

MIDIA Research. 2017. "Amazon Music: The Dark Horse Comes out of the Shadows." October 20 (https://www.midiaresearch.com/blog/amazon-music-the-dark-horse-comes-out-of-the-shadows/).

Milan, Stefania, and Arne Hintz. 2010. "Media Activists and Communication Policy Processes." Pp. 317–319 in *Encyclopedia of Social Movement Media*, edited by John Downing. Thousand Oaks, CA: Sage.

Miller, Laura Jean. 2006. *Reluctant Capitalists: Bookselling and the Culture of Consumption*. Chicago, IL: University of Chicago Press.

Miller, Toby, Nitin Govil, John McMurria, Ting Wang, and Richard Maxwell. 2008. *Global Hollywood 2*. London, UK: British Film Institute.

Miller, V. 2008. "New Media, Networking, and Phatic Culture." *Convergence* 14 (4): 387–400.

Milliot, Jim. 2016. "BEA 2016: E-book Sales Fell 13% in 2015, Nielsen Reports." *Publishers Weekly*. May 12 (https://www.publishersweekly.com/pw/by-topic/industry-news/bea/article/70350-bea-2016-e-book-sales-fell-13-in-2015-nielsen-reports.html).

Mims, Christopher. 2016. "How Facebook Is Dominating the 2016 Election; Social Network's Vast Reach and Micro-targeting Tools Are Manna for Political Advertisers." *Wall Street Journal*. October 2 (https://www.wsj.com/articles/how-facebook-is-dominating-the-2016-election-1475429365).

MIT Technology Review. 2002–2017. "Ten Breakthrough Technologies." Various years (https://www.technologyreview.com/lists/technologies/2017/).

Monte Carlo Television Festival. 2018. "Palmarès des Nymphes d'Or." (http://www.tvfestival.com/600-).

Morgan, Marcyliena, and Dionne Bennett. 2011. "Hip-Hop & the Global Imprint of a Black Cultural Form." *Daedalus* 140 (2):176–196.

Morgan, Michael, and James Shanahan. 2014. "Effects and Cultivation." Pp. 356–365 in *The SAGE Handbook of Television Studies*, edited by Manuel Alvarado, Milly Buonanno, Herman Gray, and Toby Miller. Thousand Oaks, CA: Sage.

Morgan, Michael, James Shanahan, and Nancy Signorielli, eds. 2012. *Living with Television Now*. New York, NY: Peter Lang.

Morley, David. 1980. *The Nationwide Audience*. London, UK: British Film Institute.

———. 1986. *Family Television*. London, UK: Comedia.

———. 1992. *Television, Audiences, and Cultural Studies*. London, UK: Routledge Kegan Paul.

Morozov, Evgeny. 2011. *The Net Delusion: The Dark Side of Internet Freedom*. New York, NY: Public Affairs.

———. 2013. *To Save Everything, Click Here: The Folly of Technological Solutionism*. New York, NY: Public Affairs.

Morris, Aldon. 1984. *The Origins of the Civil Rights Movement*. New York, NY: Free Press.

Moses, Lucia. 2017. "*The Washington Post*'s Robot Reporter Has Published 850 Articles in the Past Year." *Digiday*. September 14 (https://digiday.com/media/washington-posts-robot-reporter-published-500-articles-last-year/).

MotherJones.com. 2018. "What Is Mother Jones?" (https://www.motherjones.com/about/#01).

Motion Picture Association of America. 2018. "Guide to Ratings." (https://www.filmratings.com/RatingsGuide).

Mourão, Rachel Reis. 2014. "The Boys on the Timeline: Political Journalists' Use of Twitter for Building Interpretive Communities." *Journalism* 16 (8):1107–1123.

Mowlana, Hamid, George Gerbner, and Herbert Schiller, eds. 1992. *Triumph of the Image: The Media's War in the Persian Gulf*. Boulder, CO: Westview.

Mozur, Paul, Mark Scott, and Mike Isaac. 2017. "Facebook Faces a New World as Officials Rein In a Wild Web." *New York Times*. September 17 (https://www.nytimes.com/2017/09/17/technology/facebook-government-regulations.html).

MTV. 2018. "MTV Press." (http://www.mtvpress.com/networks/mtv).

Mueller, Milton. 1981. "Interview with Mark S. Fowler." *Reason*. November: 32–35 (https://reason.com/archives/1981/11/01/interview-with-mark-fowler/print).

———. 2002. *Ruling the Roost: Internet Governance and the Taming of Cyberspace*. Cambridge, MA: MIT Press.

———. 2010. *Networks and States: The Global Politics of Internet Governance*. Cambridge, MA: MIT Press.

———. 2017. *Will the Internet Fragment? Sovereignty, Globalization and Cyberspace*. Malden, MA: Polity Press.

Murdock, Graham, and Peter Golding. 1973. "For a Political Economy of Mass Communications." *Socialist Register* 10: 205–234.

Murray, Noel. 2017. "TV's Callous Neglect of Working-class America." *The Week* (http://theweek.com/articles/671974/tvs-callous-neglect-workingclass-america).

Murthy, Dhiraj, Alexander Gross, and Alexander Pensavalle. 2015. "Urban Social Media Demographics: An Exploration of Twitter Use in Major American Cities." *Journal of Computer-Mediated Communication* 21 (1): 33–49.

Museum of Failure. 2018. "About: Over One Hundred Failed Products and Services from around the World" (http://failuremuseum.com/about/).

Musgrove, Mike. 2009. "Twitter Is a Player in Iran's Drama." *Washington Post*. June 17. Retrieved November 30, 2010 (http://www.washingtonpost.com/wp-dyn/content/article/2009/06/16/AR2009061603391.html).

Music Business Worldwide. 2017. "Global Market Shares 2016." February 26 (https://www.musicbusinessworldwide.com/global-market-shares-2016-sony-and-warner-gain-on-universal-as-indies-rule/).

Musto, Michela, Cheryl Cooky, and Michael A. Messner. 2017. "'From Fizzle to Sizzle!' Televised Sports News and the Production of Gender-Bland Sexism." *Gender & Society* 31 (5): 573–596.

Nacos, Brigitte L., and Oscar Torres-Reyna. 2007. *Fueling Our Fears: Stereotyping, Media Coverage, and Public Opinion of Muslim Americans*. Lanham, MD: Rowman & Littlefield.

Nadkarni, Ashwini, and Stefan Hofmann. 2012. "Why Do People Use Facebook?" *Personality and Individual Differences* 52 (3): 243–249.

Nakamura, Lisa. 2009. "Don't Hate the Player, Hate the Game: The Racialization of Labor in *World of Warcraft*." *Critical Studies in Media Communication* 26 (2): 128–144.

Nakamura, Lisa, and Peter A. Chow-White 2012. *Race after the Internet*. New York, NY: Routledge.

Nardi, Peter. 1997. "Changing Gay and Lesbian Images in the Media." Pp. 427–442 in *Overcoming Heterosexism and Homophobia: Strategies That Work*, edited by James T. Sears and Walter Williams. New York, NY: Columbia University Press.

National Association of Broadcasters. 2018. "Broadcasting in South Africa." (http://www.nab.org.za/content/page/broadcast-industry).

National Center for Health Statistics. 2017. "Wireless Substitution: Early Release of Estimates from the National Health Interview Survey, July-December 2016." (https://www.cdc.gov/nchs/data/nhis/earlyrelease/wireless201705.pdf).

National Public Radio. 2018. "Public Radio Finances" (npr.org/about-npr/178660742/public-radio-finances).

National Science Foundation. 1992. "The NSFNET Backbone Services Acceptable Use Policy." (https://www.livinginternet.com/doc/merit.edu/acceptable_use_policy.htm).

Naughton, John. 2000. *A Brief History of the Future: From Radio Days to Internet Years in a Lifetime*. Woodstock, NY: Overlook Press.

Negrine, Ralph. 2008. *The Transformation of Political Communication: Continuities and Changes in Media and Politics*. New York, NY: Palgrave MacMillan.

Negrine, Ralph, Paolo Mancini, Christina Holtz-Bacha, and Stylianos Papathanassopoulos, eds. 2007. *The Professionalisation of Political Communication*. Bristol, TN: Intellect.

Nesbitt, Jim. 1998. "Radio Pirates Feel the Heat." *Cleveland Plain Dealer*. July 19, p. 1D.

Neuendorf, Karen. 2017. *The Content Analysis Guidebook*. Thousand Oaks, CA: Sage.

Neuman, W. Russell, and Lauren Guggenheim. 2011. "The Evolution of Media Effects Theory: A Six-Stage Model of Cumulative Research." *Communication Theory* 21:169–196.

Neuman, W. Russell, Lauren Guggenheim, S. Mo Jang, and Soo Young Bae. 2014. "The Dynamics of Public Attention: Agenda-setting Theory Meets Big Data." *Journal of Communication* 64 (2): 193–214.

New York Times. 1991. "Professor Is Criticized for Anti-Semitic Past." November 27 (http://www.nytimes.com/1991/11/28/us/professor-is-criticized-for-anti-semitic-past.html).

Nicas, Jack. 2018. "Facebook to Require Verified Identities for Future Political Ads." *New York Times*. April 6 (https://www.nytimes.com/2018/04/06/business/facebook-verification-ads.html).

Nielsen. 2017a. "Command Your Buzz: Understanding How Owned Strategies Drive Impact." May 2 (http://www.nielsensocial.com/command-your-buzz-understanding-how-owned-strategies-drive-impact/).

———. 2017b. "Over 92% of All Adult Viewing in the U.S. Is Done on the TV Screen. Insights." May 25 http://(www.nielsen.com/us/en/insights/news/2017/over-92-percent-of-all-adult-viewing-in-the-us-is-done-on-the-tv-screen.html).

———. 2017c. "Screen Time Dollar Signs." (http://www.nielsen.com/us/en/insights/news/2017/screen-time-dollar-signs.html).

———. 2017e. "The Nielsen Total Audience Report, Q1 2017." (http://www.nielsen.com/content/dam/corporate/us/en/reports-downloads/2017-reports/total-audience-report-q1-2017.pdf).

———. 2017f. "TV Season in Review: The Top Social Moments of the 2016–17 Season." June 7 (http://www.nielsen.com/us/en/insights/news/2017/tv-season-in-review-the-top-social-moments-of-the-2016-17-season.html).

Nielsen, Jakob. 2006. "Participation Inequality: Encouraging More Users to Contribute." Online Retrieved December 8, 2010 (http://www.useit.com/alertbox/participation_inequality.html).

Nightline. 1989. ABC News. September 27.

Noam, Eli M., ed. 2009. *Media Ownership and Concentration in America*. New York, NY: Oxford University Press.

———. 2016. *Who Owns the World's Media?* New York, NY: Oxford University Press.

Noble, Safiya Umoja. 2018. *Algorithms of Oppression: How Search Engines Reinforce Racism*. New York, NY: New York University Press.

Noble, Safiya Umoja, and Brendesha M. Tynes, eds. 2016. *The Intersectional Internet: Race, Sex, Class, and Culture Online*. New York, NY: Peter Lang Publishing.

Noelle-Neumann, Elisabeth. 1974. "The Spiral of Silence: A Theory of Public Opinion." *Journal of Communication* 24 (2): 43–51.

———. 1991. "Accused Professor Was Not a Nazi." *New York Times*. December 14 (http://www.nytimes.com/1991/12/14/opinion/l-accused-professor-was-not-a-nazi-257591.html).

———. 1993. *The Spiral of Silence*. Chicago, IL: University of Chicago Press.

Norris, Pippa. 2000. *A Virtuous Circle: Political Communications in Post-Industrial Societies*. New York, NY: Cambridge University Press.

Nunez, Michael. 2016. "Former Facebook Workers: We Routinely Suppressed Conservative News." *Gizmodo*. May 9 (https://gizmodo.com/former-facebook-workers-we-routinely-suppressed-conser-1775461006).

Nussbaum, Bruce. 2007. "It's Time to Call One Laptop per Child a Failure." *Business Week*. September 24. Retrieved December 9, 2010 (http://www.businessweek.com/innovate/NussbaumOnDesign/archives/2007/09/its_time_to_call_one_laptop_per_child_a_failure.html).

Nussbaum, Emily. 2017. "The TV that Created Donald Trump." *The New Yorker*. July 31 (https://www.newyorker.com/magazine/2017/07/31/the-tv-that-created-donald-trump).

Ó Siochrú, Seán, and Bruce Girard. 2002. *Global Media Governance*. Lanham, MD: Rowman & Littlefield.

O'Barr, William. 1994. *Culture and the Ad*. Boulder, CO: Westview.

Office of the United States Trade Representative. 2017. "2017 National Trade Estimate Report on Foreign Trade Barriers." (https://ustr.gov/sites/default/files/files/reports/2017/NTE/2017%20NTE.pdf).

Oh, Hyun Jung, 2014. "How Does Online Social Networking Enhance Life Satisfaction?" *Computers in Human Behavior* 30: 69–78.

Elif Ozkaya, and Robert Larose. / The Relationships among Online Supportive Interaction, Affect, Perceived Social Support, Sense of Community, and Life Satisfaction." / doi: http://dx.doi.org/10.1016/j.chb.2013.07.053

Olson, David R. 1994. *The World on Paper: The Conceptual and Cognitive Implications of Writing and Reading*. New York, NY: Cambridge University Press.

Osei-Frimpong, Kofi, Alan Wilson, and Fred Lemke. 2018. "Patient Co-creation Activities in Healthcare Service Delivery at the Micro Level: The Influence of Online Access to Healthcare Information." *Technological Forecasting and Social Change* 126: 14–27.

Oxford Dictionaries. 2016. "Word of the Year 2016 Is . . ." (https://en.oxforddictionaries.com/word-of-the-year/word-of-the-year-2016).

Palfrey, John, and Urs Gasser. 2008. *Born Digital: Understanding the First Generation of Digital Natives*. New York, NY: Basic Books.

Panday, Jyoti. 2017. "An Over-the-top Approach to Internet Regulation in Developing Countries." Electronic Frontier Foundation (https://www.eff.org/deeplinks/2017/10/over-top-approach-internet-regulation-developing-countries).

Parenti, Michael. 1986. *Inventing Reality: The Politics of the Mass Media*. New York, NY: St. Martin's.

Pariser, Eli. 2011. *The Filter Bubble: How the New Personalized Web Is Changing What We Read and How We Think*. New York, NY: Penguin.

Parkinson, H. J. 2016. "Click and Elect: How Fake News Helped Donald Trump Win a Real Election." *The Guardian*. November 14 (https://www.theguardian.com/commentisfree/2016/nov/14/fake-newsdonald-trump-election-alt-right-social-media-tech-companies).

Pasquale, Frank. 2015. *The Black Box Society: The Secret Algorithms That Control Money and Information*. Cambridge, MA: Harvard.

Pautz, Michelle. 2002. "The Decline in Average Weekly Cinema Attendance: 1930–2000." *Issues in Political Economy*. Vol. 11 (http://blogs.elon.edu/ipe/issues/volume-11-july-2002/).

Pecquerie, Bernard. 2018. "AI Is the New Horizon for News." *Medium*. January 5 (https://medium.com/global-editors-network/ai-is-the-new-horizon-for-news-22b5abb752e6).

Pehlke, Timothy Allen, Charles B. Hennon, Marie Radina, and Katherine A. Kuvalanka. 2009. "Does Father Still Know Best? An Inductive Thematic Analysis of Popular TV Sitcoms." *Fathering: A Journal of Theory, Research, and Practice about Men as Fathers* 7 (2): 114–139. doi:10.3149/fth.0702.114

PEJ (Project for Excellence in Journalism). 2007. "The Invisible Primary—Invisible No Longer: A First Look at Coverage of the 2008 Presidential Campaign." October 29. Retrieved November 11, 2010 (http://www.journalism.org/node/8187).

———. 2009. "Covering the Great Recession: How the Media Have Depicted the Economic Crisis during Obama's Presidency." Retrieved November 29, 2010 (http://www.journalism.org/sites/journalism.org/files/Covering%20the%20Great%20Recession.pdf).

Perlberg, Steven, and Deepa Seetharaman. 2016. "Facebook Signs Deals with Media Companies, Celebrities for Facebook Live." *Wall Street Journal*. June 22 (https://www.wsj.com/articles/facebook-signs-deals-with-media-companies-celebrities-for-facebook-live-1466533472).

Perse, Elizabeth M. 2008. *Media Effects and Society*. Mahwah, NJ: Lawrence Erlbaum.

Persily, Nathaniel. 2017. "Can Democracy Survive the Internet?" *Journal of Democracy* 28 (2): 63–76.

Petersen, Christina. 2013. "The Crowd Mind: The Archival Legacy of the Payne Fund Studies' Movies and Conduct (1933)." *Mediascape*. University of California Los Angeles School of Film, Television, and Digital Media (http://www.tft.ucla.edu/mediascape/Winter2013_CrowdMind.html).

Peterson, Richard A., and N. Anand. 2004. "The Production of Culture Perspective." *Annual Review of Sociology* 30: 311–334.

Peterson, Richard A., and David G. Berger. 1975. "Cycles in Symbol Production: The Case of Popular Music." *American Sociological Review* 40: 158–173.

Peterson, Robin T. 2007. "Consumer Magazine Advertisement Portrayal of Models by Race in the US: An Assessment." *Journal of Marketing Communications* 13 (3): 199–211.

Petition of European Filmmakers. 2013. "The Cultural Exception Is Non-negotiable!" (https://12826.lapetition.be/).

Pew Research Center. 2014a. "The Internet of Things Will Thrive by 2025." (http://www.pewinternet.org/2014/05/14/internet-of-things/).

Pew Research Center. 2014b. "The Web at 25." (http://www.pewinternet.org/2014/02/27/the-web-at-25-in-the-u-s/).

Pew Research Center. 2015. "Teens, Social Media & Technology Overview, 2015." (http://assets.pewresearch.org/wp-content/uploads/sites/14/2015/04/PI_TeensandTech_Update2015_0409151.pdf).

Pew Research Center. 2016. *State of the News Media 2016*. June 15 (http://assets.pewresearch.org/wp-content/uploads/sites/13/2016/06/30143308/state-of-the-news-media-report-2016-final.pdf).

Pew Research Center. 2017a. "Internet/Broadband Fact Sheet." (http://www.pewinternet.org/fact-sheet/internet-broadband/).

———. 2017b. "Mobile Fact Sheet." (http://www.pewinternet.org/fact-sheet/mobile/).

———. 2017c. "News Useacross Social Media Platforms." September 6 (http://www.journalism.org/2017/09/07/news-use-across-social-media-platforms-2017/).

Philips, Angela. 2010. "Old Sources: New Bottles." Pp. 87–101 in *New Media, Old News: Journalism and Democracy in the Digital Age*, edited by Natalie Fenton. Thousand Oaks, CA: Sage.

Pickard, Victor. 2015. *America's Battle for Media Democracy: The Triumph of Corporate Libertarianism and the Future of Media Reform*. New York, NY: Cambridge University Press.

Pierson, David. 2017. "Why Facebook, Twitter and Google Are Suddenly Taking Russian Meddling Very Seriously." *Los Angeles Times*. October 31 (http://www.latimes.com/business/la-fi-tn-tech-hearings-20171031-story.html).

Pieterse, Jan Nederveen N. 1996. "Globalisation and Culture: Three Paradigms." *Economic and Political Weekly* 31 (23): 1389–1393.

———. 2004. *Globalization and Culture: Global Mélange*. Lanham, MD: Rowman and Littlefield.

Pinch, Trevor. 2008. "Technology and Institutions: Living in a Material World." *Theory and Society* 37 (5): 461.

Pizzigati, Sam, and Fred J. Solowey. 1992. *The New Labor Press*. Ithaca, NY: ILR/Cornell University Press.

Poirier, Agnès. 2013. "Why France Is Gearing up for a Culture War with the United States." *The Guardian*. June 7 (https://www.theguardian.com/commentisfree/2013/jun/07/france-culture-war-united-states).

Pooley, Jefferson. 2006. "Fifteen Pages That Shook the Field: *Personal Influence*, Edward Shils, and the Remembered History of Mass Communication Research." *Annals of the American Academy of Political and Social Science* 608 (1): 130–156.

Pooley, Jefferson, and Michael J. Socolow. 2013. "The Myth of the War of the Worlds Panic." *Slate*. October 28 (http://www.slate.com/articles/arts/history/2013/10/orson_welles_war_of_the_worlds_panic_myth_the_infamous_radio_broadcast_did.html).

Porter, Rick. 2016. "Failure Factor." TV by the Numbers. June 1 (http://tvbythenumbers.zap2it.com/more-tv-news/failure-factor-how-bad-was-the-2015-16-tv-season-for-new-shows/).

———. 2018a. "College Football Playoff Semifinal Dominate the Cable Top 25 for Jan. 1–7." TV by the Numbers. January 10 (http://tvbythenumbers.zap2it.com/weekly-ratings/cable-top-25-for-jan-1-7-2018/).

———. 2018b. "NFL Playoffs, Golden Globes Carry NBC to No. 1." TV by the Numbers. January 9 (http://tvbythenumbers.zap2it.com/weekly-ratings/week-15-broadcast-top-25-and-network-rankings-jan-1-7-2018/).

Postman, Neil. 1985. *Amusing Ourselves to Death*. New York, NY: Penguin.

Potter, W. James. 2012. *Media Effects*. Thousand Oaks, CA: Sage.

Powell, Walter W. 1985. *Getting into Print*. Chicago, IL: University of Chicago Press.

Powers, Matthew. 2011. "What's New in the Sociology of News?: Connecting Current Journalism Research to Classic Newsroom Studies." Paper presented at the International Communication Association. Boston, MA.

Pred, Allan R. 1973. *Urban Growth and the Circulation of Information*. Cambridge, MA: Harvard University Press.

Press, Andrea. 1991. *Women Watching Television*. Philadelphia, PA: University of Pennsylvania Press.

Price, Monroe. 2002. *New Role of the State in Media and Sovereignty*. Cambridge, MA: MIT

Prindle, David F. 1993. *Risky Business*. Boulder, CO: Westview.

Prysby, Charles, and David Holian. 2008. "Who Votes on the Basis of the Candidate's Personality? Vote Choice in U.S. Presidential Elections, 1992–2004." Paper presented at the Annual Meeting of the American Political Science Association, Boston, MA, August 28.

Public Broadcasting System. 2018. "Financial Reports." (http://www.pbs.org/about/about-pbs/financials/).

Public Knowledge. 2018. "Net Neutrality." (https://www.publicknowledge.org/issues/net-neutrality).

Puette, William J. 1992. *Through Jaundiced Eyes: How the Media View Organized Labor*. Ithaca, NY: ILR Press.

Quick, Rebecca. 1998. "U.S. to Unveil Policy on Issuing Internet Names." *Wall Street Journal*. June 4, p. B4.

Radio and Music. 2017. "Universal Music Launches 'Despacito' Dance Video; Luis Fonsi Loves It." (http://www.radioandmusic.com/entertainment/editorial/news/170803-universal-music-launches-despacito-dance).

Radway, Janice A. 1991. *Reading the Romance: Women, Patriarchy, and Popular Literature*. 2nd ed. Chapel Hill, NC: University of North Carolina Press.

Rafaeli, Sheizaf, and Yaron Ariel. 2008. "Online Motivational Factors: Incentives for Participation and Contribution in Wikipedia." Pp. 243–267 in *Psychological Aspects of Cyberspace: Theory, Research, and Applications*, edited by Azy Barak, ed. Cambridge, UK: Cambridge University Press.

Rainie, Lee. 2017. "The Internet of Things Is the Next Digital Evolution—What Will It Mean?" Pew Charitable Trusts (http://trend.pewtrusts.org/en/archive/summer-2017/the-internet-of-things-is-the-next-digital-evolution-what-will-it-mean).

Rainie, Lee, and Barry Wellman. 2012. *Networked: The New Social Operating System*. Cambridge, MA: The MIT Press.

Rawsthorn, Alice. 2009. "Nonprofit Laptops: A Dream Not Yet Over." *New York Times*. November 8. Retrieved December 9, 2010 (http://www.nytimes.com/2009/11/09/arts/09iht-design9.html?ref=nicholas_negroponte).

Ray, Rashawn, Melissa Brown, and Wendy Laybourn. 2017. "The Evolution of #BlackLivesMatter on Twitter: Social Movements, Big Data, and Race." *Ethnic and Racial Studies* 40 (11): 1795–1796. (See various articles in this special issue.)

Reardon, Marguerite. 2015. "Net Neutrality: How We Got from There to Here." CNET. February 24 (https://www.cnet.com/news/net-neutrality-from-there-to-here/).

Redden, Joanna, and Tamara Witschge. 2010. "A New News Order? Online News Content Examined." Pp. 171–186 in *New Media, Old News*, edited by Natalie Fenton. Thousand Oaks, CA: Sage.

Reed, M. 2016. "Donald Trump Won Because of Facebook." *New York Magazine*. November (http://nymag.com/selectall/2016/11/donaldtrump-won-because-of-facebook.html).

Regan, Donald. 1988. *For the Record*. New York: Harcourt Brace.

Reisman, David. 1953. *The Lonely Crowd*. Garden City, NY: Doubleday.

Rendall, Steve, and Tara Broughel. 2003. "Amplifying Officials, Squelching Dissent." *Extra!* May/June. Retrieved November 1, 2010 (http://www.fair.org/index.php?page=1145).

Renner, Nausicaa. 2017. "As AI Enters Newsrooms, Journalists Have Urgent Responsibility." *Columbia Journalism Review*. June 16 (https://www.cjr.org/tow_center/artificial-intelligence-newsrooms.php).

Rennie, Ellie. 2006. *Community Media: A Global Introduction*. Lanham, MD: Rowman & Littlefield.

Reporters Without Borders. 2013. "World Press Freedom Index: 2013." (http://en.rsf.org/press-freedom-index-2013,1054.html).

———. 2017. "The World Press Freedom Index: 2017." (https://rsf.org/en/2017-press-freedom-index-ever-darker-world-map).

Rhodes, Jane. 1993. "The Visibility of Race and Media History." *Critical Studies in Mass Communication* 20: 184–190.

RIAA (Recording Industry Association of America). 2017. "2016 RIAA Shipment & Revenue Statistics." (https://www.riaa.com/reports/news-notes-2016-riaa-shipment-revenue-statistics)/.

———. 2018. "Parental Advisory Label." (https://www.riaa.com/resources-learning/parental-advisory-label/).

Roberts, Jeff John. 2017. "How to Regulate Facebook Like a Broadcaster." *Fortune*. September 25. (http://fortune.com/2017/09/25/facebook-broadcaster/).

Robertson, John W. 2010. "The Last Days of Free Market Hegemony? UK TV News Coverage of Economic Issues in Spring 2008." *Media, Culture & Society* 32: 517–529.

Robinson, Michael J. 1976. "Public Affairs Television and the Growth of Political Malaise: The Case of the 'Selling of the Pentagon.'" *American Political Science Review* 70: 409–432.

Robinson, MJ. 2017. *Television on Demand*. New York, NY: Bloomsbury Academic.

Robinson, Nick. 2016. "Militarism and Opposition in the Living Room: The Case of Military Videogames." *Critical Studies on Security* 4 (3): 255–275.

Robinson, Tom, Mark Callister, Brad Clark, and James Phillips. 2009. "Violence, Sexuality, and Gender Stereotyping: A Content Analysis of Official Video Game Web Sites." *Web Journal of Mass Communication Research* 13 (June): 1–17.

Rodman, Gilbert B., ed. 2014. *The Race and Media Reader*. New York, NY: Routledge.

Rogers, Everett. 1986. *Communication Technology*. New York: Free Press.

Rohlinger, Deana A. 2002. "Eroticizing Men: Cultural Influences on Advertising and Male Objectification." *Sex roles* 46(3–4): 61–74.

Romano, Lois. 2012. "Obama's Data Advantage." *Politico*. Retrieved January 8, 2013 (http://www.politico.com/news/stories/0612/77213.html)

Romm, Tony, and Craig Timberg. 2018. "Cambridge Analytica Shuts Down Amid Scandal over Use of Facebook Data." *The Washington Post*. May 2 (https://www.washingtonpost.com/news/the-switch/wp/2018/05/02/cambridge-analytica-shuts-down-amid-scandal-over-use-of-facebook-data).

Roose, Kevin, and Cecilia Kang. 2018. "Mark Zuckerberg Testifies on Facebook Before Skeptical Lawmakers." *Washington Post*. April 10 (https://www.nytimes.com/2018/04/10/us/politics/zuckerberg-facebook-senate-hearing.html).

Rose, Tricia. 1994. *Black Noise*. Hanover, NH: Wesleyan University Press.

Rosen, Jay. 1993. "Who Won the Week? The Political Press and the Evacuation of Meaning." *Tikkun* 8 (4): 7–10, 94.

———. 2006. "The People Formerly Known as the Audience." *Pressthink*. June 27 (http://archive.pressthink.org/2006/06/27/ppl_frmr.html).

Rosenblum, Barbara. 1978. *Photographers at Work*. New York: Holmes & Meier.

Rosenfeld, Megan. 1997. "The 'Ellen' Coming Out Club." *Washington Post*. April 24, p. B1.

Rowell, Alex. 2017. "What Everyone Should Know about America's Diverse Working Class." Center for American Progress (https://www.americanprogressaction.org/issues/economy/reports/2017/12/11/169303/everyone-know-americas-diverse-working-class/).

Rubin, Alan M. 2009. "Uses-and-Gratification Perspective on Media Effects." Pp. 165–184 in *Media Effects: Advances in Theory and Research*, edited by Jennings Bryant and Mary Beth Oliver. New York: Routledge.

Ruddick, Graham. 2017. "UK Government Considers Classifying Google and Facebook as Publishers." *The Guardian*. October 11 (https://www.theguardian.com/technology/2017/oct/11/government-considers-classifying-google-facebook-publishers).

Ruggiero, Thomas E. 2000. "Uses and Gratifications Theory In The 21st Century." *Mass Communication & Society* 3: 3–37.

Russell, Karl. 2017. "Bill O'Reilly's Show Lost More Than Half Its Advertisers in a Week." *The New York Times*. April 11 (https://www.nytimes.com/interactive/2017/04/11/business/oreilly-advertisers.html).

Ryan, Charlotte. 1991. *Prime Time Activism*. Boston, MA: South End Press.

Ryan, Maureen, and Cynthia Littleton. 2017. "TV Series Budgets Hit the Breaking Point as Costs Skyrocket in Peak TV Era." *Variety*. September 26 (http://variety.com/2017/tv/news/tv-series-budgets-costs-rising-peak-tv-1202570158/).

Sachdev, Ameet. 2010. "FTC Cracks Down on Fake Online Endorsements." *Chicago Tribune*. October 11. Retrieved November 29, 2010 (http://articles.chicagotribune.com/2010-10-11/business/ct-biz-1011-web-reviews—20101011_1_ftc-cracks-endorsements-mary-engle).

Saleh, Nivien. 2012. "Egypt's Digital Activism and the Dictator's Dilemma: An Evaluation." *Telecommunications Policy* 36 (6): 476–483.

Salganik, Matthew J., Peter S. Dodds, and Duncan J. Watts. 2006. "Experimental Study of Inequality and Unpredictability in an Artificial Cultural Market." *Science* 311: 854–856.

Salzman, Jason. 1998. *Making the News: A Guide for Nonprofits and Activists*. Boulder, CO: Westview.

Sands, Darren. 2017. "What Happened to Black Lives Matter?" *BuzzFeed*. June 21 (https://www

.buzzfeed.com/darrensands/what-happened-to-black-lives-matter).

Sandvine. 2016. "2016 Global Internet Phenomena." (https://www.sandvine.com/hubfs/downloads/archive/2016-global-internet-phenomena-report-latin-america-and-north-america.pdf).

Sarikakis, Katharine, and Daya K. Thussu, eds. 2006. *Ideologies of the Internet*. Cresskill, NJ: Hampton Press.

Savage, Mark. 2017. "'Despacito' Breaks Global Streaming Record." BBC News. July 19 (http://www.bbc.com/news/entertainment-arts-40642701).

Scardaville, Melissa C. 2005. "Accidental Activists: Fan Activism in the Soap Opera Community." *American Behavioral Scientist* 48 (7): 881–901.

Scharrer, Erica. 2012. "Television and Gender Roles: Cultivating Conceptions of Self and Other." Pp. 81–99 in *Living with Television Now: Advances in Cultivation Theory and Research*, edited by Michael Morgan, James Shanahan, and Nancy Signorielli. New York, NY: Peter Lang.

Schell, L. A. 1999. *Socially Constructing the Female Athlete: A Monolithic Media Representation of Active Women*. Unpublished doctoral dissertation, Texas Woman's University, Denton. Retrieved overview and excerpt November 4, 2010 (http://www.womenssportsfoundation.org/Content/Articles/Issues/Media-and-Publicity/D/DisEmpowering-Images—Media-Representations-of-Women-in-Sport.aspx).

Scherr, Sebastian, and Antonia Brunet. 2017. "Differential Influences of Depression and Personality Traits on the Use of Facebook." *Social Media + Society* (January–March 2017): 1–14.

Scheufele, Dietram A., and David Tewksbury. 2006. "Framing, Agenda Setting, and Priming: The Evolution of Three Media Effects Models." *Journal of Communication* 57 (1): 9–20.

Scheufele, Dietram A., and Patricia Moy. 2000. "Twenty-five Years of the Spiral of Silence: A Conceptual Review and Empirical Outlook. *International Journal of Public Opinion Research* 12 (1): 3–28.

Schiffer, Michael. 1991. *The Portable Radio in American Life*. Tucson, AZ: University of Arizona Press.

Schill, Dan. 2009. *Stagecraft and Statecraft: Advance and Media Events in Political Communication*. Lanham, MD: Lexington Books.

Schiller, Herbert. 1971. *Mass Communications and American Empire*. Boston, MA: Beacon.

———. 1989. *Culture, Inc.* New York, NY: Oxford University Press.

———. 1992. *Mass Communications and American Empire*. 2nd ed. Boulder, CO: Westview.

Schneider, Michael. 2018. "Peak TV Tally: There Were More Shows Than Ever in 2017, Which Is Why It's Impossible to Keep Up." IndieWire (http://www.indiewire.com/2018/01/how-many-shows-on-tv-2017-fx-john-landgraf-tca-1201913645/)

Scholz, Trebor. 2010. "Market Ideology and the Myths of Web 2.0." *First Monday* 13 (3) March 3. Retrieved December 8, 2010 (http://firstmonday.org/htbin/cgiwrap/bin/ojs/index.php/fm/article/view/2138/1945).

Schradie, Jen. 2011. "The Digital Production Gap: The Digital Divide and Web 2.0 Collide." *Poetics* 39 (2): 145–168.

Schudson, Michael. 1978. *Discovering the News*. New York, NY: Basic Books.

———. 1984. *Advertising: The Uneasy Persuasion*. New York, NY: Basic Books.

———. 2011. *The Sociology of News*. 2nd ed. New York, NY: W.W. Norton.

Schultz, Julianne. 1998. *Reviving the Fourth Estate*. New York, NY: Cambridge University Press.

Schulz, Winfried. 2004. "Reconstructing Mediatization as an Analytical Concept." *European Journal of Communication* 19 (1): 87–101.

Scolari, Carlos A. 2012. "Media Ecology: Exploring the Metaphor to Expand the Theory." *Communication Theory* 22 (2): 204.

Scott, Althaus R., Peter F. Nardulli, and Daron R. Shaw. 2002. "Candidate Appearances in Presidential Elections, 1972–2000." *Political Communication* 19: 49–72.

Seaman, William R. 1992. "Active Audience Theory: Pointless Populism." *Media, Culture & Society* 14 (2): 301–311.

Seggar, John F., Jeffrey K. Hafen, and Helena Hannonen-Gladden. 1981. "Television's Portrayals of Minorities and Women in Drama and Comedy Drama, 1971–80." *Journal of Broadcasting* 25: 277–288.

Seib, Philip, and Dana M. Janbek. 2011. *Global Terrorism and New Media*. New York, NY: Routledge.

Shah, Dhavan V., Nojin Kwak, and R. Lance Holbert. 2001. "'Connecting' and 'Disconnecting' with Civic Life: Patterns of Internet Use and the Production of Social Capital." *Political Communication* 18 (2): 141–162.

Shaheen, Jack G. 2008. *Guilty: Hollywood's Verdict on Arabs after 9/11*. Northampton, MA: Olive Branch Press.

———. 2014. *Reel Bad Arabs: How Hollywood Vilifies a People*. Northampton, MA: Olive Branch Press.

Shahin, Saif, 2017. "Facing up to Facebook: How Digital Activism, Independent Regulation, and Mass Media Foiled a Neoliberal Threat to Net Neutrality." *Information, Communication & Society*. doi: 10.1080/1369118X.2017.1340494.

Shakya, Holly B., and Nicholas A. Christakis. 2017. "Association of Facebook Use with Compromised Well-Being: A Longitudinal Study." *American Journal of Epidemiology* 185 (3): 203–211.

Shales, Tom. 1995. "The Fat Cat Broadcast Bonanza." *Washington Post*. June 13, pp. C1, C9.

———. 2003. "Aboard the Lincoln: A White House Spectacular." *Washington Post*. May 2, p. C1.

Shaw, Lucas, and Mark Bergen. 2017. "With 40 New Original Shows, YouTube Targets TV's Breadbasket." *Bloomberg Technology*, May 4 (https://www.bloomberg.com/news/articles/2017-05-04/with-40-new-original-shows-youtube-targets-tv-s-breadbasket).

Shedden, David. 2010. "New Media Timeline, 1969–2010." Poynter Institute. Retrieved November 29, 2010 (poynter.org/content/content_view.asp?id=75953).

Shiver, Jube, Jr. 1998. "Eye on the Sky: FCC Agents Guard the Crowded Airwaves against Pirates and Accidental Interference." *Los Angeles Times*. July 20. Retrieved November 29, 2010 (http://articles.latimes.com/1998/jul/20/business/fi-5408).

Sigal, Leon. 1973. *Reporters and Officials: The Organization and Politics of Newsmaking*. Lexington, MA: Lexington Books.

Signorielli, Nancy. 2009. "Race and Sex in Prime Time." *Mass Communication and Society* 12: 332–352.

Silverstone, Roger, and Eric Hirsch. 1992. *Consuming Technologies: Media and Information in Domestic Spaces*. New York, NY: Routledge.

Simmons, Steven J. 1978. *The Fairness Doctrine and the Media*. Berkeley, CA: University of California Press.

Singer, Jane B. 2014. "User-Generated Visibility: Secondary Gatekeeping in a Shared Media Space." *New Media & Society* 16 (1) 55–73.

Sink, Alexander, and Dana Mastro. 2017. "Depictions of Gender on Primetime Television: A Quantitative Content Analysis." *Mass Communication and Society* 20 (1): 3–22.

Skidmore, David. 1998. "Huntington's Clash Revisited." *Journal of World-Systems Research* 4 (2): 181–188.

Smedley, Audrey, and Brian Smedley. 2012. *Race in North America: Origin and Evolution of a Worldview*. Boulder, CO: Westview Press.

Smith, Aaron. 2014. "African Americans and Technology Use: A Demographic Portrait." Pew Research Center (http://assets.pewresearch.org/wp-content/uploads/sites/14/2014/01/African-Americans-and-Technology-Use.pdf).

Smith, Stacy L., Marc Choueiti, and Katherine Pieper. 2016. "Inclusion or Invisibility? Comprehensive Annenberg Report on Diversity in Entertainment." Annenberg School for Communication, University of Southern California (http://annenberg.usc.edu/sites/default/files/2017/04/07/MDSCI_CARD_Report_FINAL_Exec_Summary.pdf).

———. 2018a. "Inclusion in the Director's Chair? Gender, Race, and Age of Directors across 1,100 Films from 2007–2017." Annenberg School for Communication, University of Southern California (http://assets.uscannenberg.org/docs/inclusion-in-the-directors-chair-2007-2017.pdf).

———. 2018b. "Inclusion in the Recording Studio? Gender and Race/Ethnicity of Artists, Songwriters, and Producers across 600 Popular Songs from 2012–2017." Annenberg School for Communication, University of Southern California (http://assets.uscannenberg.org/docs/inclusion-in-the-recording-studio.pdf).

Snider, Mike. 2017. "Koch Brothers Firm's Investment in 'Time' Raises Questions of Editorial Independence. *USA Today*, November 27 (https://www.usatoday.com/story/money/business/2017/11/27/koch-brothers-investment-time-raises-questions-editorial-independence/896944001/).

Snow, David A., E. Burke Rochford, Jr., Steven K. Worden, and Robert D. Benford. 1986. "Frame Alignment Processes, Micromobilization, and Movement Participation." *American Sociological Review* 51: 464–481.

Snow, David A., Rens Vliegenthart, and Catherine Corrigall-Brown. 2007. "Framing the French Riots: A Comparative Study of Frame Variation. *Social Forces* 86 (2): 385–415.

Solotaroff, Paul. 2015. "Trump Seriously: On the Trail with the GOP's Tough Guy." *Rolling Stone*. September 9 (https://www.rollingstone.com/politics/news/trump-seriously-20150909).

Sousa, John Philip. 1906. "The Menace of Mechanical Music." *Appleton's Magazine* 8: 278–284.

Spaiser, Viktoria, Thomas Chadefaux, Karsten Donnay, Fabian Russmann, and Dirk Helbing. 2017. "Communication Power Struggles on Social Media: A Case Study of the 2011–12 Russian Protests." *Journal of Information Technology & Politics* 14 (2): 132–153.

Spangler, Todd. 2017a. "Netflix Plans to Release 80 Original Films in 2018." *Variety*. October 16 (http://variety.com/2017/digital/news/netflix-80-films-release-2018-ted-sarandos-1202591430/).

Spangler, Todd. 2017b. "YouTube Says It Deleted Over 150,000 Kid Videos Targeted by Sex Predators." *Variety*. November 28 (http://variety.com/2017/digital/news/youtube-deletes-kid-videos-pedophile-comments-1202624410/).

Sparks, Glen G. 2015. *Media Effects Research*. Boston, MA: Cengage.

Sparta, Christine. 2002. "Emergence from the Closet." *USA Today*. March 11 (http://usatoday30.usatoday.com/life/television/2002/2002-03-11-coming-out-timeline.htm?iframe=true&width=80%&height=80%).

Spigel, Lynn. 1992. *Make Room for TV*. Chicago, IL: University of Chicago Press.

Sproule, J. Michael. 1989. "Progressive Propaganda Critics and the Magic Bullet Myth." *Critical Studies in Mass Communication* 6 (3): 225–246.

Spyglass Intelligence. 2017. "Top 12 US Consumer Magazine Publishers: Circulation & Advertising Revenue." (http://www.spyglassintel.com/visualization-of-circulation-revenue-for-the-top-12-us-consumer-magazine-publishers/).

Squires, Catherine. 2009. *African Americans and the Media*. Malden, MA: Polity Press.

Squires, James. 1993. *Read All about It! The Corporate Takeover of America's Newspapers*. New York, NY: Times Books.

Sreberny, Annabelle. 2005. "Contradictions of the Globalizing Moment." *Global Media and Communication* 1: 11–15.

Sreberny-Mohammadi, Annabelle. 1997. "The Many Faces of Imperialism." Pp. 48–68 in *Beyond Cultural Imperialism*, edited by Peter Golding and Phil Harris. Thousand Oaks, CA: Sage.

Starr, Paul. 2004. *The Creation of the Media: Political Origins of Modern Communications*. New York, NY: Basic Books.

Statista. 2017. "How People Spend Time on Social Platforms Globally, in 5 Charts." *Digiday* (https://digiday.com/marketing/people-spend-time-social-platforms-globally-5-charts/).

Statista. 2018a. "Facebook—Statistics & Facts." (https://www.statista.com/topics/751/facebook/).

Statista. 2018b. "Net Digital Ad Revenues of Google as Percentage of Total Digital Advertising Revenues Worldwide from 2016 to 2019." (https://www.statista.com/statistics/193530/market-share-of-net-us-online-ad-revenues-of-google-since-2009/).

Statista. 2018c. "Worldwide Desktop Market Share of Leading Search Engines from January 2010 to October 2017." (https://www.statista.com/statistics/216573/worldwide-market-share-of-search-engines/).

Statt, Nick. 2017. "Alphabet's Project Loon Delivers Internet Service to 100,000 People in Puerto Rico." *The Verge*. November 9 (https://www.theverge.com/2017/11/9/16630494/alphabet-project-loon-puerto-rico-internet-connectivity-update).

Steele, Catherine Knight. 2018. "Black Bloggers and Their Varied Publics: The Everyday Politics of Black Discourse Online." *Television & New Media* 19 (2): 112–127.

Steiner, Linda. 1988. "Oppositional Decoding as an Act of Resistance." *Critical Studies in Mass Communication* 5 (1): 1–15.

Stelter, Brian. 2010. "FCC Is Set to Regulate Net Access." *New York Times*. Retrieved February 16, 2011 (http://www.nytimes.com/2010/12/21/business/media/21fcc.html).

Sterne, Jonathan. 2014. 'What Do We Want?' 'Materiality!' 'When Do We Want It?' 'Now!' Pp. 119–127 in *Media Technologies: Essays on Communication, Materiality and Society*, edited by Tarleton Gillespie, Pablo J. Boczkowski, and Kirsten A. Foot. Cambridge, MA: MIT Press.

Storey, John. 2015. *Cultural Theory and Popular Culture: An Introduction*. New York, NY: Routledge.

Strate, Lance. 2017. "Understanding the Message of Understanding Media." *Atlantic Journal of Communication* 25 (4): 244–254.

Straubhaar, Joseph. 1991. "Beyond Media Imperialism: Asymmetrical Interdependence and Cultural Proximity." *Critical Studies in Mass Communication* 8 (1): 39–59.

Strauss, Jessalynn R. 2011. "Public (Relations) Disturbances and Civil Disobedience: Why I Use 'The Yes Men Fix the World' to Teach Public Relations Ethics." *Public Relations Review* 37: 544–547.

Strelitz, L. 2003. "Where the Global Meets the Local: South African Youth and Their Experience of Global Media." Pp. 234–256 in *Global Media Studies: Ethnographic Perspectives*, edited by Patrick D. Murphy and Marwan M. Kraidy. New York: Routledge.

Strömbäck, Jesper. 2008. "Four Phases of Mediatization: An Analysis of the Mediatization of Politics." *The International Journal of Press/Politics* 13 (3): 228–246.

Strömbäck, Jesper, and Frank Esser. 2014a. "Introduction: Making Sense of the Mediatization of Politics." *Journalism Studies* 15: 3, 243–255.

———. 2014b. "Mediatization of Politics: Towards a Theoretical Framework." Pp. 3–28 in *Mediatization of Politics*, edited by Frank Esser and Jesper Strömbäck. Palgrave Macmillan, London.

Sullivan, Eileen. 2018. "Arizona's G.O.P. Senators Assail Trump for His Attacks on the Press." *New York Times*. January 17 (https://www.nytimes.com/2018/01/17/us/politics/flake-mccain-trump-freedom-of-the-press.html).

Sullivan, John L. 2013. *Media Audiences: Effects, Users, Institutions, Power*. Thousand Oaks, CA: SAGE.

Sullivan, Margaret. 2016. "Call It a 'Crazy Idea,' Facebook, but You Need an Executive Editor." *Washington Post* (https://www.washingtonpost.com/lifestyle/style/call-it-what-you-want-facebook-but-you-need-an-executive-editor/2016/11/20/67aa5320-aaa6-11e6-a31b-4b6397e625d0_story.html).

Sundar, S. Shyam, and Anthony M. Limperos. 2013. "Uses and Grats 2.0: New Gratifications for New Media." *Journal of Broadcasting & Electronic Media* 57 (4): 504–525.

Sunstein, Cass. 2002. *Republic.com*. Princeton, NJ: Princeton University Press.

Tai, Cordelia. 2017. "Diversity Report: The Magazine Covers Have Spoken, 2017 Was Fashion's Most Inclusive Year Yet." *The Fashion Spot*. December 14 (http://www.thefashionspot.com/runway-news/776179-diversity-report-fashion-magazine-covers-2017/).

Tang, Tang, Gregory D. Newton, and Xiaopeng Wang. 2007. "Does Synergy Work? An Examination of Cross-Promotion Effects." *The International Journal on Media Management* 9 (4): 127–134.

Taylor, Ella. 1989. *Prime Time Families*. Berkeley, CA: University of California Press.

Taylor, Phillip M. 1992. *War and the Media: Propaganda and Persuasion in the Gulf War*. New York, NY: St. Martin's.

Thompson, John. 2010. *Merchants of Culture: The Publishing Business in the Twenty-First Century*. New York, NY: Penguin Group.

Thompson, Krissah. 2013. "Yep, We've Come a Long Way." *Washington Post*. March 26, p. C1.

Timberg, Craig, and Drew Harwell. 2018. "We Studied Thousands of Anonymous Posts about the Parkland Attack—and Found a Conspiracy in the Making." *Washington Post*. February 27 (https://

www.washingtonpost.com/business/economy/we-studied-thousands-of-anonymous-posts-about-the-parkland-attack---and-found-a-conspiracy-in-the-making/2018/02/27/04a856be-1b20-11e8-b2d9-08e748f892c0_story.html).

Timberg, Craig, Hamza Shaban, and Elizabeth Dwoskin. 2017. "Fiery Exchanges on Capitol Hill as Lawmakers Scold Facebook, Google and Twitter." *Washington Post*. November 1 (https://www.washingtonpost.com/news/the-switch/wp/2017/11/01/fiery-exchanges-on-capitol-hill-as-lawmakers-scold-facebook-google-and-twitter).

Tomlinson, John. 1991. *Cultural Imperialism: A Critical Introduction*. New York, NY: Continuum.

———. 2003. "Media Imperialism." Pp. 113–134 in *Planet TV: A Global Television Reader*, edited by Lisa Parks and Shanti Kumar. New York, NY: New York University Press.

Townhall.com. 2018. "Townhall.com—the Leading Conservative and Political Opinion Website." (https://townhall.com/aboutus).

Trilling, Damian, Petro Tolochko, and Bjorn Burscher. 2017. "From Newsworthiness to Shareworthiness." *Journalism & Mass Communication Quarterly* 94 (1): 38–60.

Troilo, Jessica. 2017. "Stay Tuned: Portrayals of Fatherhood to Come." *Psychology of Popular Media Culture* 6 (1): 82–94.

Trunomi. 2018. "GDPR Portal." (https://www.eugdpr.org).

Tuchman, Gaye. 1978. *Making News: A Study in the Construction of Reality*. New York, NY: Free Press.

Tufecki, Zeynep. 2017. *Twitter and Tear Gas: The Power and Fragility of Networked Protest*. New Haven, CT: Yale University Press (twitterandteargas.org/downloads/twitter-and-tear-gas-by-zeynep-tufekci.pdf).

———. 2018. "YouTube, the Great Radicalizer." *The New York Times*. March 10 (https://www.nytimes.com/2018/03/10/opinion/sunday/youtube-politics-radical.html).

Tuggle, C.A. 1997. "Differences in Television Sports Reporting of Men's and Women's Athletics: ESPN SportsCenter and CNN Sports Tonight." *Journal of Broadcasting & Electronic Media* 41 (1): 14–24.

Turner, Fred. 2006. *From Counterculture to Cyberculture: Stewart Brand, the Whole Earth Network, and the Rise of Digital Utopianism*. Chicago, IL: University of Chicago Press.

Turner, Graeme. 2010. *Ordinary People and the Media*. Thousand Oaks, CA: Sage.

———. 2013. *Understanding Celebrity*. Thousand Oaks, CA: Sage.

Turow, Joseph. 1997. *Breaking up America: Advertisers and the New Media World*. Chicago, IL: University of Chicago Press.

———. 2006. *Niche Envy: Marketing Discrimination in the Digital Age*. Cambridge, MA: MIT Press.

———. 2011. *The Daily You: How the New Advertising Industry Is Defining Your Identity and Your Worth*. New Haven, CT: Yale University Press.

Twenge, Jean. 2017. *iGen: Why Today's Super-connected Kids Are Growing Up Less Rebellious, More Tolerant, Less Happy—and Completely Unprepared for Adulthood—and What That Means for the Rest of Us*. New York, NY: Artria Books.

20th Century Fox. 2017. "2017 Annual Report." (https://www.21cf.com/investor-relations/annual-reports).

Twitter. 2017. "Twitter Transparency Report." September (transparency.twitter.com).

———. 2018. "Twitter for Websites Supported Languages." (https://dev.twitter.com/web/overview/languages).

UNCTAD (United Nations Conference on Trade and Development). 2004. *Creative Industries and Development*. June 4. Retrieved December 9, 2010 (http://www.unctad.org/Templates/Page.asp?intItemID=5106&lang=1).

UNESCO (United Nations Educational, Scientific and Cultural Organization). 2005. "Convention on the Protection and Promotion of the Diversity of Cultural Expressions 2005." October 20. Retrieved December 9, 2010 (http://portal.unesco.org/en/ev

.php-URL_ID=31038&URL_ DO=DO_ TOPIC&URL_SECTION=201.html).

———. 2010. "Creative Content: Radio, TV, New Media." Retrieved October 18, 2010 (http://portal.unesco.org/ci/en/ev.php-URL_ID=5459&URL_DO=DO_TOPIC&URL_SECTION=201.html).

———. 2015. "Reshaping Cultural Policies: A Decade Promoting the Diversity of Cultural Expressions for Development." (http://unesdoc.unesco.org/images/0024/002428/242866e.pdf).

———. 2017. "ReShaping Cultural Policies 2018." (http://unesdoc.unesco.org/images/0026/002605/260592e.pdf).

Unwin, Tim. 2013. "The Internet and Development: A Critical Perspective." Pp. 531–554 in *The Oxford Handbook of Internet Studies*, edited by William H. Dutton. New York, NY: Oxford University Press.

U.S. Census Bureau. 1999. *Statistical Abstract of the United States: 1999*. Table 1440 (https://www2.census.gov/library/publications/1999/compendia/statab/119ed/tables/sec31.pdf).

———. 2012. *Statistical Abstract of the United States: 2012*. Table 1132 (https://www2.census.gov/library/publications/2011/compendia/statab/131ed/2012-statab.pdf).

———. 2014. "Table 10. Projections of the Population by Sex, Hispanic Origin, and Race for the United States: 2015 to 2060 (NP2014-T10)" (https://www.census.gov/data/tables/2014/demo/popproj/2014-summary-tables.html).

———. 2017a. "Educational Attainment in the United States: 2016." (https://www.census.gov/data/tables/2016/demo/education-attainment/cps-detailed-tables.html).

———. 2017b. "Income and Poverty in the United States: 2016." (https://www.census.gov/content/dam/Census/library/publications/2017/demo/P60-259.pdf).

———. 2018. "Quick Facts: United States." (https://www.census.gov/quickfacts/fact/table/US/PST045217).

U.S. Energy Information Administration. 2017. "Average Number of Televisions in U.S. Homes Declining." (https://www.eia.gov/todayinenergy/detail.php?id=30132).

Usher, Nikki. 2014. *Making News at The New York Times*. Ann Arbor: University of Michigan Press.

Vaidhyanathan, Siva. 2011. *The Googlization of Everything*. Berkeley, CA: University of California Press.

Vainikka, Eliisa, and Juha Herkman. 2013. "Generation of Content-Producers? The Reading and Media Production Practices of Young Adults." *Participations: A Journal of Audience and Reception Studies* 10 (2): 118–138.

van Cuilenburg, Jan, and Denis McQuail. 2003. "Media Policy Paradigm Shifts: Towards a New Communications Policy Paradigm." *European Journal of Communication* 18 (2): 181–207.

van de Rijt, Arnout, Eran Shor, Charles Ward, and Steven Skiena. 2013. "Only 15 Minutes? The Social Stratification of Fame in Printed Media." *American Sociological Review* 78 (2): 266–289.

van Dijck, José. 2011. "Users Like You? Theorizing Agency in User-Generated Content." *Media, Culture & Society* 31 (1): 41–58.

———. 2013. *The Culture of Connectivity: A Critical History of Social Media*. New York, NY: Oxford University Press.

van Dijck, José, and Thomas Poell. 2013. "Understanding Social Media Logic." *Media and Communication* 1 (1) 2–14.

van Dijk, Jan. 2006. "Digital Divide Research, Achievements and Shortcomings." *Poetic*, 34: 221–235.

———. 2017. "Digital Divide: Impact of Access." *The International Encyclopedia of Media Effects*. Malden, MA: Wiley-Blackwell.

Verrier, Richard. 2009. "MPAA Stops Disclosing Average Costs of Making and Marketing Movies." *Los Angeles Times*. April 1. Retrieved July 24, 2013 (http://articles.latimes.com/2009/apr/01/business/fi-cotown-mpaa1).

Vincent, James. 2017. "Google Fined a Record €2.4 Billion by the EU for Manipulating Search Results." *The Verge*. June 27 (https://www.theverge.com/2017/6/27/15872354/google-eu-fine-antitrust-shopping).

Vonderau, Patrick. 2017. "The Spotify Effect: Digital Distribution and Financial Growth." *Television & New Media*: 1–17 (https://doi.org/10.1177/1527476417741200).

W3Techs. 2018. "Usage of Content Languages for Websites." February (https://w3techs.com/technologies/overview/content_language/all).

Wagner, Kurt, and Rani Molla. 2018. "Facebook Lost Daily Users for the First Time Ever in the U.S. and Canada." *Recode*. January 31 (https://www.recode.net/2018/1/31/16957122/facebook-daily-active-user-decline-us-canda-q4-earnings-2018).

Walker, Kent. 2017. "Four Steps We're Taking Today to Fight Terrorism Online." (https://blog.google/topics/google-europe/four-steps-were-taking-today-fight-online-terror/).

Wallsten, Kevin. 2007. "Agenda Setting and the Blogosphere: An Analysis of the Relationship between Mainstream Media and Political Blogs." *Review of Policy Research* 24 (6): 567–587.

Walt Disney Company. 2018. "Fiscal Year 2017 Annual Financial Report." (https://thewaltdisneycompany.com/investor-relations/#reports).

Walters, Suzanna D. 1995. *Material Girls*. Berkeley, CA: University of California Press.

We Are Social. 2018. *Global Digital Report* (https://wearesocial.com/sg/blog/2018/01/global-digital-report-2018).

Weedon, Alexis. 2007. "In Real Life: Book Covers in the Internet Bookstore." Pp. 117–127 in *Judging a Book by Its Cover*, edited by Nicole Matthews and Nickianne Moody. Burlington, VT: Ashgate.

Weinberg, Tamir. 2016. "Are Fake Online Reviews Killing Consumer Confidence?" *Marketing Land*. October 21 (https://marketingland.com/fake-online-reviews-killing-consumer-confidence-194239).

White, Armond. 2017. Return of the Get-Whitey Movie. *National Review*. February 24 (http://www.nationalreview.com/article/445206/jordan-peeles-get-out-trite-get-whitey-movie).

White, David Manning. 1950. "The Gatekeeper: A Case Study in the Selection of News." *Journalism Quarterly* 27: 383–390.

Whiteley, Paul. 2016. "Four Reasons Why the Polls Got the U.S. Election Result So Wrong." *Newsweek*. November 14 (http://www.newsweek.com/polls-2016-us-elections-trump-potus-hillary-clinton-520291).

Widdicombe, Lizzie. 2018. "Rate Your Boss". *The New Yorker*. January 22.

Williams, Dmitri, Nicole Martins, Mia Consalvo, and James D. Ivory. 2009. "The Virtual Census: Representations of Gender, Race and Age in Video Games." *New Media & Society* 11 (5): 815–834.

Williams, Raymond. 1974. *Television, Technology, and Cultural Form*. New York: Schocken Books.

Wilson, Clint C., II, Felix Gutierrez, and Lena M. Chao. 2013. *Racism, Sexism, and the Media*. Thousand Oaks, CA: Sage.

Winner, Langdon. 1977. *Autonomous Technology: Technics-out-of-control as a Theme in Political Thought*. Cambridge, MA: MIT Press.

Wolff, Edward N. 2017. "Household Wealth Trends in the United States, 1962 to 2016: Has Middle Class Wealth Recovered?" National Bureau of Economic Research (NBER) Working Paper No. 24085 (http://www.nber.org/papers/w24085).

Wolfsfeld, Gadi, Moran Yarchi, and Tal Samuel-Azran. 2016. "Political Information Repertoires and Political Participation." *New Media & Society* 18 (9): 2096–2115.

Womack, Ytasha. 2013. *Afrofuturism: The World of Black Sci-Fi and Fantasy Culture*. Chicago, IL: Lawrence Hill Books.

Women's Media Center. 2017. "The Status of Women in The U.S. Media 2017." (http://www.womensmediacenter.com/assets/site/reports/the-status-of-women-in-u.s.-media-2017/10c550d19ef9f3688f_mlbres2jd.pdf).

Woolley, Samuel C., and Philip N. Howard. 2017. "Computational Propaganda Worldwide: Executive Summary." Working Paper 2017.11. Oxford, UK: Project on Computational Propaganda (comprop.oii.ox.ac.uk).

Wu, Michael. 2010. "The Economics of 90-9-1: The Gini Coefficient (with Cross-sectional Analyses)." Lithium Lithosphere. Retrieved December 8, 2010 (http://lithosphere.lithium.com/t5/Building-Community-the-Platform/bg-p/MikeW/label-name/90-9-1).

Wu, Paulina. 2015. "Impossible to Regulate?: Social Media, Terrorists, and the Role for the U.N." *Chicago Journal of International Law* 16 (1): 281–311.

Yglesias, Matthew. 2018. "The Parkland Conspiracy Theories, Explained." *Vox*. February 22 (https://www.vox.com/policy-and-politics/2018/2/22/17036018/parkland-conspiracy-theories).

Yin-Poole, Wesley. 2017. "South Park: The Fractured but Whole's Difficulty Slider Changes the Colour of Your Skin." EuroGamer (http://www.eurogamer.net/articles/2017-09-07-south-park-the-fractured-but-whole-difficulty-slider-changes-the-colour-of-your-skin).

Yoon, InJeong. 2016. "Why Is It Not Just a Joke? Analysis of Internet Memes Associated with Racism and Hidden Ideology of Colorblindness." *Journal of Cultural Research in Art Education* 33: 92.

YouTube. 2018. "How Content ID Works." (https://support.google.com/youtube/answer/2797370?visit_id=1-636521506772611105-1677034236&rd=1).

Zafirau, Stephen. 2008. "Reputation Work in Selling Film and Television: Life in the Hollywood Talent Industry." *Qualitative Sociology* 31 (2): 99–127.

Zarkin, Kimberly A., and Michael J. Zarkin. 2006. *The Federal Communications Commission: Front Line in the Culture and Regulation Wars*. Westport, CT: Greenwood Press.

Zenith. 2017. "The Top 30 Global Media Owners 2107." (https://www.zenithusa.com/top-30-global-media-owners-2017/).

Zuckerberg, Mark. 2016 (https://www.facebook.com/zuck/posts/10102830259184701).

———. 2017. Facebook. September 30 (https://www.facebook.com/zuck/posts/10104074437830721).

———. 2018. Facebook. January 4 (https://www.facebook.com/zuck/posts/10104380170714571).

索 引

(以下页码为英文原版页码,即本书边码)

A&E A&E 电视网 73,350f
Abbate, Janet 珍妮特·阿巴特 54
ABC 美国广播公司
　　See American Broadcasting Corporation (ABC) 见美国广播公司(ABC)
ABC Family 美国广播公司家庭频道 73
Academy Awards 奥斯卡金像奖 239,240
The Accountant 《会计刺客》297
Acioli, Renata 雷娜塔·阿西奥利 365
Ackerman, Seth 赛思·阿克曼 87
Acquisition editors 策划编辑 181-182
Acronyms 首字母缩写词 186
Act of reading 阅读行为 283-284
Action-adventure films 动作冒险电影 205-206
Active users 积极的使用者/用户,活跃用户 9,15,269-272,288-289,306-307,329f,357
Ad photographers 广告摄影师 176-177,179-181
Adalian, Josef 约瑟夫·艾德林 141
Aday, Sean 肖恩·阿达伊 87,136
Adbusters 广告克星 287
Adele 阿黛尔 157
Adelson, Sheldon 谢尔登·阿德尔森 88
Admonishment 网络训诫 186-187
Advanced Research Projects Agency (ARPA) 高级研究项目局(ARPA) 54
Advertising 广告
　　advertising-content connection 广告与内容的关联 98-100,223-224,258,260-261
　　algorithmic power 算法权力 330-331,338
　　audience segmentation 受众分化 236-237,259-261
　　brand integration 品牌整合 99-100
　　commercial radio broadcasting 商业无线电广播 48
　　conglomeration impact 兼并的影响 84-85
　　consumerism 消费主义 216-219
　　contemporary news media 当代新闻媒体 103-105,104f
　　European media 欧洲媒体 114,115
　　Facebook 脸书 81-82,82f
　　fraudulent/deceptive advertising 欺骗性广告 126-127
　　global media culture 全球媒体文化 219-222
　　Google 谷歌 81-82,82f
　　historical perspective 历史的视角 217-218
　　ideological viewpoints 意识形态观点 193,216-222
　　impact on children 对儿童的影响 312
　　Internet 互联网 223,331-332
　　media platforms 媒体平台 65-66
　　new momism 新母亲主义 212-213
　　news media 新闻媒体 84-85,98,103-105,104f,166
　　19th century British and American press 19世纪的英美报业 100-102
　　online advertising 网络广告 81
　　photography 摄影 176-177,179-181
　　political campaigns 政治竞选 321
　　racial and ethnic diversity 种族与族裔多样性 233
　　regulatory policies 监管政策 126-127

revenue decline 收入减少 94-95
secondary discourses 二级话语 220-221
self-censorship 自我审查 103
social class and position 社会阶级与地位 259-261
social media platforms 社交媒体平台 145, 146
stereotypical portrayals 刻板印象式的描绘 194-195
television broadcasts 电视广播 50,65,81,92-94,261
traditional versus digital journalism 传统新闻业与数字新闻业 331-332
user tracking 用户追踪 323,333
women's magazines 女性杂志 218-219

AdWeek《广告周刊》336

Affluent populations 富裕人口 244,256,259-261

African Americans 非裔美国人
alternative journalism 另类新闻 245
civil rights movement 民权运动 18-21
early racist images 早期的种族主义形象 238
film industry 电影产业 232,238,239-240
media content decoding and interpretation 媒介内容解码与阐释 274-275
modern racism 现代种族主义 239-240,243-244
newsroom representation 新闻编辑室的代表性 246
online communities 网络社区 280
political marginalization 政治边缘化 241,243
population percentages 人口百分比 232,234,234f,235
social class and position 社会阶级与地位 244
stereotypical portrayals 刻板印象式的描绘 194-195,237-238,241,243,244,259,281
television programming 电视节目 232-233,234f,236,237f,244
video game characters 电子游戏角色 234-235
See also Race and ethnicity 见种族与族裔

Afrofuturism 非洲未来主义 227

Agency 能动性 13
See also Social Constructionism; Technological determinism 见社会建构论;技术决定论

Agenda-setting players and roles 议程设置者和角色 307-309

Agents of S. H. I. E. L. D.《神盾局特工》76

Ahlkvist, Jarl A. 亚尔·A. 阿尔奎斯特 162

AIDS epidemic 艾滋病的流行 263f,264,265

Ailes, Roger 罗杰·艾尔斯 87

Airwave access 无线电波接入 7,47-49,51,117,119,122,128
See also Radio broadcasting 见无线电广播

Al Jazeera 半岛电视台 200

Alba, Davey 达韦·阿尔巴 80

Alexa 亚历克萨 352t, 353t

Alexander, Jeffrey C. 杰弗里·C. 亚历山大 332

Algorithms 算法
algorithmic journalism 算法新闻业 169-170
algorithmic power 算法权力 330-331,333-334,338
autonomous technology 自主性技术 30

Alibaba 阿里巴巴 82f

All in the Family《全家福》93,211,252,263f

#All Lives Matter #生命皆可贵 243

All My Children《我的孩子们》263f

All-American Girl《美国女孩》233

Alldredge, John 约翰·奥尔德雷奇 314

Allen-Robertson, James 詹姆斯·艾伦-罗伯逊 29

Allstate 好事达 259

Alphabet 字母控股公司 352

Alternative journalism 另类新闻 173-174,245,286-287,325

Alternative media 另类媒体 89,149,245-246

Althaus, Scott L. 斯科特·L. 奥尔索斯 136

Altheide, David L. 戴维·L. 阿什德 316

Althusser, Louis 路易·阿尔都塞 269

Alt-right demonstrators 另类右翼示威者 337

Amateur radio operators 业余无线电操作员 47-48,50

The Amazing Race《极速前进》94

Amazon 亚马逊
advertising revenue 广告收入 82f
advertising-content connection 广告与内容的关联 223
audience share 收视率 94

book selling 图书销售 183
media platforms 媒体平台 64
original programming 原创节目 95,96
ownership concentrations and changes 所有权的集中与变化 72,73
ratings systems 分级制度 132
sexual minorities 性少数群体 264f
streaming services 流媒体服务 46,73,95
top websites and global rankings 顶级网站和全球排名 353t
user reviews and feedback 用户评论和反馈 298

Amazon Echo 亚马逊智能音箱 5,26f
Amazon Prime 亚马逊金牌服务 95
Amazon Video 亚马逊视频 158
AMC 美国经典电影有线电视台 95,237f,241
America Online 美国在线公司 136-137
America Online (AOL) 美国在线公司 (AOL) 41
American Bandstand《美国舞台》44
American Broadcasting Corporation (ABC) 美国广播公司 (ABC)
audience share 收视率 94
fin-syn regulations 财务利益与联合经营准则 140-141
historical perspective 历史的视角 50
ownership concentrations and changes 所有权的集中与变化 73,79
racial and ethnic diversity 种族与族裔多样性 237f,241
regulatory policies 监管政策 111
sexual minorities 性少数群体 263f,264f
top prime-time programs 头部黄金时段节目 237f
American Idol《美国偶像》94,99,158,349
American Marconi Company 美国马可尼公司 47,49
American press 美国报业 102
American rock and roll 美国摇滚乐 359
American Sniper《美国狙击手》193-194
American Society of News Editors (ASNE) 美国新闻编辑协会 (ASNE) 246,247
American Telephone and Telegraph (AT&T) 美国电话电报公司 (AT&T) *See* AT&T 见美国电话电报公司
America's Got Talent《美国达人》94,158,237f
America's Next Top Model《全美超模大赛》93
Analog media 模拟媒介 58
Anand, Bharat N. 巴拉特·N. 阿南德 181
Anand, N. N. 阿南德 63
Anastácio, Kimberly 金伯利·阿纳斯塔西奥 354
Andersen, David J. 戴维·J. 安德森 *See* Lau, Richard R. 见理查德·R. 刘
Anderson, Jacqueline 杰奎琳·安德森 291
Andrews, Kenneth T. 肯尼思·T. 安德鲁斯 200
Android 安卓 65
Ang, Ien 洪美恩 281
Angels in America《天使在美国》263f
Angwin, Julia 朱利娅·安格温 330
The Anna Nicole Show《安娜·妮科尔秀》156
Another World《另一个世界》296
Antitrust legislation 反垄断法 39-41,41f,68,109,111,140,145
Appel, Helmut 赫尔穆特·阿佩尔 339
Apple 苹果公司 26f,56,72,96,139
Apple Homepod 苹果智能音箱 26f
Apple Music 苹果音乐 42,64,96,349,353
Apple News 苹果新闻 331
Apple Newton 苹果牛顿机 59
Apple TV 苹果智能电视 4
The Apprentice《学徒》163
Arab Spring protests "阿拉伯之春"抗议活动 167,215,368
Arabs/Arab Americans 阿拉伯人/阿拉伯裔美国人 240,277
Archie's Place《阿奇·邦克的小酒馆》93,253
Archway Publishing 拱门出版社 182
Are You the One?《是你吗?》93
Ariel, Yaron 亚龙·阿里尔 294
Armstrong, David 戴维·阿姆斯特朗 325
ARPANET 阿帕网 54,55,56
Arthur, Charles 查尔斯·阿瑟 291
Artificial intelligence (AI) tools 人工智能工具 169-170
Artz, Lee 李·阿茨 351
The Aryan《雅利安人》238
As the World Turns《地球照转》264f

Asch, Solomon E. 所罗门·E. 阿希 309
Asian American Journalists Association 美国亚裔记者协会 246
Asian Americans/Pacific Islanders(AAPI) 亚太裔美国人/太平洋岛民(AAPI)
   alternative journalism 另类新闻 245
   early racist images 早期的种族主义形象 238,239,239
   film industry 电影产业 232
   newsroom representation 新闻编辑室的代表性 246
   population percentages 人口百分比 232,234,234f,235,241
   stereotypical portrayals 刻板印象式的描绘 241,242f
   television programming 电视节目 233,234f,237f,241,242f
   video game characters 电子游戏角色 234-235
Askin, Noah 诺厄·阿斯金 155
ASNE (American Society of News Editors) 美国新闻编辑协会 246,247
Asp, Kent 肯特·阿斯普 316
Associated Press (AP) 美联社(AP) 38,111,171,361
Association for Progressive Communications 进步通信协会 363
Asymmetrical interdependence 不对称的相互依赖 358
AT&T 美国电话电报公司
   antitrust legislation 反垄断法 39-41,41f,68
   competitive markets 竞争性市场 42
   economic dynamics 经济动态 79
   historical perspective 历史的视角 39-42
   infrastructure conduits 基础设施渠道 64,74
   pay-for-play arrangements 付费使用制度 138
   radio broadcasting 无线电广播 48-49
   television platforms 电视平台 73
   unfair competition 不公平竞争 139
Atie, Rosalie 罗莎莉·阿蒂
   See Jakubowicz, Andrew 见安德鲁·雅库博维奇
Atlantic Records 大西洋唱片公司 65

Atton, Chris 克里斯·阿东 173
Audience fragmentation 受众分化 279
Audiences 受众
   active users 积极的使用者/用户,活跃用户 9,15,269-272,288-289,306-307,329f,357
   advertising targeting 广告定位 236-237,259-261
   advertising-content connection 广告与内容的关联 98-100,103-105,223-224,330
   celebrity-watching play 关注明星的游戏 282-283
   content creation and distribution 内容的创作与分发 288-298
   content influences 内容影响力 230
   content preferences 内容偏好 229
   family audiences 家庭受众 284-285
   film ratings systems 电影分级制度 297
   foreign audiences 外国受众 357
   international audiences 国际观众 276-278
   interpretive resistance 阐释性抵抗 285-287
   liberal versus conservative viewpoint 自由派与保守派的观点 120-121,128-129,192
   low-cost programming 低成本节目 94-95
   media content decoding and interpretation 媒介内容解码与阐释 271-278,286-287
   media effects and influence 媒介效果与影响 306-307,357
   new momism 新母亲主义 212-213
   news media 新闻媒体 98,166
   19th century British and American press 19世纪的英美报业 100-102
   online meaning making 在线意义创造 278-279
   owned versus organic activity 自有活动与有机活动 65-66
   personalized journalism 个性化新闻 169-170
   polysemic texts 多义性文本 270-271,283-284
   prime-time programming 黄金时段节目 140-141,152-153
   product creation and promotion costs 产品创造和推广成本 155
   radio broadcasts 无线电广播 46-51

ratings systems 分级制度 130–132,133f
reading romance novels 阅读浪漫小说 283–284
research background 研究背景 269–270
second screen use 第二屏幕的使用 278–279
size determinations 确定受众规模 93,95
television broadcasts 电视广播 50–51,53–54,93
See also Ideologies; Users 见意识形态;用户
Audio compact disks(CDs) 音频光盘 26f,42
Audiocassettes 盒式录音带 40,42
Aufderheide, Patricia 帕特里夏·奥夫德海德 122,123f,128
Augmented journalism 增强新闻 170
Auletta, Ken 肯·奥莱塔 84,145
Aupperle, Anna 安娜·奥佩勒 259–260
Auslander, Philip 菲利普·奥斯兰德 315
Authoritarian governments 威权政府 108,335,347,353,370
Autocratic societies 专制社会 108
Automobile advertising 汽车广告 259–260
Autonomous technology 自主性技术 30–31
Auto-Tune 自动调音 44
Avatar《阿凡达》62,356
Avatar: The Last Airbender《降世神通:最后的气宗》296
Axios, 82f

Baby Bells "小贝尔"公司 41,41f,42
Baby Boomers 婴儿潮世代 6f
The Bachelor《单身汉》65,281
The Bachelorette《单身女郎》93
Backstreet Boys 后街男孩 156
Bacle, Ariana 阿里安娜·巴克莱 348
Badash, David 戴维·巴达什 336
Bae, Soo Young 裴秀英 309
Bagdikian, Ben 本·巴格迪基安 67,86,90
Bahfen, Nasya 纳斯亚·巴芬
  See Jakubowicz, Andrew 见安德鲁·雅库博维奇
Baidu 百度 82f,353,353t
Baidu Tieba 百度贴吧 329f
Bailey, Sarah Pulliam 莎拉·普利亚姆·贝莉 213

Bakardjieva, Maria 玛丽亚·巴卡尔吉耶娃 36,270,278,289
Baker, C. Edwin C. 埃德温·贝克 105
Baker, Liana B. 利安娜·B. 贝克 343
Bakshy, Eytan 埃唐·巴克希
  See Jones, Jason J. 见杰森·J. 琼斯
Baldasty, Gerald J. 杰拉尔德·J. 巴达斯蒂 102
Bandura, Albert 阿尔伯特·班杜拉 312
Bandwagon effect 从众效应 309
Bandwidth limitations 带宽限制 51–52
Banksy 班克斯 287
Bannon, Steve 史蒂夫·班农 174
Barber, Benjamin R. 本杰明·R. 巴伯 357
Bardot, Trushar 特鲁沙尔·巴尔多特 369
Barlow, William 威廉·巴洛 237–238,244
Barnard, Stephen R. 斯蒂芬·R. 巴纳德 167
Barnes, Brookes 布鲁克斯·巴恩斯 356
Barnett, Brooke 布鲁克·巴奈特 336
Barnett, Kyle 凯尔·巴奈特 181
Barnett, Steven 斯蒂芬·巴奈特 327
Barney Miller《笑警巴麦》211
Barris, Kenya 肯尼亚·巴里斯 233
Bartels, Larry 拉里·巴特尔斯 321
Batman vs. Superman: Dawn of Justice《蝙蝠侠大战超人:正义黎明》70
Battani, Marshall 马歇尔·巴塔尼 176
Bauder, David 戴维·鲍德尔 233
Baudrillard, Jean 让·鲍德里亚 34,320
Bauman, Zymunt 齐格蒙特·鲍曼 339
Baywatch《海滩游侠》156
The Beatles 披头士乐队 44
Beats/beat reporters 常驻记者 164–165
Bechmann, Anja 安雅·贝希曼 294
Becker, Howard S. 霍华德·S. 贝克尔 161–162
Beech, Hannah 汉娜·比奇 366
Beer, David 戴维·比尔 331
Behm-Morawitz, Elizabeth 伊丽莎白·贝姆-莫拉维茨 233
Belief systems 信念体系 191
Bell, Alexander Graham 亚历山大·格雷厄姆·贝尔 39
Bell, Emily 埃米莉·贝尔 81,332
Bell Labs 贝尔实验室 40

Bell Telephone Company 贝尔电话公司 39,40
Ben Amor, Hamada 哈马达·本·阿莫尔 215
Benford, Robert D. 罗伯特·D. 本福德
　　See Snow, David A. 见戴维·A. 斯诺
Bennett, Dionne 迪翁·贝纳特 215
Bennett, Kathryn 凯瑟琳·贝纳特 356
Bennett, W. Lance W. 兰斯·贝纳特 135,172, 316,333
Berberian Sound Studio《邪典录音室》297
Berelson, Bernard 伯纳德·贝雷尔森 228,305
　　See also Lazarsfeld, Paul 见保罗·拉扎斯菲尔德
Bergen, Mark 马克·伯根 81
Berger, David G. 戴维·G. 伯格 90-91
Berger, Peter L. 彼得·L. 伯格 35
Berlusconi, Silvio 西尔维奥·贝卢斯科尼 86-87
Berners-Lee, Tim 蒂姆·伯纳斯-李 55
Bernoff, Josh 乔希·贝尔诺夫 291
Berry, Halle 哈莉·贝瑞 240
Bertelsmann 贝塔斯曼 67,68,70
Bertrand, Natashia 娜塔西娅·伯特伦 335
BET 黑人娱乐电视台 53
Bewitched《家有仙妻》210,254
Beyoncé 碧昂丝 44,359
Bezos, Jeff 杰夫·贝索斯 88
Bhatia, Rahul 拉胡尔·巴蒂亚 354
Bhatia, Vickie 薇姬·巴蒂亚
　　See Feinstein, Brian A. 见布赖恩·A. 范斯坦
Bichlbaum, Andy 安迪·比奇鲍姆 287
Bieber, Justin 贾斯汀·比伯 348
Bielby, Denise D. 丹尼丝·D. 比尔比 140,159
Bielby, William T. 威廉·T. 比尔比 140,159
The Big Bang Theory《生活大爆炸》93,237f, 349
Big Brother《老大哥》93,349
Big Five publishers 五大出版社 70
Big Little Lies《大小谎言》220
Big Three music companies 三大音乐公司 70, 71f
The Biggest Loser《超级减肥王》94
Bijker, Wiebe E. 维贝·E. 比克 35
Billboard magazine《公告牌》杂志 90,91,155, 157,246,247
Billy Lynn's Long Halftime Walk《比利·林恩的中场战事》208
Bilton, Ricardo 里卡多·比尔顿 331
Bird, S. Elizabeth S. 伊丽莎白·伯德 289,314
Birkinbine, Benjamin 本杰明·伯金拜恩 63
Birth of a Nation《一个国家的诞生》238
Black Like Me《像我一样黑》239
Black Lives Matter（BLM）"黑人的命也是命"（BLM）20-21,243,281,316,327
Black Panther《黑豹》76,227
Black Twitter "黑人推特" 279-281
Black underclass 底层黑人 244,259
Blackface 黑脸 238
black-ish《喜新不厌旧》233,244
Blacks in Gaming "黑人游戏社群" 235
Blank, Grant 格兰特·布兰克 288,292,293, 294
　　See Jakubowicz, Andrew 见安德鲁·雅库博维奇
Block booking deals "捆绑预定" 协议 139-140
Blogs/blogging 博客 57,167,213,280,293,338, 344
　　See also Content creation and distribution 见内容的创作与分发
Blondheim, Menahem 梅纳昂·布隆德海姆 38
Bloomberg, Michael 迈克尔·布隆伯格 87
Blum, Andrew 安德鲁·布卢姆 29
Blumer, Herbert 赫伯特·布鲁默 303,304,311
Boczkowski, Pablo J. 巴勃罗·博奇科夫斯基 28,166,167,168
Bode, Leticia 利蒂西娅·博德 327
Bogart, Leo 利奥·博加特 309
Bogle, Donald 唐纳德·博格尔 232
The Bold and the Beautiful《大胆而美丽》349
Bollywood 宝莱坞 356
Bolsover, Gillian 吉利恩·博尔索弗
　　See Howard, Philip N. 见菲利普·N. 霍华德
Bolter, Jay David 杰伊·戴维·博尔特 58
Bonanno, Mike 迈克·博南诺 287
Bond, Paul 保罗·邦德 321
Bond, Robert M. 罗伯特·M. 邦德 334
　　See also Jones, Jason J. 见杰森·J. 琼斯
Bonilla, Yarimar 亚里马尔·博尼拉 281

Bonilla-Silva, Eduardo 爱德华多·博尼拉-席尔瓦 241
Book publishing 图书出版
   acquisition editors 策划编辑 181-182
   booksellers 书商 183
   editorial decision-making 编辑决策 180-185
   hit status 热门地位 155-156, 159
   mass-market books 大众畅销书 156
   norms and conventions 规范与惯例 162, 183
   ownership concentrations and changes 所有权的集中与变化 68, 69-70*f*, 70, 72
   political contributions 政治捐款 118*t*
   product creation and promotion costs 产品创造和推广成本 155
   scholarly publishing 学术出版 183-185
   self-publishing 自出版 182
   star power 明星效应 157-158
   unsolicited manuscripts 自投稿件 181-182
   user-generated content 用户生成内容 296
   vertical and horizontal integration 垂直整合与水平整合 74, 77*f*
Boorstin, Daniel 丹尼尔·布尔斯廷 34
Booth, Paul 保罗·布思 295
Bos, Arjan E. R. 阿尔然·E. R. 博斯 186
Bosch《博斯》95
Bose, Derek 德里克·博斯 356
Bots 社交媒体机器人 311, 335-336
Bowker 鲍克公司 182
Box Office Mojo 票房魔酒网站 351*f*
Boy bands 男团 156
Boyd-Barrett, Oliver 奥利弗·博伊德-巴雷特 355
Boys Don't Cry《男孩别哭》262, 263*f*
Boyz II Men 大人小孩双拍档 156
Bradley, Bill 比尔·布拉德利 319
Bradshaw, Samantha 萨曼莎·布拉德肖
   See Howard, Philip N. 见菲利普·N. 霍华德
Brady Bunch《脱线家族》254
Braid, Mary 玛丽·布雷德 85
Branch, Taylor 泰勒·布兰奇 18
Brand, Jeffrey E. 杰弗里·E. 布兰德 233
Brand, Stewart 斯图尔特·布兰德 222
Brand integration 品牌整合 99-100
Branded entertainment 品牌娱乐 99

Brave《勇敢传说》301
The Brave One《勇敢的人》230
Bravo 精彩电视台 53, 73, 96, 264*f*
Brazilian media regulations 巴西媒体管制 365
Breach notification 泄露告知 145
Breaking Bad《绝命毒师》95
Breese, Elizabeth Butler 伊丽莎白·巴特勒·布里斯 332
Breitbart, Andrew 安德鲁·布赖特巴特 174
Breitbart News 布赖特巴特新闻网 174, 334
Brenner, Daniel L. 丹尼尔·L. 布伦纳 112, 113
Brewer, Doug 道格·布鲁尔 117
The Bridge《心桥》257-258
Brigs, Asa 阿萨·布里格斯 25
Brill's Content《博睿期刊》85
Brimeyer, Ted 特德·布里迈尔 258
British Broadcasting Corporation (BBC) 英国广播公司 (BBC) 36, 114
British press 英国报业 100-102
Broadband Commission for Sustainable Development 可持续发展宽带委员会 354
Broadband Internet connectivity 宽带上网 4, 4*f*, 6*f*, 27*f*, 354
Broadcast journalism 广播新闻 157
Broadcast licenses 广播许可证 117, 119-120, 128, 147
Broadcast media 广播媒体
   racial and ethnic diversity 种族与族裔多样性 236*f*
   regulatory policies 监管政策 122
   star power 明星效应 157
Broadcast news 广播新闻 85
Broadcast television 广播电视
   adoption rates 使用率 4*f*
   agenda-setting effects 议程设置效果 308
   animated comedies 动画喜剧 253
   audience interpretation 受众解读 271-278
   changing American family 不断变化的美国家庭 210-212
   competitive markets 竞争性市场 53-54
   connective devices 连接设备 3-4
   copies and spin-offs 复制品和衍生品 93, 156, 160, 211
   cultivation theory 涵化理论 312-313

cultural codes 文化符号 271-272
domestic viewing context 家庭观看环境 284-285
family audiences 家庭受众 284-285
family-based situation comedies 家庭情景喜剧 229,233,249,252-254
fan communities 粉丝团体 296
gender diversity 性别多样性 247-249
globalization impact 全球化的影响 343,349
hit status 热门地位 159-160
ideological analysis 意识形态分析 193,208,210-213
international perspectives 国际视角 276-278,281-282
locally produced media content 当地媒体生产的内容 356-357,365
marketing strategies 营销策略 50-51
new momism 新母亲主义 212-213
nostalgic programs 怀旧节目 211
organized labor representations 对工会的表征 257-258
political coverage 政治报道 318,321-322
polysemic texts 多义性文本 270-271
presidential debates 总统辩论 318
prime-time programming 黄金时段节目 140-141,156,210
production costs 生产成本 356
racial and ethnic diversity 种族与族裔多样性 232-233,234f,237f,241,242f,244,274-278
reality television 电视真人秀 93-94,156,208,210,254,256-257
sexual minorities 性少数群体 262,263-264f,264-265
star power 明星效应 159,160
U.S. market share 美国的市场份额 364
women's sports coverage 对女子体育的报道 249,250
work-family programs "工作之家"节目 211-212
See also Cable television 见有线电视
Brodkin, Jon 乔恩·布罗德金 138
Brokeback Mountain《断背山》262,264f
Brothers《兄弟》263f
Broughel, Tara 塔拉·布鲁格尔 89
Brown, Melissa 梅利莎·布朗 18
Brown, Rockell A. 洛克尔·A. 布朗 243
Brunet, Antonia 安东尼娅·布吕内 340
Bruns, Axel 阿克塞尔·布伦斯 278,289
Bryant, Jennings 詹宁斯·布赖恩特 302
Buchsbaum, Jonathan 乔纳森·布克斯鲍姆 365
Buckingham, David 戴维·白金汉 31
Buena Vista 博伟 349
Buick 别克 259
Bump, Philip 菲利普·邦普 120,324
Bureau of Labor Statistics 劳工统计局 97,97f,257
Burke, Peter 彼得·伯克 25
Burscher, Bjorn 比约恩·布尔舍 81
Bush, George H. W. 乔治·H. W. 布什 135
Bush, George W. 乔治·W. 布什 135,319,322
Business 商业
  economic news 经济新闻 202-203
  international advertising 国际广告 221-222
  U.S. press 美国报业 102
  See also Advertising; Economics; Media companies 见广告；经济学；传媒公司
Business ads 商业广告 221-222
Butcher, Melissa 梅利莎·布彻 357
Butsch, Richard 理查德·布奇 252,253,254,261
Byrne, Dara N. 达拉·N. 伯恩 280
Byrne, David 大卫·伯恩 358
Byrne, R. Jolene R. 乔琳·伯恩 258

Cable lines 有线电视线路 64,66
Cable News Network (CNN) 有线电视新闻网（CNN）53
Cable television 有线电视
  adoption rates 使用率 4f,27f
  audience share 收视率 94
  connective devices 连接设备 3
  gender diversity 性别多样性 247
  historical perspective 历史的视角 25f,52-54
  as news source 作为新闻来源 166-167

ownership concentrations and changes 所有权的集中与变化 67,68,73,74
political contributions 政治捐款 118t
racial and ethnic diversity 种族与族裔多样性 236f
Cacciatore, Michael A. 迈克尔·A.卡恰托雷 333
Cadillac 凯迪拉克 260
Calabrese, Andrew 安德鲁·卡拉布雷泽 360
California Adventure Park 加州迪士尼乐园 161
Call Me By Your Name《请以你的名字呼唤我》262
Callier, Patrick 帕特里克·卡利耶 259
Callister, Mark 马克·卡利斯特 247
Cambridge Analytica 剑桥分析公司 323,324
Campbell, Christopher P. 克里斯托弗·P.坎贝尔 243
Campbell, W. Joseph W. 约瑟夫·坎贝尔 301
Campus demonstrations 校园示威 307
Canada 加拿大
　cable television 有线电视 350f
　locally produced media content 当地媒体生产的内容 366
CanCon laws 教会法 366
Cantor, Murial G. 穆里亚尔·G.坎托 254
Capitalism 资本主义 196-197,357-358
　See also Consumerism 见消费主义
Cappella, Joseph N. 约瑟夫·N.卡佩拉 326
Captain America: Civil War《美国队长3:内战》70,99
Caren, Neal 尼尔·卡伦 200
Carey, Mariah 玛丽亚·凯里 44
Carney, Nikita 尼基塔·卡尼 243
Carol《卡罗尔》262
Carpenter, Elizabeth 伊丽莎白·卡彭特 181
Carr, David 戴维·卡尔 73
Carragee, Kevin M. 凯文·M.卡拉奇 259
The Carrie Diaries《凯莉日记》160
Carroll, Noël 诺埃尔·卡罗尔 271
Cars《汽车总动员》160-161
Cars 2《汽车总动员2》160-161
Cars 3《汽车总动员3》160-161
Cartoon Network 卡通频道 73
Carvin, Andy 安迪·卡文 167

Castells, Manuel 曼纽尔·卡斯泰尔 55
Catholic Church 丘奇·凯索利 37
CBS
　See Columbia Broadcasting System (CBS) 见哥伦比亚广播公司(CBS)
CBS Corp. 哥伦比亚广播公司集团 67-68,70
Cedillo, Stacia 斯塔西亚·塞迪略 205
Celebrities 名人
　audience game-playing 玩游戏的受众 282-283
　interview conventions 采访惯例 163
　political careers 政治生涯 318,319
　product endorsements 产品代言 99
　reality programming 真人秀节目 156
　star power 明星效应 156-160
Celebrity Rehab with Dr. Drew《名人复建室》156
Cell phones 手机 4-5,4f,6f,27f
　See also Smartphones 见智能手机
Censorship 审查
　film industry 电影产业 130-132
　global Internet 全球互联网 116
　military censorship 军事审查 134-136,153
　online media 网络媒体 336-337
Center for American Progress and the Free Press 美国进步中心与新闻自由 128
Center for Responsive Politics 响应性政治中心 118t
Centre for Contemporary Cultural Studies, University of Birmingham 当代文化研究中心,伯明翰大学,36
CenturyLink 世纪互联公司 41f,42
CERN 欧洲核子研究中心
　See European Laboratory for Particle Physics (CERN) 见欧洲粒子物理实验室 (CERN)
Chadefaux, Thomas 托马·沙德福
　See Spaiser, Viktoria 见维多利亚·斯佩塞
Chadwick, Andrew 安德鲁·查德威克 327,328
Chakravartty, Paula 葆拉·查克拉瓦蒂 360
Chance《钱斯医生》95
Changing American family 不断变化的美国家庭 210-212
Chao, Lena M. 莉娜·M.查奥 231

索引　521

See also Wilson, Clint C. 见克林特·C.威尔逊 II
Charlie Chan film series 陈查理系列电影 239
Charter Communications (Spectrum) 特许通讯公司(频谱) 64, 68, 74
Chase, David 大卫·蔡斯 271
Cheers《欢乐酒店》93, 160
Chen, Gina M. 吉娜·M.陈 294
Chen, Liang 陈梁 311
Cheney, Richard 理查德·切尼 135
Cherokee Phoenix《切罗基凤凰报》245
Chico and the Man《奇科和那个男人》233
Child Online Protection Act (COPA, 1998)《儿童在线保护法》(COPA, 1998) 130
Children's programming 儿童节目 112, 115, 132, 153-154
Children's Television Act (1990)《儿童电视法》(1990) 153-154
Childress, Clayton 克莱顿·奇尔德雷斯 181
Chin, Christina B. 克里斯蒂娜·B.金 233, 241
China 中国
    computational propaganda 计算式宣传 335
    film industry 电影产业 356, 366
    indigenous talent 本土人才 359
    print media 印刷媒介 25, 26f
    social media platforms 社交媒体平台 329f, 335
    websites 网站 82f, 353, 353t
Chiuy, Yvonne 伊冯娜·丘伊 258
Chmielewski, Dawn C. 唐·C.赫梅莱夫斯基 161
Choice fatigue 选择疲劳 296
Chokshi, Niraj 尼拉吉·乔克希 334
Chomsky, Noam 诺姆·乔姆斯基 205
Choueiti, Marc 马克·库埃蒂 232, 246
    See also Smith, Stacy L. 见斯泰西·L.史密斯
Chow-White, Peter A. 彼得·A.乔-怀特 280
Christakis, Dimitri A. 迪米特里·A.克里斯塔基斯 340
Christakis, Nicholas A. 尼古拉斯·A.克里斯塔基斯 339
    The Christine Jorgensen Story《克里斯汀·乔根森的故事》263f

Chung, Philip W. 菲利普·W.钟 239
Cinemax 影院麦克斯频道 73, 79
CIRP (Consumer Intelligence Research Partners) 消费者情报研究合作伙伴 5
Cisneros, J. David J.戴维·西斯内罗斯 336
Citizen activists 公民活动家 147, 149, 324-325
    See also Public interest advocacy 见公共利益倡议
Citizen alienation 公民的疏离 326
Civil rights movement 民权运动
    Black Lives Matter (BLM) "黑人的命也是命"(BLM) 20-21, 243, 281, 316, 327
    film industry 电影产业 239
    mid-20th century 20世纪中叶 18-20
    See also Race and ethnicity 见种族与族裔
Civil War era 南北战争时期 134
Clark, Brad 布拉德·克拉克 247
Clark, Charles S. 查尔斯·S.克拉克 129
Clark, Naeemah 奈玛·克拉克 231
Clarkson, Kelly 凯利·克莱森 158
Clash of civilizations 文明冲突观 357-358
Class shaming advertising strategies 阶级羞辱式广告策略 259-260
Clear Channel Communications 美国清晰频道通信公司 72
Clear channels 畅通的渠道 49
The Cleveland Show《克里夫兰秀》253
Clickbait 标题党 80, 333
Clifford, Stephanie 斯蒂芬妮·克利福德 100
Clinton, Bill 比尔·克林顿 319
Clinton, Hillary 希拉里·克林顿 319, 333, 335
CNBC 美国消费者新闻与商业频道 73, 96
CNN 有线电视新闻网 73, 79, 85, 143, 167, 249, 322
Cobo, Leila 利拉·科博 348
Coercion 强制 197
Cohen, Bernard 伯纳德·科恩 307
Cohen, Patricia 帕特里夏·科恩 202
Coldewey, Devin 德温·科尔威 137
Cole, Williams 威廉斯·科尔 261
Colhoun, Damaris 达玛丽斯·科尔霍恩 103
Coll, Steve 史蒂夫·科尔 207
Collaborative wikis 协作维基 57
Collectors 收集者 291, 292t

Colonialism 殖民主义 355

Color-blind racism 色盲种族主义 241, 251, 279–280

Columbia Broadcasting System（CBS）哥伦比亚广播公司（CBS）
    audience share 收视率 93, 94
    fin-syn regulations 财务利益与联合经营准则 140–141
    historical perspective 历史的视角 50
    ownership concentrations and changes 所有权的集中与变化 73
    racial and ethnic diversity 种族与族裔多样性 237f
    sexual minorities 性少数群体 263f
    top prime-time programs 头部黄金时段节目 237f

Comcast 康卡斯特
    advertising revenue 广告收入 81
    corporate holdings 控股企业 96
    economic dynamics 经济动态 78, 79
    film studios 电影制片厂 349
    global film industry 全球电影产业 70
    infrastructure conduits 基础设施渠道 64, 74
    net neutrality policy 网络中立性政策 137
    ownership concentrations and changes 所有权的集中与变化 65, 70, 73, 74
    programming and distribution controls 控制节目制作和分发 96

Comedy Central 美国喜剧中心频道 67

Commercial logic 商业逻辑 152

Commercial radio 商业广播 48

Commercial short message service（SMS）商业短消息服务（SMS）26f

Commercial television 商业电视 35, 53–54, 65

Commission on Freedom of the Press 新闻自由委员会 111–112

Committee to Protect Journalists 保护记者委员会 108–109

Common carriers 公共运营商
    historical perspective 历史的视角 40
    regulatory policies 监管政策 122, 137–138

Common sense 常识 198–199

Common Sense Media 常识媒体 291

Communication professionals 传媒专业人士
    See Public relations professionals 见公共关系专业人士

Communications Decency Act（1996）《通信规范法》（1996）130, 143

Community 社区 296

Community Antenna Television（CATV）社区天线电视（CATV）52

Community building 共同体建构 294

Community radio 社区广播 49

Compact disks（CDs）光盘（CDs）26f, 42

Compuserve 康普服务公司 41

Computational propaganda 计算式宣传 310, 334–336

Computers 计算机
    adoption rates 使用率 4–5, 4f
    historical perspective 历史的视角 25f
    See also Internet 见互联网

Concave 品牌追踪机构"凹面" 99

Condit, Celeste M. 塞莱斯特·M. 康迪特 276

Conglomeration and integration 兼并与整合
    economic dynamics 经济动态 78–79
    historical perspective 历史的视角 122
    industry impact 产业影响 84–85
    key characteristics 关键特征 74, 76, 77f
    regulatory policies 监管政策 122–124
    self-promotion 自我推广 83–84
    Walt Disney Company 华特迪士尼公司 62–63, 68, 75–76f, 78, 96

Congressional powers and responsibilities 国会的权力与责任 109–110

Connected televisions 可接入互联网的网络电视 5, 6f

Connective media devices 连接性媒介设备 3–5, 4f, 6f, 57

Connelly, Karen 卡伦·康奈利
    See Jakubowicz, Andrew 见安德鲁·雅库博维奇

Conrad, Frank 弗兰克·康拉德 48

Consalvo, Mia 米娅·孔萨尔沃 234
    See also Williams, Dmitri 见德米特里·威廉斯

Consensus 共识 201

Consent 合意 197

Constine, Josh 乔希·康斯坦丁 144

Constitutional protections 宪法保护 109-110, 121, 124-125
Constructed reality 建构的真实 17
Consumer Intelligence Research Partners 消费者情报研究合作伙伴 5
Consumerism 消费主义
 advertising messages 广告信息 216-217
 culture clash thesis 文化冲突论 357-358
 early 20th century 20世纪早期 217-218
 global media culture 全球媒体文化 219-222, 356
 lifestyle messages 生活方式的信息 216-220, 223
 women's magazines 女性杂志 218-219
 youth culture 青年文化 276
Contemporary media model 当代媒介模式 9-10, 10f, 16-18, 16f
Contemporary news media 当代新闻媒体 103-105, 104f
Content creation and distribution 内容的创作与分发
 active users 积极的使用者/用户 288-289
 activity categories 活动类别 292-293
 creator characteristics 创作者的特征 293-294
 creator motivation 创作者的动机 294-295
 cultural contexts 文化语境 292
 fan communities 粉丝团体 295-296
 gatekeepers and distributors 把关人和分发者 296-298, 331-332, 333
 participation categories 参与类别 291-292, 292t
 participatory culture 参与式文化 289-290, 332-333
 participatory inequality 参与的不平等 290-291
Content sharing 内容分享 294, 295
Controversial programming 有争议的节目 88-89, 93, 152, 210
Convention on the Protection and Promotion of the Diversity of Cultural Expressions 《保护和促进文化表现形式多样性公约》365
Conventions 惯例 162-163
 See also Professional norms and practices 见职业规范和实践

Convergence 融合 58, 79, 113, 122, 123f
Convergence culture 融合文化 161
Conversationalists 健谈者 291, 292t
Cook, Courtney B. 考特尼·B.库克 205
Cookies 储存在用户本地终端上的数据 323
Cooky, Cheryl 谢里尔·库奇 249, 250, 251
 See also Musto, Michela 见米凯拉·穆斯托
Cooley, Charles Horton 查尔斯·霍顿·库利 302
Coontz, Stephanie 斯蒂芬妮·孔茨 12
Cooper, Anderson 安德森·库珀 157
Cooper, James Fenimore 詹姆斯·费尼莫尔·库珀 238
Copps, Michael 迈克尔·科普斯 87
Copyright Act (1790) 《版权法》(1790) 125
Copyright laws 版权法 124-126, 126f, 144
Copyright Term Extension Act (1998) 《版权期限延长法案》(1998) 125
The Corner Bar 《酒吧一角》263f
Cornwell, Patricia 帕特里夏·康韦尔 156
Corporation for Public Broadcasting (CPB) 公共广播公司 (CPB) 120
Corrigall-Brown, Catherine 凯瑟琳·科里格尔-布朗 325
Cortell, Andrew P. 安德鲁·P.科泰尔 136
The Cosby Show 《考斯比一家》94, 212, 244, 254
Coser, Lewis A. 刘易斯·A.科泽 181, 182
Cotillard, Marion 玛丽昂·歌迪亚 158
Cottle, Simon 西蒙·科特尔 163
Couldry, Nick 尼克·库尔德利 314
Council of Europe 欧洲委员会 86
Council on American-Islamic Relations (CAIR) 美国伊斯兰关系委员会 (CAIR) 240
Countercultural beliefs and values 反文化信念和价值观 56-57, 131, 222, 325
Cowan, Tyler 泰勒·考恩 157
Craigslist 克雷格列表网站 331
Crane, Diana 黛安娜·克兰 63
Cranor, Lorrie Faith 罗里·费思·克拉诺 338
Crawford, Alan Pell 艾伦·佩尔·克劳福德 140
Creative Commons 知识共享 126, 126f
Creative Commons licenses 知识共享协议 126, 126f

Creators 创作者 291, 292t
Cripps, Thomas 托马斯·克里普斯 232
Critics 评论者 291, 292t
Cronauer, Adrian 阿德里安·克罗纳尔 128
Cross-cultural boundaries 跨文化边界 345-346, 348
Cross-media promotions 跨媒体推广 78, 84
Cross-ownership 交叉持股 123-124, 123f
Croteau, David 戴维·克罗托 11, 35, 63, 110, 198, 202, 259, 317
Crouse, Timothy 蒂莫西·克劳斯 278
Crowdsource funding 众筹 333
Crowell, Colin 科林·克罗韦尔 143
Crowley, David 戴维·克劳利 26f
The Crown《王冠》95
Crusius, Jan 扬·克鲁修斯 339
Crystal, Billy 比利·克里斯托 263f
CSI《犯罪现场调查》93, 313
CSI Effect "CSI效应" 313-314
CSI: Miami《犯罪现场调查:迈阿密》93
CSI: New York《犯罪现场调查:纽约》93
CTV 加拿大电视网 350f
Cultivation theory 涵化理论 312-313
Cultural capital 文化资本 346
Cultural codes 文化符码 271-272
Cultural exception/cultural diversity 文化例外/文化多样性 364-365
Cultural hybridity 文化混杂 345, 358-360
Cultural imperialism 文化帝国主义 115, 355-357, 359
Cultural Indictors Project 文化指标项目 312
Cultural leadership 文化领导权 197, 199
Cultural resistance 文化抵抗 214-215, 239-240, 244, 245-246, 287-288
Cultural warfare 文化战争 193-194
Culture clash thesis 文化冲突论 357-358, 359
Culture jamming 文化干扰 287-288
Curran, James 詹姆斯·柯兰 xv, 59, 100-101, 338, 339, 346
The Curse of Oak Island《橡树岛诅咒之谜》93
Curtin, Michael 迈克尔·科廷 289
CW Network CW电视网 73, 141
Cyber radio stations 网络广播电台 26f
Cyberbullying 网络霸凌 311

Daddy Yankee 扬基老爹 348
The Daily Show《每日秀》163
Dallas《豪门恩怨》94, 277-278, 281
Dalton, Russell J. 罗素·J. 多尔顿 321
Dance, Gabriel J. X. 加布里埃尔·J. X. 丹斯 333
Dances with Wolves《与狼共舞》240
Dancing with the Stars《与星共舞》94, 349
D'Angelo, Paul 保罗·德安吉洛 308, 326
Daniels, Jessie 杰西·丹尼尔斯 289
Dano, Mike 迈克·达诺 74
Danowski, James A. 詹姆斯·A. 达诺夫斯基 240
Dargis, Manohla 曼诺拉·达吉斯 193
The Dark Tower《黑暗塔》156
Data harvesting 数据收集 330
Data protection officers 数据保护官 145
Data transfer capacity limitations 数据传输能力限制 139
Dates, Jannette L. 雅内特·L. 戴兹 232, 237-238, 244
Davar, Shiamak 希马克·达瓦尔 348
Dávila, Arlene 阿琳·达维拉 231
Davila, Joanne 乔安妮·达维拉
  See Feinstein, Brian A. 见布赖恩·A. 范斯坦
Dawson, Jan 简·道森 5
Daytime talk shows 日间谈话节目 256
De Lissovoy, Noah 诺厄·德洛索沃伊 205
de Mateo, Rosario 罗萨里奥·德马特奥 114
Deacon, David 戴维·迪肯 315
Deadliest Catch《致命捕捞》93
Dean, Howard 霍华德·迪恩 322-323
Deaver, Michael 迈克尔·迪弗 319-320
Deceptive advertising 欺骗性广告 126-127
Decision-making process 决策过程 180-185
Deep Space Nine《星际旅行:深空九号》227
Deery, June 琼·德里 256-257
Deezer 法国音乐流媒体迪泽 353
The Defiant Ones《逃狱惊魂》239
DeGeneres, Ellen 艾伦·德詹尼丝 163, 263f, 264-265
DeLaure, Marilyn 玛丽莲·德劳尔 287
#DeleteFacebook #删除脸书 144

Dell Computers 戴尔电脑 99
Deloire, Christophe 克里斯托夫·德卢瓦尔 108
Deloitte 德洛伊特 356
Democracy Now!《现在民主!》173-174
Democracynow.org "现在民主!" 网站 174
Democratic societies 民主社会
 media regulation 媒体管制 114-115
 news organizations 新闻组织 302,326
 political environment 政治环境 108-109
 structure-agency dynamics "结构-能动性" 动态 14
Dempsey, John 约翰·登普西 141
Denardis, Laura 劳拉·德纳尔迪斯 363
Denton, Robert 罗伯特·登顿 135
Deo, Meera E. 米拉·E. 德奥
 See Chin, Christina B. 见克里斯蒂娜·B. 金
Department of Agriculture 农业部 127
Depp, Johnny 约翰尼·德普 157
Depression 抑郁症 340
Deregulation debate 关于放松管制的辩论 110, 112-113, 116, 122-124, 123f, 128
Derks, Daantje 达安切·德尔克 186
Desktop computers 台式计算机 4-5, 4f
#DespacitoMovement #《慢慢来》运动 348-349
Desperate Housewives《绝望主妇》212
Detective game 探查游戏 282
Deuze, Mark 马克·德泽 166
Developing nations 发展中国家 115-116, 361-362, 368
Dewey, C. C. 杜威 335
Dhar, Vasant 瓦桑特·达尔 337
Dial-up modems 拨号调制解调器 40
Die Hard《虎胆龙威》205
Digital advertising 数字广告 81
Digital audio workstations (DAWs) 数字音频工作站 (DAWs) 44
Digital colonialism 数字殖民主义 354
Digital convergence 数字融合 58, 79, 113, 122, 123f
Digital divide 数字鸿沟 293, 346, 367-369
Digital multimedia platforms 数字多媒体平台 25-26f, 27
Digital Subscriber Line (DSL) service 数字用户线路 (DSL) 服务 40, 64
Digital technology 数字技术
 film industry 电影产业 45
 future changes and developments 未来的变化与发展 369-371
 globalization impact 全球化的影响 343-346
 Internet 互联网 58, 222-224
 lifestyle messages 生活方式的信息 223
 music industry 音乐产业 42-44, 72
 television broadcasts 电视广播 50
 traditional versus digital journalism 传统新闻业与数字新闻业 331-332
 videos 视频 26f, 46
Digital video disks (DVDs) 数字视频光盘 (DVDs) 26f, 46, 158
Digital video recorders (DVRs) 数字视频录像机 (DVRs) 26f, 95
Digitization 数字化 58
Dill, Jody C. 乔迪·C. 迪尔 234
Dill, Karen E. 卡伦·E. 迪尔 234
Dines, Gail 盖尔·丹斯 121, 231
DirecTV 直播电视公司 64, 74, 79, 259, 260
Dirty Sexy Money《黑金家族》264f
Discovery Channel 美国探索频道 53
Discrimination 歧视 198
Dish Network 碟形网络公司 64, 73, 74
Disney 迪士尼
 See Walt Disney Company 见华特迪士尼公司
Disney Channel 迪士尼频道 156, 350f
Disney Channels Worldwide 迪士尼全球频道 73
Disney Interactive Group 迪士尼互动集团 351f
Disney Music Group 迪士尼音乐集团 351f
Disney Publishing 迪士尼出版社 351f
Disney Television 迪士尼电视 350f
Disneyland resorts 迪士尼乐园 351f
DiStaso, Marcia Watson 马西娅·沃森·迪斯塔索 167
Ditonto, Tessa M. 泰莎·M. 迪通托
 See Lau, Richard R. 见理查德·R. 刘
Diversity 多样性
 See Inclusiveness and diversity 见包容性与多样性
Divx Disc 数字视频租赁光盘 59
Dixon, Travis L. 特拉维斯·L. 狄克逊 243, 244

See also Josey, Christopher L. 见克里斯托弗·L. 乔西
Dizney, Henry F. 亨利·F. 迪兹尼 309
Djankov, Simeon 希米恩·詹科夫 115
Do Not Disturb《请勿打扰》160
Dodds, Peter S. 彼得·S. 多兹 155
Dole, Bob 鲍勃·多尔 319
Domain names 域名 363
Dominant ideologies 主导意识形态 192–193, 216, 272, 285–286
Donahue, Phil 菲尔·多纳休 256
Donders, Karen 卡伦·东德斯 114
Donnay, Karsten 卡斯滕·多奈
See Spaiser, Viktoria 见维多利亚·斯派塞
Donsbach, Wolfgang 沃尔夫冈·东斯巴赫 309
Dot. com companies "网络"公司 57
Douglas, Michael 迈克尔·道格拉斯 206
Douglas, Susan J. 苏珊·J. 道格拉斯 46, 47, 212–213
Douglass, Frederick 弗雷德里克·道格拉斯 245
Dove 多芬 103
Dovey, Jon 琼·多维
See Lister, Martin 见马丁·利斯特
Dowd, Timothy J. 蒂莫西·J. 多德 91
Downing, John D. H. 约翰·D. H. 唐宁 149, 325
Doyle, Gillian 吉利恩·多伊尔 90, 121
Dozier, David M. 戴维·M. 多齐尔 247, 248
Dr. Laura《劳拉博士》213
Drake 德雷克 359
Druckman, James N. 詹姆斯·N. 德鲁克曼 308
Dubois, Frédéric 弗雷德里克·迪布瓦 325
DuCros, Faustina M. 福斯蒂纳·M. 杜克罗斯
See Chin, Christina B. 见克里斯蒂娜·B. 金
Dumont network 杜蒙电视网 50
Dunaway, Johanna 约翰娜·达纳韦 326
Duncan, Margaret Carlisle 玛格丽特·卡莱尔·邓肯 249
See also Messner, Michael A. 见迈克尔·A. 梅斯纳
Dunn, Kevin 凯文·邓恩
See Jakubowicz, Andrew 见安德鲁·雅库博维奇

Dutton, William H. 威廉·H. 达顿 289
DVRs 数字视频录像机 4, 4f, 6f
Dwoskin, Elizabeth 伊丽莎白·德沃斯金 142
Dwyer, Maria 玛丽亚·德怀尔
See Hampton, Keith N. 见基思·N. 汉普顿

E! 娱乐电视台 96
An Early Frost《早霜》263f
Eastwood, Clint 克林特·伊斯特伍德 208
eBay 易贝 331
E-books 电子书 26f, 183
Echo chambers 回声室 333, 347
Eckles, Dean 迪安·埃克尔斯
See Jones, Jason J. 见杰森·J. 琼斯
Economics 经济学
　cultivation theory 涵化理论 313
　ideological viewpoints 意识形态观点 196–197
　media content decoding and interpretation 媒介内容解码与阐释 272–273
　news coverage 新闻报道 202–203, 204f, 272–273
　user inequality 用户不平等 366–368
　See also Advertising; Media companies; Media ownership 见 广告；传媒公司；媒体所有权
Economist, The《经济学人》86
Ed Sullivan Show《埃德·沙利文秀》53
Edelstein, David 戴维·埃德尔斯坦 156
Edison, Thomas 托马斯·爱迪生 42
Editorial decision-making 编辑决策 180–185
Educational level 受教育程度 293–294
Educational programming 教育类节目 153–154
Efron, Zac 扎克·埃夫隆 156
Egyptian revolution 埃及革命 167, 368
Ehrenreich, Barbara 芭芭拉·埃伦赖希 259
Eisenstein, Elizabeth 伊丽莎白·艾森斯坦 33, 37, 109
Eisinger, Robert M. 罗伯特·M. 艾辛格 136
Ekdale, Brian 布赖恩·埃克代尔 294
El Général 埃尔·杰纳勒尔 215
El Misisipi《密西西比报》245
Elasmar, Michael G. 迈克尔·G. 埃拉斯马尔 356
Elba, Idris 伊德里斯·埃尔巴 156
Elber, Lynn 林恩·埃尔贝 233

Electromagnetic frequencies 电磁频率 46, 47, 117, 119, 122
Electronic books 电子书 72
Electronic dance music (EDM) 电子舞曲 (EDM) 44
Electronic Frontier Foundation 电子前哨基金会 143
Elites versus insiders 精英与内部人士 201-202
Ellen《艾伦》263f, 264-265
Ellis, John 约翰·埃利斯 296
Ellis, Sara Kate 莎拉·凯特·埃利斯 265
E-mail 电子邮件 292, 293, 344
eMarketer 电子营销者市场研究公司 81
Embedded reporter program "嵌入式记者"计划 135-136, 153
Emojis 表情符号 186
Emotional contagion 情绪传染 339-340
Empire《嘻哈帝国》65, 233, 237f
Encryption technologies 加密技术 336, 370
Ender, Erika 埃里卡·恩德 348
English press 英文报刊 100-102
Entertainment Software Rating Board 娱乐软件分级委员会 134
Entman, Robert 罗伯特·恩特曼 241, 243, 244, 320, 321, 326
Epstein, Edward J. 爱德华·J. 爱泼斯坦 162, 163
E. R.《急诊室》264f
Ervin, Kelly S. 凯利·S. 欧文 233
Eschner, Kat 吉·埃施纳 43
Escobar, Gabriel 加伯尔·埃斯科巴尔 368
Esfandiari, Golnaz 戈尔纳兹·埃斯凡迪亚里 368
Espiritu, Belinda Flores 弗洛里斯·贝琳达·埃斯皮里图 282
ESPN 娱乐与体育电视网 53, 73, 78, 79, 249, 250, 350f
Esser, Frank 弗兰克·艾舍 314, 315, 316-317, 326
European Audiovisual Observatory 欧洲视听观察组织 364
European Commission 欧盟委员会 115, 145, 146
European Federation of Journalists 欧洲记者联合会 86

European film industry 欧洲电影业 45, 46, 364-365
European Laboratory for Particle Physics (CERN) 欧洲核子研究中心 (CERN) 55
European media regulation 欧洲媒体管制 114-115
European Parliament 欧洲议会 86, 365
European Union 欧盟 115, 144, 145, 291, 292t, 365, 366
Evans, Jessica 杰茜卡·埃文斯 226
Everett, Anna 安娜·埃弗里特 280
Ewen, Stuart 斯图亚特·尤恩 217, 218
Explainer journalism 解释性新闻 168
Exported entertainment 出口的娱乐产品 219-221
Extreme Makeover《改头换面》94
Eye in the Sky《天空之眼》208

Facebook 脸书
　active users 活跃用户 329f, 343
　advertising revenue 广告收入 81-82, 82f, 353
　advertising-content connection 广告与内容的关联 99, 223, 330
　algorithmic power 算法权力 330-331, 333-334, 338
　book publishing 图书出版 182
　computational propaganda 计算式宣传 335
　developing nations 发展中国家 116
　fake news 假新闻 142-144
　historical perspective 历史的视角 26f
　ideological viewpoints 意识形态观点 193, 333
　international presence 国际业务 343
　legal challenges 法律挑战 354
　media content 媒介内容 80-81
　media dominance 媒体主导权 68, 79-83
　media platforms 媒体平台 64, 65, 142-144
　net neutrality policy 网络中立性政策 137
　news content 新闻内容 143, 146, 167, 331, 332, 334
　norms and conventions 规范与惯例 185, 187-188
　personalized content delivery 个性化内容推送 80
　political impact 政治影响 334

self-policing practices 自我审查实践 146,337
social connections 社交关系 338,339,340
telecommunications infrastructure 电信基础设施 82-83,354
tiered access arrangements 分级式访问 138
top websites and global rankings 顶级网站和全球排名 353,353*t*
user base 用户群 80,353-354
user contributions 用户贡献 298,333,338
user tracking 用户追踪 323,330,333

Facebook Live 脸书直播 80
Facebook Messenger 飞书信 329*f*
Facetime 苹果视频通话软件 138
Face-to-face communication 面对面交流 15
Fact-based journalism 基于事实的新闻 171-174
Failures 失败 156
Fair use "合理使用" 124
Fairness Doctrine (1949) "公平原则"（1949） 112,120,121,127-129
Fake news 假新闻 108-109,142-143,310,323-324,333,336
False consciousness 虚假意识 196-197
Fame 名声 156-160
Family audiences 家庭受众 284-285
Family Guy《恶搞之家》212,253
Family Matters《凡人琐事》253
Family sitcoms 家庭情景喜剧 210
Family structure 家庭结构 12
Family-based situation comedies 家庭情景喜剧 229,233,249,252-254
fan communities 粉丝团体 295-296
Fan fiction 同人小说 296
Fantasy film genre 奇幻电影 227
Fanzines 粉丝杂志 296
Fariss, Christopher J. 克里斯托弗·J. 法里斯
 See Bond, Robert M. 见罗伯特·M. 邦德
Farmer lines 农民线路 39
Farrell, Mike 迈克·法雷尔 270
Father Knows Best《妙爸爸》210,254
Faughnder, Ryan 瑞安·法恩德 297
Faulkner, Robert 罗伯特·福克纳 162
Fax machines 传真机 40
Fear of a Black Planet《对黑色星球的恐惧》124

Federal Communications Commission (FCC) 联邦通信委员会 (FCC)
 broadcast licenses 广播许可证 117,119,128
 enforcement responsibilities 践行责任 154
 Fairness Doctrine (1949) "公平原则"（1949）128
 film ratings systems 电影分级制度 132
 functional role 功能角色 111-113,127
 historical perspective 历史的视角 40,49
 indecent programming 不雅节目 129
 lobbying influences 游说的影响 117
 media advocacy organizations 媒体倡议组织 147,149
 net neutrality policy 网络中立性政策 137-138,149
 regulatory policies 监管政策 50,52,111-113,117,122-124,123*f*
 television broadcast programming 电视广播节目 140-141
Federal Election Commission (FEC) 联邦选举委员会 (FEC) 118*t*,145
Federal Radio Commission (FRC) 联邦广播委员会 (FRC) 48,49
Federal Trade Commission (FTC) 联邦贸易委员会 (FTC) 126,127,140,258
Feenberg, Andrew 安德鲁·芬伯格 278
Feinstein, Brian A. 布赖恩·A. 范斯坦 339
Fejes, Fred 弗雷德·费耶什 247,249,262,264,265-266
Feldman, Dana 达娜·费尔德曼 141
Female athletes 女性运动员 249-250
Female sexuality 女性性征 275-276
Feminist perspective 女性主义视角
 gender inequality 性别不平等 249
 interpretive resistance 阐释性抵抗 275-276,285-287
 oppositional readings 对抗式解读 273,275-276
Fenton, Natalie 娜塔莉·芬顿 59
 See also Curran, James 见詹姆斯·柯兰
#Ferguson #弗格森 281,327
Fiber-optic communications 光纤通信
 adoption rates 使用率 4*f*,27*f*

economic dynamics 经济动态 79
　　economic strategies 经济策略 74
　　historical perspective 历史的视角 26f
　　as service conduits 作为服务渠道 64
　　television broadcasts 电视广播 3,4f,6f
Fictional universes 虚构的世界 63,161
Fifty Shades of Grey《五十度灰》182
File sharing 文件共享 144
Film Trust "电影信托"机构 45,46,139
Film/film industry 电影/电影产业
　　advertising-content connection 广告与内容的关联 99,100
　　block booking deals "捆绑预定"协议 139-140
　　censorship and ratings systems 审查和分级制度 130-132,133f
　　civil rights movement 民权运动 239
　　cross-media promotions 跨媒体推广 84
　　digital technology 数字技术 45-46
　　early racist stereotypes 早期的种族主义刻板印象 238-239
　　encoded meanings 编码含义 271-272
　　failures 失败 156
　　fantasy film genre 奇幻电影 227
　　gender diversity 性别多样性 247
　　genre analyses 类型分析 205-208
　　globalization impact 全球化的影响 343,349
　　historical perspective 历史的视角 25f,27,45-46
　　hit status 热门地位 155-156,158
　　ideological viewpoints 意识形态观点 192-193
　　impact on children 对儿童的影响 303-304,311-312
　　influential effects 影响力 303-304,311-312
　　locally produced media content 当地媒体生产的内容 356-357,366
　　media content decoding and interpretation 媒介内容解码与阐释 275-276
　　organized labor representations 对工会的表征 257
　　ownership concentrations and changes 所有权的集中与变化 67,68,70
　　political contributions 政治捐款 118t
　　polysemic texts 多义性文本 270
　　production costs 生产成本 356
　　racial and ethnic diversity 种族与族裔多样性 192-193,232,239-240,242f,245,246
　　science fiction film genre 科幻电影 227
　　sequels 续集 156,160-161
　　sexual minorities 性少数群体 262,263-264f
　　shifting ideological viewpoints 意识形态观点的改变 191
　　social influence 社会影响 45-46
　　star power 明星效应 157,159
　　streaming services 流媒体服务 46
　　technological characteristics 技术的特点 30f
　　U.S. market share 美国的市场份额 364
　　user reviews and ratings 用户评论与评分 297
　　user-generated content 用户生成内容 296
　　vertical and horizontal integration 垂直整合和水平整合 74,77f,83-84
　　See also Walt Disney Company 见华特迪士尼公司
Filter bubbles 过滤泡 333,347
Finding Dory《海底总动员2:多莉去哪儿》70
Fink, Moritz 莫里茨·芬克 287
Finklea, Bruce W. 布鲁斯·W. 芬克利亚 302
Finley, Klint 克林特·芬利 363
Fin-syn (financial interest and syndication) regulations 财务利益与联合经营准则 140-141
Fiore, Quentin 昆廷·菲奥里 32,343
Fiorina, Carly 卡莉·菲奥莉娜 194
First Amendment 第一修正案 109,121,326,337
First World nations 第一世界国家 361
Fischer, Claude 克劳德·费舍尔 28,39,42
Fisher, David 大卫·菲舍 265
Fishman, Mark 马克·菲什曼 163,164,165
Fiske, John 约翰·费斯克 270,285
FiveThirtyEight 538 新闻网 168
Flags of our Fathers《父辈的旗帜》208
Flaming "网络论战" 187
Flashdance《闪电舞》275-276
Flegenheimer, Matt 马特·弗莱根海默 108
Flew, Terry 特里·弗卢 356,358,360
Flint, Joe 乔·弗林特 140
The Flintstones《摩登原始人》154,253
FM radio broadcasting FM 无线电广播 49

Focus Features 焦点电影公司 70
Fonsi, Luis 路易斯·方斯 348
Food and Drug Administration (FDA) 美国食品药品监督管理局 (FDA) 126,127
Foot, Kirsten A. 柯尔斯滕·A. 富特 28
Forbes 福布斯 87
Force, use of 使用强力 197
Ford, Harrison 哈里森·福特 205
Ford, Sam 萨姆·福特 297
Foreign audiences 外国受众 357
For-profit organizations 逐利的组织
    audience and revenue decline 受众和收入减少 94-95
    content and distribution controls 控制内容和分发 95-96
    news media 新闻媒体 96-98
    prime-time profit pressures 黄金时段的盈利压力 92-94
    prime-time profits 黄金时段的利润 92-94
Forrester Research 弗雷斯特研究公司 291, 292t, 293
Fortune《财富》88
45-rpm records 每分钟45转的唱片 43
Foster, Jodie 朱迪·福斯特 230
The Fosters《如此一家人》212
Fowler, James H. 詹姆斯·H. 福勒
    See Bond, Robert M.; Jones, Jason J. 见罗伯特·M. 邦德;杰森·J. 琼斯
Fowler, Mark S. 马克·S. 福勒 112,113
Fox 福克斯
    audience share 收视率 94
    conglomeration impact 兼并的影响 85,96
    economic dynamics 经济动态 79
    film studios 电影制片厂 141
    international presence 国际业务 343
    ownership concentrations and changes 所有权的集中与变化 68,73
    programming and distribution controls 控制节目制作和分发 141
    racial and ethnic diversity 种族与族裔多样性 233,235,237f
    talent search shows 选秀节目 158
    top prime-time programs 头部黄金时段节目 237f

Fox, Mark A. 马克·A. 福克斯 134
Fox Entertainment Group 福克斯娱乐集团 70
Fox News 福克斯新闻 68,85,87,88,98,129,163,192,343
Fox Searchlight 福克斯探照灯影业 70
Fox Sports 福克斯体育网 343
Foxy Brown《骚狐狸》239
Framing theory 框架理论 308
France 24 法国24电视台 365
Frank, Reuven 鲁文·弗兰克 124
Frank, Thomas 托马斯·弗兰克 276
Franken, Al 艾尔·弗兰肯 319
Franklin, Bob 鲍勃·富兰克林 331
Franzen, Benjamin 本杰明·弗兰岑 124
Frasier《欢乐一家亲》93,160
Fraudulent advertising 欺骗性广告 126-127
Free Basics 免费基础服务计划 82,354
Free Internet services 免费互联网服务 223
Free market systems 自由市场体制 110,112,115
Free Press 自由出版社 137
Freedman, Des 德斯·弗里德曼 59,117,121
    See also Curran, James 见詹姆斯·柯兰
Freedom House 自由之家 87
Freedom of information 信息自由 361
Freedom of speech 言论自由 109,130,337
Freedom of the press 新闻自由 108-109,121-124,173,302,326
Freedom's Journal《自由日报》245
Freeland, Jonathan 乔纳森·弗里兰 324
Freeman, Michael 迈克尔·弗雷曼 140
French media regulations 法国媒体管制 365
Fresh Off the Boat《初来乍到》233,241
Friday Night Lights《胜利之光》212
Friemel, Thomas N. 托马斯·N. 弗里梅尔 293
Friends《老友记》93,233,263f
Friendster 交友网 26f
Frith, Simon 西蒙·弗里思 159
Fritsch-El Alaoui, Khadija 哈迪亚·弗里奇-阿拉维 207
Fu Manchu 傅满洲 239
Fuller, Linda 琳达·富勒 240
Fullwood, Chris 克里斯·富伍德 294
Fung, Timothy K. F. 蒂莫西·K. F. 冯 294
Funkhouser, G. Ray G. 雷·芬克豪泽 307

Furious 7《速度与激情7》65
FX FX 有线电视台 62,68,343

Gainous, Jason 杰森·盖努斯 327
Gallagher, Margaret 玛格丽特·加拉格尔 195
Game of Thrones《权力的游戏》95,356
Game-playing audiences 玩游戏的受众 282-283
Gamson, Joshua 乔舒亚·甘姆森 256,282-283
Gamson, William 威廉·甘姆森 198,308,324,325
Gans, Herbert 赫伯特·甘斯 163,201
Garcia-Perdomo, Victor 维克托·加西亚-佩尔多莫 279
Garofalo, Reebee 瑞比·加罗法洛 359
Gasser, Urs 乌尔斯·加瑟 293
Gates, Bill 比尔·盖茨 78
Gaudet, Hazel 哈泽尔·哥迪特 305
　　See also Lazarsfeld, Paul 见保罗·拉扎斯菲尔德
Gay & Lesbian Alliance Against Defamation (GLAAD) 同性恋者反诋毁联盟(GLAAD) 89,233,234*f*,247,265
Geena Davis Institute on Gender in Media 吉娜·戴维斯媒体性别研究所 301
Gelbart, Larry 拉里·吉尔巴特 270
Gender 性别
　　family-based situation comedies 家庭情景喜剧 249,252-254
　　Internet participation and content creation 互联网参与和内容创作 294
　　interpretive resistance 阐释性抵抗 275-276,285-286
　　media content decoding and interpretation 媒介内容解码与阐释 273-274,275,286-287
　　media representations 媒体再现 247-249
　　nature versus culture 自然与文化 198
　　new momism 新母亲主义 212-213
　　rap music 说唱音乐 214
　　shifting ideological viewpoints 意识形态观点的改变 191
　　stereotypical portrayals 刻板印象式的描绘 194-195,238,246-251,247-249
　　television programming 电视节目 247-249
　　television viewing 看电视 284
　　women's magazines 女性杂志 218-219
　　women's sports coverage 对女子体育的报道 249-251
　　See also Race and ethnicity 见种族与族裔
Gender bland sexism 性别淡化的性别歧视 251
General Agreement on Trades and Tariffs (GATT)《关税与贸易总协定》(GATT) 364
General Data Protection Regulation (GDPR)《通用数据保护条例》(GDPR) 144
General Electric 通用电气公司 48,84
Generation X X世代 6*f*
Generation Z Z世代 6*f*
Genre analyses 类型分析
　　film industry 电影产业 205-208
　　television programming 电视节目 208,209*f*,210-213
Gentile, Douglas A. 道格拉斯·A.金泰尔 130,234
The George Lopez Show《乔治·洛佩兹秀》253
Gera, Vanessa 瓦妮莎·杰拉 339
Gerbner, George 乔治·格伯纳 135,312,313,361,362
Gerlach, Alexander R. 亚历山大·R.格拉克 339
Geronimo《杰罗尼莫》240
Get Out《逃出绝命镇》192-193,245
Ghostbusters《超能敢死队》99
Gianatasio, David 戴维·贾纳塔西奥 248
Giddings, Seth 塞斯·吉丁斯
　　See Lister, Martin 见马丁·李斯特
Gil de Zúñiga, Homero 奥梅罗·吉尔·德苏尼加 279
Gilens, Martin 马丁·吉勒斯 259
Gillespie, Tarleton 塔尔顿·吉莱斯皮 28
Gilmore Girls《吉尔莫女孩》212
Ginsborg, Paul 保罗·金斯伯格 114
Girard, Bruce 布鲁斯·吉拉德 360
Gitlin, Todd 托德·吉特林 92,93,152,271,307,325
Giuffrida, Angela 安杰拉·朱弗里达 87
GLAAD (Gay & Lesbian Alliance Against Defamation) 同性恋者反诋毁联盟 89,233,

234f, 247, 265
Glamour《魅力》219, 233
Glascock, Jack 杰克·格拉斯科克 247
Glaser, April 阿普丽尔·格拉泽 145
Global Editors Network 全球编辑网络 170
Global media industry 全球传媒产业
 advertising messages 广告信息 219-222
 centralized ownership and production control 所有权集中与生产控制 348-349
 cultural exception/cultural diversity 文化例外/文化多样性 364-365
 cultural hybridity 文化混杂 345, 358-360
 cultural imperialism 文化帝国主义 115, 355-357, 359
 culture clash thesis 文化冲突论 357-358, 359
 digital divide 数字鸿沟 367-369
 economic inequality 经济不平等 366-368
 foreign audiences 外国受众 357
 future changes and developments 未来的变化与发展 369-371
 indigenous media industries 本土传媒产业 115, 356
 information flow 信息流 360-362
 Internet governance 互联网治理 363-364
 locally produced media content 当地媒体生产的内容 356-357, 358, 365-366
 media content 媒介内容 219-221, 349, 355-360
 most visited websites 访问量最大的网站 353t
 occurrences and users 事件与用户 342-343
 promotion strategies 推广策略 348-349
 regulatory policies 监管政策 360-366
 U.S. market share 美国的市场份额 364
 user base 用户群 366-369, 367f
 Western imports 西方进口产品 355-359
 See also Google; Walt Disney Company 见谷歌;华特迪士尼公司
Global Media Monitoring Project (GMMP) 全球媒体监测项目(GMMP) 195
Global village 地球村 342, 346, 366-369
Global Voices 全球之声 354
Globalization 全球化
 basic concepts 基本概念 343-347
 challenges and constraints 挑战与限制 346-347
 cross-cultural boundaries 跨越文化边界 345-346, 348
 information environment 信息环境 342-343
 instantaneous communication 即时通信 342, 344
 key components 关键成分 343-344
 promotion strategies 推广策略 348-349
 temporospatial limits 时空限制 344
Gloria《格洛丽亚》93
Gmail 谷歌邮箱 138
Goebbels, Joseph 约瑟夫·戈培尔 49
Goffman, Erving 欧文·戈夫曼 308
Gold Rush《阿拉斯加大淘金》94
The Golden Hills' News《金山新闻》245
Goldfarb, Jeffrey 杰弗里·戈德法布 326
Golding, Peter 彼得·戈尔丁 269
Goldsmith, Jack 杰克·戈德史密斯 360, 364
Gomez, Rodrigo 罗德里戈·戈麦斯 63
Gone with the Wind《乱世佳人》238
Gonzalez, Juan 胡安·冈萨雷斯 244-245
Good Times《好时光》93, 211, 253
Goodman, Amy 埃米·古德曼 136
Goodman, David 戴维·古德曼 136
Google 谷歌
 advertising revenue 广告收入 81-82, 82f, 352
 advertising-content connection 广告与内容的关联 99, 223, 330
 algorithmic power 算法权力 330, 331
 computational propaganda 计算式宣传 335
 fake news 假新闻 142-143
 international presence 国际业务 343
 Internet traffic flow 网络流量 352
 legal challenges 法律挑战 145
 media content 媒介内容 80-81
 media dominance 媒体主导权 68, 79-83
 media platforms 媒体平台 64, 65, 142-143
 net neutrality policy 网络中立性政策 137
 news content 新闻内容 143, 332
 norms and conventions 规范与惯例 185
 personalized content delivery 个性化内容推送 80
 popularity 流行性 352
 regulatory policies 监管政策 145

search sites and global rankings 搜索网站与全球排名 352t

telecommunications infrastructure 电信基础设施 82-83

top websites and global rankings 顶级网站和全球排名 353t

user base 用户群 80

user tracking 用户追踪 330

See also YouTube 见优兔

Google Fiber internet service 谷歌光纤互联网服务 83

Google Glass 谷歌眼镜 17, 26f, 59

Google Home 谷歌 Home 5, 26f

Google News 谷歌新闻 80

Google Play 谷歌应用程序商店 132

Gordon, Janey 詹妮·戈登 49

Gore, Al 阿尔·戈尔 56, 134

Gore, Tipper 蒂珀·戈尔 134

Gossip game 八卦游戏 282

Gottfried, Jeffrey 杰弗里·戈特弗里德 143

Govil, Nitin 尼廷·戈维尔

See Miller, Toby 见托比·米勒

Graber, Doris A. 多丽丝·A. 格雷伯 321, 326

Grace under Fire 《优雅从容》 212

Graceland 《雅园》 359

Graham, Roderick 罗德里克·格雷厄姆 280

#格莱美太男性化 #GrammysSoMale, 235, 248f

Gramophones 留声机

See Phonographs; Sound recordings 见留声机; 录音

Gramsci, Antonio 安东尼奥·葛兰西 197, 198-199

Grant, Iain 伊恩·格兰特

See Lister, Martin 见马丁·李斯特

Grasmuck, Sherri 雪莉·格拉斯穆克 280

Grassroots organizations 草根组织 324-325

Graves, Lucia 露西亚·格雷夫斯 87

Gray, Herman 赫尔曼·格雷 244, 336

Gray, James 詹姆斯·格雷 158

Gray, Jonathan 乔纳森·格雷 295, 357

The Greaser's Revenge 《上油佬的复仇》 238

Greco, Albert N. 艾伯特·N. 格雷柯 182

Green, Joshua 约书亚·格林 297

Greenberg, Bradley S. 布拉德利·S. 格林伯格 233, 247

Gregory, Julia 朱莉娅·格雷戈里 169

Gregory, Karen 凯伦·格雷戈里 289

Greider, William 威廉·格雷德 320-321

Griffith, David 大卫·格里菲斯 59, 238

Griffith, Erin 艾琳·格里菲斯 80

Groselj, Darja 达尔贾·格罗塞利 292

Gross, Alexander 亚历山大·格罗斯 280

Gross, Larry 拉里·格罗斯 265, 313

See also Gerbner, George 见乔治·格伯纳

Gross, Terry 特里·格罗斯 207

Grossman, Lawrence 劳伦斯·格罗斯曼 84

The Group That Shall Not Be Named "无名组" 295

Grusin, Richard 理查德·格鲁辛 58

Grynbaum, Michael M. 迈克尔·M. 格林鲍姆 108, 109

Guardian, The 《卫报》 136, 168

Guardians of the Galaxy 2 《银河护卫队 2》 76

Guess Who's Coming to Dinner 《猜猜谁来吃晚餐》 239

Guggenheim, Lauren 劳伦·古根海姆 302, 309

Guillory, Jaime E. 雅伊梅·E. 吉约里 339

Gunter, Barrie 巴里·甘特 311

Gutenberg, Johannes 约翰内斯·谷登堡 32, 36

Gutierrez, Felix 费利克斯·古铁雷斯 231

See also Wilson, Clint C. 见克林特·C. 威尔逊, II

Hachette Book Group 阿歇特图书集团 70

Hackers 黑客 55

Hafen, Jeffrey K. 杰弗里·K. 哈芬 233

Hafner, Katie 凯蒂·哈夫纳 54

Hall, Stuart 斯图亚特·霍尔 36, 199, 226, 271

Hamilton, James F. 詹姆斯·F. 汉密尔顿 173

Hamm, Bernd 伯恩德·哈姆 351, 356

Hampton, Keith N. 基思·N. 汉普顿 311

Hancock, Jeffrey T. 杰弗里·T. 汉考克 339

Handmaid's Tale 《使女的故事》 73, 95

Hanks, Tom 汤姆·汉克斯 157, 263f

Hannonen-Gladden, Helena 海伦娜·汉诺宁-格拉登 233

Happy Days 《快乐时光》 211

Hardt, Hanno 汉诺·哈特 302

Hargittai, Eszter 埃斯特·豪尔吉陶伊 293
Harington, C. Lee, C. 李·哈林顿 295
Harold, Christine 克里斯汀·哈罗德 287
Harper Collins 哈珀·柯林斯出版集团 68, 70
Harrington, Stephen 斯蒂芬·哈林顿 278
Harris, Tristan 特里斯坦·哈里斯 337
Hartley, John 约翰·哈特利 285
Hartman, Andrew 安德鲁·哈特曼 193
Harwell, Drew 德鲁·哈威尔 332
Harzig, Christiane 克里斯蒂安·哈齐格 325
Hashtag activism 标签行动主义 327
Hate groups 仇恨团体 336
The Have and Have-Nots《富人和穷人》237f
Hayes, Rutherford B. 卢瑟福·B. 海耶斯 38
Hays, William 威廉·海斯 131
Hays Code 海斯法典 131
HBO（Home Box Office）HBO（家庭影院）
　drama series 系列剧 95
　economic dynamics 经济动态 79
　historical perspective 历史的视角 53
　ownership concentrations and changes 所有权的集中与变化 72, 73
　racial and ethnic diversity 种族与族裔多样性 241
　sexual minorities 性少数群体 263f, 264f
　subscriber fees 订阅费用 53
Hearst 赫斯特 72
Heavy television viewers 重度观众 312–313
Hebert, Maeve 梅芙·赫伯特 136
Hefner, Veronica 维罗妮卡·海夫纳
　See Josey, Christopher L. 见克里斯托弗·L. 乔西
Hegemony 霸权 197–200, 203, 213, 215–216
Helbing, Dirk 德克·赫尔宾
　See Spaiser, Viktoria 见维多利亚·斯派塞
Helsingborg, Sweden 瑞典赫尔辛堡 59
Hennon, Charles B. 查尔斯·B. 亨农 254
Hepp, Andreas 安德烈亚斯·赫普 314, 315
Herkman, Juha 朱哈·赫克曼 294
Herman, Edward 爱德华·赫尔曼 205
Hermida, Alfred 阿尔弗雷德·赫米达 298
Herrman, John 约翰·赫尔曼 337
Hershenberg, Rachel 雷切尔·赫申伯格
　See Feinstein, Brian A. 见布赖恩·A. 范斯坦
Heyer, Paul, 26f 保罗·海尔
Hibberd, Matthew, 114 马修·希伯德
Hickey, Neil 尼尔·希基 117
Higgins, Andrew 安德鲁·希金斯 333
High Performance Computing and Communication Act（1991）《高性能计算与通信法》（1991）56
Highland, Tim 蒂姆·海兰 278
High-speed coaxial cable lines 高速同轴电缆线 66
High-speed internet connections 高速互联网连接 74, 79
Hillis, Ken 肯·希利斯 xv
Hills, Jill 吉尔·希尔斯 114
Hindman, Elizabeth Blanks 伊丽莎白·布兰克斯·辛德曼 136
Hindman, Matthew 马修·辛德曼 327
Hintz, Arne 阿恩·欣茨 49, 149
Hip consumerism 时尚消费主义 276
Hip-hop culture 嘻哈文化 215
Hirsch, Eric 埃里克·赫希 36
Hirsch, Mario 马里奥·赫希 115
Hispanic Americans 西班牙裔美国人
　alternative journalism 另类新闻 245
　early racist images 早期的种族主义形象 238, 239
　film industry 电影产业 232
　media content decoding and interpretation 媒介内容解码与阐释 275
　newsroom representation 新闻编辑室的代表性 246
　population percentages 人口百分比 232, 234, 234f, 235
　television programming 电视节目 233, 234f, 237f
　video game characters 电子游戏角色 234–235
History Channel 历史频道 73, 93
Hitland, Paul 保罗·希特兰 149
Hjarvard, Stig 斯蒂格·夏瓦 314, 315, 316
　See also Hepp, Andreas 见安德烈亚斯·赫普
Ho, Karen K. 卡伦·K. 霍 246
Ho, Shirley S. 雪莉·S. 霍 311

Hoerder, Dirk 德克·霍德 325
Hoffmann, Christian Pieter 克里斯蒂安·彼得·霍夫曼 290
Hofmann, Stefan 斯蒂芬·霍夫曼 339
Hoggart, Riahcard 理查德·霍加特 36
Holbert, R. Lance R. 兰斯·霍尔伯特 328
Holian, David 戴维·霍利安 321
Hollywood agents 好莱坞的经纪人 162
Hollywood movie industry 好莱坞电影产业 45, 131, 139-140
Hollywood Writers Report《好莱坞编剧报告》246, 247
Holmes, Su 苏·霍姆斯 289
Holsti, Ole R. 奥利·R. 霍尔斯蒂 228
Holt, Lester 莱斯特·霍尔特 157
Holtz-Bacha, Christina 克里斯蒂娜·霍尔茨-巴查 320
Home broadband access 家庭宽带接入 4, 4f, 27f
Homeland《国土安全》95
Homicide《情理法的春天》93
Homogeneous media products 同质化的媒体产品 38, 53, 90-91
Homosexuality 同性恋
　　See LGBTQ community 见 LGBTQ 社区
The Honeymooners《蜜月期》252
Hoover, Herbert 赫伯特·胡佛 48
Horan, Nora 诺拉·霍兰 247
Horizontal integration 水平整合 74, 76, 77f, 83-84
Horse race coverage 竞选报道 326
House of Cards《纸牌屋》93, 141
Hout, Michael 迈克尔·豪特 252
How I Met Your Mother《老爸老妈的浪漫史》93
How to Get Away With Murder《逍遥法外》237f, 249
Howard, Philip N. 菲利普·N. 霍华德 310, 334, 335, 336, 368
Hoynes, William 威廉·霍因斯 11, 35, 63, 110, 198, 202, 259, 317
Huey, John 约翰·休伊 87-88
Hughes, Langston 兰斯顿·休斯 245
Hughes, Thomas P. 托马斯·P. 休斯 30-31, 35
Hughey, Matthew W. 马修·W. 休伊 280

Hulu Hulu 流媒体平台
　　audience share 收视率 94
　　historical perspective 历史的视角 26f
　　hit films 热门电影 158
　　international presence 国际业务 343
　　media platforms 媒体平台 64
　　original programming 原创节目 95, 96
　　ownership concentrations and changes 所有权的集中与变化 63, 72, 79
　　ratings systems 分级制度 132
　　streaming services 流媒体服务 46, 73, 95, 141
Human agency 人类能动性 13
　　See also Social Constructionism; Technological determinism 见社会建构论; 技术决定论
Human Rights Campaign 人权运动 265
Humez, Jean M. 让·M. 休梅兹 231
Hungama 亨格玛 350f
Hunger Games《饥饿游戏》160, 295, 301
Hunt, Darnell M. 达内尔·M. 亨特 246, 247, 274-275, 286
Hunter, James Davison 詹姆斯·戴维森·亨特 193
Huntington, Samuel 塞缪尔·亨廷顿 357
Hurley, Ryan J. 瑞安·J. 赫尔利
　　See Josey, Christopher L. 见克里斯托弗·L. 乔西
Hurricane Katrina 卡特里娜飓风 243
The Hurt Locker《拆弹部队》207
Hussain, Muzammi 穆扎米·侯赛因 368
Husseini, Sam 山姆·侯赛尼 84
Hutchins Commission 哈钦斯委员会 111-112
Hyperreality 超真实 34, 320

I Dream of Jeannie《太空仙女恋》210
IBISWorld 宜必思世界数据库 72
iBooks 苹果电子书 72
ICAAN (Internet Corporation for Assigned Names and Numbers) 互联网名称与数字地址分配机构 (ICAAN) 363
iCloud 苹果云端服务 138
Identity formation 身份形成 294
Ideologies 意识形态
　　advertising messages 广告信息 193, 216-219
　　analytical challenges 分析挑战 204-205

basic concepts 基本概念 191-192
consumerism 消费主义 217-219
cultural contradictions and battles 文化矛盾与斗争 192-194,285-286
dominant ideologies 主导意识形态 192-193,216,285-286
economic news 经济新闻 202-203,204f,272-273
elites versus insiders 精英与内部人士 201-202
film genre analyses 电影类型分析 205-208
hegemony 霸权 197-200,203,213,215-216

Internet 互联网 222-224
Marxism 马克思主义 191,196-197
media representations 媒体再现 199-200
news media 新闻媒体 201-203
rap music 说唱音乐 213-216
social norms and values 社会规范与价值观 194-195
television programming 电视节目 208,209f,210-213
theoretical perspective 理论视角 196-200

IFPI（International Federation of the Phonographic Industry）国际唱片业协会（IFPI）42,353
#IfTheyGunnedMeDown #如果他们枪杀了我 281
iHeartMedia iHeart 电台 72
I'm No Angel《我不是天使》130
Imitated products 模仿品 153,155-156
The Immigrant《移民》158
In the Heat of the Night《炎热的夜晚》239
Inactives 非活跃用户 291,292t
Inclusiveness and diversity 包容性与多样性 231,232-235
Indecent material 不雅内容 129-130
Independent filmmakers 独立制片人 45,46,139-140
Independent record companies 独立唱片公司 90-91
Independent telephone companies 独立电话公司 39-40
India 印度
　cable television 有线电视 350f

film industry 电影产业 356
　music contests 音乐比赛 348-349
　regulatory policies 监管政策 116
Indiana Jones and the Temple of Doom《夺宝奇兵2之魔宫传奇》206
Indigenous media industries 本土传媒产业 115,356
Indigenous talent 本土人才 359
Indymedia.org 独立媒体中心网站 174
Information distortions 信息失真 324,332-334
Information flow 信息流 360-362
Information seeking 信息检索 292,293
Information superhighway 信息高速公路 56
Infowars《信息战》332
In-game advertising 游戏内置广告 99
Ingram, Matthew 马修·英格拉姆 81
Innis, Harold 哈罗德·伊尼斯 32
Insiders 内部人士
　See Elites versus insiders 见精英与内部人士
Instagram 照片墙 26f,65,138,329f,353
Instantaneous communication 即时通信 342,344
Intellectual property rights 知识产权 125
　See also Copyright laws 见版权法
Interactive journalism 互动式新闻 168
International advertising 国际广告 219-221
International audiences 国际受众 276-278,281-282
International Federation of the Phonographic Industry（IFPI）国际唱片业协会（IFPI）42
International music 国际音乐 345,358-359
Internet 互联网
　access and connection speed 接入与连接速度 354
　active users 积极的使用者/用户 9,15,288-289,357
　activity categories 活动类别 292-293
　addictive effects 成瘾效应 337-340
　advertising messages 广告信息 223,331-332
　agenda-setting players 议程设置者 308-309
　authoritarian governments 威权政府 370
　censorship 审查 116
　challenges and constraints 挑战与限制 346-347

common languages 通用语言 347t
communication models 传播模式 8-9,10f
connective devices 连接设备 4-5,4f,57
content creation and distribution 内容的创作与分发 288-298
data transfer capacity limitations 数据传输能力限制 139
developing nations 发展中国家 116
digital technology 数字技术 58
economic growth 经济增长 355
fraudulent/deceptive advertising 欺骗性广告 127
future changes and developments 未来的变化与发展 369-371
globalization impact 全球化的影响 342-343
governance 治理 363-364
hate groups 仇恨团体 336
historical perspective 历史的视角 25f,41,54-57
ideological viewpoints 意识形态观点 222-224
impact survey 影响调查 328
infrastructure characteristics 基础设施的特征 57-59
locally produced media content 当地媒体生产的内容 366
marketing strategies 营销策略 57
materiality theory 物质性理论 29-30
matrix media 矩阵媒体 289
military applications 军事应用 54,55
motherhood 母性 213
net neutrality 网络中立性 136-139,149,354
as news source 作为新闻来源 166-167
norms and conventions 规范与惯例 185-188
ownership concentrations and changes 所有权的集中与变化 74
packet switching technology 分组交换技术 54-55,55f
participation categories 参与类别 291-292,292t
participatory culture 参与式文化 332-333
political campaigns 政治竞选 323
political contributions 政治捐款 118t
political coverage 政治报道 321-324
political participation 政治参与 326-328
privatization 私有化 56
pro-democracy movements 民主运动 368
psychological factors 心理因素 339-340
public relations professionals 公共关系专业人士 322-324
racial and ethnic diversity 种族与族裔多样性 279-281
regulatory policies 监管政策 56,58,115,122,137-138,144-146,149,337,360
sexually explicit materials 性露骨内容 129-130
social influence 社会影响 57,59
social movements 社会运动 325
technological characteristics 技术的特点 30f
terrorist groups 恐怖组织 336
traditional versus digital journalism 传统新闻业与数字新闻业 331-332
unfair competition 不公平竞争 139
user base 用户群 367,367f
user demographics 用户统计 6f
user privacy protections 用户隐私保护 144-145
user tracking 用户追踪 323,330,333
See also Facebook; Google; Social media 见脸书;谷歌;社交媒体
Internet Assigned Numbers Authority (IANA) 互联网编号分配机构(IANA)363
Internet Corporation for Assigned Names and Numbers (ICANN) 互联网名称与数字地址分配机构(ICANN) 363
Internet Governance Forum (IGF) 互联网治理论坛(IGF) 363-364
Internet of Things (IoT) 物联网(IoT) 5,57,369
Internet service providers (ISPs) 互联网服务供应商(ISPs) 41,122,136-139
Internet Society 网络社会 56
Internet World Stats 世界互联网统计中心 343
Interpersonal communication 人际传播 7-8,9,58
Interpretive communities 阐释社群 284-285
Interpretive resistance 阐释性抵抗 285-287
Invasive marketing 侵入性营销 xvii
iPads 苹果平板电脑 26f
iPhones 苹果手机 139

Iranian protests 伊朗抗议运动 368-369
Iraq War 伊拉克战争 89, 135-136, 153, 208, 322
Isaac, Mike 迈克·艾萨克 146, 353
　See also Mozur, Paul 见保罗·莫祖尔
Islam 伊斯兰 357
Islamic State of Iraq and Syria (ISIS) 伊斯兰国 (ISIS) 207
Israeli television viewers 以色列电视观众 277
Italian media 意大利媒体 86-87
iTunes Store 苹果线上音乐商店 95, 132, 349
Ivory, James D. 詹姆斯·D. 艾芙瑞 234
　See also Williams, Dmitri 见德米特里·威廉姆斯
Iyengar, Shanto 尚托·艾英加 308, 333
Jackson, Janine 珍妮·杰克逊 103
Jackson, Linda A. 琳达·A. 杰克逊 233
Jackson, Samuel L. 塞缪尔·L. 杰克逊 157, 240
Jacobs, Matthew 马修·雅各布斯 264f
Jakubowicz, Andrew 安德鲁·雅库博维茨 336
Jamieson, Kathleen Hall 凯瑟琳·霍尔·贾米森 326
Janbek, Dana M. 达纳·M. 扬贝克 336
Jang, S. Mo S. 莫·张 309
Japan 日本
　Internet participation categories 互联网参与类别 291, 292t
　television content decoding and interpretation 电视内容解码与阐释 277, 278
Jarhead《锅盖头》208
Jarrett, Kylie 凯莉·贾勒特 xv
Jason Bourne《谍影重重5》99
The Jeffersons《杰斐逊一家》93, 211
Jeffords, Susan 苏珊·杰弗兹 135, 206-207
Jenkins, Cheryl D. 谢丽尔·D. 詹金斯 243
Jenkins, Henry 亨利·詹金斯 xv, 161, 279-280, 289-290, 293, 295, 297, 333
Jensen, Kerry 克莉·詹森 249
　See also Messner, Michael A. 见迈克尔·A. 梅斯纳
Jermyn, Deborah 黛博拉·杰明 289
Jessell, Harry A. 哈里·A. 杰塞尔 140

The Jetsons《杰森一家》154
Jihad 圣战 357-358
Joey《乔伊》93
Johnson, Austin H. 奥斯汀·H. 约翰逊 199-200
Johnson, Dwayne (The Rock) 道恩·强森（"巨石"）156
Johnson, Kirk 柯克·约翰逊 120
Johnson-Cartee, Karen S. 卡伦·S. 约翰逊-卡蒂 308
Joiners 加入者 291, 292t
Jonas Brothers 乔纳斯兄弟 156
Jones, Alex 亚历克斯·琼斯 331, 332
Jones, Jason J. 杰森·J. 琼斯 334
　See also Bond, Robert M. 见罗伯特·M. 邦德
Joplin, Janis 贾尼斯·乔普林 215
Jordan, Tim 蒂姆·乔丹 55
Jorgensen, Christine 克里斯汀·乔根森 263f
Josey, Christopher L. 克里斯托弗·L. 乔西 244
Jost, Kenneth 肯尼斯·约斯特 26f
Journalistic routines 新闻常规 164-166
Journalistic transparency 新闻透明性 170
Joy《奋斗的乔伊》160
Junk news 垃圾新闻 335

Kadushin, Charles 查尔斯·卡杜申 181
　See also Coser, Lewis A. 见刘易斯·A. 科塞尔
Kahle, Shannon 香农·卡勒 243
Kahn, Frank J. 弗兰克·J. 卡恩 128
Kahn, Richard 理查德·卡恩 55, 325
Kalogeropoulos, Antonis 安东尼斯·卡洛格罗普洛斯 331
Kane, John V. 约翰·V. 凯恩 258
Kang, Cecilia 塞西莉亚·康 144, 337
Kantrowitz, Alex 亚历克斯·坎特罗维茨 330
Karloff, Boris 鲍里斯·卡洛夫 239
Karr, Alphonse 阿尔方斯·卡尔 xv
Karr, Tim 蒂姆·卡尔 137, 139
Kasser, Tim 蒂姆·卡瑟 312
Kastrenakes, Jacob 雅各布·卡斯特雷纳克斯 146
Katz, Elihu 伊莱休·卡茨 277, 305, 357
Katz, Mark 马克·卡茨 43, 315

Keegan, Rebecca 丽贝卡·基根 161
Kelley, Robin D. G. 罗宾·D. G. 凯利 214
Kellner, Douglas 道格拉斯·凯尔纳 55, 319, 324, 325
Kelly, Kieran 基兰·凯利
　　See Lister, Martin 见马丁·李斯特
Kelly, Megyn 梅根·凯利 157
Kemp, Jack 杰克·肯普 319
Kendall, Diana 戴安娜·肯德尔 252, 261
Kennard, William E. 威廉·E. 肯纳德 119
Kennedy, John F. 约翰·F. 肯尼迪 318
Keohane, Joe 乔·基欧汉 169
Kerry, John 约翰·克里 319
Khalifa, Wiz 维兹·卡利法 65
Kian, Edward M. 爱德华·M. 基安 250
Kibbutznik groups 基布兹居民 277
The Kids Are All Right《孩子们都很好》262
Kim, Youna 尤娜·基姆 281–282
Kinder, Donald R. 唐纳德·R. 金德 308
King, Claire Sisco 克莱尔·西斯科·金 230
King, Rodney 罗德尼·金 274
King, Stephen 斯蒂芬·金 156
King of Queens《后中之王》253
King of the Hill《乡巴佬希尔一家的幸福生活》253
Kingsbury Commitment (1913)"金伯利承诺"(1913) 39–40
Kirst, Seamus 西莫·克斯特 240
Kjellberg, Felix Arvid Ulf 费利克斯·阿尔维德·乌尔夫·谢尔贝里 66
Klapper, Joseph 约瑟夫·克拉珀 305, 306
Klein, Hugh 休·克莱因 247
Kleinberg, Mona S. 莫娜·S. 克莱因伯格
　　See Lau, Richard R. 见理查德·R. 刘
Klinenberg, Eric 埃里克·克林伯格 166, 167
Koblin, John 约翰·科布林 141
Kohut, Andrew 安德鲁·科胡特 103
Kollanyi, Bence 本斯·科兰尼
　　See Howard, Philip N. 见菲利普·N. 霍华德
Korean media industry 韩国传媒产业 356
Korean War 朝鲜战争 270
Korean women 韩国女性 281–282
Kornhauser, William 威廉·科恩豪泽 304
Kosar, Kevin R. 凯文·R. 科萨尔 127

Kostaki, Irene 艾琳·科斯塔基 366
Kovach, Steve 史蒂夫·科瓦奇 143
Kovarik, Bill 比尔·科瓦里克 25
Kraidy, Marwan M. 马尔万·M. 克雷迪 358
Kramer, Adam D. I. 亚当·D. I. 克莱默 339
　　See also Bond, Robert M. 见罗伯特·M. 邦德
Krasnow, Erwin 欧文·克拉斯诺 147
Kretz, Valerie 瓦莱丽·克雷茨 311
Krotz, Friedrich 弗里德里希·克罗兹 314
Krugman, Dean M. 迪恩·M. 克鲁格曼 112
Ku Klux Klan 3K 党 238
Kumanyika, Chenjerai 陈杰瑞·库曼尼卡 259
Kunz, William M. 威廉·M. 昆兹 141
Kuo, Rachel 雷切尔·郭 281
Kurtulus, Sema 塞玛·库尔图鲁斯 292
Kushner, Tony 托尼·库什纳 263f
Kuvalanka, Katherine A. 凯瑟琳·A. 库瓦兰卡 254
Kuypers, Jim A. 吉姆·A. 库伊珀斯 308
Kwak, Nojin 诺金·郭 328
The L Word《拉字至上》88, 264f, 265

L.A. Law《洛城法网》233
Labaton, Stephen 斯蒂芬·拉巴顿 119
Labor unions 工会 257–258, 273
Lacan, Jacques 雅克·拉康 269
Lafrance, Adrienne 阿德里安·拉弗朗斯 137
Laing, David 戴维·莱恩 356
Lamar, Kendrick 肯德里克·拉马尔 245
Lanchester, John 约翰·兰彻斯特 330, 336
Landlines 固定电话 5
Langlois, Andrea 安德里亚·朗格鲁瓦 325
Lanier, Jaron 杰伦·拉尼尔 223
Laposky, Issie 伊西·拉波斯基 149, 323
Laptop computers 笔记本电脑 4–5, 4f, 57, 368
Larose, Robert 罗伯特·拉罗斯 339
Las Vegas Review-Journal《拉斯维加斯评论报》88
Latack, Jessica A. 杰西卡·A. 拉塔克
　　See Feinstein, Brian A. 见布赖恩·A. 范斯坦
Late Night with Seth Meyers《塞斯·梅耶斯深夜秀》163

Latino/Latina Americans 拉美裔/拉丁裔美国人
　alternative journalism 另类新闻 245
　early racist images 早期的种族主义形象 238, 239
　film industry 电影产业 232
　media content decoding and interpretation 媒介内容解码与阐释 275
　newsroom representation 新闻编辑室的代表性 246
　population percentages 人口百分比 232, 234, 234f, 235
　television programming 电视节目 233, 234f, 237f
　video game characters 电子游戏角色 234-235
Lau, Richard R. 理查德·R. 刘 334
Lauper, Cyndi 辛迪·劳帕 276
Lauzen, Martha M. 玛莎·M. 劳森 247, 248
Lavery, David 戴维·莱弗里 271
Law & Order《法律与秩序》93
Lawrence, Jennifer 珍妮弗·劳伦斯 160
Laybourn, Wendy 温迪·莱伯恩 18
Lazarsfeld, Paul 保罗·拉扎斯菲尔德 305, 306
Le Bon, Gustave 古斯塔夫·勒庞 304
League of Nations 国际联盟 360-361
The Leaky Cauldron 破釜酒吧 295
Lear, Norman 诺曼·李尔 211
Learning theory 学习理论 311-312
Leave It to Beaver《小英雄》210, 254
Lecompte, Celeste 塞莱斯特·勒孔特 170
LeDuff, Kim M. 金·M. 勒达夫 243
Lee, Eric 埃里克·李 368
Lee, Jenny Jong-Hwa 珍妮·钟和·李 See Chin, Christina B. 见克里斯蒂娜·B. 金
Lee, Latoya A. 拉托亚·A. 李 280
Lee, Sangoak 桑戈克·李 356
Lee-Won, Roselyn J. 罗斯林·J. 李旺 280
Legion of Decency 道德联盟 131
Lemke, Fred 弗雷德·莱姆克 313
Lennon, John 约翰·列侬 215
Leonhardt, David 戴维·莱昂哈特 324
Lepre, Carolyn Ringer 卡罗琳·林格·莱普雷 231
Lessig, Lawrence 劳伦斯·莱西格 126
Letters from Iwo Jima《硫磺岛家书》208

The Leveson Inquiry 莱韦森调查 85
Levin, Gary 加里·莱文 236, 237f
Levine, Elana 埃拉娜·莱文 195
Levy, Steven 史蒂文·利维 55
Lewis, Lisa 丽莎·刘易斯 276
Lewis, Paul 保罗·刘易斯 337
LGBTQ community LGBTQ 社区
　media representations 媒体再现 199-200, 262, 263-264f, 264-266
　nature versus culture 自然与文化 198
　prime-time programming 黄金时段节目 88-89
Liacas, Tom 汤姆·利亚卡斯 287
Liberal versus conservative viewpoint 自由派与保守派的观点 120-121, 128-129, 192, 201, 313, 334
Licklider, J. C. R. J. C. R. 利克莱德 54-55
Liebes, Tamar 塔马·利贝斯 277, 357
Lievrouw, Leah A. 利娅·A. 李夫罗 28, 29, 149, 173, 200
Life《生活》111
lifestyle messages 生活方式的信息 216-220, 223
Lifetime Television 人生电视频道 73
Limited effects theory 有限效果论 305-306, 333-334
Limperos, Anthony M. 安东尼·M. 林佩罗斯 269
Lind, Rebecca Ann 丽贝卡·安·林德 231, 240, 244
Line 连我 329f
LinkedIn 领英 82f, 329f
Linn, Susan 苏珊·林恩 312
Lionsgate 狮门影业 70
Lippmann, Walter 沃尔特·李普曼 302
Lip-synching 对口型 44
Liquid modernity 流动的现代性 339
Lister, Martin 马丁·李斯特 58
Literary agents 文学经纪人 181, 182
Little, Vance 万斯·利特尔 365
Little Big Man《小巨人》240
Littleton, Cynthia 辛西娅·利特尔顿 356
Live music performances 现场音乐表演 43-44
Livingston, Steven 史蒂文·利文斯顿 136

Livingstone, Sonia 索尼娅·利文斯通 28, 286, 289, 294
Local Community Radio Act (2011)《地方社区广播法案》(2011) 119
locally produced media content 当地媒体生产的内容 356-357, 358, 365
Loeb, Laura 劳拉·勒布 163
Logic of safety 安全逻辑 93
LOGO TV 标志电视台 264f
Lomborg, Stine 斯廷·隆堡 294
Long, Elizabeth 伊丽莎白·朗 205
Long-distance communication 远距离通信 38-42, 47, 48-49, 52-53
Longley, Lawrence 劳伦斯·朗利 147
Long-playing (LP) records 黑胶唱片 42, 43
Lopes, Paul D. 保罗·D. 洛佩斯 91
Lopez, Lori Kido 洛瑞·基多·洛佩兹 296
Los Angeles riots (1992) 洛杉矶暴动 (1992) 274-275, 286
Los Angeles Times《洛杉矶时报》64, 170, 257, 261
Loss of privacy 隐私权的丧失 338
Lou Grant《卢·格兰特》93
Louw, Eric P. 埃里克·P. 洛 88, 321, 322
Love & Hip Hop Atlanta《爱与嘻哈：亚特兰大》237f
Lovink, Geer 吉尔特·洛文克 xv
Low-cost programming 低成本节目 94-95
Lowe, Rob 罗伯·劳 260
Low-power radio campaign 低功率广播运动 117, 119-120, 149
Lubet, Alex 亚历克斯·卢贝特 44
Lubken, Deborah 黛博拉·卢布肯 301
Luce, Henry 亨利·卢斯 111
Luckmann, Thomas 托马斯·卢克曼 35
Luengo, Maria 玛丽亚·卢恩戈 332
Lule, Jack 杰克·卢勒 343
Lumière, Auguste and Louis 奥古斯特和路易斯·卢米埃尔 45
Lundby, Knut 克努特·隆比 314
　　See also Hepp, Andreas 见安德烈亚斯·赫普
Luther, Catherine A. 凯瑟琳·A. 路德 231
Luther, Martin 马丁·路德 37
Lutz, Christoph 克里斯托夫·卢茨 290

Lwin, May O. 梅奥·O. 伦 311
Lyon, Matthew 马修·里昂 54

M*A*S*H《陆军野战医院》94, 211, 270-271
MacBride, Seán 肖恩·麦克布莱德 361, 362
MacBride Commission 麦克布莱德委员会 362
MacBride Roundtable 麦克布莱德圆桌会 362
Macek, Jakub 雅库布·马采克 294
Machine Journalist 机器人记者 170
Machinima 引擎电影公司 66
MacIntosh computers 麦金塔电脑 56
MacKenzie, Donald 唐纳德·麦肯齐 35
Macmillan 麦克米伦出版公司 70
Mad Men《广告狂人》95
Madam Secretary《国务卿女士》249
Maddow, Rachel 雷切尔·玛多 163
Madonna 麦当娜 44, 276, 285
Madrigal, Alexis C. 亚历克西斯·C. 马德里加尔 137
Magazines 杂志
　　advertising-content connection 广告与内容的关联 100
　　alternative feminist press 女性主义另类媒体 286-287
　　ideological viewpoints 意识形态观点 213
　　media content decoding and interpretation 媒介内容解码与阐释 286-287
　　motherhood 母性 213
　　norms and conventions 规范与惯例 162
　　oppositional readings 对抗式解读 286-287
　　ownership concentrations and changes 所有权的集中与变化 68, 72
　　political contributions 政治捐款 118t
　　racial and ethnic diversity 种族与族裔多样性 233
　　women's magazines 女性杂志 218-219
Magnetic tape recordings 磁带录音 40, 42
Maheshwari, Sapna 萨普纳·马赫什瓦里 236
Mainframe computers 大型计算机 56
Majoribanks, Tim 蒂姆·梅杰里班克斯 166
Makichi, Rumbidzai 拉姆比扎伊·马基奇 294
Mancini, Paolo 保罗·曼奇尼 320
Manning, Chelsea/Bradley 切尔西／布拉德

利·曼宁 136
Manning, Jennifer E. 珍妮弗·E. 曼宁 319
Manuscripts 手稿
　See Book publishing; Print media 见图书出版；印刷媒介
Many-to-many communication 多对多传播 58
Marchetti, Gina 吉娜·马尔凯蒂 205, 206
Marconi, Francesco 弗朗切斯科·马尔科尼 170, 369
Marconi, Guglielmo 伽利尔摩·马可尼 47
Marconi Company 马可尼公司 47, 49
Marcus Welby《维尔比医生》262
Mares, Marie-Louise 玛丽-路易丝·马雷斯 311
Marginalized populations 边缘人群 310–311
Marketing Evaluations, Inc. 营销评估公司 156
Marlow, Cameron 卡梅伦·马洛
　See Bond, Robert M. 见罗伯特·M. 邦德
Married to Jonas《嫁给乔纳斯》156
Married with Children《拖家带口》212, 253
The Martian《火星救援》366
Martin, Christopher 克里斯托弗·马丁 257
Martin, Jason 杰森·马丁 280
Martins, Nicole 妮科尔·马丁斯 234
　See also Williams, Dmitri 见德米特里·威廉姆斯
Marvel Cinematic Universe 漫威电影宇宙 63, 76, 161
　The Defenders《捍卫者联盟》93
Marx, Karl 卡尔·马克思 302
Marxism 马克思主义 191, 196–197
The Mary Tyler Moore Show《玛丽·泰勒·摩尔秀》93, 211
Masculine films 男性气质电影 206–207
The Mask of Fu Manchu《傅满洲的面具》239
Mason, Gail 盖尔·梅森
　See Jakubowicz, Andrew 见安德鲁·雅库博维奇
Mass communication 大众传播 7–8, 9, 58
Mass shootings 大规模枪击案 332
Mass society theory 大众社会理论 304–305
Mass-market books 大众畅销书 156
Master of None《无为大师》241
Mastro, Dana E. 达纳·E. 马斯特罗 233, 248, 249
Materiality theory 物质性理论 29–30, 30*f*
Matikainen, Janne 雅纳·马蒂凯宁 294
Matrix media 矩阵媒体 289
Mattelart, Armand 阿芒·马特拉 222, 356
Matwick, Kelsi 凯尔西·马特威克 205
Matwick, Keri 克里·马特威克 205
Maude《莫德》93, 211
Mauskapf, Michael 迈克尔·毛斯卡夫 155
Maxwell, Richard 理查德·麦克斯韦尔
　See Miller, Toby 托比·米勒
McAdam, Doug 道格·麦克亚当 18
McAllister, Matthew P. 马修·P. 麦卡利斯特 259–260
McCain, John 约翰·麦凯恩 319
McChesney, Robert W. 罗伯特·W. 麦克切斯尼 xv, 46, 56, 89, 98, 166, 331
McClelland, Stephen 斯蒂芬·麦克莱兰 279
McCombs, Maxwell 麦克斯韦尔·麦库姆斯 307, 308
McConahay, John B. 约翰·B. 麦科纳海 241
McConaughey, Matthew 马修·麦康纳 156
McConnell, Ben 本·麦康奈尔 291
McCracken, Ellen 艾伦·麦克拉肯 218, 219
McDaniel, Hattie 海蒂·麦克丹尼尔 238
McDermott, Terry 特里·麦克德莫特 87
McDonald, Aleecia M. 阿雷西亚·M. 麦克唐纳 338
McDuling, John 约翰·麦克杜林 366
McGregor, Shannon C. 香农·C. 麦格雷戈 279
McIlroy, Thad 泰德·麦克罗伊 72
McIntire, Mike 迈克·麦金太尔 333
McLaughlin, Margaret L. 玛格丽特·L. 麦克劳克林 186, 187
McLeod, Kembrew 肯布鲁·麦克劳德 124
McLiesch, Caralee 卡拉利·麦克利施 115
McLuhan, Marshall 马歇尔·麦克卢汉 32–33, 56, 342–343, 346, 367
McMillan Cottom, Tressie 特蕾西·麦克米兰·科托姆 289
McMurria, John 约翰·麦克默里亚
　See Miller, Toby 托比·米勒
McNamara, Mary 玛丽·麦克纳马拉 257
McQuail, Denis 丹尼斯·麦奎尔 7, 111, 114

McRobbie, Angela 安吉拉·麦克罗比 275-276
McWorld 麦当劳世界 357-358
Me Too movement "我也是"运动 316,327
Mean world syndrome 卑鄙世界综合征 312,313
Mecking, Olga 奥尔加·梅金 310
Media Action Network for Asian Americans (MANAA) 亚裔美国人媒体行动网络(MANAA) 242f
Media advocacy organizations 媒体倡议组织 147,148f,149
Media companies 传媒公司
 advertising dynamics 广告动态 98-105,104f
 audience and revenue decline 观众和收入减少 94,95
 conglomeration and integration 兼并与整合 74,75-76f,76,78-79,83-85,122-124,123f
 content and distribution controls 控制内容和分发 95-96
 content diversity 内容多样性 90-92
 controversial programming 有争议的节目 88-89,93,152,210
 cross-media versus single-source promotions 跨媒体与单一渠道推广 78,84
 cultural imperialism 文化帝国主义 355-357,359
 economic dynamics 经济动态 78-79,95-96
 for-profit organizations 逐利的组织 92-98
 key tasks 核心任务 64-67
 low-cost programming 低成本节目 94-95
 ownership concentrations and changes 所有权的集中与变化 67-68,70,72-74,85-92,122-124,123f
 political influence 政治影响 85-89,107-117,118t,119-132,134-136,153-154
 prime-time profit pressures 黄金时段的盈利压力 92-94
 private ownership 私有制 86-87
 product creation and promotion costs 产品创造和推广成本 155
 regulatory policies 监管政策 109-117,118t,119-132,123f,126f,133f,134-146,153-154
 self-promotion 自我推广 83-84

 See also Facebook; Google 见脸书;谷歌
Media content 媒介内容
 active users 积极的使用者/用户 269-272
 advertising accuracy 广告准确性 126-127
 advertising-content connection 广告与内容的关联 98-100,223-224,258,330
 audience fragmentation 受众分化 279
 audience influences 受众影响 230
 audience interpretation 受众解读 271-278,286-287
 audience preferences 受众偏好 229
 Black Lives Matter (BLM) "黑人的命也是命"(BLM) 20-21
 censorship 审查 130-132,134-136,153
 child-centered content example 以儿童为中心的内容案例 227-230
 civil rights movement 民权运动 18-20
 communication models 传播模式 9-10,10f,16,16f
 conglomeration impact 兼并的影响 84-85
 consumerism 消费主义 216-219
 content diversity 内容多样性 90-92
 creation and distribution 创作与分发 288-298
 cultural contradictions and battles 文化矛盾与斗争 192-194
 cultural ideologies 文化意识形态 193-194,285-286
 cultural resistance 文化抵抗 214-215,239-240,244,245-246
 culture jamming 文化干扰 287-288
 domestic viewing context 家庭观看环境 284-285
 economic dynamics 经济动态 78-79,95-96
 economic news 经济新闻 202-203,204f,272-273
 elites versus insiders 精英与内部人士 201-202
 encoded meanings 编码含义 271-278
 Fairness Doctrine (1949) "公平原则"(1949) 127-129
 film genre analyses 电影类型分析 205-208
 gatekeepers and distributors 把关人和分发者 296-298,331-332,333
 gender stereotypes 性别刻板印象 246-251

global media culture 全球媒体文化 219-221, 349, 355-360
international audiences 国际观众 276-278, 281-282
interpretive resistance 阐释性抵抗 275-276, 285-287
liberal versus conservative viewpoint 自由派与保守派的观点 120-121, 192, 201
locally produced media content 当地媒体生产的内容 356-357, 358, 365
modern racism 现代种族主义 239-241, 243-244
multiple meanings 多重意义 270-271, 276-278
obscene materials 淫秽内容 129-130
online meaning making 在线意义创造 278-279
oppositional readings 对抗式解读 273, 275-276, 285-286
organized labor representations 对工会的表征 257-258
owned versus organic activity 自有活动与有机活动 65-66
personalized content delivery 个性化内容推送 80
platforms 平台 65-66
pleasure and entertainment 乐趣和娱乐 281-283
polysemic texts 多义性文本 270-271, 283-284
producer intent 生产者意图 229
product creation and promotion costs 产品创造和推广成本 155
race and ethnicity 种族与族裔 192-193, 231-246
rap music 说唱音乐 213-216
ratings systems 分级制度 130-132
"real" world representations "真实"世界再现 225-228, 274
reality television 电视真人秀 254, 256-257
regulatory policies 监管政策 118t, 126-132, 133f, 134-136
second screen use 第二屏幕的使用 278-279
as self-enclosed text 作为自我封闭的文本 230
self-regulation 自我监管 130-132, 153
sexual minorities 性少数群体 262, 263-264f, 264-266
shareworthy content 值得分享的内容 81
significance analyses 重要性分析 228-230
social class and position 社会阶级与地位 251-262
social context 社会环境 283-285
social media platforms 社交媒体平台 80-81
social norms and values 社会规范与价值观 194-195, 229
sports coverage 体育报道 249-251
stereotypical portrayals 刻板印象式的描绘 194-195
structure-agency dynamics "结构-能动性"动态 15-16, 271-272
tabloid talk shows 八卦谈话节目 254, 256-257
television programming 电视节目 208, 209f, 210-213
white-controlled production 白人控制的生产 244-246, 247
zero-rated content 免流量内容 138
See also Ideologies; Race and ethnicity; Social inequality 见意识形态；种族与族裔；社会不平等

Media ecology 媒介生态学
See Medium theory 见媒介理论

Media effects and influence 媒介效果与影响
active audiences 积极的/活跃用户 306-307, 357
agenda-setting role 议程设置角色 307-309
cultivation theory 涵化理论 312-313
democratic principles 民主原则 302
early research 早期研究 302-305
entertainment and children 娱乐和儿童 303-304
film industry 电影产业 303-304, 311-312
foreign audiences 外国受众 357
framing theory 框架理论 308
learning impacts（媒介）学习的影响 311-312
limited effects theory 有限效果论 305-306,

333-334
mass society 大众社会 304-305
mediatization 媒介化 313-328
mitigation efforts 有限效果 305-306
online media influence 网络媒体影响 328-340
research background 研究背景 301-307
spiral of silence theory 沉默的螺旋理论 309-311
structure-agency dynamics "结构-能动性"动态 12-16, 162, 271-272

Media giants 传媒巨头 67-68, 78-83, 352
See also Facebook; Google 见脸书；谷歌

Media globalization 媒介全球化
basic concepts 基本概念 343-347
centralized ownership and production control 所有权集中与生产控制 348-349
challenges and constraints 挑战与限制 346-347
cross-cultural boundaries 跨文化边界 345-346, 348
cultural exception/cultural diversity 文化例外/文化多样性 364-365
cultural hybridity 文化混杂 345, 358-360
cultural imperialism 文化帝国主义 115, 355-357, 359
culture clash thesis 文化冲突论 357-358, 359
digital divide 数字鸿沟 367-369
economic inequality 经济不平等 366-368
foreign audiences 外国受众 357
future changes and developments 未来的变化与发展 369-371
indigenous media industries 本土传媒产业 115, 356
information flow 信息流 360-362
instantaneous communication 即时通信 342, 344
Internet governance 互联网治理 363-364
key components 关键要素 343-344
locally produced media content 当地媒体生产的内容 356-357, 358, 365-366
media content 媒介内容 219-221, 349, 355-360
most visited websites 访问量最大的网站 353t
occurrences and users 事件与用户 342-343
promotion strategies 推广策略 348-349
regulatory policies 监管政策 360-366
temporospatial limits 时空限制 344
U.S. market share 美国的市场份额 364
user base 用户群 366-369, 367f
Western imports 西方进口产品 355-359
See also Google; Walt Disney Company 见谷歌；华特迪士尼公司

Media industry 传媒产业
advertising dynamics 广告动态 98-105, 104f
audience and revenue decline 观众和收入减少 94, 95
Black Lives Matter (BLM) "黑人的命也是命"（BLM）20-21
civil rights movement 民权运动 18-20
communication models 传播模式 9-10, 10f, 16, 16f
compliance strategies 服从策略 153
conglomeration and integration 兼并与整合 74, 75-76f, 76, 78-79, 83-85, 122-124, 123f
content and distribution controls 控制内容和分发 95-96
content diversity 内容多样性 90-92
controversial programming 有争议的节目 88-89, 93, 152, 210
cross-media versus single-source promotions 跨媒体与单一渠道推广 78, 84
decision-making practice 决策实践 152-161
economic dynamics 经济动态 62-63, 78-79, 95-96, 152-153
economic inequality 经济不平等 366-368
editorial decision-making 编辑决策 180-185
exported entertainment 出口的娱乐产品 219-221
fin-syn regulations 财务利益与联合经营准则 140-141
for-profit organizations 逐利的组织 92-98
globalization impact 全球化的影响 342-343
hit status 热门地位 155-156, 158-160
ignoring behaviors 忽视行为 154
imitated products 模仿品 153, 155-156
interpretation/reinterpretation strategies 解释/

重新解释策略 153-154
key tasks 核心任务 64-67
legal challenges 法律挑战 154
low-cost programming 低成本节目 94-95
mergers 兼并 62-63,65,68
norms and conventions 规范与惯例 162-163,
　　185-188
objectivity 客观性 170-174
occupational roles 职业角色 175-176
organizational characteristics 组织特征 161-
　　185
ownership concentrations and changes 所有权
　　的集中与变化 67-68,70,72-74,85-92,
　　122-124,123f
photography 摄影 176-177,179-180
political influence 政治影响 85-89,107-
　　117,118t,119-132,134-136,153-154
preemption strategies 预先防治策略 153
prime-time profit pressures 黄金时段的盈利
　　压力 92-94
private ownership 私有制 86-87
product creation and promotion costs 产品创造
　　和推广成本 155
production-oriented perspective 生产导向的视
　　角 63-64
"real" world representations,"真实"世界再
　　现 225-228,274
regulatory policies 监管政策 109-117,118t,
　　119-132,123f,126f,133f,134-146,153-
　　154
self-censorship 自我审查 130-132,134,337
self-promotion 自我推广 83-84
sequels and spin-offs 续集和衍生产品 93,
　　156,160-161
star power 明星效应 156-160
structure-agency dynamics "结构-能动性"动
　　态 13-16,152-153
technological innovations 技术创新 167,169-
　　170
uncertainty considerations 不确定性考量
　　159-161
U.S. market share 美国的市场份额 364
Western imports 西方进口产品 355-359
See also Facebook; Global media industry;
　　Google; Ideologies; News media; News pro-
　　duction; Social inequality 见脸书;全球传
　　媒产业;谷歌;意识形态;新闻媒体;新闻
　　生产;社会不平等
Media logic 媒介逻辑 316,317
Media outlets 媒体机构 118t,121-126,123f,
　　126f
　　See also Cable television; Streaming services
　　见有线电视;流媒体服务
媒体所有权 Media ownership
　　advertising dynamics 广告动态 98-105,104f
　　audience and revenue decline 观众和收入减
　　　　少 94,95
　　ownership concentrations and changes 所有权
　　　　的集中与变化 67-68,70,72-74,85-92,
　　　　122-124,123f
　　conglomeration and integration 兼并与整合
　　　　74,75-76f,76,78-79,83-85,122-124,
　　　　123f
　　content and distribution controls 控制内容和
　　　　分发 95-96
　　content diversity 内容多样性 90-92
　　controversial programming 有争议的节目 88-
　　　　89,93,152,210
　　cross-media versus single-source promotions 跨
　　　　媒体与单一渠道推广 78,84
　　economic dynamics 经济动态 78-79,95-96
　　for-profit organizations 逐利的组织 92-98
　　global media industry 全球传媒产业 348-349
　　low-cost programming 低成本节目 94-95
　　political influence 政治影响 85-89,107-
　　　　117,118t,119-132,134-136,153-154
　　prime-time profit pressures 黄金时段的盈利
　　　　压力 92-94
　　private ownership 私有制 86-87
　　regulatory policies 监管政策 118t,121-126,
　　　　123f,126f,153-154
　　self-promotion 自我推广 83-84
　　See also Facebook; Google 见脸书;谷歌
Media personnel 媒体人员
content significance 内容的重要性 229
news production 新闻生产 163
norms and conventions 规范与惯例 162-163
occupational roles 职业角色 175-176

photographers 摄影师 176-177,179-180
structure-agency dynamics "结构-能动性"动态 14-15,162
Media pluralism 媒体多元化 90
Media representations 媒体再现
   See Media content 见媒介内容
Media sharing 媒体分享 46
Media technology 媒介技术
   adoption rates 使用率 4f,27f
   autonomous technology 自主性技术 30-31
   Black Lives Matter(BLM)"黑人的命也是命"(BLM) 20-21
   civil rights movement 民权运动 18-20
   communication models 传播模式 9-10,10f,16,16f
   historical perspective 历史的视角 25,25-26f,27,36-44,59-60,121
   materiality theory 物质性理论 29-30,30f
   medium theory 媒介理论 31-35
   news media 新闻媒体 167
   potential impact 潜在影响 31-35
   social constructionism 社会建构论 17,28,35-36
   technological determinism 技术决定论 28-29,32-36
   technological momentum 技术动力论 30-31
Media/mass media 媒体/大众媒体
   active users 积极的使用者/用户 9,15,269-272,288-289,357
   adoption rates 使用率 4f
   analytical challenges 分析挑战 204-205
   civil rights movement 民权运动 18-21
   communication models 传播模式 7-10,7f,8f,10f,16-18,16f
   content creation and distribution 内容的创作与分发 288-298
   economic and political constraints 经济与政治约束 152-154
   globalization impact 全球化的影响 342-343
   military press restrictions 军事新闻限制 134-136,153
   norms and conventions 规范与惯例 162-163,185-188
   pervasiveness and significance 普遍性和重要性 3-7,6f
   political influence 政治影响 85-89
   polysemic texts 多义性文本 270-271,283-284
   push-pull interactions 推拉互动 12-16,18,31,63-64
   sexual minorities 性少数群体 262,263-264f,264-266
   social influence 社会影响 31-35
   social movements 社会运动 324-325
   social norms and values 社会规范与价值观 194-195,229
   sociological perspective 社会学视角 10-16,63-64
   star power 明星效应 156-160
   technological characteristics 技术的特点 29,30f
   user demographics 用户统计 6f
   See also Advertising; Global media industry; Ideologies; Race and ethnicity; Social inequality 见广告;全球传媒产业;意识形态;种族和民族;社会不平等
Mediatization 媒介化
   basic concepts 基本概念 314-315
   citizen alienation 公民的疏离 326
   media logic 媒体逻辑 316,317
   political systems 政治系统 316-328
   social movements 社会运动 324-325
   social world impacts 社会世界的影响 315-316
Medium theory 媒介理论 31-35
Melican, Debra Burns 黛布拉·伯恩斯·梅利肯 244
MEO 葡萄牙电信服务供应商 138
Meredith Corp. 梅雷迪思集团 72
Meredith Corporation 梅雷迪思集团 87
Messner, Marcus 马库斯·梅斯纳 167
Messner, Michael A. 迈克尔·A.梅斯纳 249,250,251
   See also Musto, Michela 见米凯拉·穆斯托
Meuwly, Nathalie 娜塔莉·莫利
   See Feinstein, Brian A. 见布赖恩·A.范斯坦
Meyer, Philip 菲利普·迈耶 331
Meyrowitz, Joshua 乔舒亚·梅洛维茨 32

Miami Vice《迈阿密风云》233

Michaels, Meredith W. 梅雷迪思·W. 迈克尔斯 212-213

Mickey Mouse Protection Act (1998)《米老鼠保护法案》(1998) 125

Mickle, Tripp 特里普·米克尔 96

Microblogging services 微博业务 27f, 187, 338, 344

Microbroadcasters 微型电台 119-120

Microcomputers 微型计算机 25f

Microprocessors 微处理器 25f

Microsoft 微软 82f, 100, 145

Microwave towers 微波塔 52, 53

Mid-20th century civil rights movement 20 世纪中叶的民权运动 18-20

The Middle《中产家庭》253

Middle-class populations 中产阶级人口
    advertising targeting 广告定位 259-261
    family-based situation comedies 家庭情景喜剧 252-254
    marketing strategies 营销策略 50-52
    media content decoding and interpretation 媒介内容解码与阐释 273-274
    media representations 媒体再现 252
    news media 新闻媒体 258
    reading romance novels 阅读浪漫小说 283-284

Middleton, Rich 里奇·米德尔顿 365

MIDIA Research 媒体市场调查机构 72

Midnight Cowboy《午夜牛郎》132

Milan, Stefania 斯蒂芬尼娅·米兰 149

Military censorship 军事审查 134-136, 153

Military/war films 军事/战争电影 205, 206-208

Milk《米尔克》262, 264f

Milk, Harvey 哈维·米尔克 262, 264f

Millennials 千禧一代 6f

Miller, Laura Jean 劳拉·让·米勒 183

Miller, Toby 托比·米勒 351

Miller, V. V. 米勒 338

Milliot, Jim 吉姆·米利奥 183

Milman, Noriko 纪子·米尔曼
    See Chin, Christina B. 见克里斯蒂娜·B. 金

MILNET 美国军用网络 55

Mims, Christopher 克里斯托弗·米姆斯 323

The Mindy Project《明迪烦事多》233

Minimal effects theory 弱效果论 305-306

Minority populations 少数族裔
    See Race and ethnicity 见种族与族裔

黑人戏 Minstrel shows, 238

Miron, Dorina 多丽娜·米伦 302

Misinformation 错误信息 119, 143, 170, 306, 324, 332-334, 370

Missing in Action《越战先锋》206

Mission: Impossible《碟中谍》205

MIT Technology Review《麻省理工科技评论》26f

Mitterrand, François 弗朗索瓦·密特朗 364

Mockingjay.net 饥饿游戏粉丝网站 295

Modern Family《摩登家庭》62, 99-100, 212, 220, 264f

Modern racism 现代种族主义 239-241, 243-244

Modigliani, Andre 安德烈·莫迪利亚尼 325

Molla, Rani 拉尼·莫拉 354

Mom《极品老妈》213

Momism 母亲主义 212-213

Mommy blogs "妈咪博客" 213

Mondello, Michael 迈克尔·蒙代洛 250

Monopolies 垄断
    cable television 有线电视 53-54
    film industry 电影产业 45
    Hollywood studio system 好莱坞制片厂制度 131, 139-140
    regulatory policies 监管政策 111, 122-124
    telephone industry 电话产业 39-42, 41f

Monte Carlo Television Festival 蒙特卡洛电视节 349

Moonlight《月光男孩》262, 264f

Moonves, Leslie 莱斯利·穆恩维斯 321

Moore, Frazier 弗雷泽·摩尔 233

Morgan, Marcyliena 玛西莉娜·摩根 215

Morgan, Michael 迈克尔·摩根 312, 313
    See also Gerbner, George 见乔治·格伯纳

Morley, David 戴维·莫利 272, 273, 284, 286

Moroccan Jews 摩洛哥犹太人 277

Morozov, Evgeny 叶夫根尼·莫罗佐夫 222, 223

Morris, Aldon 奥尔登·莫里斯 18

Moses, Lucia 露西亚·摩西 169

Mother!《母亲!》160
Mother Jones《琼斯母亲》173
Motherhood 母性 212–213
Motion Picture Association of America (MPAA) 美国电影协会 (MPAA) 131, 132, 133f, 364
Motion Picture Producers and Distributors of America (MPDA) 美国电影制片人暨发行人协会 (MPDA) 131
Motion pictures 电影
　advertising-content connection 广告与内容的关联 99
　censorship and ratings systems 审查和分级制度 130–132, 133f
　digital technology 数字技术 45–46
　encoded meanings 编码含义 271–272
　failures 失败 156
　fantasy film genre 奇幻电影 227
　gender diversity 性别多样性 247
　genre analyses 类型分析 205–208
　globalization impact 全球化的影响 343, 349
　historical perspective 历史的视角 25f, 27, 45–46
　hit status 热门地位 155–156, 158
　impact on children 对儿童的影响 303–304, 311–312
　influential effects 影响力 303–304, 311–312
　locally produced media content 当地媒体生产的内容 356–357, 366
　media content decoding and interpretation 媒介内容解码与阐释 275–276
　organized labor representations 对工会的表征 257
　ownership concentrations and changes 所有权的集中与变化 67, 68, 70
　political contributions 政治捐款 118t
　polysemic texts 多义性文本 270
　production costs 生产成本 356
　racial and ethnic diversity 种族与族裔多样性 192–193, 232, 239–240, 242f, 245, 246
　science fiction film genre 科幻电影 227
　sexual minorities 性少数群体 262, 263–264f
　shifting ideological viewpoints 意识形态观点的改变 191

　social influence 社会影响 45–46
　star power 明星效应 157, 159
　technological characteristics 技术的特点 30f
　U.S. market share 美国的市场份额 364
　user reviews and ratings 用户评论与评分 297
　user-generated content 用户生成内容 296
Mourão, Rachel Reis 瑞秋·赖斯·莫朗 278
Movie censorship and ratings systems 电影审查和分级制度 130–132, 133f
Movie theaters 电影院 99, 131–132, 139–140
Mowlana, Hamid 哈米德·莫拉纳 135, 313
Moy, Patricia 帕特里夏·莫伊 309
Mozur, Paul 保罗·莫祖尔 353, 354
MP3 players MP3播放器 26f, 42
Ms. magazine《女士》杂志 286–287
MSNBC 微软全国广播公司 73, 85, 96, 129
MTV 音乐电视网 53, 67, 263f, 359
Mueller, Milton 米尔顿·穆勒 112, 363, 370
多媒体流媒体设备 Multimedia streaming devices, 4, 4f, 6f, 26f
　See also Streaming services 见流媒体服务
Murder She Wrote《女作家与谋杀案》261
Murdoch, Rupert 鲁珀特·默多克 68, 85, 87
Murdock, Graham 格雷厄姆·默多克 269
Murray, John P. 约翰·P.默里 130
Murray, Noel 诺埃尔·默里 254
Murthy, Dhiraj 迪拉杰·穆尔蒂 280
Museum of Failure 失败博物馆 59
Musgrove, Mike 迈克·马斯格罗夫 369
Music Business Worldwide 全球音乐财经 70, 91
Music industry 音乐产业
　commercialization 商业化 215–216
　content creation and promotion costs 内容创作与推广成本 155
　content diversity 内容多样性 90–91
　copyright and intellectual property 版权与知识产权 124–125
　cross-cultural boundaries 跨文化边界 345, 348–349
　cultural hybridity 文化混杂 345, 358–359
　digital music 数字音乐 42–44, 72
　gender diversity 性别多样性 247, 248f
　hit status 热门地位 159
　homogeneous media products 同质化的媒体产

品 90-91
imitated products 模仿品 156
indigenous talent 本土人才 359
locally produced media content 当地媒体生产的内容 365-366
open versus closed systems 开放与封闭的系统 91
ownership concentrations and changes 所有权的集中与变化 70,71f,72,91-92
political contributions 政治捐款 118t
promotion strategies 推广策略 348-349
rap music 说唱音乐 213-216
sound recordings 录音 30f,42
star power 明星效应 157
streaming services 流媒体服务 72,348,352-353
U.S. market share 美国的市场份额 364
user-generated content 用户生成内容 296
vertical and horizontal integration 垂直整合与水平整合 74,77f
video technology 视频技术 65
See also Walt Disney Company 见华特迪士尼公司
Musto, Michela 米凯拉·穆斯托 249,250,251

Nacos, Brigitte L. 布丽吉特·L. 纳科斯 240
Nadkarni, Ashwini 阿什维尼·纳德卡尼 339
Nakamura, Lisa 中村丽莎 234,280
Nakayama, Thomas K. 托马斯·K. 中山爱梨沙 336
Namkoong, Kang 康·南宫 294
Napster 纳普斯特 144,353
Narcos《毒枭》73,95
Nardi, Peter 彼得·纳迪 266
Nardulli, Peter F. 彼得·F. 纳尔杜利 320
National Association of Black Journalists 全国黑人记者协会 246
National Association of Broadcasters (NAB) 全国广播电视协会 (NAB) 119,132,149,366
National Association of Hispanic Journalists 全国西班牙裔记者协会 246
National Association of Reators (NAR) 美国房地产经纪人协会 (NAR) 100
National Broadcasting Corporation (NBC) 美国全国广播公司 (NBC)
  audience share 收视率 94
  conglomeration impact 兼并的影响 84
  fin-syn regulations 财务利益与联合经营准则 140-141
  historical perspective 历史的视角 49,50
  ownership concentrations and changes 所有权的集中与变化 73
  programming and distribution controls 控制节目制作和分发 96
  racial and ethnic diversity 种族与族裔多样性 237f
  regulatory policies 监管政策 111
  sexual minorities 性少数群体 263f
  talent search shows 选秀节目 158
  top prime-time programs 头部黄金时段节目 237f
National Cable Television Association (NCTA) 美国有线电视协会 (NCTA) 132
National Center for Health Statistics 国家卫生统计中心 5,27f
National Collegiate Athletic Association (NCAA) 美国大学体育协会 (NCAA) 250
National Geographic network 美国国家地理频道 62,343
National Public Radio (NPR) 美国国家公共电台 (NPR) 119,120
National Science Foundation (NSF) 美国国家科学基金会 (NSF) 55,56
National Security Agency (NSA) 美国国家安全局 (NSA) 311
Nationalist cultures 民族主义文化 346
Nationwide《全国新闻》272-273,286
Native American Journalists Association 美国原住民记者协会 246
Native Americans 美国原住民
  alternative journalism 另类新闻 245
  early racist images 早期的种族主义形象 238
  newsroom representation 新闻编辑室的代表性 246
  stereotypical portrayals 刻板印象式的描绘 238,240
  video game characters 电子游戏角色 234-235

Nature versus culture 自然与文化 198-200
Naughton, John 约翰·诺顿 54
Nazi Germany 纳粹德国 49,304,309
Nazi propaganda 纳粹宣传 49,304
NBC News 全国广播公司新闻部 84
NBC Universal NBC 环球 72,79
NC-17 rated films NC-17 级电影 132
NCIS《海军罪案调查处》93,94,210,237f,349
NCIS: Los Angeles《海军罪案调查处：洛杉矶》93
Negrine, Ralph 拉尔夫·内格林 320
Negroponte, Nicholas 尼古拉斯·尼葛洛庞帝 368
Nelson, Kjersten R. 柯尔斯顿·R. 尼尔森 308
Nenova, Tatiana 塔蒂亚娜·内诺瓦 115
Nesbitt, Jim 吉姆·内斯比特 117
Net neutrality 网络中立性政策 122,136-139,149,354
Netflix 网飞公司
    audience share 收视率 93,94
    historical perspective 历史的视角 26f
    hit films 热门电影 158
    media platforms 媒体平台 64
    original programming 原创节目 72,95,96,141,366
    racial and ethnic diversity 种族与族裔多样性 241
    ratings systems 分级制度 132
    fsexual minorities 性少数群体 264f
    streaming services 流媒体服务 46,73,95,141-142,366
    subscriber fees 订阅费用 96
    tiered access arrangements 分级式访问 139
    vertical integration 垂直整合 83,141-142
Netiquette 网络礼仪 186
Network effect 网络效应 337
Network television broadcasting 电视网广播
    advertising dynamics 广告动态 99-100,103-105,104f
    agenda-setting effects 议程设置效果 308
    animated comedies 动画喜剧 253
    audience and revenue decline 观众和收入减少 94,95
    audience interpretation 受众解读 271-278
    changing American family 不断变化的美国家庭 210-212
    competitive markets 竞争性市场 53-54
    copies and spin-offs 复制品和衍生品 93,156,160,211
    cultivation theory 涵化理论 312-313
    cultural codes 文化符码 271-272
    domestic viewing context 家庭观看环境 284-285
    family audiences 家庭受众 284-285
    family-based situation comedies 家庭情景喜剧 229,233,249,252-254
    fan communities 粉丝团体 296
    gender diversity 性别多样性 247-249
    globalization impact 全球化的影响 343,349
    historical perspective 历史的视角 25f
    hit status 热门地位 159-160
    ideological analysis 意识形态分析 193,208,210-213
    international perspectives 国际视角 276-278,281-282
    locally produced media content 当地媒体生产的内容 356-357,365
    new momism 新母亲主义 212-213
    nostalgic programs 怀旧节目 211
    organized labor representations 对工会的表征 257-258
    political coverage 政治报道 318,321-322
    polysemic texts 多义性文本 270-271
    presidential debates 总统辩论 318
    prime-time profit pressures 黄金时段的盈利压力 92-94
    prime-time programming 黄金时段节目 140-141,152-153,156,210
    production costs 生产成本 356
    racial and ethnic diversity 种族与族裔多样性 232-233,234f,237f,241,242f,244,274-278
    reality programming 真人秀节目 93-94,156
    reality television 电视真人秀 93-94,156,208,210,254,256-257
    regulatory policies 监管政策 140-141
    sexual minorities 性少数群体 262,263-264f,264-265

star power 明星效应 159
U.S. market share 美国的市场份额 364
women's sports coverage 对女子体育的报道 249,250
work-family programs "工作之家"节目 211-212
See also Cable television 见有线电视
Neudert, Lisa-Marie 丽莎-玛丽·诺伊德特
　See Howard, Philip N. 见菲利普·N. 霍华德
Neuendorf, Karen 卡伦·诺伊恩多夫 228
Neuman, W. Russell W. 罗素·纽曼 302,309
#NeverAgain #不再发生 327
New Edition 新版本合唱团 156
New Kids on the Block 新街边男孩 156
New Line 新线电影公司 70
New momism 新母亲主义 212-213
New versus old media 新媒介与旧媒介 10,27
New World Information and Communication Order (NWICO) 世界信息和传播新秩序（NWICO）362
New York Post《纽约邮报》68
New York Times《纽约时报》105,108,135,167,168,171,177
New Yorker《纽约客》279
Newman, Benjamin A. 本杰明·A. 纽曼 258
Newman, Nic 尼克·纽曼 331
News Corp. 新闻集团 68,70,85
News Corporation 新闻集团 67,68,87
News media 新闻媒体
　advertising dynamics 广告动态 103-105,104f,166,331
　alternative journalism 另类新闻 173-174,245,325
　audience and revenue maximization 受众和收入最大化 98,166
　conglomeration impact 兼并的影响 84-85
　democratic principles 民主原则 302,326
　diversified sourcing 多方信源 166-167
　economic coverage 经济报道 202-203,204f,272-273
　elites versus insiders 精英与内部人士 201-202
　expanded volume 扩充体量 166-167
　fake news 假新闻 108-109,142-143,310,323-324
　gatekeepers and distributors 把关人和分发者 297-298,331-332,333
　gender diversity 性别多样性 247
　horse race coverage 竞选报道 326
　ideological constructs 意识形态建构 201-203
　ideological viewpoints 意识形态观点 193,333
　influential effects 影响力 302
　interactive journalism 互动式新闻 168
　media coverage and public opinion 媒体报道和舆论 307-308
　modern racism 现代种族主义 241,243,244
　norms and conventions 规范与惯例 162-163
　objectivity 客观性 170-174
　oppositional readings 对抗式解读 273
　organized labor representations 对工会的表征 257
　political coverage 政治报道 318-324,326
　political influence 政治影响 85-89
　presentation and engagement 呈现和参与度 168-169
　profit pressures and cost-cutting efforts 利润压力和削减成本的努力 96-98
　public relations professionals 公共关系专业人士 321-324
　racial and ethnic diversity 种族与族裔多样性 246,274-275
　second screen use 第二屏幕的使用 279
　sexual minorities 性少数群体 265
　social class and position 社会阶级与地位 258-259,272-273
　social media platforms 社交媒体平台 80-81,143,146,331-332,333
　social movements 社会运动 324-325
　speed and homogenization 速度与同质化 167-168
　star power 明星效应 157
　stereotypical portrayals 刻板印象式的描绘 195
　technological innovations 技术创新 167,169-170
　traditional versus digital journalism 传统新闻业与数字新闻业 331-332
　user contributions 用户贡献 297-298

News of the World《世界新闻报》85

News production 新闻生产

  alternative journalism 另类新闻 173-174, 245, 325

  diversified sourcing 多方信源 166-167

  economic pressures 经济压力 166

  expanded volume 扩充体量 166-167

  interactive journalism 互动式新闻 168

  journalistic routines 新闻常规 164-166

  news gathering processes 新闻采集流程 164-166

  newsroom automation 新闻编辑室自动化 169-170

  newsworthiness 新闻价值 163-164, 167, 172-173

  norms and conventions 规范与惯例 162-163

  objectivity 客观性 170-174

  presentation and engagement 呈现和参与度 168-169

  racial and ethnic diversity 种族与族裔多样性 246

  speed and homogenization 速度与同质化 167-168

  structure-agency dynamics "结构-能动性"动态 163

  technological innovations 技术创新 167, 169-170

  traditional versus digital journalism 传统新闻业与数字新闻业 331-332

NewsHour《新闻一小时》105

Newspapers 报纸

  advertising dynamics 广告动态 104, 166, 261, 331

  alternative journalism 另类新闻 325

  conglomeration impact 兼并的影响 85

  controversial content 有争议的内容 102

  democratic principles 民主原则 302

  employment changes 就业情况的变化 97, 97*f*

  gatekeepers and distributors 把关人和分发者 297-298

  gender diversity 性别多样性 247

  historical perspective 历史的视角 25*f*

  ideological viewpoints 意识形态观点 193

  19th century British and American press 19世纪的英美报业 100-102

  ownership concentrations and changes 所有权的集中与变化 68

  political contributions 政治捐款 118*t*

  profit pressures and cost-cutting efforts 利润压力和削减成本的努力 96-98

  racial and ethnic diversity 种族与族裔多样性 245, 246

  stereotypical portrayals 刻板印象式的描绘 195

  user contributions 用户贡献 297-298

Newsworthiness 新闻价值 163-164, 167, 172-173

Newton, Gregory D. 格雷戈里·D. 牛顿 78

Nicas, Jack 杰克·尼卡斯 146

Nicholls, Wendy 温迪·尼科尔斯 294

Nickelodeon 尼克国际儿童频道 67

Nielsen 尼尔森 3, 4, 4*f*, 5, 6*f*, 65, 95, 115

Nielsen, Jakob 雅各布·尼尔森 291

The Nigger《黑鬼》238

Nightline《晚间报道》320

19th century advertising 19世纪的广告 100-102

Nintendo 任天堂 234

Nixon, Richard M. 理查德·M. 尼克松 318

Nixon, Sean 肖恩·尼克松 226

Nixon administration 尼克松政府 52, 128

"No Comment" feature "无可奉告"专栏 286-287

Noah, Trevor 特雷弗·诺亚 163

Noam, Eli M. 伊莱·M. 诺姆 79, 121

Noble, Safiya Umoja 萨菲娅·诺布尔 244, 336

Noelle-Neumann, Elisabeth 伊丽莎白·内尔-纽曼 309, 310, 311

Nongovernmental organizations (NGOs) 非政府组织 (NGOs) 343, 362, 363

Nordenstreng, Kaarle 卡尔勒·诺尔登斯滕 313

Norms 规范

  See Professional norms and practices 见职业规范与实践

Norris, Chuck 查克·诺里斯 206, 207

Norris, Pippa 皮帕·诺里斯 321

North American film market 北美电影市场 364

Northern Exposure《北国风云》263*f*

Nostalgic programs 怀旧节目 211
NSFNET 国家科学基金会网络 55,56
NSYNC 超级男孩 156
Nunez, Michael 迈克尔·努内兹 334
Nussbaum, Bruce 布鲁斯·努斯鲍姆 368
Nussbaum, Emily 艾米丽·努斯鲍姆 318
NYPD Blue《纽约重案组》93

Ó Siochrú, Seán 塞恩·奥·西奥赫鲁 360
Obama, Barack 巴拉克·奥巴马 135, 264*f*, 319, 323, 336
O'Barr, William 威廉·奥巴尔 220, 221
Objectivity 客观性
    alternative journalism 另类新闻 173–174
    basic concepts 基本概念 170–171
    origins 原创 171–172
    political consequences 政治后果 173
    routine journalistic practices 常规新闻实践 172–173
Oboler, Andre 安德烈·欧博勒
    See Jakubowicz, Andrew 见安德鲁·雅库博维奇
Obscene materials 淫秽内容 129–130
Occupational roles 职业角色 175–176
Occupy movement "占领运动" 316, 325
O'Connell, Jerry 杰瑞·奥康奈尔 160
Odd Mom Out《怪妈闯荡记》213
The Office《办公室》141, 160
Office of the United States Trade Representative 美国贸易代表办公室 365
Official news sources 官方信源 166
Old versus new media 旧媒介与新媒介 10, 27
Oligopolies 寡头垄断 91, 92, 140, 223
Olmstead, Kenneth 肯尼斯·奥姆斯特德 149
Olson, David R. 戴维·R. 奥尔森 25
On-demand television 点播电视 95, 158
One-to-many communication 一对多传播 7–8, 9, 58
One-to-one communication 一对一传播 7–8, 9
Online advertising 网络广告 81
Online alternative media 网络另类媒体 89
Online booksellers 网络书商 183
Online discussions 网络讨论 309
Online meaning making 在线意义创造 278–279

Online media 网络媒体 95, 236*f*, 244
Online media influence 网络媒体影响
    addictive effects 成瘾效应 337–340
    censorship 审查 336–337
    computational propaganda 计算式宣传 334–336
    hate groups 仇恨团体 336–337
    information distortions 信息失真 324, 332–334
    self-management concerns 自我管理的问题 337–340
    social media platforms 社交媒体平台 328–331, 329*f*, 333–334, 336–337
    traditional versus digital journalism 传统新闻业与数字新闻业 331–332
Online news media 网络新闻媒体 85, 98, 246, 247, 331–332
Ono, Yoko 小野洋子 215
Open Compute Project 开放计算项目 82, 354
Open Internet Order 开放互联网法令 137–138
Orange Is the New Black《女子监狱》264*f*
O'Reilly, Bill 比尔·奥莱利 104
The O'Reilly Factor《奥莱利实情》104, 104*f*
Organized labor 工会 257–258, 273
The Original, Aboriginal, Erratic, Operatic, Semi-Civilized and Demi-Savage Extravaganza of Pocahontas《原始的、土著的、古怪的、歌剧风格的、半文明的和半野蛮的波卡·洪塔斯盛典》238
Osborne, Kerry K. 克里·K. 奥斯本 186
    See also McLaughlin, Margaret L. 见玛格丽特·L. 麦克劳克林
The Osbournes《奥斯本家族》156
#OscarsSoWhite #奥斯卡太白 235, 240
Osei-Frimpong, Kofi 科菲·奥塞-弗林蓬 313
Otherness 他者 221, 261
Over-the-air broadcast media 空中传送的广播媒体
    See Radio broadcasting; Television 见无线电广播;电视
Over-the-top (OTT) services 过顶服务 116
Owen, Taylor 泰勒·欧文 81, 332
Owned versus organic activity 自有活动与有机活动 65–66

Oxfam 乐施会 343
Oxford Dictionaries 牛津词典 324
Oxygen 氧气电视台 73,96
Özkan, Erdem 埃尔德姆·厄兹坎 292
Ozkaya, Elif 艾利夫·厄兹卡亚 339
Öztürk, Selen 塞伦·奥兹图尔克 292
Ozzie and Harriet《奥兹和哈里特的冒险》210

Pacific Islanders 太平洋岛民
　　See Asian Americans/Pacific Islanders (AAPI); Race and ethnicity 见亚裔美国人/太平洋岛民(AAPI); 种族与族裔
Paletz, David 戴维·帕莱茨 135
Palfrey, John 约翰·鲍弗里 293
Palin, Sarah 莎拉·佩林 319
Panday, Jyoti 乔蒂·潘迪 116
Pandora 潘多拉 42,64,82*f*,138
Paradies, Yin 因·帕迪拉斯
　　See Jakubowicz, Andrew 见安德鲁·雅库博维奇
Paramount Pictures 派拉蒙影业 67,70,139-140
Paramount Vantage 派拉蒙优势影业 70
Parenti, Michael 迈克尔·帕伦蒂 325
Parents《父母》213
Parents' Music Resource Center (PMRC) 家长音乐资源中心(PMRC) 134
Pariser, Eli 伊莱·帕里泽 333
Parkinson, H. J. H. J. 帕金森 335
Parkland, Florida, mass shooting 佛罗里达州帕克兰大规模枪击案 332
Parris, Terry, Jr. 特里·Jr. 帕里斯 330
Partial paywalls 针对部分内容的付费墙模式 98
participation categories 参与类别 291-293,292*t*
participatory culture 参与式文化 289-290,332-333
Participatory inequality 参与的不平等 290-291
Partisan journalism 党派新闻 173-174
Party of Five《五口之家》241
Pasquale, Frank 弗兰克·帕斯夸莱 331
Patterson, James 詹姆斯·帕特森 156
Pautz, Michelle 米歇尔·保茨 45
Pay-for-play arrangements 付费使用制度 138
Payne Fund Studies 佩恩基金会研究 303

Paywalls 付费墙 98
Pecquerie, Bernard 伯纳德·佩克里 170
Peele, Jordan 乔丹·皮尔 193,245
Peer-to-peer platforms 点对点对等网络平台 144
Pehlke, Timothy A. 蒂莫西·A. 佩尔克 254
PEJ (Project for Excellence in Journalism) "卓越新闻项目"(PEJ) 203,204*f*,326
Penguin Random House 企鹅兰登书屋 68,69-70*f*,70
Penn, Sean 西恩·潘 262,264*f*
Pensavalle, Alexander 亚历山大·彭萨瓦勒 280
People《人物》68,72
People of color 有色人种
　　See Race and ethnicity 见种族与族裔
The People's Choice (Lazarsfeld, Berelson, and Gaudet)《人民的选择》(拉扎斯菲尔德、贝雷尔森和高德特) 305-306
Perlberg, Steven 史蒂文·珀尔伯格 80
Perlmutter, David D. 戴维·D. 珀尔穆特 294
Perse, Elizabeth M. 伊丽莎白·M. 珀斯 302
Persian Gulf War 海湾战争 135,153,207
Persily, Nathaniel 纳撒尼尔·珀西里 324
Personal communication 人际传播 7-8
Personal computers 个人电脑 56
Personalized content delivery 个性化内容推送 80
Personalized journalism 个性化新闻 169-170
Petersen, Christina 克里斯蒂娜·彼得森 303
Petersen, Vibeke G. 维贝克·G. 彼得森 115
Peterson, Richard A. 理查德·A. 彼得森 63,90-91
Peterson, Robin T. 罗宾·T. 彼得森 233
Petit, Michael 迈克尔·佩蒂特 xv
Petition of European Filmmakers 欧洲电影制作人的请愿书 365
Petrich, Kevin 凯文·彼得里希 262,264,265-266
Pew Research Center 皮尤研究中心 4,4*f*,5,27*f*,80,97,103,328,370
Philadelphia《费城故事》263*f*
Philippines 菲律宾 282
Philips, Angela 安吉拉·菲利普斯 167-168

Phillips, James 詹姆斯·菲利普斯 247
Phoenix, Joaquin 华金·菲尼克斯 158
Phone-hacking scandal 电话窃听丑闻 85
Phonographs 留声机 25f,27,42
Photography 摄影
 historical perspective 历史的视角 25f,27,176
 occupational role 职业角色 176-177,179-180
 organizational and professional norms 组织与职业规范 177,179-180
 presidential politics 总统政治 320,322
 professional socialization 专业社会化 177,179-180
 social influence 社会影响 34,320
Photojournalists 摄影记者 176-177,179
Phyllis《菲莉丝》93
Pickard, Victor 维克托·皮卡德 103,111,112,331
Pieper, Katherine 凯瑟琳·皮珀 232,246
 See also Smith, Stacy L. 见斯泰西·L. 史密斯,
Pierson, David 戴维·皮尔森 142
Pieterse, Jan Nederveen N. 贾恩·内德维恩·皮特丝 357,358
Pimp My Ride《帮你改装车》256
Pinch, Trevor 特雷弗·平奇 29,36
tiered access arrangements 分级式访问 138
Pipes 管道
 economic dynamics 经济动态 78-79
 Facebook 脸书 82-83
 functional role 功能角色 64,66-67
 Google 谷歌 82-83
 ownership concentrations and changes 所有权的集中与变化 73-74
 political contributions 政治捐款 118t
Piracy 隐私 44,117,119
Pixar Animation 皮克斯动画 160
Pizzigati, Sam 山姆·皮兹加蒂 325
Platforms 平台
 characteristics and functional role 特征与功能角色 64,143-144
 connectivity 连接性 329
 content and distribution controls 控制内容和分发 95-96,288-298
 datafication 数据化 330

economic dynamics 经济动态 78-79
fake news 假新闻 142-143
film ratings systems 电影分级制度 297
ownership concentrations and changes 所有权的集中与变化 72-73
political contributions 政治捐款 118t
popularity 流行性 329
programmability 可编程性 328-329
social media logic 社交媒体逻辑 328-330
subscriber fees 订阅费用 95,96
user content and delivery 用户内容和推送 65-66
vertical and horizontal integration 垂直与水平整合 83-84
See also Social media 见社交媒体
Podcasts 播客 26f
Poell, Thomas 托马斯·波尔 328
Poirier, Agnès 阿涅斯·普瓦里耶 364
Poitier, Sidney 西德尼·波蒂埃 239
Political ads 政治广告 145,146
Politics/political influence 政治/政治影响
 agenda-setting effects 议程设置效果 308-309
 authoritarian governments 威权政体 108,335,347,353,370
 campaign tactics 竞选策略 321,323-324
 celebrities 名人 318,319
 citizen alienation 公民的疏离 326
 cultivation theory 涵化理论 312-313
 democratic societies 民主社会 108,114-115
 elites versus insiders 精英与内部人士 201-202
 horse race coverage 竞选报道 326
 ideological viewpoints 意识形态观点 193-194
 information flow 信息流 360-362
 Internet use 互联网使用 321-324,326-328
 low-power radio campaign 低功率广播运动 117,119-120,149
 media advocacy organizations 媒体倡议组织 147,148f,149
 media content 媒介内容 193-194
 media coverage 媒体报道 318-324,326
 media-savvy professionals 精通媒体的专业人士 321-324
 mediatization effects 媒介化效果 316-328

19th century British and American press 19 世纪的英美报业 100-102
political party decline 政党的衰落 320-321
regulatory policies 监管政策 109-117,118t,119-132,123f,126f,133f,134-146,153-154
second screen use 第二屏幕的使用 279
social media platforms 社交媒体平台 333-334
social movements 社会运动 18-21,324-325
spiral of silence theory 沉默的螺旋理论 309-311
two-step flow of influence theory 两级传播影响理论 305-306
user involvement 用户参与 144-145
user self-selection 用户自主选择 333-334
user tracking 用户追踪 323-324
Polysemy 多义性 270-271,283-284
Pooley, Jefferson 杰弗森·普利 301
Poor populations 贫困人口 105,244,245,256-261,368
Pop music industry 流行音乐产业 44,90-92,155,358-359
Pope, Cassadee 卡莎蒂·普 158
Pornography 色情 129-130,132,311
Porter, Rick 里克·波特 92,93
Postman, Neil 尼尔·波兹曼 33-34
Postmodern theory 后现代理论 34,320
"Post-truth" politics "后真相"政治 324
Potocki, Bridget 布里奇特·波托基 280
Potter, Harry 哈利·波特 295
Potter, W. James W. 詹姆斯·波特 302
Povich, Maury 莫里·波维奇 256
Powell, Walter W. 沃尔特 W. 鲍威尔 181,183,184
　　See also Coser, Lewis A. 见刘易斯·A. 科塞尔
Power and ideology 权力和意识形态 196-200,214-215
Power Rangers《超凡战队》264f
Powers, Matthew 马修·鲍尔斯 163,166
Pranking 恶搞 287
Pred, Allan R. 艾伦·R. 普雷德 37f
Presidential debates 总统辩论 318
Presley, Elvis 埃尔维斯·普雷斯利 53
Press, Andrea 安德莉娅·普莱斯 273-274
Press Association 美国新闻联合社 169
Press Freedom Index 新闻自由指数 108
Press pool system 记者团制度 135,153
Price, Monroe 门罗·普赖斯 360
Prime-time profits 黄金时段的利润 92-94
Prime-time programming 黄金时段节目
　animated comedies 动画喜剧 253
　controversial programming 有争议的节目 210
　economic dynamics 经济动态 152-153
　fin-syn regulations 财务利益与联合经营准则 140-141
　gender diversity 性别多样性 247-249
　racial and ethnic diversity 种族与族裔多样性 232-233,234f,237f,241,242f,244
　sexual minorities 性少数群体 264-265
　star power 明星效应 156
Prindle, David F. 戴维·F. 普林德尔 159
Print media 印刷媒介
　advertising-content connection 广告与内容的关联 100-102
　alternative feminist press 女权主义另类媒体 286-287
　civil rights movement 民权运动 20
　conglomeration impact 兼并的影响 85
　constitutional protections 宪法保护 121
　cross-cultural boundaries 跨文化边界 345
　democratic principles 民主原则 302
　distribution limitations 分发的限制 37-38,37f
　historical perspective 历史的视角 25,25f,27,36-38
　ideological viewpoints 意识形态观点 193,213
　media content decoding and interpretation 媒介内容解码与阐释 286-287
　norms and conventions 规范与惯例 162
　oppositional readings 对抗式解读 286-287
　ownership concentrations and changes 所有权的集中与变化 68,72
　political contributions 政治捐款 118t
　racial and ethnic diversity 种族与族裔多样性 233,237-238
　regulatory policies 监管政策 122

social influence 社会影响 32,33-34,37
technological characteristics 技术的特点 30f
traditional versus digital journalism 传统新闻业与数字新闻业 331-332
user-generated content 用户生成内容 296
women's magazines 女性杂志 218-219
Privacy policies 隐私条款 338
Privacy rights 隐私权 144-145
Private media ownership 私营媒体的所有权 86-87
Pro-democracy movements 民主运动 167,215,368-369
Product endorsements 产品代言 99,127,221
Products 产品
 advertising-content connection 广告与内容的关联 98-100,223-224,258,330
 conglomeration impact 兼并的影响 84-85
 content and distribution controls 控制内容和分发 95-96
 content creation 内容创作 64-65
 content creation and promotion costs 内容创作与推广成本 155
 content diversity 内容多样性 90-92
 economic dynamics 经济动态 78-79
 foreign audiences 外国受众 357
 functional role 功能角色 64
 global media culture 全球媒体文化 216-220,355-357
 hegemony 霸权 197-200,203,213,215-216
 hit status 热门地位 155-156,158-160
 imitated products 模仿品 153,155-156
 low-cost programming 低成本节目 94-95
 ownership concentrations and changes 所有权的集中与变化 68,69-70f,70,71f,72,85-92
 political contributions 政治捐款 118t
 rap music 说唱音乐 213-216
 sequels and spin-offs 续集和衍生品 93,156,160-161,211
Professional norms and practices 职业规范与实践
 book publishing 图书出版 162,183
 Internet 互联网 185-188
 key journalistic practices 核心新闻业务实践 172

news media 新闻媒体 162-163
 objectivity 客观性 170-174
 occupational roles 职业角色 176
 photography 摄影 177,179-180
 print media 印刷媒介 162,183
 radio broadcasting 无线电广播 162
 television 电视 163
Professional socialization 专业社会化 175-177,179-185
The Profit《利益者》94
Project Fi 谷歌 Fi 项目 83
Project for Excellence in Journalism (PEJ) "卓越新闻项目"(PEJ) 203,204f,326
Project Loon 气球项目 82-83
Project Runway《天桥骄子》94
Prometheus Radio Project 普罗米修斯广播计划组织 147,149
Propaganda 宣传
 campaign tactics 竞选策略 321-322
 computational propaganda 计算式宣传 310,334-336
 future trends 未来趋势 370
 state-owned media 国有媒体 86,108
 wartime propaganda efforts 战时宣传工作 171,304,361
Protestant Reformation 新教改革 37
Prysby, Charles 查尔斯·普里斯比 321
Pseudo-events 伪事件 34
Public access television programming 公共电视节目 52-53
Public affairs programs 公共事务节目 259
Public broadcasting services 公共广播服务 114,120,121,259
Public domain 公共领域 125-126
Public Enemy 全民公敌乐队 124
Public interest advocacy 公共利益倡议 110,112,116,128-129,137-138,147,149
Public Knowledge 公共知识 137
Public opinion polls 民意调查 307
Public relations professionals 公共关系专业人士 171-172,321-324
Publishing industry 出版业
 See Book publishing 见图书出版
Puette, William J. 威廉·J. 普鲁特 257

Purcell, Kristen 克里斯汀·珀塞尔
　　See Hampton, Keith N. 见基思·N. 汉普顿
Push-pull interactions 推拉互动 12-16,18,31, 63-64
Putin, Vladimir 弗拉基米尔·普京 310-311, 335

Q Scores Q 分数 156-157
QQ 腾讯 QQ 329f,353,353t
Queer as Folk《同志亦凡人》264f,265
Queer Eye for the Straight Guy《粉雄救兵》264f
Quick, Rebecca 丽贝卡·奎克 56
Qzone QQ 空间 329f

Rabinovitz, Lauren 劳伦·拉比诺维茨 135
Race and ethnicity 种族与族裔
　　action-adventure film genre 动作冒险片 206
　　advertising representations 广告再现 233
　　alternative journalism 另类新闻 245
　　cultural resistance 文化抵抗 214-215,239-240,244,245-246
　　early racist images 早期的种族主义形象 238-239
　　family-based situation comedies 家庭情景喜剧 233
　　film industry 电影产业 192-193,232,239-240,242f,245,246
　　inclusiveness and diversity 包容性与多样性 231,232-237
　　Internet participation and content creation 互联网参与和内容创作 294
　　key production-related issues 生产相关的关键问题 231-232
　　media content 媒介内容 192-193,231-246
　　media content decoding and interpretation 媒介内容解码与阐释 274-275,277-278
　　media representations 媒体再现 231,232-233,237-241,243-244
　　modern racism 现代种族主义 239-241,243-244
　　nature versus culture 自然与文化 198
　　Nazi Germany 纳粹德国 309
　　news media 新闻媒体 245,246,274-275
　　online identities and communities 网络身份和社区 279-281
　　population percentages 人口百分比 232,234, 234f,235,241
　　production control 控制生产 231-232
　　rap music 说唱音乐 213-216
　　shifting ideological viewpoints 意识形态观点的改变 191,212
　　social class and position 社会阶级与地位 244
　　stereotypical portrayals 刻板印象式的描绘 194-195,231,232-233,237-241,242f, 243-246,281
　　television programming 电视节目 232-233, 234f,237f,241
　　white-controlled production 白人控制的生产 244-246
　　See also Gender 见性别
Racial agency 种族能动性 280
Racism 种族主义
　　See Civil rights movement; Race and ethnicity 见民权运动；种族与族裔
Radical press 激进报刊 101-102
Radina, M. Elise M. 伊莉丝·拉迪纳 254
Radio Act (1912)《无线电法》(1912) 47
Radio and Music 广播和音乐 349
Radio broadcasting 无线电广播
　　adoption rates 使用率 4f,27f
　　advertising 广告 48
　　broadcast licenses 广播许可证 117,119-120, 147
　　competition 竞争 47-49,50
　　gender diversity 性别多样性 247
　　historical perspective 历史的视角 25-26f,27, 46-49
　　locally produced media content 当地媒体生产的内容 365-366
　　low-power radio campaign 低功率广播运动 117,119-120,149
　　military applications 军事应用 47
　　musical diversity 音乐多样性 90-91
　　norms and conventions 规范与惯例 162
　　ownership concentrations and changes 所有权的集中与变化 72,122,123f
　　political contributions 政治捐款 118t
　　prevalence 流行 3,6f

regulatory policies 监管政策 122
social influence 社会影响 46-49
stereotypical portrayals 刻板印象式的描绘 195
technological characteristics 技术的特点 30f
user-generated content 用户生成内容 296
Radio Corporation of America（RCA）美国无线电公司（RCA）48-49,50
Radio Disney 迪士尼广播 351f
Radio programmers 广播节目主持人 162
Radiotelegraphy 无线电报 47
Radway, Janice A. 珍妮斯·拉德威 283-284, 286
Rafaeli, Sheizaf 谢扎夫·拉法利 294
Raiders of the Lost Ark《夺宝奇兵》205
Rainie, Lee 李·雷妮 xv, 328,370
　See also Hampton, Keith N. 见基思·N. 汉普顿
Ramaprasad, Venkat 文卡特·拉马普拉萨德 205
Rambo《第一滴血》205,206
Rap music 说唱音乐 213-216
Rather, Dan 丹·拉瑟 85
Rating systems 分级制度 297
Rating systems 分级制度 130-132
Rational thought 理性思维 33
Rawsthorn, Alice 爱丽丝·罗斯索恩 368
Ray, Rashawn 拉肖恩·雷 18
Ray Ban sunglasses 雷朋太阳镜 99
Ray Donovan《清道夫》95
Reading 阅读 283-284
Reagan, Ronald 罗纳德·里根 112,128,206, 318,319
The Real World《真实世界》93
"Real" world representations "真实"世界再现 225-228,274
　See also Social inequality 见社会不平等
Real World: San Francisco《真实世界:旧金山》263f
Reality 现实
　ideological viewpoints 意识形态观点 191
　media representations 媒体再现 199-200, 225-228,274
　objective journalism 客观新闻学 172-173
　social constructionism 社会建构论 17,28, 35-36
　visual imagery 视觉表象 34,320
Reality television 电视真人秀 93-94,156,208, 210,254,256-257
Reardon, Marguerite 玛格丽特·里尔登 137
Recording Industry Association of America（RIAA）美国唱片业协会（RIAA）72,132
Recording technology 录音技术
　See Sound recordings 见录音
Redden, Joanna 乔安娜·雷登 xv
Reddit 红迪 298,333,338,353t
Redlawsk, David P. 戴维·P. 雷德劳斯
　See Lau, Richard R. 见理查德·R. 刘
Reed, M. M. 里德 335
Regan, Donald 唐纳德·里根 318
Regulatory policy 监管政策
　antitrust legislation 反垄断法 39-41,41f,68, 109,111,140,145
　cable television 有线电视 52
　campaign contributions 竞选捐款 117,118t
　citizen participation 公民参与 117
　copyright and intellectual property 版权和知识产权 124-126,126f
　developing nations 发展中国家 115-116
　fraudulent/deceptive advertising 欺骗性广告 126-127
　global media industry 全球传媒产业 360-366
　historical perspective 历史的视角 109-113
　international perspectives 国际视角 113-116
　Internet 互联网 56,58,115,122,137-138, 144-146,337,360
　liberal versus conservative viewpoint 自由派与保守派的观点 120-121,128-129
　lobbying influences 游说的影响 117,118t
　low-power radio campaign 低功率广播运动 117,119-120,149
　media access and distribution 接入途径与传播渠道 136-146
　media content 媒介内容 118t, 126-132, 133f,134-136
　media ownership 媒体所有权 118t, 121-126, 123f,126f,153-154
　net neutrality 网络中立性 122,136-139,149, 354

political influence 政治影响 109-117, 118t, 119-132, 123f, 126f, 133f, 134-136, 153-154
radio broadcasts 无线电广播 47
regulation versus deregulation debate 管制与放松管制之辩 110, 112-113, 116, 122-124, 123f, 128
social media platforms 社交媒体平台 142-146, 336-337
television broadcasts 电视广播 50, 140-141
vertical integration 垂直整合 139-142
Western democratic societies 西方民主社会 114-115
See also Federal Communications Commission (FCC) 见联邦通信委员会（FCC）
Reid, Leonard N. 伦纳德·N. 里德 112
Reisman, David 大卫·赖斯曼 304
Relativity《爱情相对论》263f
Rendall, Steve 史蒂夫·伦道尔 89
Renner, Nausicaa 娜乌西卡·雷纳 170
Rennie, Ellie 艾莉·雷尼 49
Reporters And Data And Robots（RADAR）雷达项目（RADAR）169
Reporters Without Borders "记者无国界"组织 108
Repressive governments 专制政府 108-109
Republic Group Republic 唱片公司 348
Return-to-Vietnam film genre 以"重返越南"为主题的电影 206-207
Reuters 路透社 361
Reynolds, Amy 埃米·雷诺兹 336
Rhoda《罗达》93
Rhodes, Jane 简·罗德斯 245
Recording Industry Association of America 美国唱片业协会 72, 132
Rice, Anne 安妮·莱斯 156
Rice, Thomas Dartmouth 托马斯·达特茅斯·赖斯 238
Richter, William A. 威廉·A. 里希特 234
Ride Along 2《佐州自救兄弟2》99
Right to access 访问权 144
Right to be forgotten 被遗忘权 144-145
Right-wing activists 右翼激进分子 332, 336, 337
Rio Olympic Games (2016) 里约奥林匹克运动会（2016）343
Rivero, Yeidy M. 耶迪·M. 里韦罗 231
Roach, Colleen 科琳·罗奇 361
Roberts, Jeff John 杰夫·约翰·罗伯茨 xv
Roberts, Nora 诺拉·罗伯茨 156
Robertson, John W. 约翰 W. 罗伯逊 203
Robeson, Paul 保罗·罗伯逊 245
Robinson, Michael J. 迈克尔·J. 罗伯逊 326
Robinson, Nick 尼克·罗伯逊 205
Robinson, Tom 汤姆·罗伯逊 247
Robot journalism 机器人新闻 169-170
Rochford, E. Burke, Jr. 小埃德蒙·伯克·罗奇福德
See Snow, David A. 见戴维·A. 斯诺
Rodman, Gilbert B. 吉尔伯特·B. 罗德曼 231
Rodriguez, Clara E. 克拉拉·E. 罗德里格斯 182
Rogers, Everett 埃弗里特·罗杰斯 26f
Rogue One: A Star Wars Story《星球大战外传：侠盗一号》70, 366
Rohlinger, Deana A. 迪阿娜·A. 罗林格 248
Rojecki, Andrew 安德鲁·罗杰基 243
Roku 网络机顶盒 4, 26f
Rolling Stone《滚石》194
Romance novels 浪漫小说 283-284
Romancing the Stone《绿宝石》205
Romano, Lois 洛伊丝·罗马诺 323
Romm, Tony 托尼·罗姆 324
Romney, Mitt 米特·罗姆尼 319
Roose, Kevin 凯文·罗斯 144, 337
Ros, Jonathan 乔纳森·罗斯 281
Rose, Tricia 特里西娅·罗斯 213, 214, 215
Roseanne《罗斯安家庭生活》253, 263f
Rosen, Jay 杰伊·罗森 289, 290, 326
Rosenblum, Barbara 芭芭拉·罗森布拉姆 177, 180
Rosenfeld, Megan 梅根·罗森菲尔德 265
Rosenstein, Jason 杰森·罗森斯坦 337
Roskens, Ronald W. 罗纳德·W. 罗斯肯斯 309
Ross, Dorothea 多萝西娅·罗斯 312
Ross, Sheila A. 希拉·A. 罗斯 312
Rotten Tomatoes 烂番茄网 297
Rounds 兜圈巡视 165

Rowell, Alex 亚历克斯·洛威尔 252
R-rated films R 级电影 132
Rubin, Alan M. 艾伦·M. 鲁宾 269
Ruddick, Graham 格雷厄姆·拉迪克 80
Ruggiero, Thomas E. 托马斯·E. 鲁杰罗 269
Rules of Engagement 《交战规则》240
Rush Hour 《尖峰时刻》205
Russell, Karl 卡尔·拉塞尔 104
Russmann, Fabian 法比安·鲁斯曼
 See Spaiser, Viktoria 见维多利亚·斯派瑟
Ryan, Charlotte 夏洛特·瑞安 199, 200, 325
Ryan, Maureen 莫琳·瑞恩 356

Sachdev, Ameet 阿米特·萨赫德夫 127
Saleh, Nivien 尼维安·萨利赫 368
Salganik, Matthew J. 马修·J. 萨尔加尼克 155
Salmon, Charles T. 查尔斯·T. 萨尔蒙 309
Salzman, Jason 杰森·萨尔茨曼 325
Samini 萨米尼 359
Samuel-Azran, Tal 塔尔·塞缪尔-阿兹兰 327
 See also Wolfsfeld, Gadi 加迪·沃尔夫斯菲德
San Jose Mercury News 《圣何塞信使报》258
Sands, Darren 达伦·桑兹 21
Sandvine 桑德怀恩公司 96
Sandvoss, Cornel 科内尔·山德沃斯 295
Sandy Hook, Connecticut, mass shooting 康涅狄格州桑迪·胡克村枪击案 332
Sanford and Son 《桑福德父子》211
Sarikakis, Katharine 凯瑟琳·萨里卡基斯 223, 360
Sasson, Theodore 西奥多·萨松 198
Satellite television 卫星电视
 adoption rates 使用率 4f, 27f
 connective devices 连接设备 3
 economic dynamics 经济动态 79
 historical perspective 历史的视角 26f, 53
 ownership concentrations and changes 所有权的集中与变化 74
 political contributions 政治捐款 118t
Satellite-based digital radio services 卫星数字广播业务 26f
Savage, Mark 马克·萨维奇 348
Scandal 《丑闻》233, 249

Scardaville, Melissa C. 梅利莎·C. 斯卡达维尔 296
Scharrer, Erica 埃丽卡·沙勒 247
Schell, L. A. L. A. 谢尔 249
Scherr, Sebastian 塞巴斯蒂安·谢尔 340
Scheufele, Dietram A. 迪特兰姆·A. 舍费勒 307, 309, 333
Schiffer, Michael 迈克尔·希弗 46
Schill, Dan 达恩·席尔 320
Schiller, Herbert 赫伯特·席勒 89, 135, 220, 355, 356
Schmidt, Jan-Hinrik 扬-辛里克·施密特 289
Schneider, Michael 迈克尔·施耐德 236, 236f
Scholarly publishing 学术出版 183–185
Scholz, Trebor 崔伯尔·绍尔茨 57
Schradie, Jen 珍·施拉迪 293–294
Schudson, Michael 迈克尔·舒德森 168, 171–172, 217
Schultz, Julianne 朱丽安妮·舒尔茨 88
Schulz, Winfried 温弗里德·舒尔茨 314, 315
Schwarzenegger, Arnold 阿诺德·施瓦辛格 319
Science fiction film genre 科幻片 227
Scientific thought 科学思维 33
Scolari, Carlos A. 卡洛斯·A. 斯科拉里 32
Scott, Althaus R. 阿尔特豪斯·R. 斯科特 320
Scott, Mark 马克·斯特特 353
 See also Mozur, Paul 见保罗·莫祖尔
Scott, Willard 威拉德·斯科特 84
Seaman, William R. 威廉·R. 希曼 285
Second Life 《第二人生》57
Second screens 第二屏幕 278–279
Secondary gatekeeping 二级把关 297
Second-level agenda setting 二级议程设置 308
"See You Again"（Khalifa）"与你重逢"（卡利法）65
Seetharaman, Deepa 迪帕·西塔拉曼 80
Segerberg, Alexandra 亚历山德拉·塞格伯格 316
Seggar, John F. 约翰·F. 赛格 233
Segregation 种族隔离
 See Civil rights movement 见民权运动
Seib, Philip 菲利普·M. 赛义卜 336
Seinfeld 《宋飞正传》233
Selective deregulation 选择性放松管制 116

Self-censorship 自我审查 103,132,134,337
Self-enclosed text 自我封闭的文本 230
Self-expression 自我表达 294
self-promotion 自我推广 83-84
Self-publishing 自出版 182
September 11, 2001, terrorist attacks 2001 年"911"恐怖袭击 135,207,240,336
Sequels 续集 156,160-161
Service & Technology Academic Resource Team (START) 服务与技术学术资源团队 (START) 100
Service slowdowns 节流 138,139
Settle, Jaime E. 杰米·E·塞特尔
　　See Bond, Robert M. 见罗伯特·M·邦德
78-rpm records 每分钟78转的唱片 42,43
Sex and the City《欲望都市》160
Sexism 性别歧视 198,249-250,251,286-287
Sexual harassment 性骚扰 104,104*f*
Sexual identity 性别认同 196,200
sexual minorities 性少数群体 262,263-264*f*,264-266
Sexuality 性 131,198,214,218,242*f*,275-276
Sexually explicit material 性露骨内容 115,129-130,132
Shaban, Hamza 哈姆扎·沙班 142
Shaft《夏福特》239
Shah, Dhavan V. 达万·V·沙阿 328
Shaheen, Jack G. 杰克·G·沙欣 240
Shahin, Saif 赛义夫·沙欣 354
Shakya, Holly B. 霍利·B·释迦 339
Shales, Tom 汤姆·沙尔斯 124,322
Shanahan, James 詹姆斯·沙纳汉 312
　　See also Gerbner, George 见乔治·格伯纳
Shareworthy content 值得分享的内容 81
Sharing content 分享内容 294,295
Shark Tank《创智赢家》94
Shaw, Daron R. 达隆·R·肖 320
Shaw, Donald L. 唐纳德·L·肖 307
Shaw, Lucas 卢卡斯·肖 81
Shearer, Elisa 埃莉莎·希勒 143
Shedden, David 戴维·谢登 26*f*
Sherman Antitrust Act (1890)《休曼反垄断法案》(1890) 140
Shiffman, Kenneth S. 肯尼斯·S·希夫曼 247

Shin, Inyoung 申仁英
　　See Hampton, Keith N. 见基思·N·汉普顿
Shiver, Jube, Jr. 小朱布·希弗 117
Shleifer, Andrei 安德烈·施莱费尔 115
Shor, Eran 埃兰·肖尔 157
Showtime 娱乐时间电视网 53,72,88,95,264*f*,265
Sicardi, Arabelle 阿拉贝尔·西卡尔迪 103
The Siege《烈血天空》240
Siegman, Alex 亚历克斯·西格曼 170,369
Sigal, Leon 利昂·西加尔 163
Signorielli, Nancy 南希·西格诺列利 233,247,312,313
　　See also Gerbner, George 见乔治·格伯纳
Silva, Eric O. 埃里克·O·席尔瓦 258
Silverstone, Roger 罗杰·西尔弗斯通 36
Simmons, Russel 拉塞尔·西蒙斯 246
Simmons, Steven J. 史蒂文·J·西蒙斯 128
Simon, Paul 保罗·西蒙 358-359
Simon & Schuster 西蒙与舒斯特 70,182
Simpson, O. J. O. J. 辛普森 274
The Simpsons《辛普森一家》62,94,212,253,357
Sina 新浪 82*f*
Sina Weibo 新浪微博 329*f*,335
Sinclair Broadcast Group 辛克莱广播集团 87,88,154
Singer, Jane B. 简·B·辛格 297-298
Single-source promotions 单一渠道推广 78
Sink, Alexander 亚历山大·辛克 248,249
Six Feet Under《六尺之下》265
Skidmore, David 戴维·斯基德莫尔 357
Skiena, Steven 史蒂文·斯基纳 157
Sky 天空电视台 343
Slang 俚语 186
Sling 悬索电视服务 26*f*,73
Smandych, Russell 罗素·斯曼迪希 351,356
Smart speakers 智能音箱 5,26*f*
Smartphones 智能手机
　　adoption rates 使用率 4-5,4*f*
　　developing nations 发展中国家 116
　　historical perspective 历史的视角 26*f*
　　mediatization effects 媒介化效果 315
　　user demographics 用户统计 6*f*

video technology 视频技术 46
Smedley, Audrey 奥黛丽·斯梅德利 231
Smedley, Brian 布莱恩·斯梅德利 231
Smith, Aaron 亚伦·史密斯 280
Smith, Bessie 贝西·史密斯 245
Smith, Christine B. 克里斯汀·B. 史密斯 186
　See also McLaughlin, Margaret L. 见玛格丽特·L. 麦克劳克林
Smith, Shawn 肖恩·史密斯 280
Smith, Stacy L. 史黛西·L·史密斯 232, 233, 246, 247, 248f
Snapchat 色拉布 26f, 82f, 138, 187, 329f, 332
Snider, Mike 迈克·斯奈德 88
Snow, David A. 戴维·A. 斯诺 325
Snow, Robert P. 罗伯特·P. 斯诺 316
Snowden, Edward 爱德华·斯诺登 311
So You Think You Can Dance《舞魅天下》158
Soap《肥皂》263f
Soap operas 肥皂剧 52, 295, 358
SOAPnet Network 肥皂剧频道 73
Social class and position 社会阶级与地位
　advertising targeting 广告定位 259-261
　family-based situation comedies 家庭情景喜剧 233, 249, 252-254
　ideological viewpoints 意识形态观点 196-197
　Internet participation and content creation 互联网参与和内容创作 293-294
　media content 媒介内容 251-262
　media content decoding and interpretation 媒介内容解码与阐释 271-275
　news media 新闻媒体 258-259, 272-273
　organized labor representations 对工会的表征 257-258
　public affairs programs 公共事务节目 259
　racial and ethnic diversity 种族与族裔多样性 244
　"real" world representations "真实"世界再现 225-228, 274
　reality television 电视真人秀 254, 256-257
　social inequality 社会不平等 244, 251-262
　tabloid talk shows 八卦谈话节目 254, 256-257
Social constructionism 社会建构论 17, 28, 35-36

Social constructs 社会建构 198
Social Content Ratings 社交内容评级 65
Social inequality 社会不平等
　gender stereotypes 性别刻板印象 246-251
　racial and ethnic diversity 种族与族裔多样性 192-193, 231-246
　"real" world representations "真实"世界再现 225-228, 274
　sexual orientation 性取向 262, 263-264f, 264-266
　social class and position 社会阶级与地位 244, 251-262
Social media 社交媒体
　active users 活跃用户 329f
　activity categories 活动类别 292-293
　addictive effects 成瘾效应 337-340
　agenda-setting effects 议程设置效果 309
　algorithmic power 算法权力 330-331, 333-334, 338
　authoritarian governments 专制政府 335, 353
　Black Lives Matter (BLM) "黑人的命也是命"(BLM) 20-21
　book publishing 图书出版 182
　campaign tactics 竞选策略 323-324
　computational propaganda 计算式宣传 310
　copyright enforcement 版权保护 144
　economic and political impact 经济和政治影响 xv
　fake accounts 虚假账户 335-336
　hate groups 仇恨团体 336
　ideological viewpoints 意识形态观点 193, 333
　international presence 国际业务 343
　media platforms 媒体平台 65-66, 142-146
　news content 新闻内容 80-81, 143, 146, 167, 331-332
　norms and conventions 规范与惯例 185-188
　owned versus organic activity 自有活动与有机活动 65-66
　participation categories 参与类别 291-292, 292t
　political activism 政治激进主义 327-328
　political communication 政治传播 333-334
　pro-democracy movements 亲民主运动 368
　psychological factors 心理因素 339-340

regulatory policies 监管政策 142-146, 336-337
self-censorship 自我审查 337
self-disclosure and self-promotion 自我披露与自我推广 338
self-management concerns 自我管理的问题 337-340
self-policing practices 自我审查实践 146
social connections 社会关联 338-340
social media logic 社交媒体逻辑 328-330
social movements 社会运动 325
user base 用户群 367
user contributions 用户贡献 298
user privacy protections 用户隐私保护 144-145
user self-selection 用户自主选择 333
user tracking 用户跟踪 330
user-generated content 用户生成内容 143, 328-330, 333, 338
Social movements 社会运动 18-21, 324-325
Social networks 社交网络 57
Social norms 社会规范 194-195, 229, 276
Social order 社会秩序 201, 206
Social structures 社会结构
interpretive communities 阐释社群 284-285
media content decoding and interpretation 媒介内容解码与阐释 271-275
structure-agency dynamics "结构-能动性"动态 12-14, 271-272
Social world 社会世界
civil rights movement 民权运动 19-20
contemporary media models 当代媒介模式 9-10, 10f, 16-18, 16f
future changes and developments 未来的变化与发展 370
media representations 媒介再现 225-228, 274
mediatization effects 媒介化效果 315-316
Socialization 社会化 175-177, 179-185
Socializing 社交 292, 293
Socioeconomic status 社会经济地位
See Social class and position 见社会阶级与地位
Socolow, Michael J. 迈尔·J. 索科洛 301
Sohu 搜狐 82f

Solitary listening 独自收听 43
Solotaroff, Paul 迈克尔·J. 索科洛 194
Solowey, Fred J. 弗雷德·J. 索洛维 325
Sony Betamax 索尼盒式录像带 59
Sony Music Entertainment 索尼音乐娱乐公司 70, 71f, 349
Sony Pictures Classics 索尼经典电影公司 70
Sony Pictures Entertainment 索尼影视娱乐公司 70
The Sopranos《黑道家族》271
Soul Train《灵魂列车》44
Sound recordings 录音
content diversity 内容多样性 90-91
historical perspective 历史的视角 25f, 27, 42-44
ownership concentrations and changes 所有权的集中与变化 70, 71f, 72, 91-92
political contributions 政治捐款 118t
social influence 社会影响 43-44
streaming services 流媒体服务 72
technological characteristics 技术的特点 30f
See also Music industry 见音乐产业
SoundCloud 声云音乐平台 138, 216, 296
Sousa, John Philip 约翰·菲利普·苏萨 43
South Africa 南非
locally produced media content 当地媒体生产的内容 365-366
popular music 流行音乐 358-359
Spaiser, Viktoria 维多利亚·斯派瑟 310-311
Spangler, Todd 托德·斯潘格勒 141, 146
Sparks, Glen G. 格伦·G. 斯帕克斯 302
Sparta, Christine 克里斯汀·斯巴达 264f
Spears, Britney 布兰妮·斯皮尔斯 44
Spectators 旁观者 291, 292t
Spectrum 频谱
See Charter Communications (Spectrum) 见特许通讯公司（频谱）
Speed《生死时速》205, 206
Spielberg, Steven 史蒂文·斯皮尔伯格 365
Spigel, Lynn 林恩·斯皮格尔 50, 52
Spin tactics/spin doctors 倾向性报道策略/媒体顾问 171, 321-324
Spin-offs 衍生品 93, 156, 160, 211
Spiral of silence theory 沉默的螺旋理论 309-

Sports Center《世界体育中心》249, 250
Sports coverage 体育报道 249-250
Sports Illustrated《体育画报》68, 72
Sports Tonight《今夜体育》249
Spotify 声田 42, 64, 72, 138, 348, 353
Spreadable media 扩散性媒介 297
Springer, Jerry 杰瑞·斯普林格 256
Springsteen, Bruce 布鲁斯·斯普林斯汀 263f
Sproulc, J. Michael J. 迈克尔·斯普劳尔 301
Sputnik 斯普特尼克号 54
The Spy（Cooper）《间谍》（库珀）238
Spyglass Intelligence 望远镜情报公司 72
Squires, Catherine 凯瑟琳·斯夸尔斯 231
Squires, James 詹姆斯·斯夸尔斯 85
Sreberny, Annabelle 安娜贝尔·斯雷伯尼 360
Sreberny-Mohammadi, Annabelle 安娜贝尔·斯雷伯尼-穆罕默迪 357
Stallone, Sylvester 西尔维斯特·史泰龙 206, 207
Standalone news websites 独立新闻网站 331
Standard phone jacks 标准电话插孔 40
Standardized communication protocols 标准化通信协议 55
Standards of conduct 行为标准 186-188
　　See also Professional norms and practices 见职业规范与实践
Stanyer, James 詹姆斯·斯坦尼耶 315
Star《明日之星》237f
Star India 印度星空台 343
Star Trek《星际迷航》227, 296
Star Trek: Discovery《星际迷航：发现号》227
Stardom 明星 156-160
Starkman, Dean 迪恩·斯达克曼 167
Starr, Paul 保罗·斯塔尔 45, 114
State-owned media 国有媒体 86, 108, 114-116
Statt, Nick 尼克·斯塔特 83
Steele, Catherine Knight 凯瑟琳·奈特·斯蒂尔 280
Steiner, Linda 琳达·斯坦纳 286, 287
Stelter, Brian 布莱恩·斯尔特 137
Stereotypes 刻板印象
　　gender roles 性别角色 194-195, 238, 246-251
　　organized labor representations 对工会的表征 257
　　race and ethnicity 种族与族裔 194-195, 231, 232-233, 237-241, 242f, 243-246, 281
　　reality television 电视真人秀 256
　　sexual minorities 性少数群体 262, 264-266
　　shifting ideological viewpoints 意识形态观点的改变 191
　　white-controlled production 白人控制的生产 244-246, 247
　　working-class populations 工人阶级人口 253-254, 256-257, 259-261
Sterne, Jonathan 乔纳森·斯特恩 29
Sting 斯汀 358
Stock market/stock ownership 股票市场/股票所有权 202-203, 204f, 258
Stop-Loss《止损》208
Storey, John 约翰·斯道雷 270
Stowe, Harriet Beecher 哈里特·比彻·斯托 238
Strate, Lance 兰斯·斯特拉特 32
Straubhaar, Joseph 约瑟夫·斯特劳布哈尔 358
Strauss, Jessalynn R. 杰萨林·R. 施特劳斯 288
Stravinsky, Igor 伊戈尔·斯特拉文斯基 43
Streaming services 流媒体服务
　　audience share 收视率 93, 94
　　audio recordings 录音 42-44
　　developing nations 发展中国家 116
　　film entertainment 电影娱乐 46
　　gender diversity 性别多样性 247
　　locally produced media content 当地媒体生产的内容 366
　　music industry 音乐产业 72, 348, 352-353
　　ownership concentrations and changes 所有权的集中与变化 72, 73
　　pay-for-play arrangements 付费使用制度 138
　　racial and ethnic diversity 种族与族裔多样性 236f
　　ratings systems 分级制度 132
　　social media platforms 社交媒体平台 80
　　subscriber fees 订阅费用 85, 96
　　television entertainment 电视娱乐 54, 72, 73, 93, 95

tiered access arrangements 分级式访问 138
vertical integration 垂直整合 141–142
video entertainment 视频娱乐 46,54,72,73,95,138
voice-activated smart speakers 声控智能音箱 5
Strelitz, L. L. 施特雷利茨 357
Strömbäck, Jesper 杰斯珀·斯通贝克 314,315,316–317
Structural racism 结构性种族主义 20
structure-agency dynamics "结构–能动性"动态 12–16,162,271–272
Studio recordings 录音室音乐作品 43–44
Subscription services 订阅服务
  historical perspective 历史的视角 27*f*
  music industry 音乐产业 42
  news media 新闻媒体 98
  original programming 原创节目 81,141
  streaming services 流媒体服务 85,96
  telecommunications 电信 74
  Walt Disney Company 华特迪士尼公司 351*f*
Suddenly Susan《出乎意料的苏珊》241
Sullivan, Eileen 艾琳·沙利文 108
Sullivan, John L. 约翰·L. 沙利文 269
Sullivan, Margaret 玛格丽特·沙利文 143
Sully《萨利机长》99
The Sun《太阳报》85
Sundar, S. Shyam S·希亚姆·桑德尔 269
Sunstein, Cass 凯斯·桑斯坦 333,334
Surveillance practices 监视行为 353,370
Survivor《幸存者》94
Survivor: Heroes vs. Healers vs. Hustlers《幸存者：角色之争》94
Survivor: Pulau Tiga《幸存者：迪加岛》94
Sutherland, Kiefer 基弗·萨瑟兰 160
Swardson, Anne 安妮·斯沃德森 368
Syfy 奇幻频道 96
Synergy 协同效应 83
Syriana《辛瑞那》207

Tablets 平板电脑 4,4*f*,6*f*,26*f*,57
Tabloid talk shows 八卦谈话节目 254,256–257
Tai, Cordelia 科迪莉亚·塔伊 233
Talent search shows 选秀节目 158
Tales of the City《城市故事》263*f*

Talk radio 电台谈话节目
  Black Lives Matter (BLM) "黑人的命也是命"(BLM) 21
  motherhood 母性 213
  programming diversity 节目多样性 128–129
Talk shows 谈话节目 163,194,208,254,256–257
Tang, Tang 唐棠 78
Tapper, Helena 海伦娜·塔珀 114
Taxi《出租车》211
Taylor, Ella 埃拉·泰勒 210,211–212
Taylor, Phillip M. 菲利普·M. 泰勒 135
Taylor, Robert W. 罗伯特·W. 泰勒 54–55
Technological determinism 技术决定论 28–29,32–36
Technological momentum 技术动力论 30–31
Technological solutionism 技术主义方案解决 222
Technology 技术
  See Digital technology 见数字技术
Techno-redemptive ideology 技术救赎的意识形态 222
Techno-utopianism 技术乌托邦主义 56–57
Telecom Regulatory Authority of India 印度电信管理局 354
Telecommunications 电信
  developing nations 发展中国家 116
  Facebook 脸书 82–83,354
  Google 谷歌 82–83
  political contributions 政治捐款 118t
  regulatory policies 监管政策 122
Telecommunications Act (1996)《电信法》(1996) 122,123*f*,124,130,132
Telegraph 电报
  historical perspective 历史的视角 25*f*,27,38
  social influence 社会影响 33–34
Teleguide 电导 59
Telemundo 世界电视网 73,96
Telenovela 电视小说剧 358
Telephones 电话
  adoption rates 使用率 27*f*
  historical perspective 历史的视角 25*f*,27,39–42,41*f*
  political contributions 政治捐款 118*t*

See also Smartphones 见智能手机

Television adoption rates 电视使用率 4f, 27f
- advertising 广告 50, 65, 81, 92-94
- advertising dynamics 广告动态 99-100, 103-105, 104f
- advertising-content connection 广告与内容的关联 261
- agenda-setting effects 议程设置效果 308
- animated comedies 动画喜剧 253
- audience interpretation 受众解读 271-278
- audience segmentation 受众分化 236-237, 237f
- audience share 收视率 93, 94
- broadcast licenses 广播许可证 147
- changing American family 不断变化的美国家庭 210-212
- competitive markets 竞争性市场 53-54
- conglomeration impact 兼并的影响 84-85
- connective devices 连接设备 3-4, 4f
- controversial programming 有争议的节目 88-89, 93, 152, 210
- copies and spin-offs 复制品和衍生品 93, 156, 160, 211
- cultivation theory 涵化理论 312-313
- cultural codes 文化符码 271-272
- digital technology 数字技术 50
- domestic viewing context 家庭观看环境 284-285
- family audiences 家庭受众 284-285
- family-based situation comedies 家庭情景喜剧 229, 233, 249, 252-254
- fan communities 粉丝团体 296
- fin-syn regulations 财务利益与联合经营准则 140-141
- gender diversity 性别多样性 247-249
- globalization impact 全球化的影响 343, 349
- historical perspective 历史的视角 25-26f, 27, 50-54
- hit status 热门地位 159-160
- ideological analysis 意识形态分析 193, 208, 210-213
- imitated products 模仿品 153, 155-156
- international perspectives 国际视角 276-278, 281-282
- locally produced media content 当地媒体生产的内容 356-357, 365
- marketing strategies 营销策略 50-51
- media-focused programming 以媒体为中心的节目 208, 209f
- new momism 新母亲主义 212-213
- norms and conventions 规范与惯例 163
- nostalgic programs 怀旧节目 211
- online meaning making 在线意义创造 278-279
- organized labor representations 对工会的表征 257-258
- ownership concentrations and changes 所有权的集中与变化 67, 68, 72, 73, 122, 123f
- political contributions 政治捐款 118t
- political coverage 政治报道 318, 321-322
- polysemic texts 多义性文本 270-271
- presidential debates 总统辩论 318
- prevalence 流行 3-4, 6f, 50
- prime-time programming 黄金时段节目 140-141, 152-153, 156, 210
- production costs 生产成本 356
- programming practices 节目制作实践 50-53, 72, 73, 92-94
- racial and ethnic diversity 种族与族裔多样性 232-233, 234f, 236, 237f, 241, 242f, 244, 274-278
- ratings systems 分级制度 132
- reality programming 真人秀节目 93-94, 156
- reality television 电视真人秀 93-94, 156, 208, 210, 254, 256-257
- regulatory policies 监管政策 50, 140-141
- second screen use 第二屏幕的使用 278-279
- sexual minorities 性少数群体 262, 263-264f, 264-265
- shifting ideological viewpoints 意识形态观点的改变 191
- social influence 社会影响 32-35, 50-54
- star power 明星效应 157, 159, 160
- stereotypical portrayals 刻板印象式的描绘 194-195
- streaming services 流媒体服务 54, 72, 73, 93, 95
- technological characteristics 技术的特点 30f

U.S. market share 美国的市场份额 364
user demographics 用户统计 6f
vertical integration 垂直整合 140-141
women's sports coverage 对女子体育的报道 249, 250
See also Cable television 见有线电视
Temporospatial limits 时空限制 344
Tencent 腾讯 82f
Terrorist attacks 恐怖袭击 135, 207, 240
Terrorist groups 恐怖组织 336
Terry, Herbert 赫伯特·特里 147
Tesla, Nikola 尼古拉·特斯拉 59
Tewksbury, David 戴维·陶克斯伯里 307
Textbook publishers 教材出版商 157-158
Texting 短信 26f
Thank You for Your Service《感谢您的服役》208
That Certain Summer《那个夏日》263f
Thatcher, Margaret 玛格丽特·撒切尔 87
The Economist《经济学人》86
The Night Of《罪夜之奔》241
Thirty Mile Zone 三十英里区域 165
Thirtysomething《三十而立》263f
This Is Us《我们这一天》212, 237f
Thomas, Ryan J. 瑞恩·J. 托马斯 136
Thompson, Fred 弗雷德·汤普森 319
Thompson, John 约翰·汤普森 182
Thompson, Krissah 克里莎·汤普森 264f
Thompson, Stuart 斯图尔特·汤普森 324
Thompson, Susan 苏珊·汤普森 302
Three Kings《夺金三王》207
Throttling 限流 138, 139
Thussu, Daya K. 达雅·K. 图苏 223
The Tick《超级蜱人》73
Tiered access arrangements 分级式访问 138
Timberg, Craig 克雷格·蒂姆伯格 142, 324, 332
Time《时代》68, 72, 88, 111
Time, Inc. 时代公司 68, 72, 87
Time Warner 时代华纳
   conglomeration and integration 兼并与整合 66
   economic dynamics 经济动态 79
   film studios 电影制片厂 349
   global film industry 全球电影业 70

mergers 兼并 136-137
news coverage 新闻报道 165
ownership concentrations and changes 所有权的集中与变化 66, 67, 68, 70, 72, 73
TNT 特纳电视网 73
To Kill a Mockingbird《杀死一只知更鸟》239
Tobin, Ariana 阿里安娜·托宾 330
Today Show《今日秀》52
Toennies, Ferdinand 斐迪南·滕尼斯 302
Tolochko, Petro 佩特罗·托洛奇科 81
Tomlinson, John 约翰·汤姆林森 356
Toor, Skye 斯凯·托尔 149
Top Chef《顶级大厨》94
Top Gun《壮志凌云》205, 207
Toronto School 多伦多学派 32
Torres, Joseph 约瑟夫·托雷斯 244-245
Torres-Reyna, Oscar 奥斯卡·托雷斯-雷纳 240
The Tortellis《托尔泰利一家》93
Totalitarian governments 极权主义政府 108
Townhall.com 市政厅网站 174
Trade Related Aspects of Intellectual Property Rights (TRIPS)《与贸易有关的知识产权协定》(TRIPS) 360
Trade unions 工会 273
Traditional mass media 传统大众传媒 7-8, 8f, 65-66, 79, 350
   See also Media/mass media; Television 见媒体/大众传媒; 电视
Traditional racism 传统的种族主义 241
traditional versus digital journalism 传统新闻业与数字新闻业 331-332
Transamerica《穿越美国》262, 264f
Transformers: Age of Extinction《变形金刚:绝迹重生》366
Transgender individuals 跨性别者 199-200
   See also LGBTQ community 见 LGBTQ 社区
Transmission Control Protocol/Internet Protocol (TCP/IP) 传输控制协议/互联网协议 (TCP/IP) 55
Transnational consumer capitalism 跨国消费资本主义 357-358, 360
Transnational nongovernmental organizations (NGOs) 跨国非政府组织 343

Transnormative ideology "跨规范"意识形态 200
Transparent《透明家庭》95, 264*f*
Transportation Department 运输部 127
Trash TV 电视垃圾
   See Tabloid talk shows 见八卦谈话节目
Travel ads 旅游广告 221
Treasury Department 财政部 127
Tribune Company 论坛公司 154
Trilling, Damian 达米安·特里林 81
Triopoly 三巨头 82*f*
Triple Revolution 三重革命 xv, 328
Troilo, Jessica 杰茜卡·特洛伊洛 254
Trump, Donald 唐纳德·特朗普
   campaign tactics 竞选策略 323-324
   clickbait stories "标题党"报道 333
   fake news 假新闻 109, 310, 333, 336
   Internet use 互联网使用 322
   journalistic attacks 新闻攻击 109, 154, 322
   media image 媒体形象 318
   nationalistic rhetoric 民族主义言论 108-109
   net neutrality policy 网络中立性政策 138
   presidential actions 总统行动 202
   presidential campaign 总统竞选 87, 163, 174, 194, 323-324
   working-class voters 工人阶级选民 251, 254, 310
Trump, Donald, Jr. 小唐纳德·特朗普 332
Trunomi 特鲁诺米公司 144
truTV 真理频道 73
Tsfati, Yariv 亚里夫·茨法蒂 309
Tuchman, Gaye 盖伊·塔克曼 163, 164, 325
Tufecki, Zeynep 泽伊内普·图菲基 21, 327, 334
Tuggle, C. A. C. A. 塔格尔 249
Tumblr 汤博乐 329*f*
TuneIn 在线广播和播客平台"调频" 138
Tunisia 突尼斯 167, 215
Turner, Fred 弗雷德·特纳 56
Turner, Graeme 格雷姆·特纳 xv, 282
Turner, Ted 泰德·特纳 53
Turner Classic Movies 特纳经典电影频道 73
Turow, Joseph 约瑟夫·图罗 xv, 237, 331
TV-Stove 电视炉 51
Twenge, Jean 让·特温格 xv

20th Century Fox 20世纪福克斯公司 62, 68, 70, 141, 349
21st Century Fox 21世纪福克斯公司 62, 68, 72, 343
24《24小时》160
24-hour cable news 24小时有线电视新闻 167
21 Jump Street《龙虎少年队》156
Twitter 推特
   advertising revenue 广告收入 82*f*
   Black Lives Matter (BLM) "黑人的命也是命"(BLM) 20
   Black Twitter 黑人推特 279-281
   book publishing 图书出版 182
   computational propaganda 计算式宣传 310-311, 335
   fake news 假新闻 142-143
   historical perspective 历史的视角 26*f*
   ideological viewpoints 意识形态观点 193, 333
   international presence 国际业务 343
   media advocacy organizations 媒体倡议组织 149
   media platforms 媒体平台 142-143
   news content 新闻内容 143, 146, 167, 332
   norms and conventions 规范与惯例 185, 187
   online meaning making 在线意义创造 278-279
   owned versus organic activity 自有活动与有机活动 65
   as political communication 作为政治传播 322, 333
   pro-democracy movements 民主运动 167, 368-369
   self-censorship 自我审查 337
   streaming services 流媒体服务 80
   terrorist groups 恐怖组织 336-337
   tiered access arrangements 分级式访问 138
   user contributions 用户贡献 298, 333, 338
Twitter bots 推特机器人 311, 334-336
Two and a Half Men《好汉两个半》212
2 Broke Girls《破产姐妹》93
Two-step flow of influence 两级传播影响 305-306
Tynes, Brendesha M. 布伦德莎·M.泰因斯 244

Ugly Betty《丑女贝蒂》160
UN Conference on Freedom of Information 联合国信息自由会议 361
UN Convention on the Protection and Promotion of the Diversity of Cultural Expressions 联合国《保护和促进文化表现形式多样性公约》365
Uncle Tom's Cabin（Stowe）《汤姆叔叔的小屋》（斯托）238
Uncommon Valor《长驱直入》206
 UNCTAD（United Nations Conference on Trade and Development 联合国贸易和发展会议（UNCTAD）345
Underground press 地下媒体 325
Underwood, Carrie 凯莉·安德伍德 158
UNESCO（United Nations Educational, Scientific, and Cultural Organization）联合国教科文组织（UNECSO）362,364,365
Unilateral reporters 独行记者 136
Union organizations 工会组织 257-258,273
United Church of Christ 联合基督教会 147
United Nations 联合国 361,362
United Nations Conference on Trade and Development（UNCTAD）联合国贸易和发展会议（UNCTAD）345
United Nations Educational, Scientific, and Cultural Organization（UNESCO）联合国教科文组织 362,364,365
United Nations World Summit on the Information Society（WSIS）联合国信息社会世界峰会（WSIS）363
United Press International（UPI）合众国际社（UPI）361
Universal Music Group（UMG）环球音乐集团（UMG）70,71*f*,348
Universal Pictures 环球影业 65,70,96,349
Universal Television 环球电视公司 96,141
Unlicensed radio broadcasting 无证无线电广播 117,119-120
Unsolicited manuscripts 自投稿件 181-182
Unwin, Tim 蒂姆·昂温 355,363,369
U.S. Census Bureau 美国人口调查局 27*f*,227,232,234*f*,252,259
U.S. Constitution 美国宪法 109-110

U.S. Department of Agriculture 美国农业部 127
U.S. Department of Commerce 美国商务部 363
U.S. Department of the Treasury 美国财政部 127
U.S. Department of Transportation 美国运输部 127
U.S. Energy Information Administration 美国能源信息署 27*f*
U.S. press 美国报业 102
U.S. State Department 美国国务院 368
USA Network 美国电视网 73,96
User-generated content 用户生成内容
 creator characteristics 创作者的特征 293-294
 fan communities 粉丝团体 295-296
 motivational factors 动机因素 294-295
 news media 新闻媒体 167,168
 participation categories 参与类别 291-293,292*t*
 social media platforms 社交媒体平台 143-144,328-330,333,338
 technological innovations 技术创新 46
Users 用户
 active users 积极的使用者/用户,活跃用户 9,15,269-272,288-289,306-307,329*f*,357
 advertising-content connection 广告与内容的关联 98-100,223-224,330
 Black Lives Matter（BLM）"黑人的命也是命"（BLM）20-21
 celebrity-watching play 关注明星的游戏 282-283
 civil rights movement 民权运动 18-20
 communication models 传播模式 10*f*,16*f*,17
 content creation and distribution 内容创作和分发 288-298
 demographic makeup 人口构成 6*f*
 family audiences 家庭受众 284-285
 fan communities 粉丝团体 295-296
 film ratings systems 电影分级制度 297
 film technology 电影技术 45-46
 as gatekeepers and distributors 作为把关人和分发者 296-298
 gatekeepers and distributors 把关人和分发者 297

global media industry 全球传媒产业 366-369
international audiences 国际观众 276-278
Internet service providers (ISPs) 互联网服务供应商 (ISPs) 137-138
interpretive resistance 阐释性抵抗 285-287
media content decoding and interpretation 媒介内容解码与阐释 271-278, 286-287
media platforms 媒体平台 65-66
norms and conventions 规范与惯例 185-188
online meaning making 在线意义创造 278-279
owned versus organic activity 自有活动与有机活动 65-66
personalized content delivery 个性化内容推送 80
political influence 政治影响 144-145
polysemic texts 多义性文本 270-271, 283-284
privacy protections 隐私保护 144-145
reading romance novels 阅读浪漫小说 283-284
research background 研究背景 269-270
second screen use 第二屏幕的使用 278-279
social constructionism 社会建构论 35-36
social media platforms 社交媒体平台 80, 143-144
standards of conduct 行为标准 186-188
structure-agency dynamics "结构-能动性"动态 15-16, 271-272
tracking practices 追踪实践 323-324, 330
See also Internet 见互联网
Usher, Nikki 尼基·厄舍 167, 168
Utada, Hikaru 宇多田光 359
UTV/Bindass 印度青少年有线娱乐和音乐频道 350f

Vaidhyanathan, Siva 西瓦·威德哈亚纳辛 185
Vainikka, Elisa 埃莉莎·瓦妮卡 294
Valenti, Jack 杰克·瓦伦蒂 364
Valeriya 瓦列莉亚 359
Values and belief systems 价值观和信念体系 191
van Cuilenburg, Jan 扬·范·库伦伯格 111
van de Rijt, Arnout 阿诺特·范德赖特 157
van Dijck, José 何塞·范·迪克 xv, 294, 328
van Dijk, Jan 扬·范·戴克 293
Vanity Fair《名利场》177
Variable boundaries 可变的界线 8-9
Variety shows 综艺节目 52
Varner, Madeleine 玛德琳·瓦纳 330
V-chips 一种电视内容屏蔽技术 132
Ventura, Jesse 杰西·文图拉 319
Verizon 威瑞森通信公司
　advertising revenue 广告收入 82f
　competitive markets 竞争性市场 42
　conglomeration and integration 兼并与整合 68
　economic dynamics 经济动态 78
　infrastructure conduits 基础设施渠道 64, 74
　net neutrality policy 网络中立性政策 137
　pay-for-play arrangements 付费使用制度 138
　regulatory policies 监管政策 41f
Verrier, Richard 理查德·维里尔 356
Vertical integration 垂直整合 74, 77f, 83-84, 139-142
Viacom 维亚康姆公司 67, 70
Viber 即时通讯软件维伯 329f
Vice Media Vice 媒体 73
Video game consoles 电子游戏机 4, 4f, 6f, 25f
Video games 电子游戏
　gender diversity 性别多样性 247
　in-game advertising 游戏内置广告 99
　racial and ethnic diversity 种族与族裔多样性 234-235
　ratings systems 分级制度 134
　self-censorship 自我审查 132
Video streaming services 视频流媒体服务 5
　See also Streaming services 见流媒体服务
Videocassette recorders 盒式磁带录像机 25f, 46
Video-on-demand 视频点播 366
Videos 视频
　digital technology 数字技术 26f, 46
　music industry 音乐产业 65
　streaming services 流媒体服务 46, 54, 72, 73, 95, 138
Vietnam syndrome 越南综合征 206-207
Vietnam War 越南战争 134-135, 206, 270, 307
Vimeo 视频分享网站维梅奥 46, 296
Vincent, James 詹姆斯·文森特 145

Vincent, John 约翰·文森特 250
Viral media 病毒式媒介 297
Virtual behavior 虚拟行为 186-188
Virtual game worlds 虚拟游戏世界 57
Virtual reality services 虚拟现实服务 26f
Virtual worlds 虚拟世界 57
Visual imagery 视觉表象
　See Photography; Television 见摄影;电视
Viva Valdez《瓦尔迪兹万岁》233
Vivendi media conglomerate 维旺迪传媒集团 348
Vliegenthart, Rens 伦斯·弗里根哈 325
The Voice《美国之声》94, 158
Voice-activated smart speakers 声控智能音箱 5, 26f
von Grumbkow, Jasper 贾斯珀·冯·格伦布考 186
Vonderau, Patrick 帕特里克·冯德罗 xv
Voter registration 选民登记 334
Vox Vox 新闻评论网 168
Voyager《星际旅行:重返地球》227

W3Techs 网络技术调查机构 W3Techs 347t
Wagner, Kevin M. 凯文·M. 瓦格纳 327
Wagner, Kurt 库尔特·瓦格纳 354
Wajcman, Judy 朱迪·威吉曼 35
Walejko, Gina 吉娜·韦勒寇 293
Walker, Kent 肯特·沃克 336
The Walking Dead《行尸走肉》65, 237f, 241
Wall Street Journal《华尔街日报》68, 87, 105
Wallace, Mike 迈克·华莱士 262
Wallsten, Kevin 凯文·沃尔斯滕 309
Walmart 沃尔玛 134
Walt Disney Company 华特迪士尼公司
　conglomeration and integration 兼并与整合 62-63, 68, 76, 78, 96
　consumer products 消费品 351f
　corporate holdings 控股企业 75-76f, 350-351f
　cross-media promotions 跨媒体推广 78
　economic dynamics 经济动态 79
　film studios 电影制片厂 349, 350-351f
　international presence 国际业务 350, 350-351f
　media dominance 媒体主导权 64, 67
　ownership concentrations and changes 所有权的集中与变化 67, 72, 73
　product portfolios 产品组合 70
　programming and distribution controls 控制节目制作和分发 96, 141, 350
　publishing holdings 出版业务 351f
　streaming services 流媒体服务 141
　subscription services 订阅服务 351f
　television channels 电视频道 350f
　theme parks 主题公园 161, 351f
Walt Disney Studios 华特迪士尼影视制作公司 70, 350-351f
Walters, Suzanna D. 苏珊娜·D. 沃尔特斯 281
Wang, Ting 王婷
　See Miller, Toby 见托比·米勒
Wang, Xiaopeng 王小鹏 78
War films 战争电影 205, 206-208
War of the Worlds radio broadcast《世界大战》广播剧 301
War Room《作战室》297
Ward, Charles 查尔斯·沃德 157
Warner Bros. 华纳兄弟 70, 73, 79, 141, 349
Warner Music Group 华纳音乐集团 70, 71f, 349
Washington, Denzel 丹泽尔·华盛顿 240
Washington Post《华盛顿邮报》88, 105, 135, 167, 169, 322, 331
Wasko, Janet 珍妮特·瓦斯科 63
Watchdog groups 监督组织 235
Watts, Duncan J. 邓肯·J. 沃茨 155
We Are Social 维奥思社 367, 367f
Weapons of mass destruction (WMD) 大规模杀伤性武器 (WMD) 89, 207
Wearable technology 可穿戴技术 57, 370
Weather Channel 美国气象频道 53, 96
Web 2.0 第二代互联网 57
Webb, Rebecca 丽贝卡·韦布 120
Weber, Max 马克斯·韦伯 302

Websites 网站 185-188, 353t
WeChat 微信 329f
Weedon, Alexis 亚历克西斯·维东 183
The Weekly Standard《旗帜周刊》87
Wei Wei 韦唯 359
Weibo 微博 329f, 335, 353
Weinberg, Tamir 塔米尔·温伯格 127
Weinstein Company 温斯坦公司 158
Weinthal, Benjamin 本杰明·温塔尔 368
Weixu, L. 陆巍戍
　See Hampton, Keith N. 见基思·N. 汉普顿
Welch, Jack 杰克·韦尔奇 84
Wellman, Barry 巴里·威尔曼 xv, 328
Wells, H. G. H. G. 威尔斯 301
Wenders, Wim 维姆·文德斯 365
West, Mae 梅·韦斯特 130
Western Electric 美国西电公司 40
Western imports 西方进口产品 355-359
Western Union 西联电报公司 38, 39, 121
Western wire services 西方通讯社 361
Westinghouse 西屋公司 48
Westworld《西部世界》95, 210
Wharton, Robert M. 罗伯特·M. 沃顿商 182
White, Armond 阿蒙德·怀特 193
White, David Manning 戴维·曼宁·怀特 163, 297
White, Tiffany N. 蒂芙尼·N. 怀特 280
White supremacy 白人至上 238
Whiteley, Paul 保罗·怀特利 310
Whiteness 白人属性 231
Whiteside, Erin 艾琳·怀特塞德 243
Whittle Communications 惠特尔通讯公司 100
Who Wants to Be a Millionaire?《百万富翁》94, 349
Whole Earth Catalog《全球概览》56, 222
Widdicombe, Lizzie 莉齐·威迪科姆 186
WikiLeaks 维基解密 136
Wikipedia 维基百科 57, 353t
Will and Grace《威尔和格蕾丝》263f
Will. i. am 威廉 323
Williams, Dmitri 德米特里·威廉斯 234, 235

Williams, Raymond 雷蒙德·威廉斯 31, 36
Willis, Bruce 布鲁斯·威利斯 206
Willow Creek《柳树溪》297
Wilson, Alan 艾伦·威尔逊 313
Wilson, Clint C. 克林特·C. 威尔逊 II, 231, 233, 238, 240, 245, 261
Wilson, Woodrow 伍德罗·威尔逊 238
Windahl, Sven 斯文·温达尔 7
Winfrey, Oprah 奥普拉·温弗瑞 246
Winner, Langdon 兰登·温纳 30, 31
The Wire《火线》264f
Wire services 通讯社 38
　See also Telegraph 见电报
Wireless technology 无线技术 47, 64, 116
　See also Radio broadcasting 见无线电广播
Witschge, Tamara 塔玛拉·维茨格 xv
Wolfe, Alan 艾伦·沃尔夫 193
Wolff, Edward N. 爱德华·N. 沃尔夫 202, 258
Wolfsfeld, Gadi 加迪·沃尔夫斯菲德 324, 327, 328
Womack, Ytasha 伊塔莎·沃马克 227
Women 女性
　Internet participation and content creation 互联网参与和内容创作 294
　interpretive resistance 阐释性抵抗 275-276, 285-286
　media content decoding and interpretation 媒介内容解码与阐释 273-274, 286-287
　media representations 媒体再现 247-249
　middle-class marketing strategies 针对中产阶级的营销策略 50-52
　reading romance novels 阅读浪漫小说 283-284
　sports coverage 体育报道 249-251
　television viewing 看电视 284
　See also Gender 见性别
Women's magazines 女性杂志 218-219
Women's Media Center 女性媒体中心 247
Wonder Years《纯真年代》212, 254
The Wooing and Wedding of a Coon《一个黑鬼的求爱与婚礼》238

Woolley, Samuel C. 塞缪尔·C. 伍利 310, 334, 335
Worden, Steven K. 史蒂文·K. 沃登
　See Snow, David A. 见戴维·A. 斯诺
Work routines 工作常规 164-166
Working class population 工人阶层人口 196-197, 251-254, 256-261, 273-274
Working Mother《职业母亲》213
Working-class press 工人阶级报刊 101-102
World Bank 世界银行 343
World music 世界音乐 345, 358-359
World of Dance《舞动世界》237f
World of Warcraft《魔兽世界》57
World Trade Center terrorist attacks 世界贸易中心恐怖袭击 135, 207, 240
World Trade Organization (WTO) 世界贸易组织 (WTO) 287-288, 360
World War I 第一次世界大战
　European film industry 欧洲电影业 45
　newsreel propaganda 新闻短片宣传 31
　radio broadcast restrictions 无线电广播限制 47
　wartime propaganda efforts 战时宣传工作 171, 304
World War II 第二次世界大战
　military press restrictions 军事新闻限制 134
　newsreel propaganda 新闻短片宣传 31
　regulatory policies 监管政策 111, 114
　war films 战争电影 207-208
　wartime propaganda efforts 战时宣传工作 304, 361
World Wide Web 万维网 55-56, 328
Worldview 世界观 191
　See also Ideologies 见意识形态
Worrell, Tracy R. 特蕾西·R. 沃雷尔 247
Written text 书面文字
　See Print media 见印刷媒介
Wu, Michael 迈克尔·吴 291
Wu, Paulina 保利娜·吴 xv

XM radio XM 电台 26f
X-Men《X 战警》62, 63, 160
X-Men Apocalypse《X 战警:天启》99
X-rated films X 级电影 132

Yahoo 雅虎 68, 82f, 353t
Yahyanejad, Mehdi 迈赫迪·耶安尼贾德 368-369
Yarchi, Moran 莫兰·亚奇 327
　See also Wolfsfeld, Gadi 见加迪·沃尔夫斯菲德
The Yellow Menace《黄祸》238
Yes Men "没问题侠客" 287-288
The Yes Men Fix the World《拯救世界的好人》288
Yglesias, Matthew 马修·伊格莱西亚斯 332
Yin-Poole, Wesley 卫斯理·英-普尔 235
Yoon, InJeong 尹仁贞 336
Yousman, Bill 比尔·尤斯曼 231
Yousman, Lori Bindig 洛瑞·宾迪格·尤斯曼 231
YouTube 优兔
　active users 活跃用户 329f
　audience share 收视率 94
　copyright enforcement 版权保护 144
　fake news 假新闻 142-143
　historical perspective 历史的视角 26f
　ideological viewpoints 意识形态观点 193, 333
　media content 媒介内容 80-81
　media platforms 媒体平台 64, 65, 142-143
　misinformation dissemination 虚假信息的传播 332
　music distribution 音乐发行 216, 348, 352-353
　political campaigns 政治运动 323
　political spin tactics 政治的倾向性报道策略 322
　popularity 流行度 352
　rap music 说唱音乐 215
　self-policing practices 自我审查实践 146
　technological innovations 技术创新 46, 57
　television and video entertainment 电视与视频

娱乐 95
terrorist groups 恐怖组织 336
tiered access arrangements 分级式访问 139
top websites and global rankings 顶级网站和全球排名 353t
user-generated content 用户生成内容 46, 296, 333

YouTube Red 优兔付费服务 81, 96

Yu, Nan 俞南 243

Yuen, Nancy Wang 王岚芝
See Chin, Christina B. 见克里斯蒂娜·B. 金

Zafirau, Stephen 斯蒂芬·扎菲劳 162
Zarkin, Kimberly A. 金伯利·A. 扎金 111
Zarkin, Michael J. 迈克尔·J. 扎金 111
Zenith 市场研究公司真力时 81
Zero-rated content 免流量内容 138
Zhao, Shanyang 赵善阳 280
Zines 杂志 296, 325
Zuckerberg, Mark 马克·扎克伯格 142, 143, 144, 334, 337
Zulu choral music 祖鲁合唱音乐 358

译 后 记

自20世纪80年代传播学进入中国以来,中国学者译介的西方传播学教材数量众多,其中包括不少西方传播和媒介研究领域的经典教材。纵观目前绝大多数传播学教材,尽管在整体论述框架上各不相同,但它们有一个共同的特点:对从心理学、社会学、政治学、批判理论等经典学术领域发展出来的各种"传播理论"进行了梳理和介绍。这种写法的好处是有利于学生掌握20世纪以来传播学研究的基本概念、基本范畴、理论脉络和方法路径,但也难免存在一些不足。比如,就传播谈传播,就媒介谈媒介,在一定程度上会导致理论视野的窄化。再比如,理论清单式的写法也难免让学生在面对纷繁复杂的理论概念时不得要领,对理论与社会之间的复杂关系缺乏清醒的认识。

眼前这本第六版《媒介·社会》至少在两个方面突破了大多数传播学教材的传统写法。一方面,《媒介·社会》具有鲜明的媒介社会学特色。本书的两位作者都是社会学家,长期从社会学视角进行媒介研究。在本书中,他们提出了一个媒介与社会世界的简化模式。以此为基础,本书跳出了传播学研究的内部视角,转而从结构与能动性的动态关系这一社会学视角出发来审视媒介与社会世界的复杂关系。另一方面,《媒介·社会》具有鲜明的实践品格和时代特色。本书不囿于特定的理论,而是从当代媒介状况和人类传播实践的实际情况出发,来审视既有的理论阐释,并将理论灵活运用于案例分析和具体实践中。这些创新之处都是值得我们借鉴的。

当然,作为一本由西方学者撰写的著作,本书也难免存在一些不足。对中国读者而言,尤其要注意书中涉及的理论和具体的实践案例,与当代中国媒介和社会传播的实际情况既有相似之处,也有很大的不同,需要我们仔细甄别和批判地思考。

本书的翻译工作由我负责统筹,我的几位研究生也参与了翻译和校对工作。具体分工如下:黄典林负责前言、致谢、第一章和第十章的初稿翻译,刘晨宇负责第二章至第五章的初稿翻译,杨润苗负责第六章至第九章的初稿翻译。完成初稿后,刘晨宇对部分章节进行了重译和修改。贾云菲和陈佳莹对整部书稿进行了第一次校对;刘晨宇对整部书稿进行了第二次校对;黄典林对整部书稿进行了第三次校对,并在对部分内容进行重译和修改后,最终定稿,交付出版。

在翻译和译稿交付的过程中,北京大学出版社的周丽锦和吕秀丽两位老师全程给予我们无微不至的技术支持。本书能够顺利翻译出版,离不开两位老师及其团队提供的专业服务。在此,向她们表达我们的谢意。

为了便于读者理解,我们为书中涉及的大量专有名词或背景信息添加了译者注。尽管我们已经尽了最大努力,但由于水平所限,译稿中难免还有许多不完善之处,恳请读者批评指正。

黄典林

2023 年 9 月 10 日于北京